W0003537

Johann Lafer

MEINE KOCHSCHULE

Johann Lafer

MEINE KOCHSCHULE

Bassermann

Inhalt

Einleitung

Rezeptteil

Anhang

VORWORT

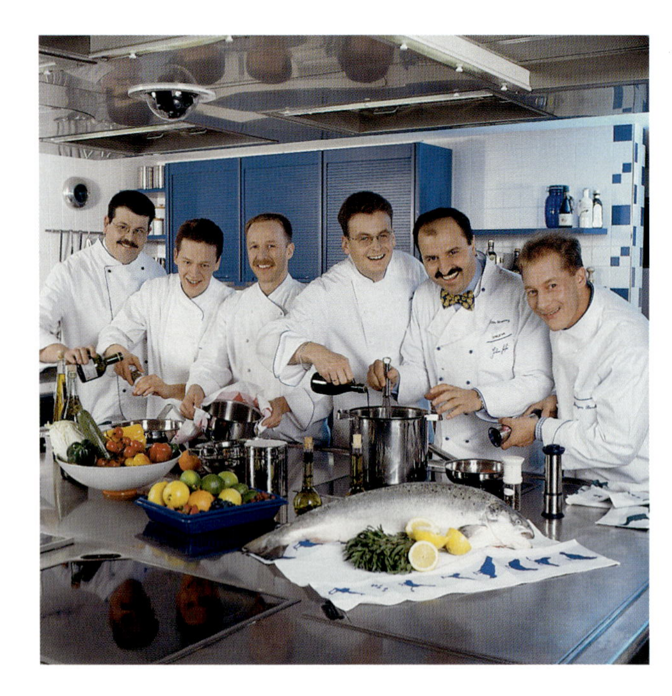

Das Lafer-Team:
Jean Luc Mundel, Hans Horberth, Holger Jacobs, Jörg Leroy, Johann Lafer und Jürgen Benker (von links nach rechts)

Kochvergnügen von Anfang an

„Wie brät man Fisch, ohne daß er zerfällt? Wie bereite ich eine selbstgemachte Mayonnaise zu? Wie zerteile ich eine Ananas? Wie lange muß ich Rindersteaks braten, damit sie medium sind? Wie kann ich meiner Vinaigrette einmal eine neue Geschmacksrichtung geben"? All diese Fragen, und noch viele, viele mehr, werden mir in meiner Kochschule „Table d'Or" in Guldental immer wieder gestellt. Grund genug, dieses Buch zu realisieren, welches ein Standardwerk in jeder Küche sein sollte. Mit ihm werden Anfänger zu wahren Meisterköchen, und passionierte Hobbyköche erhalten ein fundiertes Nachschlagewerk sowie neue, kreative Anregungen für ihre Lieblingsgerichte.
Ich sage immer: „Kochen ist gar nicht so schwer!" Das glauben Sie nicht? Sicher, jeder muß klein anfangen, aber mit einer Prise Leidenschaft und einem Quäntchen natürlicher Neugierde werden Sie bald schon die ersten Erfolge feiern.
Meine Kochschule hilft Ihnen dabei! Schauen Sie mir über die Schulter, wenn ich eine Terrine zubereite, ein Sabayon aufschlage oder einen Strudelteig ausziehe. Lernen Sie den Unterschied zwischen dünsten und glasieren kennen, und lassen Sie sich von mir zeigen, wie man fachgerecht Geflügel dressiert.
Mein Buch führt Sie Schritt für Schritt zum Kochen hin. Die Grundrezepte machen den Anfang. Im Text erkläre ich Ihnen detailliert, wie das Rezept funktioniert, gleichzeitig können Sie sich auf den kleinen Step-Fotos anschauen, wie die einzelnen Rezeptstadien aussehen. Und dann verrate ich auch gleich meine persönlichen Tips aus der Profiküche. Damit auch wirklich nichts schiefgehen kann.
Doch das ist noch nicht alles: Kochen bedeutet auch „Kreativität". Ohne diese wären Gerichte wie „Sauce Choron", „Lauchcanneloni" oder „Fischröllchen" nie entstanden.
Machen Sie sich meine langjährige Erfahrung als Profikoch zunutze, und lassen Sie sich zu „kulinarischen Experimenten" verführen.
Die phantasievollen Variationsvorschläge nach den Grundrezepten in meinem Buch helfen Ihnen dabei.

Ein bärenstarkes Team

Ein solch umfangreiches Grundkochbuch muß gut durchdacht und geplant sein. So habe ich gleich zu Beginn des Projektes eine kleine Arbeitsgruppe ins Leben gerufen, die das Buch von der Idee über die konkrete Planung bis hin zur Realisation begleitet hat.
Es gab viel zu tun: Rezepte und Rezeptvariationen wurden ausgewählt, diskutiert, wieder verworfen und neu kreiert. Skizzen für die Fotos und ein genauer Seitenplan des Buches mußten angefertigt werden. Und, und, und. Da gab es viele gemein-

same Team-Sitzungen in meiner Kochschule „Table d'Or“ in Guldental und auch auf meiner Burg in Stromberg, in denen wir gemeinsam planten, Rezepte sorgfältig auswählten, unsere Erfahrungen austauschten und fachliche Dinge diskutierten. Immer mit dem Ziel, gemeinsam ein Buch zu realisieren, das den Namen „Kochschule“ verdient.
Jeder im Team brachte sein ganzes Fachwissen und seine Erfahrung mit ein:
Holger Jacobs (Executive Chef auf „Johann Lafer's Stromburg“ und verantwortlich für die Kochschule „Table d'Or“ in Guldental), Jürgen Benker (Küchenchef des „Le Val d'Or“ in Guldental und auf „Johann Lafer's Stromburg“), Jörg Leroy (Sous Chef auf „Johann Lafer's Stromburg“, verantwortlich für die Kochschule „Table d'Or“ in Guldental und Executive Chef auf „Johann Lafer's Stromburg“), Hans Horberth (Sous Chef auf „Johann Lafer's Stromburg“ und verantwortlich für die Kochschule „Table d'Or“ in Guldental) sowie Jean Luc Mundel (verantwortlicher Küchenleiter des Gastronomischen Bildungszentrums der IHK in Koblenz).
Mit dem Verfassen des Manuskriptes und dem Nachkochen der Rezepte war es natürlich noch nicht getan. Ein weiteres Team sorgte im Anschluß daran für die optische Umsetzung des Projektes.
Mehrere Monate lang wurde im TLC-Foto-Studio nochmals alles gekocht, sorgfältig angerichtet und dann auf Zelluloid gebannt. Luis Bisschops und sein Team sowie Holger Jacobs, der während der ganzen Zeit anwesend war und tatkräftig mithalf, erweckten das Projekt optisch zum Leben.

Währenddessen liefen beim Verlag die Aktivitäten ebenfalls auf Hochtouren. In der Kochbuchredaktion und in der technischen Herstellung wurden Texte und Fotos bearbeitet, abgestimmt und optimiert, Buchseiten gestaltet und der letzte Feinschliff vorgenommen.

Das Ergebnis von einem optimalen Zusammenspiel aller Teams sowie von unermüdlichem Einsatz für das Projekt, hoher Fachkompetenz und langjähriger Erfahrung aller Beteiligten liegt nun in Ihren Händen: Meine Kochschule.

Das TLC-Foto-Studio:
Leon Luimes, Peter Boldt, Franke Veldman, Thomas Trute, Heike Föcking, Luis Bisschops und Gerlinde Diller (im Uhrzeigersinn von links oben)

Genug der einleitenden Worte. Nun ist es an Ihnen. Begleiten Sie mich mit diesem Buch in die kreative Welt des Kochens – von Anfang an. Ich wünsche Ihnen gutes Gelingen und viel Spaß dabei.

Ihr

Johann Lafer

Gemüse

Kaum ein anderes Nahrungsmittel läßt sich so vielfältig verwenden wie frisches Gemüse. Und zudem ist das „Grünzeug" ein wahrer Fitmacher. Es enthält eine Fülle von Vitaminen, Mineral- und Ballaststoffen, aber nur ganz wenig Kalorien. Nachfolgend präsentiere ich Ihnen die wichtigsten Gemüsesorten in Kurzportraits. Im Rezeptteil finden Sie dann viele attraktive Gerichte dazu. Außerdem gebe ich Ihnen auf den S. 242 und 243 Tips zur richtigen Vorbereitung einzelner Gemüsesorten, und auf S. 48 finden Sie einen übersichtlichen Saisonkalender.

Artischocken sind die Blütenknospen einer distelähnlichen Pflanze. Nur ganz junge oder die kleinen violettfarbenen Auberginen können roh gegessen werden. Die großen, dicken Artischocken müssen vor dem Verzehr gegart werden. Eßbar sind dann nur der dicke, fleischige Blütenboden und der untere, weiche Teil der abgezupften großen Blätter. Artischocken bitte nie in Alutöpfen garen, sonst verfärben sie sich dunkel.

Frischemerkmale: Frische und grüne Blätter.
Lagerung: Im Gemüsefach des Kühlschranks: 2–3 Tage. Gekocht sollten Sie innerhalb von 24 Stunden verbraucht werden.

Auberginen gehören zur Familie der Nachtschattengewächse. Man bekommt sie in verschiedenen Sorten und Farben, z. B. eiförmig und weiß oder keulenförmig und dunkelviolett. Aufgrund ihres Solaningehalts sollten sie niemals roh gegessen werden. Da sich aufgeschnittene Auberginen leicht braun verfärben, empfiehlt es sich, sie mit etwas Zitronensaft zu beträufeln.
Frischemerkmale: Pralle, feste Früchte.
Lagerung: In Papier eingewickelt, im Gemüsefach des Kühlschranks: ca. 1 Woche.

Blumenkohl ist das zarteste und auch bekömmlichste Mitglied der großen Kohlfamilie. Neben den weißen und cremefarbenen gibt es auch grüne und violettfarbene Blumenkohlsorten, deren Geschmack etwas kräftiger ist. Der grüne Romanesco mit seinen minarettartigen Röschen (oft auch Minarettkohl genannt) zählt auch zur Blumenkohlfamilie.
Frischemerkmale: Knackige Blätter und saftiger Strunk.
Lagerung: Im Gemüsefach des Kühlschranks oder im Keller: 1–3 Tage. Wichtig: Vor dem Lagern die Blätter entfernen.

Bohnen lassen sich nach dem Wuchs der Pflanze in Busch- und Stangenbohnen einteilen. Buschbohnen sind niedrigwachsend und zumeist fadenlos, Stangen- bzw. Kletterbohnen ranken in die Höhe. Sie müssen vor der Zubereitung abgefädelt werden. Bei beiden Sorten unterscheidet man weiterhin nach Schnitt- und Brechbohnen. Schnittbohnen haben flache Schoten, kräftiges Fleisch, dicke Kerne und einen harten Faden. Brechbohnen haben eher runde Schoten, ein zarteres Fleisch und feine Kerne. Der Faden wurde bei ihnen meist weggezüchtet. Zu den Brechbohnen gehören auch die gelben, zarten Wachsbohnen. Kenia- oder Filetbohnen sowie die stricknadeldünnen Haricots verts sind sehr zarte Buschbohnensorten, die in jungem Stadium geerntet werden. Zu den besonders feinen Vertretern der Brechbohnen gehören die Prinzeß- und Delikateßbohnen sowie die Bobbybohnen. Bei den Dicken Bohnen, auch Puff-, Sau-, Pferde- oder Ackerbohnen genannt, werden lediglich die frischen Kerne verzehrt. Die Hülsen sind nicht genießbar.
Grüne Bohnen darf man roh nicht essen, da sie den Giftstoff Phasin enthalten. Durch das Kochen wird dieser jedoch zerstört.

Frischemerkmale: Frisches und knackiges Aussehen, keine braunen Flecken.
Lagerung: Im Gemüsefach des Kühlschranks (am besten in einen Folienbeutel verpackt): ca. 3 Tage.

Brokkoli ist ein naher Verwandter des Blumenkohls. Neben den grünen Sorten gibt es auch noch Brokkoli mit violettfarbenen, gelben und weißen Köpfen. Vom Brokkoli läßt sich alles verwenden: Blütenknospen (Röschen), Blätter und Stiele. Die festen Stielenden müssen wie Spargel geschält und dann in Scheiben geschnitten werden, damit sie gleichzeitig mit den Röschen gar sind.
Frischemerkmale: Blaugrüne Blütenknospen, kräftig grün gefärbte Blätter.
Lagerung: Schon nach kurzer Lagerung wird Brokkoli gelb und welk. Im Gemüsefach des Kühlschranks (in Frischhaltefolie verpackt): maximal 1–2 Tage.

Chicorée, auch Salatzichorie genannt, enthält Bitterstoffe, die die Verdauung fördern und entwässern. Neuerdings gibt es Chicorée auch mit rot geränderten Blättern. Doch während man den roten Chicorée nicht kochen sollte, weil er dann seine Farbe verliert, läßt sich weißer Chicorée nicht nur als knackiger Salat, sondern auch als gekochtes, geschmortes und gedünstetes Gemüse essen. Beim Putzen muß der bittere Strunk immer keilförmig

herausgeschnitten werden. Chicorée niemals in eisernen Töpfen oder Pfannen zubereiten, er würde sich sonst schwarz verfärben.
Frischemerkmale: Fest geschlossene Stauden ohne braune Stellen.
Lagerung: Da Chicorée unter Lichteinfluß „ergrünt", sollte man ihn dunkel aufbewahren. Am besten im Gemüsefach des Kühlschranks (im Folienbeutel), wo er bis zu 8 Tage frisch bleibt.

Chinakohl, auch Peking- oder Blätterkohl genannt, hat, je nach Sorte, einen spitzen bis stumpfen oder ovalen Kopf mit gewellten Blättern und feinen bis breiten Blattrippen, die dicht übereinander liegen. Die Deckblätter sind gelblich bis dunkelgrün. Chinakohl kann sowohl gegart als auch roh zubereitet werden.
Frischemerkmale: Fest geschlossene Blätter.
Lagerung: Locker in Frischhaltefolie eingewickelt, im Gemüsefach des Kühlschranks: ca. 10 Tage.

Erbsen gehören zur Familie der Schmetterlingsblütler. Hierzulande sind nur 3 Sorten von Bedeutung:
Pal- oder Schalerbsen haben runde, glatte Samen. Durch ihren hohen Stärkeanteil schmecken sie leicht mehlig. Markerbsen sehen etwas eckig und runzelig aus und schmecken leicht süßlich. Zuckererbsen, auch Zuckerschoten genannt, sind die einzige Erbsensorte, die mit Hülse (Schote) gegessen werden kann. Wichtig: Beim Auspulen der kleinen Erbsen müssen Sie mit 70 % Abfall rechnen.
Frischemerkmale: Knackige Schoten ohne Flecken.
Lagerung: Erbsen in der Hülse (im Kühlschrank in einen Folienbeutel eingepackt): ca. 2 Tage.

Gemüsefenchel, auch Knollenfenchel genannt, ist die Zuchtform aus einer der vielen wilden Fenchelarten, die über die ganze Welt verbreitet sind. Es gibt frühe und späte Sorten mit zarten, kleinen oder kräftig-dicken, hellgrünen Knollen. Fenchel kann roh oder gegart gegessen werden. Das Grün niemals wegwerfen. Man kann es fein hacken und über das Gericht streuen.
Frischemerkmale: Fleischige, saftige und fleckenlose äußere Knollenblätter.
Lagerung: Im Gemüsefach des Kühlschranks: einige Tage. Feucht lagern.

Grünkohl, je nach Region auch Braun- oder Winterkohl genannt, ist eines der ältesten Kohlgemüse überhaupt. Seine krausen, dunkelgrünen Blätter schmekken am besten nach dem ersten Frost, denn dadurch werden Gerbstoffe abgebaut und ein Teil der Stärke in Zucker umgewandelt. Außerdem wird der Kohl aromatischer und leichter verdaulich. Grünkohl gibt es lose oder bereits küchenfertig verpackt.
Frischemerkmale: Gelbe Blattspitzen weisen auf eine zu lange Lagerung hin.
Lagerung: Nach dem Einkauf möglichst rasch verbrauchen. Notfalls hält sich Grünkohl kühl gelagert 2–3 Tage.

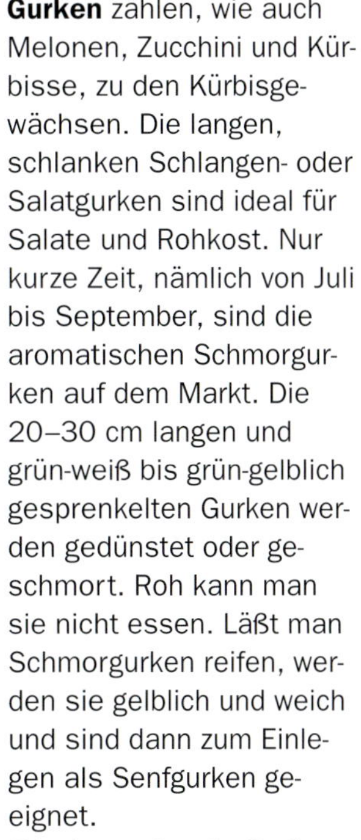

Gurken zählen, wie auch Melonen, Zucchini und Kürbisse, zu den Kürbisgewächsen. Die langen, schlanken Schlangen- oder Salatgurken sind ideal für Salate und Rohkost. Nur kurze Zeit, nämlich von Juli bis September, sind die aromatischen Schmorgurken auf dem Markt. Die 20–30 cm langen und grün-weiß bis grün-gelblich gesprenkelten Gurken werden gedünstet oder geschmort. Roh kann man sie nicht essen. Läßt man Schmorgurken reifen, werden sie gelblich und weich und sind dann zum Einlegen als Senfgurken geeignet.
Frischemerkmale: Pralle Frucht.
Lagerung: Im Keller: bis zu 2 Wochen, im Kühlschrank dagegen nur 1–2 Tage. Lagern Sie Gurken nie zusammen mit Tomaten und reifem Obst, sonst werden sie rasch gelb.

Kohlrabi ist ein vor allem in Deutschland hoch geschätztes Mitglied der großen Kohlfamilie. Es gibt weiße, hellgrüne und blauviolettfarbene Sorten, die sich geschmacklich jedoch nicht voneinander unterscheiden. Allerdings schmeckt Treibhauskohlrabi zarter und milder als der eher würzig-deftige Freilandkohlrabi. Kaufen Sie die Knollen möglichst mit Blättern, denn darin stecken die meisten Vitamine. Die Blätter können Sie in Streifen schneiden und mitgaren.
Frischemerkmale: Saftiggrüne Blätter. Aufgeplatzte Knollen können leicht holzig sein.
Lagerung: Im Gemüsefach des Kühlschranks: 2–3 Tage. Allerdings muß dann vorher das Laub abgeschnitten werden. Feucht lagern.

Kürbis ist das „Schwergewicht“ unter den Gemüsesorten. Unter seiner harten, ungenießbaren Schale sitzt das saftige, gelb bis orangefarbene Fruchtfleisch, das sich sehr gut als Gemüse, für Suppen und Kompotte oder zum süß-sauer Einlegen eignet. Angeboten werden der Riesenkürbis und der sehr ähnliche Gartenkürbis. Vom Kürbis schmeckt übrigens nicht nur das Fruchtfleisch: Die hübschen Blüten lassen sich füllen oder ausbacken, die zarten Blätter als Gemüse dünsten und die Kerne trocknen und roh oder geröstet knabbern.
Frischemerkmale: Glatte und harte Schale ohne Druckstellen und Risse. Kleine Kürbisse sind meistens aromatischer und auch zarter als große Exemplare.
Lagerung: Ganze Kürbisse: mehrere Wochen; angeschnittene: 2–3 Tage.

Lauch (Porree) besitzt von allen Mitgliedern der Zwiebelfamilie das feinste Aroma. Von April bis in den Frühherbst gibt es den schlanken und langen Frühjahrs- und Sommerporree mit hellgrünem Laub und zartem, milden Geschmack. Der Winterporree dagegen ist dick und gedrungen, hat dunkelgrünes bis grünblaues Laub und ein pikant-herbes Aroma.
Frischemerkmale: Unbeschädigte Stangen, frische und feste Blattspitzen. Stangen mit Schnitt- und Druckstellen faulen sehr schnell.
Lagerung: Im Gemüsefach des Kühlschranks oder im Keller: bis zu 5 Tage. Bewahren Sie Lauch niemals zusammen mit Äpfeln, Zitrusfrüchten, Blumenkohl, Beeren und Birnen auf, sonst welkt er schnell.

Mais (Gemüse- oder Zukkermais) zählt zu den Getreidearten, wird jedoch auch gerne als Gemüse gegessen. Mais hat von August bis Oktober Saison. In Dosen konservierte Kolben und Körner bzw. tiefgefrorene Körner sind das ganze Jahr über erhältlich. Vom frischem Maiskolben werden zunächst die Blätter und die Fäden entfernt. Danach schneidet man beide Enden ab und löst die Körner mit einem scharfen Messer ab.
Frischemerkmale: Pralle Körner.
Lagerung: Im Kühlschrank: ca. 3 Tage.

Mangold ist die etwa 300 g bis 1 kg schwere Staude einer Rübensorte. Man unterscheidet 3 Sorten: Schnitt- bzw. Blattmangold hat relativ kleine, hellgrüne Blätter und kaum Stiele. Er ist besonders zart, fast ein bißchen nussig im Geschmack. Rippenmangold schmeckt herber und kräftiger. Er hat dunkelgrüne, bis zu 30 cm lange Blätter und breite Stiele. Roter Mangold hat leuchtend rote Stengel und dunkelrote Blätter. Im Geschmack ähnelt er dem des Rippenmangolds. Mangoldblätter werden wie Spinat zubereitet. Die Stiele werden geschnitten oder gehackt und dann gedünstet.
Frischemerkmale: Knackige, feste Blätter und Stiele.
Lagerung: Blattmangold sollte nicht länger als 2 Tage im Kühlschrank (in Folie eingewickelt) aufbewahrt werden. Stielmangold hält sich dagegen bis zu 8 Tage, wenn man ihn in feuchte Küchentücher einschlägt.

Möhren, auch Mohrrüben, gelbe Rüben, Karotten oder Wurzeln genannt, gibt es in unterschiedlichen Formen und Qualitäten. Im Frühjahr werden die zarten Bundmöhren mit ihrem Grün angeboten. Sie sind wunderbar zart und eignen sich ideal zum Rohessen. Im Sommer und Herbst sind dann die länglichen, knackig-festen Waschmöhren ohne Grün auf dem Markt, im Winter werden die dicken, herzhaften Lagermöhren angeboten.
Frischemerkmale: Knackige, unbeschädigte Möhren.
Lagerung: Bundmöhren sollte man rasch verbrauchen. Sie halten sich im Gemüsefach des Kühlschranks nicht länger als 1 Woche (vorher das Grün abtrennen). Herbst- und Wintermöhren und die ungewaschenen, sogenannten Sandmöhren lassen sich länger lagern.

Okraschoten haben eine markante mehrkantige Schotenform. Vor dem Garen muß man die Spitzen und die Stielansätze abschneiden. Beim Schmo-

ren sondern die Okras einen milchigen Schleim ab, der zwar ein gutes Bindemittel ist, den aber nicht jeder mag. Brät oder fritiert man die Schoten, tritt kein Schleim aus. Sie können die Schoten aber auch längs aufschneiden und den milchigen Saft abtropfen lassen.
Frischemerkmale: Knackige und fleckenfreie Ware.
Lagerung: In einem Folienbeutel im Kühlschrank: 2–3 Tage.

Paprikaschoten stammen ursprünglich von den winzig kleinen, scharfen Chilis ab. Roter Paprika ist voll ausgereift, schmeckt süßlich-mild und aromatisch und hat fast doppelt so viel Vitamin C wie der herbere, noch nicht ganz reife grüne Paprika. Gelbe und orangefarbene Schoten sind reifer als grüne, sehr saftig und aromatisch. Wachsweißer Paprika aus Ungarn ist knackig, hat eine dünne Haut und schmeckt süßlich-scharf. Violettfarbener Paprika ist, wie übrigens auch die Mini-Paprika, eine Neuzüchtung, die vor allem in Salaten sehr dekorativ wirkt. Beim Garen wird er allerdings grün. Beim Gewürzpaprika handelt es sich um kleinere Paprikaschoten, die je nach Sorte und Anbaugebiet unterschiedlich scharf sind. Dazu gehören die schlanken grünen und roten Peperoni und die teuflisch scharfen Chilischoten.
Frischemerkmale: Glänzende, pralle Haut. Runzeln, dunkle Flecken und Schimmel am Stielansatz deuten auf zu lange und zu feuchte Lagerung hin.

Lagerung: Im Gemüsefach des Kühlschranks (locker in Folie eingeschlagen): 2–3 Tage.

Pastinaken sind ein spindelförmiges Wurzelgemüse mit aromatisch-würzigem Geschmack, der ein wenig an Maggi erinnert. Man kann sie sowohl roh als auch gegart essen. Vor der Verwendung müssen die Wurzeln gut gewaschen und eventuell geschält werden.
Frischemerkmale: Schwere Frucht mit straffer Haut.
Lagerung: Im Kühlschrank oder im Keller: ungefähr 1 Woche.

Petersilienwurzeln sind kleine spindelförmige Wurzeln mit kräftigem, leicht süßlichem Geschmack. Sie werden häufig nur zum Würzen verwendet, schmecken aber auch als Gemüse sehr gut.
Frischemerkmale: Feste Wurzel ohne Flecken und Beschädigungen.
Lagerung: Im Kühlschrank oder im Keller: ungefähr 1 Woche.

Rettich (Radi) gibt es das ganze Jahr über zu kaufen: im Frühling den weißen oder rosafarbenen, milden Mai-Rettich, dann den weißen Herbst-Rettich und von Oktober bis Februar den schwarzen Winter-Rettich, der übrigens am schärfsten schmeckt. Nur er muß geschält werden. Je nach Sorte sind die Wurzeln rund, oval, spindel- oder walzenförmig. Am besten schmeckt Rettich, wenn man ihn roh zubereitet. Beim Erhitzen verflüchtigen sich seine ätherischen Öle

und somit seine Schärfe.
Frischemerkmale: Straffe, glatte Außenhaut.
Lagerung: In ein feuchtes Tuch eingewickelt, im Gemüsefach des Kühlschranks: einige Tage.

Rosenkohl (Sprossenkohl) ist das jüngste Mitglied der Kohlfamilie. Je nach Sorte sind die Röschen hell- oder dunkelgrün; es gibt auch solche mit teilweise rötlicher Färbung. Das typische Wintergemüse entwickelt seine Vorzüge erst nach kurzfristiger Frosteinwirkung. Es wird dadurch zarter, aromatischer und leichter bekömmlich. Das gilt allerdings nicht für die frühen Sorten. Damit die Röschen gleichmäßig gar werden, schneidet man die Strünke unten kreuzförmig ein.

Frischemerkmale: Gleichmäßige Farbe, keine welken Blätter und feste Köpfe.
Lagerung: Im Gemüsefach des Kühlschranks: maximal 2 Tage.

Rote Beten, auch Rote Rüben oder Randen genannt, sind eine aromatische und leicht erdig schmeckende Delikatesse. Neben den rotfleischigen Knollen gibt es auch Neuzüchtungen mit weißem und gelbem Fruchtfleisch. Bei der Zubereitung der rotfleischigen Sorten ist Sorgfalt geboten, da der austretende rote Saft an den Händen hartnäckige Flecken hinterlassen kann. Deshalb am besten die Knollen ungeschält garen und erst danach die Haut abziehen.

Da Rote Beten Nitrat speichern, sollten Sie Knollen aus biologischem Anbau bevorzugen. Und wärmen Sie Rote Beten nicht wieder auf, denn sonst entsteht das gesundheitsschädliche Nitrit.
Frische- und Gütemerkmale: Gleichmäßig geformte Knollen ohne Seitenwurzeln, Ringkerben und schwarze Flecken. Kleine Knollen sind zarter als große.
Lagerung: Im Keller oder im Gemüsefach des Kühlschranks: einige Tage.

Rotkohl wird nahezu ganzjährig angeboten. Ab Ende Juni erntet man den Frührotkohl, der ideal für Rohkostsalate ist, gefolgt von mittelfrühen Sorten bis in den September. Von November bis in den März liegt dann der Herbstkohl in den Gemüseregalen. Frisch vom Feld sieht der auch Blaukraut genannte Kohl eher blauviolett aus. Erst wenn man den feingeschnittenen Blättern beim Kochen einen Schuß Essig, Zitronensaft oder Rotwein zugibt, färben sie sich schön rot.
Frischemerkmale: Pralle und glatte Oberfläche.
Lagerung: Im Keller: bis zu 2 Monate; im Kühlschrank: ca. 10 Tage.

Rüben unterscheidet man in folgende Sorten: Mairüben oder Navetten (Navets) sehen aus wie große, weiße Radieschen. Sie erinnern im Geschmack ein bißchen an Kohlrabi und Rettich. Die kegelförmigen, gelben Teltower Rübchen entfalten ihr feines Aroma am besten, wenn man sie leicht anbrät und danach glasiert. Steckrüben, auch Kohlrüben oder Wrunken genannt, sind die größten und dicksten Speiserüben. Die gelbfleischigen Sorten (weißfleischige dienen als Viehfutter) haben ein mildes, würziges leicht süßliches Aroma, das ein bißchen an das von Möhren erinnert.
Frischemerkmale: Kleine Rüben, sie sind seltener holzig.
Lagerung: Im kühlen Keller oder im Gemüsefach des Kühlschranks: bis zu 1 Woche.

Schwarzwurzeln haben einen spargelähnlichen Geschmack. Unter der braunschwarzen, erdigen Hülle verbirgt sich weißes, sehr würziges und leicht nussig schmeckendes Fruchtfleisch. Schwarzwurzeln müssen vor dem Garen unter fließendem Wasser abgebürstet und dann, am besten mit dem Sparschäler, geschält werden. Da der dabei austretende Saft die Hände schnell verfärbt, sollten Sie Gummihandschuhe tragen. Um ein Braunfärben der geschälten Stangen zu verhindern, legt man sie bis zum Garen in Essigwasser.
Frischemerkmale: Kaufen Sie dicke, unverzweigte, glatte und vor allem unverletzte Stangen, denn aus Bruchstellen kann der milchige Saft austreten, und das Gemüse wird trocken.
Lagerung: Im Gemüsefach des Kühlschranks: ca. 3 Tage.

Sellerie wird als Wurzelknolle (Knollensellerie) und als Staude (Stauden- bzw. Bleichsellerie) angeboten. Besonders zart und mild sind die frischen Knollen im Frühjahr. Viele Selleriesorten färben sich nach dem Schälen oder beim Kochen dunkel. Deshalb sollten Sie die Knollen entweder in mildem Essigwasser garen oder sie roh mit etwas Zitronensaft beträufeln.
Bei Staudensellerie, der im Geschmack etwas milder als die Knolle ist, stehen zwei Varianten zur Auswahl: Sellerie mit hellen Stangen und hellem Laub und etwas zarterer Sellerie mit hellgrünen Stangen und dunkelgrünem Laub. In der Regel sollten Sie die feinen Fäden, die an den Stangen entlanglaufen, mit einem Messer von oben nach unten vorsichtig abziehen, denn sie sind oft hart und ungenießbar.
Frischemerkmale: Kaufen Sie möglichst kleine, feste Knollen ohne Nebenwurzeln. Staudensellerie sollte knackige Stangen und keine trockenen Schittstellen sowie Flecken aufweisen.
Lagerung: Staudensellerie hält sich im Gemüsefach des Kühlschranks (in Folie verpackt) ca. 3 Tage; Knollensellerie hingegen ca. 14 Tage.

Spargel gilt als Delikatesse. Angeboten werden drei Sorten: Weißer Spargel schmeckt mild und behält seine weiße Farbe, weil er gestochen wird, bevor er die Erde durchbricht. Grünen Spargel gibt es in kurzer und langer Form. Er ist sehr zart, schmeckt würzig

und kräftig. Violettfarbener Spargel wird gestochen, wenn die Köpfe die Erdoberfläche durchstoßen haben, so daß sich die Köpfe durch den Lichteinfluß violett verfärben. Sein Geschmack ist äußerst aromatisch.
Frischemerkmale: Feste, gerade Stangen mit frischer Schnittfläche. Beim Aneinanderschlagen sollten die Stangen hohl klingen.
Lagerung: Nur ungeschälter Spargel ist lagerbar. In ein feuchtes Tuch eingewickelt hält er sich ca. 3 Tage.

Spinat unterscheidet man in Blatt- und Wurzelspinat. Werden nur die einzelnen Blätter mit den Stielen angeboten, spricht man von Blattspinat. Sticht man ihn mit den Wurzeln aus, nennt man ihn Wurzelspinat. Der feine, helle Spinat mit den zarten Blättern ist im Frühjahr und Sommer auf dem Markt. Der robuste dunkle Spinat mit den groben Blättern wird im Winter angeboten. Da Spinat gewöhnlich stark versandet ist, muß er immer sehr gründlich gewaschen werden. Spinatreste sollten übrigens nicht wieder aufgewärmt werden. Sonst besteht die Gefahr, daß sich die darin enthaltenen unschädlichen Nitrate in giftiges Nitrit umwandeln.
Frischemerkmale: Elastische Blätter ohne Flecken.
Lagerung: Im Folienbeutel im Kühlschrank: ca. 2 Tage.

Spitzkohl wächst spitz und kegelförmig in die Höhe, umhüllt von großflächigen, bläulichgrünen Blättern. Er ist zarter und feiner als seine Kohlgeschwister und schmeckt ein bißchen nach Wirsing und Blumenkohl und ein bißchen nach Nüssen. Er eignet sich nicht nur als Gemüse, sondern auch als Rohkost.
Frischemerkmale: Pralle und glatte Oberfläche.
Lagerung: Im Kühlschrank: ca. 2 Tage.

Tomaten sind das Lieblingsgemüse der Deutschen. Nr. 1 ist immer noch die kugelige, runde Tomate, der man aber leider nicht ansieht, ob sie ein wässriges Treibhausexemplar oder aber eine sonnengereifte Frucht ist. Die Kirschtomate, auch Cherry- oder Cocktailtomate genannt, ist die kleinste Tomate. Sie und ihre gelben Schwestern schmekken leicht süßlich. Die Flaschen- bzw. Eiertomate hat eine längliche Form und ein festes, aromatisches Fruchtfleisch. Sie ist ideal für Salate. Die Strauchtomate zeichnet sich durch ein besonders intensives Aroma aus. Bis zu 500 g schwer kann die Fleischtomate werden. Sie enthält wenig Kerne und Flüssigkeit und läßt sich daher ideal zum Schmoren verwenden. Ich empfehle, die Haut der Tomaten vor der Verwendung zu entfernen, denn sie ist unverdaulich.
Frischemerkmale: Glatte Haut.
Lagerung: Tomaten sind sehr druckempfindlich. Nach dem Einkauf sollte man sie an einem kühlen, trockenen Platz bei 10–13 °C aufbewahren. Sie gehören nicht in den Kühlschrank.

Weißkohl ist die meistverkaufte Kohlsorte. Allerdings werden bis zu 90 % der Ernte zu Sauerkraut verarbeitet. Weißkohl gibt es mit runden und mit spitzen Köpfen, besonders zart sind die kleinen Köpfe aus früher Ernte.
Frischemerkmale: Fest geschlossener, hellgrüner Kopf.
Lagerung: Im Gemüsefach des Kühlschranks: ca. 1 Woche, im kühlen Keller bis zu zwei Monate.

Wirsing, auch Welsch- oder Savoyerkohl genannt, ist ein krauser Verwandte des Weißkohls. Ab Ende Mai wird der hellgrüne Frühwirsing geerntet, der besonders zart und aromatisch schmeckt. Er und auch der nachfolgende Sommerwirsing sind schneller als die anderen Sorten gar. Der Herbstwirsing ist dunkelgrün oder gelblich und hat einen besonders intensiven Kohlgeschmack.
Frischemerkmale: Praller, geschlossener Kopf.
Lagerung: An einem kühlen Ort: ca. 2 Tage.

Zucchini, auch Courgettes genannt, gehören zur Familie der Kürbisse. Neben den weitverbreiteten grünen und grüngesprenkelten Sorten gibt es neuerdings auch gelbe Züchtungen. Die Früchte sind geschmacklich recht neutral und eignen sich ideal zum Schmoren, Dünsten, Braten und auch zum Fritieren. Zucchiniblüten sind gefüllt oder fritiert eine Delikatesse. Zucchini sollten nicht geschält werden, da das meiste Aroma unter der Schale steckt.
Frischemerkmale: Feste Früchte ohne Druckstellen. Kleine Früchte sind zarter als große.
Lagerung: Im Gemüsefach des Kühlschranks: 4–5 Tage.

Zwiebeln gehören zur Familie der Liliengewächse. Am schärfsten sind die braunen, runden Speise- bzw. Haushaltszwiebeln. Rote Zwiebeln schmecken wesentlich milder. Sie eignen sich, wie auch ihre weißen Schwestern, ideal zum Rohessen. Lauchzwiebeln, auch Frühlingszwiebeln genannt, sehen aus wie kleine Lauchstangen und werden von Februar bis in den Herbst mitsamt ihren grünen Blättern und den Wurzeln angeboten. Gemüsezwiebeln sind ebenfalls sehr mild. Sie eignen sich bestens zum Füllen und für Salate. Schalotten sind eine besonders kleine und mildschmeckende Zwiebelart und haben eine glänzende, silbergraue bis rötliche Haut. Vorwiegend zum Einlegen verwendet man die Perl- bzw. Silberzwiebeln.
Frischemerkmale: Glatte und trockene Zwiebelhaut, bei Frühlingszwiebeln frisches Aussehen und keine welken Außenblätter.
Lagerung: Bis auf Frühlingszwiebeln (im Kühlschrank nur ca. 2 Tage haltbar) sind alle Zwiebelsorten an einem kühlen, dunklen und trockenen Ort lange lagerfähig – vorausgesetzt, sie waren beim Einkauf makellos.

PILZE

Pilze begeistern seit uralten Zeiten die Menschen. Leider reagieren die wildwachsenden Früchte äußerst empfindlich auf zunehmende Umwelteinflüsse und machen sich rar. Dafür wächst das Angebot an verschiedenen Zucht- und Kulturpilzen, die das ganze Jahr über und in gleichbleibender Qualität erhältlich sind.

Austernpilze, auch Austernsaitlinge genannt, werden auf Stroh oder Holz kultiviert. Die fleischigen, 5–15 cm großen Hüte haben die Form einer Schale bzw. Auster, daher ihr Name. Das Fleisch ist sehr fest und hat einen kräftigen Waldpilzgeschmack. Die festen, unteren Stücke sollten Sie abschneiden, denn sie sind zäh.

Champignons (Egerlinge) gibt es mit weißer, rosafarbener und brauner Kappe. Der braune Champignon, auch Brauner Egerling genannt, ist aromatischer, länger haltbar und nicht so druckempfindlich wie sein weißer Bruder. Sein Geschmack ähnelt dem von Wildpilzen. Außerdem gibt es Riesenchampignons, die sich hervorragend füllen lassen. In Scheiben geschnittene Champignons werden leicht braun. Deshalb sollte man sie gleich nach dem Schneiden mit ein wenig Zitronensaft beträufeln.

Morcheln wachsen von April bis Juni. Die 4–12 cm hohen Pilze tragen einen eiförmigen, hellbraunen bis dunkelbraunen Hut. Typisch sind die netz- bzw. wabenartig gefächerten Vertiefungen der Hutoberfläche. Die bekannteste Morchelart ist übrigens die Spitzmorchel. Frische Morcheln müssen sorgfältig geputzt werden, da sich im Hut oft Schmutz und Erde befinden. Man legt sie deshalb am besten für 3–4 Minuten in Salzwasser. Morcheln gibt es auch in Dosen und getrocknet zu kaufen.

MEIN TIP

Pilze schmecken frisch am besten, deshalb sollten Sie sie möglichst noch am Tag des Einkaufs zubereiten. Zur Not lassen sie sich im Gemüsefach des Kühlschranks (luftig und locker ausgelegt) 2–5 Tage lagern. Eine klebrige Oberfläche deutet auf beginnenden Verderb hin.

Zuchtpilze können Sie unbesorgt wieder aufwärmen. Allerdings nur dann, wenn Sie sie bis dahin im Kühlschrank aufbewahren.

Pfifferlinge (Eierschwämme, Rehlinge) wachsen von Juni bis November. Die kleinen, trichterförmigen, hell- bis dottergelben Pilze duften sehr intensiv. Je kleiner und trockener die Pfifferlinge sind, desto besser schmecken sie. Pfifferlinge kann man auch getrocknet und in Konserven kaufen.

Shiitakepilze, auch Chinapilze oder Tongupilze genannt, haben hell- bis dunkelbraune Hüte mit einem Ø von 5–12 cm. Die Lamellen sind weiß und weisen häufig rotbraune Flecken auf. Frische Shiitakepilze haben festes Fleisch und riechen aromatisch. Man kann sie auch getrocknet kaufen.

Steinpilze (Herrenpilze) findet man von Mai bis Oktober. Der etwas gedrungen wirkende Steinpilz hat einen halbkugeligen bis flach gewölbten Hut von 8–25 cm Ø. Seine Oberfläche ist dunkel- bis schwarzbraun, oft leicht runzelig und trocken. Steinpilze haben festes Fleisch, duften angenehm aromatisch und schmecken fast nußartig. Beim Einkauf sollten Sie darauf achten, daß die Pilze fest und nicht oder nur wenig beschädigt sind. Im Handel finden Sie auch getrocknete Steinpilze sowie zu Pulver zermahlene.

Trüffeln sind die edelsten Speisepilze und so teuer, daß sie fast nur scheibchenweise verwendet werden. Die schwarze Trüffel aus den französischen Perigord ist dunkelbraun bis schwarz und wird von Dezember bis März angeboten. Die weiße Piemont- oder Alba-Trüffel aus Norditalien ist hellbraun und wesentlich aromatischer als ihre schwarze Schwester. Sie gibt es von Oktober bis Dezember im Handel.

Getrocknete Pilze
Vor der Verwendung muß man sie ca. 30 Minuten in kaltem Wasser quellen lassen. Das sehr aromatische Einweichwasser kann dann gut zum Würzen weiterverwendet werden.

Salate

Noch vor 40 Jahren hatte der gute alte Kopfsalat fast eine Monopolstellung. Doch dann wurde es in der Salatszene so richtig bunt. Heute können wir unter über 50 verschiedenen Salatsorten wählen. Dabei mußte der Kopfsalat seine Favoritenstellung an den Eisbergsalat abtreten. Nachfolgend finden Sie die wichtigsten Salatvertreter mit Kurzportraits. Auf S. 49 erfahren Sie die Haupterntezeiten im Überblick.

Bataviasalat hat gelblichgrüne Blätter mit rotgefärbten Blatträndern, die kräftiger sind als die des Kopfsalates und deshalb beim Anrichten nicht so leicht zusammenfallen. Er schmeckt knackig-frisch und herzhafter als Kopfsalat.
Lagerung: 2–3 Tage.

Chicorée zählt, botanisch gesehen, zum Gemüse. Warenkundeinformationen finden Sie auf S. 8.

Eichblattsalat verdankt seinen Namen den Eichenlaub ähnlichen Blättern. Es gibt rötliche und grünliche Sorten. Beide enthalten keine Bitterstoffe und haben ein feines, haselnußähnliches Aroma. Kaufen Sie nach Möglichkeit kleine Köpfe, sie sind zarter als die großen.
Lagerung: Der Kopf des Eichblattsalates ist sehr locker und hält sich daher höchstens 1 Tag.

Eisbergsalat, auch Eis- oder Krachsalat genannt, hat einen runden Kopf mit festen, hell- oder dunkelgrünen Blättern und wiegt 600–800 g. Er schmeckt knackig, saftig und etwas herzhafter als Kopfsalat. Achten Sie beim Einkauf auf feste Köpfe.
Lagerung: Eisbergsalat ist ziemlich robust und hält sich bis zu 5 Tage.

Endiviensalat, auch Eskariol genannt, sieht aus wie eine große, platte Rosette mit breiten, gezahnten Blättern, die leicht bitter schmecken können. Die Außenblätter sollten dunkelgrün, das Herz hellgelb sein. Am besten schneidet man ihn in recht feine Streifen, damit er möglichst viel Salatsauce aufnehmen kann.
Lagerung: Endviensalat kann sogar angeschnitten einige Tage gelagert werden.

Feldsalat (Ackersalat, Rapunzel) heißt in Österrreich übrigens Vogerlsalat, in der Schweiz Nüßli. Die Blätter schmecken herb und etwas nußartig. Feldsalat wird mit und ohne Wurzeln angeboten. Da er meist sehr sandig ist, muß er gründlich gewaschen werden. Besonders knackig ist er, wenn man ihn vor der Zubereitung kurz in eiskaltes Wasser legt. Nach dem Waschen muß er allerdings sehr gut trockengetupft oder -geschleudert werden, weil er Feuchtigkeit verabscheut.
Lagerung: Küchenfertig zubereitet, hält sich Feldsalat höchstens 2 Tage.

Friséesalat ist der krause Bruder des Endiviensalats. Charakteristisch für ihn sind seine sehr feingliedrig gewachsenen Blätter, die innen gelb und außen grün sind. Frisée schmeckt würzig-herb bis leicht bitter. Die Blätter sollten keine braunen Stellen aufweisen.
Lagerung: Den Salat am besten gleich nach dem Einkauf verarbeiten, da er schnell welk wird.

Kopfsalat (Grüner Salat, Blattsalat) gibt es in zwei Varianten: Der gewöhnliche Kopfsalat hat außen grüne Blätter und ein fest zusammengepreßtes grünes Herz. Der rote Kopfsalat ist besonders zart und knackig, hält sich aber nicht so lange wie der grüne. Beim Einkauf sollten Sie darauf achten, daß die Köpfe geschlossen und die Blätter knackig sind. Die Schnittfläche am Strunk muß weiß sein.
Lagerung: Kopfsalat hält sich nur ca. 1 Tag.

Lollo Rosso und Lollo Bionda sehen aus wie krauser Kopfsalat. Der Lollo Rosso hat knackige Blätter mit dunkelroten bis violettfarbenen Blatträndern. Sein Bruder, der Lollo Bionda, hat hellgelbe bis hellgrüne Blätter. Beide Sorten schmecken herb-würzig, ein bißchen nach Nüssen.
Lagerung: 1–2 Tage.

Mein Tip

Ganz gleich, welchen Salat Sie kaufen, er gehört zum Lagern immer in den Kühlschrank. Verpacken Sie ihn dazu in einen Folienbeutel, oder wickeln Sie ihn in Frischhaltefolie oder feuchte Tücher ein.

Löwenzahn wird in zwei Sorten angeboten: grün und gelblichweiß. Die grüne Sorte hat feste, harte Blätter und schmeckt angenehm würzig bis zartbitter. Es gibt sie aus dem Anbau oder aus freier Natur. Allerdings ist kultivierter Löwenzahn milder als der selbstgesammelte. Gelbweißer Löwenzahn schmeckt sehr mild. Frischer Löwenzahn hat feuchte Schnittstellen, und auf leichten Druck tritt eine weißliche Milch aus. Meiden Sie Blätter mit braunen Stellen.
Lagerung: Löwenzahn sollte möglichst erntefrisch verzehrt werden.

Mesclum (Mischsalat) ist, je nach Saison, eine bunte Mischung aus Endivie, Eichblatt, Löwenzahn, Kopfsalat, Rauke, Kresse und Kerbel. Sein herber Geschmack eignet sich hervorragend zum Kombinieren mit herzhaften Zutaten wie Schinken, Käse oder Eiern.
Lagerung: Die robuste Mischung läßt sich gut ein paar Tage aufbewahren.

Radicchio ist ein enger Verwandter der Endivie und des Chicorées. Die faustgroßen, festen, rot-weißen Köpfe schmecken herbbitter.
Lagerung: mehrere Tage.

Rauke (Rucola, Roquette) ähnelt im Aussehen Löwenzahn- oder Radieschenblättern. Die festen, dunkelgrünen bis rötlichen Blätter schmecken kräftig-nussig bis scharf. Sie lassen sich nicht nur roh als Salat, sondern auch wie Spinat als Gemüse zubereiten.
Lagerung: Rauke ist sehr empfindlich und sollte möglichst rasch nach dem Einkauf verbraucht werden.

Römischer Salat wird auch Romana, Bindesalat oder Sommerendive genannt. Die länglichen, hell- oder dunkelgrünen, manchmal sogar dunkelroten Blätter bilden lockere, längliche Köpfe. Der Salat schmeckt herzhaft und ist frei von Bitterstoffen.
Lagerung: 3–4 Tage.

Sauerampfer kann man im Frühjahr und Frühsommer in feuchten Wiesen oder an Bachrändern pflücken; er wird inzwischen aber auch kultiviert. Die großen, saftigen Blätter sind grasgrün und pfeilförmig. Aufgrund ihrer angenehmen Säure eignen sie sich hervorragend für Mischsalate.
Lagerung: Sauerampfer sollte gleich nach der Ernte oder dem Einkauf zubereitet werden.

Schnitt- bzw. Pflücksalate werden bereits küchenfertig (d. h. ohne Wurzel und schon gewaschen) angeboten. Meist handelt es sich um Salatmischungen.
Lagerung: Schnittsalate sollten am Tag des Einkaufs verarbeitet werden.

Sprossen und Keime

Sie sind ein hochwertiges Nahrungsmittel, das man aus Samen, Getreide und Hülsenfrüchten fertig gekeimt kaufen oder preiswert selbst ziehen kann. Und so geht's: Die Samen lauwarm abspülen und in lauwarmem Wasser einweichen (genaue Zeiten finden Sie bei den jeweiligen Kurzportraits). Dann abgießen, gut abspülen, abtropfen lassen und in ein Glas (mit Mulltuch verschließen) oder Keimgefäß geben. An einem warmen, hellen Ort keimen lassen und zwei- bis dreimal am Tag durchspülen. Wichtig: Die Keimlinge müssen immer mit Sauerstoff versorgt sein und dürfen nicht im Wasser stehen, sonst schimmeln sie.

Adzukibohnensprossen werden aus den braunen Adzukibohnen gezogen. Sie schmecken süßlich, leicht nußartig. Die Bohnen für 18 Stunden einweichen, nach ca. 4 Tagen können die Sprossen geerntet werden. Verwendung: für Salate, Suppen, Aufläufe, Füllungen, asiatische Gerichte.

Alfalfasprossen sind die Sprossen der Luzerne, einer Kleeart. Sie schmecken würzig-mild und sehr frisch. Samen ca. 6 Stunden einweichen, Ernte nach 5–7 Tagen. Verwendung: für Salate, Saucen und Suppen.

Kichererbsensprossen schmecken auch erbsenähnlich. Erbsen 12 bis 18 Stunden einweichen, nach 3 Tagen kann geerntet werden. Die Kichererbsensprossen sind schwer bekömmlich, deshalb sollte man sie am besten gedünstet essen. Verwendung: für Gemüsepfannen.

Kressesprossen schmecken ausgesprochen frisch und scharf-würzig. Sie werden aus den Samen der Gartenkresse gezogen. Samen 4–6 Stunden einweichen, nach 8 Tagen kann geerntet werden. Verwendung: für Salate, Suppen, Gemüsegerichte und als Brotbelag.

Linsensprossen schmecken süß und leicht nußartig. Linsen ca. 12 Stunden einweichen, nach 3 Tagen kann geerntet werden. Verwendung: als Rohkost oder im Salat, für Dips und zu Pilzgerichten.

Mungobohnensprossen schmecken knackig-frisch und leicht süßlich. Bohnen ca. 12 Stunden einweichen, Ernte nach 5 Tagen. Verwendung: als Brotbelag, für Rohkost und Salate.

Mein Tip

Sprossen aus Hülsenfrüchten müssen Sie vor der Zubereitung kurz blanchieren, da sie Stoffe enthalten, die gesundheitsschädlich sein können. Diese werden durch das Erhitzen zerstört. Wenn Sie Sprossen an heiße Gerichte geben, dann immer erst zum Schluß, damit sie knackig bleiben. Außerdem sollten Sie Sprossen immer nur kurz erwärmen. So bleiben die wertvollen Vitamine und Mineralstoffe am besten erhalten.

Frisch schmecken Sprossen am besten. Im Folienbeutel oder in einem verschlossenen Gefäß halten sie sich im Kühlschrank jedoch bis zu 4 Tage.

Radieschensprossen werden aus Radieschensamen gezogen. Sie schmecken, wie übrigens auch die Rettichsprossen, scharf-würzig. Samen 4–6 Stunden einweichen, nach 4–7 Tagen kann geerntet werden. Verwendung: als Brotbelag, zu Rohkost, Salat und Eiergerichten.

Sojabohnensprossen werden aus den grünen Sojabohnen gezogen und schmecken knackig-frisch. Bohnen ca. 12 Stunden einweichen, Ernte nach 3–6 Tagen. Verwendung: für Salate, Suppen und Reisgerichte.

Sonnenblumensprossen sind die gekeimten Kerne der Sonnenblume. Sie schmecken nußartig. Die Kerne müssen vor dem Keimen geschält werden. Einweichzeit: ca. 6 Stunden, nach 2 Tagen kann geerntet werden. Verwendung: für Müslis, Fruchtsalate, Kartoffelgerichte.

Weizensprossen sind leicht süßlich schmeckende, gekeimte Weizenkörner. Körner ca. 12 Stunden einweichen, nach 2–3 Tagen kann geerntet werden. Verwendung: als Rohkost, für Salate und Müslis.

Obst

Wußten Sie, daß man von den über 280 verschiedenen Obstsorten, die es auf der ganzen Welt gibt, alleine 250 davon bei uns kaufen kann? Wie Sie ausgewählte Obstsorten fachgerecht zerkleinern und schälen, erfahren Sie auf S. 384. Ein Saisonkalender für die heimischen Obstsorten steht auf S. 49. Nachfolgend aber erst einmal ein Überblick über die gängigsten Obstsorten bei uns, damit Sie sich im Früchte-Dschungel zurechtfinden.

Kernobst

Wer Früchte aus heimischen Anbau bevorzugt, findet ab Mitte August ein Riesenangebot.

Äpfel gehören zu den ältesten Früchten der Erde. Die bei uns beliebtesten Sorten sind Golden Delicious, Cox Orange, Boskoop (ideal zum Backen), Granny Smith, Jonagold und Grieve (hervorragende Tafeläpfel). Wenn Sie Äpfel nach dem Schälen und Zerkleinern sofort mit Zitronensaft beträufeln, werden sie nicht braun.

Birnen sind das fruchtsäureärmste Obst und übertreffen, was den Gehalt an Mineralstoffen angeht, sogar die Äpfel. Die meist sehr saftigen Früchte sind allerdings nicht lange lagerfähig. Zu den bekanntesten Sorten gehören Williams Christ, Clapps Liebling und Abate Fetel.

Quitten unterscheidet man in runde Apfelquitten und längliche Birnenquitten. Geschmacklich sind beide gleich. Wichtig: Quitten sind erst nach dem Kochen genießbar.

Steinobst

Heimisches Steinobst hat von Sommer bis in den frühen Herbst Saison.

Aprikosen schmecken feinsäuerlich und sehr aromatisch, allerdings haben sie oft ein mehliges Fruchtfleisch. Noch leicht grüne Früchte reifen bei Zimmertemperatur nach.

Kirschen unterteilt man in Süß- und Sauerkirschen. Zu den „Süßen“ gehören die festfleischigen, tiefroten Knorpelkirschen und die weichen, länglichen Herzkirschen. Bekannteste Sauerkirsche ist die dunkelrote Schattenmorelle.

Mirabellen sind orangegelb, kirschgroß und zuckersüß.

Nektarinen haben eine glatte, unbehaarte Haut und meist festeres Fruchtfleisch als Pfirsiche.

Pfirsiche haben eine samtig-behaarte Haut. Es gibt Sorten mit weißem, gelbem und rotem Fruchtfleisch.

Pflaumen sind rundliche, rotbraune oder blaue Früchte mit gelblichem, sehr saftigem Fleisch, das schnell zerkocht.

Renekloden (Reineclauden) können grün-, gelb- oder rotschalig sein. Sie schmecken würzig-aromatisch, oft ausgesprochen süß und saftig.

Zwetschgen haben ein festes Fleisch und sind somit ideal zum Kochen und Backen.

Beerenobst

Erdbeeren und Co. sind ausgesprochene Sommerfrüchte und werden vor allem wegen ihrer süß-säuerlichen Frische und ihres hohen Vitamin- und Mineralstoffgehalts geschätzt.

Brombeeren wachsen wild, werden aber auch gezüchtet. Die kultivierten sind zwar größer, aber nicht so aromatisch wie die wild wachsenden. Brombeeren bitte niemals waschen, sondern nur verlesen.

Erdbeeren genießt man am besten, wenn man sie direkt in den Mund pflückt. Übrigens, je kleiner die Früchte, um so aromatischer sind sie.

Heidelbeeren (Blaubeeren) gibt es in zwei Sorten: Die wilden, kleinfruchtigen Waldblaubeeren haben ein würziges Aroma und einen intensiv blaufärbenden Saft. Die in Plantagen gezüchteten, fast kirschgroßen Früchte haben weißes Fleisch und sind milder im Geschmack.

Himbeeren werden als kleine, süße Waldhimbeeren und als größere Gartenhimbeeren angeboten. Sie sind sehr druckempfindlich, deshalb sollten Sie sie nie waschen und möglichst schnell verarbeiten.

Johannisbeeren können rot, schwarz oder weiß sein. Die herb-säuerlichen roten schmecken auch roh, schwarze sind dagegen so herb, daß sie fast nur für Saft, Marmelade oder Rote Grütze verwendet werden. Die weißen Sorten sind milder und süßer.

Preiselbeeren (Kronsbeeren) gibt es als kleine, wildwachsende und als größere, kultivierte Früchte. Die leuchtend roten Beeren schmecken roh säuerlich und entwickeln erst gekocht ihren herben Geschmack. Die amerikanische Preiselbeere (Cranberry) schmeckt noch milder als die heimische.

Stachelbeeren können, je nach Sorte, grün, goldgelb oder rot sowie glatt oder behaart sein. Zum Rohessen eignen sich am besten die roten, für Kompott die grünen.

Weintrauben werden als blaue, gelbe und grüne Tafeltrauben angeboten. Außerdem gibt es Datteltrauben mit großen Beeren und fester Schale sowie weiße und blaue Muskattrauben. Entkernen lassen sich Traubenbeeren am besten, indem Sie sie halbieren und die Kernchen mit der Messerspitze herauskratzen.

Zitrusfrüchte

Orange, Zitrone und Co. präsentieren sich in einer Vielfalt wie noch nie. Und das ist gut so, denn sie bringen Vitamin C, Frische und Abwechslung in die kalten Wintermonate. Zitrusfrüchte müssen Sie immer bei Zimmertemperatur lagern. Bitte niemals in den Kühlschrank legen.

Grapefruits sind sehr saftig, haben kaum Kerne und schmecken säuerlich-bitter. Es gibt Sorten mit gelb-grünlichem und mit rosafarbenem Fruchtfleisch. Letzere sind milder im Aroma.

Kumquats (Zwergorangen) sind etwa pflaumengroß, haben einen säuerlich-würzigen Geschmack und eine dünne Schale, die mitgegessen werden kann. Sie eignen sich vor allem als Cocktailfrucht, für Kompotte und Konfitüren.

Limetten (Limonen) sind kleiner, milder und wesentlich saftiger als Zitronen.

Mandarinen sind sehr leicht schälbare Zitrusfrüchte, die oft aber viele Kerne haben. Die bekannteste Mandarinenart ist die saftig-süße, mild-aromatische Satsuma.

Orangen (Apfelsinen) gibt es in unterschiedlichen Sorten. Die bekanntesten sind die kernlosen, saftig-süßen Navels, die länglichen, sehr aromatischen Shamoutis und die dünnschaligen Valencia Lates. Blutorangen haben hell- bis dunkelrotes Fruchtfleisch und sind ausgesprochen saftig, aber nur sehr schwer zu schälen.

Pomelos sind Verwandte der Grapefruit. Sie können bis zu 2,5 kg schwer werden und haben eine dicke Schale, die sich sehr gut kandieren läßt.

Zitronen haben eine starke Säure und meist viele Kerne. In reifem Zustand sind sie besonders saftig.

Exotische Früchte

Sie sind weitgereist und kommen vor allem aus Ländern mit tropischem und subtropischem Klima.

Ananas haben, wenn sie reif sind, ein intensives Aroma. Am süßesten ist die dekorative Baby-Ananas. Bei reifen Früchten gibt die Schale auf leichten Druck nach. Da die Frucht das eiweißspaltende Enzym Bromelin enthält, sollte das rohe Fruchtfleisch nicht zusammen mit Gelatine und Milchprodukten verarbeitet werden. Erhitzt man die Ananas jedoch, verliert das Enzym seine Wirkung.

Avocados zählen, botanisch gesehen, zu den Früchten, obwohl man sie in der Küche mehr als Gemüse einsetzt. Sie sind, je nach Sorte, birnen- oder apfelförmig, hell- oder dunkelgrün und manchmal sogar schwarz. Sie haben ein mildes, zart-cremiges Nußaroma. Reife Früchte geben auf leichten Fingerdruck nach.

Bananen sind aromatisch und reif, wenn die Schale sattgelb ist und kleine, braune Streifen oder Flecken aufweist. Neben den Obstbananen gibt es auch noch die fingergroßen Babybananen und die mehligen Kochbananen. Letztere kann man nicht roh essen.

Cherimoyas sehen aus wie grüne Riesenerdbeeren. Unter der ledrigen, schuppigen Schale steckt cremig-weißes Fruchtfleisch mit kleinen schwarzen Kernen, das ein bißchen nach Erdbeeren mit Sahne und Zimt schmeckt.

Feigen haben eine grüngelbe bis violettfarbene Schale, die man bei jungen Früchten unbesorgt mitessen kann. Das Fruchtfleisch schmeckt süß. Ein bißchen Zitronensaft verstärkt das Aroma.

Granatäpfel haben rotes, geleeartiges, süß-säuerlich schmeckendes Fruchtfleisch, das zusammen mit den vielen weißen Kernchen ausgelöffelt oder mit einer Zitruspresse ausgepreßt wird.

Guaven erinnern in der Form an Birnen, haben eine glatte, grüne bis gelbliche Schale und schmecken wie eine Mischung aus Birne, Quitte und Feige. Die Früchte werden dünn geschält, die Kerne entfernt.

Kakis haben eine dünne, glatte, orangefarbene bis rote Schale und ähneln von der Form her Tomaten. Reife Kakis sind weich, saftig und haben einen birnen- bis aprikosenähnlichen Geschmack.

Kapstachelbeeren (Physalis) sind von einer hauchdünnen, lampionähnlichen Hülle umgeben. Die kirschgroßen, orangefarbenen Früchte schmecken süß-säuerlich.

Karambolen (Sternfrüchte) können wie ein Apfel gegessen werden. Meist wird die säuerlich schmeckende Frucht in sternförmige Scheiben geschnitten.

Kiwis sind reif, wenn sie auf leichten Druck nachgeben. Rohe Kiwis enthalten ein eiweißspaltendes Enzym. Daher niemals zusammen mit Gelatine und Milchprodukten verarbeiten. Erhitzt man Kiwis, wird das Enzym jedoch unschädlich gemacht.

Litschis sind taubeneigroß, rund bis oval und haben eine rosafarbene genoppte Schale. Sie schmecken, wie übrigens auch ihre behaarten, etwas kleineren Verwandten (die Rambutans), süß mit einem leichten Muskataroma.

Mangos haben eine grünrote bis gelbe Schale und ein saftiges, je nach Sorte, leicht faseriges Fruchtfleisch mit einem großen Kern. Je reifer die Früchte sind, desto vielfarbiger ist die Schale und um so aromatischer duften sie. Mangos sollten Sie immer kühl verwenden, sie schmecken sonst leicht nach Terpentin.

Melonen sind mit dem Kürbis verwandt und gehören deshalb eigentlich zum Gemüse. Sie werden bei uns aber fast ausschließlich als Obst zubereitet. Man unterscheidet zwischen Zucker- und Wassermelonen.
Zuckermelonen
Die gelbe, ovale Honigmelone hat ein zartgrünes, honigsüßes Fruchtfleisch. Die Netzmelone hat eine grüne Schale, die mit einem weißen Netz überzogen ist, und ein aprikosenfarbiges Fruchtfleisch. Die Kantalupmelone (Cantaloupe) ist fast rund und hat eine rauhe Schale, grüngelbe Rippen und manchmal auch kleine Warzen. Die Ogenmelone ist eine Kreuzung aus Netz- und Kantalupmelone. Die runde, gelbe Frucht mit ihren weißen Streifen hat, wie auch die Galiamelone, grünes, sehr aromatisches Fruchtfleisch.
Reife Zuckermelonen erkennt man daran, daß sie bei Fingerdruck nachgeben.

Wassermelonen
Sie können ein Gewicht von bis zu 15 kg haben. Wählen Sie am besten nur Früchte mit matter Schale. Klingt die Frucht hohl, wenn Sie daranklopfen, ist sie frisch.

Papayas sind eiförmige Früchte mit zuerst grüner, dann grünlich bis gelber, ledriger Haut. Im lachsfarbenen Fruchtfleisch stecken viele ungenießbare Kerne, die man nach dem Halbieren der Frucht mit einem Löffel herauskratzt. Unreife Papayas schmecken herb, reife dagegen sehr süß und ein bißchen nach Melone. Papayas sind reif, wenn die Schale auf leichten Fingerdruck nachgibt. Rohe Früchte enthalten das eiweißspaltende Enzym Papain und dürfen daher nicht zusammen mit Gelatine und Milchprodukten verarbeitet werden.

Passionsfrüchte sind schrumpelige, gelbliche, rote oder dunkelbraune Früchte mit vielen schwarzen Kernen, die mitgegessen werden können. Das geleeartige Fruchtfleisch schmeckt süß-säuerlich und wird ausgelöffelt.

Tamarillos (Baumtomaten) schmecken herb-süß. Das geleeartige Fruchtfleisch wird meist ausgelöffelt oder nach dem Schälen in Scheiben geschnitten.

Sonderling Rhabarber

Er gehört botanisch gesehen zum Gemüse, wird aber wie Obst zubereitet. Es gibt ihn mit roter Schale und grünem Fruchtfleisch und mit roter Schale und rotem Fruchtfleisch. Die grünfleischigen Stangen sind die dicksten, aber auch die sauersten.

Nüsse

Alle eßbaren Samen von Früchten werden Schalenobst oder auch Nüsse genannt.

Bittermandeln werden zur Herstellung von Aromastoffen verwendet. Sie enthalten gesundheitsschädigende Blausäure und dürfen daher nicht roh gegessen werden.

Cashewnüsse kommen geschält, geröstet und teilweise auch gesalzen in den Handel und schmekken mild-süßlich.

Erdnüsse gehören, botanisch gesehen, zu den Hülsenfrüchten. Es gibt sie mit und ohne Schale, geröstet und gesalzen.

Haselnüsse gibt es als geschälte oder ungeschälte Kerne, gemahlen und gehackt.

Kokosnüsse sind die mit Kokosmilch gefüllten Früchte der Kokospalme. Es gibt im Handel ganze Früchte und Kokosraspel sowie in Dosen konserviertes Kokosfleisch und Kokosmilch.

Macadamianüsse sind etwas größer als Haselnüsse und haben eine dünne, halbfeste Schale. Sie kommen fast nur geschält, meist geröstet und gesalzen, in den Handel.

Maronen haben ein feines, leicht süßliches Aroma. Frische Maronen besitzen eine feste Schale, die auf Druck nicht nachgibt. Bis man an ihr wohlschmekkendes Innenleben gelangt, muß man jedoch einige Arbeitsschritte hinter sich bringen (S. 257).

Paranüsse haben eine sehr harte, dreikantige Schale.

Pekannüsse, auch Hickorynüsse genannt, sehen aus wie große Eicheln. Sie schmecken etwas aromatischer als Walnüsse.

Pinienkerne schmecken süßlich und werden meist geschält und oft auch geröstet verkauft.

Pistazien sind etwa haselnußgroß, hellgrün und haben ein feines, mildes Nußaroma. Sie werden roh, geröstet und gesalzen sowie geschält und ungeschält angeboten.

Süße Mandeln kann man als ganze Nuß (ungeschält oder geschält), gestiftelt, gerieben, gehackt oder als Blättchen kaufen.

Walnüsse werden mit Schale und geschält als Kernhälften angeboten. Wählen Sie immer Nüsse, die ungebleicht und ungeschwefelt sind.

Trockenfrüchte

Wird frisches Obst soweit getrocknet, daß es nur noch 10–25 % Wasser enthält, entsteht ein wohlschmeckendes, kalorienreiches Konzentrat aus Fruchtzucker – auch Trockenobst genannt. Zu den beliebtesten Sorten gehören Äpfel, Birnen, Pfirsiche, Aprikosen, Feigen, Datteln und Pflaumen. Sie werden, je nach Sorte, in Ringe oder Spalten geschnitten oder im Ganzen getrocknet.
Bei getrockneten Weintrauben unterscheidet man folgende Sorten: Rosinen sind groß, goldgelb und haben Kerne. Die goldgelben bis hellbraunen Sultaninen und die kleinen, fast blauschwarzen Korinthen sind kernlos.
Trockenobst, auch Backobst oder Dörrobst genannt, muß vor dem Kochen nicht eingeweicht werden. Es sei denn, Sie wollen die Einweichflüssigkeit verwenden.

Kandierte Früchte

Früchte, die in Zuckerlösungen gekocht oder eingelegt und zum Teil getrocknet sind, nennt man kandierte Früchte. Bekannteste Vertreter sind Orangeat, Zitronat und in Sirup eingelegte Cocktailkirschen. Es gibt aber auch Wurzeln (z. B. Ingwer), Samen, Blüten und Stengel, die kandiert werden.

Fleisch

In diesem Kapitel erfahren Sie, welche Fleischstücke es gibt und wofür man sie verwendet. Außerdem finden Sie generelle Tips zum Umgang mit Fleisch. Wie z. B. ein Filet fachgerecht gesäubert oder Medaillons in Form gebunden werden, erfahren Sie auf den Seiten 142 und 143.

Schweinefleisch

Qualitativ hochwertiges Schweinefleisch stammt in der Regel von ca. 7 Monate alten Tieren, ist kräftig rosa gefäbt und von zarten Fettäderchen durchzogen. Das Fett sorgt dafür, daß das Fleisch aromatisch, saftig und zart ist. Es brät dann später in der Pfanne heraus. Schweinefleisch sollte nach Möglichkeit bald nach dem Einkauf zubereitet werden.

Welches Stück wofür?

Schinken (Keule, Schlegel) wird in den Teilstücken Oberschale, Unterschale, Nuß und Schinkenspeck (Hüfte) angeboten. Ober- und Unterschale sind die klassischen Stücke für Schnitzel. Nuß und Schinkenspeck eignen sich für große Braten und für Geschnetzeltes.

Schulter (Bug, Schäufele) wird häufig mit Knochen, Fettauflage und Schwarte angeboten und eignet sich dann sehr gut für deftigen Schweinebraten. Die einzelnen Muskelpartien heißen dickes Bugstück, Blatt und falsches Filet. Aus ihnen lassen sich Ragout, Gulasch, Hackfleisch und Spießchen zubereiten. Ausgelöst und gerollt ist die Schulter ein kerniger Rollbraten. Gepökelt und gekocht wird sie als Vorderschinken, gepökelt und geräuchert als Bauernschinken angeboten.

Kotelettstrang liefert mit Knochen und in Scheiben geschnitten Stiel-, Lummer- und Filetkoteletts, ohne Knochen Schweinesteaks. Im Ganzen wird daraus ein herzhafter Braten (Schweinerücken). Gepökelt und gekocht, heißt das Stück Frankfurter Rippchen, gepökelt und geräuchert Kasseler.

Nacken (Hals, Kamm) ist kräftig durchwachsen und wird „wie gewachsen“ oder „ausgelöst“ angeboten. Aus diesem Teil stammen Nackenkoteletts, Braten und Kasseler. Aber auch Ragout, Gulasch und Geschnetzeltes lassen sich daraus zubereiten.

Filet (Lende) ist das zarteste und teuerste Stück vom Schwein. Im Ganzen oder in Scheiben (Medaillons) bzw. Würfel geschnitten, kann es gebraten und gegrillt werden.

Brustspitze (Dicke Rippe) wird oft für eine herzhafte, gefüllte Schweinebrust genommen. Ausgelöst können die mageren Stücke aber auch zu Rollbraten, Gulasch und Eintöpfen verwendet werden.

Bauch (Wammerl) gibt es frisch oder gepökelt. Frisches Bauchfleisch eignet sich als Kochfleisch, in Scheiben geschnitten aber auch zum Braten und Grillen.

Eisbeine (Haxen) sind die Wadenstücke von den Vorder- und Hinterbeinen des Schweines. Die Hintereisbeine (Schinkeneisbeine) sind dabei größer und fleischiger als die Vordereisbeine. Beide kann man kochen, grillen und braten.

Kopf, Ohren, Spitzbein und Schwanz eignen sich als Kochfleisch für Sülzen und Eintöpfe.

Schweinenetz wird in Metzgereien selten verlangt. Es ist aber unentbehrlich, wenn man ein gefülltes Stück Fleisch oder eine Masse beim Garen in Form halten will (siehe Seite 154). Wichtig: Das Schweinenetz muß immer gut gewässert werden, sonst trocknet es aus und bricht.

Kleine Speckkunde

Magerer, durchwachsener Speck ist gepökelt und geräuchert. Man nimmt ihn zum Braten und Kochen.

Frischen grünen Speck (fetten Speck) braucht man zum Auslegen von Pastetenformen und zum Bardieren. Lassen Sie sich den Speck am besten gleich vom Fleischer in dünne Scheiben schneiden.

Fetter Rückenspeck ist gesalzen, luftgetrocknet oder geräuchert. Man nimmt ihn vorwiegend zum Bardieren.

Mein Tip

Wenn Speck beim Braten richtig schön kroß werden soll, geben Sie ihn in die Pfanne und schalten Sie diese erst dann auf hohe Stufe.

Dänischer Bacon und Frühstücksspeck sind besonders mild und hauchdünn geschnitten. Bacon ist sogar leicht gekocht. Beide Sorten eignen sich gut zum Ausbraten.

Rindfleisch

Rindfleisch ist nicht gleich Rindfleisch. Für die Qualität sind in erster Line Geschlecht und Alter der Tiere verantwortlich. Ochsenfleisch gilt als bestes Rindfleisch. Es stammt von ausgewachsenen, kastrierten, männlichen Tieren, ist gut marmoriert und schmeckt aromatisch-kräftig. Jungbullenfleisch stammt von bis zu 2 Jahre alten Tieren. Es ist hellrot und sehr mager. Färsenfleisch stammt von weiblichen Tieren, die noch nicht gekalbt haben, ist meist etwas fett, jedoch dafür sehr zart und saftig. Eine besondere Spezialität ist das Weidemastochsenfleisch. Es ist sehr saftig, aromatisch und stark marmoriert.

Im Gegensatz zu Schweinefleisch, muß Rindfleisch reifen. Fleisch zum Braten und Kurzbraten sollte dabei mindestens 14 Tage, Kochfleisch 5–6 Tage gereift sein. Im Kühlschrank hält sich frisches Rindfleisch 2–3 Tage.

Welches Stück wofür?

Keule besteht aus 4 Teilen. Aus der Oberschale und der Hüfte mit dem Hüftdeckel lassen sich Steaks und Rouladen herstellen. Die Unterschale (Schwanzstück) und die Kugel (Blume, Rose) liefern herzhafte Braten und deftiges Gulasch.

Schulter (Bug) ist der größte Teil des Vorderviertels und liefert das Dicke Bugstück (ideal für Sauer- und Schmorbraten, Rouladen und Steaks). Das Schaufelstück und das Falsche Filet ergeben preiswerte Braten- und Kochfleischstücke. Die Schaufeldecke eignet sich gut für Rollbraten und Gulasch.

Roastbeef unterteilt man in hohes und flaches Roastbeef. Im Ganzen und mit Knochen ergibt es besonders saftige Braten. Aber auch die meisten Steaks werden aus diesem Fleischstück geschnitten.

Filet (Lende) ist das teuerste Stück vom Rind. Es ist ausgesprochen zart und eignet sich daher hervorragend zum Kurzbraten. Das dicke Ende des Filets heißt Filetkopf, das dünn auslaufende Filetspitze.

Brust ergibt ein kerniges Kochfleisch. Sie wird mit und ohne Knochen, frisch oder gepökelt angeboten. Rinderbrust besteht aus dem Brustkern, der den Brustbeinknochen enthält, und der Nachbrust.

Nacken (Kamm, Halsgrat) ist stark mit Sehnen und Fett durchzogen und deshalb ideal für Gulasch, Suppen und Eintöpfe.

Bauchlappen (Lappen, Dünnung) wird in der Hauptsache zum Kochen verwendet.

Hochrippe (Hohe Rippe) ist fein marmoriert, sehr kräftig im Geschmack und ideal zum Braten, Grillen, Schmoren und Kochen sowie für Brühen.

Mein Tip

Achten Sie beim Einkauf darauf, daß das Fleischstück keine angetrockneten Stellen aufweist, denn dies deutet auf falsche bzw. zu lange Lagerung hin.

Fehlrippe findet für Braten Verwendung.

Querrippe (Flach- und Spannrippe) ist stark mit Fett durchwachsen und eignet sich sehr gut zum Kochen. Auch sie ergibt kräftige Brühen und Fonds.

Bürgermeister- oder Pastorenstück (Pfaffenstück) liefert hervorragende Schmorbraten und Sauerbraten und eignet sich gut für Gulasch und Rouladen.

Beinfleisch (Hesse) ist knochen- und sehnenreich. Es eignet sich zum Kochen und Schmoren.

Ochsenschwanz ist die Basis für Ochsenschwanzsuppe und -ragout.

Knochen, wie Mark-, Sand- und Fleischknochen, sind Grundzutaten für Fonds.

Kalbfleisch

Kaum ein anderes Stück Fleisch ist so delikat und vielseitig wie das Kalbfleisch. Es kommt von Tieren, die in der Regel mit 6 Monaten geschlachtet werden und dann ca. 140 kg wiegen. Milchkälber, die normalerweise nur 60 kg wiegen, sind kaum noch auf dem Markt. Kalbfleisch von guter Qualität ist fest, hellrot und mild im Geschmack.

Welches Stück wofür?

Hals und Nacken haben sehr kräftiges Fleisch. Im Ganzen eignen sie sich für Schmorbraten, aber auch für Suppen und Saucenfonds. Sie werden auch in Kotelettscheiben oder Gulaschwürfel geschnitten angeboten.

Brust ergibt einen nicht ganz mageren Rollbraten, traditionell aber wird sie gefüllt. Das Fleisch aus der Brustspitze ist etwas magerer als der Rest.

Schulter (Bug) eignet sich vorzüglich zum Braten und Schmoren. Kleingeschnitten nimmt man sie für Geschnetzeltes und Ragout.

Rücken ergibt im Ganzen oder der Länge nach gespalten ein feines Bratenstück. Das Kotelettstück eignet sich zum Braten, aber meistens schneidet man daraus Koteletts. Der hintere Teil des Rückens ist durchwachsen und hat kürzere Rippen. Von hier stammt der Kalbsnierenbraten. Man kann dieses Stück aber auch auslösen und dann als Rollbraten nehmen.

Filet (Lende) ist das edelste Teil vom Kalb. Es ist sehr feinfaserig und mager. Schneidet man es in Scheiben, bekommt man kleine Filetsteaks bzw. Medaillons.

Mein Tip

Das beste Stück Fleisch nützt nichts, wenn es falsch gelagert wird. Es gehört immer in die kälteste Zone des Kühlschranks, am besten flach auf einen Teller gelegt und mit Folie abgedeckt oder in einen Frischhaltebeutel verpackt.

Keule (Schlegel) besteht aus 4 Teilen: Oberschale, Unterschale, Kugel (Nuß) und Hüfte. Alle Stücke lassen sich im Ganzen sehr gut braten und schmoren. Aus der zarten Oberschale und der noch zarteren Kugel werden begehrte Schnitzel geschnitten. Würfelt man die Kugel, erhält man Fleisch für Geschnetzeltes und Gulasch.

Dünnung (Bauch, Lappen) hat keine Knochen und ist somit ein ideales Fleischstück für Rollbraten. Sie eignet sich aber auch für Gulasch und Frikassee.

Haxen lassen sich im Ganzen grillen, schmoren oder braten. In Scheiben geschnitten, sind Kalbshaxenscheiben als Ossobuco eine beliebte italienische Spezialität.

Lammfleisch

Heute findet man nur noch Lammfleisch, das von jungen, höchstens einjährigen Tieren stammt. Es ist würzig, zart und recht fettarm. Gute Qualität erkennt man an der hell- bis ziegelroten Farbe und am beinahe weißen Fett. Abgedeckt hält sich das Fleisch im Kühlschrank 2–3 Tage, in einer Marinade sogar bis zu 5 Tage.

Welches Stück wofür?

Hals und Nacken (Kamm) sind typische Stücke für Gulasch, Ragouts und Eintöpfe, da sie leicht marmoriert sind. Der Nacken kann aber auch in Koteletts zerteilt werden.

Rücken gibt es mit und ohne Knochen (Rückenfilet). Aus dem Stück mit Knochen bereitet man Lammrücken und Lammkrone zu, aus dem Rückenfilet Rollbraten und Lammnierenbraten. Aus dem Rückenfilet werden auch die Lammchops und Lammnüßchen geschnitten.

Filet ist das zarteste Stück vom Lamm. Es wird meist im Ganzen gebraten.

Keule wird meist ganz und mit Knochen gebraten oder geschmort. Man kann sie aber auch in Scheiben schneiden und kurzbraten sowie grillen, gewürfelt auf Spieße stecken oder für Gulasch verwenden.

Schulter (Bug) eignet sich – mit oder ohne Knochen – zum Schmoren und Braten, aber auch zum Kochen. In Würfel geschnitten, läßt sich daraus Ragout oder Gulasch zubereiten. Das Fleischstück ist von einer Fettschicht umgeben, die vor der Zubereitung sorgfältig entfernt werden muß.

Brust und Dünnung (Bauch) eignen sich ideal für Eintöpfe und Ragouts. In Rippchen geteilt, kann die Brust auch gebraten oder gegrillt werden, entbeint eignet sie sich auch für Rollbraten.

Haxen haben wenig Fett und Knochen, aber sehr aromatisches Fleisch, aus dem sich gute Schmorgerichte zubereiten lassen.

HACKFLEISCH

Man kann aus jeder Fleischsorte Hackfleisch herstellen. Der Gesetzgeber verbietet jedoch aus hygienischen Gründen den Verkauf von Geflügel- und Wildhack. Da Hackfleisch stark zerkleinert ist, ist es extrem leicht verderblich. Es muß deshalb am gleichen Tag der Herstellung verkauft und verarbeitet werden. Zu Hause sollten Sie es bis zum Verzehr unbedingt in den Kühlschrank legen. Gegartes Hack hält sich, gut gekühlt, 1–2 Tage.

Die wichtigsten Sorten

Rinderhackfleisch (Ochsenhack) wird aus preiswerten Fleischstükken, wie Querrippe und Bauchlappen, hergestellt.

Tatar (Beefsteakhack, Schabefleisch) ist die magerste Hackfleischsorte und besteht aus schierem Muskelfleisch vom Rind.

Kalbfleischhack wird aus Schulterfleisch zubereitet. Es schmeckt besonders zart und fein und läßt sich ideal mit Rinderhackfleisch kombinieren.

Schweinehackfleisch ist grob oder fein durchgedrehtes Schweinefleisch, vorwiegend aus Schulter und Bauch.

Mett (Hackepeter, Häckerl) nennt man Schweinefleisch, das bereits mit Zwiebeln, Salz und Gewürzen vermischt ist.

Gemischtes Hackfleisch (Hackfleisch halb und halb) besteht je zur Hälfte aus grob entsehntem Rind- und Schweinefleisch.

Lammhackfleisch wird selten angeboten, da die Nachfrage nicht sehr groß ist. Man bereitet es am besten aus Schulterfleisch zu. Es hat einen intensiven Geschmack.

INNEREIEN

Sie sind in der Regel reich an Vitaminen, Mineralstoffen und Eiweiß, zugleich auch sehr fettarm und leicht verdaulich. Allerdings sind Innereien auch leicht verderblich und sollten daher möglichst rasch zubereitet werden. Aufgrund ihres verhältnismäßig hohen Gehalts an Schwermetallen sind Innereien in Verruf geraten. Die hohen Werte findet man jedoch nur bei älteren Tieren. Doch generell gilt, Innereien nur gelegentlich – und dann in einem Abstand von 2–3 Wochen – zu verzehren.

Die wichtigsten Innereien

Bries, auch Milcher, Midder oder Schweser genannnt, ist die Thymusdrüse von Kalb und Lamm. Kalbsbries ist äußerlich dem Hirn sehr ähnlich. Man kann es kochen, dünsten, schmoren, braten, grillen und backen. Vor der Zubereitung müssen Sie es ca. 2 Stunden (besser noch über Nacht) in kaltes Wasser legen, um alle Blutreste herauszuspülen. Danach wird es kurz überbrüht, abgeschreckt und gehäutet (siehe dazu auch S. 181).

Herz eignet sich nicht nur zum Schmoren, sondern, in Streifen geschnitten, auch zum Kurzbraten.

Hirn (Bregen, Brägen) vom Kalb gilt als ausgesprochene Delikatesse. Das Hirn von Rind und Schwein wandert vornehmlich in die Wurst. Hirn muß immer ganz frisch verarbeitet werden und wird, wie Bries, vorher gehäutet und gewässert.

Kutteln (Kaldaunen) sind der Pansen bzw. Vormagen vom Rind. Sie müssen vor dem Garen immer gründlich abgespült und abgebürstet werden. Am besten eignen sie sich zum Schmoren.

Leber vom Kalb ist hellbraun, mild und saftig; die vom Rind größer, braunrot und kräftig im Geschmack. Schweineleber ist dunkelbraun, leicht porös und herzhaft. Für alle Lebersorten gilt: je jünger die Tiere, desto zarter ihre Leber. Vor der Zubereitung muß von der Leber immer die Haut abgezogen und dicke Adern entfernt werden. Dies erledigt aber in der Regel schon der Fleischer. Leber bitte immer nur kurz braten und erst danach salzen, sonst wird sie hart.

Lunge wird in Süddeutschland auch Beuscherl oder Lüngerl genannt. Am zartesten ist die Kalbslunge.

Nieren von Kalb und Rind haben mehrere große Kammern. Die von Schwein und Lamm weisen eine typische Nierenform auf und sind von einem Fettpolster umgeben, das meistens aber schon vom Fleischer abgelöst wurde.
Rinder- und Schweinenieren sollten Sie vor der Zubereitung wässern. Schweine- und Lammnieren schneidet man vor der Zubereitung horizontal in 2 Hälften und löst die weißen Gefäße mit einem Messer aus. Rinder- und Kalbsnieren werden vor der Zubereitung in Röschen geschnitten und dann noch geputzt (Häutchen und Fett entfernen). Siehe dazu S. 179.

Zunge von Rind, Kalb, Schwein oder Lamm gibt es frisch, gepökelt und geräuchert sowie gekocht als Aufschnitt. Eine Rinderzunge wiegt 1–2 kg, eine Kalbszunge ca. 500 g, eine Schweinezunge 350 g und eine Lammzunge nur 200 g. Nach dem Garen muß die Zunge gehäutet werden. Wie dies geht, erfahren Sie auf S. 180.

Geflügel und Wild

Geflügelfleisch ist preiswert, zart, leicht verdaulich und sehr kalorienarm. Doch nicht alles, was Federn hat, zählt zum Geflügel. Wildgeflügel, wie Fasan, Rebhuhn und Wachtel, gehören zum Federwild.
Wild ist reich an Eiweiß und Mineralstoffen, aber arm an Fett und wegen seiner zarten Faser besonders leicht bekömmlich.
In diesem Kapitel stelle ich Ihnen die wichtigsten Geflügel- und Wildsorten vor. Wie das Fleisch fachgerecht tranchiert und vorbereitet wird, erfahren Sie auf den Seiten 184 bis 187.

Hausgeflügel

Die Haut von frischem, qualitativ hochwertigem Geflügel darf nicht beschädigt sein, und das Geflügel sollte nicht riechen. Auf Nummer Sicher gehen Sie, wenn Sie Geflügel der Handelsklasse A kaufen. Frischgeflügel hält sich im Kühlschrank bei 4–6 °C 2–3 Tage, im Gefrierschrank ca. 8 Wochen.

Hähnchen (Poulet) sind 5–6 Wochen alte, weibliche oder männliche Tiere mit einem Gewicht von 750–1 200 g, die noch vor der Geschlechtsreife geschlachtet werden. Ein Tier reicht für 2 Personen. Vom Hähnchen werden auch Einzelteile, wie Hähnchenbrust, -schenkel, -keulen, -flügel und -brustfilets, angeboten.

Poularden sind Junghennen, die 16–22 Wochen lang besonders gemästet werden und mindestens 1,2 kg wiegen müssen. Sie können auch als Fleischhähnchen bezeichnet werden. Bresse-Poularden aus Frankreich leben im Freiland und fressen Körnerfutter. Mais-Poularden werden mit Mais gefüttert. Das Fleisch beider Tierarten ist sehr würzig und kräftig. Eine Poularde reicht für 4 Personen. Außer im Ganzen wird sie auch in Teilstücken angeboten.

Suppenhühner sind 12–15 Monate alte Legehennen. Sie wiegen 1,5–2,4 kg und sind nur zum Kochen geeignet, ergeben dabei aber eine hervorragende Brühe. Im Spätherbst ist ihr Fleisch übrigens am aromatischsten. Ein Suppenhuhn reicht für ca. 4 Portionen.

Kapaun ist ein junger, noch vor der Geschlechtsreife kastrierter Hahn mit einem Gewicht von 1,5–2 kg. Er ist besonders fleischig und zart.

Stubenküken werden alle Hähnchen mit einem Gewicht unter 750 g (ohne Kopf und Innereien) genannt. In der Regel werden sie 400–500 g schwer angeboten.

Enten werden bis zu ihrem 1. Lebensjahr, meistens jedoch nach 4–6 Monaten geschlachtet und mit einem Gewicht von 1,8–3 kg angeboten. „Junge Enten“, auch Frühmastenten genannt, sind 2–3 Monate alt und nur 1,5–2 kg schwer. Sie haben sehr zartes Fleisch und ein besonders feines Aroma. „Normale Enten“ können dagegen gut 3 kg schwer werden. Neben der normalen Hausente gibt es noch die Barbarie- und die Flugente. Barbarieenten haben einen recht hohen Fettanteil unter der Haut. Wesentlich fettärmer und fleischiger sind die Flugenten. Sie wiegen bratfertig ca. 1,6 kg und haben dunkles, festes

Mein Tip

Frisches Geflügel gehört nach dem Einkauf gleich in die kälteste Zone des Kühlschranks und sollte innerhalb von 3 Tagen zubereitet werden.

Aus hygienischen Gründen sollten Sie Geflügel beim Lagern nicht mit anderen Lebensmitteln in Berührung kommen lassen, um eine Salmonelleninfektion zu vermeiden.

wildähnliches Fleisch.
Auch von Enten werden Teilstücke, wie Entenhälften, Entenkeulen und Entenbrustfilets, angeboten. Die beste Zeit für einen frischen Entenbraten ist übrigens von Spätsommer bis ins zeitige Frühjahr.

Gänse werden als Frühmastgänse und junge Gänse angeboten, und zwar frisch überwiegend von November bis Januar. Frühmastgänse werden nach 9–10 Wochen geschlachtet und erreichen ein Gewicht von 2–3 kg. Junge Gänse sind bis zu 12 Wochen alt, wiegen 4–5 kg und haben – wie auch die Frühmastgänse – eine gleichmäßig helle Hautfärbung und festes Keulenfleisch. Sie sind übrigens die schmackhaftesten und reichen für 4–6 Personen. Hafermastgänse erhalten in den letzten 3 Wochen der Mastzeit täglich mindestens 500 g Hafer, was den typischen Gänsegeschmack noch verstärkt. Obendrein sind sie fettärmer und fleischiger als ihre Verwandten. Gänse werden während der Saison auch in Teilen angeboten – frisch oder tiefgefroren.

Truthahn bzw. Puter wird im Alter von 6–12 Monaten geschlachtet und kann bis zu 17 kg schwer werden. Nicht ganz so fleischig und saftig sind die Baby-Puten mit einem Gewicht von 2–3 kg. Sie reichen für 4–6 Personen. Truthahnfleisch wird vor allem in Teilstücken angeboten, wie Brust (ohne Knochen), Ober- und Unterkeule (mit Knochen) oder wiederum kleinere Stücke davon (Putenschnitzel und -steaks). Im Gegensatz zum Brustfleisch ist das Fleisch der Keulen dunkler und aromatischer.

Perlhühner sind sehr fleischig, zart und haben einen leichten Wildgeschmack. Bratfertig wiegen die Tiere 800–1300 g und reichen für 2–3 Personen. Junge Perlhühner erkennt man an ihrer biegsamen Brustbeinspitze.

Tauben werden im Alter von ca. 10 Wochen geschlachtet und wiegen bratfertig 300–400 g. Sie haben ein zartes, weißes und mageres Fleisch. Pro Person rechnet man übrigens 1 Taube.

Haarwild

Zum Haarwild gehört alles, was Haare hat, also z. B. Hase, Reh, Hirsch und Kaninchen.
Wildkauf ist Vertrauenssache. Denn man sieht dem Fleisch nicht an, ob es aus einer durch Schadstoffe belasteten Region stammt. Aber auch die fachkundige Lagerung spielt für die Qualität eine Rolle. Ein bißchen hilft dabei die Nase. Durchgereiftes Fleisch riecht fein-säuerlich. Hat es einen faulig-muffigen Geruch, man nennt das auch Hautgout, dann ist es nicht in Ordnung. Am sichersten ist es jedoch, wenn Sie Wild bei einem Fachhändler oder einem Ihnen bekannten Jäger kaufen.
Wildfleisch hält sich mindestens 1 Tag frisch, wenn man es in ein mit Essig getränktes Tuch einwickelt und im Kühlschrank (kälteste Zone) aufbewahrt.
Sehr gut eignet es sich zum Einfrieren. Dafür werden Rücken, Keule und Schulter von lockeren Häutchen befreit und möglichst luftdicht verpackt. Im Gefriergerät bleibt das ungespickte Fleisch von Reh und Rotwild 12 Monate, von Hase, Wildkaninchen und Rebhuhn 8 Monate, von Wildschwein 6 Monate und von Fasan 4 Monate frisch. Nachfolgend nun ein kurzer Steckbrief der Wildarten, die für Pfanne und Kochtopf interessant sind.

Rehwild ist eine ausgesprochene Delikatesse, denn das rotbraune, kurzfaserige Fleisch von Rehbock, -ricke und Kitz ist besonders zart und saftig. Der Rücken kann im Ganzen gebraten werden; roh ausgelöst schneidet man daraus Rehnüßchen und Medaillons. Die Keule eignet sich zum Braten, die Schulter (auch Blatt genannt) wird geschmort oder gebraten. Hals und Brust lassen sich gut zu Gulasch verarbeiten.
Jagdsaison: Mai bis Februar.

Rotwild ist der Oberbegriff für Hirsche. Vor allem das dunkelbraune Fleisch junger Tiere ist sehr kernig und aromatisch. Rücken und Keule eignen sich hervorragend zum Braten im Backofen. Man kann aus der Keule aber auch Steaks und Schnitzel zum Grillen oder Kurzbraten schneiden. Das Hirschblatt ist feinstes Schmorfleisch für Gulasch und Ragout. Hals, Brust und Bauch eignen sich für Rollbraten und Pasteten.
Jagdsaison: Juni bis Februar.

Damwild ist in seinem Fleisch dem vom Reh sehr ähnlich. Seine Teilstücke werden auch wie Rehfleisch zubereitet. Immer häufiger stammt das Damwild aus landwirtschaftlicher Gatterhaltung. Sein Fleisch ist etwas saftiger als das der Tiere aus freier Wildbahn. Allerdings ist der typische Wildgeschmack nicht so ausgeprägt.
Jagdsaison: Juli bis Februar.

Schwarzwild (Wildschwein) liefert saftiges, dunkelrotes, hocharomatisches Fleisch, wenn es von jungen Tieren, wie Frischlingen und Überläufern, stammt. Das Fleisch älterer Tiere sollte man nur noch schmoren. Das beste Bratenstück ist die Schulter, aber auch Rücken und Keule eignen sich im Ganzen oder in Teilen zum Braten. Aus der Keule lassen sich auch Steaks und Rouladen schneiden. Bauch, Brust und Hals liefern Fleisch für Schmorgerichte. Achtung: Das Fleisch von männlichen Wildschweinen (Keilern), die während der Paarungszeit erlegt wurden, hat einen spezifischen Geruch und Geschmack, der sich weder durch Abhängen noch durch Tiefgefrieren verliert.
Jagdsaison: Frischlinge und Überläufer können das ganze Jahr über geschossen werden, ältere Tiere nur von Juni bis Januar.

Hasen schmecken am besten, wenn sie nicht älter als 8 Monate sind (Junghasen). Ihr Fleisch hat einen ausgeprägten Eigengeschmack. Rücken und Keulen lassen sich in der Pfanne oder im Ofen braten. Hasenklein ergibt leckeres Ragout.
Jagdsaison: Oktober bis 15. Dezember.

Wildkaninchen haben ein weißes bis blaßrosafarbenes Fleisch, das etwas süßlich schmeckt. Ihre Teile lassen sich wie die vom Hasen zubereiten.
Jagdsaison: Ganzjährig.

Federwild

Zum Federwild, auch Wildgeflügel genannt, gehören alle Vögel, die frei leben und gejagt werden können. Mittlerweile wird aber ein großer Teil des Wildgeflügels auch im Freigehege gehalten.

Fasane werden während der Jagdzeit von Oktober bis Mitte Januar bereits küchenfertig oder ausgenommen im Federkleid angeboten. Bratfertig gibt es sie das ganze Jahr über zu kaufen. Junge Hähne wiegen ca. 1 kg, Hennen sind etwas leichter. Junge Tiere erkennt man übrigens an grauen Ständern (Beinen) und kurzen, weichen und stumpfen Sporen. Das Fleisch vom Fasan ist relativ langfaserig. Ein Fasan reicht für 2 Personen.

Rebhühner wiegen 350–400 g und werden von September bis Mitte Dezember frisch im Federkleid angeboten. Am besten schmecken einjährige Rebhühner. Junge Tiere haben übrigens gelbe Füße und einen leicht biegsamen Unterschnabel. Tiefgefroren gibt es Rebhühner das ganze Jahr über. Ein Rebhuhn reicht für 1 Portion.

Wachteln kommen heute fast nur noch aus Zuchtbetrieben. Sie wiegen bratfertig ca. 180 g, wobei die Hennen schwerer als die Hähne sind. Wachteln werden vorwiegend frisch oder tiefgefroren angeboten. Für 1 Portion rechnet man 2 Wachteln. Da das Geflügel schnell verdirbt, sollte man es auch im Kühlschrank nicht zu lange lagern, sondern lieber einfrieren. Ideal für die schnelle Küche sind Wachtelbrüstchen, die es mit Haut zu kaufen gibt.

Wildenten werden von September bis Mitte Januar gejagt; tiefgefroren bekommt man sie das ganze Jahr über. Sie sind magerer und kerniger als Hausenten, wiegen bratfertig ca. 800 g und reichen für 2 Personen. Bekannteste Wildentenart ist die Stockente, daneben gibt es noch Krick- und Schnatterenten. Junge, frische Enten haben einen grünen Schnabel, biegsame Beine und leicht einreißende Schwimmhäute.

Fisch und Meeresfrüchte

In diesem Kapitel finden Sie Kurzportraits zu den wichtigsten Fischen und Meeresfrüchten. Auf den Seiten 212 bis 215 erfahren Sie, wie Fisch z. B. filetiert und gehäutet wird und wie man Meeresfrüchte fachgerecht vorbereitet.

Fische

Fische teilt man in See- und Süßwasserfische ein und differenziert dabei die Seefische nach ihrem Aussehen noch einmal nach Platt- und Rundfisch. Moderne Kühl- und Transportmethoden machen es möglich, daß der Fisch beim Kauf nicht mehr nach Fisch riecht, sondern selbst aus dem entlegensten Fleckchen Erde topfrisch beim Händler um die Ecke landet. Dennoch sollten Sie beim Einkauf auf folgende Frischekriterien achten:

- Die Augen müssen prall und klar sein und glänzen.
- Die Kiemen müssen hellrot sein und fest an der Haut anliegen.
- Die Schleimhaut soll glatt sein und nicht schmierig riechen.
- Ein Eindruck mit dem Finger ist bei frischen, ganzen Fischen nur sehr kurz zu sehen.
- Fischfilets müssen glatte, nicht angetrocknete oder verfärbte Ränder und glänzendes Fleisch haben.

Seefische

Glattbutt ähnelt im Aussehen dem Steinbutt, ist aber etwas schlanker und hat eine glatte Haut. Der Glattbutt schmeckt auch feiner und sein Fleisch ist fester. Glattbutt läßt sich wie Steinbutt zubereiten, eignet sich aber auch zum Grillen und Fritieren.

Goldbrasse, auch Dorade royale genannt, ist die feinste aller Brassen. Der Rundfisch hat sehr festes, weißes Fleisch mit wenig Fett und kaum Gräten. Am besten schmeckt er pochiert, gebraten oder gegrillt.

Heilbutt ist der größte Plattfisch. Weißer Heilbutt hat eine gräulich-schwarze und eine weiße Seite. Sein feines, relativ fettarmes Fleisch eignet sich gut zum Pochieren, Braten, Ausbacken und Grillen. Schwarzer Heilbutt ist kleiner und recht fettreich – und daher ideal zum Räuchern. Er eignet sich aber auch zum Pochieren, Braten und Grillen.

Hering zählt zu den Fettfischen. Als Matjes wird der noch vor der Geschlechtsreife gefangene grüne Hering bezeichnet. Vollheringe sind vor dem Laichen und Herbst- oder Leerheringe nach dem Laichen (mit stark zurückgebildeten Geschlechtsorganen) gefangene Heringe. Übrigens sind die im Frühjahr gefischten Heringe aromatischer und magerer als die Herbstfische. Hering wird frisch als grüner Hering, geräuchert als Bückling, in Lake eingelegt als Salzhering und mariniert als Bismarckhering oder Rollmops angeboten.

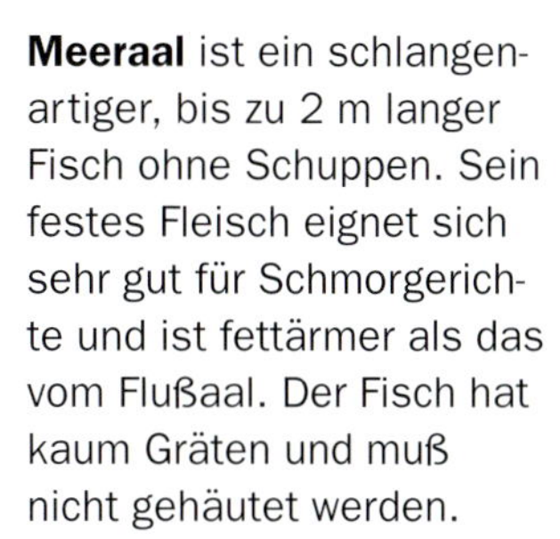

Kabeljau ist einer unserer wichtigsten Speisefische. Bis zur Geschlechtsreife wird der Rundfisch Dorsch genannt. Sein festes, mageres, sehr mild schmeckendes Fleisch läßt sich pochieren, braten, dünsten oder grillen.

Lengfisch (Leng) ist mit dem Kabeljau verwandt, hat aber nicht so feines Fleisch. Der Rundfisch wird vorwiegend filetiert angeboten und eignet sich besonders gut zum Braten.

Makrele ist sehr fettreich. Das feste und saftige Fleisch wird frisch, geräuchert oder in Konserven angeboten. Der Rundfisch ist ideal zum Pochieren, Dünsten, Braten, Grillen und Ausbacken.

Meeraal ist ein schlangenartiger, bis zu 2 m langer Fisch ohne Schuppen. Sein festes Fleisch eignet sich sehr gut für Schmorgerichte und ist fettärmer als das vom Flußaal. Der Fisch hat kaum Gräten und muß nicht gehäutet werden.

Meeräschen werden 30–50 cm lang und haben festes, weißes, zartes Fleisch. Die Rundfische sind ideal zum Braten, Grillen und Pochieren.

Merlan (Wittling) gibt es frisch und geräuchert. Die Filets des Rundfischs lassen sich hervorragend rollen und sind ideal zum Pochieren und Braten.

Petersfisch sieht aus wie ein Plattfisch, ist aber keiner. Sein ziemlich festes, mageres Fleisch ähnelt dem des Steinbutts und eignet sich zum Grillen, Braten, Dämpfen sowie Pochieren.

Rotbarben (Rote Meerbarben) haben ein feines, mageres Fleisch mit einem ganz spezifischem Aroma, das sich besonders gut grillen, braten und marinieren läßt.

Rotbarsch (Goldbarsch) ist ein preiswerter Konsumfisch. Sein rötliches, sehr festes Fleisch wird vorwiegend filetiert angeboten. Der Rundfisch ist ideal zum Braten, Grillen, Kochen und Pochieren.

Rotzunge (Limandes) ist eine nahe Verwandte der Scholle. Der Plattfisch hat weißes, sehr schmackhaftes Fleisch, das vorwiegend filetiert angeboten wird. Es schmeckt sehr gut pochiert oder zart gebraten.

Sardellen (Anchovis) werden 9–15 cm groß. Die Rundfische gelangen meist nur tiefgekühlt, geräuchert oder in Salz oder Öl eingelegt in den Handel.

Sardinen werden hauptsächlich zu Ölsardinen verarbeitet. Man bekommt sie aber auch frisch und tiefgefroren.

Schellfisch erkennt man an seinem dunklen Rükken, dem weißen Bauch und den schwarzen Seitenlinien. Sein helles Fleisch ist fest, mager und sehr zart. Der Rundfisch kommt frisch als Angelschellfisch oder als Filet in den Handel und ist ideal zum Kochen und Pochieren.

Scholle (Goldbutt) ist der meistverkaufte, aber nicht ganz billige Plattfisch. Sein Fleisch ist sehr mager. Scholle gibt es sowohl im Ganzen als auch als Filet.

See- oder Wolfsbarsch, im Mittelmeer auch Loup de mer genannt, ist einer der teuersten Speisefische. Das feste, weiße, äußerst aromatische Fleisch des Rundfischs schmeckt besonders gut pochiert oder zart gebraten.

Seehecht ist ein schlanker, großer Rundfisch. Er hat mageres, festes Fleisch mit wenig Gräten, das sich sehr gut zum Pochieren, Braten und Grillen, aber auch zum Fritieren eignet.

Seelachs (Köhler) ist ein preiswerter Konsumfisch, dessen zartes Fleisch mit seinem kräftigen Geschmack sehr gut zum Braten, Kochen und Ausbacken ist. Er wird vorwiegend als Filet angeboten.

Seeteufel (Angler) gilt als einer der köstlichsten Rundfische. In Frankreich wird er auch Lotte de mer oder Baudroie genannt. Sein festes, zartes Fleisch ist völlig grätenfrei. Es gibt ihn frisch, oft mit gehäutetem Schwanzstück, und geräuchert.

Seewolf oder Steinbeißer (Katfisch) erkennt man an seiner stacheligen Rückenflosse. Sein fettarmes Fleisch ist sehr wohlschmeckend. Er wird frisch und gefroren gehandelt, entweder im Ganzen (ohne Kopf) oder in Scheiben.

Seezunge gehört zu den feinsten Edelfischen. Der Plattfisch ist im Schnitt 30–40 cm lang und hat eine helle Unter- und eine dunkle Oberseite. Die Haut der Seezunge ist fest und muß vor der Zubereitung abgezogen werden (S. 213). Das Fleisch ist weiß und sehr zart. Seezungen werden ganz oder filetiert, frisch oder tiefgefroren angeboten.

Steinbutt erkennt man an den steinähnlichen Verkrustungen an der dunklen Seite. Der Plattfisch hat festes Fleisch, das am besten gebraten oder pochiert schmeckt.

Thunfische (zur großen Familie gehört auch der kleine Bonito) haben generell ein fettes, festes, dunkles, sehr aromatisches Fleisch, das im Geschmack dem von Kalbfleisch ähnelt. Es gibt die Rundfische frisch und tiefgefroren (als Filet oder Tranchen), geräuchert oder in Konserven.

Süßwasserfische

Aale wachsen im Meer auf, gehen zum Laichen in die Flüsse und kehren dann ins Meer zurück. Ihr Fleisch ist fest, zart und grätenfrei, allerdings auch sehr fettreich und schwer verdaulich. Am besten schmecken Aale, wenn sie ca. 1 kg schwer sind. Es gibt sie frisch (grüner Aal), geräuchert, in Gelee und in der Konserve.

Barsch (Flußbarsch) hat zartes, fettarmes, hocharomatisches Fleisch und eignet sich für alle Zubereitungsarten. Der in der Schweiz auch Egli genannte Fisch hat gefährliche Stachelstrahlen, deshalb ist beim Schuppen und Ausnehmen Vorsicht geboten.

Forellen gehören zur Familie der Lachse. Man unterscheidet folgende Arten: Bachforellen leben meist frei und sind deshalb rar. Sie schmecken wesentlich aromatischer als die größeren, gezüchteten Regenbogenforellen. Bis zu 1,4 m lang werden die Seeforellen, die in den Alpenseen beheimatet sind. Lachsforellen sind Wanderfische, deren Fleisch während ihres Aufenthaltes im Meer eine lachsähnliche Farbe annimmt. Die meisten Lachsforellen stammen jedoch aus der Zucht.

Hecht hat mageres und festes Fleisch. Da es sehr grätenreich ist, ist es vorteilhaft, Hechtfilets zu kaufen.

Karpfen unterscheidet man in den völlig mit Schuppen bedeckten Schuppenkarpfen, den nur unregelmäßig beschuppten Spiegelkarpfen und den fast schuppenlosen Lederkarpfen. Am besten schmecken die Fische in den Herbst- und Wintermonaten.

Lachse laichen ursprünglich in Flüssen, wandern dann aber ins Meer. Man unterscheidet, je nach Größe, Qualität und Farbe, u. a. den dunkelroten Grönlandlachs, den hellroten, saftigen Ostseelachs und den aromatischen Königslachs. Als besondere Delikatesse gilt der flußaufsteigende Lachs, auch Salm genannt. Sein hellrotes, fettreiches Fleisch ist fast grätenfrei. Wesentlich runder und längst nicht so aromatisch sind die Zuchtlachse. Sie haben allerdings das ganze Jahr über Saison. Lachs gibt es frisch, geräuchert oder trockengebeizt.

Renken gehören zur Familie der Lachse. Ihr Fleisch ist kräftig im Geschmack. Stammen sie aus dem Bodensee, nennt man sie Felchen.

Saibling ist ein 20–40 cm großer, forellenartiger Fisch. Sein lachsfarbenes Fleisch schmeckt pochiert und kurzgebraten am besten. Es gibt Bach- und Seesaiblinge.

Schleien sind mit dem Karpfen verwandt, ihr Fleisch ist aber nicht ganz so fett. Filets und Tranchen schmecken am besten gebraten oder pochiert.

Viktoriabarsch stammt aus dem Viktoriasee in Afrika und hat ein leicht faseriges, weiches Fleisch, das beim Garen nicht zerfällt. Im Handel bekommt man ihn in der Regel als Filet.

Zander ist das Feinste, was unsere Seen zu bieten haben. Sein weißes Fleisch ist zart und mild im Geschmack. Doch Vorsicht beim Schuppen. An seinen spitzen, mit Schleim überzogenen Stacheln kann man sich leicht verletzen.

Meeresfrüchte

Sie werden in Krusten-, Schalen- und Weichtiere unterschieden. Hier ein Überblick über die wichtigsten Arten.

Krustentiere

Flußkrebse sind 10 bis 25 cm lang, schwarz und haben 2 ungleich große Scheren sowie ein langes Schwanzstück. Flußkrebse gibt es nur sehr selten lebend zu kaufen. Meist werden sie vorgekocht oder ausgelöst als Tiefkühl- bzw. Dosenware angeboten.

Hummer haben 2 unterschiedlich ausgebildete Scheren: eine kräftig große Fangschere (sitzt meistens rechts) und eine kleine Schere mit scharfen Zähnen. Der größte Teil der bei uns angebotenen Hummer kommt aus Kanada, denn die europäischen Gewässer sind überfischt. Kanadische Hummer sind etwas gedrungener und haben manchmal eine schwarzrötliche Farbe. Am besten schmecken Hummer mit einem Gewicht von 500 bis 800 g. Denn je größer und älter die Tiere sind, desto faseriger ist ihr Fleisch. Hummer gibt es frisch, tiefgekühlt und vorgekocht.

Scampi, auch Kaisergranate oder Langustinos genannt, haben 2 lange, schlanke Scheren und sehen aus wie Mini-Hummer. Ihr Fleisch ist zart und sehr aromatisch.

Langusten haben keine Scheren, sondern sehr große Fühler. Der größte Teil ihres wohlschmeckenden Fleisches, das süßer als das des Hummers ist, sitzt im Hinterleib. Die Tiere werden lebend oder gekocht, die Schwänze tiefgekühlt verkauft.

Nordseekrabben sind eigentlich keine Krabben, sondern Garnelen, da sie zur Familie der Langschwanzkrebse gehören. Da sie leicht verderben, werden sie schon an Bord gekocht. Die Nordseegarnelen erhält man ungeschält oder geschält.

Tiefseegarnelen haben gleich mehrere Familienmitglieder. Die kleinsten sind die 2,5–3 cm großen Crevetten, auch Grönlandshrimps genannt. Gekocht und geschält, ist ihr Fleisch außen leicht rötlich. Die Grönlandkrabben bzw. Eismeershrimps sind 6–7 cm groß und haben ein festeres Fleisch. Es gibt sie gekocht und tiefgefroren, mit und ohne Schale. Riesengarnelen werden oft auch als King Prawns oder Hummerkrabben angeboten. Sie gehören zu den größten Tiefseegarnelenarten. Ihr Fleisch ist fest, herzhaft und würzig. Sie werden tiefgefroren, roh oder gekocht sowie mit oder ohne Schale und Kopf angeboten.

Taschenkrebs ist ein großer Krebs mit braunrotem, glattem Panzer. Er hat 2 große Scheren, in denen das beste Fleisch sitzt. Das Fleisch des auch Crab genannten Tieres ist sehr aromatisch.

MEIN TIP

Muscheln sind sehr leicht verderblich und sollten daher frisch zubereitet werden.

Schalentiere

Fangfrische Schalentiere (Muscheln) erkennt man an ihren noch geschlossenen Schalen und ihrem frischen Meerwassergeruch.

Austern stammen fast alle von künstlichen Zuchtbänken, wo sie in 3–4 Jahren zur Marktreife herangezogen werden. Bekannteste Sorten sind die Imperial aus Holland, die Portugaise aus Portugal, die Sylter Royal, die Belon und Marenne aus Frankreich, die Navite und Whitestable aus England, die Limfjord aus Dänemark und die Blue point und Virginia aus Amerika. Austern werden meist roh gegessen, schmecken aber auch pochiert, gebraten und gegrillt sehr gut.

Herzmuscheln verdanken den Namen ihrem Profil. Die ca. 5 cm große, elfenbein- bis bräunlichfarbenen Muscheln werden wie Miesmuscheln zubereitet.

Jacobs- oder Pilgermuscheln haben eine gewölbte Schale, sind 10–15 cm groß und schmecken am besten von November bis März. Das Innere besteht aus dem orangeroten Corail (Rogen) und dem cremeweißen Muskelfleisch. Beides kann gegessen werden.

Mies- oder Pfahlmuscheln kommen heute vorwiegend aus Zuchtanlagen. Sie können gekocht, gebraten und mariniert werden. Im Winter sind die Muscheln besonders köstlich und fleischig.

Venusmuscheln sind in fast allen Meeren zu Hause. Ihr Geschmack ist feiner als der von Miesmuscheln. Teppichmuscheln, auch Vongole genannt, gehören zur Familie der Venusmuscheln. Sie werden 3–5 cm groß.

Weichtiere

Die wichtigsten Vertreter sind hier die Tintenfische. Aber auch der Seeigel, eine Spezialität, die man hier nur selten bekommt, zählt dazu.

Kalmare haben einen sehr schlanken, langen, torpedoartigen Körper mit einer rhombenförmigen Flosse. Ihr festes, mageres Fleisch kann gekocht oder gebraten werden. Der sackartige Körper läßt sich auch gut füllen. Kalmare gibt es bei uns frisch, aber auch tiefgekühlt, im Ganzen oder in Ringe geschnitten.

Oktopus, auch Gemeine Krake genannt, ist im Mittelmeerraum äußerst populär. Er hat 8 Fangarme mit jeweils 2 Reihen von Saugnäpfen. Er schmeckt gekocht, gebraten, mariniert und fritiert.

Tintenfisch, auch Sepia genannt, hat einen ovalen bis runden Körper sowie 2 lange und viele kleine Fangarme. Er läßt sich wie Kalmar und Oktopus zubereiten. Bei uns findet man ihn fast immer küchenfertig vorbereitet und oft auch tiefgekühlt.

KARTOFFELN

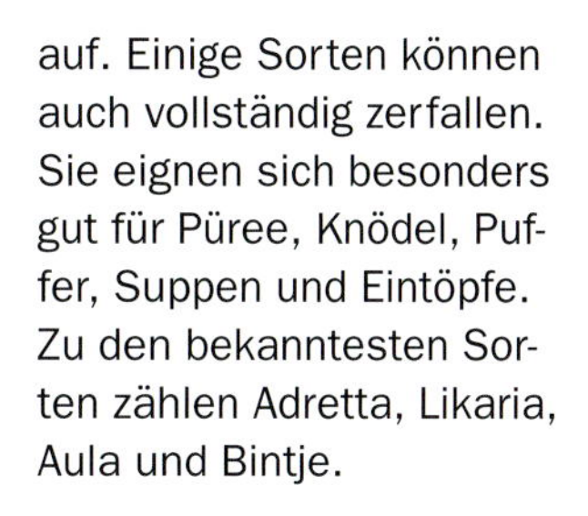

Von einer eher profanen Sättigungsbeilage hat sich die Kartoffel heute bis in die Küchen der Spitzenrestaurants hochgearbeitet. Dem Vorurteil, ein ungesunder Dickmacher zu sein, hielt sie dabei trotzig stand. Schließlich wußte sie schon immer, was in ihr steckt: eine Fülle von wichtigen Vitaminen und Mineralstoffen sowie hochwertiges Eiweiß und Ballaststoffe. Nur Kalorien hat sie so gut wie keine – 100 g enthalten nämlich nur 68.

MEIN TIP

Einkellerungskartoffeln sollten Sie möglichst spät im Jahr kaufen, am besten nicht vor Oktober, damit sie nach einer Zwischenlagerung bereits eine feste Schale gebildet haben.

DIE SORTEN

Allein in Deutschland wetteifern über 60 verschiedene Speisekartoffelsorten um die Gunst der Verbraucher. Unterschieden werden sie dabei nach ihren Kocheigenschaften.

Festkochende Sorten behalten beim Kochen ihre glatte, feste Form und springen nicht auf. Sie eignen sich deshalb hervorragend für Salate, als Salz-, Pell- und Bratkartoffeln und für Schmorgerichte sowie Gratins. Die bekanntesten Vertreter sind Hansa, Sieglinde, Linda, Nicola, Cilena, Forelle und Selma. Aber auch die aromatischen „Bamberger Hörnd" gehören dazu, obwohl sie eigentlich nur „knollenartige Kartoffelgewächse" sind, da sie den gesetzlichen Bestimmungen über die Kartoffelform nicht entsprechen.

Vorwiegend festkochende Sorten springen beim Kochen nur ein wenig auf, sind mittelfest und leicht mehlig. Besonders empfehlenswert sind sie für Puffer, Bratkartoffeln und Rösti, aber auch für Salz-, Pell- und Folienkartoffeln geeignet. Die bekanntesten Sorten sind Arkula, Berber, Gloria, Rosara, Granola, Christa, Hela, Liu und Quarta.

Mehligkochende Sorten haben einen höheren Stärkegehalt, sind grobkörnig und platzen beim Kochen auf. Einige Sorten können auch vollständig zerfallen. Sie eignen sich besonders gut für Püree, Knödel, Puffer, Suppen und Eintöpfe. Zu den bekanntesten Sorten zählen Adretta, Likaria, Aula und Bintje.

DIE REIFEZEIT

Entscheidend für Qualität und Aroma der Kartoffeln ist ihr Erntezeitpunkt.

Frühkartoffeln haben einen stark ausgeprägten Kartoffelgeschmack, eine kräftig gelbe Innenfarbe und eine so dünne, zarte Schale, daß man sie am besten mitessen sollte. Aus Zypern und Israel kommen die ersten Frühkartoffeln bereits im Januar auf den Markt. Heimische Ernte wird von Ende Juni bis Anfang August angeboten. Leider lassen sich diese Frühkartoffeln nicht länger als 14 Tage lagern.

Mittelfrühe Kartoffeln sind meist ausgezeichnete Speisekartoffeln. Sie werden im August und September geerntet und können ca. 8 Monate gelagert werden.

Spätkartoffeln kommen von Mitte September bis in den November hinein in den Handel. Sie können bis zur neuen Saison gelagert werden.

DER EINKAUF

Heute erhält man Kartoffeln meist vorgewaschen. Dabei können sie leicht verletzt werden, und das Wasserbad kann eine Fäulnisbildung fördern. Kaufen Sie also besser ungewaschene Knollen. Achten Sie außerdem darauf, daß sie weder Keime noch Schimmelansätze zeigen.

DIE LAGERUNG

Nach dem Einkauf müssen Sie die Kartoffeln sofort aus der Verpackung nehmen, damit sie nicht „schwitzen". In einem Korb, dunkel, kühl und luftig aufbewahrt, bleiben sie bis zu 3 Wochen frisch. Wenn Sie Kartoffeln einkellern möchten, brauchen Sie einen luftigen, trockenen, dunklen Keller mit einer Temperatur von etwa 4 °C. Dort lagert man die Erdäpfel am besten luftig in Horden oder auf Lattenrosten.

NUDELN

Nudeln gibt es in einer derartigen Vielfalt, daß selbst eingefleischte Nudelexperten nicht mehr so recht durchblicken. Im Handel findet man heute sowohl getrocknete (und somit lange haltbare) als auch frische Nudeln. Wie Sie selbst Nudeln herstellen können, erfahren Sie auf den Seiten 300 bis 305.

DIE SORTEN

Hartweizennudeln werden ausschließlich aus Hartweizengrieß und Wasser hergestellt. Der Grieß wird dabei aus einer speziellen Weizenzüchtung, dem Durum-Weizen, gewonnen. Er enthält weniger Stärke und mehr Eiweiß als normaler Weizen. Dadurch werden die Nudeln nach dem Kochen schön bißfest.

Vollkornnudeln werden aus dem Mehl von ganzen Getreidekörnern hergestellt und erhalten einen hohen Anteil an Ballaststoffen.

Frischei-Nudeln enthalten Eier und werden in unterschiedlichen Qualitäten angeboten. Diese sind davon abhängig, wie viele Eier bzw. Eigelbe für den Teig verwendet wurden.

Bunte Nudeln enthalten ihre Farbe durch Zugabe von natürlichen Zutaten wie Spinat, Tomaten und Tintenfischtinte.

MEIN TIP

Nudeln mit großer Oberfläche (z. B. Spiralnudeln, Penne oder die rauhen Spätzle) nehmen besonders gut die Sauce an. Das Gericht schmeckt dann besonders „rund“.

KLEINES NUDEL-ABC

Bandnudeln: Flache Nudeln in verschiedenen Breiten und Längen. Oft als aufgewickelte Nudelnester erhältlich. Kochzeit: 4–7 Minuten.
Bucatini: Lange, dicke Röhrenspaghetti. Kochzeit: 10–12 Minuten.
Canneloni: Ca. 8 cm lange, dicke Röhrennudeln, die gefüllt werden. Gibt es roh oder bereits vorgekocht.
Farfalle: Kurze, schmetterlingsförmige Pasta. Kochzeit: 6–8 Minuten.
Fettuccine: Schmale Bandnudeln. Kochzeit: 4–7 Minuten.
Gnocchi: Kurze, gedrehte Nudeln in Schneckenform. Achtung, es gibt aber auch Kartoffelgnocchi (S. 293). Kochzeit: 8 bis 10 Minuten.
Lasagneplatten: große Teigblätter, sind meist vorgekocht.
Makkaroni: Lange Hohlnudeln mit ca. 5 mm Ø. Kochzeit: 8–10 Minuten.
Penne: Dicke, ca. 6 cm lange Hohlnudeln. Gibt es glatt oder geriffelt. Kochzeit: 9–12 Minuten.
Spätzle: Kurze Nudeln in unregelmäßiger Form. Kochzeit: 13–15 Minuten.
Spaghetti: Dünne Nudeln in unterschiedlicher Länge. Kochzeit: ca. 10 Minuten.
Spiralen: flache spiralförmig aufgedrehte Nudeln. Kochzeit: 6–8 Minuten.
Tagliatelle: Schmale Bandnudeln. Kochzeit: 6–8 Minuten.
Tortellini: Ringe, die mit verschiedenen Farcen gefüllt sein können. Kochzeit: je nach Art und Größe 5–10 Minuten.

ASIATISCHE SPEZIALITÄTEN

Glasnudeln sind eine Spezialität aus Soja- oder Mungobohnen oder anderen Hülsenfrüchten. Sie haben ein glasartiges, durchscheinendes Aussehen, brechen leicht und haben eine ganz kurze Garzeit.

Reisnudeln werden aus Reismehl und Wasser hergestellt. Sie sind glashart und fast durchsichtig.

Chinesische Nudeln (Mienudeln) werden aus Weizengrieß hergestellt. Es gibt sie mit und ohne Ei. Sie ähneln unseren Bandnudeln. Es gibt sie aber auch in reiskornähnlichen Formen.

Buchweizennudeln (Soba) sind hellgraubraune, spaghettiähnliche Nudeln.

Reis und Getreide

Lang ist's her, daß man seine Steuern in Form von Getreide entrichten mußte. Doch auch wenn Weizen, Gerste & Co. als Zahlungsmittel heute nicht mehr anerkannt sind, so haben sie doch nicht an Bedeutung verloren.

Reis

Er ist eine der ältesten Kulturpflanzen der Erde und nach wie vor Grundnahrungsmittel in den Ländern Asiens.

Die Sorten

Die über 8 000 Reissorten, die es weltweit gibt, lassen sich in 3 Gruppen einteilen: in Langkorn-, Mittelkorn- und Rundkornreis. Außerdem gibt es dann noch den Wildreis, der eigentlich nicht zur Reisfamilie gehört.

Langkornreis hat 6–8 mm lange, schmale Körner, die beim Kochen locker und körnig bleiben. Die bekannteste Langkornreissorte ist der Patna-Reis, die feinste der Basmati-Reis. Letzterer hat schmale, perlweiße Körner, die beim Kochen sehr locker bleiben und einen zarten Duft ausströmen.

Mittelkornreis ist 5–6 mm lang und leicht gedrungen. Da er beim Kochen mehr Stärke absondert, kleben die Körner etwas aneinander. Er eignet sich deshalb hervorragend fürs Stäbchenessen und für Risottos. Zu den bekanntesten Mittelkornreissorten gehören der asiatische Klebreis und der italienische Avorioreis. Neu ist ungeschliffener, schwarzer und roter Mittelkornreis. Er schmeckt leicht nussig.

Rundkornreis (Milchreis) ist 4–5 mm lang und rundlich. Er gibt besonders viel Stärke ab, kocht weich und klebrig und eignet sich deshalb ideal für Risottos und Desserts.

Wildreis: Die dunklen, nadelförmigen Körner sind die Samen eines Wassergrases, das wild wächst. Sein Geschmack ist rauchig und nußartig.

Die Bearbeitungsgrade

Natur- bzw. Vollkornreis ist ungeschliffen, also noch von der Silberhaut umgeben. Er enthält noch all seine Mineralstoffe, Spurenelemente und Vitamine und schmeckt leicht nussig.

Parboiled Reis: Durch Dampf und Druck werden Mineralstoffe und Vitamine des Reiskorns ins Innere gepreßt und bleiben dadurch fast vollständig erhalten. Erst danach wird der Reis geschliffen.

Weißreis hat eine weiße, glatte Oberfläche, weil die Silberhaut abgeschliffen wurde. Mineralstoffe und Vitamine sind nur noch in kleinen Mengen enthalten.

Schnellkochreis (Kurzzeitreis) ist Weißreis, der vorgegart und getrocknet wurde. Durch das Vorgaren hat er eine sehr kurze Garzeit von 3–8 Minuten.

Mein Tip

Roher Reis muß kühl und trocken, aber nicht luftdicht verpackt, gelagert werden. Dann hält sich Weißreis etwa 2 Jahre, Naturreis ca. $^{1}/_{2}$ Jahr.

Buchweizen

Streng genommen ist er gar kein Getreide, sondern gehört zur Familie der Knöterichgewächse. Doch da die geschälten Samen denen des Getreides ähneln, zählt man sie dazu. Buchweizen schmeckt nußartig. Man kann ihn als ganze Körner, Grütze (Schrot) oder Mehl kaufen.

Bulgur

Darunter versteht man einen vorgekochten und gedarrten Hartweizen. Bulgur ist fein im Geschmack, sehr gut bekömmlich und hat nur eine kurze Garzeit.

Dinkel und Grünkern

Der zur Weizenfamilie gehörende Dinkel, auch Spelz genannt, hat einen hohen Kleberanteil und eignet sich deshalb hervorragend zum Backen. Dinkel gibt es als ganzes Korn, Schrot und Mehl. Als Grünkern bezeichnet man das unreife, schwach geröstete Korn des Dinkels. Grünkern schmeckt würzig-herzhaft. Man bekommt ihn als ganzes Korn, Schrot, Grieß oder Mehl.

Gerste

Gerste ist als Mehl, Grütze und Flocken im Handel. Werden die Gerstenkörner geschliffen, nennt man sie Graupen. Hier reicht das Angebot von den kleinen Perlgraupen bis hin zu den großen „Kälberzähnen“.

Hafer

Die länglichen Körner des Sprießkornhafers (Nackthafers) haben ein würziges, leicht nußartiges Aroma. Bekanntestes Produkt sind die Flocken. Großblattflocken sind kernig und nussig im Geschmack. Kleinblattflocken sind weich und zarter. Instantflocken werden aus Hafermehl gewonnen. Sie lösen sich in Flüssigkeit sofort auf. Daneben gibt es noch Hafergrütze und Hafermehl.

Hirse

Wichtigste Vertreter dieser Getreideart sind die Kolben- und die Rispenhirse, welche unsere eigentliche Speisehirse ist. Die kleinen, goldgelben Körnchen haben ein sehr würziges und zugleich feines Aroma. Im Handel findet man Hirse als geschälte Körner und als Flocken.

Mais

Die großen, Kolben genannten Fruchtstände sind in vielen Reihen dicht mit meist gelben Körnern besetzt. Gekeimter, geschroteter Mais wird als Maisgrieß angeboten. Es gibt ihn fein (für Polenta) und grob (er heißt dann Kukuruz). Aus dem Grieß gewinnt man Mehl und Stärke. Beides eignet sich ideal zum Binden von Suppen und Saucen. Corn-flakes sind gekeimter, geschroteter und gerösteter Mais.

Quinoa

Die Quinoakörner ähneln im Aussehen der Hirse, beim Kochen werden sie jedoch blaß und glasig. Quinoa (Kinwa ausgesprochen) läßt sich wie Getreide zubereiten. Damit Gebäck aus dem sehr kleberarmen Quinoamehl gelingt, muß mindestens ¼ der Mehlmenge aus Weizen oder Dinkel bestehen.

Roggen

Das Getreide wird bei uns hauptsächlich zum Brot- und Brötchenbacken genommen. Es hat einen hohen Anteil an Ballaststoffen, ist aber auch recht schwer verdaulich. Roggen schmeckt sehr kräftig. Man bekommt ihn als ganzes Korn, Schrot und Flocken.

Weizen

Man unterscheidet zwischen dem kräftigen, eiweißreichen Hartweizen, auch Durumweizen genannt, und dem Weichweizen, unserem normalen Weizen. Weizen wird als ganzes Korn, als Schrot, Gieß, Flocken, Kleie und Mehl angeboten.

Mehl & Co.

Die Körner fast aller Getreidearten können zu Mehl gemahlen werden. Je nach Mahlgrad unterscheidet man zwischen *groben Schrot, Grieß, Dunst- und ganz feinem Auszugsmehl.* Je höher die Typenzahl eines Mehls ist, desto mehr Schalenanteile (und somit Vitamine, Mineralstoffe und Ballaststoffe) hat es. Mehl mit hoher Typenzahl ist außerdem ausgeprägter im Geschmack.
Speisestärke wird aus Weizen, Kartoffeln, Mais oder Reis gewonnen. Sie mildert die Wirkung des Klebers und ist deshalb ideal zum Backen, aber auch zum Binden von Suppen und Saucen.
Echter Sago ist geschmacksneutral. Die kleinen Perlen quellen mit Flüssigkeit auf. Daher eignen sie sich hervorragend als Dickungsmittel für Suppen, Saucen und Süßspeisen. Wie übrigens auch *Tapioka,* die aus den Wurzeln der Maniokpflanze stammt und als Mehl oder als kleine Perlen angeboten wird.

Getreide richtig aufbewahrt

Am besten lagert man Getreideprodukte in der Originalverpackung, die man nach dem Anbrechen immer wieder gut verschließt. Aber auch in einem Vorratsgefäß – kühl, luftig und trocken gelagert – bleiben ganze Getreidekörner bis zu 2 Jahre, Flocken, Grütze, Graupen und helle Getreidemehle ca. 6 Monate und Grieß sowie Vollkornmehle und -schrote ca. 4 Wochen haltbar.

HÜLSENFRÜCHTE

Klein, aber oho – Hülsenfrüchte sind die eiweißreichsten pflanzlichen Lebensmittel. Zudem enthalten sie viele wertvolle Ballaststoffe, zahlreiche Mineralstoffe und Vitamine sowie (mit Ausnahme der Sojabohne) kaum Fett.

BOHNEN

Ihre Familie umfaßt mehr als 500 Mitglieder. Vor der Zubereitung müssen ungeschälte Bohnen 8–12 Stunden eingeweicht werden, am besten aber über Nacht. Nachfolgend die wichtigsten Sorten:

Augenbohnen haben einen schwarzen Fleck auf der Haut. Sie schmecken etwas erdig.

MEIN TIP

Garen Sie Hülsenfrüchte nie zusammen mit Salz, sonst werden sie nicht richtig weich.

Adzukibohnen werden beim Kochen ganz weich. Die roten Bohnen schmekken leicht süßlich.

Limabohnen (Mondbohnen) sind sehr große, flache Bohnen. Sie schmecken sehr mild.

Mungobohnen schmecken mild und süßlich und sind ideal für Eintöpfe.

Pferdebohnen, auch Dicke Bohnen oder Puffbohnen genannt, haben eine schrumpelige Haut, die man jedoch nach dem Kochen mühelos entfernen kann.

Rote Bohnen sind je nach Sorte rosafarben bis tief dunkelrot. Bekannteste rote Bohne ist die Kidneybohne. Sie schmeckt herzhaft-würzig und leicht süßlich.

Schwarze Bohnen schmecken würzig, leicht süßlich.

Sojabohnen sind sehr eiweiß- und fettreich. Die gelben, roten, grünen oder schwarzen Bohnen haben einen knackigen Kern.

Wachtelbohnen sind rundlich und braungesprenkelt wie Wachteleier. Sie bleiben beim Kochen fest.

Weiße Bohnen gibt es als große weiße Bohnen und mildere, kleine Perlbohnen.

ERBSEN

Bei Trockenerbsen unterscheidet man zwischen den herzhaften grünen und den milderen gelben. Beide werden geschält und ungeschält, ganz oder als Splittererbsen angeboten. Ungeschälte ganze Erbsen sollten vor der Zubereitung 8–12 Stunden eingeweicht werden. Große Erbsen kochen mehliger als kleine. Geschälte werden schneller gar.

KICHERERBSEN

Die aus dem mittleren Osten stammende, gelbe bis hellbraune Erbsensorte schmeckt leicht nußartig.

LINSEN

Linsen werden nicht nur nach Sorten, sondern auch nach Größe verkauft. Und so gibt es Riesenlinsen, Teller- und Mittellinsen. Übrigens: Linsen müssen nicht unbedingt eingeweicht werden.

Braune Mini-Linsen (Mignon-Linsen) sind extra kleine, braune Linsen. Sie schmecken süßlich und würzig.

Gelbe Linsen sind geschält. Sie haben ein mildes, nussiges Aroma. Bei Kochzeiten über 8 Minuten zerfallen sie.

Graue Berglinsen behalten auch bei längerem Kochen ihre körnige Konsistenz.

Grüne Linsen sind zunächst olivgrün, werden bei längerer Lagerung aber braun. Sie kochen weich, behalten aber ihre Form.

Rote Linsen werden meist geschält und gesplittet angeboten. Sie schmecken mild, kochen leicht sämig und färben sich dabei gelb.

EINKAUF UND LAGERUNG

Ungeschälte Hülsenfrüchte kann man (trocken, luftig und dunkel gelagert) 1 Jahr aufbewahren. Schälerbsen sollten nicht länger als 6 Monate liegen. Achten Sie unbedingt auf das Haltbarkeitsdatum.

EIER

Eier sind die geborenen Kochkünstler. Sie lassen sich braten, kochen, pochieren oder einlegen und sind unentbehrlich zum Lockern, Binden, Klären, Verfeinern und Eindicken von Speisen.
Nachfolgend nun die Warenkunde zum Thema „Ei". Tips rund ums Ei finden Sie dann auf S. 354.

HÜHNEREIER

Güte- und Gewichtsklassen

Heute werden im Handel fast nur noch Eier der Güteklassen „A" und „A frisch" angeboten. Übrigens: Die Schalenfarbe ist keine Frage der Qualität, sondern lediglich eine der jeweiligen Hühnerrasse.

Seit dem 1. August 1996 gibt es in der Europäischen Union nur noch 4 Gewichtsklassen, und zwar klein (S), mittelgroß (M), groß (L) und sehr groß (XL). Die schwersten sind die Eier der obersten Gewichtsklasse mit mindestens 73 g, am leichtesten die der untersten Klasse mit unter 53 g.

Was die Verpackung verrät

Auf dem Karton von verpackten Eiern finden Sie neben Angabe der Gewichts- und Güteklasse sowie der Anzahl der Eier auch noch das Mindesthaltbarkeitsdatum und ein Datum, von dem an die Eier kühl aufzubewahren sind. Manchmal ist auch ein Verpackungsdatum angegeben.
Übrigens: Frische Eier von glücklichen Hühnern garantiert nur der Hinweis „Eier aus Freilandhaltung" sowie der Einkauf bei einem Bauer, der seine Hühner im Freien hält.

Der Frischetest

Eier, die älter als 18 Tage sind, müssen unbedingt kühl gelagert werden, denn der bakterizide Selbstschutz der Eier gegen Salmonellen hält sich nicht länger aufrecht. Wer sich nicht sicher ist, wie alt seine Eier sind, kann die Frische der Eier mit Hilfe von zwei Methoden erkennen:
1. Legen Sie das Ei in ein Glas mit kaltem Wasser. Bleibt es flach auf dem Boden liegen, ist es frisch. Stellt es sich mit dem flachen Ende schräg nach oben, ist es ca. 7 Tage alt, und richtet es sich ganz auf, beträgt sein Alter 2–3 Wochen. Schwimmt es gar an der Oberfläche, sollten Sie es nicht mehr verwenden.
2. Schlagen Sie das Ei auf. Hat es ein hochgewölbtes Eigelb und ein rundes, festes Eiweiß, ist es nicht älter als 3–4 Tage. Bei alten Eiern ist das Eigelb flach und das Eiweiß ist wäßrig und läuft auseinander.

Schutz vor Salmonellen

Hühnereier können mit Salmonellen behaftet sein. Doch generell gilt: je frischer das Ei, desto weniger Vermehrungschancen haben eventuell vorhandene Salmonellen. Kaufen Sie daher möglichst frische Eier, und das auch nur in kleinen Mengen. Bis zum Verzehr gehören sie grundsätzlich in den Kühlschrank, wo sie getrennt von anderen Lebensmitteln – am besten in der Eierbox – aufbewahrt werden. Kühlung tötet zwar Salmonellen nicht ab, verhindert aber den explosionsartigen Anstieg der Keimzahl. Im Kühlschrank halten sich Eier mindestens 3 Wochen.

MEIN TIP

Eier atmen durch eine Vielzahl kleiner Poren in ihrer Schale. Daher sollten Sie sie nie in der Nähe von intensiv riechenden Lebensmitteln aufbewahren, deren Geruch die Eier sonst gerne annehmen.

Ich empfehle, Eier nie zu waschen, denn dadurch wird die natürliche Schutzschicht der Schale zerstört, und die Eier werden anfälliger gegen Bakterien von außen.

ANDERE EIERSORTEN

Enteneier sind etwas größer als Hühnereier und schmecken auch würziger. Da sie schädliche Bakterien enthalten können, müssen Sie vor dem Verzehr mindestens 10 Minuten gekocht werden. Für rohe Speisen sind sie nicht geeignet.

Gänseeier schmecken sehr intensiv und wiegen bis zu 200 g. Nur ganz frisch verwenden.

Wachteleier erkennt man an ihrer gefleckten Schale. Sie wiegen ca. 10 g und können wie Hühnereier zubereitet werden.

Außerdem gibt es noch eßbare Eier von Möwen, Perlhühnern, Fasanen und Kiebitzen. Sie alle sind allerdings sehr selten und dann meist in konservierter Form auf dem Markt.

Milch und Milchprodukte

Milch

Rohmilch ist die Bezeichnung für Milch, die frisch von der Kuh kommt. Sie ist weder erhitzt, noch in der Molkerei behandelt und hat einen natürlichen Fettgehalt. Für Säuglingsnahrung ist sie nicht empfehlenswert. Rohmilch sollte am Tag des Einkaufs verbraucht werden.

Vorzugsmilch wird unverändert mit ihrem natürlichen Fettgehalt angeboten. Sie sollte im Kühlschrank aufbewahrt und innerhalb von 2–3 Tagen verbraucht werden.

Pasteurisierte Milch wurde in der Molkerei kurz erhitzt (pasteurisiert). Kühl gelagert hält sie sich ca. 5 Tage.

H-Milch ist ultrahocherhitzt und dadurch keimfrei. Sie ist ungekühlt mindestens 8 Wochen haltbar.

Sterilmilch ist keimfreie Milch, die monatelang aufbewahrt werden kann.

Kondensmilch gibt es mit einem Fettgehalt von 7,5 % und 10 % sowie als fettarme Kondensmilch mit 4 %.

Milchpulver wird durch Trocknen der gesamten Milchflüssigkeit hergestellt.

Die Fettgehaltsstufen
Milch gibt es als Vollmilch mit 3,5 % Fett oder mit mindestens 3,5 % Fett (natürlicher Fettgehalt), als teilentrahmte bzw. fettarme Milch mit mindestens 1,5 %, höchstens aber 1,8 % Fett und als entrahmte Milch (Magermilch) mit höchstens 0,3 % Fett.

Sahne

Sie wird bei der Entrahmung frischer Rohmilch gewonnen. Folgende Arten gibt es:

Schlagsahne (Schlagrahm, süße Sahne) hat einen Fettgehalt von mindestens 30 %, „Schlagsahne extra" sogar 36 %.

Kaffeesahne enthält mindestens 10 % Fett, wird aber auch mit 12 oder 15 % angeboten.

Saure Sahne, auch Sauerrahm genannt, ist frische süße Sahne, die mit Milchsäurebakterien versetzt wurde. Ihr Fettgehalt liegt bei mindestens 10 %. Achtung, saure Sahne flockt beim Kochen aus.

Schmand, auch löffelfester Sauerrahm oder saure Sahne extra genannt, ist ein gesäuertes Sahneprodukt mit einem Fettgehalt von 20–29 %.

Crème fraîche ist ein Sauerrahm mit mindestens 30 % Fett. Sie flockt beim Kochen nicht aus. Deshalb eignet sie sich auch zum Binden von Suppen und Saucen.

Crème double ist eine hochprozentige, löffelfeste süße Sahne mit einem Fettgehalt von mindestens 42 %. Auch sie flockt beim Kochen nicht aus.

Joghurt

Er entsteht, wenn man pasteurisierte Milch mit Milchsäurebakterien versetzt. Je nach Art der Bakterien entsteht dabei ein milder oder ein säuerlicher Joghurt. Joghurt gibt es in den gleichen Fettstufen wie Milch und zusätzlich auch noch als Sahnejoghurt mit mindestens 10 % Fett.

Buttermilch

Sie schmeckt erfrischend säuerlich und ist mit einem Fettgehalt von nur 1 % ausgesprochen kalorienarm. Es gibt sie als Süßrahm- und als Sauerrahm-Buttermilch. Normale Buttermilch darf höchstens 10 % Wasser oder maximal 15 % Magermilch enthalten. Reine Buttermilch enthält keine Zusätze.

Dickmilch (Sauermilch)

Wird pasteurisierte Milch mit speziellen Milchsäurebakterien „geimpft", entsteht Dickmilch. Ihr Fettgehalt liegt zwischen 0,3 und 10 %.

Kefir

Der aus Frischmilch und speziellen Kulturen (Kefirpilz) hergestellte Kefir ist kohlensäurehaltig und schmeckt herb-frisch und spritzig. Man erhält ihn als fettarmen Kefir, Vollmilch-Kefir und Sahne-Kefir.

Die Lagerung

Milch und Milchprodukte sollten Sie – mit Ausnahme der haltbaren Sorten – sofort nach dem Einkauf in den Kühlschrank stellen.

Käse teilt man, je nach Herstellungsverfahren oder Konsistenz in verschiedene Gruppen ein, die nachfolgend kurz beschrieben sind.

Hartkäse

Hiervon gibt es 2 Gruppen: die sehr harten, lange gereiften Reibekäse und die weicheren, saftigeren Hartkäse. Reibekäse haben viele kleine bzw. gar keine Löcher und sind von fester, oft körniger Struktur. Zu dieser Gruppe gehören u. a. Parmesan, Grana, Pecorino, englischer Cheddar, alter Gouda, Sbrinz, Manchego und Emmentaler. Die weicheren Hartkäsesorten haben eine geschmeidige Konsistenz, kleine Löcher und lassen sich meist nur grob raffeln. Daher sind sie ideal für Aufläufe, aber auch für Suppen und Saucen. Ihre bekanntesten Vertreter: Allgäuer Bergkäse, Beaufort, Comte und Greyerzer.

MEIN TIP

Gekaufter geriebener Käse verdirbt leicht, wenn die Packung einmal geöffnet wurde. Daher empfehle ich, Käse am Stück zu kaufen und immer frisch zu reiben.

Schnitt- oder Halbhartkäse

Sorten dieser Gruppe sind immer etwas weicher und saftiger als Hartkäse, da sie weniger Trockenmasse (siehe rechts) enthalten. Sie können in Scheiben geschnitten oder grob geraffelt werden. Da sie verhältnismäßig schnell schmelzen, sind sie ideal zum Überbacken. Zu den bekanntesten Halbhartkäsesorten gehören Gouda, Edamer, Raclettekäse, Tilsiter, Havarti und Danbo, Pyränenkäse und Fontina.

Halbfester Schnittkäse

Zu dieser Gruppe gehören Käsesorten, die weicher als Schnittkäse und fast so weich wie Weichkäse sind. Bekannteste Vertreter sind deutscher Butterkäse, Bel Paese, Esrom, Reblochon und Edelpilzkäsesorten, wie Bavaria Blu, Roquefort, Gorgonzola und Stilton. Auch die in Salzlake eingelegten Feta-Käse gehören in diese Gruppe.

Weichkäse

In diese Gruppe gehören die mild-aromatischen Käsesorten mit weißer Schimmelbildung (z. B. Camembert und Brie) und die würzigen Käsesorten mit Rotschmiere (z. B. Weißlacker, Limburger, Weinkäse und Romandur).

Brüh- und Knetkäse

Nach der Art ihrer Herstellung werden sie auch Filata-Käse genannt und kommen vorwiegend aus Italien. Brüh- und Knetkäsesorten eignen sich gut zum Überbacken. Bekannteste Vertreter sind der milde Mozzarella, der Provolone und der würzige Kaschkawal.

Frischkäse

Hierunter versteht man Käsesorten, die nicht reifen müssen und frisch gegessen werden. Frischkäse eignet sich sehr gut zum Binden von Suppen und Saucen, da er von cremiger Konsistenz und sahnigem Geschmack ist, aber auch hervorragend für Desserts.

Zur Gruppe der Frischkäse gehören u. a. Quark, körniger Frischkäse, Doppelrahmfrischkäse, Schichtkäse und Ricotta.

Schmelzkäse

Schmelzkäse und Schmelzkäsezubereitungen sind gut streichfähige oder schnittfeste Käsesorten, die aus Hart-, Schnitt- oder Weichkäse gewonnen werden. Es gibt sie in Ecken-, Block- sowie Wurstform und in Scheiben.

Was heißt „% Fett i.Tr.“?

Käse gibt es in verschiedenen Fettgehaltsstufen: von der Magerstufe bis hin zur Doppelrahmstufe. Und dieser Fettgehalt wird in „% Fett i. Tr.“ angegeben, was soviel bedeutet wie „prozentualer Fettanteil in der Trockenmasse“. Und da Käse durchschnittlich nur zur Hälfte aus Trockenmasse besteht, beträgt der tatsächliche Fettgehalt am Gesamtgewicht nur etwa die Hälfte des Fettgehaltes in der Trockenmasse.

Fette und Öle

Butter muß aus mindestens 82 % Milchfett bestehen und darf nicht mehr als 16 % Wasser enthalten. Je nach Herstellung unterscheidet man zwischen Sauerrahmbutter (wird aus Rahm hergestellt, dem vor der Reifung Milchsäurebakterien zugesetzt wurden) und Süßrahmbutter (wird direkt aus dem Rahm frischer Milch gewonnen). Beide Sorten kommen auch gesalzen in den Handel.
Nach der Butterverordnung unterscheidet man dann noch einmal nach Handelsklassen: Die qualitativ beste Sorte ist die Markenbutter, gefolgt von der Molkereibutter. Landbutter wird auf dem Bauernhof hergestellt. Außerdem gibt es noch eine Fülle von Butterzubereitungen, wie Kräuter-, Knoblauch- oder Grillbutter.

Mein Tip

Butter eignet sich gut zum Braten, spritzt aber leicht. Daher mische ich sie oft mit etwas Öl. So bekommt das Bratgut ein gutes Butteraroma, spritzt aber nicht in der Pfanne.

Butterschmalz entsteht, wenn Wasser und Eiweiß aus der Butter entfernt werden. Man kann es hoch erhitzen. Es spritzt nicht und eignet sich daher zum Kochen, Backen, Braten und Fritieren.

Milchstreichfette sind streichfähige Produkte aus Butter oder Sahne, die weniger Fett, dafür aber um so mehr Wasser enthalten. Dreiviertelfettbutter enthält 60–62 % Fett, Halbfettbutter nur 40–42 %. Milchstreichfette sind zum Garen nicht geeignet.

Margarine besteht vorwiegend aus pflanzlichen Ölen, Wasser, Emulgatoren und Aromastoffen. Oft werden auch noch Vitamine zugesetzt.
Haushaltsmargarine kann auch eine Mischung aus pflanzlichen und tierischen Fetten sein.
Pflanzenmargarine muß zu mindestens 97 % aus pflanzlichen Fetten bestehen. Stammt dieser Prozentsatz auch nur von einer einzigen Pflanze, darf die Margarine entsprechend gekennzeichnet werden, z. B. Margarine aus reinem Sonnenblumenöl.
Halbfettmargarine darf nur halb soviel Fett wie die üblichen Sorten enthalten. Sie ist zum Backen und Braten nicht geeignet.
Diätmargarine hat einen Gehalt von mindestens 40 % ungesättigten Fettsäuren.

Plattenfette bestehen zu 100% aus Pflanzenfett (meistens aus Kokos- und Palmkernfett) und enthalten kein Wasser. Sie eignen sich besonders gut zum Braten und Fritieren. Neben den festen Plattenfetten gibt es auch geschmeidige Sorten, denen Pflanzenöle beigemischt wurden.

Schmalz ist weich und geschmeidig.
Schweineschmalz wird aus dem Fettgewebe des Schweins hergestellt.
Flomenschmalz (Liesenschmalz) stammt aus dem hellen Fettgewebe des Schweins.
Griebenschmalz enthält noch die knusprigen Rückstände der ausgelassenen Speck- und Fettwürfel. Oft wird es mit Äpfeln, Zwiebeln und Kräutern gewürzt.
Gänseschmalz wird aus dem Brust- und Eingeweidefett von Gänsen hergestellt.

Speiseöle werden durch Pressung von Ölsaaten, Kernen, Samen, Nüssen, Pflanzen und Früchten gewonnen. Die flüssigen Fette gibt es aus nur einer Rohware (z. B. Olivenöl) oder als Mischung aus mehreren Rohwaren (z. B. Pflanzenöl).
Kaltgepreßte bzw. kaltgeschlagene Öle sind ernährungsphysiologisch die wertvollsten, den sie enthalten viele ungesättigte Fettsäuren. Sie halten sich aber angebrochen nur 5–6 Wochen. *Raffinierten Ölen* fehlen zwar wertvolle Inhaltsstoffe, dafür sind sie aber preiswerter und (kühl und dunkel gelagert) bis zu 6 Monate haltbar.
Nachfolgend finden Sie die wichtigsten Ölsorten:
Distelöl (Safloröl) ist leicht nussig-scharf und hat den höchsten Anteil an ungesättigten Fettsäuren.
Erdnußöl ist fast neutral im Geschmack und ein ideales Fritierfett.
Kürbiskernöl schmeckt angenehm nussig.
Leinöl hat einen würzig-bitteren Geschmack.
Maiskeimöl ist neutral im Geschmack und hervorragend zum Backen, Braten, Dünsten und für Salate geeignet.
Olivenöl: Das wertvollste Öl stammt aus der ersten Pressung (extra oder extra virgine) und sollte nur für kalte Speisen verwendet werden. „Natives Olivenöl" ist auch kaltgepreßt, „Olivenöl" dagegen warmgepreßt und raffiniert.
Sesamöl gibt es als helles Öl mit leicht nussigem, milden Geschmack und als bernsteinfarbenes, kräftiges Öl.
Sojaöl ist in raffinierter Form geschmacksneutral; kaltgepreßtes ist nussig-mild.
Sonnenblumenöl gibt es in raffinierter und kaltgepreßter Form.
Traubenkernöl ist goldgelb bis grünlich und schmeckt fruchtig.
Walnußöl hat ein ausgeprägtes Nußaroma. Es wird leicht ranzig.

ESSIG

Essig entsteht, wenn alkoholische Flüssigkeit mit Hilfe von Sauerstoff vergoren wird. Und je nach verwendetem Rohstoff entstehen dann unterschiedliche Essigsorten.
Im folgenden präsentiere ich Ihnen die bekanntesten Vertreter der Essigfamilie:

DIE SORTEN

Apfelessig wird aus vergorenem, naturtrübem Apfelsaft hergestellt. Er paßt ideal zu Frucht- und Blattsalaten.

Balsamessig, auch Aceto Balsamico genannt, wird aus dem Most der italienischen Trebbiano-Trauben hergestellt und vor Verkauf in der Regel in Eichen- oder Kastanienfässern gelagert. Balsamessig reift mindestens 4–5 Jahre, kann sogar bis zu 40 Jahre reifen. Je höher sein Alter, desto aromatischer und konzentrierter ist er.

Branntweinessig, auch Tafelessig genannt, entsteht aus Branntweinmaische.

Champagneressig wird aus 100 % Champagner hergestellt. Sein Aroma ist noch feiner als das des echten Weißweinessigs.

Essigessenz wird chemisch hergestellt. Die farblose, stark riechende und ätzende Flüssigkeit hat einen Säureanteil zwischen 15,5 und 25 %. Essigessenz spielt in der modernen Küche heute fast keine Rolle mehr.

Fruchtessige, wie z. B. Erdbeeressig und Himbeeressig bestehen aus Weinessig und Aromastoffen. Sie passen gut zu milden Blatt- und Obstsalaten.

Kräuter- und Gewürzessige gibt es sowohl auf Basis von Rot- und Weißweinessigen als auch von Branntwein. Allen Essigarten werden verschiedene Kräuter und/oder Gewürze (z. B. Estragon, Basilikum oder Knoblauch) zugesetzt.

Obstessig wird aus dem Most verschiedener Früchte gewonnen, in Deutschland sind es vor allem Äpfel. Er schmeckt mild-fruchtig.

Reisessig wird aus Reiswein hergestellt. Es gibt süßlich-milden mit 3 % Säure, dunklen, sehr aromatischen aus Naturreis und dickflüssigen, intensiv duftenden aus China. Reisessig eignet sich hervorragend zum Würzen von Dressings, Mayonnaisen und Sushi.

Sherryessig stammt von dem zur Sherryherstellung verwendeten Most. Er schmeckt süßlich und ist sehr aromatisch.

Weinessig ist ein Verschnitt aus 80 % Branntweinessig und 20 % Weinessig. Er ist preisgünstiger als echter Weinessig.

MEIN TIP

Kräuteressig läßt sich auch sehr gut selbst herstellen. Geben Sie dafür ca. 200 g gewaschene, leicht angetrocknete Kräuter (z. B. Estragon, Dill oder Rosmarin) in ein verschließbares Glas, und gießen Sie 1 l Weinessig darauf. Das Ganze 2–3 Wochen durchziehen lassen, dann den Essig abfiltern und in Flaschen füllen. Wenn Sie den Essig vor der Zeit zum Durchziehen zusammen mit den Kräutern aufkochen, verstärkt sich das Aroma des späteren Kräuteressigs noch.

Reiner bzw. echter Weinessig wird aus 100 % Rot- oder Weißwein hergestellt. Rotweinessig ist kräftig, Weißweinessig milder im Geschmack. Die besten Weinessigsorten reifen in Eichenfässern.

LAGERUNG

Essig sollte immer kühl und dunkel aufbewahrt werden. Nicht pasteurisiert, hält er sich nur kurze Zeit, pasteurisiert dagegen bis zu 3 Jahre. Tafelessig kann bis zu 6 Jahre gelagert werden; Essigessenz ist unbegrenzt haltbar.

Kräuter

Kräuter haben ihren festen Platz in einer abwechslungsreichen Küche. Nachfolgend stelle ich Ihnen zunächst die wichtigsten Vertreter der großen Kräuterfamilie vor.

Kleine Kräuterkunde

Basilikum
Das frische, grüne Kraut hat einen leicht süßlichen, pfeffrigen Geschmack und ist ein absolutes Muß für alle Tomatengerichte, für Pesto und andere Saucen. Basilikum bitte niemals mitkochen.

Bohnenkraut
Sein scharfer, pfeffriger Geschmack paßt nicht nur gut zu allen Bohnengerichten, sondern auch sehr gut zu Aal, Lamm und Rinderbraten. Verwendet werden die Stengel und die Blätter. Bohnenkraut sollten Sie immer vorsichtig dosieren.

Borretsch
Die ovalen, leicht behaarten Blätter entwickeln ihr frisches, würziges, leicht gurkenähnliches Aroma am besten, wenn man sie in feine Streifen schneidet.

Brunnenkresse
Die Verwandte der Gartenkresse hat gefiederte, dunkelgrüne Blätter und einen mild-pfeffrigen Geschmack, der ein bißchen an den von Rettich erinnert. Brunnenkresse bitte niemals mitkochen.

Dill
Die Spitzen, Triebe und Blüten passen mit ihrem süßlich-aromatischem Geschmack hervorragend zu Fisch, Krebsen, Gurken, Salaten, hellen Saucen und Kartoffeln. Dill verträgt sich am besten mit Petersilie, Zwiebeln und Knoblauch.

Estragon
Dieses Kraut ist unentbehrlich in der Sauce Béarnaise, würzt aber auch Kalbfleisch, Geflügel, Fisch, Eier und Salatsaucen sehr gut. Estragon duftet wie eine Mischung aus Waldmeister und Anis.

Kerbel
Die Blätter schmecken leicht süßlich, ein bißchen wie Fenchel und Anis und gehören unbedingt in die „Frankfurter Grüne Sauce". Sie passen aber auch zu Eiergerichten, Cremesuppen, Quark und Joghurt sowie zu Kalbfleisch und Fisch. Kerbel sollte niemals lange mitgekocht werden.

Knoblauch
Eigentlich sind die Knollen ja ein Zwiebelgewächs und kein Kraut, doch sie sind unentbehrlich als typische Würze für viele Gerichte. Knoblauch sollten Sie möglichst sparsam verwenden.

Koriander
Die ähnlich wie Petersilie aussehenden Blättchen haben ein ganz eigenes, strenges, scharfes Aroma, welches besonders asiatischen Gerichten eine feine Geschmacksnote verleiht.

Kräuter der Provence
Diese Würzmischung besteht in der Regel aus Thymian, Majoran, Oregano, Rosmarin und Bohnenkraut und ist bei uns nur in getrockneter Form erhältlich. Sie eignet sich besonders zum Verfeinern mediterraner Gerichte.

Kresse
Die zarten Blättchen schmecken scharf und meerrettichähnlich.

Liebstöckel (Maggikraut)
Das aromatische Kraut riecht ein bißchen nach Sellerie und schmeckt kräftig-würzig. Verwenden Sie es möglichst sparsam.

Majoran
Das kräftig-würzige, herbaromatische Kraut ist ein klassisches Wurstgewürz, paßt aber auch zu Lebergerichten, Hülsenfrüchten, Kartoffeln und Tomaten sowie Enten- und Gänsebraten. Sehr sparsam würzen.

Minze
Am bekanntesten in der Küche sind die leicht pfeffrige Grüne Minze und die mildere Krause Minze. Beide geben Lamm, Geflügel und Hackfleisch, aber auch Hülsenfrüchten, Salaten, Süßspeisen und Obst eine besondere Note. Wichtig: Minze mag in der Regel keine anderen Kräuter neben sich.

Oregano
Er wird auch wilder Majoran genannt und schmeckt etwas schärfer als Majoran, wird aber wie dieser verwendet. Das Kraut entfaltet sein volles Aroma erst beim Kochen. Oregano verträgt sich nicht mit Majoran.

Petersilie
Es gibt die glatte und die krause Petersilie. Feinschmecker bevorzugen die glatte, weil sie intensiver im Geschmack, aber dennoch feiner im Aroma ist. Petersilie läßt sich frisch gehackt verwenden. Aber auch Stengel und ganze Blätter kann man mitkochen.

Mein Tip

In meiner Küche bevorzuge ich frische Kräuter. Leider sind manche im Einzelhandel nicht das ganze Jahr über in guter Qualität erhältlich, so daß man auf getrocknete Kräuter ausweichen muß. Aber Vorsicht – von getrockneten Kräutern benötigen Sie viel weniger zum Würzen als von frischen, da ihr Aroma viel intensiver ist. Noch stärker wird es übrigens, wenn Sie getrocknete Kräuter mahlen oder im Mörser zerstoßen.

Pimpinelle
Die fein gezahnten Blättchen haben ein leicht gurkenähnliches Aroma. Pimpinelle möglichst frisch verwenden.

Portulak
Das leicht säuerlich und salzig schmeckende Kraut gibt Salat- und Kräutersaucen, aber auch Fleisch und Geflügel eine pikante Note. Die Blätter bitte niemals mitkochen und immer sehr sparsam verwenden.

Rosmarin
Die nadelähnlichen Blättchen haben einen harzig-pikanten Geschmack. Rosmarin entwickelt sein volles Aroma erst, wenn man ihn mitkocht.

Salbei
Die graugrünen, ovalen Blätter schmecken würzig und leicht bitter. Sparsam verwendet würzen sie Kalbsschnitzel, Hackfleisch- und Geflügelfüllungen, Leber, Tomaten und Nudeln sehr gut. Das volle Aroma entwickelt sich erst beim Mitkochen.

Schnittlauch
Das würzig-frische Kraut sollten Sie immer nur frisch verwenden.

Thymian
Sein kräftig-herzhaftes Aroma paßt zu Gemüse, wie Tomaten, Auberginen und Zucchini, sowie zu Eintöpfen, Pilzen, dunklen Bratensaucen und Wild. Thymian sollten Sie immer mitkochen.

Zitronenmelisse
Die frischen Blätter mit ihrem zitronenartigen Aroma schmecken feingehackt in Salaten, Fisch- und Fleischgerichten, Süßspeisen und Sommerdrinks am besten. Bitte niemals mitkochen.

Was sind Bouquet garni und Fines herbes?

Unter einem Bouquet garni versteht man ein Kräutersträußchen, das klassisch 3 Petersilienzweige, 1 kleinen Thymianzweig und 1 kleines Lorbeerblatt enthält.
Der Begriff Fines herbes bezeichnet ein frisches Kräutersträußchen, bestehend aus Schnittlauch, Kerbel, Petersilie und Estragon. Beide Sträußchen werden vor dem Servieren entfernt.

Kräuter vorbereiten

Je frischer die Kräuter, desto besser ist ihr Aroma. Deshalb sollten Sie sie erst kurz vor dem Verbrauch hacken. Dafür die Kräuter nur kurz abspülen, trockentupfen oder -schleudern und die Blättchen von den Stielen zupfen. Dann die Kräuter auf einem Brett fein hacken bzw. schneiden.

Frische Kräuter aufbewahren

Frische Kräuter sollten nach dem Kauf sofort ins Wasser gestellt werden. Dazu immer das Gummiband lösen und die Stielenden etwas kürzen. Gewaschen und trockengetupft halten sich die Blättchen auch, in einen Frischhaltebeutel luftdicht verpackt, im Gemüsefach des Kühlschranks einige Tage. Getrocknete Kräuter bleiben – luftdicht und dunkel aufbewahrt – mehrere Monate aromatisch.

Kräuter konservieren

Zum Einfrieren werden die frischen Kräuter gewaschen, trockengeschüttelt und feingehackt. Danach packt man sie portionsweise in Plastikbehälter und friert sie ein. Oder aber man füllt sie in die Kästchen eines Eiswürfelbehälters, gießt etwas Wasser darauf und läßt sie gefrieren. Zum Trocknen bindet man die Kräuterzweige zu Sträußchen zusammen und läßt sie bei Zimmertemperatur trocknen.

Gewürze und Würzmittel

Kleine Gewürzkunde

Neben Kräutern spielen Gewürze beim Kochen eine ganz zentrale Rolle, denn der Geschmack einer Speise steht und fällt mit der Verwendung passender Gewürze.
Nachfolgend finden Sie Kurzportraits zu den wichtigsten Gewürzen.

Anis würzt das herbsüßlich schmeckende Anis-Weihnachtsgebäck, Kuchen und Brot, aber auch andere Süßspeisen.

Cayennepfeffer wird aus getrockneten Chilis hergestellt und ist zwanzigmal so scharf wie Paprikapulver.

Chilis bringen Schärfe in die Küche. Die bekanntesten Sorten sind Jalapeno-Chilis, Peperoncini und Peperoni. Je kleiner und roter die Schoten, desto schärfer sind sie.

Currypulver ist eine Mischung aus 12–20 verschiedenen Gewürzen (z. B. Ingwer, Kardamom, Cayennepfeffer und Kurkuma) und schmeckt mild-aromatisch bis feurig-scharf. Currypulver sollten Sie nicht zu heiß anbraten, denn es wird sonst bitter.

Ingwer, eine Wurzel, gibt es frisch, gemahlen, kandiert oder in Sirup eingelegt zu kaufen. Getrockneter Ingwer schmeckt besonders scharf.

Kardamom hat ein feines, süßliches Aroma. Er paßt zu Reis- und Currygerichten, Desserts und Weihnachtsgebäck.

Koriander ähnelt im Geschmack getrockneter Orangenschale.

Kreuzkümmel (Cumin) schmeckt aromatisch-würzig, etwas schärfer als normaler Kümmel und eignet sich am besten für mediterrane Fleisch- und auch Gemüsegerichte.

Kümmel sollte immer sparsam verwendet werden, da er sonst den Eigengeschmack der Speisen übertönt. Er paßt gut zu Kohl, Kartoffeln, Schweinebraten und Eintöpfen.

Kurkuma ähnelt im Aroma dem Ingwer, schmeckt aber etwas bitterer. Das gelbe Pulver paßt zu Curries, Nudeln, Reis, Eiern und Meeresfrüchten.

Lorbeerblätter würzen in der Hauptsache Sauerbraten und Wild, Fischsude und Marinaden. Die Blätter bitte nicht essen.

Macis, auch Muskatblüte genannt, ist der Samenmantel, der die harte Muskatnuß umgibt. Das Gewürz schmeckt milder als Muskatnuß.

Meerrettich gibt es frisch oder gerieben sowie getrocknet als Flocken oder Pulver. Er schmeckt sehr scharf.

Muskatnuß gibt es als ganze Nuß oder gemahlen. Sie schmeckt feurig-würzig, leicht bitter und wird wie Macis verwendet. Sparsam dosieren.

Nelken eignen sich in unzerkleinertem Zustand zum Marinieren von Fleisch und Fisch sowie für Kompott. Gemahlen nimmt man sie gerne für Desserts und Lebkuchen, aber auch für Rinder- und Schweinebraten. Sparsam dosieren.

Paprikapulver wird hauptsächlich als Paprikapulver edelsüß und als scharfes Rosenpaprikapulver angeboten. Scharfes Paprikapulver nie mitkochen, mildes nicht zu heiß braten.

Pfeffer wird in 4 verschiedenen Sorten angeboten: Schwarzer Pfeffer würzt besonders scharf, weißer ist milder und feiner im Geschmack. Eingelegter grüner schmeckt ausgesprochen mild. Roter Pfeffer ist süßlich-würzig und leicht scharf.

Piment schmeckt ähnlich wie Nelken und ist nicht ganz so scharf wie Pfeffer. Er kann aber wie dieser verwendet werden.

Safran färbt z. B. Paella, Pilaw und Bouillabaisse, aber auch Plätzchen und Kuchen goldgelb. Die Fäden immer in heißem Wasser auflösen.

Sternanis gleicht im Geschmack dem Anis, sein Aroma ist jedoch etwas feiner.

Vanille ist ein typisches Süßspeisengewürz. Es paßt aber auch zu Geflügel und Kalbfleisch.

Wacholderbeeren geben Marinaden, Sauerkraut und Wildgerichten eine besonders aromatische Note.

Zimt ist gemahlen oder als Stange im Handel. Das Gewürz paßt zu Kuchen und Desserts, aber auch zu Fleischgerichten.

Vom Umgang mit Gewürzen

■ Bewahren Sie sie immer in fest verschlossenen Behältern und dunkel auf. Licht und Sauerstoff zerstören nämlich das Aroma.

■ Ganze Gewürze behalten ihr Aroma besser als gemahlene. Deshalb sollten Sie Gewürze immer erst kurz vor der Verwendung mahlen, reiben oder im Mörser zerstoßen.

Würzmittel

Neben den klassischen Gewürzen gibt es noch eine Vielzahl von Pasten, Saucen und Mischungen. Nachfolgend ein kleiner Überblick über die wichtigsten Würzmittel.

Brühwürfel sind Extrakte aus dem Saft von Rind, Hühnchen, Lamm, Gemüse oder Fisch.

Ketchup ist eine rote, dickflüssige Würzsauce aus Tomatenmark, Essig, Zucker und Gewürzen.

Sambals sind würzige Pasten aus roten Chilis und Gewürzen. Sambal Oelek ist sehr scharf, Sambal Badjak etwas milder.

Senf ist eine Mischung aus gemahlenen Senfkörnern, Essig, Salz, Kräutern, Gewürzen, Zucker, Wein und Branntwein. Klassiker sind milder, scharfer und süßer Senf. Rôtisseur-Senf ist grobkörnig und mittelscharf, den hellen Dijon-Senf gibt es als milden, mittelscharfen und extrascharfen sowie als groben oder feinen Senf. Daneben gibt es noch Spezialitäten wie z. B. Estragon- oder Champagnersenf.

Sojasauce ist eine Mischung aus vergorenen Sojabohnen, Wasser und Salz. Je nach Herkunftsland unterscheiden sich die Saucen sehr im Geschmack.

Tabascosauce ist ein scharfer Extrakt aus Chilis. Sparsam verwenden.

Tomatenmark ist eine Paste aus Tomaten. Es gibt sie in verschiedenen Konzentrationen.

Worcestershiresauce ist eine sehr würzige Sauce, die, tropfenweise verwendet, Speisen abrundet.

Speisesalz

Angeboten werden folgende Sorten:

Siede- oder Salinensalz entsteht durch Eindämpfen von Salinen. Man bekommt es feinkörnig (auch Tafel- oder Speisesalz genannt) und grobkörnig.

Steinsalz wird unter Tage abgebaut. Es gibt fein- und grobgemahlenes (ideal für die Salzmühle).

Meersalz ist reich an Spurenelementen. Man bekommt es gereinigt oder naturbelassen, grobkörnig oder gemahlen.

Jodiertes Speisesalz ist Kochsalz, dem Natrium- oder Kaliumjodat zugesetzt wurde. Es wird vor allem zur Vorbeugung gegen Jodmangel empfohlen.

Zucker und Süssungsmittel

Es ist noch gar nicht so lange her, da verwendete man Zucker nur in ausgesprochen kleinen Mengen, denn er war ein Luxusgut. Heute gehört er zu den Grundnahrungsmitteln und ist zum Einmachen, Gelieren und Backen sowie als Würze unentbehrlich.
Hier ein Überblick über die Vielfalt des Zuckers und anderer Süßungsmittel.

Zucker

Je nach Art der Bearbeitung unterscheidet man folgende Zuckersorten:

Raffinade ist ein Zucker mit höchster Reinheit und bester Qualität. Es gibt sie in verschiedenen Körnungen: grob, mittel und fein gemahlen, aber auch als Würfel- und als Hagelzucker.

Weißzucker ist der einfachste und auch der billigste Zucker. Er hat eine etwas dunklere Farbe als Raffinade.

Brauner Zucker ist ein dunkelbrauner, feinkristalliner Zucker, der ausschließlich aus Rohrzucker hergestellt wird. Daneben gibt es den aus braunem Kandissirup hergestellten „Braunen Zucker“ (Kandisfarin). Beide Sorten eignen sich sehr gut zum Backen.

Puderzucker, auch Staubzucker genannt, ist eine staubfein gemahlene Raffinade. Er löst sich schnell auf und wird meist zum Überstäuben von Torten und für Eischnee verwendet.

Kandis ist sehr grob kristallisierter Zucker, der aus konzentrierten Zuckerlösungen entsteht. Es gibt weißen und braunen.

Vanillezucker ist eine Mischung aus Raffinade und gemahlener, echter Vanille oder natürlichem Vanillearoma.

Vanillinzucker wird aus Raffinade und künstlichem Vanillearoma hergestellt.

Zuckerrohrgranulat, auch Ursüße oder Vollrohrzucker genannt, ist der getrocknete, unraffinierte Saft des Zuckerrohrs.

Einmachzucker ist grobkörnige Raffinade und eignet sich, wie der Name schon sagt, zum Einmachen.

Gelierzucker wird aus Raffinade, reinem Pektin und Zitronen- oder Weinsäure hergestellt. Er süßt und geliert zugleich.

Süssstoffe

Dies sind künstlich hergestellte Süßungsmittel, deren Süßkraft bis zu 3000mal höher als die des Zuckers ist. Bekannteste Süßstoffe sind Saccharin, Cyclamat und Aspartam.

Zuckeraustauschstoffe

Sie werden aus pflanzlichen Grundstoffen gewonnen, haben den gleichen Kaloriengehalt wie Zucker, süßen aber nicht ganz so stark. Die wichtigsten Zuckeraustauschstoffe sind Sorbit, Fruchtzucker (Fructose), Mannit, Xylit und Isomalt.

Honig

Je nach Herkunft unterscheidet man zwischen dem hellen, süßen Blütenhonig (z. B. Lindenblüten- und Akazienhonig) und dem dunkleren, herberen Honigtauhonig (z. B. Tannen- oder Fichtenhonig). Scheiben- und Wabenhonig enthält noch die von den Bienen gebauten Waben. Honig sollten Sie immer kühl und trocken lagern.

Sirup

Dieser ist nichts anderes, als Zucker in zähflüssiger Form. Angeboten werden der dickflüssige, aus Zuckerrüben hergestellte *Rübensirup* (auch Rübenkraut genannt) und der honigähnliche, milde *„Goldgelbe Sirup“* aus Zuckerrohrsaft. Der dünnflüssige *Ahornsirup,* der aus dem Saft des Zuckerahorns gewonnen wird, hat ein leichtes Nußaroma. *Apfel- und Birnendicksaft* entsteht durch Eindampfen des Saftes dieser Früchte. Er kann Zucker enthalten. *Apfel- und Birnenkraut* ist eingedickter Apfel- und Birnendicksaft.

Saisonkalender Gemüse

	Jan.	Feb.	März	April	Mai	Juni	Juli	Aug.	Sep.	Okt.	Nov.	Dez.
Artischocken	□	□	□	□	■	■	■			■	■	■
Auberginen	□	□	□	□	■	■	■	■	□			
Blumenkohl					■	■	■	■	■	■	■	□
Bohnen, grüne						■	■	■	■	■		
Bohnen, dicke						■	■	□				
Brokkoli					□	■	■	■	■	■	■	□
Chinakohl	■	■	□	□	■	■	■	■	■	■	■	■
Erbsen						□	■	■	□			
Fenchel				□	□	□	■	■	■	■	■	
Grünkohl	■	□	□						□	■	■	■
Gurken				□	□	■	■	■	■	□	□	
Kohlrabi	□	□	□	■	■	■	■	■	■	■	□	□
Kürbis								□	■	■	■	□
Lauch	■	□	□	■	■	□	■	■	■	■	■	■
Mais							□	■	■	■		
Mangold					□	■	■	■	■			
Möhren	□	□	□	□	□	□	■	■	■	■	■	■
Okraschoten	■	■	■	■	■	□	□	□	■	■	■	■
Paprikaschoten	□	□	□	□	□	■	■	■	■	■	□	□
Pastinaken	■	■	■	■	■						□	□
Petersilienwurzeln	□	□								■	■	■
Rettich			□	■	■	■	■	■	□	□	□	□
Rosenkohl	■	■	□	□					□	■	■	■
Rote Beten	■	■	■	□	□	□	□	□	■	■	■	■
Rotkohl	■	■	□	□	□	□	■	■	■	□	■	■
Rüben					■			■	■	■	■	■
Schwarzwurzeln	□	□								□	□	■
Sellerie (Knolle)	■	■	■	□					□	■	■	■
Sellerie (Staudensellerie)						■	■	■	■	■		
Spargel				■	■	■	□					
Spinat	□	□	■	■	■				■	■	■	□
Spitzkohl				□	■	■	■					
Tomaten					□	□	■	■	■	■	□	
Weißkohl	■	■	■	□	□	■	■	■	■	■	■	■
Wirsing	■	□	□	□	□	□	■	■	■	■	■	□
Zucchini	□	□	□	□	□	■	■	■	■	■	□	□
Zuckerschoten						■	■	■	■			

■ = **Haupterntezeit** □ = **Vor- bzw. Nachsaison**

Saisonkalender Salate

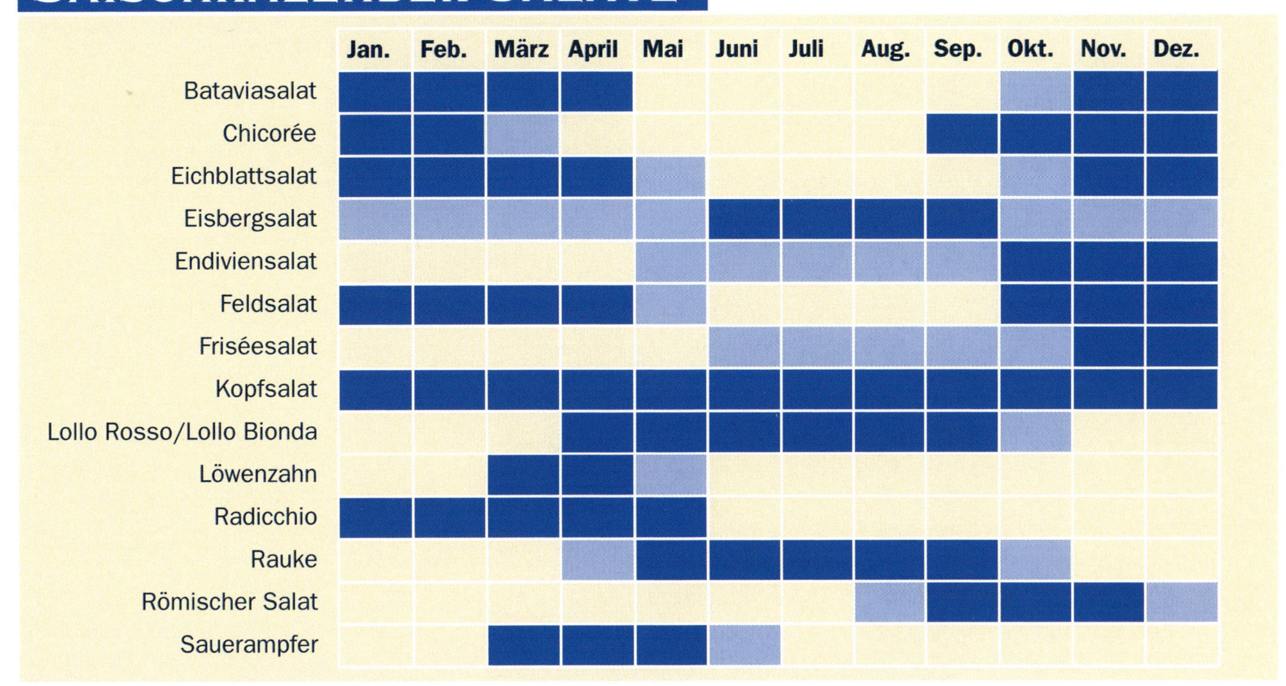

	Jan.	Feb.	März	April	Mai	Juni	Juli	Aug.	Sep.	Okt.	Nov.	Dez.
Bataviasalat	■	■	■	■						□	■	■
Chicorée	■	■	□						■	■	■	■
Eichblattsalat	■	■	■	■	□					□	■	■
Eisbergsalat	□	□	□	□	□	■	■	■	■	□	□	□
Endiviensalat					□	□	□	□	□	■	■	■
Feldsalat	■	■	■	■	□					■	■	■
Friséesalat						□	□	□	□	□	■	■
Kopfsalat	■	■	■	■	■	■	■	■	■	■	■	■
Lollo Rosso/Lollo Bionda				■	■	■	■	■	■	□		
Löwenzahn			■	■	□							
Radicchio	■	■	■	■	■							
Rauke				□	■	■	■	■	■	□		
Römischer Salat								□	■	■	■	□
Sauerampfer			■	■	■	□						

Saisonkalender Heimisches Obst

	Jan.	Feb.	März	April	Mai	Juni	Juli	Aug.	Sep.	Okt.	Nov.	Dez.
Äpfel						□	□	■	■	■	■	
Aprikosen					□	□	■	■				
Birnen						□	□	■	■	■		
Brombeeren						□	□	■	■			
Erdbeeren			□	□	■	■	■	□	□			
Heidelbeeren						■	■	■	■			
Himbeeren					□	□	■	■	■			
Johannisbeeren						□	■	■	□			
Kirschen						■	■	■	■			
Mirabellen								■	■	■		
Nektarinen						■	■	■	■			
Nüsse							□	□	■	■	■	□
Pfirsiche						■	■	■	■			
Pflaumen						■	■	■	■			
Preiselbeeren								■	■	■		
Quitten										■	■	■
Reneklođen							■	■	■			
Rhabarber				■	■	■						
Stachelbeeren						■	■	■	□			
Weintrauben								□	■	■		
Zwetschgen						□	■	■	■			

Töpfe und Pfannen

Ob für den deftigen Eintopf oder das raffinierte Pfeffersteak – Töpfe und Pfannen sind unentbehrliche Küchenutensilien. Doch unterschiedliche Größen, Materialien, Verwendungszwecke, Preise und Formen machen die Wahl oft zur Qual. Deshalb hier ein kleiner Überblick:

Töpfe

Kochtöpfe gibt es in den unterschiedlichsten Größen. In ihnen werden vor allem Brühen, Suppen, Eintöpfe, Gemüse, Fleisch, Geflügel, Reis, Nudeln und Kartoffeln gekocht. Kochtöpfe mit Siebeinsatz eignen sich besonders gut zum Dämpfen von Fisch und Gemüse. Daneben gibt es noch eine Fülle von Spezialtöpfen, wie zum Beispiel einen Spaghetti- bzw. Spargelkochtopf.
Töpfe von guter Qualität haben einen glatten Schüttrand, der erlaubt, daß Flüssigkeit problemlos umgefüllt werden kann. Der Deckel schließt fest. Die Griffe sind hitzebeständig.

Bräter und Schmortöpfe gibt es in verschiedenen Formen (rund, rechteckig oder oval) und in unterschiedlichen Größen. Extreme Herd- und Backofenhitze sollten sie vertragen können. Das gilt auch für ihre Griffe.

Stielkasserollen haben senkrechte Seitenwände. Man braucht sie, wie übrigens auch die Sauteusen (mit innen abgerundeten Bodenkanten), um Saucen zu reduzieren, Gemüse zu schwenken oder Cremes aufzuschlagen.

Simmertöpfe sind doppelwandig. Der Hohlraum wird mit Wasser gefüllt und wirkt so wie ein Wasserbad.

Fischtöpfe lohnen sich für alle, die den Fisch im Ganzen garen wollen. Die siebartigen Dampfeinsätze verhindern ein Zerfallen des Fischs. Im Fischkochtopf läßt sich übrigens auch Spargel gut zubereiten.

Schnellkochtopf
Im Schnellkochtopf wird mit Dampfdruck und unter Ausschluß von Luftsauerstoff gegart.
Durch den hermetischen Verschluß entstehen beim Erwärmen des Garguts durch Überdruck Temperaturen von über 100 °C. Durch die hohen Temperaturen verkürzt sich die Garzeit um ca. 1/3. Weitere Vorteile: Die kurze Garzeit schont Vitamine und Aroma und spart Energie.
Den Schnellkochtopf nimmt man meistens zum Kochen, Dünsten, Dämpfen und Schmoren. Neben Schnellkochtöpfen gibt es übrigens seit neuestem auch Schnellbratpfannen mit Kocheinsätzen zum Dämpfen.

Pfannen

Sie gibt es in den unterschiedlichsten Materialien, Größen und Formen. Generell jedoch gilt: Kaufen Sie nur Pfannen mit einem schweren „Sandwichboden“. Er speichert und verteilt die Hitze am besten. Der Bodendurchmesser der Pfanne sollte dem Ihrer Kochplatten oder -zonen entsprechen. Zu große Pfannen blockieren die Nachbarkochstellen, zu kleine Pfannen sind Energiefresser. Der Griff sollte rutschfest sein, gut in der Hand liegen und nicht zu heiß werden oder sogar ofenfest sein. Wenn Sie in der Pfanne etwas schmoren oder dünsten möchten, brauchen Sie auch einen Deckel.

Edelstahl-, Gußeisen- und Stahlemaille-Pfannen eignen sich hervorragend zum scharfen Anbraten.

Pfannen aus Aluminium oder Aluminiumguß sind ideal für Eierspeisen und Bratkartoffeln.

Antihaftbeschichtete Pfannen gibt es aus Aluminium, Stahlemaille, Gußeisen und Edelstahl. In ihnen kann man mit sehr wenig oder sogar ohne Fett braten, daher sind sie ideal für Diätgerichte, aber auch für Fisch, Paniertes, Eier- und Kartoffelgerichte.

Crêpepfannen haben einen flachen Rand.

Fischbratpfannen sind meist oval und haben eine Antihaftversiegelung.

Grillpfannen haben Rillen im Boden. Dadurch erhält das Bratgut braune Stellen – wie beim Grillrost.

Omelettpfannen haben einen hochgezogenen, gewölbten Rand.

Das richtige Material

Bei der Wahl von Töpfen und Pfannen spielen nicht nur Größe und Verwendungszweck, sondern auch das Material eine wichtige Rolle:

Edelstahlgeschirr ist unverwüstlich und pflegeleicht, aber auch sehr teuer. Die rostfreien und säurebeständigen Töpfe speichern durch ihre plangeschliffenen Böden die Hitze besonders gut. Normale Edelstahltöpfe und -pfannen sind für die meisten Induktionsherde (S. 56) nicht geeignet. Es gibt aber inzwischen auch induktionsgeeignetes Kochgeschirr mit einem Kompensboden aus ferromagnetischem Material.

Töpfe und Pfannen aus emailliertem Stahl (Stahlemaille) sind rostfrei, säure- und hitzefest. Deshalb eignen sie sich besonders gut zum Anbraten und Schmoren.

Gußeisengeschirr braucht lange, bis es richtig heiß ist. Dann aber speichert es die Hitze sehr lange. Allerdings ist das Geschirr schwer und somit unhandlich und außerdem pflegebedüftig, denn sie müssen (wenn sie nicht beschichtet sind) nach jedem Spülen gut abgetrocknet und leicht eingeölt werden.

Aluminiumtöpfe und -pfannen sind extrem leicht, rostfrei, sehr haltbar und wahre Energiespender, da ihre Böden schnell Hitze aufnehmen und diese ebenso schnell an die Speisen weitergeben. Meist sind die Töpfe und Pfannen zusätzlich mit einer Antihaftbeschichtung versehen und die Töpfe teilweise außen emailliert. Ihr Nachteil: Dünnes Aluminium beult leicht aus. Wesentlich formstabiler ist Kochgeschirr aus Aluminiumguß.

Kupfergeschirr nimmt die Wärme schnell auf und gibt sie auch schnell wieder ab. Deshalb eignet es sich gut zum scharfen Braten und, da die Hitze regulierbar ist, auch für Saucen und zum Flambieren.

Eisengeschirr mit einem handgeschmiedeten oder verstärkten Boden eignet sich hervorragend zum Braten. Seine Nachteile: es verformt sich leicht, ist rost- und säureanfällig und für Keramikkochfelder nur bedingt geeignet.

Porzellan- und Keramikgeschirr kann, wenn es feuerfest ist, wie ein normaler Topf benutzt werden. Ofenfestes Geschirr darf in den heißen Backofen, aber nicht auf die Herdplatte gestellt werden. Und dann gibt es noch Geschirr, das unempfindlich gegen Temperaturschwankungen ist, also vom Herd direkt in den Kühlschrank gestellt werden kann.

Glasgeschirr und keramisiertes Geschirr, das feuer- und frostfest ist, darf ebenfalls direkt vom Kühlschrank auf die heiße Kochplatte und umgekehrt gesetzt werden. Es eignet sich zum Backen wie zum Kochen.

Die Grundausstattung

Auch wenn die Ausstattung mit Töpfen und Pfannen in erster Linie von der Anzahl der Familienmitglieder, von den Kochgewohnheiten und vom Geldbeutel abhängt, sollte Folgendes im Hause sein:

- großer Suppentopf
- Bräter- bzw. Schmortopf
- kleiner Kochtopf mit Deckel
- Stielkasserolle
- große, flache Bratpfanne
- Pfanne mit Antihaftversiegelung
- hohe Schmorpfanne mit einem Deckel.

Die richtige Pflege

Schmutzige Pfannen und Töpfe sollten Sie immer sofort mit heißem Wasser säubern. Bei Pfannen möglichst auf Spülmittel verzichten, da es den schützenden Fettfilm zerstört. Bei hartnäckigen Verschmutzungen etwas heißes Wasser in Topf oder Pfanne geben und alles kurz einweichen lassen. Dann mit einer weichen Bürste säubern und nachspülen.

Messer, Schäler & Co.

Küchenmesser

Gute Küchenmesser sind schwer und liegen angenehm in der Hand. Die Klinge sollte aus rostfreiem, gehärtetem Stahl (z. B. Chrom-, Molybdän- oder Vanadiumstahl) und zudem geschmiedet und nicht gestanzt sein. Der Stahl muß mindestens bis zum Ende in die Verkleidung hineinreichen und mit wenigstens 3 Nieten mit diesem verbunden sein. Nieten und Schaftkanten dürfen weder vorstehen noch zu tief liegen, und der Griff sollte anatomisch geformt sein.
Ganz wichtig: Küchenmesser, auch „spülmaschinenfeste", sollten Sie nie in der Maschine reinigen, da sie dort leicht stumpf werden können. Am besten Sie spülen sie gleich nach dem Gebrauch mit Wasser heiß ab und trocknen sie mit Küchenpapier.
Da Messer nicht gleich Messer ist, nachfolgend ein Überblick über die wichtigsten Sorten:

Ausbeinmesser sind bei Wild und Geflügel unentbehrlich, um das Fleisch von Knochen zu trennen und Sehnen zu lösen. Sie eignen sich auch zum Enthäuten von Fisch.

Brotmesser haben einen Wellen- oder Sägeschliff und schneiden so die Kruste sehr gut.

Buntmesser schneiden in rohes oder gekochtes Gemüse, aber auch in Obst und Früchte, wellenförmige Muster.

Filiermesser haben eine lange, besonders biegsame Klinge und sind praktisch beim Filetieren von Rund- und Plattfischen. Mit ihnen läßt sich aber auch Fleisch von Sehnen und Fettschichten befreien.

Gemüsemesser haben eine kurze, spitz zulaufende, glatte Klinge. Man nimmt sie zum Putzen, Schneiden und Zerkleinern von Kartoffeln, Gemüse und Obst.

Hackbeile braucht man zum Hacken von Knochen sowie zum Flachklopfen von Fleisch und Fisch.

Kochmesser sind vielseitig einsetzbar, sehr robust und schwerer als normale Messer. Die ca. 20 cm langen Messer mit ihrer breiten Klinge sind unentbehrlich zum Teilen, Schneiden und Zerhacken von Fleisch, Gemüse, Zwiebeln, Kräutern und Früchten.

Lachsmesser haben eine ca. 30 cm lange, schmale und sehr elastische Klinge (meist mit Kullenschliff), mit der Sie Räucherlachs, aber auch Schinken, in hauchdünne Scheiben schneiden können.

Paletten oder Pfannenmesser haben breite, lange Klingen. Man braucht sie zum Wenden von Fleisch, Fisch und Gemüse, aber auch zum Glattstreichen von Cremes und Farcen.

Schälmesser sind durch ihre kurze, spitze und leicht gebogene Klinge ideal zum Schälen und Schneiden von Garnituren.

Schinkenmesser sind etwas kleiner als die Kochmesser. Man nimmt sie zum Tranchieren von Braten, Fleisch und Geflügel, aber auch zum Schneiden von rohem oder gekochtem Schinken.

Spickmesser eignen sich nicht zur zum Spicken von magerem Fleisch, sondern auch zum Schälen und Schneiden von Obst und Gemüse.

Tomatenmesser erkennt man an ihren runden oder spitzen Gabelklingen. Mit ihrer feingezahnten Schneide lassen sich nicht nur Tomaten, sondern auch Zwiebeln, Obst und Wurst gut schneiden.

Tourniermesser haben eine säbelförmige Klinge, die sich beim Schälen von Obst, Gemüse und Kartoffeln jeglicher Rundung anpaßt.

Messerschärfer oder Wetzstahl sind unentbehrlich zum Schärfen und Abziehen der Messer.

Elektromesser sind ideal zum Tranchieren von Geflügel und zum Schneiden von knusprigem Braten. Auch cremige Sahnetorten lassen sich damit leicht und sauber in Stücke teilen. Eine sogenannte Gefrierklinge schafft sogar gekochte, eingeforene Speisen.

Schäler, Ausstecher & Co.

Auch wenn ein Großteil Ihrer Arbeit von normalen Küchenmessern erledigt werden kann – noch einfacher geht's mit Schälern, Ausstechern & Co.

Sparschäler: zum Schälen von Kartoffeln, Möhren, Gurken und Äpfeln.

Spargelschäler: zum Spargelschälen (oft haben sie eine verstellbare Klinge, die nach der Spargelstärke eingestellt werden kann).

Juliennereißer (Zestenreißer): zum Abziehen von feinen Zitrusschalenstreifen.

Kanneliermesser: zum Garnieren von Obst und Gemüse durch Einkerben der Oberfläche.

Apfelausstecher: zum Ausstechen des Kerngehäuses von Äpfeln und Birnen.

Kugelausstecher (Pariser Ausstecher): zum Auslösen von Kugeln aus dem Fruchtfleisch von Kartoffeln sowie festen Gemüse- und Obstsorten.

Perlausstecher: zum Ausstechen besonders kleiner Kugeln aus Gemüse und Kartoffeln (in der Hauptsache für Suppen- und Saucengarnituren).

Runde und gezackte Ausstecher: zum Garnieren und Ausstechen von Gemüse, Obst und Plätzchen.

Fischschupper: zum Entfernen der Schuppen.

Austernöffner: zum Öffnen von Austern und Muscheln.

Löffel, Spachtel und Schneebesen

Kochlöffel braucht man zum Umrühren von Saucen, Suppen, Cremes und Gemüse. Kaufen Sie am besten gleich einen ganzen Satz in verschiedenen Größen. Holz ist besonders robust, aber nicht spülmaschinenfest.

Schöpfkellen sind gut zum Schöpfen von Saucen, Suppen und Pfannkuchenteigen.

Schaumkellen (Siebkellen) entfernen den Schaum von Brühen, sind gut zum Blanchieren und Fritieren, aber auch zum Herausnehmen von Fleisch, Fisch und Gemüse aus dem Topf.

Pfannenwender nimmt man zum Wenden von Gargut in der Pfanne.

Teigschaber nimmt man zum Auskratzen von Teigen und Cremes aus der Schüssel.

Schneebesen braucht man zum Schlagen von Sahne, Cremes, Eiweiß und Saucen. Sie sollten aus Edelstahl sein und gut im Stiel befestigte, elastische Drahtschlaufen haben. Je dünner die Drähte, desto besser ist die Wirkung.

Reiben, Pressen und Mühlen

Sie zerkleinern fast alles und sind bei kleinen Mengen praktischer als eine moderne Küchenmaschine. Die Geräte nach dem Gebrauch immer sofort mit Wasser und Bürste reinigen. Angetrocknete Reste schafft später selbst die Spülmaschine nicht mehr.

Reiben gibt es in verschiedenen Ausführungen. Am besten ist eine mit austauschbaren Einsätzen zum Reiben, Raspeln und Scheibeln von Gemüse, Obst und Kartoffeln und Käse. Für spezielle Tätigkeiten gibt es dann noch Muskatreiben und Käsereiben sowie eine Spätzlereibe.

Kartoffelpressen sind ideal, um heiße, gekochte Kartoffeln durchzudrücken. Aber auch Spaghetti-Eis läßt sich damit herstellen.

Zitruspressen nimmt man zum Entsaften von Apfelsinen, Zitronen und Grapefruits. Es gibt handbetriebene und elektrische, wobei die Saftausbeute von elektrischen Geräten mit 65–80 % größer ist als die von handbetriebenen.

Knoblauchpressen braucht man zum Zerdrücken von Knoblauchzehen.

Gewürzmühlen eignen sich für all diejenigen, die ganze Gewürze (z. B. Pfeffer, getrockneten Rosmarin und Koriander) frisch zerkleinern möchten, weil sie dann ihr Aroma besonders gut entfalten.

Mörser nimmt man auch zum Zerkleinern von ganzen Gewürzen.

Siebe und Seiher

Am besten sind sie aus Edelstahl, denn dann sind sie sehr stabil, rosten nicht und lassen sich gut reinigen.

Rundsiebe mit Drahtgeflecht gibt es in verschiedenen Größen. Sie werden bevorzugt beim Backen zum Sieben von Mehl und Puderzucker, aber auch zum Passieren von Früchten und Gemüse verwendet.

Spitzsiebe werden mit groben Löchern und mit sehr feindoppelmaschigem Drahtgeflecht angeboten. Letztere sind ideal zum Klären von Brühen sowie zum Abtropfen von Tomatenpüree oder roh geraspelten Kartoffeln. Bei gelochten Spitzsieben kann die Flüssigkeit schneller ablaufen. Dadurch sind sie praktisch zum Abgießen von Brühen, Saucen, Cremes.

Stand-Seiher stehen auf Ring- oder Metallfüßchen und haben große Löcher am Boden und an den Wänden. Sie sind ideal zum Abgießen (z. B. von Nudeln), Abspülen und Waschen.

Stiel-Seiher haben so große Löcher wie die Steh-Seiher und einen Stiel. Damit kann man sie über einen Topf hängen oder in der Hand halten. Praktisch zum Blanchieren, aber auch zum Aufwärmen und Warmhalten.

Klassische Küchenhelfer

Schon unsere Großmütter schätzten sie, und auch heute mag man sie einfach nicht missen: Fleischwolf, Flotte Lotte & Co.

Fleischwolf: Universalgerät, wenn man verschiedene Vorsätze hat. So gibt es welche zum Durchdrehen von Fleisch, Fisch und Geflügel, für Spritzgebäck, zum Formen von Kroketten und zum Füllen von Wursthäuten.

Flotte Lotte: passiert gegartes Gemüse, Kartoffeln und Kompott (Beeren lassen sich auch roh durchdrehen).

Schlagkessel: zum Schlagen von Eischnee, Sahne und Mayonnaise.

Sonstiges: Unentbehrlich sind in der Küche auch Schneidebretter in verschiedenen Größen, ein Meßbecher mit einer Skala für Flüssigkeit, Mehl & Co., eine Küchenschere und eine Geflügelschere sowie Teigrädchen, Backpinsel, Spritzbeutel und Passiertuch.

Spezialgeräte

Immer mehr Spezialgeräte und Formen, mit denen sonst nur die Profis kochten, werden nun auch in der normalen Küche heimisch.

Bratthermometer: Dieses steckt man in den Kern des Gargutes (meist Fleisch), um dessen Temperatur exakt messen zu können. So läßt sich der Garzustand äußerst genau ermitteln.

Nudelmaschinen gibt es in verschiedenen Ausführungen. Mit diversen Zusätzen kann man damit Bandnudeln produzieren sowie Ravioli füllen und ausstanzen.

Verschiedene Formen aus Metall oder Keramik sind nicht nur ausgesprochen praktisch, sondern auch sehr dekorativ. So zum Beispiel Terrinen- und Pastetenformen, Auflaufformen, kleine Timbaleförmchen oder die halbrunden Parfaitformen, in die natürlich auch andere Süßspeisen passen.

Elektrische Küchengeräte

Was früher in mühsamer Handarbeit erledigt werden mußte, ist heute im Handumdrehen getan. Elektrische Küchengeräte machen es möglich. Sie raspeln, hobeln, reiben, hacken, pürieren und verrühren in Minutenschnelle. Hier ein Überblick über die wichtigsten Geräte:

Mein Tip

Die Küchenmaschinen sollten in Ihrer Küche immer ihren festen Standort haben. Wenn das Gerät erst umständlich aus dem Schrank geholt werden muß, wird es seltener eingesetzt.

Küchenmaschinen

Wer viel kocht und backt und mindestens einen 2-Personen-Haushalt hat, für den lohnt sich die Anschaffung einer Küchenmaschine. Denn mit ihr kann man große Mengen in kurzer Zeit verarbeiten. Küchenmaschinen lassen sich mit dem richtigen Zubehör universell einsetzen. Mit den Knethaken bereitet man Brotteig, Hefe-, Mürbe- und Nudelteig zu. Mit dem Messereinsatz lassen sich Zwiebeln, Knoblauch, Fleisch und Kräuter hakken, Suppen pürieren, Nüsse oder Schokoladen zerkleinern, Quarkspeisen, Cremes sowie Teige für Eierkuchen mixen sowie Mayonnaisen rühren. Das Schnitzelwerk zerkleinert Obst und Gemüse, der Schneebesen schlägt Eischnee und leichte Cremes. Viele Hersteller bieten darüber hinaus weiteres Zubehör (z. B. Mixaufsatz) an.

Standmixer

Sie sind dann sehr hilfreich, wenn häufig Milchmixgetränke, Cocktails oder Gemüse- und Obstpürees zubereitet werden. Aber auch Saucen lassen sich im Mixer sehr gut aufschlagen.

Handrührgeräte

Sie gelten als handliche Alternative zur großen Küchenmaschine. Und mit dem richtigen Zubehör sind sie inzwischen kleine Alleskönner.
In der Regel erhält man sie mit je 1 Satz Schneebesen und Knethaken, zum Teil auch mit Pürierstab. Manche Geräte lassen sich sogar zu einer kleinen Küchenmaschine umbauen, z. B. durch ein Schnitzelwerk.

Stabmixer

Sie können mixen und pürieren. An ihnen sitzt unten ein Messer, das sich 10mal schneller dreht als die Quirle bei Handrührgeräten. Es gibt aber auch Geräte, die man auf einen Zerkleinerer setzen kann, der Zwiebeln, Kräuter und Nüsse fein hackt. Bei anderen Geräten kann man statt des Messers auch eine Quirlscheibe und andere Einsätze aufstecken. Stabmixer kann man direkt in den Topf halten, um Suppen und Saucen zu pürieren. Sie beschädigen den Topfboden nicht.

Friteusen

Vergessen Sie Ihre Vorurteile von Fettspritzern und üblem Dunst – Fritieren ist heute eine ganz saubere Sache. Denn selbst preiswerte Standardgeräte verfügen heute über Deckel mit Geruchsfilter, isolierte Außenwände und ein Öl-Filtersystem. Wer mehr Geld ausgeben will, erhält noch aufwendiger ausgestattete Geräte, z. B. mit einem Dunstfilterdeckel mit Aktivkohlfilter, der den Fritiergeruch stoppt. Außerdem haben viele hochwertige Geräte eine Liftomatik, die das Fritiergut bei geschlossenem Deckel hochhebt und wieder senkt.

Eismaschinen

Sie werden für die Zubereitung von Eiscreme und Sorbets verwendet. Ihre Anschaffung lohnt sich aber nur, wenn man sie häufig benutzt.

Generell unterscheidet man zwischen Elektro- und Gasherd. Beide Typen gibt es maßgeschneidert für jede Küchengröße: als Stand-, Einbau- oder Unterbaugerät. Dazu kommt eine Fülle von unterschiedlichen Ausstattungen und verschiedenen Funktionen.

Der Elektroherd

Den klassischen Elektroherd gibt es mit fest eingebauten Kochplatten, mit Glaskeramikkochfeld bzw. mit Induktions-Kochfeld. Bei den meisten Herden gibt es Normal-, Blitz- und Automatikkochplatten mit 14,5, 18 und 22 cm Ø. Zudem findet man auch ovale Bräterzonen. Einige Kochstellen lassen sich auch stufenlos in verschiedene Leistungsstufen einstellen. Bei Blitz-Kochstellen ist auf höchster Einstellung die Leistung erhöht, das ermöglicht ein „blitzschnelles" Ankochen. Bei Automatik-Kochplatten genügt eine Einstellung. Sie beginnen mit der höchsten Heizleistung und schalten dann auf die voreingestellte Stufe selbständig zurück. Glaskeramik-Kochfelder sind aus hitzefestem und schlagfestem Material. Unter der Platte befindet sich der eigentliche Heizkörper (Glühwendel), der sich stufenlos regulieren läßt und bei Betrieb rotglühend leuchtet. Praktisch sind Mehrzweck-Kochstellen. Hier lassen sich zusätzlich Heizspiralen anschalten, etwa für einen übergroßen oder einen ovalen Topf. Neu sind Kochstellen mit Sensoren. Sie erspüren selbst die Topfgröße und heizen entsprechend. Die Vorteile der Glaskeramik-Kochfelder: Sie lassen sich leicht reinigen, und man kann den Platz zwischen den Zonen nutzen, um Töpfe zur Seite zu schieben.
Verhältnismäßig neu sind die Induktions-Kochstellen. Hier bleibt die Glaskeramik selbst kalt, während die Suppe im Topf siedet. Und das funktioniert so: Unter der Kochzone befindet sich eine flache Kupferdrahtspule, die mit Hochfrequenzstrom gespeichert wird. Das magnetische Wechselfeld dieser Spule bewirkt im Topfboden „elektrische Wirbelströme", die ihn rasch aufheizen. Der Vorteil: Beim Einschalten steht die Hitze unmittelbar zur Verfügung (fast 2mal schneller als bei Gas). Ebenso schnell stoppt die Wärmezufuhr beim Abschalten. Steht kein Topf auf dem Herd, schaltet dieser automatisch ab bzw. gar nicht erst an. Nichts brennt ein. Der Nachteil: Für diese Kochstellen muß ferromagnetisches Kochgeschirr (siehe auch Kapitel „Töpfe und Pfannen" S. 51) verwendet werden.

Der Elektrobackofen

Hier unterscheidet man 5 Systeme:
Backöfen mit Ober- und Unterhitze sind die Klassiker. Hier wirkt die Hitze von oben und unten gleichmäßig auf das Gargut. Man kann allerdings nur 1 Rost oder 1 Blech einschieben. Bei vielen Modellen lassen sich Ober- und Unterhitze getrennt schalten.
Umluft- oder Heißluftbacköfen haben in der Rückwand einen Heizkörper, der Wärme erzeugt, die von einem Ventilator im Backofen gleichmäßig verteilt wird. Die Heißluft kommt von allen Seiten an das Gargut heran, so daß auf mehreren Ebenen gleichzeitig gegart werden kann. Bei vielen Heißluftöfen kann Ober- und Unterhitze an Stelle des Ringheizkörpers zur Hitzeregulierung für den Ventilator zugeschaltet werden.
Backöfen mit integriertem Dampfsystem sind zusätzlich zur Ober- und Unterhitze mit einem Dampfgarsystem ausgestattet. Dazu wurde das Gerät mit Anschlüssen für Wasserzulauf und -ablauf versehen. Die Gardauer verkürzt sich dabei um bis zu 50 %.
Backöfen mit integriertem Mikrowellenteil sind Multitalente. Mit ihnen kann man Ober- und Unterhitze, Umluft oder Grill alleine oder zusammen mit dem Mikrowellenteil beziehungsweise dieses allein als Mikrowellengerät benutzen. Die Garzeit verkürzt sich dadurch enorm.
Backöfen mit kombinierter Ausstattung können wahlweise mit Ober- und Unterhitze, mit Umluft oder mit Grill benutzt werden. Damit kann, je nach Rezept, die günstigste Beheizungsart ausgewählt werden. Ein eingebauter Grill-Heizstab ermöglicht die Zubereitung von flachem Grillgut auf dem Rost. Mit „zugeschalteter" Heißluft können größere Fleischstücke oder mehrere Hähnchen auf einmal ohne Drehspieß gegrillt werden.

Moderne Backöfen bieten zusätzlich eine Fülle von Sonderausstattungen. Dazu gehört u. a. eine Bratautomatik, die die richtige Temperatur in der richtigen Zeit für das Bratgut selbständig und genau gewährleistet. Ein eingebautes Bratthermometer informiert ständig über die Kerntemperatur des Bratens, die Zeitschaltautomatik schaltet den Backofen automatisch ein und aus.

Beim Herd-Konzept COMPETENCE 2000 der Firma AEG ist alles drin. Darüber hinaus bietet es zusätzlich noch eine elektronische Backofenregelung, einen Backauszug oder Backwagen, eine hitzeisolierte Front, eine vollverglaste Leichtreinigungstür, verwechslungssichere Versenkhebel und eine Sicherheitsabschaltung. So erhalten Sie ein komplettes „Herd-Menü" und nicht nur einzelne „Leckerbissen". Nicht zu vergessen seine optische Attraktivität, für die der COMPETENCE 2000 sogar eine der begehrtesten internationalen Auszeichnungen – den IF Produkt Design Award 1998 – bekommen hat.

Der Gasherd

Profis schätzen seine Vorteile schon lange, denn beim Gasherd hat man sofort eine hohe Hitzezufuhr. Die Wärmedosierung läßt sich beim Gasherd stufenlos regulieren. Es gibt Gasherde mit offenen Flammen und solche mit Keramikplatte und verschiedenen Kochzonen.

Der Gasbackofen

Gasbacköfen werden in unterschiedlichen Ausführungen angeboten: ganz konventionell mit Unterhitze oder mit Ober- und Unterhitze, Umluftsystem, Brat- und Backautomatik und zum Teil sogar mit Grill.

Die Reinigung von Backöfen

Spülmittellaugen und spezielle Backofensprays sind seit Jahren bewährte Mittel, wenn es um hartnäckige Verschmutzungen im Backofen geht. Noch leichter und schneller funktioniert es jedoch mit eingebauten Selbstreinigungssystemen, die nach dem pyrolytischen oder katalytischen Prinzip arbeiten. Bei der pyrolytischen Reinigung wird mittels Heizung eine extrem große Hitze erzeugt, die alle Verschmutzungen zu Asche verbrennt, die nach Ablauf des Reinigungsprogramms einfach herausgewischt werden kann. Bei der katalytischen Reinigung sind die Innenwände des Ofens mit auswechselbaren Spezialemailleblechen ausgestattet. Diese können Öl und Fett oxidieren, so daß sie sich unter Hitzeeinwirkung verflüchtigen. Die Reinigung erfolgt während der normalen Benutzung.

Mikrowellengeräte

Vor wenigen Jahren galt es noch als Sensation – heute ist ein Mikrowellengerät in jedem zweiten Haushalt vertreten, als idealer Zusatz zum Herd. Die Speisen werden in der Mikrowelle bis zu 4mal schneller gar als beim Herd, das Geschirr bleibt dabei weitgehend kalt. Mikrowellengeräte sind ideal zum Auftauen von Lebensmitteln, zum Erhitzen von Getränken, zum Aufwärmen von vorgekochten Gerichten, zum Kochen von Suppen, Kartoffeln, Gemüse und Kompott und zum Schmelzen von Schokolade, Butter und Kuvertüre.
Die Geräte gibt es in verschiedenen Ausführungen: als Solo-Gerät, mit Grill und als Kombi-Gerät mit Grill und/oder Heißluft.
Zum Mikrowellengaren eignet sich als Geschirr am besten Porzellan (ohne Goldrand), glasiertes Keramik und stabiles Glas.
Auch Kunststoffgeschirr können Sie verwenden, wenn es als mikrowellengeeignet ausgewiesen ist.
In Kombi-Geräten mit Grill oder Heißluft muß das Geschirr zusätzlich noch hitzebeständig sein. Nicht geeignet sind Metalltöpfe und -pfannen sowie Alufolie, denn Metall läßt die Mikrowellen nicht durch.

Der COMPETENCE 2000 von AEG

GARMETHODEN

DÄMPFEN

Beim Dämpfen werden die Nahrungsmittel in Wasserdampf gegart. Es ist die sanfteste Art der Zubereitung, denn der Wasserdampf laugt die Nährstoffe wenig aus. Geschmack und Form des Gargutes bleiben besser erhalten.
So wird gedämpft: Einen großen Topf mit Wasser füllen und auf ca. 100 °C erhitzen. Dann einen Siebeinsatz mit dem Gargut hineinhängen, den Herd etwas zurückdrehen und den Topf mit einem Deckel fest verschließen, damit kein Dampf entweichen kann. Gedämpft werden kann in einem speziellen Dampftopf, in einem Topf mit Siebeinsatz oder in einem Schnellkochtopf mit Siebeinsatz. Wenn Sie keinen Siebeinsatz haben, hilft folgender Trick: einen Suppenteller umgedreht in den Topf legen, ein Blatt Pergamentpapier mit der Gabel mehrmals durchstechen und auf den Teller legen. Darauf nun das Lebensmittel legen, das vom Wasserdampf ungehindert umströmt wird. Abgesehen von Hülsenfrüchten, einigen Kohlarten (Weißkohl, Rot- und Grünkohl) und Spargel, können Sie alle Gemüsesorten und Kartoffeln sowie Fleisch dämpfen.

DÜNSTEN

Unter Dünsten versteht man das Garen von Lebensmitteln im eigenen Saft unter Zugabe von wenig Fett und Flüssigkeit. Dies findet im geschlossenen Topf bei einer Temperatur von 100 °C statt. Auch bei diesem Verfahren werden die Speisen sehr schonend zubereitet.

Dünsten im Topf

Sie brauchen einen breiten, flachen Topf mit einem fest schließenden Deckel, damit kein Wasserdampf entweichen kann. Junges zartes, und besonders wasserhaltiges Gemüse, wie Spinat und Lauch, gibt man noch tropfnaß vom Waschen in den bereits erhitzten Topf, legt den Deckel auf und schaltet die Hitze soweit herunter, daß sich gerade noch Dampf entwickeln kann. Saftreiche Früchte kommen tropfnaß in den kalten Topf und ziehen bei milder Hitze selber Saft. Bei festerem Gemüse, Fisch und zartem Fleisch braucht man zum Dünsten etwa 1 cm hoch Flüssigkeit im Topf (Brühe, Wein oder Wasser).

Dünsten in Alufolie

Vor allem ganze Fische, aber auch Fischfilets, Gemüse und Pilze lassen sich sehr gut in Alufolie dünsten (siehe auch „Garen mit Römertopf, Alufolie und Bratfolie S. 61).

POCHIEREN

Beim Pochieren gart man in heißer Flüssigkeit knapp unterhalb des Siedepunktes. Diese Garmethode eignet sich vor allem für zartes Fleisch, Fisch, Geflügel, Obst, Knödel und Eier. Ihr Vorteil: Das Gargut behält seine Form, seinen Geschmack und seine Nährwerte. Pochiert wird in hohen Töpfen und Kasserollen. Die Größe des Topfes sollte der Menge des Gargutes angepaßt sein, dann spart man Fond oder Sud. Knödel brauchen einen breiten Topf, um Platz zu haben.
Und so wird pochiert: Große Stücke, wie Fisch und Geflügel, werden in kaltem Fond oder Sud aufgesetzt und dann möglichst rasch auf die benötigte Temperatur gebracht. Alle anderen Stücke werden mit heißem Fond oder Sud übergossen, bis dieser alles bedeckt, oder direkt in den heißen Fond gelegt. Danach den Fond kurz aufkochen und abschäumen.

GAREN IM WASSERBAD

Darunter versteht man das allmähliche Erwärmen und Garen von Speisen in einem offenen oder geschlossenen Gefäß, das in heißem oder siedendem Wasser hängt.
Im Wasserbad auf der Herdplatte werden vor allem empfindliche Lebensmittel geschmolzen, cremig gerührt oder erwärmt, die bei zu großer Hitzezufuhr gerinnen, anbrennen oder ausflocken würden (z. B. Schokolade, Saucen und Cremes).
Beim Garen im Wasserbad erhitzt man in einem großen Topf das Wasser auf 75–85 °C. Dann schaltet man auf mittlere Temperatur zurück. In das Wasser hängt man nun eine Schüssel mit der Sauce oder Creme, die dann ständig gerührt werden muß.
Für diese Garmethode eignen sich auch die speziellen Simmertöpfe (S. 50) gut. Feine Eiercreme, aber auch klassische Terrinen werden im Wasserbad im Backofen gegart. Dafür erhitzt man den Backofen auf 175–200 °C und füllt die Fettpfanne 2–3 cm hoch mit Wasser. In die Fettpfanne stellt man nun die offene Eiercremeform oder die geschlossene Pastetenform und gart beides nach Rezeptangabe.

Blanchieren

Beim Blanchieren werden meist kleingeschnittene Lebensmittel (vorzugsweise Gemüse) kurz in sprudelnd kochendem Wasser gegart und dann in Eiswasser abgeschreckt, um den Garprozeß rasch zu unterbrechen. Gemüse läßt sich so bißfest und ohne nennenswerten Vitaminverlust garen und behält seine kräftige Farbe. Blanchierzeiten für Gemüse finden Sie auf S. 244.

Kochen (Sieden)

Kochen bedeutet, eine Flüssigkeit in einem geschlossenem oder offenen Topf zum Sieden zu bringen. Gekocht werden in der Regel Fleisch, Fischabfälle (für Suppen), Gemüse, Eier, Nudeln, Kartoffeln und Reis. Als Kochgeschirr nimmt man Töpfe, feuerfeste Glasgefäße oder einen Schnellkochtopf. Als Garflüssigkeit eignen sich Wasser, Wein, Brühe, Fond, Sud und Milch.
Um Lebensmittel zu kochen, gibt es 2 Methoden: Man setzt sie entweder in kaltem oder in kochendem Wasser an. Die erste Methode eignet sich vor allem für Hülsenfrüchte, Trockenobst und Getreide und für Fleisch, aus dem man nur eine Suppe, kräftige Brühe oder Sauce zubereiten möchte. Soll das Fleisch nicht auslaugen (z. B. Tafelspitz), gibt man es besser in sprudelnd heiße Flüssigkeit. Die Hitze schließt die Poren sofort, und es kann kein Saft austreten. Ins kochende Wasser kommen auch Nudeln.

Schmoren

Schmoren ist eigentlich ein Mittelding zwischen Kochen und Braten und eignet sich vor allem für besonders kräftig schmekkende Fleischgerichte wie Gulasch und Schmorbraten. Das Gargut wird im heißen Fett bei ca. 180 °C angebraten und dann im geschlossenen Topf unter Zugabe von wenig Flüssigkeit auf niedriger Herdstufe bei ca. 100 °C gegart. Das kann auf der Herdplatte oder im Backofen geschehen. Wichtig beim Schmoren: Der Topfboden muß ständig mit Flüssigkeit bedeckt sein und der Deckel fest auf dem Topf liegen. Schmorgerichte sind keine Schnellgerichte. In der Regel muß man mit 1½ Stunden rechnen. Geschmort wird im Topf, selten in der Pfanne.

Sautieren

Sautieren leitet sich aus dem französischen Wort „sauter" = schwenken ab. Man versteht darunter das Garschwenken bei starker Hitze in Fett. Diese Garmethode ist ideal für feines, in Streifen oder Stücke geschnittenes Fleisch, Geflügel und Wild, aber auch für Leber, Nieren und Gemüse.

Zum Sautieren benutzt man eine Sauteuse (S. 50). Wichtig ist, daß sie die Hitze gut und gleichmäßig leitet und leicht in der Hand liegt. Gewürzt wird immer erst während des Sautierens.

Braten

Beim Braten unterscheidet man 2 Methoden: das Garen mit Fett und das Garen mit heißer Luft.

Braten auf dem Herd

Bratenfleisch mit einem Gewicht von bis zu 1 kg wird am besten in einem Bräter auf der Herdplatte gebraten. Das gewürzte Bratgut wird zunächst im heißen Fett rundum goldbraun angebraten. Danach drosselt man die Hitze und brät im geschlossenen Topf weiter. Erst zum Schluß öffnet man den Topf zum Bräunen.

Braten im Backofen

Fleischstücke, die über 750 g wiegen sowie Geflügel und ganze Fische mit einem Mindestgewicht von 1 250 g werden am zweckmäßigsten auf dem Rost oder im offenen Bratgeschirr im Backofen gegart. Dabei müssen sie des öfteren mit heißem Fett, Brühe oder Wasser begossen werden, damit sie nicht austrocknen. Die Garzeit prüft man am besten mit einem Bratthermometer. Wenn der Kern vom Fleisch 65 °C zeigt, ist das Fleisch halbroh, bei 70 °C halbgar und bei 80–90 °C ganz durch.

Braten in der Pfanne

Dies wird auch Kurzbraten genannt und ist ein schnelles Garen und Bräunen im heißen Fett. Es eignet sich vor allem für kleine Fleischstücke wie Steaks. Die Pfanne muß gut erhitzt werden, sonst klebt das Bratgut am Boden an und bräunt nicht. Außerdem dürfen Sie nie zuviel Bratgut in die Pfanne geben, sonst kühlt das Fett zu stark ab und das Bratgut schmort eher.

Aus China kommt eine besondere Kurzbratmethode: das Pfannenrühren im Wok, einer Pfanne, deren ausladende Seitenwand sehr hoch ist und die Hitze schnell und gleichmäßig weiterleitet. Die kleingeschnittenen Zutaten werden alle einzeln kurz unter Rühren gebraten und dann an den Rand geschoben oder herausgenommen. Erst zum Schluß wird alles vermischt, gewürzt und nochmals kurz erhitzt. So bleiben wichtige Nährstoffe erhalten und alle Zutaten haben noch Biß.

Grillen

Mit Hilfe des Grillens kann man Nahrungsmittel besonders schonend und fettarm zubereiten.

Zum Grillen eignet sich Fleisch, Fisch und Geflügel, aber auch Gemüse und Obst. Wasserreiche Lebensmittel, wie Obst und Gemüse, sollte man allerdings zum Grillen in Alufolie einwickeln, um sie vor dem Austrocknen zu schützen.

Gegrillt werden kann auf verschiedene Weise:

Grillen im Grillgerät oder im Backofengrill

Hier wird das Grillgut durch Infrarotstrahlen oder hocherhitzte Luft auf einem Rost oder am Spieß gebräunt und gegart. Bratenstücke sollten allerdings nicht mehr als 1,5 kg wiegen und möglichst gleichmäßig dick sein, Geflügel sollte nicht schwerer als 1 kg sein.

Kontaktgrillen

In einem speziellen Kontaktgrill können vor allem flache Grillstücke mit oder ohne Fett zwischen 2 Heizflächen gegart werden.

Grillen mit dem Holzkohlengrill

Das Grillgut gart auf durchgeglühter Holzkohle oder Holzkohlenbriketts.

Generell gilt: Fleischwaren, die mit Nitritpökelsalz hergestellt werden, wie z. B. Kasseler Kotelett, Schinken, Speck oder Wiener Würstchen, sollten nicht in größeren Mengen gegrillt verzehrt werden. Denn durch die hohen Temperaturen bilden sich krebserregende Nitrosamine.

Backen

Unter Backen versteht man das Garen im geschlossenen Backofen in heißer, trockener Luft bei einer Temperatur von 120 bis 250 °C. Es eignet sich für Kuchen und Plätzchen sowie für Pizza, pikante Kuchen, Aufläufe, Gratins und Soufflés. Und von den 3 Letzteren soll nun zuerst die Rede sein. Aufläufe garen im vorgeheizten Backofen sozusagen von selbst, wenn man folgende Tips beachtet:

- Alle Formen für Aufläufe, Gratins und Soufflés müssen hitzebeständig sein.
- Falls die Oberfläche beim Überbacken zu schnell bräunt, decken Sie die Form einfach mit Alufolie ab, und reduzieren Sie die Temperatur etwas.
- Souffléformen dürfen nur zu ⅔ gefüllt werden, denn das Soufflé muß Platz haben, um sich zu entfalten. Ist die Form zu voll, läuft die Masse über und verbrennt im Backofen.
- Die Form nie auf den Backofenboden stellen.

Die Einschubhöhe richtet sich nach Art des Backofensystems bzw. nach Art und Anzahl der Speisen. Gerichte, deren Zutaten schon warm sind, zum Überbacken möglichst hoch in den Ofen, Gerichte aus kalten Zutaten auf den untersten Rost stellen.

Pizza, Strudel, Quiche & Co. werden auf einem Blech gebacken. Je nach Teigart muß dieses eingefettet (bzw. mit Backpapier belegt) oder mit Wasser abgespült werden. Gebacken wird dann bei trockener Hitze und meist 175–250 °C. Wenn Sie z. B. einen pikanten Kuchen backen, der einen Guß oder sehr flüssige Zutaten hat, müssen Sie den Teigrand recht hoch ziehen, sonst tritt Flüssigkeit über den Rand und läßt den Teig feucht werden.

Gratinieren

Unter Gratinieren versteht man das Überbacken von Gerichten, bis sie goldbraun sind oder eine leichte Kruste haben. Das geschieht im Backofen oder unter dem Grill. Zum Gratinieren eignen sich fast allen Lebensmittel. Sie werden – roh oder bereits gegart – mit Sahne, Sauce oder anderer Flüssigkeit begossen und/oder mit geriebenem Brot, Käse, Zucker oder Butterflöckchen belegt. Als Gefäße eignen sich feuerfeste Formen. Gratiniertes wird in der Regel in der Form serviert. Man kann aber auch Speisen auf feuerfesten Tellern gratinieren.

Fritieren

Hierunter versteht man das Ausbacken in reichlich Fett bei Temperaturen von 180–200 °C. Das geht in einem einfachen Topf, in einer tiefen Pfanne oder in einer Friteuse (siehe Kapitel „Elektrische Küchengeräte“, S. 55).
Beim Fritieren erhält das Fritiergut in sehr kurzer Zeit eine schützende Kruste, innen bleibt es weich und zart. Zum Fritieren eignen sich alle panierten und in Backteig gehüllten Fleisch-, Geflügel- und Fischstückchen sowie Kartoffeln, Gemüse und Schmalzgebäck. Das Ausbackfett muß hohe Temperaturen vertragen können. Am besten sind reine Pflanzenfette, wie Maiskeim- und Sonnenblumenöl, und Plattenfette. Die Fritiertemperatur sollte ca. 170 °C betragen.
In einer Friteuse läßt sich die Temperatur per Knopfdruck einstellen. In einem Kochtopf oder in einer Pfanne prüfen Sie es so: Halten Sie den Stiel eines Holzlöffels in das Fett. Bilden sich Bläschen, ist das Fett heiß genug. Nach dem Fritieren können Sie das Fett durch eine Filtertüte gießen und kühl und dunkel aufbewahren. Es hält sich so ca. 6 Wochen. Das Fett nie öfter als 5mal gebrauchen, danach muß es entsorgt werden. Dabei gehört es auf keinen Fall auf den Kompost oder in die Toilette.
Alle Nahrungsmittel, die fritiert werden sollen, müssen trocken sein. Nur dann spritzt das Fett nicht oder nur wenig.

Flambieren

Beim Flambieren wird eine fertig vorgegarte Speise mit hochprozentigem Alkohol übergossen, erhitzt und angezündet. Durch das Flambieren geht der Geschmack des gewählten alkoholischen Getränks auf die Speise über und verleiht ihr ein besonderes Aroma.
Flambieren können Sie fast alles: Steaks, Fisch, Mehlspeisen und diverses Obst. Die Alkoholika müssen mindestens 40 Vol.-% Alkohol aufweisen und Eigengeschmack haben (z. B. Weinbrand, Armagnac, Calvados, Rum, Cognac, Kirsch- und Zwetschgenwasser sowie Himbeergeist). Sie benötigen eine Pfanne, am besten aus Kupfer, eine Kelle und ein Rechaud. Speisen und Alkohol werden vor dem Anzünden erhitzt. Dann gibt man den Alkohol mit der Kelle über die Speise und zündet sie mit langen Kaminstreichhölzern an. Der Alkohol muß restlos abgebrannt werden, denn die Speisen sollen nicht nach Alkohol, sondern nach dem Aroma des Getränks schmecken. Wichtig: Flambieren Sie niemals unter einer Tischlampe, und üben Sie am besten erst ein paar Mal in der Küche – aber nicht unter dem Dunstabzug.

Garen in Römertopf, Alufolie und Bratschlauch

Römertopf
Die Deckelkasserolle aus unglasiertem Ton muß vor dem Gebrauch immer 30 Minuten gewässert werden. Danach kommt das gewürzte Gargut hinein und gart zugedeckt im Ofen oder auf der Herdplatte. Soll die Oberfläche braun werden, nimmt man ca. 20 Minuten vor Ende der Garzeit den Deckel ab.

Alufolie
Sie eignet sich hervorragend für Fisch, aber auch für Fleisch und Gemüse. Alufolie verträgt hohe Temperaturen im Backofen, unter dem Grill, im Topf und in der Bratpfanne. Legen Sie das, was Sie garen möchten, immer auf die glänzende Seite der Folie. Die Folie sollte vorher immer dünn mit Butter oder Öl bestrichen werden und muß vor dem Garen auf allen Seiten so fest verschlossen werden, daß keine Feuchtigkeit von innen entweichen kann.

Bratfolie
Sie schmilzt bei Temperaturen von über 200 °C und darf nur auf dem Rost des Backofens verwendet werden. In ihr können größere Fleischstücke ohne Fett und Flüssigkeit gegart werden. Im Gegensatz zur Alufolie bräunt der Braten im Bratschlauch leicht. Wichtig: den Beutel fest verschließen und mehrere Löcher hineinstechen, damit kein Überdruck entstehen kann.

Einfrieren und Vorratshaltung

Einfrieren

In über 80 % aller deutschen Haushalte steht ein Gefriergerät oder eine Kühl-Gefrier-Kombination. Und das aus gutem Grund, denn kein anderes Verfahren kann Lebensmittel so schonend, so schnell, so einfach und so lange ohne Qualitätsverlust konservieren wie das Tiefgefrieren. Unter –18 °C hören viele der Verderbprozesse fast ganz auf oder sind sehr verlangsamt, schon ab –10 °C vermehren sich die Mikroorganismen praktisch nicht mehr. Fleisch, Fisch, Geflügel, Obst und Gemüse behalten auf diese Weise ihr Aroma und ihre wertvollen Nährstoffe.
Ein weiterer „eiskalter“ Vorteil: Sonderangebote (z. B. bei Fleisch) sowie preiswerte Saisonangebote bei Obst und Gemüse lassen sich perfekt nutzen und schonen die Haushaltskasse.

Was eignet sich zum Einfrieren?

Fisch, Fleisch, Geflügel, Fertiggerichte, Kuchen, Brot, Obst, Gemüse und Kräuter – ihnen allen bekommt der Kälteschlaf ausgesprochen gut. Besonders geeignet sind jedoch Gemüse, das vor der Ernte ein bißchen Frost abbekommen sollte (z. B. Grünkohl und Rosenkohl) und Eintöpfe mit Hülsenfrüchten, Kohl und Sauerkraut (sie werden bekömmlicher). Mehr Aroma erhalten Wildbeeren, wie Sanddorn, Hagebutten und Schlehen, wenn man sie „auf Eis“ legt.
Nicht gefriertauglich sind dagegen folgende Lebensmittel: Salate, Chinakohl, Gurken, Tomaten, Rettich, Radieschen, Birnen, Bananen, Melonen und Weintrauben. Sie werden schlaff und matschig. Rohe Kartoffeln werden süß und glasig, rohe Zwiebeln bitter. Saure Sahne flockt aus, bei Buttermilch und Joghurt setzt sich die Molke ab. Mayonnaise zerfällt in Ei-Öl-Bestandteile, rohe Eier werden gummiartig. Götterspeise und Tortenguß zerfließen. Aber auch Baisers und Makronen bekommt der Kälteschlaf nicht. Sie werden aufgetaut ausgesprochen zäh. Buttercreme in Torten und Käsekuchen wird wäßrig, Schokoladen- und Puderzuckerguß auf Gebäck unansehnlich. Käse verhält sich unterschiedlich. Sehr gut lassen sich jedoch Reste als Reibekäse einfrieren.
Generell gilt: Verwenden Sie zum Einfrieren nur Lebensmittel von erstklassiger Qualität und Frische.

Kleiner Tiefkühlknigge

Obst und Gemüse sorgfältig vorbereiten

Obst läßt sich im Ganzen, geschnitten oder als Mus einfrieren. Beeren werden verlesen, gewaschen, trockengetupft und, falls nötig, entstielt. Steinobst wird gewaschen, trockengetupft, eventuell gehäutet, halbiert und entsteint. Gemüse muß in der Regel vor dem Einfrieren blanchiert, das heißt für 2–6 Minuten in kochendes Wasser gelegt, und dann in kaltes Wasser getaucht werden. Durch den Kälteschock werden Enzyme, die den Geschmack, die Farbe und die Vitamine zerstören könnten, zerstört. Außerdem verkürzt sich dadurch die Garzeit fast um ⅓.
Kräuter werden lediglich sorgfältig gewaschen, trockengeschüttelt, gehackt und dann eingefroren.

Lebensmittel richtig verpacken

Ehe die Lebensmittel auf Eis gelegt werden, müssen sie luftdicht verpackt sein. Denn sobald Sauerstoff an das Gefriergut gelangt, entsteht Gefrierbrand. Fleisch verfärbt sich, Gemüse wird strohig, die Lebensmittel verlieren an Geschmack. Zum Einfrieren eignen sich gefrierbeständige Kunststoffdosen sowie spezielle Gefrierbeutel in unterschiedlichen Größen. Achten Sie darauf, daß möglichst wenig Luft im Beutel oder Behälter bleibt, und verschließen Sie die Behälter mit gefrierfestem Klebeband, mit Clips oder mit einem Folienschweißgerät. Wenn Sie Suppen, Eintöpfe oder Saucen einfrieren, müssen Sie bei Beuteln und Dosen jeweils einen Ausdehnungsraum von 1–2 cm berücksichtigen.

Rasch tiefgefrieren

Je wirkungsvoller der Kälteschock, desto besser wird die Qualität der Lebensmittel geschont. Deshalb sollten Sie alle Lebensmittel schnell und bis in den Kern hinein durchfrieren.

- Am besten geben Sie sie zuerst in das abgetrennte Vorgefrierfach, das unter –18 °C arbeitet, damit das bereits eingelagerte Gefriergut nicht Kälte verliert.
- Frieren Sie die Lebensmittel in Portionen ein. Obstmengen sollten nicht schwerer als 1 kg, Fleischstücke nicht schwerer als 2,5 kg sein. Fertige Speisen friert man am besten in Portionen ein.
- Lagern Sie nur kalte, keine lauwarmen Lebensmittel ein, und vermeiden Sie den direkten Kontakt mit bereits gefrorenen Lebensmitteln. Diese könnten sonst wieder antauen.

Lagerzeiten beachten

Die verschiedenen Lebensmittel haben unterschiedliche Lagerzeiten, innerhalb derer sie ihre ursprüngliche Qualität weitgehend behalten. Überlagerte Ware verliert an Geschmack, Fett wird ranzig, manche Kräuter bitter. Grundsätzlich gilt: Je weniger Fett Lebensmittel enthalten, desto länger kann man sie gefroren lagern. Als Faustregel für selbst eingefrorene Lebensmittel gelten folgende Lagerzeiten:

Fleisch, Wild, Geflügel:
3–8 Monate (je nach Fettgehalt)
Fisch: 2–3 Monate
Gemüse und Obst:
3–10 Monate
Gebäck: 1–4 Monate
Milcherzeugnisse:
2–6 Monate
Zubereitete Gerichte:
2–3 Monate

Schonend auftauen

Gemüse und Fisch bis zur mittleren Größe sollten Sie am besten unaufgetaut zubereiten. So bleiben Struktur und Nährwerte am besten erhalten. Große Fleischstücke taut man möglichst langsam im Kühlschrank auf. So kann der Fleischsaft, der beim Gefrieren teilweise aus den Zellen austritt, durch das langsame Quellen der Fleischfaser wieder aufgenommen werden. Bei kleinen Fleischstücken genügt das Antauen. Oder man gibt sie gefroren direkt in die Pfanne. Durch das rasche Anbraten schließt sich die Oberfläche, der Fleischsaft kann nicht mehr herauslaufen. Obst zum Rohessen sollten Sie ebenfalls im Kühlschrank oder aber im Mikrowellengerät auftauen. Rohe Teige und Backwaren werden am besten bei Raumtemperatur aus dem Kälteschlaf geholt. Ausnahmen: Brötchen und Hefegebäck. Beides läßt sich hervorragend im Backofen bei 225 °C in ca. 10 Minuten aufbacken. Bereits an- oder aufgetaute Waren sollten Sie nicht wieder einfrieren. Aufgetaute rohe Lebensmittel können Sie allerdings garen oder braten und danach wieder einfrieren.

Vorratshaltung

Ob unverhoffter Besuch, vergessener Festtag oder gar ein wirklich ernster Krisenfall – auch in den Zeiten des „24-Stunden-Shoppings“ kann ein kleiner Notvorrat für alle Fälle Zeit und auch Geld sparen. Dank technischer Hilfsmittel, wie Kühlschrank und Gefriergerät, ist ein haltbarer Vorrat heute kein Problem mehr. Doch um es gleich vorweg zu nehmen: Eine allgemein gültige Standardliste für den Vorrat gibt es nicht. Denn er richtet sich ja ganz individuell nach der Größe des Haushalts, nach dem persönlichen Geschmack und Bedarf sowie nach den Eßgewohnheiten. Ihre „maßgeschneiderte“ stille Reserve müssen Sie sich also selber zusammenstellen. Folgende Anregungen sollen Ihnen dabei helfen:

Der Grundstock und sein bester Platz

Vorratsschrank

Hier lagern Zucker, Salz, Mehl, Hülsenfrüchte, Reis, Haferflocken, Nudeln, Puddingpulver, H-Milch und H-Sahne sowie Knäckebrot und Zwieback. Ebenso haben Tee, Kaffee, Kakao, Konfitüre, Honig, Essig, Öl, Gewürze, Plätzchen und Schokolade dort ihren festen Platz.

Keller

Hier stehen Dosensuppen, verschiedene Obst-, Gemüse- und Pilzkonserven, Fertiggerichte, Dosenschinken und Fischkonserven sowie ein Bestand an Selbsteingemachtem. Kartoffeln lagern ohnehin am besten im Keller, dazu kommen lagerfähiges Obst und Gemüse, wie Äpfel, Möhren, Kohl, Knoblauch und Zwiebeln.

Kühlschrank

Hier liegen Eier, vakuumverpackte Wurst- und Käsewaren, Sauermilchprodukte (z. B. Joghurt, Quark und Kefir), Butter, Margarine, Mayonnaise, Ketchup und Senf.

Gefriergerät

Finden sollte man hier eine Auswahl von Obst und Gemüse, Fleisch, Fisch und Geflügel sowie eine kleiner Vorrat an Butter, Brot und Eisspezialitäten.

Nicht vergessen: Getränke

Neben Wasser, das man auch zum Kochen brauchen kann, eignen sich Fruchtsäfte und Limonaden, aber auch Bier und Wein hervorragend für den Vorrat.

Was hält sich wie lange?

Als Faustregel für die Lagerzeiten Ihrer stillen Reserve gilt folgendes:

- *Vollkonserven* mit Gemüse, wie Erbsen, Rotkohl, Pilze, Spargel und Gurken, bleiben 4–5 Jahre einwandfrei. Vollkonserven mit Obst, wie Pfirsiche, Kirschen und Pflaumen, sind 1–2 Jahre lagerbar. Glaskonserven sollten Sie dabei immer vor Licht geschützt aufbewahren.
- *Halbkonserven,* auch Präserven genannt, sind zum alsbaldigen Verbrauch bestimmt und müssen immer kühl bei +2–6 °C aufbewahrt werden. Achten Sie hier, wie bei allen anderen Lebensmitteln auch, unbedingt auf das Haltbarkeitsdatum.
- *Trockenprodukte,* wie Salz und Reis, können 1–3 Jahre, Nudeln und ganze Getreidekörner 1–2 Jahre, Haferflocken und andere Getreideflocken, Honig, Konfitüre, Hülsenfrüchte, Knäckebrot, Kondensmilch und Öl ca. 1 Jahr, Mehl, Kakao, Schokolade und Trockenobst ca. 6 Monate und H-Milch mindestens 6 Wochen aufbewahrt werden.
- *Frischprodukte,* wie Kartoffeln, Lagerobst und Lagergemüse, halten sich im Keller 4–6 Monate. Eier, Joghurt, Kefir und Quark bleiben im Kühlschrank ca. 2 Wochen frisch, H-Sahne und vakuumverpackte Wurst sowie Käse mehrere Wochen.
- *Tiefkühlkost,* bei –18 °C gelagert, hält sie sich bis zu 1 Jahr.
- *Getränke:* Mineralwasser hält sich 6–12 Monate, Fruchtsäfte und Limonaden mindestens 1 Jahr. Flaschenbier sollte allerdings nach 2 Monaten getrunken sein.

Mein Tip

Denken Sie bei Ihrer „Aktion Eichhörnchen“ immer daran, die Vorräte zu erneuern. Also frisch Gekauftes in den Vorrat legen und länger Gelagertes verbrauchen, damit es nicht an Qualität verliert.

Optimale Lagerung im Kühlschrank

Der beste Platz

Innerhalb eines herkömmlichen Kühlschranks gibt es kühle und etwas weniger kühle Bereiche. Und die sollten bei der Lagerung unbedingt beachtet werden. Ausnahme: Sie besitzen ein No-frost-Gerät. Hier sorgt ein Umluftgebläse für weitgehend gleiche Temperaturen.

Leicht verderbliche Lebensmittel, wie Fisch, Fleisch und Fleischwaren, lagern am besten an den kältesten Stellen im Gerät. Und das sind alle Plätze nahe am Verdampfer, z. B. unter dem Verdampferfach oder bei Rückwandverdampfern an der Rückwand des Gerätes sowie im unteren Bereich des Kühlraums (also auf der Glasplatte über dem Obst- und Gemüsefach). Hier bleiben sie 1–2 Tage frisch.

Milch, Milchprodukte, Käse, geräucherte Fleischwaren sowie fertige Speisen vertragen etwas höhere Temperaturen. Sie können an beliebiger Stelle einsortiert werden. Ihre Lagerdauer: 2–8 Tage.

Eier, Butter oder Getränke, die nur leicht gekühlt werden müssen, packt man am besten in die Türfächer.

Kälteunempfindliches Obst und Gemüse sowie Salat gehören in die dafür vorgesehenen Fächer im unteren Bereich des Kühlschranks. Dort bleiben sie 2–4 Tage frisch.

Die richtige Verpackung

Alle Lebensmittel müssen verpackt oder zugedeckt in den Kühlschrank gestellt werden, sonst nimmt eines vom anderen den Geschmack an, oder die Lebensmittel trocknen aus. Ideale Verpackungen sind Glas- oder Porzellangefäße, Kunststoffbeutel, -dosen oder -hauben, Gläser mit Deckelverschluß sowie Frischhaltefolie. Wurst, Käse, gekochter und geräucherter Schinken sollten mindestens 30 Minuten vor Gebrauch aus dem Kühlschrank genommen werden. So kann sich ihr Aroma optimal entwickeln.

Masse und Gewichte

Exaktes Wiegen und Abmessen der Zutaten sind Voraussetzung für das Gelingen von Speisen. Am genauesten sind dabei die Küchenwaage und der Meßbecher. Doch in vielen Fällen mißt es sich leichter mit Eßlöffel, Teelöffel oder gar Tasse.
Nachfolgend finden Sie eine Umrechnungstabelle mit den gebräuchlichsten Maßangaben. Da Löffel und Tassen jedoch sehr unterschiedlich groß sein können, betrachten Sie die Tabelle bitte nur als Orientierungshilfe. Auch die Umrechnung von Milliliter bzw. Liter in Gramm bzw. Kilogramm ist nicht bei jedem Lebensmittel gleich. So entspricht 1 l Wasser genau, 1 l Sahne jedoch nur ungefähr 1 kg. Daher können folgende Angaben nur Richtwerte sein.

1 Kilogramm (kg)

= 1 000 Gramm (g)
= ca. 1 Liter (l)
= ca. 1 000 Milliliter (ml)
= ca. 1 000 Kubikzentimeter (ccm)
= ca. 100 Centiliter (cl)

500 g

= ca. ½ l = ca. 500 ml = ca. 500 ccm = ca. 50 cl

250 g

= ¼ l = 250 ml = 250 ccm = 25 cl

125 g

= ca. ⅛ l = ca. 125 ml = ca. 125 ccm = ca. 12,5 cl

¼ l entspricht 1 gefüllten Suppenteller

⅛ l entspricht knapp 1 Tasse oder ½ gefüllten Suppenteller

2 cl entspricht ca. 2 Eßlöffeln oder 1 Schnapsglas

Die gebräuchlichsten Mengenangaben
(bei EL- und TL-Angaben sind immer gestrichene Maße gemeint)

1 EL Butter oder Margarine = ca. 10 g
1 TL Butter oder Margarine = ca. 5 g
1 EL Öl = ca. 10 g
1 TL Öl = ca. 5 g
1 EL Flüssigkeit (z. B. Brühe, Milch) = ca. 10 ml
1 Tasse Flüssigkeit = ca. 125 ml
1 EL Sahne = ca. 10 g
1 Tasse Sahne = ca. 160 g
1 TL Backpulver = ca. 3 g
1 EL Speisestärke: ca. 8 g
1 TL Speisestärke = ca. 3 g
1 EL Mehl = ca. 10 g
1 TL Mehl = ca. 5 g
1 Tasse Mehl = ca. 90 g
1 EL Zucker = ca. 15 g
1 TL Zucker = ca. 8 g
1 Tasse Zucker = ca. 120 g
1 EL Salz = ca. 15 g
1 TL Salz = ca. 8 g
1 EL Grieß = ca. 12 g
1 Tasse Grieß = ca. 100 g
1 EL Haferflocken = ca. 10 g
1 EL geriebener Käse = ca. 10 g
1 TL geriebener Käse = ca. 6 g
1 EL gehackte Kräuter = ca. 6 g
1 TL gehackte Kräuter = ca. 2 g
1 EL Reis = ca. 15 g
1 TL Reis = ca. 8 g
1 Tasse Reis = ca. 120 g
1 EL geriebene Nüsse = ca. 20 g
1 Tasse geriebene Nüsse = ca. 150 g
1 EL Semmelbrösel = ca. 10 g
1 EL Tomatenketchup/ Senf/ Mayonnaise = ca. 15 g
1 TL Tomatenketchup/ Senf/ Mayonnaise = ca. 8 g
1 Eigelb = ca. 20 g
1 Eiweiß = ca. 35 g
1 mittelgroße Zwiebel = ca. 40 g
1 mittelgroße Schalotte: ca. 20 g
1 mittelgroße Möhre = ca. 100 g
1 mittelgroße Tomate = ca. 65 g
1 mittelgroße Kartoffel = ca. 100 g

Wieviel isst man pro Person?

Eine feste Grundregel für die richtigen Mengenangaben gibt es nicht. Denn der Appetit eines Menschen hängt vom Alter, vom Beruf und natürlich auch von der Lebensweise ab. Als Richtwerte gelten jedoch folgende Angaben:

Suppen

Klare oder gebundene Vorsuppe: ca. 200 ml
Obstsuppe: ca. 200 ml
Eintopf: 300–500 ml

Saucen

Bratensauce: ca. 100 ml
Sauce für Saucengericht, z. B. zu Nudeln: ca. ⅛ l

Fisch

Ganzer Fisch mit Kopf und Gräten, ausgenommen: ca. 300 g
Rohes Fischfilet: ca. 200 g

Fleisch/Wild

Rohes Fleisch mit Knochen: 200–250 g
Rohes Fleisch ohne Knochen: 150–200 g
Fleisch als Gulasch, Frikassee: ca. 125 g

Geflügel

Gerupft und ausgenommen: 300–400 g
Geflügel ohne Knochen, z. B. Filet: ca. 150 g

Gemüse

Ungeputzt als Beilage: 250–300 g
Geputzt als Rohkost: ca. 50–100 g
Geputzte grüne Salate: 50–75 g

Kartoffeln

Ungeschält als Beilage: 150–200 g
Ungeschält als Hauptgericht: ca. 300 g
Kartoffelpüree: ca. 200 g
Pommes frites: ca. 150 g
Kartoffelklöße: ca: 2 Klöße

Nudeln

Als Beilage: 50–75 g (Rohgewicht)
Als Hauptgericht: 75–100 g (Rohgewicht)
Als Suppeneinlage: 25 g (Rohgewicht)

Reis

Als Beilage: 50–75 g (Rohgewicht)
Als Hauptgericht: 50–100 g (Rohgewicht)

Nachspeisen

Frisches Obst: 125–200 g
Kompott: 125–150 g
Pudding: 150–200 g
Quarkspeisen: 100–125 g

Hinweise zum Rezeptteil

Bevor Sie nun ins Kochen so richtig einsteigen, hier einige wichtige Tips zum Umgang mit den Rezepten.

Aufbau des Rezeptteils

Grundrezepte und Variationen

Grundrezepte (z.B. Mayonnaise) und Grundzubereitungen (z.B. Fleisch kurzbraten) bilden den Schwerpunkt des Rezeptteils. Die Zubereitung ist bei diesen besonders ausführlich beschrieben und wird durch viele Schritt-für-Schritt-Fotos unterstützt. Für all diejenigen, die ein Grundrezept schon beherrschen, finden sich im Anschluß daran Variationen, die auf dem Grundrezept oder der -zubereitung aufbauen. Dort werden beispielsweise Zutaten ausgetauscht oder hinzugefügt, so daß ein völlig neues Gericht entsteht. Da ich meiner Kreativität in den Variationen absolut freien Lauf gelassen habe, biete ich Ihnen neben klassischen Variationen auch eine Vielzahl eigener Kreationen an. Lassen Sie sich davon überraschen und natürlich auch zu weiteren, eigenen Ideen anregen.
Ein wichtiger Hinweis: Die Variationen sind recht kurz und knapp beschrieben, da sie sich ja auf das Grundrezept beziehen. So erwähne ich dort beispielsweise das Putzen und Waschen von Gemüse meist nicht mehr extra, sondern gehe davon aus, daß dies bereits erledigt ist.

Das Info-Leitsystem

Der Rezeptteil enthält auf fast jeder Doppelseite die Rubrik „Siehe auch“. Hier finden Sie Querverweise auf weiterführende Informationen zu einzelnen Garmethoden (z.B. Blanchieren) und Zutaten, aber auch Verweise auf Rezepte, die beispielsweise als Beilage oder Füllung empfohlen werden.

Hinweise zu den Rezepten

Die Portionsangaben

Wenn nicht anders angegeben, sind die Rezepte und Variationen für 4 Personen berechnet.

Die Zubereitungszeit

Darunter verstehe ich die Zeit, die Sie benötigen, bis das Gericht fertig zubereitet ist. Längere Sonderzeiten, (wie z.B. Quell- und Kühlzeit oder die Zeit zum Gehen eines Teiges) sind extra aufgeführt und müssen zur Zubereitungszeit hinzugerechnet werden.
Alle Zeitangaben beruhen auf durchschnittlichen Erfahrungswerten. Aufgrund Ihres persönlichen Arbeitstempos und der Beschaffenheit von Zutaten, Kochgeschirr, Herd sowie Backofen kann die tatsächlich benötigte Zeit von diesen Angaben etwas abweichen.

Die Kalorienangaben

Sie beziehen sich bis auf wenige Ausnahmen (z.B. Fonds) immer auf 1 Portion des Gerichts.

Die Beilagentips

Bei vielen Rezepten finden Sie Hinweise, welche Beilage dazu besonders gut paßt.

Die Zutaten

- In den Grundrezepten sind die Zutaten in der Reihenfolge ihrer Verwendung beim Kochen aufgelistet. Ich gehe dort von ungeputzter Rohware aus.
- Wenn Zutaten in den Variationen bereits kleingeschnitten erwähnt werden (z.B. „200 g in Scheiben geschnittener Lauch“), bezieht sich diese Mengenangabe nicht auf die ungeputzte Rohware, sondern auf die küchenfertig vorbereitete Ware.
- Bei Stückangaben (z.B. 1 Zucchini) beziehe ich mich auf ein Stück mittlerer Größe.
- Bei Eßlöffel- und Teelöffelangaben sind immer gestrichene Maße gemeint.
- Bei Fleisch gehe ich in der Regel von bereits küchenfertiger Ware aus, d.h. das Fleisch ist gewaschen, trockengetupft und, wenn nötig, von Haut und Sehnen befreit.
- Pfeffer (egal ob schwarzer oder weißer) sollten Sie immer nur frisch gemahlen aus der Mühle verwenden. Er hat ein weitaus intensiveres Aroma als bereits gemahlen gekaufter.

Die Backofentemperaturen

Sie beziehen sich auf einen Elektroherd mit Ober- und Unterhitze. Wenn Sie mit Umluft arbeiten, reduzieren Sie die Temperatur um 15 – 20 %. Die Backzeit bleibt dabei gleich.
Ein Tip: Wenn Sie Speisen warmhalten möchten, so tun Sie dies am besten im Ofen bei 50 °C. Decken Sie die Gerichte dabei immer ab, damit sie nicht austrocknen.

Die Abkürzungen

TL	= Teelöffel (gestrichen)	cl	= Zentiliter
EL	= Eßlöffel (gestrichen)	l	= Liter
Msp.	= Messerspitze	kcal	= Kilokalorien
g	= Gramm	°C	= Grad Celsius
kg	= Kilogramm	TK-...	= Tiefkühl-...
ml	= Milliliter	ø	= Durchmesser
		cm	= Zentimeter

SALATE

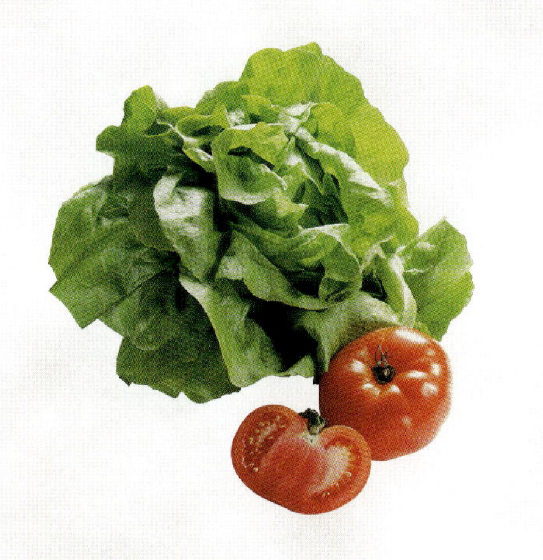

G R U N D R E Z E P T

VINAIGRETTE

- Für 4 Personen
- Zubereitungszeit: ca. 10 Minuten
- ca. 120 kcal je Portion

DAS BENÖTIGEN SIE

1 Schalotte
50 ml heller Geflügelfond
Salz
3 EL Weißweinessig
Zucker
schwarzer Pfeffer
50 ml Öl
1 EL gehackte Petersilie

1. Die Schalotte schälen und sehr fein würfeln. Zusammen mit dem Fond in einem Topf aufkochen und offen auf die Hälfte einköcheln lassen. Dann in eine Schüssel geben.

2. Etwas Salz und den Essig dazugeben und die Vinaigrette mit Zucker sowie Pfeffer würzen. Die Vinaigrette so lange rühren, bis sich Salz und Zucker aufgelöst haben **(1)**. Dann abkühlen lassen.

3. Das Öl mit einem Schneebesen unter die Vinaigrette schlagen, bis sie eine homogene, leicht sämige Konsistenz hat **(2)**. Zuletzt die gehackte Petersilie darunterrühren.

1

2

SENFVINAIGRETTE

Rühren Sie unter die Grundvinaigrette **1 EL Dijonsenf, 1 EL gehackte Kapern** und **1 TL abgezupfte Thymianblättchen.** Geben Sie zuletzt die ausgelösten **Filets von 1 Zitrone** hinein. *(Abb.: 1. Löffel)*

EIERVINAIGRETTE

Rühren Sie **1 feingehackte Knoblauchzehe, 1 TL Schnittlauchröllchen, 1 EL gehackte Petersilie** und **1 feingewürfeltes, hartgekochtes Eiweiß** unter die Grundvinaigrette. *(Abb.: 2. Löffel)*

TOMATEN-VINAIGRETTE

Geben Sie **2 EL enthäutete Tomatenwürfel, 1 TL Majoranblättchen, 1/2 feingehackte Knoblauchzehe** und **50 ml Olivenöl** zur Vinaigrette. *(Abb.: 3. Löffel)*

PINIENKERN-VINAIGRETTE

60 g Pinienkerne ohne Fett goldgelb rösten. **2 feingehackte Schalotten** in **4 EL Pinienkernöl** glasig dünsten. Mit **3 EL Haselnußöl, 3 EL Weißweinessig, 5 EL Gemüsefond** und den Pinienkernen verrühren. Mit **Salz, Pfeffer** sowie **Zucker** würzen. Abkühlen lassen. *(Abb.: 4. Löffel)*

MEIN TIP

Bereiten Sie die Vinaigrette doch gleich in doppelter oder 3facher Menge zu. Sie hält sich im Kühlschrank bis zu 4 Tage.

Bei der Vinaigrette ist es wichtig, das Öl immer ganz zum Schluß darunterzuschlagen, damit die Sauce ihre cremige Konsistenz erhält. Besonders gut geht dies mit dem Pürierstab. Die Vinaigrette bekommt dann allerdings eine helle Farbe.

GRUNDREZEPT

Joghurtdressing

1. Die Zitrone heiß abwaschen und abtrocknen. Die Schale fein abreiben, die Zitrone auspressen.

2. Den Joghurt mit Crème fraîche, Essig, Honig, Zitronensaft und -schale glattrühren. Das Dressing mit Salz und Pfeffer würzig abschmecken.
(Abb.: 1. Löffel)

- **Für 4 Personen**
- **Zubereitungszeit: ca. 5 Minuten**
- **ca. 90 kcal je Portion**

Das benötigen Sie

1 unbehandelte Zitrone
200 g Naturjoghurt
2 EL Crème fraîche
1 TL Weißweinessig
1 EL flüssiger Honig
Salz
weißer Pfeffer

Mein Tip

Damit das Dressing einen besonders runden Geschmack bekommt, nehme ich immer Naturjoghurt mit 3,5 % Fett. Ich empfehle Ihnen griechischen Joghurt, denn dieser ist recht fest und hat ein nur leicht säuerliches Aroma.

Joghurtdressing mit Gurke

200 g Naturjoghurt mit **2 feingehackten Knoblauchzehen** glattrühren. **1/4 kleine Salatgurke** längs halbieren, entkernen, fein reiben und dazugeben. Mit **Salz, Cayennepfeffer** und **Paprikapulver edelsüß** abschmecken. **1 TL gehackten Dill** darunterrühren.
(Abb.: 2. Löffel)

Currydressing

1 TL Zitronensaft mit **1 Msp. Currypulver, 1 Msp. Kurkuma, 1 Prise Ingwerpulver** und **1 EL Ingwersirup** verrühren. **30 g zerdrückte Banane** und **200 g Naturjoghurt** darunterrühren. **10 g in Sirup eingelegten Ingwer** fein hacken und zusammen mit **1 EL feingehackten Korianderblättchen** und etwas **Salz** darunterrühren.
(Abb.: 3. Löffel)

Käsedressing

50 g Roquefort mit einer Gabel fein zerdrücken und mit **200 g Naturjoghurt** und **1 TL Zitronensaft** glattrühren. **1 TL gehackte Petersilie** daruntermischen. Mit **Pfeffer** abschmecken.
(Abb.: 4. Löffel)

Tomaten-Joghurt-Dressing

200 g Naturjoghurt mit **2 EL gehackter Petersilie, 1 EL blanchierten Schalottenwürfeln** und **1 Bund feingehacktem Basilikum** verrühren. Mit **Salz, Pfeffer, Cayennepfeffer, 1 TL flüssigem Honig, der abgeriebenen Schale von 1/2 Limette** und **1 Spritzer Limettensaft** abschmecken. **2 Tomaten (enthäutet, entkernt und kleingewürfelt)** darunterheben.

Siehe auch

S. 105 Gemüsefond
S. 129 Heller Geflügelfond
S. 243 Tomate enthäuten
S. 243 Zwiebel würfeln
S. 244 Blanchieren
S. 384 Filets aus Zitrusfrüchten herausschneiden

GRUNDREZEPT

Mayonnaise

- Für 4 Personen
- Zubereitungszeit: ca. 10 Minuten
- ca. 566 kcal je Portion

Das benötigen Sie

3 sehr frische Eigelbe
1 EL Weißweinessig
Saft von 1/2 Zitrone
Salz
1/2 TL Dijonsenf
250 ml Öl
weißer Pfeffer

1. Die Eigelbe mit Essig, Zitronensaft, 1 Prise Salz und Senf in eine Schüssel geben **(1)** und gut verquirlen. Wichtig ist, daß alle Zutaten die gleiche Temperatur haben.

2. Das Öl zunächst tropfenweise, dann in dünnem Strahl unter ständigem Rühren in die Eigelbmischung einlaufen lassen **(2)**. So lange rühren, bis eine homogene, cremige Mayonnaise entstanden ist.

3. Die Mayonnaise mit Salz und Pfeffer pikant abschmecken.

1

2

Variationen

- Geben Sie **je 2 EL Tomatenpüree und enthäutete Tomatenwürfel, 1 EL Paprikawürfel, 1 Spritzer Tabasco** und **1 Prise Cayennepfeffer** zur Mayonnaise.
- **150 g feingewürfelte Früchte (Banane, Ananas, Mango, Papaya, Apfel und/oder Birne)** sowie den **Saft von 1/2 Zitrone, 1 Msp. Ingwerpulver** und **1 TL Currypulver** darunterrühren.
- **4 EL Gurkenwürfel (geschält und ohne Kerne)** und **1 EL gehackten Dill** darunterrühren.
- **Je 1 EL Ketchup, Tomatenpüree, geriebenen Meerrettich und Zitronensaft** darunterrühren. Mit **1 Prise Cayennepfeffer, 1 TL Worchestershiresauce** und **1 EL Cognac** würzen.
(Abb.: oberes Schälchen)

Remoulade

2 EL feingewürfelte Schalotten kurz heiß überbrühen, dann abtropfen lassen. Mit **150 g feingewürfelter Gewürzgurke, 1 EL gehackten Kapern, 2 feingehackten Sardellenfilets** und **1 TL Dijonsenf** unter die Mayonnaise rühren. Mit **1 EL Kräuteressig** und **je 1 TL gehacktem Kerbel und Estragon** verfeinern.
(Abb.: 2. Schälchen von oben)

Aioli

6 geschälte Knoblauchzehen mit **1 TL Salz** im Mörser fein zerstoßen und in die Mayonnaise geben.
(Abb: 2. Schälchen von unten)

Chantillysauce

Die Mayonnaise mit dem **Saft und der fein abgeriebenen Schale von 1 unbehandelten Zitrone** glattrühren.
3 EL geschlagene Sahne vorsichtig darunterheben.
(Abb.: unteres Schälchen)

Mein Tip

Und so mache ich die Mayonnaise, wenn es schnell gehen soll: Alle Zutaten (bis auf das Öl) in ein hohes Gefäß geben. Das Öl darauf gießen. Den Pürierstab bis auf den Boden eintauchen und auf hoher Stufe vorsichtig von unten nach oben ziehen.

Manchmal gerinnt Mayonnaise bei der Zubereitung. Dann können Sie sie folgendermaßen „retten": Geben Sie ein wenig Zitronensaft oder lauwarmes Wasser an den Gefäßrand, und schlagen Sie weiter, bis die Mayonnaise wieder glatt wird. Wenn dies alles nichts nützt, dann bereiten Sie eine neue Mayonnaise mit nur 1 Eigelb (= 1/3 der Zutatenmengen) zu und geben die geronnene dazu, bevor Sie das Öl ganz langsam darunterschlagen.

Raffinierte Salatsaucen

Kartoffel-Speck-Dressing

170 g mehligkochende Kartoffeln waschen und in Salzwasser weichkochen. Abgießen, gut ausdämpfen lassen, pellen und ganz heiß durch die Kartoffelpresse in eine Schüssel drücken. Unter ständigem Rühren zunächst **120 ml Fleischbrühe,** dann **2 EL Weißweinessig, 4 EL Olivenöl** und **1 zerdrückte Knoblauchzehe** dazugeben. **1 feingewürfelte Schalotte** und **100 g feingewürfelten Speck** in einer Pfanne ohne Fettzugabe nicht zu scharf anbraten. Zusammen mit **1 EL gehackter Petersilie** in die Sauce einrühren. Mit **Salz** und **Pfeffer** abschmecken. Ist das Dressing sehr dick, noch **etwas Brühe** dazugeben.

(Abb: oberes Schälchen)

Dill-Senf-Sauce

100 g mittelscharfen und **3 EL Dijonsenf** mit **2 feingeschnittenen Dillzweigen, 1 EL Honig** und **1 EL Ahornsirup** glattrühren. Dann **150 ml Distelöl** langsam unter Rühren einlaufen lassen, bis eine homogene Creme entsteht. **Je 50 g Sahne und Gemüsebrühe** vorsichtig darunterrühren. Mit **Salz** und **Pfeffer** abschmecken.

(Abb.: unteres Schälchen)

Orangendressing

2 1/2 EL Zucker in einem Topf unter Rühren bei mittlerer Hitze hellbraun karamelisieren lassen. Dann unter Rühren mit **150 ml Orangensaft** ablöschen. **1/8 l Fischfond** angießen und alles offen auf 1/3 einkochen lassen. **80 ml Sonnenblumenöl** mit dem Pürierstab daruntermixen, dann die Sauce auskühlen lassen. Mit **Salz, Pfeffer** und **1 feingehackten Estragonzweig** würzen.

(Abb.: 2. Schälchen von oben)

Avocado-Apfel-Dressing

Die Schale von **1/2 Limette** fein abreiben, dann die Limette auspressen. **1 kleine, reife Avocado** längs halbieren, den Stein entfernen, das Fruchtfleisch mit einem Löffel aus der Schale lösen und im Mixer oder mit dem Pürierstab zusammen mit dem Limettensaft pürieren. **1 Apfel (z. B. James Grieve)** schälen und fein reiben. Apfel und Avocado mit der Limettenschale, **1 EL Apfelessig, 1 Msp. Dijonsenf** und **100 g Naturjoghurt** glattrühren. Mit **Salz, Pfeffer** und **gemahlenem Koriander pikant** abschmecken.

(Abb.: 2. Schälchen von unten)

Fruchtiges Erdnussdressing

Den **Saft von 2 Orangen und 2 Limetten** mit **2 EL Honig, 1 EL Erdnußbutter** und **3 EL Erdnußöl** verrühren. **100 g Banane** schälen, durch ein Sieb drücken und daruntermischen. **70 g gehackte Erdnüsse** in einer Pfanne ohne Fettzugabe mit **1 Prise Salz** goldgelb rösten. Zusammen mit **2 EL in Streifen geschnittener Minze** unter das Dressing mischen.

Würziges Kartoffel-Dressing

2 mittelgroße Kartoffeln als Pellkartoffeln garen und erkalten lassen. **1 EL Korianderkörner** ohne Fett kurz anrösten. Abkühlen lassen. **60 g gewürfelten durchwachsenen Speck** knusprig braten. Mit **3 EL Weißweinessig** und **200 ml hellem Rinderfond** ablöschen. **Salzen** und **pfeffern. 100 ml Traubenkernöl** darunterrühren. Die Kartoffeln pellen und in die Sauce reiben. Gut umrühren, bis die Sauce eine homogene Konsistenz hat. Den Koriander im Mörser fein zerstoßen und in die Sauce geben. Mit **Salz** und **Pfeffer** abschmecken.

GRUNDREZEPT

BLATTSALAT

■ Für 4 Personen
■ Zubereitungszeit: ca. 15 Minuten
■ ca. 130 kcal je Portion

DAS BENÖTIGEN SIE

2 mittelgroße Köpfe Kopfsalat
1 Rezept Vinaigrette
Salz
schwarzer Pfeffer

Kopfsalat mit Vinaigrette

1. Die Kopfsalatblätter vom Strunk lösen. Zähe, welke und beschädigte Blätter wegwerfen. Die knackigen Salatblätter gründlich waschen und in der Salatschleuder trockenschleudern. Sie dann in mundgerechte Stücke zupfen und in eine große Schüssel geben.

2. Kurz vor dem Servieren die Vinaigrette über die Blätter gießen und alles vorsichtig mit einem Salatbesteck mischen. Sofort servieren, sonst fällt der Salat zusammen, und mit Salz sowie Pfeffer nachwürzen.

MEIN TIP

Die Salatblätter dürfen nicht naß sein, wenn sie mit der Vinaigrette gemischt werden, sonst verwässert diese. Außerdem nehmen dann die Salatblätter das Öl nicht gut an.

Falls Sie keine Salatschleuder haben, geben Sie die Blätter in die Mitte eines sauberen Küchentuchs aus Stoff, schlagen die Enden darüber und trocknen den Salat durch kräftiges Schütteln oder Schleudern. Nicht drücken, sonst bekommen die Blätter braune Stellen.

Zupfen Sie die Salatblätter nicht zu klein. So sieht der Salat beim Anrichten später schöner aus, und außerdem bleiben Vitamine und Mineralstoffe besser erhalten.

Wenn Sie Salat im Garten haben, ernten Sie ihn immer abends, denn dann ist sein Nitratgehalt geringer als morgens.

VARIATIONEN

■ Ein gemischter Blattsalat sieht nicht nur gut aus, er schafft auch geschmacklich Abwechslung. Besonders gut passen folgende Sorten zusammen: Frisée, Feldsalat und Radicchio, Eichblattsalat und Rauke oder Löwenzahn, Bataviasalat und Rollo Rosso, Frisée, Lollo Bionda und Eisbergsalat sowie Endiviensalat und Brunnenkresse.

■ Folgende Zutaten eignen sich gut zum „Aufpeppen" Ihres Blattsalats:

- Oliven,
- kroß gebratene Speckwürfel,
- in Streifen geschnittener gekochter oder roher Schinken,
- hartgekochte Eier (in Scheiben oder gewürfelt),
- Räucherlachsstreifen,
- Räucherfischstückchen,
- kleingeschnittener Käse (z. B. Mozzarella, Gouda, Butterkäse und Edelpilzkäse),
- grobgehackte Walnuß- oder Haselnußkerne, Mandeln oder Pistazien,
- geröstete Sonnenblumen- oder Pinienkerne,
- Champignonscheiben oder Austernpilzstreifen,
- Croûtons,
- in Streifen geschnittenes Kasseler oder Roastbeef,
- gebratene Geflügelleber oder Hähnchenbrustfilets,
- gekochte oder gebratene Garnelen
- Obst (z. B. Orangenfilets und halbierte, entkernte Weintrauben).

■ Gehackte frische Kräuter verleihen Blattsalaten ein gutes Aroma. Man streut sie kurz vor dem Servieren auf den Salat. Besonders gut passen Petersilie, Schnittlauch, Pimpinelle, Kerbel und Kresse.

Feldsalat mit Pilzen

150 g Feldsalat verlesen, gut waschen und trockenschleudern. **100 g Champignons** und **je 100 g in Stücke geschnittene Shiitake- und Austernpilze** in **50 g Butter** goldbraun anbraten. Mit **Salz** und **Pfeffer** würzen und **1 EL gehackte Petersilie** dazugeben. **2 EL Gemüsefond** mit **1 EL Aceto Balsamico, 1 Prise Zucker** und etwas **Salz** sowie **Pfeffer** verrühren. **3 EL Olivenöl** darunterschlagen. Den Salat damit mischen und auf Teller geben. Die lauwarmen Pilze darauf verteilen. **50 g Parmesan** fein darüberhobeln.

(auf dem Foto: rechts)

Nizzasalat

4 in Scheiben geschnittene, enthäutete Tomaten, 4 mittelgroße gekochte Kartoffeln (in Scheiben) und **150 g in Stücke geschnittene, bißfest blanchierte grüne Bohnen** mit **50 g entsteinten schwarzen Oliven, 8 Sardellenfilets, 1 EL Kapern** und **4 geviertelten, hartgekochten Eiern** auf Tellern anrichten. Mit den Blättern von **1 Kopf Romanasalat** garnieren. **1 feingehackte Knoblauchzehe** mit etwas **Salz** und **Pfeffer** sowie **4 EL Kräuteressig** verrühren, dann **8 EL Olivenöl** darunterschlagen. Über den Salat träufeln. Mit **2 kleinen Zwiebeln (in Ringe geschnitten)** und **1 EL gehackter Petersilie** garnieren.

(auf dem Foto: links)

Chicoréesalat

3 große Chicoréestauden putzen, waschen, trockentupfen und in schmale Streifen scheiden. **4 Mandarinen** schälen und in ihre Filets zerteilen. Die weißen Häutchen sorgfältig entfernen. **1 Apfel** schälen, entkernen, in feine Streifen schneiden und mit dem **Saft von 1 Zitrone** beträufeln. Alle Zutaten mischen, mit **Salz, Zucker** und **Pfeffer** würzen und auf Teller geben. Die Salate mit dem **Saft von 1½ Zitronen** und **5 EL Walnußöl** beträufeln. **2 EL gehackte Walnußkerne** darüberstreuen.

Siehe auch

S. 15 Warenkunde Salate
S. 70 Vinaigrette
S. 105 Gemüsefond
S. 107 Croûtons
S. 243 Tomate enthäuten
S. 244 Blanchieren

Gemüsesalate

- Für 4 Personen
- Zubereitungszeit: ca. 35 Minuten
- ca. 340 kcal je Portion

Das benötigen Sie

500 g Möhren
etwas Zitronensaft
2 säuerliche Äpfel
100 g Walnußkerne
1 Rezept Vinaigrette
4 große Kopfsalatblätter

Möhren-Apfel-Salat

1. Die Möhren waschen, schälen, putzen und mit dem Gemüsehobel mittelfein raspeln **(1)**. Die Raspel sofort mit etwas Zitronensaft beträufeln, damit sie nicht braun werden.

2. Die Äpfel schälen, entkernen und ebenfalls mittelfein raspeln. Sofort mit den Möhrenraspeln mischen.

3. Die Walnußkerne grob hacken **(2)** und unter den Salat mischen. Die Vinaigrette darunterheben und den Salat mindestens 10 Minuten durchziehen lassen.

4. Die Salatblätter waschen, trockenschleudern und auf Teller verteilen. Den Salat darauf anrichten.

1

2

Variationen

- Folgende Gemüsesorten eignen sich gut zum Raspeln: Möhren, Knollensellerie, Kohlrabi, Fenchel, Steckrübe, Rote Bete, Kohl, Blumenkohlröschen, Gurken, Zucchini, Petersilienwurzeln, Pastinaken, Rettich und Radieschen.
- Sie können das Gemüse auch in kleine Würfel, dünne Scheiben oder feine Stifte schneiden. Hübsch sieht es aus, wenn Sie zum Schneiden von Scheiben ein Buntmesser nehmen.
- Zum „Aufpeppen" von Rohkostsalaten eignen sich besonders gut gehackte Nüsse, Kerne und Samen, Mandarinen- und Orangenfilets sowie Apfelstückchen und Weintrauben.

Mein Tip

Die Zutaten für einen Rohkostsalat sollten Sie nie zu stark zerkleinern, denn sonst gehen wertvolle Vitamine durch den Kontakt der extrem großen Oberfläche mit der Luft verloren.

Möhren- und Apfelraspel werden bei Luftkontakt schnell braun. Das Beträufeln mit etwas Zitronensaft verhindert dies. Rotkohlraspel dürfen auch nicht lange unverarbeitet aufbewahrt werden, sonst verfärben sie sich bräunlich. Beträufeln Sie sie mit etwas Essig. Und Radieschenraspel können bei längerem Liegen ausfärben.

Lauwarmer Krautsalat

1 kleinen Weißkohlkopf vierteln, den Strunk herausschneiden und die Stücke quer in sehr feine Streifen schneiden oder hobeln.
3 EL Öl erhitzen und darin **1 gewürfelte Zwiebel** sowie **100 g gewürfeltes Dörrfleisch** anbraten. **½ TL Kümmelsamen** dazugeben und alles mit ca. **6 EL Weißweinessig** ablöschen. Dann **8 EL Gemüsefond** und **5 EL Öl** dazugeben und alles mit **Salz, Pfeffer** und **Paprikapulver edelsüß** würzen. Die Kohlstreifen dazugeben und kurz andünsten, dann leicht abkühlen lassen. Den Salat kräftig durchkneten, nachwürzen und mit **1 EL gehackter Petersilie** bestreuen.
(Abb.: S. 76 oben)

Crudités mit Käsedip

Je 150 g Staudensellerie, Salatgurke, Zucchini, Möhre, Kohlrabi und Paprikaschote waschen, putzen, ggfs. schälen und in mundgerechte Stäbchen schneiden. Für den Dip **100 g Roquefort** mit einer Gabel zerdrücken und mit **5 EL Milch, 2 EL Crème fraîche, 1 TL Schnittlauchröllchen** und dem **Saft von 1 Limette** glattrühren. Mit **Salz** und **Pfeffer** abschmecken und **50 g gehackte Walnußkerne** daruntermischen.
(Abb.: S. 76 unten)

Waldorfsalat

300 g Äpfel (Boskoop) schälen, entkernen und in feine Streifen schneiden. Mit dem **Saft von 1 Zitrone** mischen. **200 g Knollensellerie** schälen, ebenfalls in feine Streifen schneiden und zu den Äpfeln geben. **100 g Mayonnaise** mit **50 g Naturjoghurt** glattrühren und mit den Salatzutaten mischen. Mit **Salz, Pfeffer** und **1 Prise Zucker** abschmecken. **50 g Walnußkerne** grob hacken und auf den Salat streuen.
(Abb.: S. 77 oben)

Apfel-Rotkohl-Salat

50 g Zucker in einem Topf bei mittlerer Hitze karamelisieren lassen. Mit **400 ml Johannisbeersaft, 4–5 EL Rotweinessig** und **2 EL Johannisbeergelee** unter Rühren ablöschen. **4 zerdrückte Wacholderbeeren** und **1 Zimtstange** in ein Leinensäckchen geben und in den Sud legen. Alles einmal aufkochen und offen auf ⅔ einkochen lassen. Dann das Gewürzsäckchen entfernen. **500 g Rotkohl** waschen, vierteln, den Strunk herausschneiden und die Stücke in feine Streifen schneiden oder hobeln. Den Kohl im Sud in 10–15 Minuten zugedeckt bißfest garen.
Abkühlen lassen. Zuletzt **2 Äpfel** schälen, entkernen, in feine Streifen schneiden und unter den Salat heben. Mit **Salz** und **Pfeffer** abschmecken.
(Abb.: S. 77 unten)

Hirtensalat

6 enthäutete Tomaten in Scheiben schneiden. **1 Salatgurke** schälen, halbieren, enkernen und in kleine Rauten schneiden. Beides mit **100 g entsteinten schwarzen Oliven** und **250 g grob gewürfeltem Schafskäse (Feta)** mischen. Eine **Vinaigrette** zubereiten (dabei statt des Weißweinessigs 1 EL Limettensaft und 2 EL Kräuteressig und statt des Pflanzenöls Olivenöl nehmen). Die Salatzutaten mit der Vinaigrette mischen, auf Tellern anrichten und mit **je 1 TL glatte Petersilie und Thymian** (beides gehackt) bestreuen.

Siehe auch

S. 8	Warenkunde Gemüse
S. 70	Vinaigrette
S. 72	Mayonnaise
S. 105	Gemüsefond
S. 243	Tomate enthäuten

NUDELSALAT

DAS BENÖTIGEN SIE

200 g Farfalle (Schmetterlingsnudeln)
1 EL Olivenöl für die Nudeln
Salz
4 EL Kräuteressig
schwarzer Pfeffer
Paprikapulver edelsüß
1 Möhre
100 g Knollensellerie
100 g Salatgurke
100 g Lauch
100 ml Olivenöl
150 g Gouda
1 TL gehackte Petersilie
1 TL Schnittlauchröllchen

1. Die Nudeln mit dem Öl in Salzwasser bißfest garen. Abgießen, heiß abspülen und gut abtropfen lassen.

2. Die Nudeln in einer Schüssel mit dem Essig sowie mit Salz, Pfeffer und Paprikapulver würzen.

3. Möhre, Sellerie und Gurke schälen und putzen. Den Lauch waschen und putzen. Das Gemüse in kleine Würfel schneiden und (bis auf die Gurke) in Salzwasser in ca. 2 Minuten bißfest blanchieren.

4. Das Gemüse zu den Nudeln geben, mit dem Öl beträufeln und alles gut mischen.

5. Den Gouda 1 cm groß würfeln und unter den Salat mischen. Alles mit den Kräutern bestreuen.
(auf dem Foto: rechts)

ASIATISCHER GLASNUDELSALAT

200 g Tofu in 8 Scheiben schneiden und in **2 EL Haselnußöl** von jeder Seite ca. 1 Minute braten. **1 TL in Streifen geschnittene Minze** dazugeben. Alles mit **Salz** und **Pfeffer** würzen, herausnehmen und kalt stellen. **100 g Glasnudeln** ca. 10 Minuten in heißem Wasser einweichen, bis sie weich sind. Dann abgießen und mit der Küchenschere in kürzere Stücke schneiden. **Je 1 EL ungesalzene Erdnußkerne und Sesamkörner** in einer Pfanne ohne Fettzugabe goldbraun rösten. Sie zusammen mit den **Filets** von **1 rosa Grapefruit, 200 g roter Paprikaschote, 1 frischen roten Chilischote, 6 Minzeblättchen und ½ roten Zwiebel** (alles in feine Streifen geschnitten) zu den Nudeln geben. Den **Saft von 2 Limetten** sowie **2 EL asiatische Fischsauce** daruntermischen. Den Salat mit **Pfeffer** abschmecken und die Tofuscheiben dazugeben. **2 Knoblauchzehen** in feine Streifen schneiden, in **1 EL Öl** goldgelb braten und auf den Salat streuen.
(auf dem Foto: links)

Kartoffelsalat

Das benötigen Sie

700 g festkochende Kartoffeln
½ TL Kümmel
Salz
¼ l heißer Gemüsefond
50 ml Weißweinessig
1 TL Senf
2 Stangen Staudensellerie
¼ Salatgurke
1 Tomate
1 kleine Zwiebel
1 EL Butter
weißer Pfeffer
3 EL gehackte Petersilie

1. Die Kartoffeln waschen und zusammen mit dem Kümmel in Salzwasser garkochen. Dann pellen und heiß in ca. ½ cm dicke Scheiben schneiden.

2. Die Scheiben mit dem heißen Fond und dem Essig übergießen. Den Senf dazugeben und alles vorsichtig mischen, bis die Flüssigkeit gebunden ist.

3. Den Sellerie waschen und putzen. Die Gurke schälen, längs halbieren und entkernen. Beides in feine Streifen schneiden. Die Tomate enthäuten, entkernen und achteln.

4. Die Zwiebel schälen, fein würfeln und in der Butter glasig dünsten. Mit dem Gemüse zu den Kartoffeln geben.

5. Den Salat mit Salz und Pfeffer würzen und vorsichtig mischen. Die Petersilie darunterheben.

(auf dem Foto: links)

Bratkartoffelsalat

500 g gekochte Pellkartoffeln schälen und in ca. ½ cm dicke Scheiben schneiden. In **60 g Butterschmalz** von beiden Seiten goldgelb braten. **2 feingewürfelte Schalotten** kurz mitbraten. Die Kartoffelmischung kurz abkühlen lassen (sollte zuviel Butterschmalz in der Pfanne sein, etwas davon abgießen). Dann die Kartoffeln mit **5 EL Weißweinessig** ablöschen und **8 EL Öl** sowie **100 ml hellen Rinderfond** darunterheben. **150 g Radieschenscheiben** daruntermischen und den Salat mit **Salz** sowie **Pfeffer** abschmecken. **1 EL gehackte Petersilie** darauf streuen.

(auf dem Foto: rechts)

Nudelsalat

- **Für 4 Personen**
- **Zubereitungszeit: ca. 35 Minuten**
- **ca. 570 kcal je Portion**

Kartoffelsalat

- **Für 4 Personen**
- **Zubereitungszeit: ca. 50 Minuten**
- **ca. 150 kcal je Portion**

Siehe auch

S. 104 Heller Rinderfond
S. 105 Gemüsefond
S. 243 Tomate enthäuten
S. 280 Kartoffeln kochen
S. 244 Blanchieren
S. 282 Bratkartoffeln
S. 284 Filets aus Zitrusfrüchten herausschneiden
S. 301 Nudeln kochen

Reissalat

Das benötigen Sie

200 g Langkornreis
Salz
2 Schalotten
1 Knoblauchzehe
100 g Zucchini
150 g Paprikaschoten
120 ml Olivenöl
3 Tomaten
Saft von 1 Zitrone
weißer Pfeffer
1 EL gehackter Majoran

1. Den Reis in Salzwasser als Quellreis garen. Inzwischen die Schalotten und den Knoblauch schälen und fein würfeln. Zucchini und Paprikaschoten waschen, putzen und fein würfeln.

2. Die Schalotten in 2 EL Öl glasig dünsten. Den Knoblauch und die Paprikawürfel kurz mitdünsten.

3. Das Gemüse mit dem Reis mischen. Die Tomaten enthäuten, vierteln, entkernen und zusammen mit 100 ml Öl unter den Reis heben.

4. Den Salat mit Zitronensaft, Salz, Pfeffer und Majoran abschmecken.
(auf dem Foto)

Mein Tip

Besonders hübsch sieht der Salat aus, wenn Sie Paprikaschoten in verschiedenen Farben nehmen, die Hälfte der grünen Zucchini durch gelbe ersetzen und den Salat mit Chicoréeblättern garnieren.

Reissalat mit Garnelen

Den Reissalat bis inkl. Schritt 3 zubereiten. Dann **je 50 g Chinakohl und Mangold** (beides in Streifen geschnitten) sowie **50 g grob gehackte, geröstete Erdnüsse** unterheben. **12 geschälte Garnelen** in **4 EL Olivenöl** braten und mit dem Saft von **1 Limette, Salz, Pfeffer, 1 gehackten Knoblauchzehe** und **1 EL Thymianblättchen** würzen. Unter den Salat heben und diesen zuletzt mit **1 TL Limettenschalenstreifen** und **ausgelösten Filets von 1 Limette** garnieren.

Käsesalat

Das benötigen Sie

400 g Gouda am Stück
2 Tomaten
100 g Champignons
Saft von ½ Zitrone
100 g Salatgurke
6 EL Weißweinessig
Salz
Zucker
weißer Pfeffer
6 EL Distelöl
2 EL schwarze Oliven ohne Stein, halbiert
1 TL gehackter Kerbel
1 TL gehackte Petersilie

1. Den Käse zuerst in Scheiben, diese dann in feine Streifen schneiden. Die Tomaten enthäuten, vierteln und entkernen.

2. Die Pilze trocken abreiben, in Scheiben schneiden und mit dem Zitronensaft beträufeln. Die Gurke schälen, längs halbieren, entkernen und in Scheiben schneiden.

3. Das Gemüse mit dem Käse mischen. Den Essig mit etwas Salz, Zucker und Pfeffer verrühren und über den Salat gießen. Das Öl darüberträufeln, alles vorsichtig mischen und dann etwa 10 Minuten durchziehen lassen.

4. Den Salat mit Kräutern und Oliven garnieren.
(auf dem Foto)

Mein Tip

Und so entkernen Sie Weintrauben: Die Trauben halbieren und die Kernchen mit der Messerspitze vorsichtig herauskratzen.

Käse-Trauben-Salat

400 g Schweizer Käse (in Streifen) mit **150 g halbierten, entkernten grünen Weintrauben** mischen. **1 Apfel** (in Streifen) und **100 g Staudensellerie** (in Scheiben) darunterheben. Den Salat mit dem Saft von **1–2 Zitronen** mischen und mit **Salz, Pfeffer** sowie **Paprikapulver edelsüß** abschmecken. Dann **6–8 EL Sonnenblumenöl** darunterheben. Den Salat mit **2 EL gehackten Walnußkernen** und **1 TL gehackter Petersilie** bestreuen.

Reissalat
- **Für 4 Personen**
- **Zubereitungszeit: ca. 35 Minuten**
- **ca. 490 kcal je Portion**

Käsesalat
- **Für 4 Personen**
- **Zubereitungszeit: ca. 40 Minuten**
- **ca. 560 kcal je Portion**

Siehe auch

S. 243 Tomate enthäuten
S. 320 Quellreis kochen
S. 384 Filets aus Zitrusfrüchten herausschneiden

Heringssalat

Das benötigen Sie

400 g Matjesfilets
300 g gekochte Pellkartoffeln (ausgedämpft)
1 Apfel
150 g Gewürzgurken
Saft von 1 Zitrone
Salz
weißer Pfeffer
200 g Mayonnaise
2 EL saure Sahne

1. Die Matjesfilets ca. 10 Minuten in lauwarmes Wasser legen. Dann gut trockentupfen und in 1 cm große Würfel schneiden.

2. Die Kartoffeln pellen und ebenfalls in Würfel schneiden. Den Apfel schälen, vierteln und entkernen. Zusammen mit den Gurken kleinwürfeln.

3. Die vorbereiteten Zutaten in einer Schüssel mischen. Mit dem Zitronensaft beträufeln und mit Salz sowie Pfeffer abschmecken.

4. Die Mayonnaise glattrühren und unter den Salat heben. Eventuell nachwürzen. Zuletzt die saure Sahne darunterheben.
(auf dem Foto)

Roter Heringssalat

200 g gekochte Pellkartoffeln pellen und zusammen mit **300 g Bismarckheringen** in 1 cm große Würfel schneiden. **2 gewürfelte Schalotten** in **1 EL Öl** glasig dünsten. Mit **1 EL Rote-Bete-Saft** ablöschen, dann zum Fisch geben. **1 geschälten Apfel, 50 g Gewürzgurken** und **50 g gekochte Rote Beten** (alles kleingewürfelt) zusammen mit den Kartoffeln zum Fisch geben. Alles vorsichtig mischen. **100 g saure Sahne** mit **100 g Mayonnaise** glattrühren und unter den Salat heben. Diesen mit **Salz, Pfeffer, Zucker** und etwas **Apfelessig** pikant abschmecken.

Mein Tip

Besonders gut schmeckt Heringssalat, wenn Sie ihn vor dem Servieren 2–3 Stunden durchziehen lassen.

Nehmen Sie für den Salat einen feinsäuerlichen Apfel, denn er harmoniert am besten mit dem würzigen Fisch.

Grünkohlsalat mit Roquefort

Das benötigen Sie

500 g Grünkohl
Salz
200 g rote Zwiebeln
100 g Roquefort
60 g Lachsschinken ohne Fettrand
1 Birne
5 EL Olivenöl
1 EL Zucker
50 ml Apfelessig
schwarzer Pfeffer
gemahlener Koriander
gemahlener Piment

1. Den Grünkohl von den Stielen befreien und gut waschen. In kochendem Salzwasser 4–5 Minuten blanchieren, dann abschrecken, abtropfen lassen und gut ausdrücken. Den Kohl in Streifen schneiden.

2. Die Zwiebeln schälen und in feine Streifen schneiden. Den Roquefort würfeln. Den Schinken in mundgerechte Streifen schneiden. Die Birne schälen, halbieren, entkernen und in kleine Spalten schneiden.

3. Nun 3 EL Öl in einer Pfanne erhitzen. Den Zucker und die Zwiebeln sowie 1 Prise Salz dazugeben und alles unter Rühren bei mittlerer Hitze braten, bis die Zwiebeln karamelisieren. Aufpassen, daß nichts am Pfannenboden anhängt.

4. Die Zwiebeln mit dem Essig ablöschen und weiterköcheln lassen, bis die Flüssigkeit verdampft ist. Dann in eine große Schüssel geben.

5. Nun 2 EL Öl in einer zweiten Pfanne erhitzen und den Schinken darin kurz anbraten. Mit Zwiebeln, Grünkohl und Birnen gut mischen.

6. Den Salat mit Salz, Pfeffer, Koriander und Piment würzen. Die Hälfte des Roqueforts dazugeben und alles vorsichtig mischen. Den Salat auf Teller geben und mit dem restlichen Käse bestreuen. Lauwarm servieren.

Heringssalat

- **Für 4 Personen**
- **Zubereitungszeit: ca. 40 Minuten**
- **ca. 560 kcal je Portion**

Grünkohlsalat

- **Für 4 Personen**
- **Zubereitungszeit: ca. 50 Minuten**
- **ca. 320 kcal je Portion**

Siehe auch

S. 72 **Mayonnaise**
S. 244 **Blanchieren**
S. 280 **Kartoffeln kochen**

VORSPEISEN

GRUNDREZEPT

Terrine

- Für 8 Personen
- Zubereitungszeit: ca. 1¾ Stunden
- Zeit zum Anfrosten: ca. 1 Stunde
- Zeit zum Auskühlen: ca. 6 Stunden
- ca. 180 kcal je Portion
- Dazu passen Baguette und ein kleiner Blattsalat

Das benötigen Sie

350 g Lachsfilet ohne Haut und Gräten (möglichst Filet-Endstücke)
Salz
250 g eisgekühlte Sahne
3 EL trockener Wermut (z. B. Noilly Prat)
Saft von ½ Zitrone
Cayennepfeffer
150 g Spinat
200 g Zanderfilet ohne Haut und Gräten (Mittelstück, längs geschnitten)
1 EL gehackter Dill

Terrine von Lachs und Zander

1. Das Lachsfilet grob würfeln, leicht salzen und etwa 1 Stunde anfrosten. Dann die Fischstücke in der Küchenmaschine fein pürieren. Die eisgekühlte Sahne nach und nach unter weiterem Pürieren dazugeben. So lange weitermixen, bis eine homogene Masse entstanden ist. Wermut und Zitronensaft daruntermixen und die Farce mit Salz sowie Cayennepfeffer abschmecken. Die Farce durch ein feines Sieb streichen **(1)** und kalt stellen.

2. Den Spinat verlesen, gut waschen und putzen. In kochendem Salzwasser 15–20 Sekunden blanchieren, dann abschrecken und trockentupfen. Die Blätter als Rechteck (ca. 18 x 18 cm) auf einem Küchenbrett auslegen. Mit ¼ der Lachsfarce bestreichen. Das Zanderfilet darauf legen **(2)** und vorsichtig in den Spinat einrollen.

3. Den Ofen auf 80 °C vorheizen. Eine Terrinenform (18 cm lang, 8 cm breit, ca. 1 l Fassungsvermögen) mit Frischhaltefolie auslegen. Den Dill unter die Lachsfarce mischen und die Hälfte davon in die Form einfüllen. Die Ränder etwas hochstreichen, so daß ein keilförmiger Einschnitt entsteht. In diesen die Spinatrolle legen **(3)**. Die restliche Farce einfüllen und glattstreichen.

4. Die Form mit einem Deckel fest verschließen und in die mit warmem Wasser gefüllte Fettpfanne des Ofens stellen. Die Terrine im Ofen im Wasserbad in 35–40 Minuten garziehen lassen.

5. Die Terrine in der Form auskühlen lassen (dauert ca. 6 Stunden). Dann vorsichtig mit Hilfe der Folie aus der Form nehmen. Die Folie abziehen und die Terrine in Scheiben schneiden.

1

2

3

Mein Tip

Bei Terrinen ist es sehr wichtig, daß alle Zutaten für die Farce eiskalt sind, sonst bekommt die Farce keine homogene Konsistenz.

Um Hohlräume in der Farce zu beseitigen, klopfen Sie die gefüllte Form mehrmals vorsichtig auf die Tischplatte, bevor Sie die Terrine garen.

Falls Sie keinen Terrinendeckel haben, nehmen Sie bitte Alufolie zum Verschließen. Statt einer Terrinenform können Sie aber auch eine kleine Auflaufform verwenden.

Perlhuhnbrust-terrine

Von **3 Perhuhnbrustfilets** (ca. 700 g) an der Brustspitze 2–3 cm abschneiden. Die entstehenden rechteckigen Stücke mit **Salz** und **Pfeffer** würzen und in **3 EL Öl** von allen Seiten anbraten. Auf Küchenkrepp auskühlen lassen. Die Brustabschnitte fein würfeln und in einer Mischung aus **1 Eiweiß, 2 EL Sherry, 1 TL Rosmarinnadeln** sowie etwas **Salz** und **Pfeffer** wenden. 3 Stunden ins Gefriergerät stellen. Die Fleischmischung fein pürieren. Nach und nach **200 g eiskalte Sahne** einlaufen lassen. Die Farce kalt stellen.

20 g getrocknete Morcheln ca. 20 Minuten in lauwarmem Wasser einweichen. **Je 100 g Champignons und Shiitakepilze** vierteln und in **4 EL Nußöl** anbraten. Die ausgespülten, trockengetupften Morcheln dazugeben. Mit **Salz, Pfeffer** und **Muskat** würzen. **100 ml eingekochten hellen Kalbsfond** angießen und die Flüssigkeit fast vollständig einkochen lassen. **1 EL Petersilie, 1 TL Thymian** und **1 TL Koriandergrün** (alles gehackt) sowie **2 EL kleine, blanchierte Gemüsewürfel** (Möhre, Sellerie, Lauch) kurz mitdünsten. Dann auskühlen lassen. Die kalte Pilzmischung unter die Fleischfarce heben. **3 blanchierte Mangoldblätter** (ohne Stiel) als Rechteck auslegen und etwas Farce darauf streichen. Die gebratenen Perlhuhnbrüste darauf legen und alles zusammenrollen. Eine Form (ca. 650 ml Fassungsvermögen) mit Frischhaltefolie auslegen. ⅓ der Farce einfüllen, darauf die Mangoldrolle legen. Die restliche Farce einfüllen und glattstreichen. Die Form verschließen. Im Ofen bei 130 °C im Wasserbad ca. 40 Minuten garen. Vor dem Servieren 2–3 Stunden in den Kühlschrank stellen.
(auf dem Teller: unten)

Bauernterrine

200 g Schweinenacken, 200 g Entenkeulenfleisch und **150 g Schweinespeck** grob würfeln. **2 zerdrückte Knoblauchzehen** mit **1 TL Majoranblättchen, 1 EL Weinbrand, 1 EL Portwein** und etwas **Salz** sowie **Pfeffer** mischen. Das Fleisch darin 1 Tag marinieren. Danach **1 Apfel** (geschält und gewürfelt) und **2 Zwiebeln** (in Streifen) in **40 g Butterschmalz** anbraten. Auskühlen lassen und mit dem Fleisch durch die feine Scheibe des Fleischwolfs drehen. Mit **Muskat, ½ TL gemahlenen Wacholderbeeren, 1 TL gehacktem Thymian** und etwas **Salz** würzen. Eine Terrinenform (28 cm lang, 8 cm hoch, ca. 1½ l Fassungsvermögen) mit **80 g Schweinespeckscheiben** (2 mm dick) auslegen (sie müssen oben überhängen). Abwechselnd etwas von der Farce und insgesamt **100 g blanchierte Möhrenwürfel** und **200 g gekochten Schinken** (in Streifen) in die Form einschichten. Die Speckscheiben über der Farce zusammenschlagen. Die Form verschließen und die Terrine im Wasserbad (unter die Form ein Stück Zeitungspapier legen) 1–1¼ Stunden bei 130 °C garen. Vor dem Servieren 1 Tag in den Kühlschrank stellen.
(auf dem Teller: oben)

Landterrine

400 g Schweinenacken, 150 g fetten Speck und **400 g Schweineleber** grob würfeln. Mit **150 g gewürfelten Zwiebeln** in **60 g Schweineschmalz** in einem Schmortopf anbraten. **200 g geschälte Apfelwürfel** kurz mitbraten. Das Ganze mit **2 EL Calvados** sowie etwas **Nelkenpulver, Salz, Pfeffer** und **2 EL Majoranblättchen** würzen. Zugedeckt im vorgeheiztem Ofen bei 180 °C 1 Stunde schmoren. Die Mischung erkalten lassen und dann durch die mittlere Scheibe des Fleischwolfs drehen. **100 g kleingewürfelte saure Gurken, 2 EL Majoranblättchen, 2 EL gehackte Petersilie** und **80 g flüssiges Schweineschmalz** daruntermischen. Mit **Salz, Pfeffer** und **Nelkenpulver gut** abschmecken. Über Nacht in einem Steinguttopf kalt stellen. Dann als Brotaufstrich reichen.

Siehe auch

S. 105 **Heller Kalbsfond**

S. 244 **Blanchieren**

GRUNDREZEPT

Pastete

- Für 16 Personen
- Zubereitungszeit: ca. 2½ Stunden
- Marinierzeit: ca. 2 Stunden
- Kühlzeit: ca. 3 Stunden
- ca. 570 kcal je Portion
- Dazu passen Waldorfsalat und eingelegte schwarze Walnüsse

Für den Teig

500 g Mehl
250 g eiskalte Butter (in kleinen Stücken)
1 TL Salz
1 Ei
etwas flüssige Butter
Mehl zum Ausrollen
1 Eigelb und 2 EL Sahne zum Bestreichen

Für die Füllung

300 g schieres Rehfleisch aus der Keule
150 g grüner Speck (in Streifen)
1 TL Wildgewürz
abgeriebene Schale von 1 unbehandelten Orange
2 EL Portwein
500 g Rehrücken (ausgelöst)
3 gemahlene Wacholderbeeren
Salz, schwarzer Pfeffer
1 Rosmarinzweig
20 g Butterschmalz
200 g Steinpilze
½ Knoblauchzehe
1 TL gehackter Thymian
30 g flüssige Butter
3EL geschälte Pistazien
300 g grüner Speck (in hauchdünnen Scheiben)

Für den Gelee

5 Blatt weiße Gelatine
300 ml heller Wildfond
4 EL Portwein
1 TL Zucker

Rehpastete

1. Das Mehl in eine Schüssel sieben. In die Mitte eine Mulde drücken und die kleingeschnittene Butter sowie das Salz hineingeben. 10 EL kaltes Wasser mit dem Ei verquirlen und in die Mulde geben. Alles rasch zu einem glatten Mürbeteig verkneten **(1)** und kühl stellen.

2. Das Rehfleisch in kleine Würfel schneiden. Wildgewürz, Orangenschale und Portwein mischen und das Fleisch sowie die Speckstreifen darin ca. 2 Stunden im Kühlschrank marinieren.

3. Danach das Rehfleisch zweimal durch die feinste Scheibe des Fleischwolfs drehen, die Speckstreifen nur einmal. Beides ca. 1 Stunde kühl stellen. Dann mischen, durch ein feines Sieb streichen und bis zur Weiterverarbeitung kühl stellen.

4. Den Rehrücken mit Wacholderbeeren, Salz und Pfeffer einreiben. Zusammen mit dem feingehackten Rosmarinzweig im Butterschmalz von allen Seiten kurz anbraten. Auf Küchenkrepp abtropfen und auskühlen lassen.

5. Die Pilze putzen, vierteln und mit der geschälten Knoblauchzehe in der Butter anbraten. Mit Salz, Pfeffer und Thymian würzen. Den Knoblauch entfernen, die Pilze mit Küchenkrepp trockentupfen und auskühlen lassen. Mit den grob gehackten Pistazien unter die kalte Rehfarce mischen. Diese mit Salz und Pfeffer nachwürzen.

6. Eine Pastetenform (28 cm lang, 8 cm hoch, ca. 1½ l Fassungsvermögen) mit der flüssigen Butter einfetten. Den Teig auf einer bemehlten Arbeitsfläche 40 x 40 cm groß ausrollen. 1/3 für den Deckel abschneiden. Den restlichen Teig in die Form legen (oben muß er ca. 2 cm überlappen) und leicht andrücken. Den Teig mit den Speckscheiben (2 davon bitte zurückbehalten) auslegen. Den Ofen auf 220 °C vorheizen.

7. Dann 1/3 der Farce in die Form füllen. Den Rehrücken in den zurückbehaltenen Speck einrollen und darauf legen **(2)**. Die restliche Farce einfüllen und glattstreichen. Zunächst den Speck darüberdecken, dann die Teigenden. Das Eigelb mit der Sahne verquirlen und die Teigränder

1

2

3

4

Mein Tip

Wenn Sie das erste Mal eine Pastete zubereiten möchten, sollten Sie schon etwas Kocherfahrung haben, denn die Herstellung ist etwas schwieriger und sehr zeitaufwendig.

Bei der Mürbeteigzubereitung muß es schnell gehen, denn knetet man den Teig zu lange, wird er rissig. Ist dies doch einmal geschehen, dann geben Sie ein wenig Wasser hinzu und kneten kurz weiter.

Hübsch sieht es aus, wenn Sie den Pastetendeckel mit Ornamenten verzieren. Nehmen Sie dafür Teigreste, schneiden Sie diese in Form oder stechen Sie daraus Motive aus, und legen Sie diese auf den mit der Eigelbmischung bestrichenen Deckel. Die Ornamente ebenfalls mit etwas von der Eigelbmischung bestreichen.

mit einem Teil davon bestreichen. Die restliche Teigplatte auf die Größe der Form zuschneiden und zwei ca. 1,5 cm große Löcher ausstechen. Den Deckel auf die Pastete legen und die Ränder mit einem Holzstiel andrücken.

8. Den Deckel mit der restlichen Eigelbmischung bestreichen. Aus Alufolie zwei „Kamine" formen und in die Deckellöcher stellen **(3)**. (Die Kamine im Teigdeckel sind wichtig, denn durch sie kann der Dampf aus dem Inneren der Pastete entweichen. Die Pastete wird sonst zu feucht.) Die Pastete im Ofen auf unterer Schiene 20 Minuten backen. Dann auf 180 °C zurückdrehen und die Pastete weitere 20 Minuten backen. Auf einem Gitter auskühlen lassen, dann für ca. 4 Stunden in den Kühlschrank stellen.

9. Die Gelatine ca. 10 Minuten in kaltem Wasser einweichen. Den Wildfond mit dem Portwein erwärmen. Die Gelatine ausdrücken und mit dem Zucker darin auflösen. Abkühlen lassen. Die ausgekühlte Pastete durch die Schornsteine mit dem Portweingelee ausgießen **(4)** und nochmals 2 Stunden kühl stellen. Dann die Pastete vorsichtig aus der Form nehmen und in Scheiben schneiden.

Siehe auch

S. 77 **Waldorfsalat**
S. 104 **Heller Wildfond**

Canapés

Canapés mit Räucherlachs

(Für 8 Personen)

Aus **4 großen Scheiben Graubrot** 8 Kreise von 4–6 cm Durchmesser ausstechen und diese mit **insgesamt 30 g weicher Butter** bestreichen. **8 kleine Eichblattsalatbläter** darauf legen und **insgesamt 250 g Räucherlachs** (in dünnen Scheiben) dekorativ als Rosetten darauf anrichten. Die Canapés mit **3 EL Sahnemeerrettich** und **Dillzweigen** garnieren.

Canapés mit Forellenfilet

(Für 8 Personen)

Aus **4 großen Scheiben Graubrot** 8 Kreise von 4–6 cm Durchmesser ausstechen und diese mit **insgesamt 30 g Butter** bestreichen. Darauf **je 1 Blatt Kopfsalat** legen. **400 g geräucherte Forellenfilets** mit einem runden Ausstecher (4–6 cm Durchmesser) zu 8 Kreisen ausstechen und auf den Salat legen. Die Canapés mit **Sahnemeerrettich** (mit etwas Preiselbeeren aus dem Glas verfeinert), **je 1 Preiselbeere (aus dem Glas) und 1 Kerbelzweig** garnieren.

Canapés mit Shrimps

(Für 8 Personen)

8 dünne Baguettescheiben mit **insgesamt 30 g weicher Butter** bestreichen und **je 1 Kopfsalatblatt** darauf legen. **Insgesamt 250 g Shrimpscocktail** darauf anrichten. Mit **Estragonzweigen** garnieren.

Canapés mit rohem Schinken

(Für 8 Personen)

Aus **4 großen Scheiben Graubrot** 8 Kreise von 4–6 cm Durchmesser ausstechen und diese mit **insgesamt 30 g weicher Butter** bestreichen. Mit **je 1 kleinen Blatt Eichblattsalat** belegen. **Je 1 Scheibe rohen Schinken** dekorativ darauf anrichten. Die Canapés mit **Remouladensauce** und **je 1 Gewürzgurkenfächer** garnieren.

Canapés mit Kräuterquark

(Für 8 Personen)

8 dünne Baguettescheiben mit **insgesamt 30 g weicher Butter** bestreichen und **je 1 Kopfsalatblatt sowie 3 Radieschenscheiben** darauf legen. **Insgesamt 200 g Kräuterquark** darauf anrichten. Die Canapés mit **Basilikumblättchen** garnieren.

Canapés mit Putenbrust

(Für 8 Personen)

8 dünne Baguettescheiben mit **insgesamt 30 g weicher Butter** bestreichen und **je 1 Kopfsalatblatt** darauf legen. **200 g geräucherte Putenbrust** (in Scheiben) darauf anrichten. Die Canapés mit etwas **Currymayonnaise** sowie mit **je 1 Mandarinenfilet und 1/8 Kiwischeibe** garnieren.

Canapés mit Roastbeef

(Für 8 Personen)

Aus **4 großen Scheiben Graubrot** 8 Kreise von 4–6 cm Durchmesser ausstechen und diese mit **insgesamt 30 g weicher Butter** bestreichen. Darauf **je 1 kleines Blatt Eichblattsalat sowie 2 Scheiben Roastbeef** legen. Die Canapés mit **insgesamt 3 EL Mayonnaise, je 1/2 Wachtelei (wachsweich gekocht) und 1/4 Kirschtomate** garnieren.

Mein Tip

Canapés sind bei jedem kalten Buffet willkommen. Beim Belegen sind Ihrer Phantasie keine Grenzen gesetzt.

In Scheiben geschnittene Zutaten (z. B. Räucherlachs oder Schinken) sehen besonders attraktiv aus, wenn Sie sie „locker in Falten gelegt" auf dem Brot anrichten.

Statt des Graubrots können Sie als Unterlage auch Toastbrot nehmen, das Sie zuvor in der Pfanne in etwas Butter angeröstet haben.

Canapés können Sie bereits einige Stunden vor dem Servieren zubereiten und, mit Frischhaltefolie abgedeckt, im Kühlschrank lagern.

Siehe auch

S. 72 Mayonnaise

S. 72 Remouladensauce

S. 355 Wachteleier kochen

CARPACCIO

- Für 4 Personen
- Zubereitungszeit: ca. 20 Minuten
- Zeit zum Anfrosten: ca. 2 Stunden
- ca. 330kcal je Portion
- Dazu paßt Weißbrot

DAS BENÖTIGEN SIE

300 g Rinderfilet
Saft von ½ Limette
abgeriebene Schale von ½ Limette
60 ml Aceto Balsamico
Salz, schwarzer Pfeffer
80 ml Olivenöl
ca. 30 Blättchen frische Brunnenkresse
50 g Parmesan am Stück

Rindercarpaccio

1. Das Rinderfilet parieren (Häute und Sehnen entfernen). Das Fleisch fest in Frischhaltefolie einwickeln und die seitlichen Enden gut verschließen. Das Filet im Tiefkühlgerät ca. 2 Stunden anfrosten.

2. Inzwischen Limettensaft und -schale mit dem Essig sowie mit etwas Salz und Pfeffer verquirlen. Das Öl darunterschlagen.

3. Das Rinderfilet auspacken und mit einem großen Messer in hauchdünne Scheiben schneiden **(1)**. Diese sich leicht überlappend auf 4 Tellern anrichten **(2)**.

4. Die Vinaigrette mit einem Pinsel gleichmäßig auf die Fleischscheiben streichen. Die Brunnenkresseblättchen waschen, trockentupfen und darauf streuen. Etwas Pfeffer darübermahlen und den Parmesan darauf hobeln. Sofort servieren.

1

2

VARIATIONEN

- Statt Brunnenkresse können Sie auch Basilikumblättchen daraufstreuen.
- Ersetzen Sie den Aceto Balsamico einmal durch einen Weißweinessig.

MEIN TIP

Das Anfrosten des Filets ist wichtig, damit das Fleisch eine festere Konsistenz bekommt und sich so gut in hauchdünne Scheiben schneiden läßt. Sehr dünn läßt sich das Fleisch übrigens mit einer elektrischen Aufschnittmaschine oder mit einem Elektromesser schneiden.

Besonders aromatisch wird das Carpaccio, wenn Sie die Hälfte der Vinaigrette vor dem Anrichten auf die Teller streichen und das aufgelegte Fleisch mit den Rest bepinseln.

Kalbscarpaccio mit Roquefort-Sauce

300 g angefrostetes Kalbsfilet in hauchdünne Scheiben schneiden und auf 4 Teller legen. Mit **50 g Spinatblättern** garnieren. Alles mit **80 ml Olivenöl** bestreichen und mit **Salz** sowie **Pfeffer** würzen. **20 g Roquefort** würfeln und auf das Carpaccio streuen. **20 g Roquefort** mit einer Gabel zerdrücken und mit **½ Bund Schnittlauch** (in Röllchen), **4 EL Sahne** sowie **3 EL Sherryessig** glattrühren. Leicht mit **Salz** und **Pfeffer** abschmecken. Auf das Carpacchio träufeln.

(auf dem Foto: links)

Mein Tip

Sowohl rohes Fleisch als auch roher Fisch ist leicht verderblich. Daher sollten Sie ein Carpaccio unbedingt gleich nach der Zubereitung servieren.

Wenn Sie die Fleisch- oder Fischscheiben zwischen 2 Frischhaltefolienstücken mit dem Handrücken oder mit einem Plattiereisen flachdrücken, werden sie besonders dünn.

Carpaccio von Lachsforelle und Seeteufel

Je 160 g angefrostete Lachsforellen- und Seeteufelfilets schräg in hauchdünne Scheiben schneiden und auf 4 Teller legen. **3 EL Zitronensaft** mit etwas **Salz** verquirlen. **80 ml Olivenöl** darunterschlagen. Mit einem Pinsel auf die Fischscheiben streichen. Etwas **rosa Pfeffer** und **Koriander** darübermahlen. Das Carpaccio mit **Kerbel-, Eichblatt-** und **Lollo-Rosso-Blättchen** garnieren.

(auf dem Foto: rechts)

Siehe auch

S. 70 **Vinaigrette**
S. 142 **Filet parieren**

GRUNDREZEPT

Gemüseantipasti

- Für 4 Personen
- Zubereitungszeit: ca. 50 Minuten
- Marinierzeit: ca. 1 Tag
- ca. 610 kcal je Portion
- Dazu paßt italienisches Weißbrot

Das benötigen Sie

8 Paprikaschoten (rot, grün und gelb)
etwas Olivenöl für das Blech
3 Lorbeerblätter
1/4 l Olivenöl
100 ml Weißweinessig
schwarzer Pfeffer
4 Knoblauchzehen
8 eingelegte Sardellenfilets
2 EL Kapern
1 Bund Basilikum
2 EL Aceto Balsamico
etwas grobes Salz

Marinierte Paprikaschoten

1. Den Ofen auf 170°C vorheizen. Die Paprikaschoten halbieren, entkernen, waschen und trockentupfen. Im Ofen auf einem mit etwas Olivenöl bestrichenen Blech mit den Schnittflächen nach unten ca. 20 Minuten rösten.

2. Die Schoten herausnehmen und leicht abkühlen lassen. Dann die Haut vorsichtig abziehen **(1).** Die Schoten in 2 cm breite Streifen schneiden.

3. Die Paprikastreifen in eine flache Schale legen. Die Lorbeerblätter darauf verteilen. Öl, Essig und etwas Pfeffer miteinander verquirlen. Die Knoblauchzehen schälen und durch eine Presse dazudrücken. Die abgespülten Sardellenfilets und die Kapern fein hacken und dazugeben.

4. Die Marinade über die Paprikastreifen gießen **(2)** und die abgezupften Basilikumblättchen darauf streuen. Zugedeckt ca. 1 Tag durchziehen lassen. Vor dem Servieren mit dem Aceto Balsamico beträufeln und mit etwas grobem Salz und schwarzem Pfeffer bestreuen.

(auf dem Foto unten)

1

2

Marinierte Zucchini

1 kg grüne und gelbe Zucchini längs in 1/2 cm breite Streifen schneiden. Diese in ca. **100 g Mehl** wenden und in **6 EL Olivenöl** portionsweise hellbraun braten. Auf Küchenkrepp abtropfen lassen. **4 Schalotten** (in Scheiben) ebenfalls goldbraun braten. Die Blättchen von **1/2 Bund Majoran** fein hacken, **4 geschälte Knoblauchzehen** in feine Scheiben schneiden. Die Zucchini abwechselnd mit Majoran, Knoblauch und Schalotten in eine flache Schüssel schichten. Dabei jede Schicht mit Salz und grobem Pfeffer bestreuen und mit etwas **Aceto Balsamico** beträufeln (insgesamt ca. 10 EL verwenden). Zugedeckt im Kühlschrank 3–4 Stunden durchziehen lassen.

(auf dem Foto links)

GRUNDREZEPT

TEIGTASCHEN

Frühlingsrollen mit Ratatouille

- **Für 4 Personen**
- **Zubereitungszeit: ca. 40 Minuten**
- **ca. 290 kcal je Portion**

DAS BENÖTIGEN SIE

1 kleine Aubergine
1 kleine Zucchini
je 1 kleine gelbe und rote Paprikaschote
1 kleine Zwiebel
4 EL Olivenöl
2 Knoblauchzehen
200 ml Tomatensaft
2 Tomaten
½ Bund Basilikum
Salz, schwarzer Pfeffer
16–20 TK-Frühlingsrollenblätter (8 x 8 cm groß)
etwas Mehl
1 Eigelb
ca. 1 l Öl zum Fritieren

1. Aubergine, Zucchini und Paprikaschoten waschen, putzen und in feine Würfel schneiden. Die Zwiebel schälen und fein hacken. Das Gemüse in einer Pfanne im heißen Olivenöl nacheinander anbraten. Die Knoblauchzehe schälen, durch eine Presse dazudrücken und kurz mitbraten. Den Tomatensaft zum Gemüse geben und offen kräftig einkochen lassen.

2. Inzwischen die Tomaten enthäuten, vierteln, entkernen und würfeln. Die abgezupften Basilikumblättchen waschen, trockentupfen und grob hacken. Beides unter das Gemüse rühren. Das Ratatouille mit Salz und Pfeffer abschmecken und auskühlen lassen.

3. Die Frühlingsrollenblätter auftauen lassen und auf ein bemehltes Brett legen. Jeweils etwas von dem Ratatouille darauf geben. Die Teigränder mit Eigelb bestreichen und die Teigblätter vorsichtig zu ⅓ aufrollen **(1).** Dann die Teigränder nach innen einschlagen **(2)** und die Frühlingsrollen fertig zusammenrollen. Die Nähte leicht festdrücken. Die Röllchen auf einem bemehlten Blech lagern.

4. Die Frühlingsrollen im heißen Öl goldgelb fritieren und kurz auf Küchenkrepp abtropfen lassen.

(auf dem Foto unten)

BÖREK MIT FETA UND PETERSILIE

2 gewürfelte Schalotten und **1 gehackte Knoblauchzehe** in **1 EL Olivenöl** glasig dünsten und auskühlen lassen. Mit **220 g gewürfeltem Feta** und den Blättchen von **1 Bund glatter Petersilie** mischen. Mit wenig **Salz, gemahlenem Koriander** und **Pimentpulver** würzen. **16 dreieckige Yufkateigblätter** mit **30 g flüssiger Butter** bestreichen, so daß sie weich werden. Dann auf die leicht gerundete Seite jeweils etwas von der Füllung geben und die Teigplatten zusammenrollen. Die Enden fest zusammendrücken und so verschließen. Die Röllchen in **ca. 1 l Öl** goldgelb fritieren. Dazu paßt Tsatsiki (S. 138).
(auf dem Foto rechts)

MEIN TIP

Yufkateigblätter erhalten Sie am besten in türkischen Lebensmittelgeschäften.

Graved Lachs mit Senfsabayon

Für den Lachs

200 g Dillzweige
70 g Petersilie
600 g Lachsfilet mit Haut und ohne Gräten
2 EL Wacholderbeeren (zerdrückt)
1 TL gemahlener Koriander
1 TL geschrotete weiße Pfefferkörner
Saft von 1 Zitrone
150 ml Olivenöl
3 EL Salz
1 EL Pökelsalz
1 EL Zucker

Für den Sabayon

4 Eigelb
5 EL trockener Weißwein
4 EL Fischfond
1 EL grobkörniger Senf
60 g zimmerwarme Butter
Salz
weißer Pfeffer

1. Die Kräuter abspülen und trockenschütteln. Die Blättchen abzupfen und grob hacken. Die Hälfte davon auf den Boden einer großen, flachen Form streuen. 1 EL Wacholderbeeren, ½ TL gemahlenen Koriander und ½ TL Pfefferkörner darauf streuen.

2. Das Lachsfilet abspülen, trockentupfen und auf die Kräuter legen. Zitronensaft und Öl darübergießen. Restliche Kräuter und Gewürze sowie Salz und Zucker darauf streuen. Den Lachs zugedeckt im Kühlschrank ca. 24 Stunden marinieren. Nach 12 Stunden wenden.

3. Für den Sabayon die Eigelbe mit Weißwein und Fischfond in einer Schüssel über einem heißen Wasserbad so lange aufschlagen, bis eine dickflüssige Creme entstanden ist.

4. Die Schüssel vom Wasserbad nehmen und den Sabayon kurz weiterschlagen. Den Senf und die Butter in kleinen Stückchen unter Rühren dazugeben. Mit Salz und Pfeffer abschmecken.

5. Das Lachsfilet aus der Marinade nehmen und mit einem großen Messer quer mit schrägen Schnitten in sehr dünne Scheiben schneiden. Auf 6 Tellern anrichten und mit dem Sabayon beträufeln.

Mein Tip

Besonders hübsch sieht die Vorspeise aus, wenn Sie sie wie auf dem Foto garnieren: Einige Salatblättchen (Lollo Rosso, Frisée und Kopfsalat), ca. 100 g blanchierte Zuckerschoten, 4 Kirschtomaten (enthäutet, geviertelt und entkernt) und ca. 50 g blanchierten Passepierre (Algensprossen bzw. Meeresbohnen) in etwas Vinaigrette (mit Aceto Balsamico zubereitet) wenden und auf den Tellern dekorativ anrichten. Mit einigen Korianderblättchen garnieren.

Rindertatar

Das benötigen Sie

800 g Rinderfilet ohne Häute und Sehnen (gut gekühlt)
Salz
1 TL Zucker
2 Schalotten
2 eingelegte Sardellenfilets
80 g Cornichons
1 EL Kapern
2 Eigelb
1 TL Senf
1 TL Ketchup
1 Msp. Paprikapulver edelsüß
1 EL gehackte glatte Petersilie
schwarzer Pfeffer
4 Salatblätter
einige Zwiebel- und Frühlingszwiebelringe

1. Das Fleisch in kleine Würfel schneiden, mit 2–3 Prisen Salz und 1 TL Zucker mischen und 10 Minuten stehen lassen. Dann fein hacken.

2. Die Schalotten schälen. Die Sardellenfilets abspülen und trockentupfen. Beides zusammen mit den Cornichons und den Kapern fein hacken. Mit den Eigelben und dem Fleisch gut mischen.

3. Das Tatar mit Senf, Ketchup, Petersilie und den Gewürzen pikant abschmecken. Zu Burgern formen und auf 4 Tellern anrichten. Mit den gewaschenen Salatblättern und den Zwiebelringen garnieren.
(auf dem Foto: rechts)

Lachstatar im Kräutercrêpe

200 g Lachsfilet (frisch, ohne Haut und Gräten) in sehr feine Würfel schneiden. In einer Schüssel mit **1 feingewürfelten, blanchierten Schalotte, 1 Eigelb, etwas gemahlenem Koriander, 1 EL gehacktem Dill** und **3 EL Olivenöl** gut mischen. Mit **Salz, weißem Pfeffer** und **Zitronensaft** abschmecken. **Je 2 Scheiben Räucherlachs** auf **1 Kräutercrêpe** legen und ¼ des Tatars darauf verteilen. Den Crêpe zusammenrollen und schräg in Scheiben schneiden. Dazu passen ein gemischter Salat mit Vinaigrette, etwas Crème fraîche und Baguette.
(auf dem Foto: links)

Graved Lachs
- **Für 6 Personen**
- **Zubereitungszeit: ca. 40 Minuten**
- **Marinierzeit: ca. 24 Stunden**
- **ca. 350 kcal je Portion**
- **Dazu paßt Baguette**

Rindertatar
- **Für 4 Personen**
- **Zubereitungszeit: ca. 20 Minuten**
- **ca. 290 kcal je Portion**
- **Dazu paßt Bauernbrot**

Siehe auch

S. 70 **Vinaigrette**
S. 132 **Heller Fischfond**
S. 243 **Tomate enthäuten**
S. 244 **Blanchieren**
S. 360 **Kräutercrêpe**
S. 370 **Sabayon**

GRUNDREZEPT

Gekochte Artischocken

- **Für 4 Personen**
- **Zubereitungszeit: ca. 3/4 Stunden**
- **ca. 30 kcal je Portion**
- **Dazu passen Baguette und Orangenvinaigrette oder Buttermilch-Kerbel-Dip**

Das benötigen Sie

4 große Artischocken
1 Zitrone
Salz

1. Das obere Drittel der Artischocken abschneiden **(1)**. Die Stiele ebenfalls abschneiden. Die Zitrone halbieren und die Schnittflächen der Artischocken damit einreiben **(2)**.

2. Die Artischocken in 1 großen oder 2 mittelgroße Töpfe geben, mit Wasser bedecken und dieses leicht salzen. Das Wasser zum Kochen bringen und die Artischocken 20–30 Minuten (je nach Größe) zugedeckt bei mittlerer Hitze garen. Sie sind weich, wenn sich die Außenblätter mühelos mit den Fingern abzupfen lassen.

3. Die Artischocken im Sud leicht abkühlen lassen. Dann herausnehmen und kopfüber abtropfen lassen.

4. Wenn Sie die Artischocken mit Dip essen möchten, richten Sie sie fertig gegart auf Tellern an und servieren Sie den Dip dazu. Jeder zupft dann die Außenblätter ab, taucht die fleischigen Enden in den Dip und streift das Fleisch mit den Zähnen ab. Wenn alle Blätter entfernt sind, liegt der Artischockenboden frei.

5. Zum Gewinnen des Artischockenbodens alle Außenblätter abzupfen und das Heu in der Mitte des Bodens vorsichtig mit einem Kaffeelöffel abheben **(3)**.

1

2

3

Mein Tip

Kochen Sie Artischocken nicht in Aluminiumtöpfen, denn sonst verfärben sie sich schwarz.

Am besten schmecken Artischocken lauwarm serviert.

Buttermilch-Kerbel-Dip

3 EL Sherryessig mit **1 EL mittelscharfem Senf** und **150 ml Buttermilch** glattrühren. **4 EL Traubenkernöl** darunterschlagen. **1 gewürfelte, kleine rote Zwiebel, 1 feingehackte Knoblauchzehe** und **2 EL gehackten Kerbel** darunterrühren. Mit **Salz** und **1 Prise Zucker** abschmecken. Vor dem Servieren **2 EL geröstete, gesalzene Sonnenblumenkerne** darauf streuen.
Der Dip paßt gut zu gekochten Artischocken.

Orangen-Vinaigrette

Von **1 Limette** und **2 unbehandelten Orangen** die Schale in feinen Streifen abziehen, ca. 20 Sekunden blanchieren, abschrecken und trockentupfen. Die Zitrusfrüchte auspressen. **1 kleingewürfelte Schalotte** mit dem Saft kurz aufkochen, dann auskühlen lassen. Danach **2 EL Weißweinessig** daruntermischen, **4 EL Traubenkernöl** darunterschlagen und die Vinaigrette mit **Pfeffer** und **Salz** abschmecken. Die **Filets von 1 Orange** und **2 EL Schnittlauchröllchen** darunterrühren.
Die Vinaigrette paßt gut zu Artischockenböden.

Gefüllte Artischocken

1 gewürfelte Schalotte in **20 g Butter** glasig dünsten. **2 enthäutete, gewürfelte Fleischtomaten, 1 feingehackte Knoblauchzehe, 200 g geschälte, rohe Shrimps** und **1 EL gehackte Petersilie** darunterrühren. Mit **Salz** und **Pfeffer** abschmecken. Die Mischung auf **4 gekochte Artischockenböden** verteilen. **2 Eigelbe** mit **4 EL trockenem Weißwein, 1 EL Zitronensaft** sowie etwas **Salz** und **Pfeffer** in einer Schüssel über einem heißen Wasserbad cremig aufschlagen. Vom Wasserbad nehmen und kurz weiterschlagen. Dann **40 g eiskalte Butter** (in Flöckchen), **1 EL geschlagene Sahne, 1 EL feingeriebenen Gouda** und **1 TL gehackten Estragon** darunterheben.
Die Füllung der Artischokkenböden mit der cremigen Sauce überziehen. Die Böden in eine flache Form setzen und unter dem Grill in ca. 5 Minuten goldbraun überbacken.
(auf dem Foto oben)

Siehe auch

S. 243 **Tomate enthäuten**
S. 244 **Blanchieren**
S. 384 **Filets aus Zitrusfrüchten herausschneiden**

Fingerfood

Kartoffel-bällchen

100 g Spinat verlesen, gut waschen und ca. 1 Minute in **Salzwasser** blanchieren. Abschrecken, gut ausdrücken und fein hacken. **20 g Butter** erhitzen und **1 feingehackte Schalotte** sowie **½ gehackte Knoblauchzehe** darin glasig dünsten. Den **Spinat** kurz mitdünsten. Alles mit **Salz, Pfeffer** und **Muskat** abschmecken, gut mischen und in einer Schüssel vollständig erkalten lassen.
600 g mehligkochende Kartoffeln waschen und als Pellkartoffeln zusammen mit etwas **Salz** und **Kümmel** garen. Dann abgießen und im Ofen bei 180 °C ca. 10 Minuten ausdampfen lassen.
Die Kartoffeln pellen und durch eine Presse drücken. Die Masse mit **Salz, Pfeffer** und **Muskat** würzen und mit **2 Eigelben** sowie **50 g Weizengrieß** und **3 EL Kartoffelstärke** glattrühren.
Aus der Kartoffelmasse walnußgroße Bällchen formen. In die Mitte jeweils eine Mulde drücken und etwas von der Spinatmischung hineingeben. Die Öffnung wieder verschließen und die Teile wieder zu runden Bällchen formen. Die Kartoffelbällchen in **5 EL Sesamsamen** wälzen. Dann in **½ l Öl** in 3–4 Minuten goldgelb fritieren.
(auf dem Foto)

Mein Tip

Das kurze Blanchieren nimmt der Zwiebel die Schärfe und macht sie leichter bekömmlich.

Hackbällchen auf Pumpernickel

250 g Rindfleisch (ohne Sehnen und Häute) durch die feine Scheibe des Fleischwolfs drehen (dies kann auch Ihr Metzger für Sie tun).
1 kleine Zwiebel fein würfeln, ca. 1 Minute blanchieren und gut abtropfen lassen. Die Zwiebel mit dem Fleisch und **3 Eigelben** verkneten. Die Masse mit **Pfeffer, Salz, Rosenpaprikapulver** und **1 EL Ketchup** würzen. Zuletzt **1 EL gehackte Petersilie** dazugeben und alles gut verkneten.
Aus der Hackmasse 12–16 walnußgroße Bällchen formen und in **50 g Butterschmalz** von allen Seiten goldbraun braten.
12–16 kleine, runde Pumpernickelscheiben mit **Butter** bestreichen. Jeweils einige gewaschene **Feldsalatblättchen** darauf legen und je 1 Hackbällchen darauf setzen.
Die Hackbällchen mit **Gewürzgurkenfächern** oder **enthäuteten Tomatenwürfeln** garnieren.
(auf dem Foto)

Hackbällchen im Nudelmantel

1 kleine rote Chilischote längs halbieren, entkernen und fein hacken. **1 EL Korianderblättchen** ebenfalls fein hacken. Beides mit **250 g gemischtem Hackfleisch** (½ Rind, ½ Schwein) und **1 Ei** zu einer Masse verkneten. Mit **Salz** und **gemahlenem Koriander** kräftig abschmecken.
60 g sehr schmale Bandnudeln in Salzwasser blanchieren, bis sie biegsam sind. Dann auf Küchenkrepp abtropfen lassen.
Die Hackmasse zu 12 bis 16 walnußgroßen Bällchen formen und vorsichtig in die Nudeln einwickeln, so daß diese aussehen wie Wollknäule. Die Nudeln leicht andrücken.
Die Nudelbällchen in ca. **½ l Öl** goldgelb fritieren. Dazu paßt Traubenchutney.

Mein Tip

Fingerfood ist immer eine gute Idee, wenn man Gäste ohne Besteck und Teller bewirten möchte. Neben den hier präsentierten Häppchen eignen sich auch kleine fritierte Teigtaschen und Frühlingsrollen (S. 95), Brandteiggebäck (S. 348) und Blätterteiggebäck (S. 350) gut dafür.

Siehe auch

S. 139 **Traubenchutney**
S. 243 **Chilischote würfeln**
S. 243 **Tomate enthäuten**
S. 244 **Blanchieren**
S. 280 **Kartoffeln kochen**

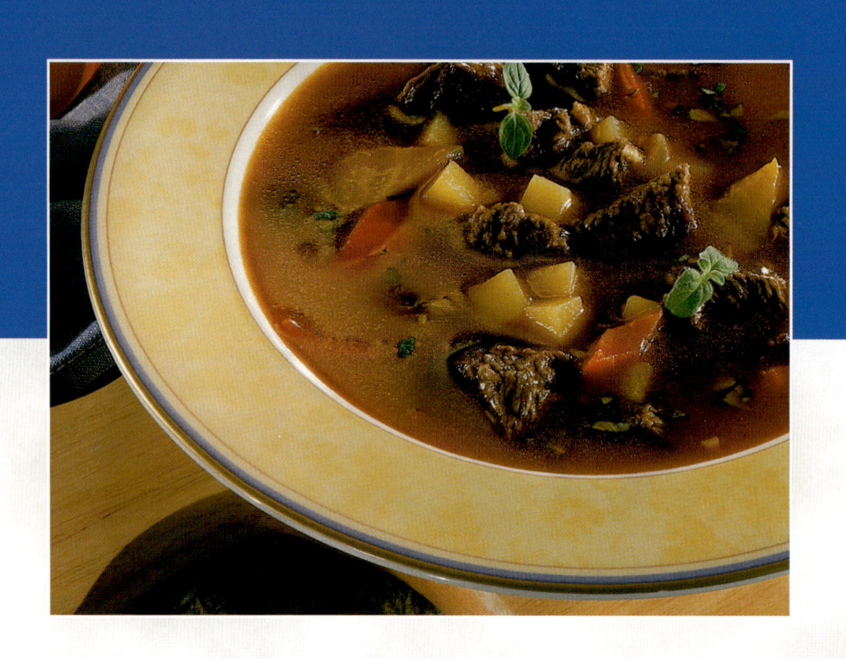

Suppen und Eintöpfe

GRUNDREZEPT

Heller Fond (Brühe)

- Für ca. 1 l
- Zubereitungszeit: ca. 3 Stunden
- insgesamt ca. 380 kcal

Das benötigen Sie

2,5 kg Rinderknochen (am besten Schulterknochen)
Salz
1 Möhre
80 g Lauch
80 g Petersilienwurzel
80 g Knollensellerie
2 Schalotten
½ Knoblauchzehe
1 Lorbeerblatt
6 Pfefferkörner

Heller Rinderfond

1. Die Rinderknochen kurz in kochendem Salzwasser blanchieren. In ein Sieb oder einen Seiher geben, kalt abspülen **(1)** und gut abtropfen lassen.

2. Die Knochen in einen großen Topf geben und mit kaltem Wasser bedecken. Langsam zum Kochen bringen und ca. ¾ Stunden offen köcheln lassen. In dieser Zeit aufsteigenden Schaum mit einer Schaumkelle vorsichtig entfernen **(2).**

3. Möhre, Lauch, Petersilienwurzel und Sellerie gut bürsten und waschen. Dann in grobe Stücke schneiden. Mit den Schalotten und der Knoblauchzehe (beides ungeschält) sowie Lorbeerblatt und Pfefferkörnern in den Fond geben. Weitere 2 Stunden offen bei milder Hitze köcheln lassen.

4. Den Fond langsam durch ein Stofftuch in eine Schüssel geben **(3)** und abkühlen lassen. Das erstarrte Fett an der Oberfläche mit einer Schaumkelle abnehmen **(4)** und wegwerfen.

1

2

3

4

Heller Lammfond

1,5 kg Lammknochen blanchieren und abspülen.
½ Lauchstange, 1 Möhre, 2 Stangen Staudensellerie (alles gewürfelt), 3 ungeschälte Schalotten, 5 ungeschälte Knoblauchzehen, 10 schwarze Pfefferkörner, 3 Lorbeerblätter, 5 Wacholderbeeren, je 2 Thymian- und Rosmarinzweige sowie etwas **Salz** mit den Knochen in einen Topf geben und mit kaltem Wasser auffüllen. Aufkochen und ca. 2 Stunden offen köcheln lassen. Zwischendurch abschäumen. Dann durch ein Tuch gießen und offen auf 1 l einkochen lassen.

Heller Wildfond

Dieser wird wie heller Lammfond zubereitet, jedoch mit **1,5 kg Wildknochen.**

Mein Tip

Fonds müssen immer mit kaltem Wasser aufgesetzt werden, dann laugen Fleisch und Gemüse sehr gut aus und geben ihr Aroma an den Fond ab.

Kochen Sie die Fonds immer offen. So köchelt die Flüssigkeit besser ein und wird so besonders aromatisch.

1

2

Rinderconsommé

Für den Kläransatz **500 g gewürfeltes Rindfleisch (aus der Wade)** durch die grobe Scheibe des Fleischwolfs drehen. Mit **1 Möhre, 1/4 Sellerieknolle** und **1/4 Lauchstange (alles gewürfelt)** sowie **1 Liebstöckelzweig, 1 Thymianzweig, 4 Petersilienzweigen, 10 Pfefferkörnern, 2 Lorbeerblättern,** etwas **Salz** und **5 rohen Eiweißen** verkneten **(1).** Das Ganze ca. 1 Stunde marinieren lassen. Den Kläransatz in **2 l kalten, hellen Rinderfond** geben **(2)** und alles unter Rühren langsam zum Kochen bringen. Den Fond ca. 1/2 Stunde offen bei ganz milder Hitze ziehen lassen. Dann durch ein Tuch passieren und auf 1 l einkochen. Die Consommé nach dem Erkalten entfetten und mit etwas **Sherry oder Portwein** und **Salz** abschmecken. Reicht für 6 Personen.

Mein Tip

Um einen **Fond** zu **entfetten,** gibt es mehrere Möglichkeiten. Entweder heben Sie das Fett nach dem Erkalten oben ab (wie beim Rinderfond gezeigt), oder Sie legen 1 Blatt Küchenkrepp vorsichtig auf den warmen Fond und lassen es das Fett aufsaugen.

Tomatenconsommé

3 gewürfelte Schalotten und **2 gehackte Knoblauchzehen** in **2 EL Olivenöl** glasig dünsten. **500 g große, vollreife Tomaten (geviertelt)** kräftig mitdünsten. **1 EL Tomatenmark** kurz mitrösten, dann **2 Lorbeerblätter, 1 TL schwarze Pfefferkörner, 2 Basilikumzweige, 1/4 l Tomatensaft** und **1 l hellen Geflügelfond** hinzufügen. Offen ca. 1/2 Stunde köcheln lassen. Zum Abkühlen in eine Schüssel mit Eiswasser stellen. Einen **Kläransatz** aus **300 g Geflügelfleisch, 100 g Möhren, 1/2 Lauchstange, 1/4 Sellerieknolle, 1 TL Tomatenmark, 3 Thymianzweigen, 4 Eiweißen** und etwas **Salz** herstellen. Die Tomatenconsommé damit klären (siehe Rinderconsommé), durch ein Tuch passieren, nach dem Erkalten entfetten und mit **Salz** sowie **Cayennepfeffer** abschmecken.

Heller Kalbsfond

1,5 kg Kalbsknochen blanchieren und abspülen. **1 Lauchstange, 2 Möhren, 1 Stange Staudensellerie (alles gewürfelt), 1/2 Zwiebel, 2 geschälte Knoblauchzehen, 5 weiße Pfefferkörner, 5 Pimentkörner, 3 Lorbeerblätter, 3 Wacholderbeeren, 1 Thymianzweig, 1/2 Bund glatte Petersilie** und etwas **Salz** mit den Knochen in einen Topf geben. Mit kaltem Wasser auffüllen, aufkochen und ca. 2 Stunden offen köcheln lassen. Zwischendurch abschäumen. Dann durch ein Tuch gießen und offen auf 1 l einkochen lassen.

Gemüsefond (Gemüsebrühe)

Für 1 l Fond **2 Möhren, 2 Tomaten, 1 rote Paprikaschote, 2 Petersilienwurzeln, 1/2 kleine Sellerieknolle, 1 Lauchstange (alles gewürfelt), 2 Zwiebeln, 2 Knoblauchzehen, 1 Gewürznelke, 5 Pfefferkörner, 2 Petersilienzweige, 1 Thymianzweig, 1 Liebstöckelzweig** und etwas **Salz** mit Wasser bedecken, aufkochen und ca. 1/2 Stunde köcheln lassen. Dann durch ein Sieb gießen.

Siehe auch

S. 59 **Blanchieren**
S. 129 **Heller Geflügelfond**
S. 132 **Heller Fischfond**
S. 133 **Krustentierfond**

SUPPENEINLAGEN

GRIESSKLÖSSCHEN

50 g Butter mit **1/4 l Milch** aufkochen lassen. **150 g Weizengrieß** dazugeben und so lange bei mittlerer Hitze rühren, bis sich die Masse vom Topfboden löst. Leicht abkühlen lassen.

Die Masse mit **Salz, Pfeffer** und **Muskat** würzen. **2 Eier** sorgfältig darunterrühren. Von der Masse mit 2 Teelöffeln kleine Nocken abstechen und ca. 4–5 Minuten in leicht kochendem Salzwasser pochieren. Abschrecken und auf Küchenkrepp abtropfen lassen.

MEIN TIP

Geben Sie noch 1 TL gehackten Thymian unter die Klößchenmasse. Das bringt ein rundes Aroma.

EIERSTICH

4 Eigelbe mit **2 Eiern** und **250 g Sahne** gut verquirlen. Durch ein Sieb passieren und mit **Salz** sowie **Muskat** würzen.

Eine flache, feuerfeste Form mit **etwas Butter** ausfetten und die Eiermischung hineingießen (die Form sollte ca. 1 cm hoch gefüllt sein). Die Form in ein Wasserbad stellen und die Eier im Ofen bei 120–140 °C in 35–40 Minuten stocken lassen.

Herausnehmen und auskühlen lassen.

Dann den Eierstich mit einem spitzen Messer vom Rand lösen und auf eine Arbeitsplatte stürzen. Den Eierstich in kleine Stücke schneiden. Dies können Sie entweder mit einem normalen Messer oder mit einem Buntmesser machen. Hübsch sieht es auch aus, wenn Sie den Eierstich zu Motiven ausstechen.

MARKKLÖSSCHEN

120 g gewürfeltes Rindermark bei milder Hitze schmelzen lassen. Durch ein Sieb gießen und erkalten lassen. **4 trockene, entrindete Toastscheiben** würfeln und ca. 5 Minuten in **100 ml Milch** einweichen.

Das Rindermark mit einem Schneebesen schaumig rühren. Die Toastwürfel gut ausdrücken und unter das Mark mischen. **2 Eier** und **1 EL feingehackte Petersilie** dazugeben. Mit **Salz** und **Muskat** würzen. **70 g Semmelbrösel** darunterrühren und alles ca. 1/2 Stunde kühl stellen.

Aus der Masse kleine Kugeln formen und ca. 5 Minuten in leicht kochendem Salzwasser pochieren. Auf Küchenkrepp abtropfen lassen.

FLÄDLE

3 Eier, 1/4 l Milch, 50 g flüssige Butter und **100 g Mehl** zu einem glatten Teig verquirlen. Mit **Salz** und **Muskat** würzen. **Je 1 TL Petersilie, Kerbel und Schnittlauch (alles fein geschnitten)** darunterrühren.

Aus dem Teig in einer beschichteten Pfanne in **wenig Butter** 10 sehr dünne Pfannkuchen backen. Diese abkühlen lassen, zusammenrollen und in dünne Scheiben schneiden.

MEIN TIP

Die Hälfte der Pfannkuchenröllchen ist für 4 Personen ausreichend. Die restlichen Flädle können Sie zugedeckt im Kühlschrank ca. 2 Tage lagern oder aber einfrieren.

Leberklösschen

50 g altbackenes Brötchen ohne Rinde ca. 10 Minuten in **1/8 l heißer Milch** einweichen. Dann gut ausdrücken. **250 g Schweineleber** in Streifen schneiden. Zusammen mit den Brötchen 2mal durch die feine Scheibe des Fleischwolfs drehen. **50 g gewürfelte Zwiebel** und **1 gehackte Knoblauchzehe** in **2 EL Öl** glasig dünsten, dann auskühlen lassen. Mit **1 EL Majoranblättchen** und **1 TL Thymianblättchen, 1 EL gehackter Petersilie** und **2 Eigelben** unter die Lebermasse rühren. **50 g Semmelbrösel** und **1 TL Mehl** dazugeben. Alles gut mischen und mit **Salz** sowie **Pfeffer** kräftig abschmecken.
Von der Masse mit 2 Teelöffeln kleine Nocken abstechen und in leicht siedendem Salzwasser ca. 10 Minuten pochieren. In kaltem Wasser abschrekken und auf Küchenkrepp abtropfen lassen.

Croûtons

4 Scheiben Toastbrot (entrindet) in ½–1 cm große Würfel schneiden. In **30 g Butter** bei mittlerer Hitze goldbraun braten. Dabei alles immer gut wenden, damit die Croûtons auch von allen Seiten gut bräunen können.

Mein Tip

Ich mache sehr gerne **Majorancroûtons.** Dafür schwenke ich die warmen gebratenen Toastwürfel in 1 EL feingehackten Majoranblättchen und etwas Salz. So erhalten sie ein feines Kräuteraroma.

Meerrettichklösschen

125 g Hühnerfleisch würfeln, leicht salzen und ca. 1 Stunde kühl stellen.
1 Scheibe entrindetes Weißbrot ca. 5 Minuten in Wasser einweichen, dann gut ausdrücken.
Fleisch, Brot und **ca. 80 g Sahne** zusammen fein pürieren. Mit **Salz, Pfeffer** und **1½ EL geriebenem Meerrettich** würzen. **2 EL geschlagene Sahne** darunterheben. Von der Masse mit 2 Teelöffeln kleine Nocken abstechen und in siedendem Salzwasser oder hellem Geflügelfond ca. 5 Minuten pochieren. Kurz in kaltes Wasser legen, dann auf Küchenkrepp abtropfen lassen.

Gemüseeinlagen

1 Möhre und **1 Kohlrabi** schälen und putzen. **Je 1 grünen und gelben Zucchini** waschen und putzen. Das Gemüse in sehr dünne Scheiben schneiden (am besten mit einer elektrischen Aufschneidemaschine). Mit kleinen Motivausstechern verschiedene Formen ausstechen. Diese dann in Salzwasser bißfest blanchieren.
Hübsch sehen auch aus rohem Gemüse mit einem Kugelausstecher herausgelöste, blanchierte Gemüsekugeln aus.

Siehe auch

S. 52 **Buntmesser**
S. 58 **Pochieren**
S. 129 **Heller Geflügelfond**
S. 244 **Blanchieren**
S. 362 **Pfannkuchen backen**

Cremesuppe

- Für 4 Personen
- Zubereitungszeit: ca. $1\frac{3}{4}$ Stunden
- ca. 400 kcal je Portion

Das benötigen Sie

500 g weißer Spargel
Salz
Zucker
90 g Butter
20 g Mehl
200 g Sahne
Saft von ½ Zitrone
Cayennepfeffer
Muskat
50 g Créme fraîche
einige Kerbelblättchen

Spargelcremesuppe

1. Den Spargel waschen, die Stangen von oben nach unten schälen und unten um ca. 1 cm kürzen. Schalen und Endstücke in einem Topf mit 1 l Wasser bedecken, mit Salz und etwas Zucker würzen und 50 g Butter dazugeben **(1)**.

2. Die Flüssigkeit zum Kochen bringen und mit einer Schaumkelle abschäumen. Den Fond offen bei kleiner Hitze ca. ¼ Stunde köcheln lassen. Durch ein Sieb gießen und erneut zum Kochen bringen.

3. Die Spargelstangen im Fond bei kleiner Hitze zugedeckt ca. 15 Minuten garen. Aus der Flüssigkeit nehmen und abschrecken.

4. Nun 40 g Butter in einem Topf schmelzen lassen. Das Mehl hineinsieben und unter Rühren hell anschwitzen **(2)**. Die Mehlschwitze abkühlen lassen. Dann 700 ml des Spargelfonds nach und nach unter Rühren mit einem Schneebesen angießen und alles aufkochen. Die Suppe ca. 10 Minuten offen köcheln lassen.

5. Die Sahne in die Suppe einrühren. Mit Zitronensaft, Salz, Cayennepfeffer und Muskat abschmecken und mit dem Pürierstab aufmixen.

6. Die Spargelstangen in mundgerechte Stücke schneiden und auf 4 Suppenteller verteilen. Die Crème fraîche unter die Suppe rühren **(3)**. Diese eventuell nachwürzen und auf die Teller verteilen. Mit Kerbel garnieren.

1

2

3

Mein Tip

Cremesuppen können Sie, wie Saucen auch, auf verschiedene Weise binden: durch eine Mehlschwitze (wie hier im Grundrezept), durch angerührte Speisestärke oder durch Legieren mit Eigelb. Näheres dazu finden Sie auf S. 124 im Kapitel Saucen.

Käutersüppchen

2 feingehackte Schalotten sowie **1 gehackte Knoblauchzehe** in **40 g gesalzener Butter** andünsten.

20 g Mehl darüberstäuben und anschwitzen. **700 ml hellen Geflügelfond** und **200 g Sahne** unter Rühren angießen. Alles ca. 20 Minuten bei milder Hitze offen köcheln lassen.

75 g Spinat gut waschen und kleinschneiden. Mit **150 g gemischten Kräutern** (z. B. Petersilie, Kerbel, Schnittlauch, Kresse, Estragon) mischen und in ein großes Mixgefäß geben. Die Suppe dazugeben und alles aufmixen. Die Suppe wieder in den Topf geben und mit **Salz, Cayennepfeffer** und **Muskat** abschmecken.

2 Eigelbe mit ca. 6 EL Suppe gut verquirlen. Die Mischung in die Suppe geben und alles unter ständigem Rühren mit dem Schneebesen vorsichtig langsam erhitzen, bis die Suppe leicht dickflüssig wird (nicht kochen lassen!). Die Suppe mit **gehackten Kräutern** garnieren.

(Abb.: S. 109 links)

Mein Tip

Geben Sie noch etwas Räucherlachs (in Streifen) als Einlage in die Suppe.

Geflügelcremesuppe

1 Huhn (1,2–1,5 kg) mit Wasser bedeckt zusammen mit **1 Zwiebel (mit Schale), ½ Stange Lauch, 2 Möhren, ¼ Sellerieknolle, 2 Tomaten, 1 Lorbeerblatt, 10 weißen Pfefferkörnern, 2 Petersilienzweigen, 1 Thymianzweig** und etwas **Salz** in 1½ Stunden als Suppenhuhn garen.

Das Huhn herausnehmen und auskühlen lassen. Dann das Geflügel häuten, Brust- sowie Keulenfleisch ablösen, in kleine Würfel schneiden und mit einem feuchten Tuch abdecken. Den Geflügelfond durch ein Sieb passieren.

3 Schalotten, 100 g Champignons und **100 g Lauch** in kleine Stücke schneiden und in **30 g Butter** andünsten. Mit **100 ml Weißwein** ablöschen und diesen offen fast vollständig einkochen lassen.

1½ l vom Geflügelfond dazugeben und offen auf die Hälfte einkochen. **500 g Sahne** hinzufügen und alles nochmals auf die Hälfte einkochen lassen.

10 g Speisestärke mit etwas kaltem Wasser glattrühren und die köchelnde Suppe damit binden. Die Suppe mit dem Pürierstab kurz aufmixen, durch ein feines Sieb geben und mit dem **Saft von 1 Zitrone, Salz, Pfeffer** und **Muskat** würzig abschmecken.

120 g geschlagene Sahne darunterheben und das Geflügelfleisch in der Suppe erwärmen.

(Abb.: S. 109 rechts)

Mein Tip

Als zusätzliche Einlage können Sie ca. 60 g blanchierte Gemüsestreifen (Lauch, Möhre und Sellerie) in die Suppe geben.

Siehe auch

S. 129 **Heller Geflügelfond**
S. 188 **Suppenhuhn garen**
S. 244 **Blanchieren**

GRUNDREZEPT

Pürierte Suppe

- Für 4 Personen
- Zubereitungszeit: ca. 40 Minuten
- ca. 140 kcal je Portion

Das benötigen Sie

600 g reife Tomaten
2 kleine Schalotten
1 Knoblauchzehe
2 EL Olivenöl
1 Thymianzweig
ca. 6 Basilikumblättchen
1 TL Tomatenmark
600 ml heller Geflügelfond
Salz
schwarzer Pfeffer
1 Prise Zucker
3 EL geschlagene Sahne

Tomatensuppe

1. Die Tomaten waschen, putzen und grob würfeln. Die Schalotten und den Knoblauch schälen, fein würfeln und in dem Öl glasig dünsten. Thymian und Basilikum kurz mitdünsten. Das Tomatenmark kurz mitrösten **(1)**.

2. Tomaten und Geflügelfond in den Topf geben und alles offen ca. 10 Minuten köcheln lassen. Dann durch ein feines Sieb passieren.

3. Die Suppe nochmals aufkochen, mit dem Pürierstab aufmixen **(2)** und mit Salz, Pfeffer sowie Zucker abschmecken.

4. Vor dem Servieren die Sahne vorsichtig in die Suppe einrühren, daß sie leicht marmoriert aussieht **(3)**.

1

2

3

Lauchcremesuppe

500 g Lauch (nur die hellen Teile) und **100 g mehligkochende Kartoffeln (beides gewürfelt)** in **40 g gesalzener Butter** andünsten. **600 ml Geflügelfond** und **400 g Sahne** angießen. Mit **Salz** und **Pfeffer** würzen. **2 EL gehackte Persilie** sowie **1 TL gehackten Thymian** dazugeben und die Suppe offen ca. ½ Stunde köcheln lassen.
Die Suppe durch ein feines Sieb in einen großen Mixbecher schütten. Kartoffel- und Lauchstücke aus dem Sieb nach und nach mit dem Pürierstab unter die Suppe mixen.
Die Suppe durch ein feines Sieb passieren, mit dem Schneebesen verrühren und mit **Salz** sowie **Pfeffer** abschmecken. **4 EL geschlagene Sahne** unterheben.
Die Suppe mit **Croûtons** und etwas **gehacktem Kerbel** sowie **Schnittlauchröllchen** bestreuen.

Petersilienwurzelsuppe

300 g Petersilienwurzeln und **100 g Kartoffeln** schälen und in dünne Scheiben schneiden. Beides in **60 g gesalzener Butter** andünsten. Mit **1 EL Vermouth** ablöschen, dann **50 ml Weißwein** und **¾ l hellen Geflügelfond** angießen. Solange köcheln lassen, bis das Gemüse weich ist. Die Suppe pürieren, durch ein feines Sieb geben und wieder in den Topf füllen.
100 g Sahne und **50 g Crème fraîche** unterrühren. Mit **Salz, Pfeffer** und **1 Prise Zucker** abschmecken und wieder erhitzen (nicht kochen lassen). Dann aufmixen und **3 EL geschlagene Sahne** unterheben.
Für die Einlage **1 Petersilienwurzel** schälen, in sehr dünne Scheiben schneiden und zusammen mit **½ Bund Petersilienblättchen** in **¼ l Erdnußöl** knackig fritieren. Auf die Suppe streuen.

Mein Tip

Angeröstetes Tomatenmark verleiht Speisen ein feines Tomatenaroma. Es aber bitte nur kurz anbraten, sonst wird es bitter.

Kartoffelsuppe

80 g Speck (am Stück) und **1 gewürfelte Zwiebel** in **3 EL Butter** andünsten. **1 gewürfelte, kleine Lauchstange** und **400 g gewürfelte, mehligkochende Kartoffeln** dazugeben und **1 l hellen Rinderfond** angießen. Die Suppe ca. 1/4 Stunde offen köcheln lassen.

Den Speck herausnehmen, die Suppe kurz pürieren und **125 g Sahne** einrühren. Mit **Salz, Pfeffer** und **Muskat** abschmecken.

Eine Pfanne mit **1 geschälten Knoblauchzehe** ausreiben und **2 EL Öl** hineingeben. Zunächst **100 g gewürfelte, rohe Kartoffeln** darin golbgelb braten. Dann **50 g Speck, 1 Zwiebel und 1 entrindete Toastscheibe (alles kleingewürfelt)** dazugeben und ebenfalls goldgelb braten. Auf Küchenkrepp abtropfen lassen und mit **1 EL gehacktem Liebstöckel** auf die Suppe streuen.

(auf dem Foto: links)

Kürbissuppe

600 g Kürbisfleisch (ohne Schale und Kerne) kleinwürfeln. **2 gewürfelte Schalotten** und **1 gehackte Knoblauchzehe** in **40 g Butter** glasig dünsten. Das Kürbisfleisch dazugeben und mit **1/2 TL Currypulver** bestäuben. Mit **100 ml Weißwein** ablöschen und diesen etwas einkochen lassen.

400 ml hellen Geflügelfond und **200 g Sahne** angießen und alles ca. 1/2 Stunde offen köcheln lassen, bis der Kürbis weich ist. Mit **Salz, Pfeffer** und **Muskat** abschmecken.

Die Suppe fein pürieren, durch ein Sieb passieren und nochmals aufkochen. **4 EL Créme fraîche** einrühren und **2 EL geschlagene Sahne** unterheben.

Für die Einlage **1 kleine Möhre, 1/2 geschälte rote Bete** und **1/2 Lauchstange** in sehr feine Streifen schneiden und in **Öl** knusprig fritieren. Auf die Suppe streuen.

(auf dem Foto: rechts)

Siehe auch

S. 61	Fritieren
S. 104	Heller Rinderfond
S. 107	Croûtons
S. 129	Heller Geflügelfond
S. 243	Tomate enthäuten

GRUNDREZEPT

Eintopf aus Hülsenfrüchten

- Für 4 Personen
- Zubereitungszeit: ca. 1¼ Stunden
- Einweichzeit: über Nacht
- ca. 610 kcal je Portion

Das benötigen Sie

200 g braune Linsen
80 g Lauch, 1 Möhre
80 g Knollensellerie
100 g Zwiebeln
50 g durchwachsener Speck
2 EL Öl
¼ l Malzbier
5 EL Aceto Balsamico
1 l heller Rinderfond (S. 104)
schwarzer Pfeffer
100 g mehligkochende Kartoffeln
4 Räuchermettwürstchen
1 EL gehackte Petersilie

Linseneintopf

1. Die Linsen über Nacht in kaltem Wasser einweichen.

2. Danach den Lauch waschen und putzen. Möhre und Sellerie schälen, putzen und waschen. Die Zwiebeln schälen. Das Gemüse zusammen mit dem Speck kleinwürfeln.

3. Zwiebeln und Speck in dem Öl andünsten. Die restlichen Gemüsewürfel kurz mitdünsten **(1)**. Die abgetropften Linsen sowie Bier, Essig und Rinderfond dazugeben. Alles mit Pfeffer würzen. Die Suppe zugedeckt 30–40 Minuten bei mittlerer Hitze köcheln lassen, bis die Linsen weich sind.

4. Danach die Kartoffeln schälen und in die Suppe reiben **(2)**. Diese so lange köcheln lassen, bis sie leicht bindet. Mit etwas Essig und Salz nachwürzen. Die Würstchen kleinschneiden und in der Suppe erhitzen. Die Petersilie darauf streuen.
(auf dem Foto unten)

1

2

Kichererbsen-Eintopf

150 g Kichererbsen über Nacht in kaltem Wasser einweichen, abgießen und in reichlich Wasser in ca. ¾ Stunden weichkochen. Dann abschütten. 1,5 l Wasser mit **1 Zwiebel (halbiert und gebräunt) sowie 1 Möhre, ¼ Sellerieknolle und ¼ Lauchstange (alles kleingeschnitten), 3 Petersilien- und 2 Thymianzweigen, 1 Lorbeerblatt** und **6 Pfefferkörnern** zum Kochen bringen. **400 g Ochsenbrust** darin in ca. 1½ Stunden weichkochen. Dann herausnehmen und den Fond durch ein Sieb gießen. **100 g Zwiebelstreifen** und **1 gehackte Knoblauchzehe** in **20 g Butterschmalz** glasig dünsten. **80 g Petersilienwurzel (in Scheiben)** und **80 g Kartoffel (gewürfelt)** kurz mitdünsten. Mit dem Ochsenbrustfond auffüllen und 10–15 Minuten köcheln lassen. Das Fleisch in Streifen schneiden und mit den Kichererbsen dazugeben. Den Eintopf mit **Salz** und **Pfeffer** würzen. **Je 1 TL Liebstöckel und Petersilie (beides gehackt)** darauf streuen.

1

2

GRUNDREZEPT

Gemüseeintopf

Minestrone

- Für 4 Personen
- Zubereitungszeit: ca. 50 Minuten
- ca. 350 kcal je Portion

Das benötigen Sie

80 g durchwachsener Speck
2 Schalotten
1 kleine Möhre
100 g Lauch
100 g Zucchini
1 Stange Staudensellerie
100 g Romanesco
100 g Zuckerschoten
30 g Butter
je 1 Thymian-, Rosmarin- und Majoranzweig
1 l heller Geflügelfond (S. 129)
150 g gekochte Hütchennudeln (z. B. Ditali)
Salz, schwarzer Pfeffer
2 Tomaten
1 EL gehackte Petersilie

1. Den Speck in Streifen schneiden. Die Schalotten schälen und fein würfeln. Die Möhre schälen und putzen, Lauch und Zucchini waschen und putzen. Alles in Rauten schneiden. Den Sellerie waschen, putzen und in feine Scheiben schneiden. Den Romanesco waschen, putzen und in Röschen zerteilen. Die Zuckerschoten waschen, putzen und schräg in Rauten schneiden.

2. Den Speck in der Butter knusprig anbraten. Die Schalotten kurz mitdünsten. Das Gemüse (bis auf die Zuckerschoten) nach und nach dazugeben und kurz bei mittlerer Hitze mitdünsten **(1)**.

3. Die Kräuterzweige und den Geflügelfond dazugeben **(2)**. Alles aufkochen und ca. 5 Minuten zugedeckt bei mittlerer Hitze köcheln lassen. Die Zuckerschoten hinzufügen und ca. 2 Minuten mitköcheln. Die gegarten Nudeln in die Suppe geben und diese kurz aufkochen lassen.

4. Die Suppe mit Salz und Pfeffer abschmecken. Die Kräuterzweige herausnehmen. Die Tomaten enthäuten, vierteln, entkernen und kleinwürfeln. Mit der Petersilie in die Suppe geben.
(auf dem Foto unten)

Irish Stew

600 g Lammfleisch aus der Schulter 2 cm groß würfeln und in 1,5 l Wasser oder hellem Lammfond aufkochen. **6 Pfefferkörner, 1 Lorbeerblatt, 3 Thymianzweige** und **2 geschälte Knoblauchzehen** in ein Mullsäckchen füllen, es zubinden und in die Suppe geben. Zugedeckt ca. 40 Minuten köcheln lassen. **100 g Zwiebelringe** und **300 g kleingeschnittenes Gemüse (z. B. Möhre, Lauch, Steckrübe)** sowie **300 g kleine Kartoffeln (geviertelt)** und **½ kleinen Weißkohl (die Blätter in mundgerechte Stücke geschnitten)** dazugeben. Alles weitere 20–25 Minuten köcheln lassen. Das Gewürzsäckchen entfernen. Die Suppe mit **Salz, Pfeffer** und **1 TL gehackten Thymianblättchen** abschmecken.

Bouillabaisse

Bouillabaisse

- **Für 4 Personen**
- **Zubereitungszeit: ca. 2 Stunden**
- **ca. 350 kcal je Portion**
- **Dazu paßt geröstetes Knoblauchbaguette und Aioli**

Siehe auch

S. 72 Aioli
S. 120 Knoblauchbaguette
S. 132 Heller Fischfond
S. 213 Fisch filetieren
S. 243 Tomate enthäuten
S. 244 Blanchieren

Das benötigen Sie

500 g Fischgräten
80 g Schalotten
80 g Staudensellerie
80 g Fenchelknolle
1 Knoblauchzehe
3 Tomaten
4 EL Olivenöl
800 ml–1 l heller Fischfond
3 Thymianzweige
1 Petersilienzweig
6 Pfefferkörner
1 Lorbeerblatt
Salz
schwarzer Pfeffer
200 g Gemüse (von Staudensellerie, Lauch, Möhre und Fenchelknolle)
1 kg ganze, kleine, küchenfertige Fische (z.B. Rotbarbe, Seeteufel, Drachenkopf, Knurrhahn oder Petersfisch)
1 EL gehackter Thymian

1. Die Gräten sorgfältig von Blutresten und Innereien säubern. Mit einer Küchenschere in grobe Stücke schneiden und unter fließend kaltem Wasser so lange spülen, bis das abtropfende Wasser klar ist.

2. Die Schalotten schälen und kleinwürfeln. Sellerie und Fenchel waschen, putzen und in Würfel schneiden. Die Knoblauchzehe schälen und grob hacken. 2 Tomaten waschen, putzen und achteln.

3. Die Schalotten in dem Öl glasig dünsten. Sellerie, Fenchel und Knoblauch kurz mitdünsten. Dann die Fischgräten dazugeben und ebenfalls bei geringer Hitze kurz mitdünsten. Die Tomatenachtel hinzufügen und soviel Fischfond angießen, daß der Topfinhalt knapp bedeckt ist.

4. Den Fondansatz langsam zum Kochen bringen. Kräuterzweige, Pfefferkörner und Lorbeerblatt dazugeben. Alles einmal aufkochen, vom Herd ziehen und ca. 20 Minuten offen ziehen lassen.

5. Den Fond durch ein Stofftuch in einen weiteren Topf gießen und mit Salz sowie Pfeffer abschmecken.

6. Die Gemüsestreifen kurz in Salzwasser blanchieren. Die restliche Tomate enthäuten, vierteln, entkernen und in kleine Würfel schneiden.

7. Die Fische und/oder Fischfilets waschen. Den Fond bis kurz vor den Siedepunkt erhitzen und den Fisch darin offen in 5 bis 10 Minuten langsam bei milder Hitze garziehen lassen.

8. Tomatenwürfel, Gemüsestreifen und Thymian in die Suppe geben. Diese eventuell mit Salz und Pfeffer nachwürzen.

9. Vor dem Servieren die Fische aus der Suppe nehmen, filetieren und entgräten. Das Fischfleisch wieder in der Suppe erwärmen.

Mein Tip

Die Gräten für den Fond müssen ganz sauber sein, sonst wird der Fond später grau.

Bei der Auswahl der Fische können Sie je nach Angebot und Geldbeutel variieren. Es sollten aber immer aromatische Meeresfische sein.

Gulaschsuppe

Das benötigen Sie

400 g Rindfleisch aus der Keule
200 g Zwiebeln
40 g Butterschmalz
1 EL Tomatenmark
1 EL Paprikapulver edelsüß
1 EL Weißweinessig
1,5 l heller Rinderfond
1 TL gemahlener Kümmel
abgeriebene Schale von 1 unbehandelten Zitrone
2 Knoblauchzehen
1 EL gehackter Majoran
300 g Kartoffeln
je 1 rote, grüne und gelbe Paprikaschote
Salz
schwarzer Pfeffer

1. Das Rindfleisch 1 cm groß würfeln. Die Zwiebeln schälen und kleinwürfeln. Das Fleisch im Butterschmalz von allen Seiten goldbraun braten. Die Zwiebeln dazugeben und ebenfalls goldbraun braten. Vom Herd nehmen.

2. Das Tomatenmark einrühren. Das Paprikapulver darüberstäuben und den Essig dazugeben. Den Fond unter Rühren angießen. Kümmel, Zitronenschale, gehackte Knoblauchzehen und Majoran dazugeben. Das Ganze ca. 1 Stunde zugedeckt köcheln lassen.

3. Inzwischen die Kartoffeln schälen und 1½ cm groß würfeln. Die Paprikaschoten putzen, waschen und in Rauten schneiden.

4. Die Kartoffeln in die Suppe geben und alles weitere 5 Minuten köcheln lassen. Dann die Paprikastücke hinzufügen und ca. 10 Minuten mitköcheln lassen. Zuletzt mit Salz und Pfeffer würzen.
(auf dem Foto)

Chili con carne

800 g gewürfeltes Rindfleisch (aus der Schulter) in **3 EL Öl** anbraten. Beiseite stellen. **4 gewürfelte Schalotten** in **30 g Butter** anbraten. **2 gehackte Knoblauchzehen** kurz mitdünsten. **1 EL Tomatenmark** kurz mitrösten. Dann **150 g passierte Tomaten, 600 ml hellen Rinderfond, 2 entkernte, gehackte rote Chilischoten** und das Rindfleisch hinzufügen. Im Ofen bei 200 °C zugedeckt ca. 1 Stunde garen. **100 g Kidneybohnen (Konserve)** und **100 g TK-Mais** sowie **je 1 rote, grüne und gelbe Paprikaschote (in Rauten)** dazugeben. Weitere 15 Minuten garen. **80 ml Tomatensaft** einrühren. Das Ganze mit **Salz** und **Pfeffer** würzen. **1 EL gehackte Petersilie** darauf streuen.

Graupensuppe

Das benötigen Sie

120 g Möhren
120 g Lauch
120 g Sellerieknolle
1 große Zwiebel
50 g Dörrfleisch
3 EL Butter
1,5 l heller Rinderfond
100 g große Graupen
100 g Créme fraîche
4 Landjäger
1 TL gehackter Thymian
1 TL gehackter Rosmarin
1 TL gehackter Majoran
1 TL gehackter Liebstöckel
Salz
schwarzer Pfeffer

1. Das Gemüse putzen, waschen und gegebenenfalls schälen. Zusammen mit dem Dörrfleisch kleinwürfeln.

2. Die vorbereiteten Zutaten in der Butter andünsten. Den Fond angießen und die Graupen dazugeben. Alles zugedeckt 1–1½ Stunden köcheln lassen, bis die Graupen weich sind.

3. Die Crème fraîche in die Suppe einrühren. Zuletzt die Landjäger in Scheiben schneiden und zusammen mit den Kräutern in die Suppe geben. Mit Salz und Pfeffer würzig abschmecken.

Variationen

- Die Suppe läßt sich prima mit Fleisch kombinieren. Lassen Sie dafür die Landjäger weg, und garen Sie ca. 300 g gewürfeltes Rind-, Schweine- oder Lammfleisch mit.
- Sehr gut schmeckt die Suppe auch mit Steckrüben. Dünsten Sie ca. 300 g gewürfelte, geschälte Steckrüben zusammen mit dem restlichen Gemüse an, und garen Sie die Suppe dann wie im Rezept angegeben. Nehmen Sie dann aber 1,75 l Rinderfond.

Gulaschsuppe

- **Für 4 Personen**
- **Zubereitungszeit: ca. 1 ¾ Stunden**
- **ca. 480 kcal je Portion**
- **Dazu paßt würziges Landbrot oder Baguette**

Graupensuppe

- **Für 4 Personen**
- **Zubereitungszeit: ca. 2 Stunden**
- **ca. 770 kcal je Portion**

Siehe auch

S. 104 **Heller Rinderfond**
S. 243 **Chilischote entkernen und würfeln**

Zwiebelsuppe

Das benötigen Sie

400 g Zwiebeln
2 Knoblauchzehen
50 g weiche Butter
1 TL Zucker
1 TL Mehl
1 EL Weißweinessig
¼ l trockener Weißwein
400 ml heller Geflügelfond
2 Lorbeerblätter
1 Thymianzweig
1 TL gehackter Kümmel
Salz
schwarzer Pfeffer
50 g Crème fraîche

1. Die Zwiebeln schälen und in feine Streifen schneiden. Den Knoblauch schälen, fein hacken und in der Butter andünsten. Die Zwiebelstreifen und den Zucker unter Rühren dazugeben und alles so lange bei milder Hitze dünsten, bis die Zwiebeln schön glänzen.

2. Alles mit dem Mehl bestäuben und es kurz anschwitzen lassen. Mit dem Essig unter Rühren ablöschen, dann Wein und Fond unter Rühren dazugießen.

3. Lorbeerblätter, Thymianzweig und Kümmel in die Suppe geben. Zugedeckt 10–15 Minuten köcheln lassen.

4. Den Thymianzweig und die Lorbeerblätter entfernen. Die Suppe mit Salz und Pfeffer abschmecken. Dann in Suppentassen füllen und die Crème fraîche jeweils als Klecks darauf geben.

Variation

Überbacken Sie die Zwiebelsuppe doch einmal. Dafür die fertige Suppe (ohne Crème fraîche) in feuerfeste Suppentassen geben. Jeweils 1 geröstete, entrindete Toastbrotscheibe darauf legen und mit ca. 2 EL geriebenem Parmesan bestreuen. Die Zwiebelsuppe im Ofen bei 200 °C überbacken, bis der Käse goldbraun geworden ist.

Mein Tip

Wenn Sie einen besonders feinen Zwiebelgeschmack möchten, dann nehmen Sie für diese Suppe Gemüsezwiebeln oder weiße Zwiebeln.

Der Weißwein sollte nicht zu herb im Geschmack sein, sondern eher ein bißchen fruchtig-aromatisch.

Orangen-Ingwer-Suppe

Das benötigen Sie

100 g Petersilienwurzel
1 große Möhre
½ Lauchstange (nur das Weiße)
50 g Schalotten
1 Knoblauchzehe
20 g Ingwerwurzel
30 g Butter
Saft von 3 Orangen
½ l heller Geflügelfond
1 Msp. Anispulver
Salz
4 EL geschlagene Sahne
8 dünne Scheiben Parmaschinken
1 Stück kandierter Ingwer
4 Kerbelzweige

1. Petersilienwurzel und Möhre schälen, putzen und kleinwürfeln. Den Lauch waschen, putzen und ebenfalls kleinwürfeln.

2. Schalotten, Knoblauch und Ingwer schälen und in kleine Würfel schneiden. In der Butter andünsten. Das kleingeschnittene Gemüse kurz mitdünsten. Dann alles mit dem Orangensaft ablöschen.

3. Den Fond angießen und die Suppe offen ca. ¼ Stunde leicht einkochen lassen. Anschließend pürieren und durch ein feines Sieb passieren.

4. Die Suppe mit Anis und Salz abschmecken. Die Sahne vorsichtig darunterheben. Die Suppe in 4 Tassen geben.

5. Den Schinken und den kandierten Ingwer in feine Streifen schneiden und auf die Suppe streuen. Mit dem Kerbel garnieren.

Mein Tip

Eine interessante, neue Geschmacksvariante erhalten Sie, wenn Sie den Geflügelfond durch Fisch- oder Krustentierfond ersetzen und Parmaschinken sowie Kerbel weglassen. Geben Sie dann noch in der Pfanne kurz sautiertes Jacobsmuschelfleisch hinein, und würzen Sie die Suppe mit etwas Ingwer ab.

Zwiebelsuppe

- **Für 4 Personen**
- **Zubereitungszeit: ca. 50 Minuten**
- **ca. 230 kcal je Portion**
- **Dazu paßt geröstetes Toastbrot**

Orangen-Ingwer-Suppe

- **Für 4 Personen**
- **Zubereitungszeit: ca. 50 Minuten**
- **ca. 350 kcal je Portion**

Siehe auch

S. 59 **Sautieren**
S. 129 **Heller Geflügelfond**
S. 132 **Heller Fischfond**
S. 133 **Krustentierfond**

Gazpacho

Das benötigen Sie

1 Salatgurke
je ½ rote, gelbe und grüne Paprikaschote
½ Zwiebel
¼ l kalter Gemüsefond
2 EL Olivenöl
300 ml Tomatensaft
2 EL Weißweinessig
2 EL Aceto Balsamico
einige Tropfen Tabasco
1 EL gehackte Petersilie

1. Die Gurke schälen, längs halbieren und die Kerne herauskratzen. Das Fruchtfleisch grob würfeln. Die Papikaschoten mit einem Sparschäler schälen, putzen, waschen und kleinwürfeln. Die Zwiebel schälen und ebenfalls kleinwürfeln.

2. Gurken- und Zwiebelwürfel, ¾ der Paprikawürfel, Gemüsefond, Olivenöl, Tomatensaft, Weißweinessig und Aceto Balsamico zusammen fein pürieren. Mit Tabasco pikant abschmecken.

3. Die Gazpacho in eisgekühlte Teller geben. Die restlichen Paprikawürfel und die Petersilie darauf streuen.
(auf dem Foto)

Mein Tip

Zu dieser kalten Suppe reiche ich gerne hauchdünn gehobelten Hartkäse (z. B. Manchego) und **Knoblauchbaguette.** Nehmen Sie für letzteres ½ Baguette (längs halbiert), und bestreuen Sie es mit 2 feingehackten Knoblauchzehen. Geben Sie 4 EL Tomatenwürfel (enthäutet und entkernt) darauf, und träufeln Sie etwas Olivenöl darüber. Dann 50 g geriebenen Hartkäse darauf streuen und das Baguette unter dem Grill so lange überbacken, bis es eine goldbraune Kruste hat.

Kalte Gurkensuppe

1 Salatgurke zur Hälfte schälen, dann längs halbieren und die Kerne herauskratzen. Das Fruchtfleisch grob würfeln. Die Gurke zusammen mit **400 ml kaltem hellem Geflügelfond, 1 Spritzer Tabasco** und **1 gewürfelten Zwiebel** fein pürieren. Mit **1 Msp. Knoblauchsalz, Salz, Pfeffer** und etwas **Zucker** abschmecken. Die Suppe in gut gekühlte Teller füllen. Mit **4 EL Croûtons, 4 EL Tomatenwürfel (enthäutet und entkernt), insgesamt 100 g Crème fraîche** und **4 Dillzweigen** garnieren.

Kalte Avocadosuppe

Das benötigen Sie

2 reife Avocados
2 kleine Frühlingszwiebeln
250 g Naturjoghurt
Saft von 1 Grapefruit
400 ml kalter heller Geflügelfond
Salz
gemahlener Ingwer
2 Minzezweige
100 g geschälte Krabben

1. Die Avocados schälen, längs halbieren, die Steine entfernen und das Fruchtfleisch kleinwürfeln. Die Frühlingszwiebeln putzen, waschen und in feine Scheiben schneiden.

2. Das Avocadofruchtfleisch mit Frühlingszwiebeln, Joghurt, Grapefruitsaft und Geflügelfond fein pürieren. Mit Salz und Ingwerpulver pikant abschmecken.

3. Die Minze waschen trockenschütteln und 3/4 der Blättchen in feine Streifen schneiden. Diese in die Suppe einrühren. Bis zum Servieren zugedeckt kühl stellen.

4. Die Suppe in Teller füllen und die Krabben darauf streuen. Mit den restlichen Minzeblättchen garnieren.

Mein Tip

Normalerweise verfärbt sich Avocadofruchtfleisch an der Luft bräunlich. Die Zugabe des Joghurts in diesem Rezept verhindert dies. Dennoch sollten Sie die Suppe möglichst erst kurz vor dem Servieren zubereiten.

Nehmen Sie für dieses Rezept nur gut ausgereifte, weiche Avocados, denn nur diese haben das volle Aroma und ein cremiges Fruchtfleisch.

Gazpacho

- **Für 4 Personen**
- **Zubereitungszeit: ca. 20 Minuten**
- **ca. 100 kcal je Portion**
- **Dazu paßt Knoblauchbaguette (siehe Tip)**

Kalte Avocadosuppe

- **Für 4 Personen**
- **Zubereitungszeit: ca. 25 Minuten**
- **ca. 360 kcal je Portion**
- **Dazu paßt Baguette**

Siehe auch

S. 105 **Gemüsefond**
S. 107 **Croûtons**
S. 129 **Heller Geflügelfond**
S. 243 **Tomate enthäuten**

SAUCEN

1

2

3

4

5

SAUCEN BINDEN

Mehlschwitze
Sie ist die klassische Form des Saucenbindens und wird auch Roux genannt. Für eine helle Mehlschwitze läßt man Butter bei mittlerer Hitze schmelzen und rührt in etwa die gleiche Menge Mehl hinein. Dieses läßt man unter Rühren hellgelb anschwitzen, bis keine großen Blasen mehr aufsteigen. Dann gießt man unter ständigem Rühren nach und nach heiße Flüssigkeit (meist heller Fond, Milch oder Wasser) dazu (bei 2 EL Butter und Mehl rechnet man knapp ½ l) und läßt alles bei milder Hitze 15–20 Minuten quellen (so verliert die Sauce den anfangs noch ausgeprägten Mehlgeschmack). Rezeptbeispiel: Béchamelsauce, S. 126.
Für eine dunkle Mehlschwitze wird das Mehl so lange angeschwitzt, bis es eine braune Farbe angenommen hat.
Sollte eine Mehlschwitzensauce einmal Klümpchen haben, gießen Sie sie durch ein feines Sieb. Nicht durchs Sieb drücken!

Speisestärke
Mit Speisestärke werden vor allem helle Saucen mit Wein, Sahne oder Ei und dunkle Saucen, die klar bleiben sollen, sowie Fischsaucen gebunden. Man verrührt die Speisestärke mit wenig kaltem Wasser zu einem dünnflüssigen Brei und gibt diesen nach und nach unter Rühren in die leicht köchelnde Sauce **(1)**, bis sie die gewünschte Bindung hat.

Mehlbutter
Hierfür verknetet man Mehl und weiche Butter zu gleichen Teilen sorgfältig mit den Fingern **(2)** und gibt die erkaltete Masse flöckchenweise in die leicht köchelnde Sauce. Gut umrühren und die Sauce köcheln, bis sie sämig ist. Mehlbutter (beurre manié) hält sich gekühlt ca. 2 Wochen.

Mit Butter montieren
Diese Methode eignet sich besonders für stark eingekochte Fonds. Man schlägt eiskalte Butter in kleinen Flöckchen mit einem Schneebesen oder Pürierstab unter die heiße (nicht kochende) Sauce **(3)**, bis sie leicht sämig wird.
Mit Butter gebundene Saucen müssen sofort serviert werden, sonst trennen sich Fett und Fond.

Mit Eigelb legieren
Diese Methode eignet sich vor allem für helle Saucen. Man verrührt 1 Eigelb mit 1 EL Milch oder Sahne oder mit 1 EL der nicht zu heißen Sauce und schlägt diese Mischung neben dem Herd in die heiße, aber nicht mehr kochende Sauce **(4)**.

Mit Gemüsepüree binden
Man gart geschältes Gemüse (vorzugsweise Möhren oder Kartoffeln) in Fond weich und püriert alles. Das Püree wird dann in die leicht köchelnde Sauce eingerührt **(5)**.
Sie können aber auch schon gleich etwas Gemüse in der Sauce mitgaren, diese nach Fertigstellung pürieren und durch ein feines Sieb geben.

Mit Sahne & Co. binden
Das offene Einköcheln der Sauce mit Sahne, Crème fraîche oder Crème double ist eine sehr beliebte Bindung für feine Saucen. Bitte niemals andere Milchprodukte (z. B. Joghurt, saure Sahne oder Schmand) nehmen, sie flocken beim Kochen aus.

Saucen gekonnt würzen
Hier sind Ihrer Phantasie wenig Grenzen gesetzt. Zum Abschmecken von Saucen eignen sich als Gewürze besonders gut Salz, Zucker, Pfeffer, Cayennepfeffer, Paprikapulver, Currypulver, Ingwer, Knoblauch, Koriander, Kümmel, Muskat, Macis und Piment. Aber auch feingehackte Kräuter verfeinern eine Sauce aufs Vortrefflichste. Zum Abrunden empfehle ich etwas Hochprozentiges, wie Cognac, Rum, Sherry, Portwein und trockenen Vermouth.

Wieviel Sauce braucht der Mensch?
Als Beilagensauce rechnet man in der Regel 100 ml pro Person. Bei Nudelsaucen geht man von ca. ⅛ l aus.

1

2

3

GRUNDREZEPT

Geflügelvelouté (Weisse Sauce)

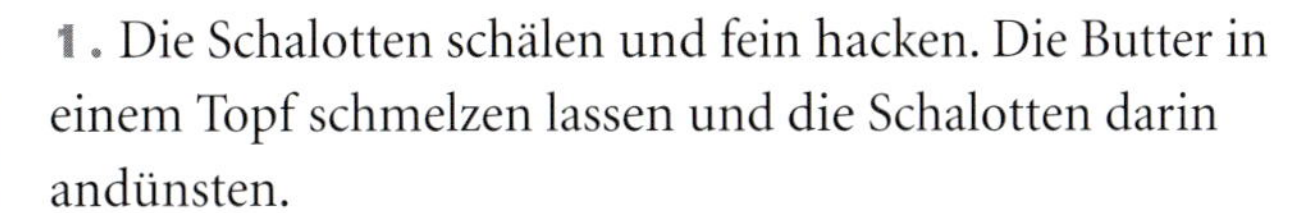

1. Die Schalotten schälen und fein hacken. Die Butter in einem Topf schmelzen lassen und die Schalotten darin andünsten.

2. Geflügelfond und Wein angießen und offen auf die Hälfte einkochen lassen. Die Sahne dazugeben und alles unter Rühren auf ⅓ einkochen lassen.

3. Die Sauce durch ein feines Sieb gießen **(1).** Mit Salz und Pfeffer abschmecken und vom Herd ziehen. Die kalte Butter in Flöckchen in die Sauce einrühren.

4. Die Sauce mit dem Pürierstab aufmixen **(2).** Dann die geschlagene Sahne darunterheben **(3).**

- **Für 4 Personen**
- **Zubereitungszeit: ca. 35 Minuten**
- **ca. 240 kcal je Portion**
- **Paßt zu Fleisch, Fisch und Gemüse**

Das benötigen Sie

2 Schalotten
20 g Butter
¼ l heller Geflügelfond
100 ml Weißwein
125 g Sahne
Salz
weißer Pfeffer
30 g eiskalte Butter
2 EL geschlagene Sahne

Variationen

Nehmen Sie für **Kalbsvelouté** statt hellem Geflügelfond hellen Kalbsfond und für **Gemüsevelouté** Gemüsefond.

Meerrettichsauce

1 gewürfelte Schalotte in **30 g Butter** andünsten. **Je 200 ml hellen Kalbsfond und Sahne** dazugeben. Auf die Hälfte einkochen. Mit **Salz, Pfeffer, Saft von ½ Zitrone** und **1 EL geriebenem Meerrettich** würzen. **25 g eiskalte gesalzene Butter** daruntermixen. **1 EL Schnittlauchröllchen** und **2 EL geschlagene Sahne** unterheben.

Estragonsauce

50 g gewürfelte Schalotten in **20 g Butter** andünsten. **Je 200 ml hellen Geflügelfond und Sahne** dazugeben. Auf die Hälfte einkochen und durch ein Sieb gießen. Mit dem **Saft von ½ Zitrone, Salz** und **Pfeffer** abschmecken. **20 g eiskalte Butter** daruntermixen. **½ Bund gehackten Estragon** und **2 EL geschlagene Sahne** darunterziehen.

Kapernsauce

50 g gewürfelte Schalotten in **20 g Butter** andünsten. Den **Saft von ½ Zitrone** und **400 ml hellen Geflügelfond** dazugeben. Aufkochen lassen. **200 g Sahne** und **1 Spritzer Weißweinessig** dazugeben. Auf ⅓ einkochen lassen. Evtl. mit etwas Speisestärke binden. Dann mit dem Pürierstab gut aufmixen. **3 EL Kapern, 1 TL gehackte Petersilie** und **1 EL Tomatenwürfel (enthäutet und entkernt)** dazugeben. **2 EL geschlagene Sahne** unterheben. Mit **Salz** und **Pfeffer** würzen.

Safransauce

50 g gewürfelte Schalotten in **20 g Butter** andünsten. **100 ml Weißwein, 150 ml hellen Fischfond** und **1 Tütchen Safranfäden (1 g)** dazugeben. Auf die Hälfte einkochen. **120 g Sahne** dazugeben. Nochmals auf die Hälfte einkochen, dann durch ein Sieb passieren. **20 g eiskalte Butterstückchen** daruntermixen. Mit **Salz** und **Pfeffer** würzen und **2 EL geschlagene Sahne** unterheben.

Siehe auch

S. 105 Heller Kalbsfond
S. 124 Saucen binden
S. 129 Heller Geflügelfond
S. 132 Heller Fischfond
S. 243 Tomate enthäuten

GRUNDREZEPT

Béchamelsauce

- Für 4 Personen
- Zubereitungszeit: ca. 35 Minuten
- ca. 360 kcal je Portion

Das benötigen Sie

2 Schalotten
40 g Butter
40 g Mehl
1 l Milch
100 g Sahne
Salz
weißer Pfeffer
Saft von 1 Zitrone

1. Die Schalotten schälen und fein würfeln. Die Butter in einem Topf erhitzen und die Schalotten darin glasig dünsten. Das Mehl darüberstäuben und unter Rühren kurz hellgelb anschwitzen **(1)**.

2. Milch und Sahne unter ständigem Rühren nach und nach dazugießen **(2)** und die Sauce aufkochen lassen.

3. Die Sauce bei milder Hitze unter ständigem Rühren ca. 20 Minuten köcheln lassen. Mit Salz, Pfeffer und Zitronensaft abschmecken und durch ein feines Sieb passieren.

1

2

Siehe auch

S. 129 Heller Geflügelfond
S. 243 Tomate enthäuten
S. 369 Zitruszesten herstellen

Zwiebelsauce

Von **1 Bund Frühlingszwiebeln** die hellen Lauchteile in feine Scheiben schneiden und in **20 g Butter** andünsten. **1 feingehackte Knoblauchzehe** dazugeben. Die Béchamelsauce angießen und alles ca. 5 Minuten leicht köcheln lassen. **4 EL Tomatenwürfel (enthäutet und entkernt)** darunterrühren. **3 EL geschlagene Sahne** unterheben. Mit etwas in Ringe geschnittenem **Frühlingszwiebelgrün** bestreuen.
(Abb.: 1. Löffel)

Kräutersauce

Die Béchamelsauce aufkochen und aufmixen. **Je 2 EL Kerbel und Petersilie (beides feingehackt), 1 EL feingehackten Estragon** und **2 EL Schnittlauchröllchen** darunterrühren. Dann **4 EL geschlagene Sahne** darunterheben. Sofort servieren, sonst verlieren die Kräuter ihr Aroma und werden grau.
(Abb.: 2. Löffel)

Senfsauce

2 EL Dijonsenf, 2 EL körnigen Senf und **20 g eiskalte Butterwürfel** in die Béchamelsauce geben. Mit dem Pürierstab aufmixen. **4 EL geschlagene Sahne** darunterheben.
(Abb.: 3. Löffel)

Mein Tip

Béchamelsauce brennt beim Köcheln leicht an. Rühren Sie daher bitte besonders gründlich.

1

2

GRUNDREZEPT

Sauce Hollandaise

1. Die Schalotte schälen, in Scheiben schneiden und in der Butter glasig dünsten. Mit dem Wein ablöschen. Lorbeerblätter und zerdrückte Pfefferkörner dazugeben und alles offen um die Hälfte einkochen. Die Reduktion erkalten lassen und durch ein Sieb gießen.

2. Die Eigelbe mit der Weinreduktion in eine Schüssel geben. Über ein heißes Wasserbad hängen und so lange aufschlagen **(1)**, bis eine schöne, dicke Creme entsteht. Die Schüssel vom Wasserbad nehmen und die Creme weiterschlagen, bis sie leicht abgekühlt ist.

3. Die flüssige Butter zunächst tropfenweise, dann in dünnem Strahl unter ständigem Rühren langsam in die Sauce einlaufen lassen **(2)**. Mit Zitronensaft, Salz und Pfeffer abschmecken.

- **Für 4 Personen**
- **Zubereitungszeit: ca. 30 Minuten**
- **ca. 510 kcal je Portion**
- **Paßt gut zu Spargel, Artischocken, Fleisch, Fisch und Meeresfrüchten**

Das benötigen Sie

1 große Schalotte
30 g Butter
100 ml Weißwein
2 Lorbeerblätter
½ TL weiße Pfefferkörner
4 Eigelb
200 g abgekühlte flüssige Butter
Saft von ½ Zitrone
Salz
weißer Pfeffer

Mein Tip

Bei dieser Sauce ist es sehr wichtig, daß Eigelbe und Butter die gleiche Temperatur haben, sonst gerinnt sie Ihnen. Sollte dies doch einmal passieren, träufeln Sie etwas kaltes Wasser darauf, und rühren Sie es in kleinen Kreisen unter die Sauce. Bindet diese, können Sie kräftiger rühren. Oder Sie lassen die Sauce ganz gerinnen, schlagen 1 Ei auf dem Wasserbad cremig und rühren die geronnene Sauce hinein.

Sauce Béarnaise

1 gehackte Schalotte, 3 zerdrückte weiße Pfefferkörner, 4 EL Weißweinessig, 150 ml Weißwein und **1 Estragonzweig** auf die Hälfte einkochen. Durch ein Sieb gießen und mit **4 Eigelben** über dem Wasserbad aufschlagen. Dann kurz kaltschlagen und **200 g flüssige Butter** unterrühren. **2 EL feingehackten Estragon** unterrühren. Mit **Salz** und **Cayennepfeffer** abschmecken.
(Abb.: 4. Löffel)

Sauce Choron

4 Eigelbe mit **1 EL Weißweinessig** und **2 EL hellem Geflügelfond** über dem Wasserbad aufschlagen. Dann kurz kaltschlagen und **200 g flüssige Butter** unterrühren. Evtl. mit **Zitronensaft** würzen. **1 TL Tomatenmark, 1 EL in wenig Butter angedünstete Zwiebelwürfel, 1–2 EL Tomatenwürfel (enthäutet und entkernt)** sowie **1 EL Kapern** dazugeben. Mit **1 EL Kerbel oder Petersilie (gehackt)** verfeinern.
(Abb.: 5. Löffel)

Sauce Maltaise

Eine Sauce Hollandaise zubereiten. Dabei für die Reduktion statt Weißwein **Blutorangensaft** nehmen. Die **Schale von ½ Blutorange** heiß abwaschen, in dünnen Zesten abziehen, blanchieren, fein hacken und unter die fertige Sauce rühren.
(Abb.: 6. Löffel)

Dunkler Kalbsfond

- Für 1 l Fond
- Zubereitungszeit: ca. 3¾ Stunden
- insgesamt ca. 290 kcal

Das benötigen Sie

1 Möhre
100 g Knollensellerie
1 kg kleingehackte Kalbsknochen
20 g Butterschmalz
2 Zwiebeln
2 EL Tomatenmark
2 Thymianzweige
2 Rosmarinzweige
5 Pfefferkörner
2 Lorbeerblätter
200 ml Rotwein
Salz

1. Möhre und Sellerie waschen, bürsten und zusammen mit der geschälten Zwiebel würfeln. Die Knochen in einem flachen Bräter im Butterschmalz goldbraun rösten. Das Gemüse dazugeben und ebenfalls goldbraun rösten.

2. Tomatenmark, Thymian, Rosmarin, Pfefferkörner und Lorbeerblätter dazugeben und kurz mitbraten. Mit ⅓ des Rotweins ablöschen **(1)** und ihn vollständig einkochen lassen. Das Einkochen 2mal mit dem restlichen Wein wiederholen. Dann 2 l kaltes Wasser angießen.

3. Den Fond langsam aufkochen und Schaum sowie Fett mit einer Schaumkelle abschöpfen. Den Fond offen ca. 3 Stunden leicht köcheln lassen.

4. Den Fond durch ein Stofftuch gießen **(2)**, offen auf die Hälfte einkochen lassen und mit Salz abschmecken. Erkalten lassen und die Fettschicht oben vorsichtig abheben.

1

2

Mein Tip

Nehmen Sie für den Fond möglichst Gelenk-, Hüft- oder Rückenknochen, denn diese enthalten mehr Gelatine als Rippen- und Schulterknochen und sorgen so für einen gute Konsistenz des Fonds.

Aus dunklem Kalbsfond lassen sich gut Saucen zubereiten, wie die 2 Rezepte links beweisen. Um noch weiter zu variieren, können Sie den Madeira bei der Madeirasauce auch einmal durch Portwein ersetzen. Und wenn Sie den Essig bei der Essig-Schalotten-Sauce durch einen kräftigen Rotwein tauschen, erhalten Sie eine aromatische Rotweinsauce.

Essig-Schalotten-Sauce

2 EL Zucker bei milder Hitze unter Rühren hellbraun karamelisieren. **400 g feingewürfelte Schalotten** kurz mitrösten. Dann mit **⅛ l Aceto Balsamico** ablöschen und ihn etwas einkochen. **¼ l dunklen Kalbsfond** angießen, **1 Thymianzweig** dazugeben und alles ca. ¼ Stunde köcheln lassen, bis die Schalotten weichgekocht sind. Den Thymianzweig entfernen. Die Sauce vom Herd nehmen. **1 TL Honig** und **20 g eiskalte Butter** unter ständigem Rühren dazugeben. Evtl. mit **Salz** und **Pfeffer** nachwürzen.

Madeirasauce

Einen **dunklen Kalbsfond** zubereiten, aber statt 2 l Wasser **2 l hellen Kalbsfond** nehmen und den fertigen Fond auf ¼ l einkochen lassen. Dann **100 g Schalotten (in feinen Scheiben)** in **30 g Butter** glasig dünsten. Mit **¼ l Madeira** ablöschen, ihn 5 Minuten einkochen lassen. Dann den dunklen Kalbsfond angießen und alles ca. 25 Minuten offen köcheln lassen. Falls die Sauce noch zu dünnflüssig ist, sie mit etwas angerührter **Speisestärke** binden. Zum Schluß **10 g eiskalte Butter** darunterrühren.

1

2

GRUNDREZEPT

Heller Geflügelfond

1. Die Knochen kleinhacken und in kochendem Wasser kurz blanchieren. Abgießen und zusammen mit 2 l kaltem Wasser in einen Topf geben.

2. Die ungeschälte Zwiebel halbieren und in den Topf geben. Lauch, Möhren, Sellerie und Tomaten putzen, waschen, grob zerkleinern und zusammen mit Gewürzen und Kräutern ebenfalls dazugeben.

3. Alles aufkochen und offen ca. 2 Stunden bei mittlerer Hitze köcheln lassen. Sich bildenden Schaum mit einer Schaumkelle entfernen **(1).**

4. Den Fond durch ein Stofftuch gießen **(2).** Mit Salz und Pfeffer abschmecken.

- **Für 1 l Fond**
- **Zubereitungszeit: ca. 2½ Stunden**
- **insgesamt ca. 210 kcal**

Das benötigen Sie

1 kg Geflügelknochen
1 Zwiebel
½ Stange Lauch
2 Möhren
¼ Sellerieknolle
2 Tomaten
1 Lorbeerblatt
10 weiße Pfefferkörner
1 kleiner Majoranzweig
1 Petersilienzweig
Salz
schwarzer Pfeffer

Mein Tip

Heller Geflügelfond läßt sich sehr vielseitig einsetzen, z. B. zum Angießen von hellen Bratenstücken und als Ansatz von Salatsaucen.
Oft lasse ich den Fond besonders stark einkochen und friere ihn dann portionsweise ein. So habe ich immer einen Saucenansatz für Pfannengerichte und andere Speisen.

Orangensauce

Für einen dunklen Geflügelfond **500 g Geflügelknochen** in **2 EL Öl** goldbraun rösten. **1 kleine Möhre, 2 Schalotten und ½ Stange Staudensellerie (alles gewürfelt)** kurz mitrösten. **1 EL Tomatenmark** einrühren und alles mit **100 ml Rotwein** ablöschen. Fast vollständig einkochen lassen. **1 l hellen Geflügelfond** angießen, **2 Lorbeerblätter** und **1 Thymianzweig** dazugeben und alles ca. 2 Stunden köcheln lassen. Durch ein Sieb passieren, erkalten lassen und entfetten.
50 g Zucker hellbraun karamelisieren. **600 ml des hergestellten dunklen Geflügelfonds** und **200 ml Orangensaft** angießen. Auf ⅓ einkochen. Feine Schalenstreifen von **2 unbehandelten Orangen** kurz blanchieren, abschrecken und in die Sauce geben. **20 g eiskalte Butter** darunterrühren. Als Einlage noch einige Orangenfilets hineingeben.

Sherrysauce

Einen **dunklen Geflügelfond** zubereiten (siehe Orangensauce, links), aber zusätzlich noch **100 ml Sherry** zusammen mit dem Rotwein zum Ablöschen dazugeben und einkochen. Außerdem beim Köcheln noch **5 weiße Pfefferkörner** sowie **2 Pimentkörner** mitgaren.
Den Fond nach dem Passieren und Einkochen evtl. mit etwas angerührter **Speisestärke** binden. **5 EL Sherry** dazugeben und die Sauce aufkochen lassen. Zuletzt **20 g eiskalte Butterwürfel** darunterrühren.

Siehe auch

S. 59 **Blanchieren**
S. 105 **Heller Kalbsfond**
S. 105 **Fond entfetten**
S. 124 **Saucen binden**
S. 384 **Filets aus Zitrusfrüchten herausschneiden**

GRUNDREZEPT

Dunkler Lammfond

- Ergibt ca. 1 l Fond
- Zubereitungszeit: ca. 2¾ Stunden
- insgesamt ca. 440 kcal

Das benötigen Sie

2 Möhren
½ Stange Lauch
2 Stangen Staudensellerie
1 Zwiebel
1 kg kleingehackte Lammknochen
4 EL Öl
2 EL Tomatenmark
200 ml Rotwein
1 TL schwarze Pfefferkörner
3 Knoblauchzehen
2 Lorbeerblätter
1 Thymianzweig
Salz

1. Möhren, Lauch und Sellerie waschen, ggfs. bürsten und zusammen mit der geschälten Zwiebel würfeln. Die Knochen in einem flachen Bräter in dem Öl goldbraun rösten **(1)**. Das Gemüse dazugeben und ebenfalls goldbraun rösten.

2. Das Tomatenmark kurz mitrösten, dann mit dem Wein ablöschen. Pfefferkörner, gehackte Knoblauchzehen, Lorbeerblätter und Thymian sowie etwas Salz dazugeben. 1½ l kaltes Wasser angießen.

3. Den Fond aufkochen und Schaum sowie Fett mit einer Schaumkelle abschöpfen **(2)**. Den Fond offen ca. 2 Stunden leicht köcheln lassen.

4. Den Fond durch ein Stofftuch gießen und offen auf ⅓ einkochen lassen. Erkalten lassen und die Fettschicht oben vorsichtig abheben.

1

2

Lammsauce mit Pinienkernen

Einen **dunklen Lammfond** zubereiten, aber noch **1 Rosmarinzweig, 2 Knoblauchzehen** sowie **2 gewürfelte Tomaten** mitgaren und statt 1½ l Wasser **1 l hellen Lammfond** nehmen. Außerdem den Fond nach dem Passieren auf ¼ l einkochen lassen. Dann **3 EL Pinienkerne** in einer Pfanne ohne Fett goldgelb rösten und herausnehmen. **2 EL Schalottenwürfel** und **1 EL gehackten Knoblauch** in **1 EL Pinienkernöl** glasig dünsten. Den zubereiteten dunklen Lammfond angießen und aufkochen. Die Pinienkerne dazugeben und alles ca. 5 Minuten leicht köcheln lassen.

Lammsauce „Provencale“

Einen **dunklen Lammfond** zubereiten, aber noch **1 Rosmarinzweig, 2 Knoblauchzehen** sowie **2 gewürfelte Tomaten** mitgaren und statt 1½ l Wasser **1 l hellen Lammfond** nehmen. Außerdem den Fond nach dem Passieren auf ¼ l einkochen lassen. Dann **1 gewürfelte Schalotte** und **1 EL Knoblauchwürfel** in **1 EL Olivenöl** andünsten. **Je ½ TL Thymian und Rosmarin (beides feingehackt)** dazugeben und den zubereiteten dunklen Lammfond angießen. **1 Tomate (enthäutet, entkernt und gewürfelt)** und **1 EL gehackte Petersilie** dazugeben. **10 g eiskalte Butter** darunterrühren. Mit **Salz** und **Pfeffer** würzen. Evtl. mit etwas **Aceto Balsamico** verfeinern.

GRUNDREZEPT

Dunkler Wildfond

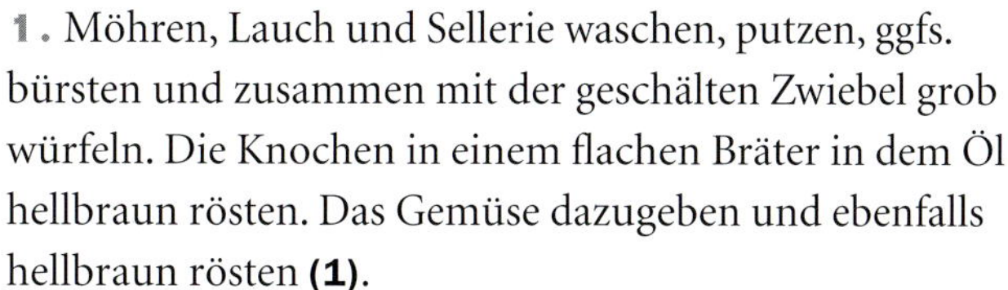
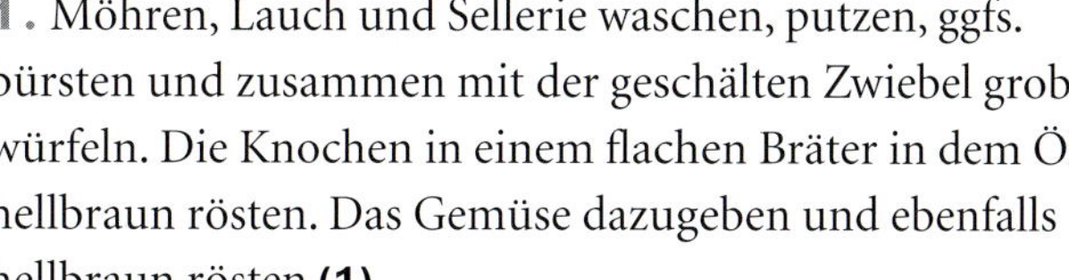

1. Möhren, Lauch und Sellerie waschen, putzen, ggfs. bürsten und zusammen mit der geschälten Zwiebel grob würfeln. Die Knochen in einem flachen Bräter in dem Öl hellbraun rösten. Das Gemüse dazugeben und ebenfalls hellbraun rösten **(1)**.

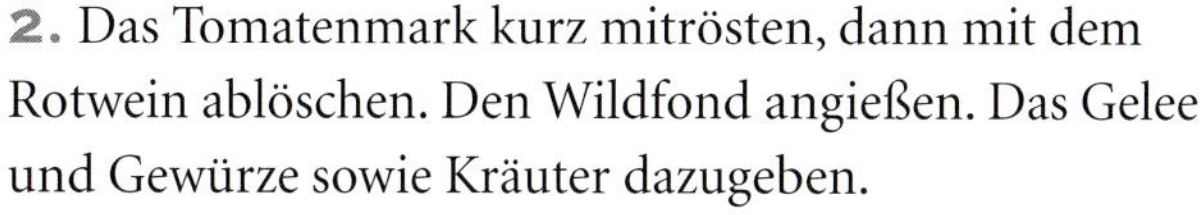
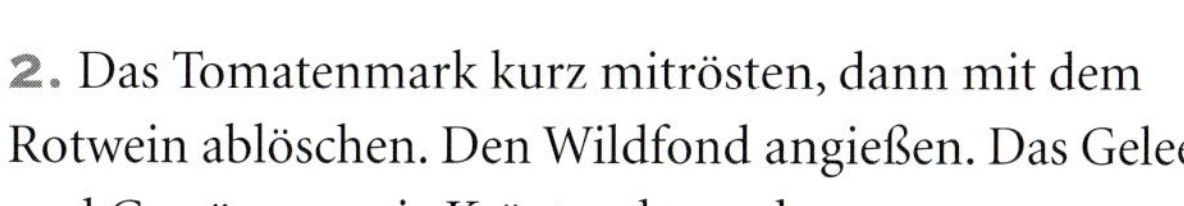

2. Das Tomatenmark kurz mitrösten, dann mit dem Rotwein ablöschen. Den Wildfond angießen. Das Gelee und Gewürze sowie Kräuter dazugeben.

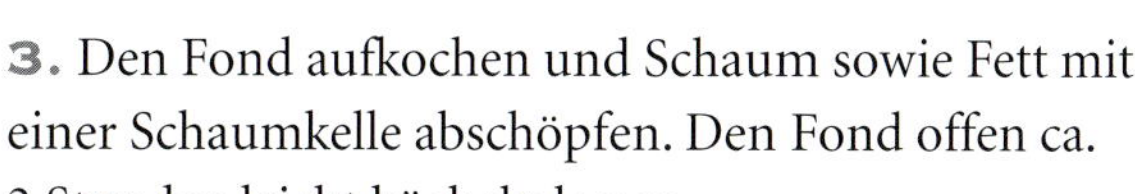
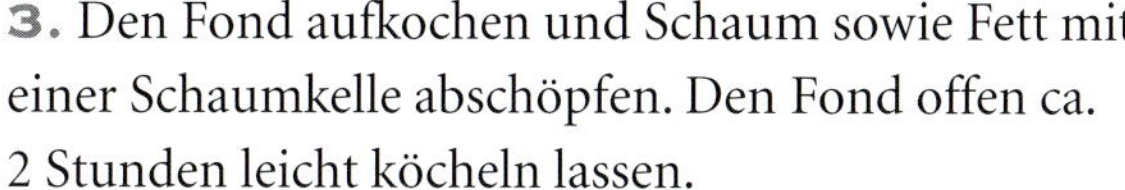

3. Den Fond aufkochen und Schaum sowie Fett mit einer Schaumkelle abschöpfen. Den Fond offen ca. 2 Stunden leicht köcheln lassen.

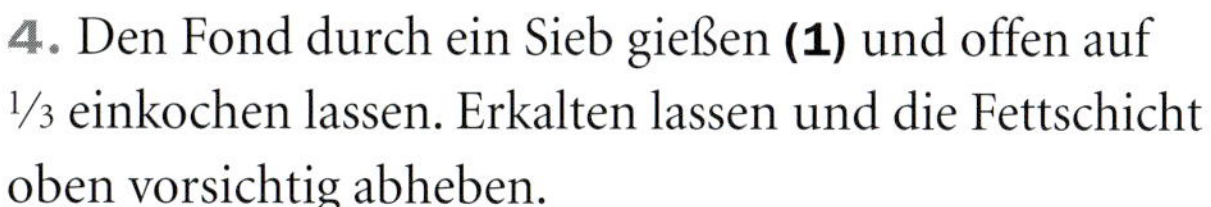

4. Den Fond durch ein Sieb gießen **(1)** und offen auf ⅓ einkochen lassen. Erkalten lassen und die Fettschicht oben vorsichtig abheben.

- **Ergibt ca. 1 l Fond**
- **Zubereitungszeit: ca. 2¾ Stunden**
- **insgesamt ca. 1300 kcal**

Das benötigen Sie

2 Möhren
½ Stange Lauch
¼ Sellerieknolle
2 Zwiebeln
1,5 kg Wildknochen
4 EL Öl
1 EL Tomatenmark
500 ml Rotwein
2 l heller Wildfond
1 EL Johannisbeergelee
1 Lorbeerblatt
1 Gewürznelke
7 Wacholderbeeren
5 Pfefferkörner
3 Pimentkörner
1 Thymianzweig
1 Rosmarinzweig

Holundersauce

Einen **dunklen Wildfond** zubereiten, aber noch **½ ungeschälten Apfel** mit anrösten und nur **100 ml Rotwein** und **¾ l hellen Wildfond** nehmen. Den Fond nach dem Passieren zusammen mit **200 ml Holundersaft** auf ⅓ einkochen lassen. **1 Rosmarinzweig (feingehackt)** und **1 EL Honig (z. B. Kastanienhonig)** darunterrühren. Mit etwas angerührter **Speisestärke** binden. Mit **Salz** und **Pfeffer** abschmecken.

Lebkuchensauce

Einen **dunklen Wildfond** zubereiten, aber zum Ablöschen und Angießen **½ l Rotwein** und **½ l hellen Wildfond** nehmen. Den Fond nach dem Passieren auf ¼ l einkochen lassen. **1 TL Lebkuchengewürz, 80 g feingewürfelten Lebkuchen (ohne Glasur)** und **1 TL Honig** dazugeben. Die Sauce ca. 10 Minuten köcheln lassen. Mit **Salz** und **Pfeffer** abschmecken.

Siehe auch

S. 104 Heller Lammfond
S. 104 Heller Wildfond
S. 124 Saucen binden
S. 243 Tomate enthäuten

GRUNDREZEPT

Heller Fischfond

- Ergibt ca. 1/4 l Fond
- Zubereitungszeit: ca. 1 Stunde
- insgesamt ca. 340 kcal

Das benötigen Sie

500 g Fischgräten
1 Schalotte
1 kleine Möhre
1/2 Stange Staudensellerie
1/2 Lauchstange
2 Knoblauchzehen
3 EL Olivenöl
20 weiße Pfefferkörner
1 TL grobes Meersalz
1 Dillzweig
1 Thymianzweig
3 Lorbeerblätter
1/4 l Weißwein

1. Die Fischgräten von Blutresten säubern und so lange unter kaltem Wasser abspülen, bis dieses klar abläuft. Dann kleinscheiden. Schalotte, Möhre, Sellerie, Lauch und Knoblauch waschen, bürsten, ggfs. schälen und kleinwürfeln.

2. Das Gemüse in dem Öl andünsten. Gräten, Gewürze und Kräuter dazugeben und kurz mitdünsten **(1)**. Alles mit dem Wein ablöschen und 1/2 l kaltes Wasser angießen.

3. Alles aufkochen und den Schaum mit einer Schaumkelle entfernen **(2)**. Offen bei mittlerer Hitze 15–20 Minuten ziehen lassen.

4. Den Fond durch ein Stofftuch geben und offen auf die Hälfte einkochen lassen.
(auf dem Foto unten)

1

2

Mein Tip

Wenn Sie für den Fond nicht selbst gerade Fischgräten vom Filetieren übrig haben, fragen Sie doch Ihren Fischhändler mal danach.

Für die weiße Tomatensauce nehme ich am liebsten weiche, überreife Tomaten, die man am besten im Sommer oder Herbst bekommt. Dabei mische ich gerne Tomaten verschiedener Sorten und Herkunft, da diese einen sehr unterschiedlichen Geschmack aufweisen, sich aber in der Sauce vortrefflich gegenseitig ergänzen.

Siehe auch

S. 61 Flambieren
S. 124 Saucen binden
S. 132 Heller Fischfond

Weisse Tomatensauce

500 g geviertelte Tomaten mit **150 ml hellem Fischfond, 2 EL Olivenöl** und etwas **Salz** sowie **weißem Pfeffer** fein pürieren. Die Masse in ein mit einem Stofftuch ausgelegtes Sieb geben und den abtropfenden klaren Tomatensaft auffangen. **2 gewürfelte Schalotten** und **1 gehackte Knoblauchzehe** in **2 EL Olivenöl** glasig dünsten. Den klaren Tomatensaft angießen und etwas einkochen lassen. **150 g Sahne** dazugeben und alles auf 1/3 einkochen lassen. **50 g eiskalte Butterstückchen** mit den Pürierstab daruntermixen. **3 EL geschlagene Sahne** darunterheben. Mit **Salz** und **weißem Pfeffer** abschmecken.

Sektschaumsauce

50 g feingewürfelte Schalotten in **30 g Butter** glasig dünsten. **Jeweils 100 ml Sekt, Weißwein und hellen Fischfond** angießen. Alles auf die Hälfte einkochen lassen. **30 g eiskalte Butterstückchen** daruntermixen. **3 EL geschlagene Sahne** darunterrühren. Mit **Salz** und **weißem Pfeffer** würzen und mit dem Pürierstab aufmixen. Zum Schluß noch **30 ml Sekt** darunterrühren.

1

2

GRUNDREZEPT

Krustentierfond

1. Die Karkassen kleinhacken und im Ofen bei 120 °C gut trocknen. Dann die Möhre waschen und bürsten; Fenchel, Lauch und Schalotten putzen, ggfs. schälen. Das Gemüse kleinwürfeln.

2. Die Karkassen in dem Öl gut anrösten. Das Gemüse dazugeben und kurz mitrösten **(1)**. Mit dem Cognac ablöschen, ihn anzünden und alles flambieren. Dann alles mit dem Weißwein ablöschen und etwas einkochen lassen.

3. Die Tomaten vierteln. Zusammen mit dem Fischfond in den Topf geben. Alles einmal aufkochen und den Schaum mit einer Schaumkelle entfernen.

4. Die Knoblauchzehe schälen. Zusammen mit Gewürzen und Kräutern in den Fond geben. Diesen offen 40–50 Minuten köcheln lassen.

5. Den Fond durch ein Stofftuch gießen, die Karkassen dabei gut ausdrücken **(2)**. Den Fond offen auf die Hälfte einkochen. Erkalten lassen und das Fett mit dem Küchenkrepp entfernen.

(auf dem Foto unten)

- **Ergibt ca. 3/4 l Fond**
- **Zubereitungszeit: ca. 1½ Stunden**
- **insgesamt ca. 330 kcal**

Das benötigen Sie

600 g Karkassen von Hummer, Garnelen und Flußkrebsen
1 kleine Möhre
50 g Fenchel
100 g Lauch
50 g Schalotten
5 EL Olivenöl
4 EL Cognac
200 ml Weißwein
100 g Tomaten
1 l heller Fischfond
½ Knoblauchzehe
10 weiße Pfefferkörner
5 Pimentkörner
1 Thymianzweig
1 Estragonzweig
3 Lorbeerblätter
3 Wacholderbeeren

Mein Tip

Zitronengras ist im asiatischen Raum beheimatet. Sie erhalten es in gut sortierten Gemüsegeschäften oder in Asienläden. Ersatzweise können Sie für die Sauce auch 10 Kaffir-Zitronenblätter nehmen. Diese müssen Sie mehrmals anknicken, bevor Sie sie mitdünsten.

Zitronengras-Schaum

100 g Zitronengras mit einer Schere oder einem Messer sehr fein schneiden. **2 Schalotten (in Scheiben)** in **20 g Butter** glasig dünsten. Das Zitronengras kurz mitdünsten. **300 ml Krustentierfond** angießen, aufkochen und alles ca. 10 Minuten köcheln lassen. Den Fond durch ein feines Sieb gießen. Den **Saft von 2 Limetten** und **100 g Sahne** dazugeben. Alles auf 1/3 einkochen lassen. **20 g eiskalte Butterwürfel** daruntermixen. Mit **Salz** und **Pfeffer** abschmecken und kurz aufmixen. Zuletzt **3 EL geschlagene Sahne** darunterrühren.

Thailändische Sauce

200 ml Krustentierfond zusammen mit **1 TL mit wenig Olivenöl püriertem Knoblauch** und **1 TL püriertem Ingwer** sowie **1 TL Currypulver, 1 TL Kurkumapulver** und **1 TL Chilisauce** auf 1/3 einkochen. **50 g eiskalte Butterstückchen** darunterrühren und die Sauce aufmixen. **3 EL feingehacktes Koriandergrün** dazugeben und die Sauce kurz durchziehen lassen. Sofort servieren.

Kreative Saucen

Beurre Blanc

2 feingewürfelte Schalotten in **30 g Butter** glasig dünsten. Mit **1 EL Champagneressig** ablöschen. Dann **200 ml Weißwein** angießen und alles offen auf ⅓ einkochen lassen.
Die Sauce durch ein feines Sieb passieren und nochmals kurz aufkochen.
150 g eiskalte Butterwürfel in die nicht mehr kochende Sauce einrühren.
Die Beurre Blanc mit **Salz** und **weißem Pfeffer** abschmecken und mit dem Schneebesen schaumigrühren. Zuletzt **2 EL geschlagene Sahne** darunterheben. Die Sauce paßt gut zu hellem Fleisch und Fisch.
(auf dem Foto: oben links)

Mein Tip

Die Beurre Blanc muß sofort serviert werden, sonst trennt sich die Butter wieder von den restlichen Zutaten.

Statt Champagneressig können Sie auch Weißwein- oder Estragonessig nehmen.

Sollte Ihnen die Sauce einmal gerinnen, mixen Sie sie im Mixer gut auf und passieren Sie sie dann durch ein Sieb.

Rotweinbutter-Sauce

2 EL Zucker unter Rühren bei mittlerer Hitze hellbraun karamelisieren lassen. **2 in feine Streifen geschnitttene rote Zwiebeln** darin kurz glasieren.
Das Ganze unter Rühren mit **¼ l Rotwein** ablöschen und ihn auf die Hälfte einkochen lassen.
¼ l roten Portwein, 1 Thymianzweig und **4 EL Marsala** dazugeben. Die Sauce offen auf ca. 100 ml einkochen lassen. Dann durch ein feines Sieb passieren.
100 g eiskalte Butterwürfel in die Sauce einrühren und sie so binden. Zuletzt mit **Salz** und **Pfeffer** abschmecken. Die Sauce paßt gut zu dunklem Fleisch (Rind, Lamm, Wild, Taube), aber auch zu Fisch (z. B. Steinbutt).
(auf dem Foto: unten links)

Pflaumenwein-Sauce

4 EL Zucker unter Rühren bei mittlerer Hitze leicht karamelisieren lassen.
150 g in feine Streifen geschnittene rote Zwiebeln darin kurz glasieren.
1 gehackte Knoblauchzehe, 1 EL gehackte Ingwerwurzel, 175 ml Hoisinsauce, 175 ml Pflaumensauce und **1 EL 5-Gewürz-Pulver** daruntermischen.
1 l Pflaumenwein, 300 ml schwarzen Johannisbeeersaft und **100 ml Cassislikör** dazugeben. Alles kurz aufkochen und offen auf ⅓ einkochen lassen.
1 kg Pflaumen halbieren, entsteinen und in der Sauce ca. ½ Stunde garen, bis sie weich sind.
Die Sauce durch ein Spitzsieb passieren und auf die gewünschte Konsistenz einkochen lassen.
Zuletzt die Sauce mit **100 ml Holundersaft** und **etwas scharfer Chilisauce** sowie mit etwas **Salz** abschmecken. Die Sauce paßt gut zu Schweinefleisch, Krustentieren und vegetarischen Gerichten.
(auf dem Foto: oben rechts)

Mein Tip

Die für diese Sauce notwendigen Zutaten erhalten Sie in gut sortierten Feinkostabteilungen oder in Asienläden. Die Saucenmenge reicht für mehrere Gerichte. Reste können Sie in einem Einmachglas im Kühlschrank bis zu 1 Woche aufbewahren.

Süss-saure Sauce

2 EL gewürfelte Schalotten, 2 EL gehackte Knoblauchzehen, 2 EL feingehackte, frische rote Chilischoten und **2 EL gewürfelte Ingwerwurzel** in **4 EL Öl** andünsten. Mit **4 EL Rotweinessig** ablöschen, dann **400 ml Tomatensaft** angießen.
Die Sauce mit **1 EL Zucker** und **1 EL Ketchup** sowie mit etwas **Salz** und **Pfeffer** würzen. Zugedeckt 5–10 Minuten leicht köcheln lassen.
Inzwischen **2 unbehandelte Orangen** waschen und die Schale von 1 Frucht fein abreiben. Dann beide Orangen sorgfältig schälen und die Filets herausschneiden. Den abtropfenden Saft dabei auffangen.
Den Orangensaft in die Sauce geben. Die Filets fein würfeln.
1 EL Speisestärke mit etwas Wasser verrühren und die Sauce damit binden. Die Orangenfilets hineingeben. Die Sauce paßt gut zu gegrilltem Schweinefleisch, Enten, Poularde und Taube.
(auf dem Foto: unten rechts)

Mein Tip

Ich verfeinere die Pilzsauce gerne mit 50 ml Weißwein und 1 EL trockenem Sherry. Mit beidem lösche ich die gebratenen Pilze ab. Dann gebe ich noch etwas hellen Geflügelfond dazu und lasse alles auf die Hälfte einkochen, bevor ich die Sahne dazugebe.

Pilzsauce

Jeweils 100 g Champignons, Pfifferlinge und Austernpilze putzen, mit einem feuchten Tuch leicht abreiben und vierteln.
2 gewürfelte Schalotten in **40 g Butter** glasig dünsten.
1 gehackte Knoblauchzehe kurz mitdünsten. Die Pilze dazugeben und kräftig anbraten, bis sie Flüssigkeit ziehen.
Dann **250 g Sahne** angießen und offen sämig einkochen lassen. Die Sauce mit **Salz** und **Pfeffer** abschmecken. Dann **1 EL gehackte Petersilie** und ½ **Tomate (enthäutet, entkernt und gewürfelt)** dazugeben. Zuletzt **2 EL geschlagene Sahne** unter die Sauce heben. Die Sauce paßt gut zu Wild, Geflügel, Kalbfleisch und Nudelgerichten.

Siehe auch

S. 124 **Saucen binden**
S. 129 **Heller Geflügelfond**
S. 243 **Chilischote würfeln**
S. 276 **Pilze braten**
S. 384 **Filets aus Zitrusfrüchten herausschneiden**

Tomatensauce

- **Für 4 Personen**
- **Zubereitungszeit: ca. 1 Stunde**
- **ca. 120 kcal je Portion**
- **Paßt gut zu Nudeln, Gemüse, Fleisch und Fisch**

Siehe auch

S. 105 **Gemüsefond**
S. 124 **Saucen binden**
S. 129 **Heller Geflügelfond**
S. 301 **Nudeln kochen**

Tomatensauce

Das benötigen Sie

1 kleine Möhre
2 Schalotten
1 Knoblauchzehe
½ Stange Staudensellerie
700 g Tomaten
2 EL Olivenöl
1 EL Tomatenmark
½ l heller Geflügelfond
1 Basilikumzweig
1 Thymianzweig
5 weiße Pfefferkörner
Salz
Zucker

1. Möhre, Schalotten und Knoblauch schälen und kleinwürfeln. Den Sellerie waschen, putzen und ebenfalls kleinwürfeln. Die Tomaten waschen, vierteln und von den Stielansätzen befreien.

2. Sellerie, Möhre und Schalotten in dem Öl andünsten. Knoblauch, Tomaten und Tomatenmark darunterrühren. Alles leicht anrösten lassen.

3. Den Geflügelfond angießen und Basilikum, Thymian sowie Pfefferkörner dazugeben. Die Sauce unter öfterem Rühren offen ca. 20 Minuten leicht köcheln lassen.

4. Die Sauce durch ein feines Sieb passieren. Dann so lange offen einkochen, bis sie leicht sämig ist. Zuletzt mit etwas Salz und Zucker abschmecken.
(auf dem Foto: unten)

Mein Tip

Im Winter sind Tomaten meist wenig aromatisch. Daher empfehle ich Ihnen, für diese Sauce dann auf geschälte Tomaten aus der Dose auszuweichen.

Sauce Bolognese

1 feingewürfelte Zwiebel, 2 zerdrückte Knoblauchzehen und **1 feingewürfelte Möhre** in **3 EL Olivenöl** anbraten. **500 g Rinderhackfleisch** dazugeben und kräftig mitbraten, bis es krümelig ist und leicht Farbe nimmt.
Das Ganze mit etwas **Muskat, Salz** und **Pfeffer** sowie mit den abgezupften Blättchen von **2 Oreganozweigen** würzen. **1 EL Tomatenmark** kurz mitrösten. Dann **¼ l Tomatensaft** und **⅛ l hellen Geflügelfond** angießen.
Die Sauce offen bei starker Hitze kräftig einkochen lassen, bis sie schön dickflüssig ist. Zuletzt mit **Salz** und **Pfeffer** kräftig abschmecken. Die Sauce paßt gut zu Nudeln.
(auf dem Foto: oben)

Weisse Tomaten-Koriander-Sauce

500 g Tomaten waschen, halbieren und die Stielansätze herausschneiden. Die Tomaten zusammen mit **100 ml Gemüsefond** im Mixer fein pürieren. In ein mit einem Stofftuch ausgelegtes Sieb geben und den abtropfenden klaren Tomatensaft auffangen.
Den Tomatensaft offen auf ⅓ einkochen lassen. Mit **Salz** und **Pfeffer** abschmecken.
Dann **40 g eiskalte Butterwürfel** in die nicht mehr kochende Sauce einrühren. Mit dem Pürierstab schaumig aufmixen und **2 EL geschlagene Sahne** darunterziehen. Zuletzt **1 EL feingehacktes Koriandergrün** darunterrühren. Die Sauce paßt gut zu Kalbfleisch, Poularde, Shrimps und Garnelen.
(auf dem Foto: Mitte)

Mein Tip

Die im Stofftuch verbleibende Tomatenmasse können Sie ganz langsam unter ständigem Rühren zu Tomatenmark einkochen. Dieses dann durch ein feines Sieb streichen.

natives olivenöl extra
almasol
Kaltgepresstes Öl extra vergine
Herstellung und Abfüllung:
S.C.A. Ntra. Sra. del Carmen
E-14813 Brácana / Spanien
R.S.I. 1602252/CO.C.E.E-ESP.386
Vertrieb: almasol Deutschland
Lauterstr.6 · D-71065 Sindelfingen
Mind. haltbar bis/
Kontrollnr.
14. 04. 99
Inhalt
0.5
liter/e

Kalte Saucen

Frankfurter Grüne Sauce

Die Kräuter von **1 Paket frische Grüne-Sauce-Kräuter (Sauerampfer, Petersilie, Pimpinelle, Kresse, Kerbel, Schnittlauch, Borretsch)** kalt abspülen und gut trockenschleudern oder -tupfen. Die Blättchen von den Stielen zupfen. Dann zusammen mit **180 g Schmand** und **250 g Joghurt** fein pürieren. Die Sauce mit **Salz** und **weißem Pfeffer** abschmecken. Dazu passen Pellkartoffeln, hartgekochte Eier oder Tafelspitz.
(Abb.: 1. Löffel)

Mein Tip

Wer möchte, kann die Sauce zusätzlich noch mit etwas Zitronensaft abschmecken und 2 kleingewürfelte, hartgekochte Eier hineingeben.

Tsatsiki

½ Salatgurke schälen, längs halbieren und die Kerne mit einem Löffel herauskratzen. Die Gurke fein reiben, in ein Sieb geben, mit etwas **Salz** bestreuen und abtropfen lassen. **50 g Quark** mit **150 g Naturjoghurt, 2 feingehackten Knoblauchzehen** und **1 TL gehackter Petersilie** glattrühren. Mit **Salz** und **weißem Pfeffer** würzen. Die Gurkenraspel gut ausdrücken, mit Küchenkrepp trockentupfen und daruntermischen. Paßt gut zu kurzgebratenen Lammfleischstreifen und Crudités.

Thunfischsauce

200 g Thunfisch in Öl (Konserve) gut abtropfen lassen und in kleine Stücke zerpflücken. Zusammen mit **5 EL hellem Kalbsfond, 4 abgespülten Sardellenfilets, 2 EL Kapern** und **5 gehackten Cornichons** fein pürieren. Die **Eigelbe von 2 hartgekochten Eiern** durch ein Sieb streichen und daruntergerühren. Dann **200 ml Olivenöl** langsam unter ständigem Rühren daruntermischen, bis eine sämige Sauce entstanden ist. Diese mit **2 EL Weißweinessig, dem Saft von 1 Zitrone, Salz** und **Pfeffer** abschmecken. Paßt gut zu kalten Vorspeisen mit Kalbfleisch und zu Crudités.
(Abb.: 2. Löffel)

Kaltgerührte Preiselbeeren

170 g frische Preiselbeeren verlesen, Stielchen und Blätter entfernen. Dann kurz waschen und gut trockentupfen. Die Beeren zusammen mit **80 g Gelierzucker** mit den Knethaken der Küchenmaschine so lange rühren, bis sich der Zucker vollständig aufgelöst hat. Dies dauert bis zu 1 Stunde. Paßt gut zu Wildfleisch, Wiener Schnitzel und gebackenem Käse.
(Abb.: 3. Löffel)

Chutneys

Traubenchutney

400 g Weintrauben (grün und rot gemischt) halbieren und die Kernchen mit einer Messerspitze herauskratzen. **120 g Zucker** unter Rühren bei mittlerer Hitze leicht karamelisieren. **50 g feingewürfelte Schalotten** und die Trauben dazugeben. Alles zum Kochen bringen. **3 EL Himbeeressig** und je **1 Prise Ingwerpulver, Nelkenpulver und Cayennepfeffer** dazugeben. Ca. 10 Minuten zugedeckt sanft köcheln lassen. ⅓ der Trauben aus dem Topf nehmen. Den restlichen Topfinhalt durch ein Sieb streichen und nochmals aufkochen. Die Trauben wieder dazugeben und alles erkalten lassen. Paßt gut zu Käse und Geflügelvorspeisen.

(Abb.: 4. Löffel)

Feigenchutney

70 ml Weißweinessig zusammen mit **3 EL Aceto Balsamico, 75 ml Wasser, 160 g Zucker, 3 Gewürznelken, 1 Zimtstange, 1 TL Senfkörner, 1 Lorbeerblatt** und **1 kleinen Stück Ingwerwurzel** unter Rühren aufkochen. Dann ca. ½ Stunde zugedeckt bei milder Hitze köcheln lassen. **4 Feigen** schälen und in kleine Würfel schneiden. In den Gewürzsud geben und ca. ½ Stunde neben dem Herd durchziehen lassen. Dann erkalten lassen.
Paßt gut zu dunklem Geflügelfleisch und Vorspeisen.

(Abb.: 5. Löffel)

Mein Tip

Die Chutneys können Sie in einem verschlossenen Glas im Kühlschrank 1–2 Wochen unbedenklich aufbewahren.

Gemüsechutney

60 g Puderzucker unter Rühren bei mittlerer Hitze schmelzen lassen. **50 g feingewürfelte Schalotten** und **1 EL feingehackte Ingwerwurzel** darin andünsten. **100 g Karotten-, 50 g Knollensellerie- und 50 g Kohlrabiwürfelchen** dazugeben und alles mischen. Dann **150 g geschälte Apfelwürfelchen** hinzufügen, alles mit **100 ml Weißweinessig** ablöschen und **200 ml Weißwein** angießen. Einmal aufkochen und durch ein feines Sieb gießen. Den aufgefangenen Sud mit **Salz** und **Pfeffer** abschmecken und mit etwas angerührter **Speisestärke** binden. Auskühlen lassen und dann **3 EL gehacktes Koriandergrün** daruntermischen. Das Gemüse aus dem Sieb dazugeben und alles ca. 3 Stunden neben dem Herd durchziehen lassen. Paßt gut zu Fleischvorspeisen, Käse und Crudités.

(Abb.: 6. Löffel)

Siehe auch

S. 77 Crudités
S. 105 Heller Kalbsfond
S. 124 Saucen binden
S. 150 Tafelspitz
S. 281 Pellkartoffeln kochen
S. 355 Eier kochen

FLEISCH

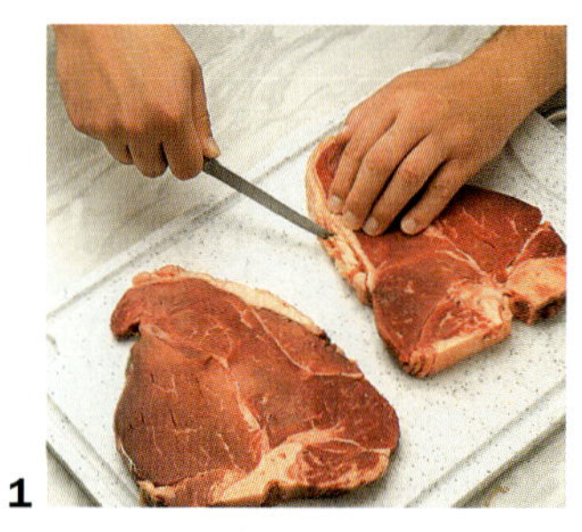
1

2

Fettrand einschneiden
Diese Technik wendet man an, um zu verhindern, daß sich flache Fleischstücke beim Kurzbraten oder Grillen wölben. In der Regel gilt dies für T-Bone-Steaks, Rumpsteaks und Entrecôtes, aber auch für Koteletts von Schwein, Kalb und Lamm.

1. Den Fettrand des Fleischs vor dem Braten in regelmäßigen Abständen mit einem scharfen Messer sorgfältig ein-, aber nicht ganz bis zum Fleisch hin durchschneiden **(1).**

2. Das Fleisch dann in heißem Fett oder auf dem Grill braten.

Fleisch bardieren
Dies macht man, um mageres Fleisch vor großer Hitze und vor dem Austrocknen zu schützen. Das Bardieren wendet man vor allem bei Medaillons von Rind, Schwein, Kalb, Lamm, Geflügel und Wildgeflügel an.

1. Die Stücke vor dem Garen zunächst mit 1 dünnen Scheibe grünem Speck umwickeln.

2. Die Speckscheiben dann mit Küchengarn vorsichtig festbinden **(2).**

Fleisch schnetzeln
1. Zunächst das große Fleischstück mit einem großen Messer parallel zur Faser in ca. 1 cm dicke Scheiben schneiden **(3).**

2. Dann die Scheiben quer zur Faser in ca. ½ cm breite Streifen schneiden **(4).**

Schweinefilet parieren
Die Sehnen vom Schweinefilet sind sehr zäh und müssen deshalb vor dem Garen entfernt werden. Der Fachmann nennt dies „parieren“. Und so geht's:

1. Zunächst die aufliegenden Häute und das Nierenfett, die das Filetstück umschließen, mit den Händen vorsichtig abziehen **(5).** Diese Abschnitte können Sie für einen Fondansatz verwenden.

2. Das Fett auf der Unterseite mit einem scharfen, spitzen Messer mit nicht zu tiefen Schnitten in dünnen Lagen wegschneiden **(6).**

3. Auf der Oberseite des Filets die Sehnen an den Fleischenden mit einem kurzen Querschnitt lösen.

4. Das Filet auf die Sehnenseite legen. Die gelöste Sehne mit der linken Hand festhalten. Das Messer leicht schräg auf der Sehne entlangführen **(7)** und so die Sehne abschneiden. Auf die gleiche Weise mit den anderen Sehnen verfahren.

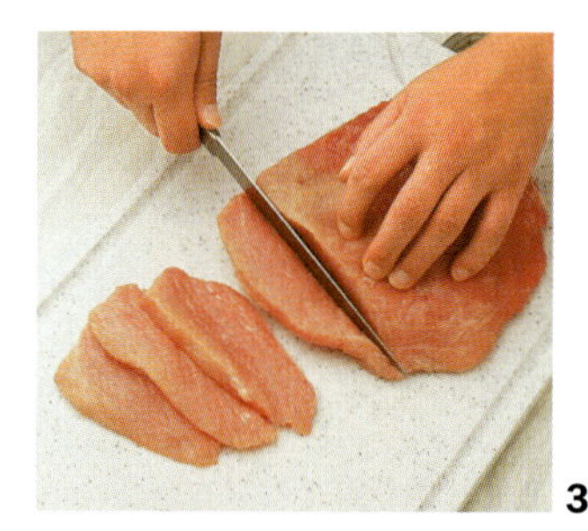
3

4

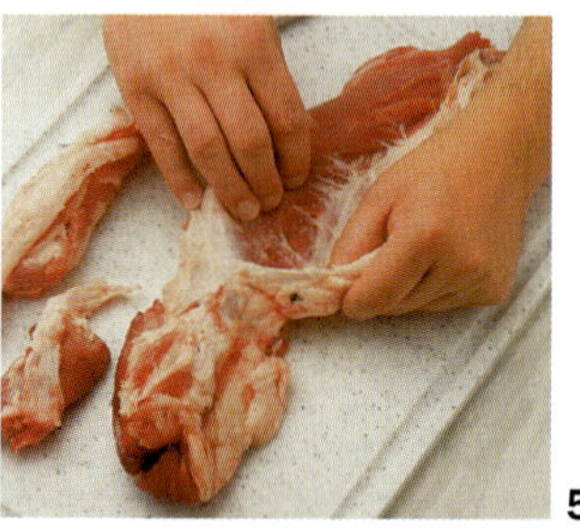
5

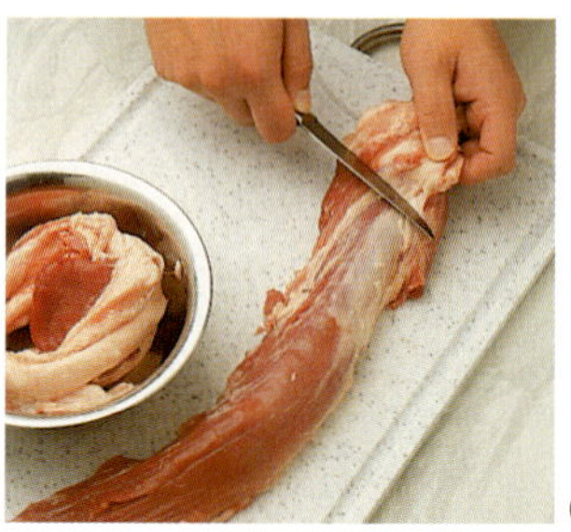
6

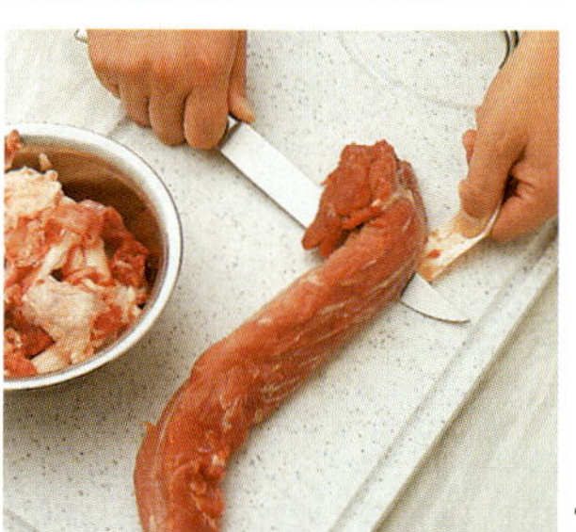
7

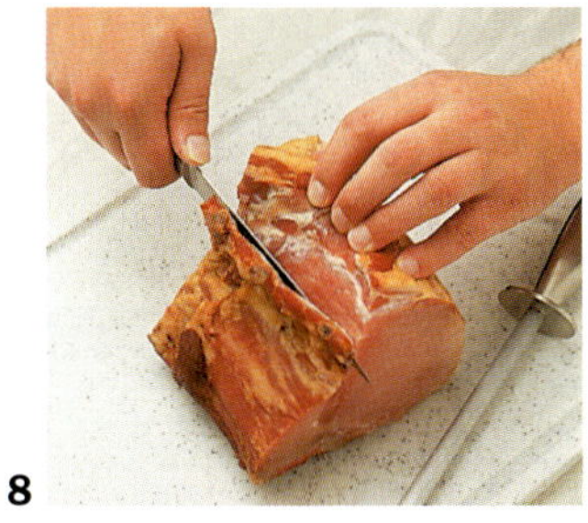

8

9

10

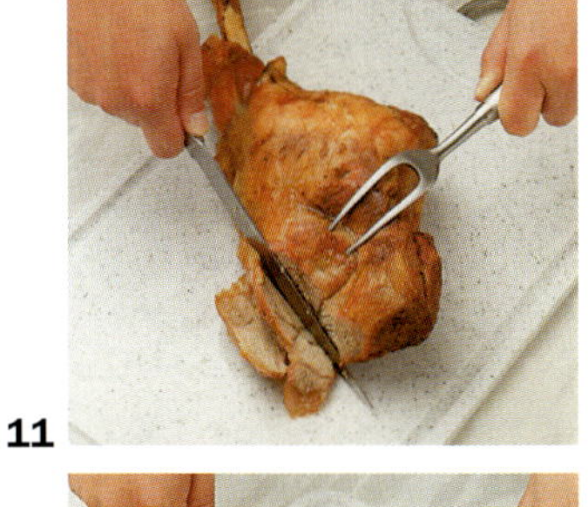

11

12

Kasseler Rippe aufschneiden

1. Das Fleisch auf die Rückgratseite legen. Entlang der Rippen senkrecht nach unten schneiden **(8).**

2. Das Fleisch umdrehen und mit einem senkrechten Schnitt vom Rückgrat abtrennen **(9).**

3. Danach das Fleischstück in ca. 1½ cm dicke Scheiben schneiden **(10).**

Mein Tip

Wenn Sie die Fleischreste von den Knochen abschneiden, können Sie sie kleingeschnitten in einem Eintopf (z. B. Linseneintopf) als Einlage mitgaren.

Gebratene Lammkeule mit Knochen tranchieren

1. Zunächst die gegarte Lammkeule zugedeckt 10–15 Minuten ruhen lassen, damit sich der Fleischsaft verteilen kann und so beim Anschneiden nicht herausläuft.

2. Dann die Keule mit der linken Hand mit einer großen Fleischgabel festhalten. Das Fleisch mit einem großen Messer in ca. 1 cm dicken Scheiben entlang des Knochens abschneiden **(11).**

3. Die Keule wenden, wieder mit der Gabel festhalten und das Fleisch von der anderen Seite in Scheiben abschneiden **(12).**

Siehe auch

S. 22 **Warenkunde Fleisch**
S. 112 **Linseneintopf**
S. 146 **Fleisch panieren**
S. 159 **Fleisch spicken**
S. 161 **Fleisch zu einem Rollbraten wickeln**
S. 166 **Rouladen zusammenrollen**
S. 179 **Nieren vorbereiten**
S. 180 **Zunge häuten**
S. 181 **Bries vorbereiten**

Fleisch kurzbraten

- Für 4 Personen
- Zubereitungszeit: ca. 1/4 Stunde
- ca. 340 kcal je Portion
- Dazu passen Baguette, Gewürzbutter und Blattsalat

Das benötigen Sie

50 g Butterschmalz
4 Rumpsteaks à 180 g
Salz
Pfeffer

Gebratenes Rumpsteak

1. Das Butterschmalz in einer sehr großen oder in 2 kleineren Pfannen stark erhitzen. Die Rumpsteaks (sie sollten Zimmertemperatur haben) gut mit Küchenkrepp trockentupfen und die Fettränder mehrmals einschneiden.

2. Die Rumpsteaks in die Pfanne legen und bei starker Hitze von einer Seite ca. 1 Minute braten. Dann die Steaks wenden und von der anderen Seite ca. 1 Minute braten.

3. Die Temperatur auf mittlere Hitze zurückschalten. Die Steaks nochmals von jeder Seite 2–3 Minuten braten (dann sind sie „medium"). Sie während dieser Zeit mehrmals mit dem heißen Bratfett übergießen. Dann salzen und pfeffern, aus der Pfanne nehmen und in Alufolie eingewickelt 2 Minuten ruhen lassen, damit sich der Fleischsaft gut verteilt.

Mein Tip

Sie müssen das Fleisch immer erst kurz bei starker Hitze anbraten, damit sich die Fleischporen schließen und kein Saft mehr austreten kann.

Kurzgebratenes Fleisch bitte immer erst nach dem Braten würzen, sonst kann es hart und zäh werden.

Nehmen Sie zum Wenden einen Pfannenwender oder eine Palette. Eine Gabel ist nicht ratsam, denn wenn das Fleisch angestochen wird, kann Saft austreten und das Steak wird zäh.

Garzeiten für rosa gebratenes Fleisch

Rumpsteak (180 g): insg. 7–8 Min.
Rinderfiletsteak (180 g): insg. 6–7 Min.
Hochrippenstück (250 g): insg. 8–9 Min.
T-Bone-Steak (750 g): insg. 15 Min.
Hüftsteak (180 g): insg. 6–7 Min.
Lammkotelett (90 g): insg. 4–5 Min.
Schweineschnitzel (140 g): insg: 3–4 Min.
Schweinemedaillon (60–80 g): insg. 5–6 Min.

Garzeiten für Rumpsteaks (ca. 180 g)

blau (fast roh), rare, bleu: insg. ca. 2 Min.
rot (blutig), medium rare, saignant: insg. ca. 4 Min.
rosa, medium, à point: insg. 7–8 Min.
durch, welldone, biencuit: insg. ca. 10 Min.
(auf den Fotos unten: von links nach rechts)

Gewürzbutter

150 g zimmerwarme Butter mit dem Handrührgerät schaumig rühren. **1 EL Zitronensaft** darunterrühren. Mit **Salz** und **weißem Pfeffer** würzen.

Verfeinerungen:

- **Je 1 EL Kerbel und Petersilie (beides gehackt), 1 Msp. zerdrückten Knoblauch** und **1 Prise Cayennepfeffer** darunterrühren.
- **1 EL geriebenen Meerrettich** darunterrühren.
- **1 EL Tomatenmark, 1 EL gehackten Estragon** und **1 EL winzige Paprikawürfel** darunterrühren.
- **1 EL feingehackte Sardellenfilets** und **1 EL kleingewürfelte Schalotte** darunterrühren.

Lammkoteletts mit Tomatenpesto

Für das Pesto **60 g in Olivenöl eingelegte, getrocknete Tomaten** abtropfen lassen und fein hacken. Mit **1 zerdrückten Knoblauchzehe,** den **Blättchen von 2 Thymianzweigen, 1 EL gehackter Petersilie** und **60 g Olivenöl** glattrühren. **1 EL Semmelbrösel** zum Binden daruntermischen. Mit **Salz** und **Pfeffer** abschmecken. **6 EL Öl von den eingelegten Tomaten** mit **1 Rosmarin- und 2 Thymianzweigen** und **1 zerdrückten Knoblauchzehe** verrühren. **12 Lammkoteletts (à 50 g)** über Nacht zugedeckt im Kühlschrank in der Marinade durchziehen lassen.
Die Koteletts abtupfen und kurz in der Pfanne anbraten, bis sie bräunen. Mit **Salz** und **Pfeffer** würzen. Die Koteletts mit dem Pesto bestreichen und für 5 Minuten bei 150 °C in den Ofen schieben.
(auf dem Foto: links)

Zwiebelrostbraten

4 Scheiben gut durchwachsene Hochrippe (à 180 g) auf ca. 1 cm dünn klopfen. Die Fettränder einschneiden. Mit **Salz** und **Pfeffer** würzen und in **etwas Mehl** wenden. Dann in **20 g Butterschmalz** von jeder Seite ca. 1 Minute anbraten. **30 g Butter** dazugeben und das Fleisch von jeder Seite nochmals ca. 1 Minute braten. Herausnehmen und warmstellen. **250 g Zwiebeln (in feinen Streifen)** im Bratensatz leicht anrösten. Mit **Cayennepfeffer** würzen. **300 ml dunklen Kalbsfond** angießen und alles auf die Hälfte einkochen lassen. Mit **Salz** und **Pfeffer** würzen. **30 g eiskalte Butterstückchen** in die Sauce einrühren. Mit **1 EL gehackter Petersilie** verfeinern und über das Fleisch geben. Dazu paßt Kartoffelpüree.
(auf dem Foto: rechts)

Spareribs

200 ml Tomatensaft auf die Hälfte einkochen, dann abkühlen lassen. Mit **6 EL Ketchup, 1 TL Currypulver, 1 EL Honig, 1 TL gehacktem Knoblauch, 1 EL geschroteten weißen Pfefferkörnern** und etwas **Cayennepfeffer** verrühren. **12 Spareribs (à 80–100 g)** damit bestreichen und zugedeckt 1 Tag im Kühlschrank marinieren. Die Spareribs in einer Grillpfanne bei mittlerer Hitze 15–20 Minuten braten. Erst dann **salzen.**

Siehe auch

S. 22 Warenkunde Fleisch
S. 74 Blattsalat
S. 124 Saucen binden
S. 128 Dunkler Kalbsfond
S. 142 Fettrand einschneiden
S. 288 Kartoffelpüree

GRUNDREZEPT

FLEISCH PANIEREN UND KURZBRATEN

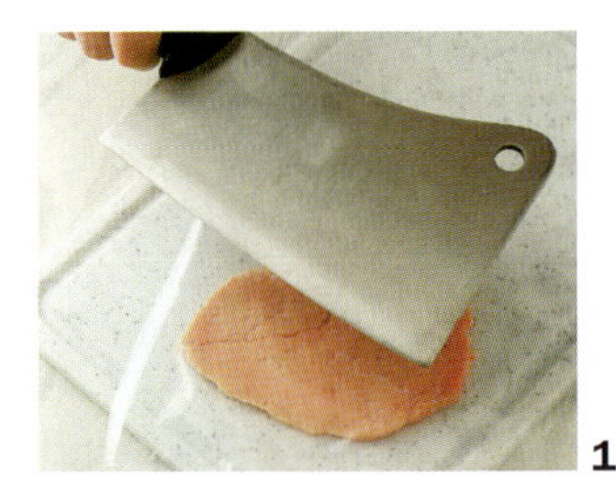

1

2

3

- Für 4 Personen
- Zubereitungszeit: ca. 35 Minuten
- ca. 560 kcal je Portion
- Dazu paßt Blattsalat (S. 74)

DAS BENÖTIGEN SIE

1 EL Öl
4 Kalbsschnitzel aus der Oberschale à 140 g
Salz
schwarzer Pfeffer
2 Eier
2 EL geschlagene Sahne
50 g Mehl
200 g grob gemahlene Semmelbrösel
150 g Butterschmalz
4 Zitronenscheiben
4 Sardellenringe mit Kapern
4 Petersilienzweige

Wiener Schnitzel

1. Zunächst 2 Lagen Frischhaltefolie mit wenig Öl bestreichen. Die Schnitzel dazwischenlegen und mit einem Plattiereisen (ohne Noppen) sehr dünn klopfen **(1).** Die Folie entfernen und die Schnitzel mit Salz sowie Pfeffer würzen.

2. Die Eier mit einer Gabel auf einem Teller verquirlen. Die Sahne darunterheben. Gesiebtes Mehl und Semmelbrösel getrennt auf flache Teller streuen.

3. Die Schnitzel kurz in dem Mehl wenden. Nicht haftendes Mehl sanft abklopfen. Die Schnitzel von beiden Seiten durch das Ei ziehen und leicht abtropfen lassen. Dann von beiden Seiten in die Semmelbrösel drücken **(2).** Überschüssige Brösel sanft abklopfen.

4. Das Butterschmalz in einer Pfanne erhitzen. Die Schnitzel darin bei mittlerer Hitze von jeder Seite ca. 3 Minuten braten, bis sie goldgelb sind **(3).** Kurz auf Küchenkrepp abtropfen lassen. Mit Zitronenscheiben, Sardellenringen und Petersilie garnieren.

(auf dem Foto unten)

BREZELPANIERUNG

2 feingewürfelte Schalotten in **40 g Butter** goldgelb braten. Mit **1 EL gehackter Petersilie** und **1 TL Knoblauchsalz** mischen und auskühlen lassen. Dann **150 g grob geriebene, altbackene Laugenbrezeln** daruntermischen. Das Fleisch damit panieren.

CHILIPANIERUNG

Unter die Semmelbrösel **50 g helle Sesamkörner, 1 kleine, entkernte, feingewürfelte Chilischote** und **1 EL gehacktes Koriandergrün** mischen.

PICCATA MILANESE

8 Kalbsfiletscheiben (à 80 g) plattieren, mit **Salz** und **Pfeffer** würzen und in **50 g Mehl** wenden. **3 Eier** mit **140 g frisch geriebenem Parmesan** verquirlen. Die Fleischscheiben darin wenden und leicht abtropfen lassen. In **100 g Butterschmalz** von jeder Seite 2–3 Minuten braten, bis sie goldgelb sind.
Dazu passen Makkaroni und Tomatensauce (S. 136).

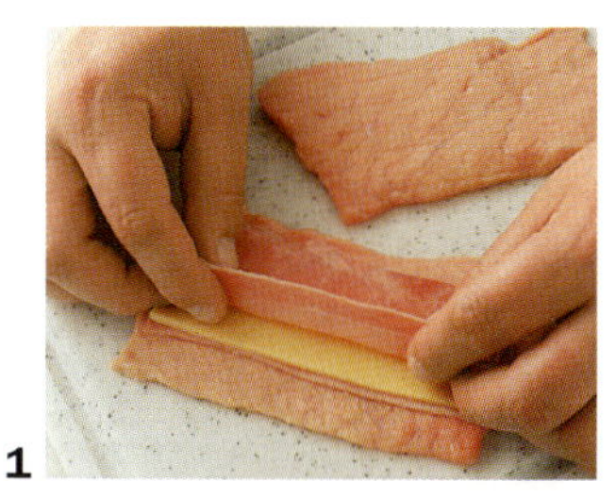

1

2

GRUNDREZEPT

Fleisch füllen und kurzbraten

Cordon bleu

- Für 4 Personen
- Zubereitungszeit: ca. 40 Minuten
- ca. 710 kcal je Portion
- Dazu paßt Kräuterrisotto (S. 323)

Das benötigen Sie

1 EL Öl
8 Kalbsschnitzel à 60–70 g
Salz
schwarzer Pfeffer
4 Scheiben gekochter Schinken à 30 g
4 Scheiben Gruyère à 30 g
2 Eier
50 g Mehl
200 g grob gemahlene Semmelbrösel
3 EL Öl
30 g Butter

1. Zunächst 2 Lagen Frischhaltefolie mit wenig Öl bestreichen. Die Schnitzel dazwischenlegen und mit einem Plattiereisen (ohne Noppen) sehr dünn klopfen. Die Folie entfernen und die Schnitzel mit Salz sowie Pfeffer würzen.

2. Auf 4 Schnitzel je 1 Schinkenscheibe legen, so daß diese das Fleisch an einer Seite überlappt. Darauf je 1 Käsescheibe legen und den Schinken darüberklappen **(1).** Mit den restlichen Schnitzeln bedecken und die Ränder fest andrücken. Die Seiten mit einer Palette so beklopfen, daß die Schnitzel eine rechteckige Form erhalten.

3. Die Eier mit einer Gabel auf einem Teller verquirlen. Gesiebtes Mehl und Semmelbrösel getrennt auf flache Teller streuen. Den Ofen auf 180 °C vorheizen.

4. Die Schnitzel kurz in dem Mehl wenden. Nicht haftendes Mehl sanft abklopfen. Die Schnitzel von beiden Seiten durch das Ei ziehen **(2)** und leicht abtropfen lassen. Dann von beiden Seiten in die Semmelbrösel drücken. Überschüssige Brösel sanft abklopfen und die Schnitzel nochmals zu einer rechteckigen Form klopfen.

5. Das Öl in einer Pfanne erhitzen. Die Schnitzel darin bei mittlerer Hitze von einer Seite in ca. 1 Minute goldgelb braten. Die Schnitzel wenden, die Butter dazugeben und die Schnitzel im Ofen 2–3 Minuten weiterbraten.
(auf dem linken Teller)

Saltimbocca

8 Kalbfleischscheiben aus der Keule (à 70 g) plattieren und mit wenig **Salz** und **Pfeffer** würzen. **Jeweils 1 Scheibe Parmaschinken und 2 Salbeiblätter** darauf legen. Die Fleischscheiben zusammenklappen, zustecken und in **Mehl** wenden. Zusammen mit **2 Salbeiblättchen** und **2 halbierten, ungeschälten Knoblauchzehen** in einer Mischung aus **3 EL Olivenöl** und **20 g Butter** von jeder Seite ca. 2 Minuten braten. Zugedeckt warmstellen. **2 Schalotten** und **1 Knoblauchzehe (beides fein gehackt)** sowie **4 Salbeiblättchen (in feinen Streifen)** im Bratfett glasig dünsten. Mit **50 ml Weißwein** ablöschen und ihn fast vollständig einkochen. **100 ml reduzierten hellen Kalbsfond (S. 105)** und **2 Tomaten (enthäutet, entkernt und gewürfelt)** dazugeben. Alles sämig einköcheln lassen. Das Fleisch in der Sauce kurz aufkochen lassen. Evtl. mit dunklem Kalbsfond (S. 128) beträufeln.
(auf dem rechten Teller)

GESCHNETZELTES

- Für 4 Personen
- Zubereitungszeit: ca. 3/4 Stunden
- ca. 470 kcal je Portion
- Dazu paßt Basmatireis

DAS BENÖTIGEN SIE

600 g Rinderfiletspitzen
150 g Champignons
2 Gewürzgurken
3 Schalotten
1 EL Öl
10 g Butter zum Braten
1–2 TL mittelscharfer Senf
1 EL Zitronensaft
200 ml heller Rinderfond
200 g Crème fraîche
Salz
schwarzer Pfeffer
1 TL Speisestärke
20 g eiskalte Butterstückchen
1 EL grob gehackter Estragon
2 EL geschlagene Sahne

Bœuf Stroganoff

1. Das Fleisch quer zur Faser in 2 cm dicke Scheiben schneiden und diese dann würfeln. Die Pilze mit einem feuchten Tuch abreiben, putzen und in Scheiben schneiden. Die Gewürzgurken und die geschälten Schalotten fein würfeln.

2. Das Öl in einer Pfanne erhitzen und das Fleisch darin portionsweise jeweils 1–2 Minuten anbraten **(1).** Herausnehmen und zugedeckt warmstellen.

3. Die Butter in der Pfanne erhitzen und Schalotten sowie Pilze darin anbraten **(2).** Die Gewürzgurken kurz mitbraten. Senf und Zitronensaft darunterrühren. Den Fond angießen und die Sauce auf die Hälfte einkochen lassen. Die Sauce durch ein Sieb gießen und in einem Topf auffangen. Die im Sieb verbliebenen Zutaten zur Seite stellen.

4. Die Sauce mit der Crème fraîche verrühren und mit Salz sowie Pfeffer abschmecken. Einmal aufkochen lassen und mit 1 TL angerührter Speisestärke binden. Die eiskalten Butterstücke dazugeben und die Sauce mit dem Pürierstab aufmixen **(3).**

5. Fleisch und Gemüse in der Sauce erwärmen. Zum Schluß den gehackten Estragon daruntermischen und die geschlagene Sahne vorsichtig darunterziehen.

1

2

3

MEIN TIP

Größere Fleischmengen brate ich immer in mehreren kleinen Portionen an. Sonst kühlt das Bratfett zu stark ab. Das Fleisch zieht dann Saft und schmort anstatt zu braten. Sollte das Fleisch doch einmal Saft ziehen, dann geben Sie es in ein Sieb, lassen es gut abtropfen und braten es in neuem Fett weiter an. Den abgetropften Fleischsaft können Sie später wieder zum Gericht geben.

Schweinefilet süss-sauer

600 g Schweinefilet quer zur Faser in dünne Scheiben schneiden und in **2 EL Speisestärke** wenden. Das Fleisch portionsweise in **40 g Butterschmalz** von jeder Seite ca. ½ Minute braten. Auf Küchenkrepp abtropfen lassen und zugedeckt warmstellen. **100 g Möhren (in Scheiben)** in **2 EL Sesamöl** andünsten. Dann **je 100 g Lauchstreifen, Staudensellerie (in dünnen Scheiben), Mungobohnensprossen oder Sojasprossen und rote Paprikastreifen** 4–5 Minuten mitbraten. **1 zerdrückte Knoblauchzehe** dazugeben. Alles mit **Salz, Pfeffer** und **1 EL feingehackter Chilischote** würzen. Das Ganze mit **200 ml Tomatensaft** und **4 EL Weißweinessig** ablöschen, mit **1 EL Honig** würzen und leicht sämig einkochen lassen. Das Fleisch in der Sauce erwärmen. Evtl. nachwürzen und mit **1 EL gehacktem Koriandergrün** bestreuen.

Geschnetzeltes Majoranfleisch

700 g Rinderfiletspitzen in feine Streifen schneiden und mit **weißem Pfeffer** würzen. Portionsweise in **8 EL Öl** jeweils ca. 1 Minute scharf anbraten. Mit **Salz** und **Pfeffer** würzen, in einem Sieb abtropfen lassen und den Fleischsaft auffangen. Das Fleisch zugedeckt warmstellen. **200 g Zwiebelstreifen, 100 g Lauchstreifen** und **200 g Möhrenstreifen** im verbliebenen Bratfett der Pfanne bei mittlerer Hitze 4–5 Minuten braten. **400 ml hellen Rinderfond** angießen und auf die Hälfte einkochen lassen. Die Sauce mit **1 EL angerührter Speisestärke** binden. Den aufgefangenen Fleischsaft dazugeben. **40 g eiskalte Butterstückchen** in die Sauce einrühren und **2 EL geschlagene Sahne** darunterheben. Das Fleisch und die **Blättchen von 4 Majoranzweigen** dazugeben. Alles kurz aufkochen und mit **Salz** sowie **Pfeffer** abschmecken.

Züricher Geschnetzeltes

600 g Kalbsfilet (Kopf oder Spitze) in dünne Streifen schneiden und portionsweise in **60 g Butterschmalz** jeweils ca. 1–2 Minuten braten. Herausnehmen und zugedeckt warmstellen. **30 g Butter** in der Pfanne erhitzen und **100 g gewürfelte Schalotten** darin glasig dünsten. **200 g Champignons (in Scheiben)** dazugeben und so lange braten, bis der austretende Pilzsaft wieder verdampft ist. Das Ganze mit **50 ml Weißwein** ablöschen und aufkochen lassen. **200 ml Kalbsvelouté** angießen und aufkochen. Das Fleisch dazugeben, alles mit **Salz** sowie **Pfeffer** würzen und **2 EL geschlagene Sahne** daruntermischen. Mit **1 EL gehackter Petersilie** bestreuen.

Siehe auch

- **S. 104** Heller Rinderfond
- **S. 124** Saucen binden
- **S. 125** Kalbsvelouté
- **S. 142** Fleisch schnetzeln
- **S. 320** Reis kochen

G R U N D R E Z E P T

FLEISCH SIEDEN

- Für 4 Personen
- Zubereitungszeit: ca. 3½ Stunden
- ca. 390 kcal je Portion
- Dazu passen Bouillonkartoffeln

FÜR DEN TAFELSPITZ

2 Zwiebeln
1 kleine Petersilienwurzel
2 Möhren
80 g Knollensellerie
1 Stück Tafelspitzfleisch (1 kg)
1 Knoblauchzehe
½ Bund Kerbel
1 Liebstöckelzweig
2 Majoranzweige
1 EL weiße Pfefferkörner
2 Lorbeerblätter
1 EL Salz

FÜR DEN SEMMELKREN

½ l der Tafelspitzbrühe
1½ altbackene Brötchen
4 EL geriebener Meerrettich
2–3 EL Schnittlauchröllchen
1 Prise Salz
1 Prise Zucker
1 Spritzer Weißweinessig

Tafelspitz mit Semmelkren

1. Die ungeschälte Zwiebel halbieren. Petersilienwurzel, Möhre und Sellerie waschen, putzen und in grobe Stücke schneiden.

2. Das kleingeschnittene Gemüse mit der ungeschälten Knoblauchzehe in einen großen Topf geben. Kräuter, Pfefferkörner und Lorbeerblätter dazugeben. Ungefähr 1½ l Wasser angießen. 1 EL Salz dazugeben und das Wasser aufkochen lassen. Das Fleisch vorsichtig hineinlegen.

3. Aufsteigenden Schaum mit einer Schaumkelle abschöpfen **(1)**. Das Fleisch bei milder Hitze ohne Deckel 2½–3 Stunden leise köcheln lassen, bis es weich ist. Es dabei zwischendurch immer wieder abschäumen.

4. Das Fleisch aus der Brühe nehmen (diese aufheben) und gut abtropfen lassen. Bis zum Servieren zugedeckt warmstellen oder in ein feuchtes Tuch einschlagen.

5. Für den Semmelkren die Tafelspitzbrühe durch ein Sieb gießen und ½ l davon offen auf die Hälfte einkochen lassen. Dann entfetten. Das Brötchen entrinden und kleinwürfeln. Soviel von der Brühe darunterrühren, bis eine cremige Masse entstanden ist. Meerrettich und Schnittlauch darunterrühren und den Semmelkren mit Salz, Zucker sowie Essig abschmecken.

6. Das Fleisch quer zur Faser in Scheiben schneiden und zusammen mit dem Semmelkren anrichten.

1

MEIN TIP

Und so können Sie ein **Brötchen entrinden:** Entweder reiben Sie die Rinde fein ab, oder Sie schneiden sie mit einem kleinen Messer vorsichtig dünn herunter.

Und so prüfen Sie, ob das Fleisch weich ist: Stechen Sie mit einer Gabel hinein. Geht dies ganz leicht, ist das Fleisch ausreichend gegart.

Zwiebelfleisch

8 Scheiben gekochter Tafelspitz (à 80–100 g) von einer Seite mit **insgesamt 2 EL Dijonsenf** bestreichen. **100 g feingewürfelte Schalotten** in **20 g Butter** glasig dünsten. Auf den bestrichenen Fleischscheiben verteilen und leicht andrücken. Die Fleischscheiben vorsichtig in **50 g Mehl** wenden. Dann in **80 g Butterschmalz** von beiden Seiten goldgelb braten. Dazu passen Bayerisches Kraut und Schupfnudeln.

Gekochte Lammschulter

1,5 kg Lammschulter (ohne Knochen) zu ca. ⅔ vom dicken weißen Fett befreien und mit Küchengarn in eine kompakte Form binden. 2½ l Wasser zum Kochen bringen, leicht salzen und die Lammschulter hineingeben. Zugedeckt bei milder Hitze 1½–2 Stunden köcheln lassen. Aufsteigenden Schaum abschöpfen. Nach ca. 1 Stunde **80 g Knollensellerie, 2 Möhren, ½ Lauchstange, 120 g Zwiebeln und 2 Tomaten (alles kleingeschnitten)** sowie **je 1 Rosmarin- und Thymianzweig, 2 Lorbeerblätter, 4 Wacholderbeeren, 3 Knoblauchzehen, 5 Pfefferkörner** und **etwas Salz** dazugeben.
Die fertig gegarte Schulter abtropfen und 10 Minuten zugedeckt ruhen lassen. Dann das Küchengarn entfernen und das Fleisch in Scheiben schneiden. Dazu passen gedünstete grüne Bohnen, Salzkartoffeln und Kapernsauce.

Gekochtes Eisbein

4 gepökelte Eisbeine (à 500–600 g) in kochendem Salzwasser kurz überbrühen. Eventuell noch vorhandene Härchen abziehen und die Schwarte säubern. **4 l Fleischbrühe** in einem großen Topf mit **2 Möhren, ½ Sellerieknolle, 1 Lauchstange und 2 Zwiebeln (alles gewaschen und gebürstet)** aufkochen lassen. Die Eisbeine hineingeben und 2–3 Stunden leicht köcheln lassen. Nach 1 Stunde Garzeit **4 Wacholderbeeren, 2 Lorbeerblätter** und **2 Gewürznelken** dazugeben. Die Eisbeine sind gar, wenn sich das Fleisch leicht vom Knochen lösen läßt. Dazu passen Sauerkraut und Erbspüree.
(auf dem Foto oben)

Siehe auch

S. 105 Fond bzw. Sauce entfetten
S. 125 Kapernsauce
S. 245 Gemüse dünsten
S. 252 Erbspüree
S. 261 Sauerkraut
S. 265 Bayerisches Kraut
S. 280 Salzkartoffeln
S. 281 Bouillonkartoffeln
S. 295 Schupfnudeln

GRUNDREZEPT

Fleisch im Ofen garen

- Für 10 Personen
- Zubereitungszeit: ca. 1¾ Stunden
- ca. 370 kcal je Portion
- Dazu paßt gedünstetes Gemüse und Remouladensauce

Das benötigen Sie

2,5 kg Roastbeef mit Fettdeckel
grobes Salz
grob gemahlener schwarzer Pfeffer
5 EL Öl
2 EL mittelscharfer Senf
1 EL Thymianblättchen

Rosa gebratenes Roastbeef

1. Die Fettschicht des Roastbeefs mit einem großen, scharfen Messer diagonal einritzen, aber nicht bis aufs Fleisch durchschneiden **(1)**. Das Fleisch mit Salz und Pfeffer einreiben. Den Backofen auf 150 °C vorheizen.

2. Das Öl in einem großen Bräter auf dem Herd erhitzen und das Roastbeef darin von beiden Seiten jeweils 2–3 Minuten anbraten **(2)**. Herausnehmen, auf der Fettseite mit dem Senf bestreichen und mit den Thymianblättchen bestreuen.

3. Das Roastbeef mit der Fettseite nach oben wieder in den Bräter legen und im Ofen ca. 1 Stunde braten. Es dabei jede 10 Minuten mit dem Fett aus dem Bräter begießen **(3)**.

4. Danach das Fleisch herausnehmen und für 15–20 Minuten in Alufolie einwickeln, damit sich der Fleischsaft verteilen kann. Dann quer zur Faser dünn aufschneiden **(4)**.

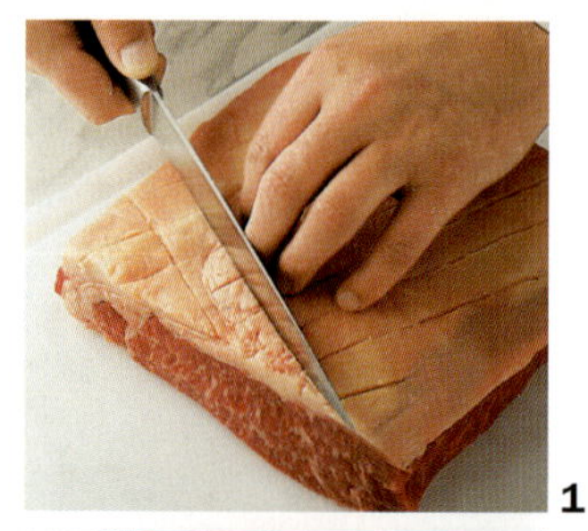

1

2

3

4

Siehe auch

S. 54 Bratthermometer
S. 72 Remouladensauce
S. 105 Heller Kalbsfond
S. 245 Gemüse dünsten

Mein Tip

Ich arbeite hier gerne mit einem Bratthermometer, denn es gibt Aufschluß über den Garzustand des Fleischs. Das Roastbeef ist innen noch leicht blutig, wenn die Kerntemperatur 50 °C beträgt. Bei ca. 60 °C ist es innen rosa, bei 70 °C durch.

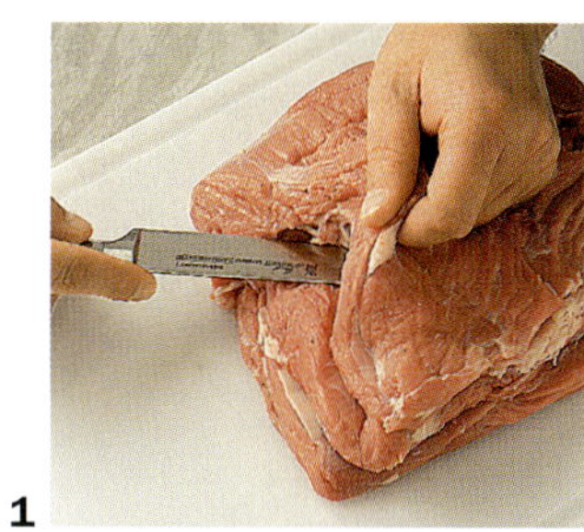

1

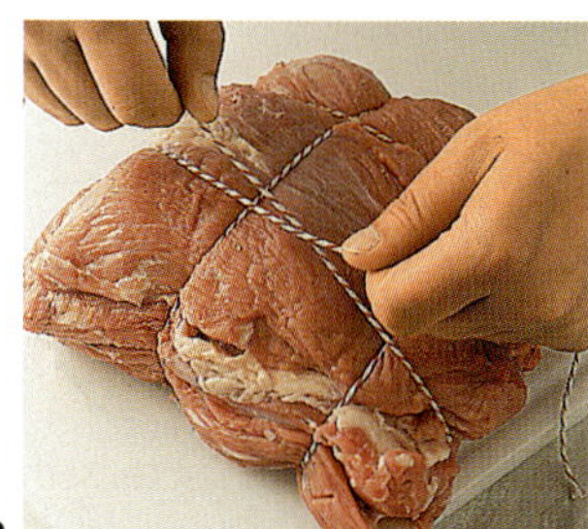

2

Gefüllte Kalbsbrust

In ein Stück **Kalbsbrust (Mittelstück, 1,2 kg, ohne Knochen)** horizontal eine Tasche schneiden **(1)**.
Das Fleisch innen und außen mit **Salz** sowie **Pfeffer** einreiben.
1 feingewürfelte Zwiebel, 2 gehackte Knoblauchzehen und **50 g gewürfelte weiße Rübchen** in **30 g Butter** anbraten. **50 g Weißbrotwürfel (ohne Rinde)** gut mitrösten, dann **100 ml Milch** angießen. Vom Herd nehmen und mit **Salz, Pfeffer** sowie **Muskat** würzen. **1 Eigelb** und **2 EL Schnittlauchröllchen** daruntermischen. Etwas abkühlen lassen und mit **150 g Kalbshackfleisch** gut mischen. Die Masse in die Fleischtasche geben. Die Tasche mit einer Nadel mit Küchengarn zunähen. Dann das Fleischstück mit Küchengarn gut in Form binden **(2)**.
Das Fleisch in einem Bräter in **30 g Butterschmalz** von allen Seiten anbraten. **200 g kleingeschnittenes Röstgemüse (Sellerie, Möhre, Lauch, Zwiebel)** kurz mitbraten. **½ l hellen Kalbsfond** angießen und das Ganze im vorgeheizten Ofen bei 130 °C 2 Stunden garen. Zwischendurch öfter mit Bratensaft übergießen.
Das Fleisch herausnehmen und zugedeckt warmstellen. Den Bratenfond durch ein feines Sieb passieren, das Fett abschöpfen und die Sauce etwas einkochen lassen.
300 g Zwiebelwürfel in **50 g Butterschmalz** goldbraun braten. **50 ml Rote-Bete-Saft** und **2 EL Majoranblättchen** dazugeben. Alles offen zu einer dicken Marmelade einkochen. Mit **Salz, Pfeffer** und **Muskat** abschmecken und **1 EL Semmelbrösel** darunterrühren. Die Paste auf die Kalbsbrust streichen und diese für 1–2 Minuten unter den Grill schieben.

Gefülltes Schweinefilet

Für das Fleisch

1 Stück Schweinenetz
2 Stücke Schweinefilet à 250–300 g (ohne Kopf und Spitze)
Salz, schwarzer Pfeffer
3 EL Öl

Für die Brezelfüllung

100 g altbackene Laugenbrezel
2 Schalotten
100 g Pfifferlinge
40 g Butter
100 ml heiße Milch
Salz, schwarzer Pfeffer
Muskat
1 EL gehackte glatte Petersilie
2 Eier

Für die Sauce

2 Schalotten
2 Knoblauchzehen
50 g Butter
100 g Champignons
100 g Pfifferlinge
100 g Austernpilze
200 g Sahne
Salz, weißer Pfeffer
1 EL gehackte Petersilie
1 EL Thymianblättchen
1 Sternanis
2 EL geschlagene Sahne

1. Das Schweinenetz in 2 Teile schneiden und ca. 20 Minuten wässern.

2. Inzwischen für die Füllung die Laugenbrezel und die geschälten Schalotten würfeln. Die Pilze putzen. Schalotten und Pilze in der Butter anbraten und zur Brezel geben. Die heiße Milch darübergießen. Alles gut mischen, mit Salz, Pfeffer, Muskat und Petersilie würzen und die Eier darunterrühren. ½ Stunde quellen lassen.

3. Den Ofen auf 150 °C vorheizen. Die Filets horizontal aufschneiden, aufklappen und mit Salz sowie Pfeffer würzen. Die Brezelmasse darauf verteilen. Die Filets zusammenklappen und fest in das Schweinenetz einrollen.

4. Die Schweinefilets in einer Pfanne im Öl von allen Seiten ca. 2 Minuten anbraten. Dann im Ofen ca. ¼ Stunde weiterbraten.

5. Inzwischen für die Sauce die Pilze putzen und große Exemplare in mundgerechte Stücke schneiden. Schalotten und Knoblauch schälen und kleinwürfeln. Zusammen mit den Pilzen in der Butter anbraten.

6. Die Sahne angießen und sämig einkochen lassen. Mit Salz und Pfeffer abschmecken. Petersilie, Thymian und etwas geriebenen Sternanis darunterrühren. Zuletzt die geschlagene Sahne einrühren.

7. Die Filets auswickeln, in Scheiben schneiden und mit der Sauce anrichten.

Lammrücken mit Kräuterkruste

Das benötigen Sie

2 Lammrückenfilets à ca. 400 g
2 Thymianzweige
2 Rosmarinzweige
2 Knoblauchzehen
4 EL Olivenöl
3 Scheiben Toastbrot (ohne Rinde)
2 EL gehackte, gemischte Kräuter (Thymian, Rosmarin und Petersilie)
1 TL feingehackter Knoblauch
2 EL mittelscharfer Senf
40 g feste Butter (in dünnen Scheiben)

1. Den Lammrücken zusammen mit den Kräuterzweigen und den geschälten Knoblauchzehen im Öl von allen Seiten ca. 1 Minute anbraten. Dann zusammen mit den Kräuterzweigen und den Knoblauchzehen aus der Pfanne auf Alufolie setzen. Kurz zugedeckt ruhen lassen.

2. Den Ofen auf 150 °C vorheizen. Das Toastbrot fein zerbröseln (siehe Tip) und mit den gehackten Kräutern und dem Knoblauch mischen.

3. Das Fleisch oben mit dem Senf bestreichen und vorsichtig in die Kräutermischung drücken. Das Fleisch wenden, daß die Kruste oben ist und die Butterscheibchen darauf legen.

4. Das Filet im Ofen 10–12 Minuten überbacken. Dann unter dem Grill nochmals ca. 3 Minuten garen, bis die Kruste goldbraun ist. In Scheiben geschnitten servieren.

Mein Tip

Das Toastbrot zerbrösele ich immer in einem Alleszerkleinerer (z. B. in der Moulinette oder in der Küchenmaschine).

Mit der Kräuterkruste können Sie auch prima gebratenes Roastbeef (S. 152) und gebratene Lammkoteletts überbacken.

Gefülltes Schweinefilet

- **Für 4 Personen**
- **Zubereitungszeit: ca. 1¼ Stunden**
- **ca. 820 kcal je Portion**
- **Dazu passen Schupfnudeln**

Lammrücken

- **Für 4 Personen**
- **Zubereitungszeit: ca. 35 Minuten**
- **ca. 440 kcal je Portion**
- **Dazu passen Ratatouille und dunkler Lammfond, der mit etwas Rosmarin und Thymian verfeinert wurde**

Siehe auch

S. 22 Schweinenetz
S. 130 Dunkler Lammfond
S. 258 Ratatouille
S. 295 Schupfnudeln

Bœuf à la Mode

Für die Gewürzmischung

1 TL Salz
5 geschrotete Pfefferkörner
2 zerstoßene Gewürznelken
2 feingewürfelte Schalotten
Blättchen von 3 Thymianzweigen
1 zerriebenes Lorbeerblatt

Für das Fleisch

1 kg Rindfleisch aus der Keule (Frikandeaurolle)
200 g Zwiebeln
100 g Sellerieknolle
1 große Möhre
100 g Lauch
4 EL Öl
1 EL Tomatenmark
300 ml trockener Rotwein
1 l heller Rinderfond
1 EL Speisestärke
Saft von ½ Zitrone

1. Die Zutaten für die Gewürzmischung miteinander mischen. Das Fleischstück damit gut einreiben.

2. Zwiebeln, Sellerie und Möhren schälen, putzen und grob würfeln. Den Lauch putzen, waschen und in Ringe schneiden.

3. Das Fleischstück in einem Bräter in dem Öl von allen Seiten gut anbraten, dann herausnehmen. Das Gemüse im Bräter gut anrösten. Das Tomatenmark kurz mitrösten, dann mit dem Wein ablöschen und ihn auf die Hälfte einkochen lassen.

4. Das Fleisch wieder in den Bräter geben, den Fond angießen und alles zugedeckt auf dem Herd 2½–3 Stunden bei mittlerer Hitze schmoren lassen.

5. Das Fleisch herausnehmen und zugedeckt warmstellen. Die Sauce durch ein feines Sieb gießen und auf die Hälfte einkochen. Mit der angerührten Speisestärke binden. Mit Zitronensaft, Salz und Pfeffer würzig abschmecken.

6. Das Fleisch quer zur Faser aufschneiden und mit der Sauce servieren.

Mein Tip

Es gibt verschiedene Methoden, um zu prüfen, ob das Fleisch gar ist. Entweder Sie stechen mit einer Nadel hinein und führen Sie an die Lippen. Ist sie heiß, ist das Fleisch gar. Oder Sie stechen mit einer Nadel ins Fleisch und prüfen, ob klarer Fleischsaft austritt. Ist dies der Fall, ist das Fleisch gar.

Kasseler Braten

Das benötigen Sie

1 kg Kasselerrücken ohne Knochen
300 g Röstgemüse (Zwiebeln, Knollensellerie, Möhren und Lauch)
2 EL Öl
300 ml heller Rinderfond
1 Lorbeerblatt
5 Gewürznelken
10 schwarze Pfefferkörner
10 Senfkörner
2 Liebstöckelzweige
20 g eiskalte Butterstückchen
1 EL gehackter Liebstöckel

1. Den Backofen auf 130 °C vorheizen. Den Kasselerrücken auf der Fettseite mit einem scharfen Messer leicht einritzen. Das Röstgemüse waschen, putzen und grob würfeln. Die Zwiebel nicht schälen.

2. Das Röstgemüse in einem großen Bräter in dem Öl kräftig anbraten. Den Rinderfond, die Gewürze und die Liebstöckelzweige hinzufügen. Das Fleischstück darauf legen und alles einmal aufkochen lassen.

3. Den Bräter in den Ofen stellen und alles zugedeckt 60–70 Minuten schmoren lassen. Das Fleisch ca. jede 10 Minuten mit dem Fond übergießen, damit es saftig bleibt.

4. Das Fleisch aus dem Bräter nehmen und zugedeckt warmstellen. Den Bratensatz durch ein Sieb passieren und um 1/3 einkochen lassen. Die Butterstückchen zum Binden in die Sauce einrühren und den gehackten Liebstöckel hineingeben.

5. Das Fleisch quer zur Faser aufschneiden und mit der Sauce servieren.

Variation

Dünsten Sie **100 g gewürfelte rote Zwiebeln** in **20 g Butter** glasig, und geben Sie sie in die fertige Sauce.

Bœuf à la Mode

- **Für 4 Personen**
- **Zubereitungszeit: ca. 4 Stunden**
- **ca. 540 kcal je Portion**
- **Dazu passen gedünstete Bohnen und Semmelknödel**

Kasseler Braten

- **Für 4 Personen**
- **Zubereitungszeit: ca. 1½ Stunden**
- **ca. 480 kcal je Portion**
- **Dazu passen Kartoffelpüree und feines Wirsinggemüse**

Siehe auch

S. 104 Heller Rinderfond
S. 124 Saucen binden
S. 245 Gemüse dünsten
S. 266 Feines Wirsinggemüse
S. 288 Kartoffelpüree
S. 338 Semmelknödel

GRUNDREZEPT

FLEISCH IM TEIG GAREN

- **Für 4 Personen**
- **Zubereitungszeit: ca. 1¾ Stunden**
- **ca. 990 kcal je Portion**
- **Dazu passen Herzoginkartoffeln, gedünstete Möhren und Madeirasauce**

DAS BENÖTIGEN SIE

2 Schalotten
200 g Champignons
30 g Butter
Salz
schwarzer Pfeffer
150 g gekochter Schinken
3 EL gehackte Petersilie
800 g Rinderfilet (Mittelstück)
3 EL Öl
500 g frischer Blätterteig (vom Bäcker)
etwas Mehl
2 Eigelb

Rinderfilet Wellington

1. Die Schalotten schälen und kleinwürfeln. Die Pilze abreiben, putzen und sehr fein würfeln. Beides zusammen in der Butter andünsten. Mit Salz und Pfeffer würzen. Den gewürfelten Schinken dazugeben und kurz mitbraten. Die Masse abkühlen lassen und dann die Petersilie darunterrühren.

2. Das Filet mit Salz und Pfeffer einreiben und in dem Öl von allen Seiten ca. 2 Minuten kräftig anbraten. Den Ofen auf 230 °C vorheizen.

3. Den Blätterteig auf einer bemehlten Arbeitsfläche zu einer Teigplatte ausrollen, die 3mal so breit und 2mal so lang wie das Filetstück ist. Die Pilzmasse in der Mitte verstreichen und das Filet darauf legen **(1)**.

4. Die Eigelbe mit wenig Wasser verquirlen und den Teig damit bestreichen. Das Filet darin fest einrollen **(2)** und die Teignähte gut zusammendrücken.

5. Das Filet mit der Teignaht nach unten auf ein mit Backpapier ausgelegtes Blech legen. Im Ofen auf mittlerer Schiene ca. 25 Minuten backen. Vor dem Aufschneiden noch ca. 10 Minuten ruhen lassen. Dann sofort servieren.

(auf dem Foto unten)

1

2

MEIN TIP

Je nach Dicke des Filetstücks kann die Garzeit etwas variieren. Das Filet hat die gewünschte rosa Farbe, wenn das Bratthermometer 60–65 °C anzeigt.

Falls Sie keinen frischen Blätterteig bekommen sollten, können Sie auch tiefgekühlten nehmen.

SCHINKEN IM BROTTEIG

2 kg Schweineschinken (ohne Schwarte, leicht gepökelt) ca. 4 Stunden in Wasser legen. Dann in heißem Wasser kurz aufkochen und darin in ca. 30 Minuten auskühlen lassen. Das Fleisch dann trockentupfen und mit **2 EL scharfem Senf** bestreichen. **2 kg Brotteig vom Bäcker (Sauerteig für Roggenmischbrot)** auf einer bemehlten Arbeitsfläche 1 cm dick ausrollen und mit Wasser bestreichen. Das Fleisch darin einrollen und die Nähte fest verschließen. Auf einem Blech mit Backpapier im vorgeheizten Ofen zunächst bei 220 °C ca. 10 Minuten, dann bei 180 °C weitere 80 Minuten backen. Zu Beginn des Backvorgangs 1 Tasse Wasser in den Ofen stellen. Das Gericht reicht für 8 Personen.

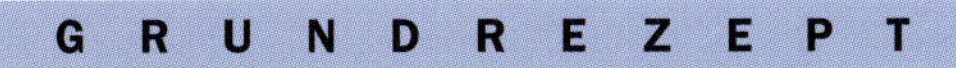

GRUNDREZEPT

KEULEN/HAXEN GAREN

1

2

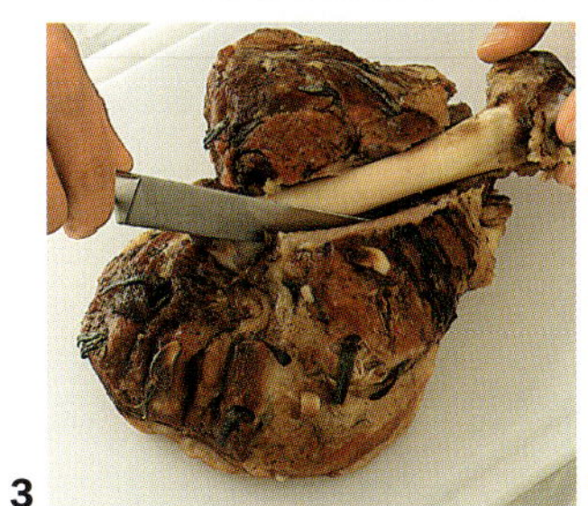

3

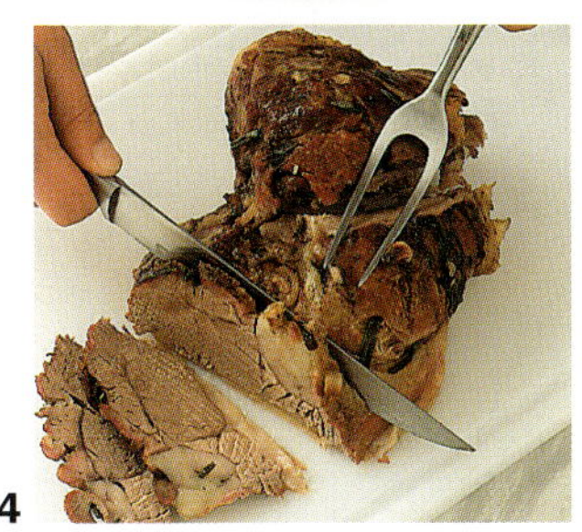

4

Gebratene Lammkeule

- Für 4 Personen
- Zubereitungszeit: ca. 3 Stunden
- ca. 670 kcal je Portion
- Dazu passen Kartoffelklöße und Spitzkohlgemüse

DAS BENÖTIGEN SIE

300 g Röstgemüse (Zwiebeln, Möhren, Knollensellerie, Lauch)
5 Knoblauchzehen
1 Lammkeule mit Knochen (2–2,2 kg)
10 Rosmarinnadeln
3 EL Olivenöl
Salz
schwarzer Pfeffer
2 Thymianzweige
1 Rosmarinzweig
2 Lorbeerblätter
5 schwarze Pfefferkörner
600 ml heller Lammfond
evtl. etwas Speisestärke

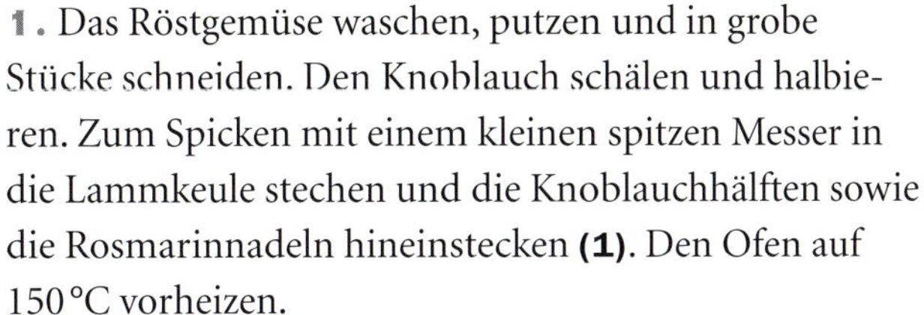

1. Das Röstgemüse waschen, putzen und in grobe Stücke schneiden. Den Knoblauch schälen und halbieren. Zum Spicken mit einem kleinen spitzen Messer in die Lammkeule stechen und die Knoblauchhälften sowie die Rosmarinnadeln hineinstecken **(1)**. Den Ofen auf 150 °C vorheizen.

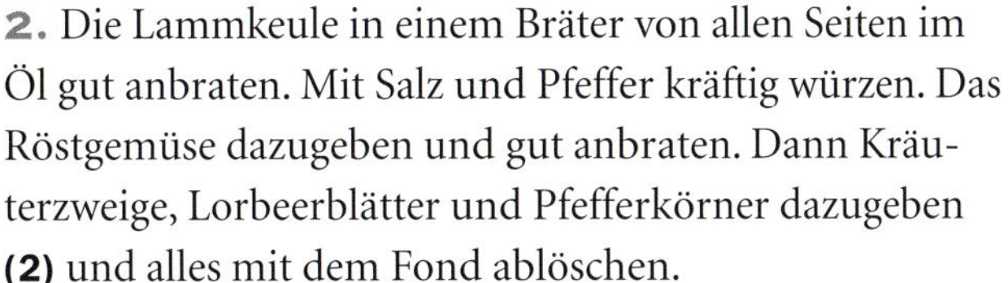

2. Die Lammkeule in einem Bräter von allen Seiten im Öl gut anbraten. Mit Salz und Pfeffer kräftig würzen. Das Röstgemüse dazugeben und gut anbraten. Dann Kräuterzweige, Lorbeerblätter und Pfefferkörner dazugeben **(2)** und alles mit dem Fond ablöschen.

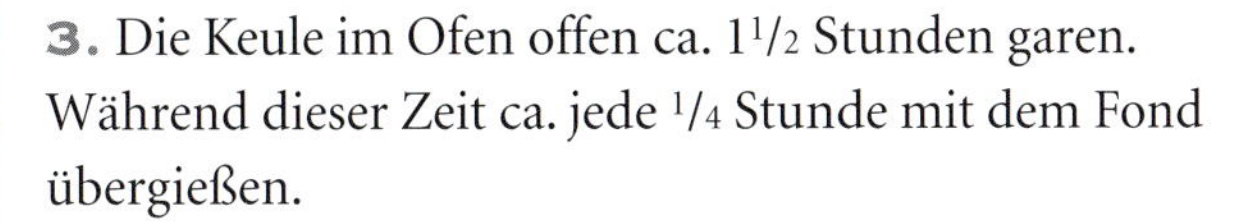

3. Die Keule im Ofen offen ca. 1 1/2 Stunden garen. Während dieser Zeit ca. jede 1/4 Stunde mit dem Fond übergießen.

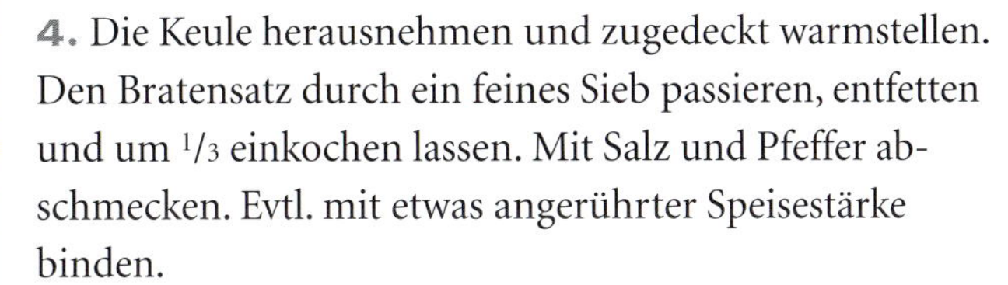

4. Die Keule herausnehmen und zugedeckt warmstellen. Den Bratensatz durch ein feines Sieb passieren, entfetten und um 1/3 einkochen lassen. Mit Salz und Pfeffer abschmecken. Evtl. mit etwas angerührter Speisestärke binden.

5. Das Fleisch der Keule entlang des Knochens aufschneiden und den Knochen so herauslösen **(3)**. Dann das Fleisch quer zur Faser in Scheiben schneiden **(4)**. Die Sauce dazu servieren.

GEBRATENE KALBSHAXE

Sie wird genau wie die Lammkeule zubereitet, jedoch vor dem Braten nicht gespickt. Nehmen Sie **1 Kalbshaxe mit Knochen von ca. 2,5 kg Gewicht,** und verwenden Sie statt des Lammfonds **hellen Kalbsfond.** Die Garzeit im Ofen beträgt bei 160 °C ca. 2 Stunden.
Zur gebratenen Kalbshaxe passen Pilze in Sahnesauce und Spätzle.

MEIN TIP

Durch das Braten mit Knochen werden Keulen und Haxen besonders aromatisch und bleiben schön saftig.

Keulen und Haxen sind gar, wenn beim Einstechen nur noch klarer Fleischsaft austritt.

SIEHE AUCH

S. 104 Heller Lammfond
S. 105 Heller Kalbsfond
S. 124 Saucen binden
S. 128 Madeirasauce
S. 245 Gemüse dünsten
S. 277 Pilze in Sahnesauce
S. 289 Herzoginkartoffeln
S. 292 Kartoffelklöße
S. 302 Spätzle

GRUNDREZEPT

Schmorbraten

- Für 4 Personen
- Zubereitungszeit: ca. 3 Stunden
- ca. 690 kcal je Portion
- Dazu passen Rotkohlgemüse und Kartoffelklöße

Das benötigen Sie

5 Wacholderbeeren
2 Gewürznelken
10 schwarze Pfefferkörner
2 Thymianzweige
1 TL Salz
abgeriebene Schale von 1 unbehandelten Zitrone
1,5 kg Rindfleisch aus der Keule
400 g Röstgemüse (Lauch, Knollensellerie, Möhre, Zwiebeln)
4 EL Öl
3 EL Rotweinessig
1,5 l dunkler Kalbsfond
200 g Champignons
schwarzer Pfeffer
1 EL Speisestärke

Rinderschmorbraten

1. Wacholderbeeren, Nelken und Pfefferkörner im Mörser fein zerreiben oder mahlen. Mit dem Salz, den abgezupften Thymianblättchen und der Zitronenschale mischen. Das Fleisch damit gut einreiben. Das Röstgemüse putzen, waschen und in grobe Stücke schneiden.

2. Das Fleisch in einem großen Bräter in dem Öl von allen Seiten gut anbraten. Das Röstgemüse dazugeben und gut anrösten **(1)**. Alles mit dem Essig ablöschen und den Fond angießen. Das Ganze kurz aufkochen, dann zugedeckt bei milder Hitze ca. 1 Stunde leise köcheln lassen **(2)**.

3. Das Fleisch im Topf wenden. Die Pilze abreiben und putzen. Große Exemplare halbieren oder vierteln. Die Pilze zum Fleisch geben und alles nochmals 1 Stunde zugedeckt schmoren lassen.

4. Das Fleisch herausnehmen und zugedeckt warmstellen. Den Bratenfond durch ein Sieb passieren und das sich oben absetzende Fett abschöpfen. Die Sauce eventuell noch etwas einkochen lassen, mit Salz und Pfeffer nachwürzen und mit der angerührten Speisestärke binden.

5. Das Fleisch quer zur Faser in Scheiben schneiden und mit der Sauce servieren.

1

2

Burgunderbraten

Die Zubereitung ist gleich. Lassen Sie die Nelken zum Einreiben des Fleischs weg, und löschen Sie Braten und Röstgemüse nicht mit Essig, sondern mit **1/2 l Burgunder ab.** Gießen Sie dann nur noch **1 l hellen Rinderfond** an. Geben Sie zusammen mit den Pilzen noch **2 Rosmarinzweige** mit in den Bratenfond. Die Garzeit ist die gleiche wie im Grundrezept.

Mein Tip

Gutes Anbraten ist hier besonders wichtig, denn die Poren müssen geschlossen sein, bevor das Fleisch in der Flüssigkeit gart, sonst wird es trocken und zäh. Außerdem verleiht der Bratensatz der Sauce einen würzigen Geschmack.

Übrigens: Schmorgerichte sind nichts für Ungeduldige. Nur, wenn das Fleisch sanft bei milder Hitze schmort, dann bleibt es innen schön saftig. Achten Sie außerdem darauf, daß der Deckel immer fest aufliegt.

Ossobuco

Den Rand von **4 Kalbshaxenscheiben (à 200 g, ca. 3 cm dick)** mehrmals einschneiden. Das Fleisch mit **Salz** und **Pfeffer** würzen und in etwas **Mehl** wenden. Dann von beiden Seiten in ca. **4 EL Olivenöl** anbraten und mit **2 EL Aceto Balsamico** ablöschen. **Je 75 ml Rot- und Weißwein** angießen und fast vollständig einkochen lassen. **½ l hellen Rinderfond** angießen. **2 Lorbeerblätter** und **2 gehackte Knoblauchzehen** dazugeben. Alles zugedeckt ca. 1½ Stunden schmoren. Das Fleisch zwischendurch einmal wenden. Dann **3 Salbeiblätter, die Blättchen von 1 kleinen Rosmarin- und 1 Thymianzweig, die Schale von ¼ unbehandelten Zitrone** und **½ Knoblauchzehe** fein hacken. Die Hälfte davon mit **200 g geschälten Tomaten aus der Dose** zum Fleisch geben. Ca. ½ Stunde weiterschmoren. Die Sauce mit **Salz** und **Pfeffer** würzen und die restliche Kräutermischung dazugeben. **1 EL gehackte Petersilie** darauf streuen. Dazu passen Kartoffelgnocchi.

Lammrollbraten

1,5 kg Lammschulter (ohne Knochen) mit **Salz, schwarzem Pfeffer, 2 feingehackten Knoblauchzehen** und den **Blättchen von 2 Thymianzweigen** einreiben. **1 altbackenes Brötchen (ohne Rinde)** würfeln und in **75 ml warmer Milch** einweichen. **2 gewürfelte Schalotten** in **30 g Butter** glasig dünsten und dazugeben. **150 g Lammhackfleisch** mit **1 Ei, 1 TL gehacktem Knoblauch, 1 EL abgeriebener, unbehandelter Zitronenschale** und **1 EL gehackter Petersilie** mischen. Mit etwas **Salz** sowie **Pfeffer** würzen und mit der Brötchenmischung gut vermengen. Die Lammschulter flach auslegen und leicht plattklopfen. Mit **Salz** und **Pfeffer** würzen und oben mit **1 EL Senf** bestreichen. Die Hackmasse darauf geben und das Fleisch fest zusammenrollen **(1).** Mit Küchengarn zusammenbinden. Das Fleisch in **4 EL Öl** anbraten. **300 g Röstgemüse (Lauch, Knollensellerie, Zwiebeln, Petersilienwurzeln)** mitrösten. Dann **1 EL Tomatenmark** kurz mitrösten, mit **200 ml Rotwein** ablöschen und ihn auf die Hälfte einkochen lassen. Nach und nach **1 l hellen Lammfond** angießen und **3 Thymianzweige** dazugeben. Zugedeckt bei milder Hitze ca. 1½ Stunden schmoren lassen, dabei einmal wenden. Den Bratenfond durch ein feines Sieb gießen, entfetten und leicht einkochen. Mit ca. **1 EL angerührter Speisestärke** binden. Mit **1 TL feingehacktem Knoblauch** und **1 TL abgeriebener, unbehandelter Zitronenschale** abschmecken. Dazu passen Stampfkartoffeln und Kapernsauce.

(auf dem Foto unten)

1

Siehe auch

S. 104	Heller Lammfond
S. 104	Heller Rinderfond
S. 124	Saucen binden
S. 125	Kapernsauce
S. 128	Dunkler Kalbsfond
S. 260	Rotkohlgemüse
S. 281	Stampfkartoffeln
S. 292	Kartoffelklöße
S. 293	Kartoffelgnocchi

GRUNDREZEPT

SAUERBRATEN

- Für 4 Personen
- Zubereitungszeit: ca. 2¼ Stunden
- Marinierzeit: ca. 2 Tage
- ca. 730 kcal je Portion
- Dazu passen Rotkohlgemüse (S. 260/261) und Kartoffelklöße (S. 292)

FÜR DIE MARINADE

2 Zwiebeln
1 Stange Lauch
3 Möhren
1 kleine Sellerieknolle
½ l Rotwein
¼ l Rotweinessig
2 Lorbeerblätter
2 Gewürznelken
5 Wacholderbeeren
10 schwarze Pfefferkörner
10 Senfkörner
1 TL Salz

FÜR DEN BRATEN

1 kg Rindfleisch aus der Schulter
100 g Rosinen
100 ml Rotwein
50 g Mandelblättchen
5 EL Öl
100 g Lebkuchen ohne Glasur
2 EL Rübenkraut
Salz
schwarzer Pfeffer

Rheinischer Sauerbraten

1. Das Gemüse putzen, ggfs. schälen, waschen und grob würfeln. Mit den anderen Zutaten für die Marinade in ½ l Wasser aufkochen. Das Fleisch darin 2 Tage zugedeckt im Kühlschrank marinieren **(1)**. Dabei mehrmals wenden. Die Marinade muß das Fleisch vollständig bedecken.

2. Das Fleisch abtropfen lassen und gut mit Küchenkrepp trockentupfen. Die Marinade durch ein Sieb gießen.

3. Die Rosinen in dem Rotwein einweichen. Die Mandelblättchen in einer Pfanne ohne Fett bei mittlerer Hitze goldgelb rösten.

4. Das Fleisch in einem Bräter in dem Öl von allen Seiten gut anbraten. Die Marinade angießen. Alles zugedeckt bei milder Hitze ca. 1½ Stunden schmoren lassen. Das Fleisch dabei öfter wenden.

5. Das Fleisch herausnehmen und zugedeckt warmstellen. Die Sauce offen auf ½ l einkochen lassen. Die Lebkuchen fein zerkrümeln und mit den abgetropften Rosinen in die Sauce geben **(2)**. Diese ca. 5 Minuten köcheln lassen. Mit Rübenkraut, Salz und Pfeffer abschmecken. Die Mandelblättchen darauf streuen.

6. Das Fleisch quer zur Faser in Scheiben schneiden und mit der Sauce servieren.

1

2

MEIN TIP

Geben Sie Fleisch und Marinade in einen Gefrierbeutel, und verschließen Sie ihn gut. So können Sie das Fleisch besonders gleichmäßig marinieren.

ROSINENMARINADE

Zutaten: **100 g Rosinen, ½ l Wasser, ¼ l Rotweinessig, 5 Pfefferkörner, 2 Nelken, 1 Lorbeerblatt, 2 Thymianzweige** und **2 Wacholderbeeren** sowie **4 Schalotten und 1 Möhre (beides gewürfelt).**
Nach dem Schmoren die passierte Sauce mit **100 g getrockneten, kleingeschnittenen Birnenspalten, 1 EL Birnenkraut** und **100 g feingeriebenem Graubrot (ohne Rinde)** noch ca. 10 Minuten köcheln lassen.

APFELSAFT-MARINADE

Zutaten: **350 ml Apfelsaft, 350 ml Apfelessig, 100 ml Rotwein, 2 EL Honig, 10 Pfefferkörner, 2 Lorbeerblätter, 5 Wacholderbeeren** und **10 Senfkörner** sowie **1 Zwiebel, ¼ Sellerieknolle, 2 Möhren und 1 Lauchstange (alles kleingewürfelt).**
Nach dem Schmoren die passierte Sauce mit **100 g getrockneten Apfelringen, 2 EL Apfelmus** und **3 feingeriebenen Scheiben Schwarzbrot (ohne Rinde)** noch ca. 10 Minuten köcheln lassen.

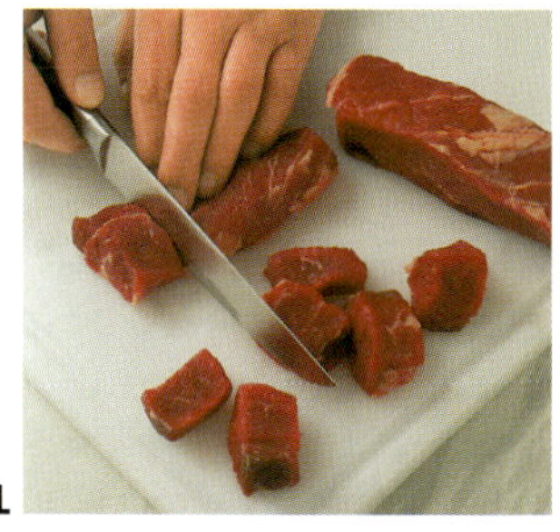

1

2

GRUNDREZEPT

Gulasch

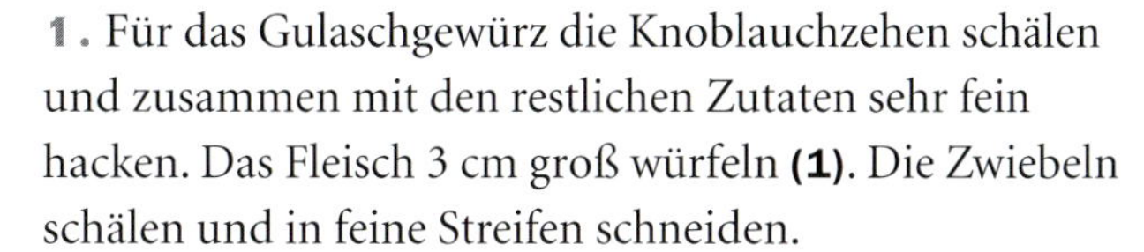

Rindergulasch

- Für 4 Personen
- Zubereitungszeit: ca. 1¾ Stunden
- ca. 620 kcal je Portion
- Dazu passen Spätzle mit Petersilie (S. 302) und gedünstetes Gemüse (S. 245)

Für das Gulaschgewürz

2 Knoblauchzehen
½ TL Kümmel
1 TL Salz
Blättchen von 1 Majoranzweig
abgeriebene Schale von 1 unbehandelten Zitrone

Für das Gulasch

1 kg Rindfleisch aus der Hüfte
800 g Zwiebeln
50 g Butterschmalz
1–2 TL Paprikapulver edelsüß
1 EL Tomatenmark
1,2 l heller Rinderfond (S. 104)
schwarzer Pfeffer
2 Lorbeerblätter

1. Für das Gulaschgewürz die Knoblauchzehen schälen und zusammen mit den restlichen Zutaten sehr fein hacken. Das Fleisch 3 cm groß würfeln **(1)**. Die Zwiebeln schälen und in feine Streifen schneiden.

2. Das Fleisch in einem Schmortopf im heißen Butterschmalz portionsweise von allen Seiten gut anbraten **(2)**. In ein Sieb geben und abtropfen lassen.

3. Die Zwiebeln im verbliebenen Fett goldgelb braten. Mit dem Paprikapulver bestäuben, dann das Tomatenmark dazugeben und alles bei mittlerer Hitze kurz anrösten. Den Fond angießen und alles einmal aufkochen.

4. Das Fleisch in den Topf geben. Alles mit Pfeffer und Gulaschgewürz würzen und die Lorbeerblätter dazugeben. Das Gulasch zugedeckt bei milder Hitze ca. 1 Stunde weiterschmoren.

5. Das Fleisch aus der Sauce nehmen und warmstellen. Die Sauce durch ein Sieb passieren, erhitzen und evtl. nachwürzen. Das Fleisch darin erwärmen.
(auf dem Foto unten)

Mein Tip

Das Fleisch ist gar, wenn Sie es mit einer Gabel gut einstechen können.

Szegediner Gulasch

2 zerdrückte Knoblauchzehen mit **2 TL Kümmel** zu einer breiartigen Masse verarbeiten. **400 g in Streifen geschnittene Zwiebeln** in **3 EL Öl** glasig dünsten. Die Kümmelmasse mit **4 EL Paprikapulver edelsüß** darunterrühren. **800 g Schweinefleisch aus der Schulter (3 cm groß gewürfelt)** in **4 EL Öl** anbraten. Mit **Salz** und **Pfeffer** würzen. **¾ l hellen Rinderfond (S. 104)** angießen. Die Zwiebelmischung dazugeben und alles zugedeckt ca. 35 Minuten schmoren. Dann **800 g Sauerkraut** (mit kaltem Wasser abgespült und gut abgetropft) daruntermischen. 15–20 Minuten weitergaren bis Fleisch und Kraut gar sind. Zuletzt **100 g saure Sahne** unter das nicht mehr kochende Gericht mischen. Mit **1 EL gehackter Petersilie** bestreuen.

Lammcurry

Lammcurry
- **Für 4 Personen**
- **Zubereitungszeit: ca. 1 ½ Stunden**
- **ca. 630 kcal je Portion**
- **Dazu paßt Basmatireis mit Minzestreifen**

Siehe auch

S. 61 Fritieren
S. 104 Heller Lammfond
S. 129 Heller Geflügelfond
S. 243 Chilischote entkernen
S. 243 Tomate enthäuten
S. 320 Reis kochen

Das benötigen Sie

600 g Lammfleisch aus der Schulter
300 g Zwiebeln
7 EL Öl (vorzugsweise Erdnußöl)
1 EL Currypulver
1 TL Kurkumapulver
1 TL gehackter Ingwer
1 EL Mehl
½ l heller Lammfond
300 ml Kokosmilch
200 g Sahne
Salz
300 g Zucchini (möglichst 1 grüne und 1 gelbe)
1 Knoblauchzehe
1 Tomate
schwarzer Pfeffer
1 EL Pfefferminzblättchen, in Streifen geschnitten

1. Das Fleisch in 2–3 cm große Würfel schneiden. Die Zwiebeln schälen und kleinwürfeln.

2. Nun 5 EL Öl in einem breiten Topf erhitzen und das Fleisch darin bei starker Hitze von allen Seiten unter Wenden anbraten. Die Zwiebeln kurz mitbraten.

3. Curry- und Kurkumapulver, Ingwer und das Mehl auf das Fleisch streuen. Alles gut verrühren und den Lammfond angießen. Das Curry zugedeckt bei mittlerer Hitze ca. ½ Stunde schmoren.

4. Die Kokosmilch und die Sahne zum Curry geben und es mit etwas Salz würzen. Zugedeckt weitere 20-30 Minuten bei mittlerer Hitze schmoren.

5. Inzwischen die Zucchini waschen, putzen und in ½ cm dicke Scheiben schneiden. Die Knoblauchzehe schälen und fein hacken. 2 EL Öl in einem Topf erhitzen und die Zucchinischeiben darin kurz bei mittlerer Hitze anbraten (sie sollen nicht bräunen). Mit Salz und Pfeffer würzen.

6. Die Tomate enthäuten, vierteln, entkernen und in kleine Würfel schneiden.

7. Die Zucchinischeiben zusammen mit dem Knoblauch und der Minze ins Lammcurry geben. Das Gericht mit den Tomatenwürfeln bestreuen.
(auf dem Foto)

Lammcurry mit Orange, Zitrone und Minze

Zunächst **1 kg Lammschulter** in 2-3 cm große Würfel schneiden. Mit **Salz** sowie **Pfeffer** würzen. Mit **10 gehackten Minzeblättchen** und **2 gehackten Knoblauchzehen** mischen und ca. ¼ Stunde durchziehen lassen.
Das Fleisch mit **2 EL Mehl** bestäuben und in **½ l Öl** knusprig fritieren. Auf Küchenkrepp abtropfen lassen.
2 EL Öl erhitzen und **1 gewürfelte, kleine rote Zwiebel** sowie **1 gehackte Knoblauchzehe** darin andünsten. **1–2 EL Currypulver** und **1 TL Kurkumapulver** hinzugeben und **400 g Kokosmilch** angießen. Die Sauce etwas einkochen lassen. **100 ml hellen Geflügelfond** angießen. **1 EL gewürfelten Ingwer, je 1 TL abgeriebene, unbehandelte Orangen- und Zitronenschale** sowie **6 Basilikumblättchen (in Streifen geschnitten)** hinzufügen. Die Sauce einmal kräftig aufkochen lassen, dann fein pürieren. Mit Salz abschmecken. Das Fleisch hineingeben.
1 frische rote Chilischote waschen, halbieren, entkernen und in feine Streifen schneiden. Das Lammcurry mit den Chilistreifen, **je 1 TL in Streifen geschnittener, unbehandelter Orangen- und Zitronenschale, 8 Basilikumblättchen** und **1 TL in Streifen geschnittenem, kandiertem Ingwer** garnieren. Dazu paßt Basmatireis.

Mein Tip

Frische Minze bekommen Sie in kleinen Töpfen bei Ihrem Gemüsehändler. Ersatzweise können Sie für dieses Rezept auch ½ TL getrocknete Minze nehmen. Diese dann aber schon ca. 10 Minuten vor Ende der Garzeit an das Curry geben.

GRUNDREZEPT

Rouladen

- Für 4 Personen
- Zubereitungszeit: ca. 1 3/4 Stunden
- ca. 460 kcal je Portion
- Dazu passen Spätzle sowie Erbsen- und Möhrengemüse

Das benötigen Sie

4 Scheiben Rindfleisch aus der Keule à 200 g
2 EL scharfer Senf
Salz
schwarzer Pfeffer
3 Zwiebeln
10 g Butter
100 g Speck (Dörrfleisch)
1 TL Paprikapulver edelsüß
2 kleine Gewürzgurken
300 g rote Zwiebeln
1 kleine Stange Lauch
1 Möhre
4 EL Öl
1/4 l trockener Rotwein
1 Lorbeerblatt
2 Thymianzweige
1/2 l heller Rinderfond
1 EL Speisestärke

Klassische Rinderrouladen

1. Das Rouladenfleisch zwischen 2 Lagen Frischhaltefolie leicht plattklopfen. Dann jeweils auf einer Seite mit dem Senf bestreichen und mit Salz sowie Pfeffer würzen. Die Zwiebeln schälen, halbieren und in Streifen schneiden. In der Butter glasig dünsten und auskühlen lassen. Den Speck in dünne Streifen schneiden und mit dem Paprikapulver würzen. Die Gewürzgurken längs vierteln.

2. Jeweils 1/4 der Zwiebeln auf die Rouladen geben. Dann 1/4 des Specks sowie 2 Gurkenviertel darauf legen **(1)**. Das Rouladenfleisch jeweils an den Längsseiten ein wenig nach innen einschlagen und dann von dem schmalen Ende mit der Füllung her fest zusammenrollen **(2)**. Mit Rouladennadeln oder Holzzahnstochern zustecken **(3)**.

3. Die roten Zwiebeln schälen und fein würfeln. Lauch und Möhre waschen, putzen und in kleine Würfel schneiden. Das Öl in einem Bräter erhitzen und die Rouladen darin rundherum bei starker Hitze goldbraun anbraten. Herausnehmen. Die Gemüsewürfel im heißen Fett unter Rühren goldbraun anrösten und mit dem Rotwein ablöschen. Lorbeerblatt und Thymian dazugeben und den Rinderfond angießen. Die Rouladen in den Schmorfond legen und zugedeckt bei mittlerer Hitze in etwa 1 Stunde garschmoren. Sollte die Flüssigkeit zu stark einköcheln, etwas Rinderfond nachgießen.

4. Die fertigen Rouladen aus dem Bräter nehmen und zugedeckt im Ofen bei 50 °C warmstellen. Den Schmorfond durch ein Sieb in einen anderen Topf passieren und um 1/3 einkochen lassen. Die Speisestärke mit etwas kaltem Wasser anrühren, unter Rühren in die heiße Sauce geben und diese so binden. Nochmals mit Salz und Pfeffer abschmecken. Die Rouladennadeln entfernen und die Rouladen in der Sauce erwärmen.

1

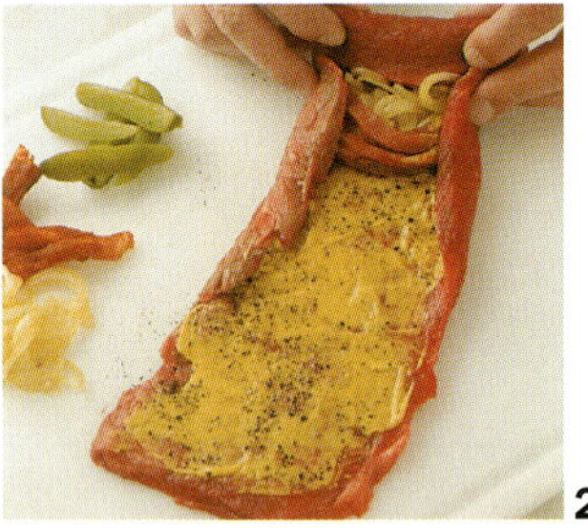

2

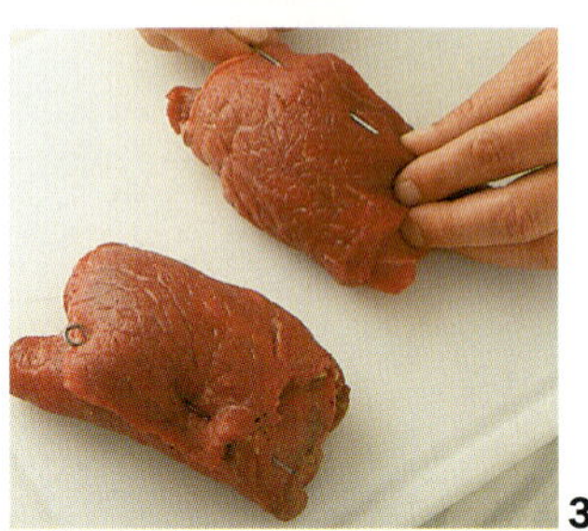

3

Mein Tip

Um zu prüfen, ob die Rouladen schon weich sind, stechen Sie nach Ende der angegebenen Garzeit mit einem kleinen Messer in eine Roulade. Geht dies noch recht schwer, lassen Sie die Rouladen noch etwa 10 Minuten weiterschmoren.

Rouladen kann man prima in größeren Mengen zubereiten und dann portionsweise einfrieren.

Schalotten-Füllung

4 EL geschälte Kürbiskerne in einer Pfanne ohne Fettzugabe goldgelb rösten. Herausnehmen. **150 g Schalotten** schälen, würfeln, in **50 g Butter** andünsten und auskühlen lassen. **2 gehackte Knoblauchzehen, 1/2 Bund gehackte Petersilie, 2 EL Semmelbrösel** und die Kürbiskerne daruntermischen. Die Rouladenscheiben mit **Salz** und **Pfeffer** bestreuen, **je 1 Scheibe rohen Schinken** darauf legen und die Schalottenfüllung darauf geben. Die Rouladen dann zusammenrollen und fertig zubereiten.

Pilz-Kräuter-Füllung

1 Brötchen vom Vortag in **1/8 l lauwarmer Milch** einweichen. **50 g getrocknete Morcheln** für ca. 1 Stunde in kaltem Wasser quellen lassen, dann ausdrücken und fein würfeln. **10 g Butter** erhitzen und **1 gewürfelte Zwiebel** sowie **2 gehackte Knoblauchzehen** darin zusammen goldgelb andünsten. Die Morcheln kurz mitdünsten. Mit **Salz** und **Pfeffer** würzen und auskühlen lassen. Das Brötchen gut ausdrücken, zerpflücken und mit **200 g Rinderhackfleisch, 2 EL mittelscharfem Senf, 1 Eigelb** und **je 1 TL Thymian und gehacktem Kerbel** gut mischen. Die Füllung mit **Salz**, **Pfeffer** und **Muskat** abschmecken und auf das Rouladenfleisch streichen. Die Rouladen dann zusammenrollen und fertig zubereiten.

Hackfleisch-Füllung

1 Brötchen vom Vortag in **125 g Sahne** einweichen. **20 g Butter** erhitzen und **2 gewürfelte Zwiebeln** sowie **2 gehackte Knoblauchzehen** darin zusammen goldgelb andünsten. Das Ganze leicht abkühlen lassen und mit **200 g Rinderhackfleisch** gut mischen. Das Brötchen leicht ausdrücken, zerpflücken und zusammen mit **1 Ei** hinzufügen. Zuletzt **2 EL gehackte Petersilie** darunterkneten und die Füllung mit **Salz** sowie **Pfeffer** pikant abschmecken. Die Füllung auf das Rouladenfleisch streichen. Die Rouladen dann zusammenrollen und fertig zubereiten.

Siehe auch

S. 104 **Heller Rinderfond**
S. 124 **Saucen binden**
S. 245 **Gemüse dünsten**
S. 302 **Spätzle**

Ideen rund um die Wurst

Rohe Bratwurst braten

Die Wurst vor dem Braten kurz mit heißem Wasser überbrühen und sehr sorgfältig trockentupfen. Dann die Wurst mit einer feinen Nadel oder mit einem Zahnstocher mehrmals einstechen, damit sie beim Braten nicht platzt. Nochmals gut trockentupfen. 2 EL Öl in einer Pfanne erhitzen und die Wurst darin bei mittlerer Hitze von allen Seiten goldbraun braten.

Mein Tip

Nürnberger und Frankfurter Rostbratwürstchen müssen Sie nicht überbrühen, aber einstechen.

Wenn Sie die Bratwürste vor dem Braten in Milch tauchen und sie nicht trockentupfen, erhalten sie eine tolle Kruste.

Möchten Sie Bratwurst grillen, dann bestreichen Sie sie nach dem Überbrühen mit etwas Öl, oder legen Sie sie kurz in Kräuteröl ein.

Weisswurst garen

Die Weißwürste in Wasser bei milder Hitze ca. 20 Minuten erwärmen, bis sie prall sind. Wichtig: Das Wasser darf nicht kochen, sonst platzen die Würste.

Blut- und Leberwurst erhitzen

Leicht gesalzenes Wasser zum Sieden bringen und die Würste darin bei milder Hitze so lange ziehen lassen, bis sie prall sind.

Blut- und Leberwurst braten

Die Würste an einem Ende aufschneiden, die Masse herausdrücken und in einer Pfanne in wenig Fett bei mittlerer Hitze braten. Bei festen Würsten können Sie auch den Darm entfernen, die Würste in Scheiben schneiden und diese in wenig Fett braten.

Mein Tip

Oft werden Bockwurst & Co. auch in Suppen oder in Gemüse serviert. Erwärmen Sie sie dann gleich bei milder Hitze im Gericht.

Bockwurst & Co. erhitzen

Die Würste (z. B. Bockwurst, Wiener, Lyoner, Krakauer) in ca. 80 °C warmes, leicht gesalzenes Wasser legen und darin 10–15 Minuten bei milder Hitze ziehen lassen, bis sie prall sind. Wichtig: Das Wasser darf nicht kochen.

Hot Dog

4 Hot-Dog-Brötchen auf dem Brötchenaufsatz des Toasters oder im Ofen bei 200 °C kurz anrösten. Dann horizontal jeweils eine Tasche einschneiden und die Brötchen vorsichtig auseinanderklappen. Die Schnittflächen jeweils mit **1 TL Mayonnaise** und **1 TL Ketchup** bestreichen. **4 dünne Kochwürstchen** in Wasser erwärmen und auf die unteren Brötchenhälften legen. Mit **je ½ TL Senf** bestreichen und **je 1 kleingewürfelte Gewürzgurke** darauf streuen. Zuletzt die Brötchen wieder zusammenklappen. Wer möchte, kann vor dem Zusammenklappen zusätzlich noch 1 EL Röstzwiebeln auf die Gewürzgurke streuen.
(auf dem Foto unten)

Würstchen im Schlafrock

8 Platten aufgetauten TK-Blätterteig auf einer bemehlten Arbeitsfläche etwas dünner ausrollen. Mit **je ½ TL Ketchup** bestreichen und mit **je 1 TL gehackter Petersilie** bestreuen. **Je 1 Frankfurter Würstchen** darauf legen. Die Teigränder mit **etwas verquirltem Eigelb** bestreichen und die Würstchen fest in den Teig einrollen. Die Nähte gut andrücken. Die Würstchen auf einem mit kaltem Wasser abgespülten Blech im vorgeheizten Ofen bei 225 °C 20–25 Minuten backen, bis der Teig goldbraun ist.

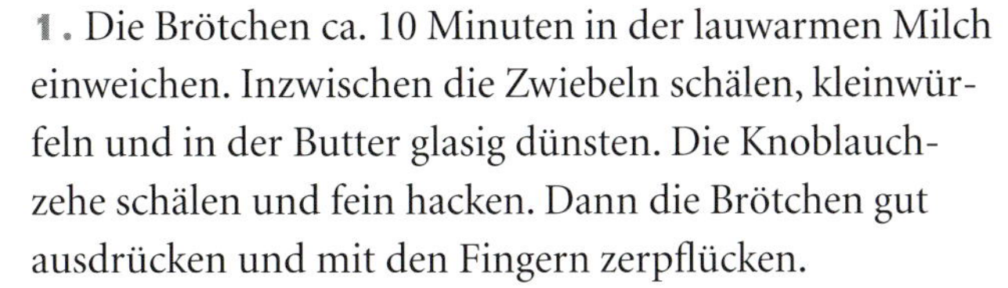

1

2

GRUNDREZEPT

Frikadellen

Klassische Frikadellen

1. Die Brötchen ca. 10 Minuten in der lauwarmen Milch einweichen. Inzwischen die Zwiebeln schälen, kleinwürfeln und in der Butter glasig dünsten. Die Knoblauchzehe schälen und fein hacken. Dann die Brötchen gut ausdrücken und mit den Fingern zerpflücken.

2. Das Hackfleisch mit Ei, Petersilie, Brötchen, Zwiebel- und Knoblauchwürfeln gut verkneten **(1)**. Mit Salz und Pfeffer würzig abschmecken. Aus der Masse mit angefeuchteten Händen kleine Frikadellen formen **(2)**.

3. Das Öl in einer Pfanne erhitzen. Die Frikadellen darin zunächst von jeder Seite ca. 1 Minute bei starker Hitze anbraten. Dann bei mittlerer Hitze von jeder Seite noch ca. 2–3 Minuten weiterbraten.
(auf dem Foto unten)

- **Für 4 Personen**
- **Zubereitungszeit: ca. 1/2 Stunde**
- **ca. 520 kcal je Portion**
- **Dazu paßt Kartoffelsalat**

Das benötigen Sie

2 altbackene Brötchen
100 ml lauwarme Milch
100 g Zwiebeln
20 g Butter
1/2 Knoblauchzehe
500 g gemischtes Hackfleisch (von Rind und Schwein)
2 Eier
2 EL gehackte Petersilie
Salz, schwarzer Pfeffer
4 EL Öl

Lammfrikadellen

700 g Lammhackfleisch mit **2 Eiern, 2 in 6 EL Sahne eingeweichten, ausgedrückten Brötchen** und **1 feingehackten Knoblauchzehe** gut verkneten. **50 g gewürfelte Schalotten** in **20 g Butter** glasig dünsten. Mit **3 EL feingeriebenem Parmesan, 1 EL Ketchup** und **50 g gewürfelten, entsteinten schwarzen Oliven** unter die Hackmasse mischen. Mit **1 EL gehacktem Rosmarin** und **1 EL gehackter Petersilie** sowie **Salz** und **Pfeffer** würzig abschmecken.

Ćevapćići

400 g Rinderhack mit **150 g Schweinehack** und **1 Ei** gut mischen. **2 gewürfelte Schalotten** in **3 EL Olivenöl** glasig dünsten. Mit **1 EL Thymianblättchen, 1 gehackten Knoblauchzehe** und **1 EL gehackter Petersilie** unter die Hackmasse mischen. Mit **Cayennepfeffer, Paprikapulver edelsüß, gemahlenem Kümmel, Salz** und **Pfeffer** würzig abschmecken. Aus der Masse 8 cm lange, dünne „Würstchen“ formen. In **50 g Butterschmalz** von allen Seiten goldbraun braten.

Frikadellen mit roten Beten

1 EL Dijonsenf, 2 EL gewürfelte Gewürzgurken und **2 EL gewürfelte rote Beten (aus dem Glas)** unter das Grundrezept mischen. Mit **Selleriesalz** und **gemahlenem Kümmel** pikant abschmecken.

Siehe auch

S. 72 Mayonnaise
S. 79 Kartoffelsalat

Hamburger

Das benötigen Sie

2 Zwiebeln
500 g mageres Rinderhackfleisch
1 Ei
2 EL Ketchup
50 g Semmelbrösel
1 TL Kräutersalz
schwarzer Pfeffer
4 Burgerbrötchen mit Sesam
3 EL Öl
30 g Butter
4 kleine Blätter Eisbergsalat
8 Tomatenscheiben
8 Scheiben Salatgurke

1. Die eine Zwiebel schälen und kleinwürfeln. Zusammen mit Hackfleisch, Ei, Ketchup und Semmelbröseln zu einer glatten Masse verkneten. Mit Kräutersalz und Pfeffer würzig abschmecken. Den Ofen auf 200 °C vorheizen.

2. Die Fleischmasse in 4 gleich große Portionen teilen. Mit angefeuchteten Händen daraus 4 flache Frikadellen formen. Die Burgerbrötchen im Ofen erwärmen.

3. Das Öl in einer Grillpfanne erhitzen. Die Frikadellen darin von jeder Seite 4–5 Minuten braten, bis sie goldbraun sind.

4. Die zweite Zwiebel schälen, in feine Ringe schneiden und in der Butter goldgelb braten.

5. Die warmen Burgerbrötchen halbieren. Auf die unteren Hälften je 1 gewaschenes Salatblatt, 2 Tomaten- und 2 Gurkenscheiben legen. Die Burger darauf setzen. Die Zwiebelringe und etwas Ketchup darauf geben und die Brötchendeckel auflegen.
(auf dem Foto)

Hamburger mit Lammfleisch

1 altbackenes Brötchen (ohne Rinde) ca. 10 Minuten in **100 ml warmer Milch** einweichen. Ausdrücken und zerpflücken. **2 gewürfelte Schalotten** in **30 g Butter** glasig dünsten. Brötchen und Schalotten mit **500 g Lammhackfleisch, der abgeriebenen Schale von ½ Limette, 1 EL Limettensaft, 2 zerdrückten Knoblauchzehen, 1 EL Frühlingszwiebelringen** und **1 Ei** gut verkneten. Mit **je 1 TL gehacktem Thymian und Rosmarin, etwas gemahlenem Koriander, Salz** und **Pfeffer** würzig abschmecken. Zu Burgern formen und in **Olivenöl** goldbraun braten. **4 Zwiebelbrötchen** halbieren, toasten und mit **Friséesalat** belegen. Die Burger darauf setzen, mit **je 1 EL gewürfelten roten Zwiebeln** belegen und mit **Cayennepfeffer** würzen. Dazu paßt Tsatsiki.

Königsberger Klopse

Für die Klopse

2 altbackene Brötchen (ohne Rinde)
1/8 l warme Milch
120 g Zwiebeln
1 Knoblauchzehe
2 EL Öl
5 g Butter
400 g mageres Rinderhackfleisch
300 g mageres Schweinehackfleisch
1 EL gehackte Sardellen
2 Eigelb
1 Ei
Salz, schwarzer Pfeffer
Muskat
1 EL gehackte Petersilie

Für die Sauce

30 g gesalzene Butter
3 EL Mehl
800 ml heller Rinderfond
75 g Kapern
2–3 EL Weißweinessig
Salz
weißer Pfeffer
2 EL geschlagene Sahne

1. Das Brötchen ca. 10 Minuten in der warmen Milch einweichen. Dann gut ausdrücken und zerpflücken. Zwiebeln und Knoblauch schälen, fein würfeln. In einer Mischung aus dem Öl und der Butter glasig dünsten. Auskühlen lassen.

2. Das Hackfleisch mit Zwiebel- und Knoblauchwürfeln, Brötchen, Sardellen, Eigelben und Ei gut verkneten. Mit Salz, Pfeffer und Muskat pikant abschmecken. Die Petersilie daruntermischen.

3. Aus der Masse 12 Klöße von 4–5 cm Durchmesser formen und zugedeckt kühl stellen.

4. Für die Sauce die Butter in einem Topf zerlassen. Das Mehl dazusieben und unter Rühren hell anschwitzen. Den Rinderfond angießen und alles unter oftmaligem Rühren mit dem Schneebesen aufkochen. Kapern und Essig in die Sauce geben. Mit Salz und Pfeffer würzig abschmecken.

5. Die Klopse in der leicht köchelnden Sauce bei geringer Hitze in 10–15 Minuten garziehen lassen.

6. Die Klöße aus der Sauce nehmen. Die geschlagene Sahne unter die Sauce heben und die Klopse wieder hineinlegen.

Hamburger

- **Für 4 Personen**
- **Zubereitungszeit: ca. 1/2 Stunde**
- **ca. 590 kcal je Portion**

Königsberger Klopse

- **Für 4 Personen**
- **Zubereitungszeit: ca. 3/4 Stunden**
- **ca. 770 kcal je Portion**
- **Dazu passen Petersilienkartoffeln**

Siehe auch

S. 104 **Heller Rinderfond**
S. 124 **Sauce mit Mehlschwitze zubereiten**
S. 138 **Tsatsiki**
S. 169 **Frikadellen braten**
S. 280 **Petersilienkartoffeln**

GRUNDREZEPT

Hackbraten

- Für 4 Personen
- Zubereitungszeit: ca. 1¾ Stunden
- ca. 620 kcal je Portion
- Dazu passen Möhrengemüse und Bratkartoffeln

DAS BENÖTIGEN SIE

2 altbackene Brötchen
¼ l warme Milch
100 g Zwiebeln
1 Knoblauchzehe
10 g Butter
3 Eier für die Einlage
700 g gemischtes Hackfleisch (von Rind und Schwein)
2 Eier
2 EL gehackte Petersilie
1 EL scharfer Senf
Salz
schwarzer Pfeffer
Muskat
gemahlener Kümmel

1

2

1. Die Brötchen ca. 10 Minuten in der warmen Milch einweichen. Inzwischen die Zwiebeln und den Knoblauch schälen, fein würfeln und in der Butter glasig dünsten. Dann etwas abkühlen lassen. Die Brötchen gut ausdrücken und mit den Fingern zerpflücken. Die Eier für die Einlage hartkochen.

2. Das Hackfleisch mit Brötchen, Zwiebeln und Knoblauch sowie rohen Eiern, Petersilie und Senf zu einer glatten Masse verkneten. Mit Salz, Pfeffer, Muskat und Kümmel pikant abschmecken. Den Ofen auf 180 °C vorheizen.

3. Die Masse mit angefeuchteten Händen zu einem flachen, breiten Brotlaib formen. Die hartgekochten Eier in die Mitte legen **(1)** und die Hackmasse über den Eiern zusammendrücken, so daß diese vollständig umschlossen sind. Mit einem großen Messer ein Rautenmuster in die Oberfläche drücken **(2)**.

4. Das Öl in einem großen Bräter erhitzen. Den Hackbraten vorsichtig hineinlegen und im Ofen offen 40–45 Minuten garen.

5. Den Hackbraten vorsichtig mit 2 Pfannenwendern herausnehmen, kurz zugedeckt ruhen lassen und dann in Scheiben schneiden.

(auf dem Foto unten)

Variationen

- Nehmen Sie **700 g Kalbshackfleisch** und statt der Zwiebeln **Schalotten.** Würzen Sie die Masse mit **2 EL Schnittlauchröllchen, 1 EL gehacktem Koriandergrün, 1 EL scharfem Senf, Salz, Pfeffer, Cayennepfeffer** und **gemahlenem Koriander.** Geben Sie dann noch **4 EL rote Paprikawürfel** hinzu.
- Nehmen Sie **700 g Rinderhackfleisch** und statt der Zwiebeln **Schalotten.** Würzen Sie die Masse mit **1 EL Thymianblättchen, etwas Sternanis** und **Fenchelsamen** sowie mit **Salz** und **Pfeffer.** Geben Sie zuletzt noch **30 g getrocknete Steinpilze** dazu, die Sie zuvor ca. 1 Stunde in Wasser eingeweicht und dann kleingeschnitten haben.

1

Falscher Hase im Mangoldblatt

2 altbackene Brötchen in grobe Würfel schneiden und ca. 10 Minuten in **⅛ l heißer Milch** einweichen. Inzwischen **2 gewürfelte Zwiebeln** in **50 g Butterschmalz** goldgelb braten. **2 geschälte, halbierte Knoblauchzehen** und die **Blättchen von ½ Bund glatter Petersilie** kurz mitbraten. Auskühlen lassen.
500 g Rind- und 400 g Schweinefleisch zusammen mit der Zwiebelmischung durch die feine Scheibe des Fleischwolfs drehen. Glattrühren und mit **Salz, Pfeffer, 1 EL Senf** sowie **1 gehäuften TL Paprikapulver edelsüß** abschmecken.
Aus den gewaschenen Blättern von **1 kleinen Mangoldkopf** die festen, weißen Stiele herausschneiden. Die Blätter dann in kochendem Salzwasser mit **1 Prise Natron** ca. 1 Minute blanchieren. Nach dem Abschrecken auf Küchenkrepp gut abtropfen lassen.
Eine Kastenform (20 bis 25 cm lang) mit **etwas flüssiger Butter** ausstreichen. Die Mangoldblätter sich überlappend hineinlegen, daß sie oben überhängen.
2 Eier unter die Hackmasse mischen. Die Hälfte davon in die Form geben und in die Mitte eine Mulde drücken. **5 hartgekochte Eier** hineingeben und mit der restlichen Hackmasse bedecken. Leicht andrücken. Die Mangoldblätter nach innen einschlagen **(1).**
Die Form mit Alufolie verschließen und den Braten im vorgeheizten Ofen bei 180 °C ca. ¾ Stunden garen.
Dazu passen gedünstete Mangoldstiele mit Tomatenwürfeln und einer Sahnesauce.

Siehe auch

S. 244 Blanchieren
S. 245 Gemüse dünsten
S. 355 Eier kochen

Crêperouladen mit Lammhackfleisch

Crêperouladen mit Lammfleisch

- **Für 4 Personen**
- **Zubereitungszeit: ca. 1½ Stunden**
- **ca. 600 kcal je Portion**
- **Dazu paßt Lauchgemüse mit Sahne**

Siehe auch

S. 135 Pilzsauce
S. 245 Gemüse dünsten
S. 360 Crêpes backen

Für die Crêpes

250 ml Milch
120 g Mehl
1 Ei
40 g flüssige Butter
Salz
Muskat
1 EL Majoranblättchen

Für die Füllung

500 g Lammfleisch (Keule oder Nacken)
2 Eier
100 g Schalotten
200 g Lauch (nur die hellen Teile)
30 g Butter
2 EL Schnittlauchröllchen
1 Knoblauchzehe
1 Rosmarinzweig
Salz
schwarzer Pfeffer

Ausserdem

50 g Butter

1. Die Milch mit dem durchgesiebtem Mehl, dem Ei und etwas Salz sowie Muskat mit dem Schneebesen zu einem glatten Teig verrühren. Die flüssige Butter und den Thymian darunterrühren. Ca. 20 Minuten quellen lassen.

2. Eine kleine, beschichtete Pfanne erhitzen. Aus dem Teig nacheinander 8 dünne Crêpes backen. Diese auskühlen lassen.

3. Für die Füllung das Lammfleisch grob würfeln und durch die feine Scheibe des Fleischwolfs drehen. Mit den Eiern gut mischen.

4. Die Schalotten schälen und fein würfeln. Den Lauch putzen, waschen und ebenfalls würfeln. Die Schalotten in der Butter glasig dünsten. Lauch und Schnittlauch dazugeben. Alles mischen und erkalten lassen.

5. Den Knoblauch schälen und fein hacken. Die Rosmarinnadeln abzupfen und fein hacken. Beides mit der Schalottenmischung zum Lammfleisch geben. Alles gut mischen und mit Salz sowie Pfeffer pikant abschmecken. Den Ofen auf 180 °C vorheizen.

6. Die Hackmasse auf den Crêpes glattstreichen und diese fest zusammenrollen. Dann die Crêpes in einer beschichteten Pfanne in der Butter leicht anbraten.

7. Die Crêperouladen auf ein mit Alufolie belegtes Blech legen. Im Ofen ca. ¼ Stunde garen.
(auf dem Foto)

Crêperouladen mit Kaninchenfüllung

Den Crêpeteig nach Rezept zubereiten und daraus 8 Crêpes ausbacken.
Für die Füllung **1 altbackenes Brötchen** ca. 10 Minuten in ca. **⅛ l warmer Milch** einweichen, gut ausdrücken und zerpflücken.
Mit **400 g Kaninchenfleisch (aus der Keule)** und **200 g Dörrfleisch** durch die feine Scheibe des Fleischwolfs drehen.
100 g Schalottenwürfel in **30 g Butter** glasig dünsten. **150 g Lauchwürfel** und **2 EL Schnittlauchröllchen** daruntermischen. Mit **Salz** und **Pfeffer** würzen, gut verkneten und erkalten lassen. Dann mit dem Kaninchenfleisch mischen.
Die Hackmasse auf den Crêpes glattstreichen und diese fest zusammenrollen. Dann die Crêpes in einer beschichteten Pfanne in **50 g Butter** leicht anbraten.
Die Crêperouladen auf ein mit Alufolie belegtes Blech legen. Mit **8 Scheiben Bergkäse** belegen und im auf 180 °C vorgeheizten Ofen 10–12 Minuten garen.
Dazu paßt eine Pilzsauce.

Kohlrouladen

Das benötigen Sie

1 Weißkohl (800–1000 g)
Salz
1 EL Kümmel
30 g Butter
1 TL gehackter Kümmel
2 altbackene Brötchen
1/8 l warme Milch
500 g gemischtes Hackfleisch (von Rind und Schwein)
2 Eier
1 EL gehackte Petersilie
2 EL gehackter Liebstöckel
schwarzer Pfeffer
gemahlener Kümmel
12 Speckscheiben (Bacon)
1/2 l heller Kalbsfond
1 EL Speisestärke

1. Den Kohl waschen und den Strunk keilförmig herausschneiden. 12 Außenblätter abtrennen und die dicken Blattrippen herausschneiden. Den restlichen Kohl beiseite legen. Reichlich Wasser mit etwas Salz und dem Kümmel zum Kochen bringen. Die Kohlblätter darin ca. 10 Minuten garen, bis sie gut biegsam sind. Kalt abspülen und trockentupfen.

2. Den restlichen Kohl in Salzwasser in 15–20 Minuten weichkochen. Abtropfen lassen und in feine Streifen schneiden.

3. Die Butter in einer Pfanne erhitzen und die Kohlstreifen darin mit dem gehackten Kümmel ca. 5 Minuten andünsten. Abkühlen lassen.

4. Inzwischen die Brötchen ca. 10 Minuten in der warmen Milch einweichen. Dann ausdrücken und zerpflücken. Mit Hackfleisch, Eiern und Kohlstreifen gut mischen. Mit Petersilie, 1 EL gehackten Liebstöckel, Salz und Pfeffer gut würzen.

5. Die Kohlblätter flach auslegen. Mit etwas Salz, Pfeffer und gemahlenem Kümmel bestreuen. Die Hackmasse darauf verteilen und die Blätter vorsichtig wie Rouladen zusammenrollen. Mit Küchengarn umwickeln. Den Ofen auf 180 °C vorheizen.

6. Die Speckscheiben in einer Pfanne ohne Fettzugabe knusprig anbraten. Die Kohlrouladen dazugeben und von allen Seiten braten, bis sie leicht Farbe bekommen haben.

7. Die Rouladen in einen Bräter setzen und den Speck darauf legen. Den Bratensatz in der Pfanne mit dem Fond ablöschen, einmal aufkochen und in den Bräter gießen. Die Rouladen im Ofen zugedeckt 30–40 Minuten schmoren.

8. Die Rouladen herausnehmen und zugedeckt warmstellen. Den Schmorfond durch ein Sieb passieren und etwas einkochen. Mit der angerührten Speisestärke binden. Zuletzt den restlichen gehackten Liebstöckel dazugeben. Die Rouladen mit der Sauce mit dem Speck servieren.

Hackfleischpfanne

Das benötigen Sie

50 g Bambussprossen, in Streifen (Konserve)
2 Tomaten
1 kleiner Kopf Eisbergsalat
5 EL Reisessig
1 EL Sesamöl
2 EL Pflanzenöl
500 g Schweinehackfleisch
80 g grob gehackte Pekannußkerne
1 gewürfelte Zwiebel
1 zerdrückte Knoblauchzehe
1 entkernte, gewürfelte Chilischote
4 Frühlingszwiebeln, in Scheiben
1 rote Paprikaschote, in Streifen
1 Möhre, in Streifen
1 TL Tomatenmark
Salz
2 EL Sojasauce
300 ml Öl zum Fritieren
30 g Glasnudeln

1. Die Bambussprossen abtropfen lassen. Die Tomaten enthäuten, entkernen und grob würfeln.

2. Den Salat in seine Blätter zerteilen, waschen und trockentupfen. Mit dem Essig beträufeln und ziehen lassen.

3. Inzwischen Sesam- und Pflanzenöl mischen und im Wok erhitzen. Das Hackfleisch darin unter Rühren scharf anbraten. Die Nüsse mitbraten, bis sie Farbe nehmen.

4. Zwiebel, Knoblauch, Chilischote, Frühlingszwiebeln, Paprika- und Möhrenstreifen sowie Bambussprossen dazugeben und ca. 2 Minuten unter Rühren mitbraten.

5. Die Tomaten mit dem Tomatenmark unter das Gemüse mischen und das Tomatenmark kurz anrösten. Mit Salz und Sojasauce abschmecken.

6. Das Öl zum Fritieren auf mindestens 180 °C erhitzen. Die Glasnudeln mit der Küchenschere in kleine Stücke schneiden und darin fritieren, bis sie knusprig sind. Auf Küchenkrepp abtropfen lassen.

7. Die Salatblätter auf Teller legen und die Hack-Gemüse-Mischung darauf geben. Mit den Glasnudeln bestreuen. Am besten ißt man dieses Gericht mit der Hand.

Kohlrouladen

- **Für 4 Personen**
- **Zubereitungszeit: ca. 2¼ Stunden**
- **ca. 1010 kcal je Portion**
- **Dazu passen Salzkartoffeln, die mit etwas gehacktem Kümmel, gehackter Petersilie und 1 EL Semmelbröseln in 2 EL heißer Butter kurz geschwenkt wurden**

Hackfleischpfanne

- **Für 4 Personen**
- **Zubereitungszeit: ca. 1 Stunde**
- **ca. 650 kcal je Portion**

Siehe auch

S. 61 Fritieren
S. 105 Heller Kalbsfond
S. 124 Saucen binden
S. 166 Rouladen zusammenrollen
S. 243 Chilischote würfeln
S. 243 Tomate enthäuten
S. 280 Salzkartoffeln

GRUNDREZEPT

LEBER BRATEN

- Für 4 Personen
- Zubereitungszeit: ca. 40 Minuten
- ca. 390 kcal je Portion
- Dazu paßt Kartoffelpüree (S. 288)

DAS BENÖTIGEN SIE

4 Scheiben Kalbsleber à 150 g
200 g Zwiebeln
1 Apfel
2–3 EL Mehl
2 EL Öl
40 g Butter
2 Thymianzweige
Salz
schwarzer Pfeffer
1 EL gehackte Petersilie
150 ml dunkler Kalbsfond (S. 128)

Kalbsleber Berliner Art

1. Die Leberscheiben mit Küchenkrepp gut trockentupfen. Die Zwiebeln schälen und in feine Streifen schneiden. Den Apfel schälen, das Kerngehäuse ausstechen und den Apfel in ca. ½ cm dicke Scheiben schneiden.

2. Das Mehl auf einen flachen Teller sieben. Die Leberscheiben darin wenden und überschüssiges Mehl leicht abklopfen.

3. Das Öl in einer Pfanne erhitzen und die Leber darin von beiden Seiten bei mittlerer Hitze in ca. ½ Minute kunsprig anbraten. 1 EL Butter und die Thymianzweige dazugeben und die Leber bei mittlerer Hitze von jeder Seite noch 1–2 Minuten braten, bis sie goldgelb ist **(1)**. Mit Salz und Pfeffer würzen, herausnehmen und zugedeckt warmstellen.

4. Die Zwiebelstreifen im verbliebenen Bratfett und 3 EL Butter gut glasig dünsten. Salzen und pfeffern. Herausnehmen und zugedeckt warmstellen. Die Apfelscheiben im Bratfett kurz anbraten **(2)**.

5. Die Leber auf Tellern anrichten. Mit den Apfelscheiben belegen. Die Zwiebeln in der Pfanne mit der Petersilie mischen. Mit dem Kalbsfond ablöschen, alles kurz einkochen lassen und dann über die Leber geben.

(auf dem Foto unten)

1

2

MEIN TIP

Zu lang gebratene Leber ist zäh und fest. Nehmen Sie sie gleich aus der Pfanne, wenn sie auf leichten Druck mit dem Pfannenwender eben noch nachgibt – nicht später. Und salzen Sie sie immer erst nach dem Braten.

GEBACKENE LEBER

4 Scheiben Kalbs- oder Schweineleber (à 150 g) trockentupfen. **Je 1 TL Rosmarin, Thymian, Liebstöckel und Kerbel (alles gehackt)** mit **1 EL gehackter Petersilie** und **80 g Mehl** mischen. Die Leber darin wenden, durch **2 verschlagene Eier** ziehen und dann in **250 g Semmelbröseln** wenden. Lose Brösel vorsichtig abklopfen. Die Leber in **100 g Butterschmalz** bei mittlerer Hitze von jeder Seite 3–4 Minuten braten. Auf Küchenkrepp abtropfen lassen, dann salzen. Dazu paßt Kartoffelsalat (S. 79).

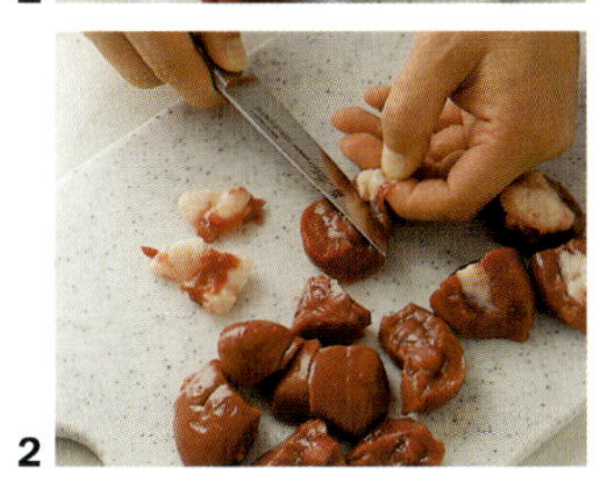

GRUNDREZEPT

NIEREN GAREN

Saure Nieren

- Für 4 Personen
- Zubereitungszeit: ca. 1 1/4 Stunden
- ca. 360 kcal je Portion
- Dazu paßt Bauernbrot

DAS BENÖTIGEN SIE

500 g Kalbsnieren ohne Fett
50 g Schalotten
30 g Lauch
1/2 kleine Möhre
3 EL Öl
30 g Butter
2 EL Aceto Balsamico
1 Lorbeerblatt
1 EL körniger Senf
300 ml heller Kalbsfond (S. 105)
Salz
schwarzer Pfeffer
1 EL gehackte Petersilie
30 g eiskalte Butterstückchen

1. Die Nieren in Röschen schneiden **(1)** und innen liegende Fetteile zusammen mit den Adersträngen herausschneiden **(2)**. Die Röschen 5–10 Minuten in kaltem Wasser wässern, dann trockentupfen.

2. Die Schalotten schälen und fein würfeln. Den Lauch putzen und waschen. Die Möhre schälen, putzen und waschen. Zusammen mit dem Lauch in kleine Würfel schneiden.

3. Öl und Butter zusammen in einer Pfanne erhitzen. Die Nierenstücke darin 2–3 Minuten von allen Seiten anbraten. In ein Sieb geben. Das abtropfende Fett auffangen und wieder in die Pfanne geben.

4. Die Schalotten im Fett glasig dünsten. Mit dem Essig ablöschen und diesen fast vollständig einkochen. Gemüsewürfel, Lorbeerblatt und Senf dazugeben und den Kalbsfond angießen. Alles offen ca. 10 Minuten köcheln lassen.

5. Das Lorbeerblatt entfernen. Die Sauce mit Salz, Pfeffer und Essig abschmecken. Die Nierenstücke in der Sauce wieder erwärmen. Zuletzt die Petersilie daruntermischen und die Butterstückchen zum Binden unter die nicht mehr kochende Sauce rühren.
(auf dem Foto unten)

MEIN TIP

Nierenröschen schmecken rosa gebraten besonders zart und aromatisch.

Statt in Wasser können Sie die geputzten Nierenröschen auch in Milch einweichen.

KALBSNIEREN IN SENFRAHM

2 Kalbsnieren in Röschen schneiden und von Fetteilen befreien. Ca. 10 Minuten wässern, dann trockentupfen. In **50 g Butterschmalz** von allen Seiten 2–3 Minuten braten. Mit **Salz** und **Pfeffer** würzen, aus der Pfanne nehmen und zugedeckt warmstellen. **50 g gewürfelte Schalotten** in **20 g Butter** glasig dünsten. **2 EL Dijonsenf** und **1 TL gehackten Thymian** daruntermischen. Mit **2 EL Aceto Balsamico** ablöschen. **150 ml hellen Kalbsfond** (S. 105) und **125 g Sahne** angießen. Mit **Salz** und **Pfeffer** würzen und etwas einkochen. Dann mit dem Pürierstab aufmixen. Die Nieren dazugeben. **1 EL gehackte Petersilie** und **2 EL geschlagene Sahne** unterheben. Dazu paßt Kohlrabigemüse.

GRUNDREZEPT

ZUNGE GAREN

- Für 4 Personen
- Zeit zum Wässern: ca. 1 Stunde
- Zubereitungszeit: ca. 2½ Stunden
- ca. 520 kcal je Portion
- Dazu paßt Reis mit Petersilie

FÜR DIE ZUNGE

100 g Staudensellerie
2 Möhren
100 g Lauch
2 Schalotten
1 Kalbszunge (600–800 g)
Salz
2 EL Weißweinessig
2 Lorbeerblätter
2 Gewürznelken
3 Thymianzweige

AUSSERDEM

100 g Staudensellerie
12 Fingermöhren
8 Frühlingszwiebeln
400 ml Kalbsvelouté

Kalbszungenragout

1. Den Sellerie und den Lauch putzen und waschen. Die Möhre schälen, putzen und waschen. Die Schalotten mit Schale halbieren.

2. Die Zunge ca. 1 Stunde wässern. Dann in soviel kaltem Wasser aufsetzen, daß sie bedeckt ist. Etwas Salz, den Essig und das vorbereitete Gemüse sowie Lorbeerblätter, Nelken und Thymian dazugeben. Die Zunge offen 1½ Stunden bei mittlerer Hitze köcheln lassen.

3. Prüfen, ob die Zunge weich ist. Dafür die Zungenspitze mit den Fingern drücken **(1)**. Ist sie weich und gibt nach, ist die Zunge fertig gegart.

4. Die Zunge aus dem Sud nehmen, kalt abspülen und dann vorsichtig häuten **(2)**. Den Schlund abschneiden **(3)** und nicht verwenden. Die Zunge in mundgerechte Würfel schneiden.

5. Den Sellerie putzen, waschen und in dicke Scheiben schneiden. Die Möhren schälen, putzen und waschen. Die Frühlingszwiebeln waschen, putzen und die dunkelgrünen Teile abschneiden.

6. Das Gemüse in Salzwasser bißfest blanchieren. Die Kalbsvelouté erhitzen. Gemüse und Zungenstücke darin langsam erwärmen.

(auf dem Foto unten)

1

2

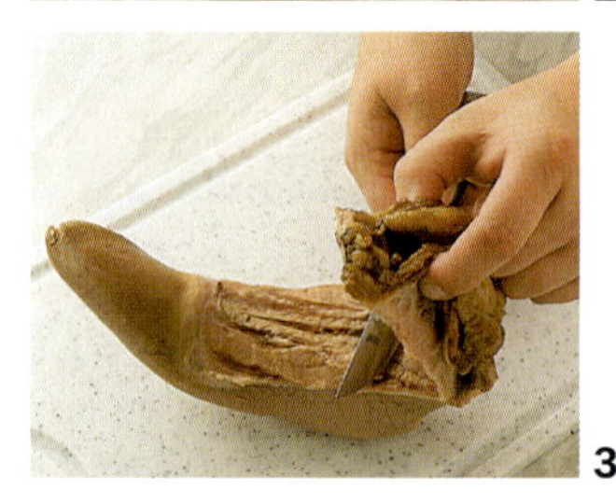
3

KALBSZUNGE IM MEERRETTICHBACKTEIG

1 weichgekochte Kalbszunge häuten, putzen und in 5 mm dicke Scheiben schneiden. **4 Eigelbe** mit **50 g frisch geriebenem Meerrettich, 2 EL Meerrettich aus dem Glas, 125 g Mehl, etwas Salz und Pfeffer, 1 Prise Zucker, 50 ml Weißwein** und **1 EL gehackter Petersilie** verrühren. **2 mit 1 Prise Salz steifgeschlagene Eiweiße** darunterheben. Die Zungenscheiben in **100 g Mehl** wenden, durch den Teig ziehen und in **ca. 200 g Butterschmalz** von beiden Seiten goldgelb ausbacken.

1

2

GRUNDREZEPT

Bries garen

Gebratenes Kalbsbries

- Für 4 Personen
- Zeit zum Wässern: ca. ½ Stunde
- Zubereitungszeit: ca. 40 Minuten
- ca. 170 kcal je Portion
- Dazu passen Balsamico-Linsen

Das benötigen Sie

400 g Kalbsbries
1 Zwiebel
1 Gewürznelke
1 Lorbeerblatt
2 EL Weißweinessig
Salz
2 Schalotten
1 kleine Möhre
30 g geklärte Butter
schwarzer Pfeffer
Muskat
80 ml dunkler Kalbsfond
1 TL gehackte Petersilie

1. Das Bries ca. ½ Stunde unter fließend kaltem Wasser wässern.

2. Danach die Zwiebel mit der Nelke und dem Lorbeerblatt spicken. Zusammen mit 1 l Wasser, dem Essig und etwas Salz zum Sieden bringen. Das Bries hineinlegen und darin zugedeckt ca. 8 Minuten bei mittlerer Hitze pochieren.

3. Das Bries herausnehmen, in kaltes Wasser legen, auskühlen lassen und sorgfältig häuten **(1)** und mit dem Messer in seine Röschen zerteilen **(2)**. Von diesen die feinen Häutchen mit einem Messer vorsichtig abziehen.

4. Schalotten schälen und kleinwürfeln. Die Möhre schälen, putzen, waschen und ebenfalls kleinwürfeln. Die geklärte Butter in einer Pfanne erhitzen. Die Briesröschen darin von allen Seiten 2–3 Minuten braten. Die Schalotten kurz mitdünsten, dann alles mit Salz, Pfeffer und Muskat würzen.

5. Den Kalbsfond, die Möhren und die Petersilie dazugeben. Alles gut durchschwenken.

Mein Tip

Und so wird **Butter geklärt:** Erhitzen Sie sie so lange, bis sie klar ist und sich das Molkeneiweiß am Boden abgesetzt hat. Dann die Butter vorsichtig durch ein feines Sieb oder durch ein Tuch abgießen. Das im Topf verbleibende Molkeneiweiß wegwerfen. Da geklärte Butter kein Eiweiß mehr enthält, ist sie besonders hoch erhitzbar und wird bei großer Temperatur nicht bitter.

Siehe auch

S. 58 Pochieren
S. 125 Kalbsvelouté
S. 128 Dunkler Kalbsfond
S. 244 Gemüse blanchieren
S. 253 Balsamico-Linsen
S. 320 Reis kochen

GEFLÜGEL UND WILD

Küchentechniken für Geflügel

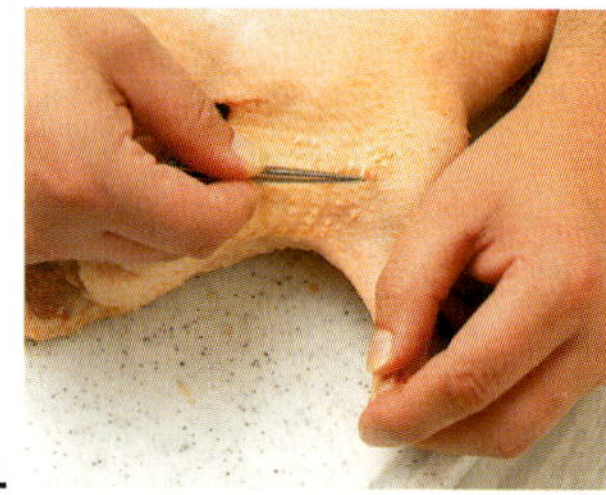

1

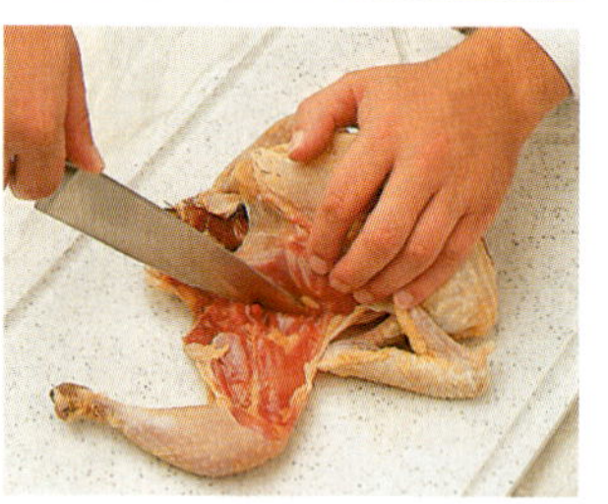

2

3

4

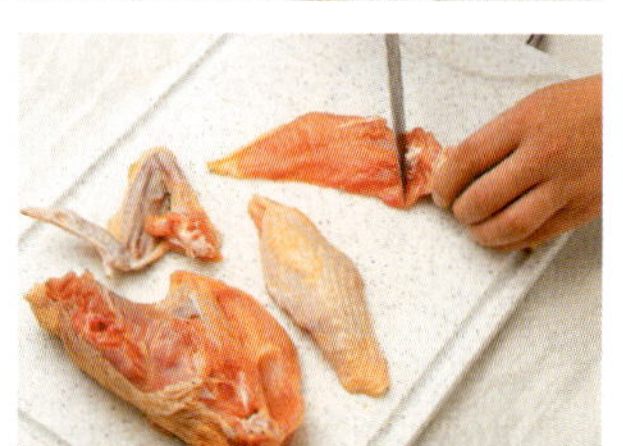

5

Geflügel vorbereiten

1. Eventuell noch vorhandene Federn oder Federkiele mit einer Pinzette vorsichtig aus der Haut ziehen **(1).**

2. Soll das Geflügel gekocht werden, es innen und außen gut waschen. Wird es hingegen gebraten, es nur innen waschen und gut trockentupfen.

Rohes Geflügel zerteilen

1. Das Geflügel auf den Rücken legen. Das Fleisch am Keulenansatz durch einen Schnitt ringsum bis zum Gelenk hin einschneiden **(2).**

2. Dann die Keulen zur Seite biegen und die Gelenke mit einem großen Messer oder mit einer Geflügelschere durchschneiden **(3).**

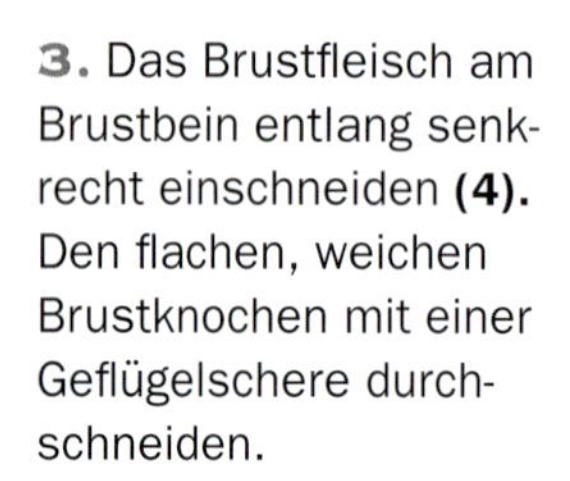

3. Das Brustfleisch am Brustbein entlang senkrecht einschneiden **(4).** Den flachen, weichen Brustknochen mit einer Geflügelschere durchschneiden.

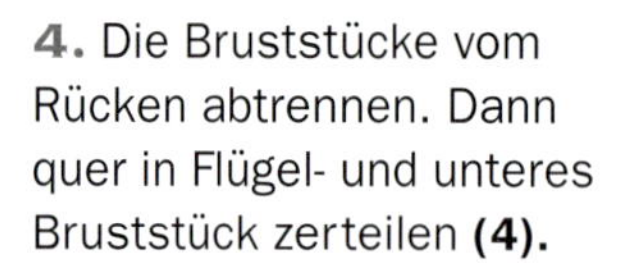

4. Die Bruststücke vom Rücken abtrennen. Dann quer in Flügel- und unteres Bruststück zerteilen **(4).**

Geflügel ohne Nadel dressieren

Das Dressieren dient dazu, daß das Geflügel beim Braten nicht austrocknet und gut in Form bleibt.

1. Das Geflügel auf den Rücken legen. Ein langes Stück Küchengarn (es sollte ca. 2½mal so lang sein wie das Geflügel) unter dem Rücken auf der Höhe der Unterschenkel durchführen **(6).**

2. Das Garn jeweils einmal um die Gelenkknochen der Unterschenkel schlingen und dann kreuzen **(7).**

3. Nun das Garn seitlich unter den Keulen entlang zu den eingewinkelten Flügeln führen, so daß sich die Garnenden treffen. Diese überkreuzen **(8).**

4. Die Garnenden fest zusammenknoten.

Mein Tip

Binden Sie das Geflügel nur so fest zusammen, daß es noch seine natürliche Form hat. Sonst werden die Keulen beim späteren Braten nicht gleichmäßig gar.

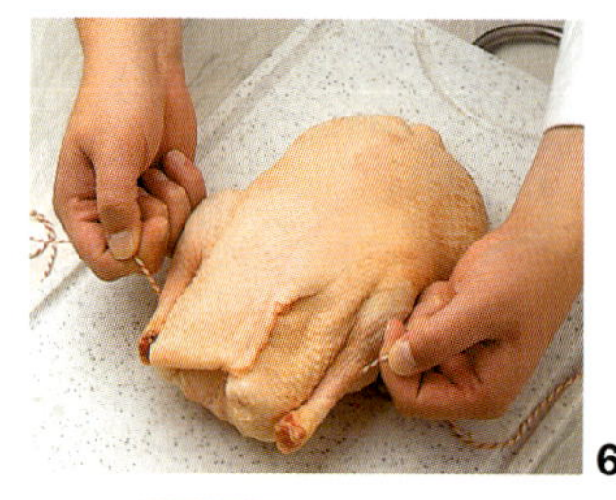

6

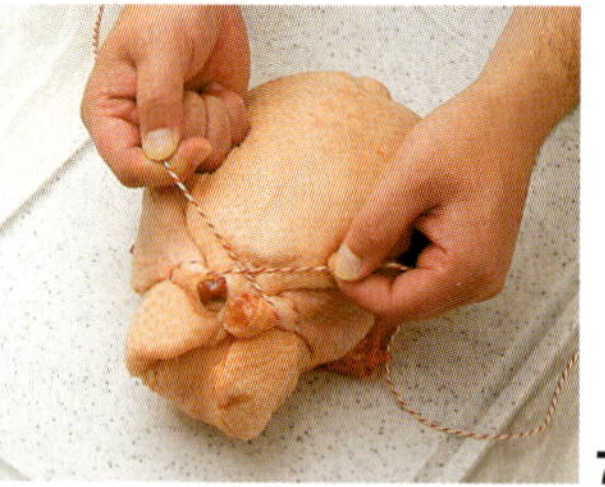

7

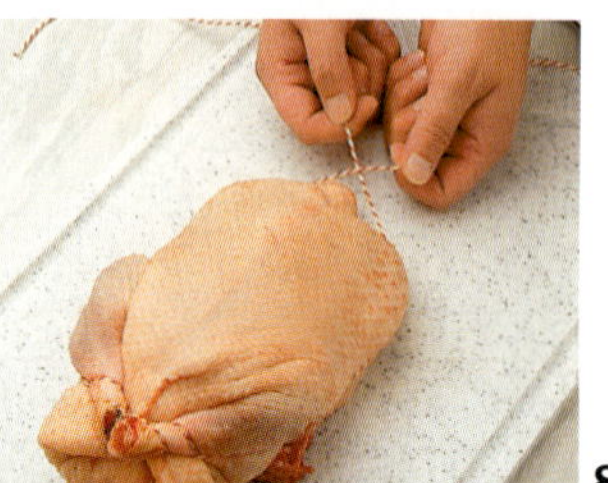

8

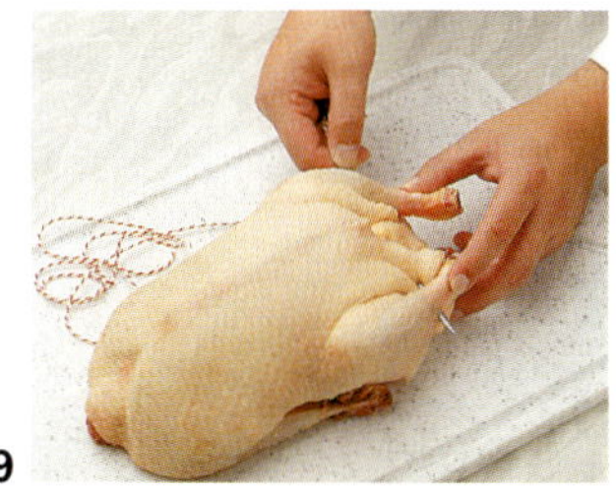
9

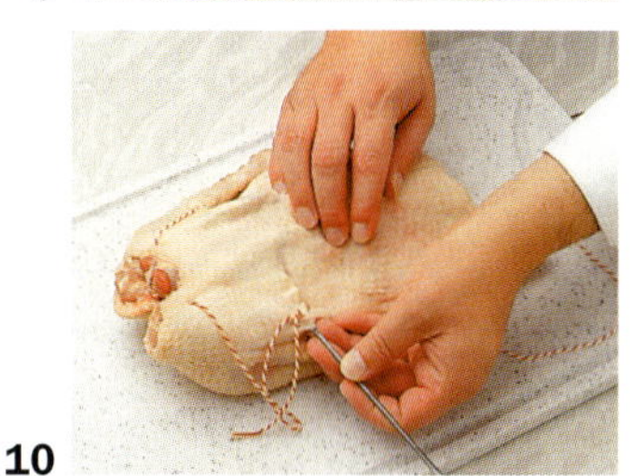
10

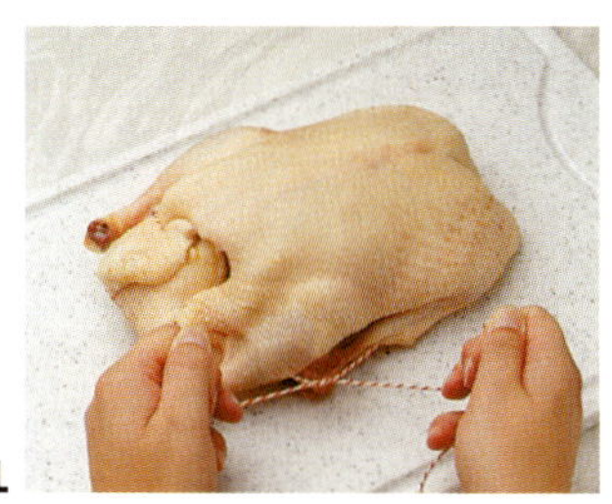
11

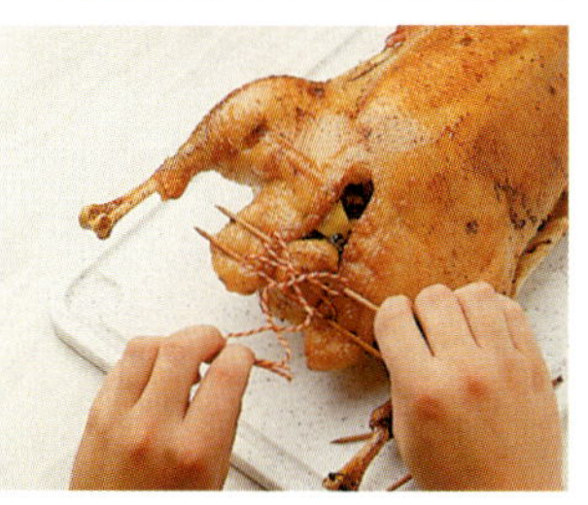
12

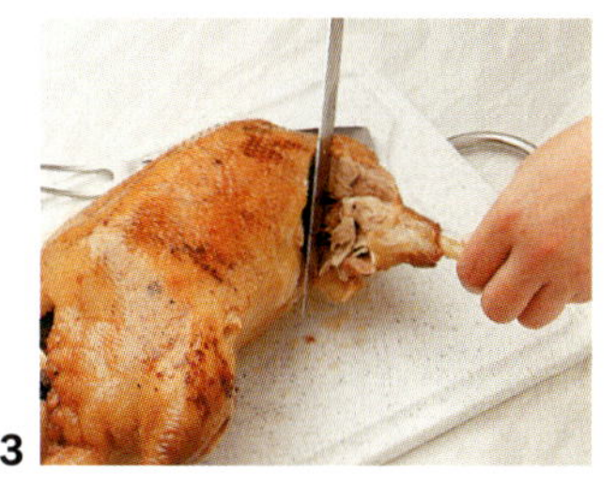
13

Geflügel mit Nadel dressieren

1. Das Geflügel auf den Rücken legen. Die Unterschenkel und die Bauchhaut mit einer Bridiernadel mit Küchengarn durchstechen **(9)**.

2. Das Geflügel auf die Brustseite legen. Das Garn entlang des Körpers zu einem Flügel führen.

3. Die Flügelspitzen nach innen drehen.

4. Nun den einen Flügel mit der Nadel durchstechen. Dann die Halshaut am Rückgrat durch Durchstechen befestigen und den zweiten Flügel durchstechen **(10)**.

5. Das Geflügel wieder auf den Rücken legen. Die zwei Schnurenden auf der Seite fest zusammenknoten **(11)**.

Gebratenes Geflügel tranchieren

1. Küchengarn und Holzspieße, mit denen die Bauchöffnung verschlossen ist, entfernen **(12)**.

2. Das Geflügel (hier eine Gans) auf den Rücken legen. Die Flügel mit einem scharfen Messer abtrennen. Dafür zuerst das Fleisch bis zum Gelenk einschneiden **(13)** und dieses dann mit einer Geflügelschere durchtrennen.

3. Das Fleisch am Keulenansatz eng am Körper mit einem Messer senkrecht bis zum Gelenk einschneiden **(14)**. Das Gelenk durchtrennen. Dann die Keulen noch einmal im Mittelgelenk durchschneiden.

4. Das Brustfleisch am Brustbein entlang bis auf den Knochen senkrecht einschneiden **(15)**. Dann das Messer schräg nach unten führen und so das Bruststück vom Knochen lösen **(16)**.

5. Das Brustfleisch in Scheiben schneiden **(17)**.

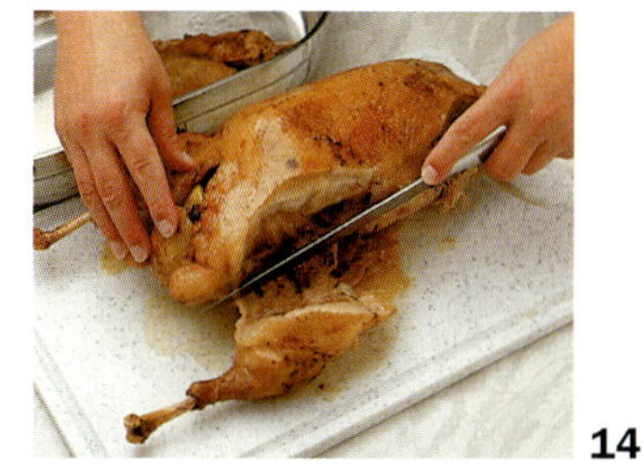
14

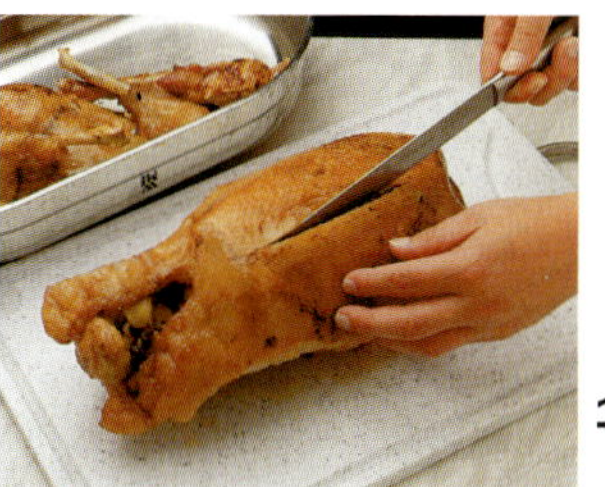
15

16

17

SIEHE AUCH

S. 194 **Ganzes Geflügel füllen**

S. 194 **Bauchhöhle von Geflügel zubinden**

S. 198 **Geflügelbrust füllen**

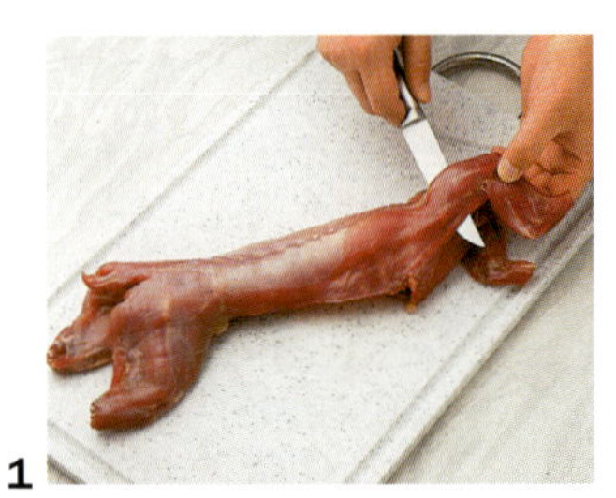
1

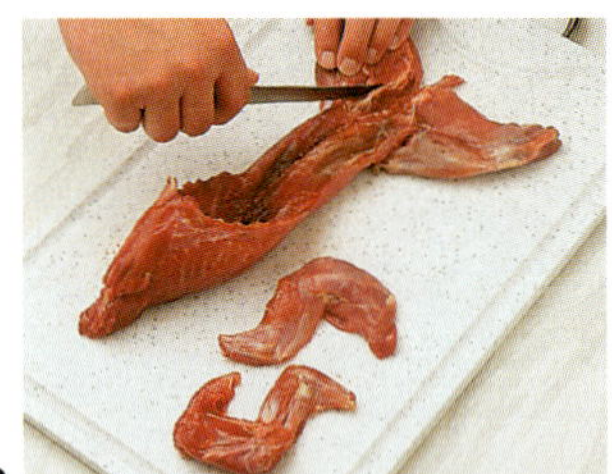
2

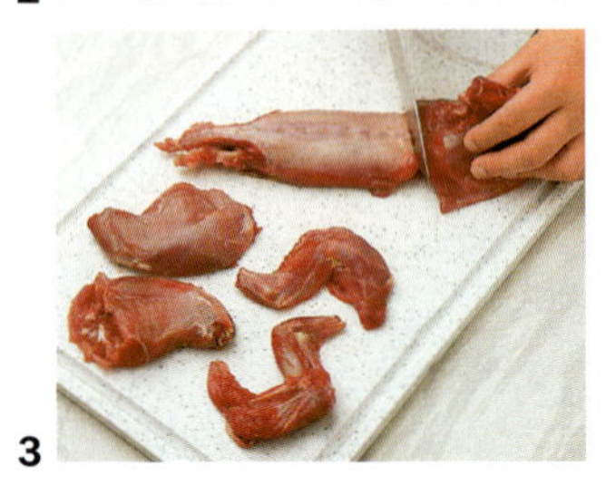
3

Rohes Kaninchen zerteilen

1. Das Kaninchen auf die Bauchseite legen. Die Vorderläufe zur Seite biegen. Das Fleisch jeweils am Beinansatz bis auf den Knochen einschneiden **(1)** und die Läufe mitsamt den Schultern auslösen.

2. Das Kaninchen auf den Rücken legen. Die Hinterläufe nach außen biegen und abtrennen **(2).** Die Bauchlappenstücke abschneiden.

3. Das Kaninchen wieder auf die Bauchseite legen. Den vorderen Rumpfteil hinter den Rippenknochen abtrennen **(3).**

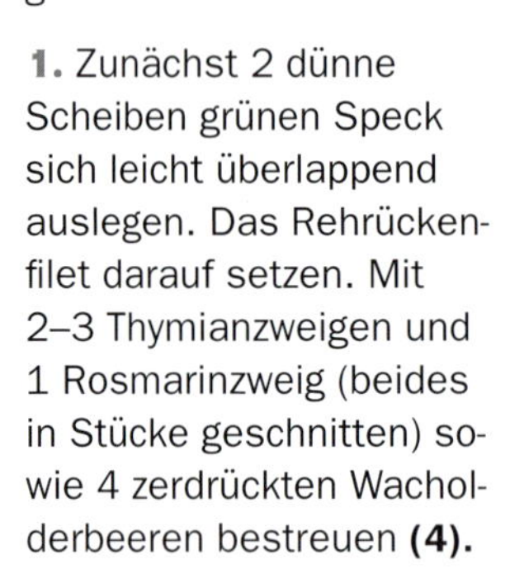

Rehrückenfilet bardieren

Wildfleisch ist wegen seines geringen Fettgehalts sehr trocken. Deshalb sollte man z. B. einen Rehrücken beim Braten mit zusätzlichem Fett versehen. Früher wurde das Fleisch in der Regel gespickt. Doch dabei zerreißt man Fleischfasern. Beim Braten kann dann Fleischsaft austreten – das Fleisch wird trocken und zäh. Besser ist es daher, den Rücken zu bardieren. Und so geht's:

1. Zunächst 2 dünne Scheiben grünen Speck sich leicht überlappend auslegen. Das Rehrückenfilet darauf setzen. Mit 2–3 Thymianzweigen und 1 Rosmarinzweig (beides in Stücke geschnitten) sowie 4 zerdrückten Wacholderbeeren bestreuen **(4).**

2. Das Filet in den Speck fest einwickeln **(5).**

3. Den Speck mit Küchengarn umwickeln **(6).**

4

5

6

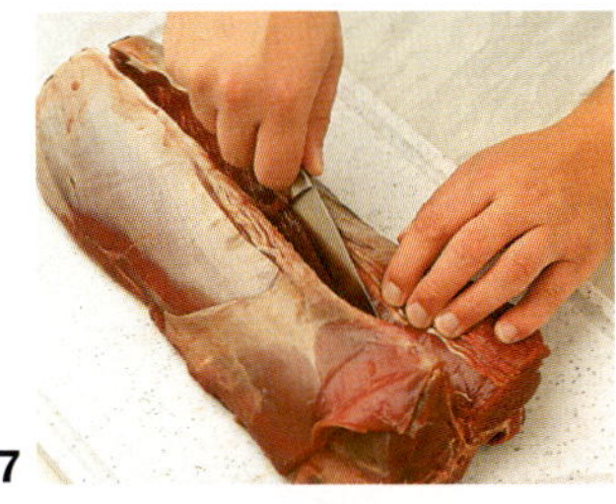

7

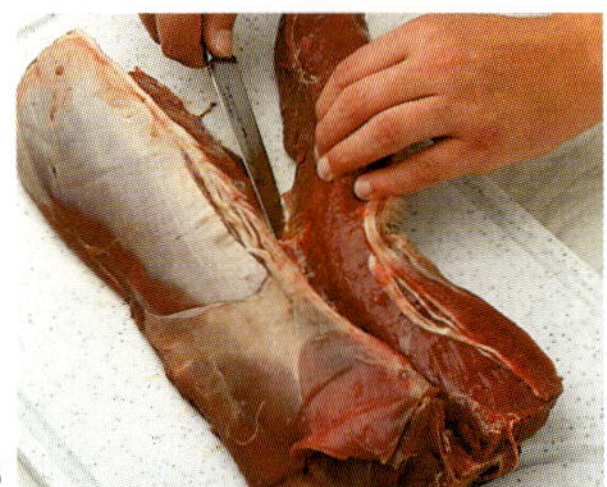

8

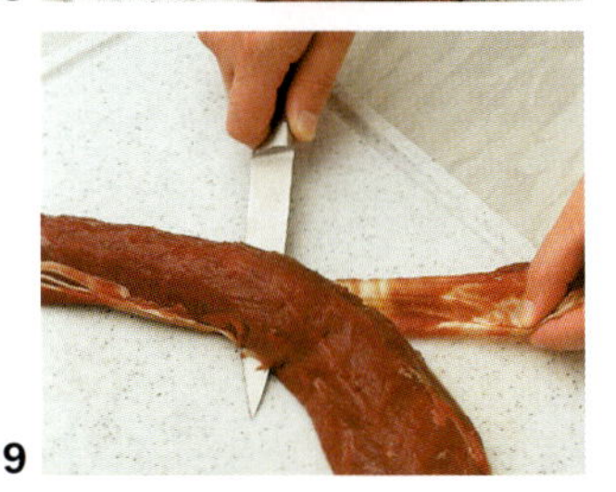

9

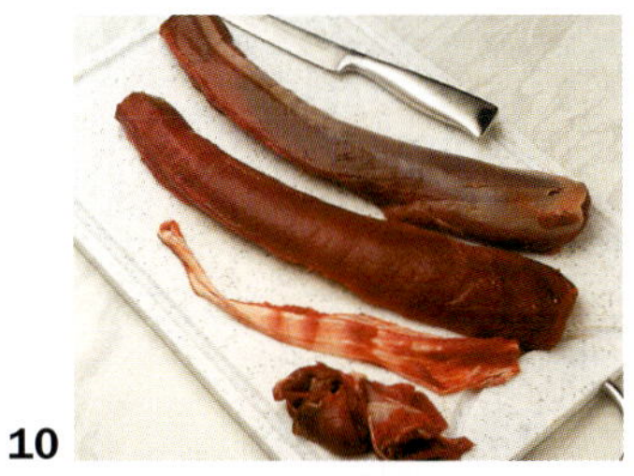

10

11

Rohen Rehrücken auslösen

1. Den Rehrücken auf eine Arbeitsplatte legen. Das Fleisch mit einem Messer an einer Seite entlang des Rückgrats senkrecht bis auf die dünnen Rippen einschneiden **(7).**

2. Dann schräg nach unten und außen entlang der Rippen weiterschneiden **(8).** So das Rückenfilet von den Knochen lösen.

3. Das zweite Rückenfilet auf die gleiche Weise herauslösen.

4. Die Silberhaut auf den Filets mit einem kurzen Querschnitt vom Fleisch lösen. Das Rückenfilet auf die Seite mit der Silberhaut legen. Das gelöste Hautende mit der linken Hand festhalten. Das Messer leicht schräg auf der Silberhaut entlangführen **(9)** und diese so vom Filet abtrennen **(10).**

5. Die Rehrückenfilets kann man nun im Ganzen braten. Oder man schneidet sie quer zur Faser in Medaillons **(11),** die dann kurzgebraten werden.

Wildfleisch marinieren

Früher wurde generell empfohlen, Wildfleisch vor dem Garen zu marinieren, um es zart zu machen. Doch davon ist man heute weitgehend abgekommen. Ich empfehle, edle Wildstücke (wie einen Rehrücken) gar nicht zu marinieren. Müssen Sie den Rücken jedoch 1 Tag lagern, dann legen Sie ihn in etwas Kräuteröl ein und stellen ihn zugedeckt in den Kühlschrank. Nicht ganz so edle Wildteile (wie z. B. Keule oder Halsstück) können Sie schon marinieren – entweder in Buttermilch oder in einer Ölmarinade. Wer möchte, kann das Fleisch auch einmal zum Aromatisieren in eine Sauerbratenmarinade einlegen. Die Marinierzeit sollte generell 3 Tage nicht überschreiten. Wichtig ist dabei, daß Sie das Fleisch täglich wenden und es immer im Kühlschrank aufbewahren. Ganz wichtig: In Buttermilch eingelegtes Fleisch müssen Sie vor dem Braten gut abwaschen (um anhaftendes Eiweiß zu entfernen, denn es verbrennt beim Anbraten) und trockentupfen. Fleisch in Ölmarinade brauchen Sie nur trockenzutupfen.

SIEHE AUCH

S. 162 **Marinaden für Sauerbraten**

GRUNDREZEPT

Geflügel kochen

- Für 4 Personen
- Zubereitungszeit: ca. 1½ Stunden
- ca. 980 kcal je Portion

Das benötigen Sie

150 g Möhren
100 g Petersilienwurzel
150 g Sellerieknolle
100 g Zwiebeln
3 Frühlingszwiebeln
1 Suppenhuhn à 1,8–2,4 kg
3 Petersilienzweige
2 Lorbeerblätter
1 TL schwarze Pfefferkörner

Suppenhuhn

1. Möhren, Petersilienwurzel und Sellerie gut waschen, bürsten und in grobe Stücke schneiden. Die Zwiebeln ungeschält achteln. Die Frühlingszwiebel waschen, putzen und in Stücke schneiden.

2. Das Suppenhuhn innen und außen waschen. Mit dem vorbereiteten Gemüse in einen großen Topf geben. Soviel kaltes Wasser angießen, bis das Huhn eben bedeckt ist **(1)**.

3. Das Wasser zum Kochen bringen. Den sich bildenden Schaum mit einer Schaumkelle abnehmen. Petersilienzweige, Lorbeerblatt und Pfefferkörner in den Topf geben. Das Huhn bei mittlerer Hitze offen ca. 1 Stunde garen, bis es weich ist.

4. Das Huhn aus der Brühe nehmen und etwas abkühlen lassen. Dann zerteilen **(2)**. Die Haut abziehen und wegwerfen. Das Fleisch mit einem kleinen Messer vorsichtig von den Knochen ablösen und in mundgerechte Würfel schneiden **(3)**.

1

2

3

Blanquette von der Putenkeule

800 g Putenkeule (ohne Knochen) häuten und 2 cm groß würfeln. Mit **150 g gewürfeltem Suppengemüse (Möhre, Sellerieknolle und Lauch), je 1 Petersilien- und Thymianzweig, 1 ungeschälten Zwiebel (mit 2 Lorbeerblättern und 4 Nelken gespickt), 1 l hellem Geflügelfond** und **⅛ l Weißwein** aufkochen. Bei mittlerer Hitze 20 bis 30 Minuten offen sieden lassen. Das Fleisch herausnehmen. Den Fond durch ein mit einem Passiertuch ausgelegtes Sieb gießen, entfetten und zusammen mit **⅛ l Crème double** auf ¼ der Menge einkochen. Die Sauce mit **10 g angerührter Speisestärke** binden. Das Fleisch darin erwärmen. Zuletzt **2 EL gehackte Petersilie** und **2 EL geschlagene Sahne** darunterrühren.

Mein Tip

Tritt klarer Fleischsaft aus, wenn Sie mit einer Gabel in den Unterschenkel des Huhns stechen, ist es gar.

Gekochtes Geflügel eignet sich hervorragend für Ragouts, aber auch als Salatzutat und als Suppeneinlage.

Das Geflügelfleisch laugt beim Garen nicht so stark aus, wenn Sie das Huhn zunächst kurz in kochendem Wasser blanchieren. Setzen Sie es danach, wie im Grundrezept beschrieben, mit kaltem Wasser auf.

Ragout von der Maispoularde

1 Maispoularde (à 1,5 kg) in einen großen Topf geben und soviel kaltes Wasser angießen, daß die Poularde eben bedeckt ist. Das Wasser aufkochen und abschäumen. **1 große Zwiebel** halbieren und die Schnittflächen in einer Pfanne ohne Fett anrösten. Zusammen mit **500 g grob gewürfeltem Suppengemüse, 2 Lorbeerblättern, 2 Liebstöckelzweigen, 4 Wacholderbeeren, 1 EL weißen Pfefferkörnern** und etwas **Salz** zur Poularde geben. Bei mittlerer Hitze ca. 40 Minuten köcheln lassen.

Die Poularde herausnehmen und etwas abkühlen lassen. Dann zerteilen und häuten. Das Fleisch von den Knochen lösen und in 2 cm große Würfel schneiden. Die Brühe durch ein mit einem Passiertuch ausgelegtes Sieb gießen und abkühlen lassen.

30 g Butter zerlassen und **30 g Mehl** darin hell anschwitzen. Mit **1/4 l Weißwein** unter Rühren ablöschen. Dann **1/2 l der Geflügelbrühe** angießen. Ca. 10 Minuten unter Rühren offen köcheln lassen.

2 EL geschlagene Sahne darunterheben.

250 g geviertelte Champignons in **30 g Butter** anbraten. **Salzen** und **pfeffern.** Mit dem Fleisch in der Sauce erwärmen. **3 Tomaten (enthäutet, geachtelt und entkernt), 250 g TK-Erbsen** und **1 EL Kapern** ebenfalls in der Sauce erwärmen. Mit **1 TL gehackter Petersilie** bestreuen. Dazu paßt Tomatenpilaw.

Siehe auch

S. 105 **Fond bzw. Sauce entfetten**
S. 109 **Geflügelcremesuppe**
S. 124 **Mehlschwitze**
S. 124 **Saucen binden**
S. 184 **Geflügel zerteilen**
S. 243 **Tomate enthäuten**
S. 324 **Tomatenpilaw**

G R U N D R E Z E P T

Ganzes Geflügel braten

- Für 2 Personen
- Zubereitungszeit: ca. 1¼ Stunden
- ca. 750 kcal je Portion
- Dazu paßt Kartoffelsalat

Für die Marinade
1 EL Salz
½ EL schwarzer Pfeffer
¼ TL Paprikapulver edelsüß
4 EL Öl

Außerdem
1 Hähnchen à 750–900 g
20 g flüssige Butter

Brathähnchen

1. Den Ofen auf 180 °C vorheizen. Salz, Pfeffer und Paprikapulver mit dem Öl gut verrühren. Das Hähnchen, wenn Sie möchten, in Form binden (dressieren) und dann mit der Marinade bestreichen **(1).**

2. Das Hähnchen in einer Pfanne auf der Brustseite kurz anbraten, bis diese gebräunt ist. Dann das Geflügel auf die Rückenseite wenden. Brust und Keulen mit der flüssigen Butter bestreichen.

3. Das Hähnchen im Ofen 30–35 Minuten braten **(2).** Es dabei ca. alle 10 Minuten mit dem entstehenden Bratensaft übergießen.

4. Das Hähnchen herausnehmen, ca. 5 Minuten ruhen lassen und dann tranchieren.
(auf dem Foto unten)

1

2

Geflügel im Römertopf garen
1 Poularde (à ca. 1,2 kg) waschen und trockentupfen. Innen und außen mit **Salz** sowie **Pfeffer** würzen. **Je 1 Zweig Petersilie, Thymian, Majoran und Liebstöckel** in die Bauchhöhle legen. Das Hähnchen mit **50 g flüssiger Butter** bestreichen. **Je 50 g Möhren und Staudenselleriewürfel** in den gewässerten Römertopf geben. **2 geschälte Knoblauchzehen, 1 Lorbeerblatt, 1 Rosmarinzweig** und **¼ l hellen Geflügelfond** dazugeben. Das Hähnchen hineinlegen. Zugedeckt im vorgeheizten Ofen bei 180 °C ca. 1½ Stunden schmoren. Die Sauce durch ein Sieb passieren, entfetten und auf die Hälfte einkochen. Evtl. mit **etwas angerührter Speisestärke** binden. Zuletzt **20 g eiskalte Butter** darunterrühren.

Mein Tip
Brathähnchen lassen sich geschmacklich äußerst vielseitig variieren. Entweder durch eine andere Glasur zum Bestreichen oder durch eine Füllung. Auf dieser Doppelseite habe ich Ihnen meine Lieblingsrezepte dazu zusammengestellt.

Übrigens: Die Glasuren können Sie selbstverständlich auch für gebratene Geflügelkeulen verwenden.

Ingwer-Safran-Marinade

300 g Naturjoghurt mit **1 EL Zitronensaft, 2 feingehackten Knoblauchzehen, 1 TL feingehacktem Ingwer, 1 Msp. Safranpulver, 1 TL Kurkumapulver, 1 TL gemahlenem Kardamom und 1 Msp. gemahlenem Kreuzkümmel** sowie etwas **Salz** und **schwarzem Pfeffer** gut verrühren. **1 rohes Hähnchen** mit der Geflügelschere halbieren und mit der Marinade bestreichen. 1 Tag zugedeckt im Kühlschrank marinieren. Dann herausnehmen und sorgfältig trockentupfen. Auf ein mit Alufolie belegtes Blech legen und im vorgeheizten Ofen bei 200 °C ca. 35 Minuten braten.

Paprikamarinade

1 Msp. Rosenpaprikapulver mit **1 TL edelsüßem Paprikapulver, ½ TL Salz, etwas schwarzem Pfeffer, 3 EL Öl, 1 zerdrückten Knoblauchzehe** und **1 EL Thymianblättchen** verrühren. Ein rohes Hähnchen damit bestreichen und nach Grundrezept zubereiten.

Sesamglasur

2 EL Honig leicht erwärmen. Dann mit **je 1 EL weißer und schwarzer Sesamkörner (zuvor in einer Pfanne ohne Fettzugabe angeröstet)** verrühren. Die Glasur auf ein fertig gebratenes Hähnchen streichen und es unter dem Grill 2–3 Minuten gratinieren.

Geflügelleber-Füllung

150 g Geflügelleber (ohne Fett und Adernstränge) und **2 geschälte Schalotten** kleinwürfeln. Die Schalotten in **30 g Butter** glasig dünsten. Die Leber dazugeben und kurz mitbraten. **Je 1 gehackten Rosmarin- und Majoranzweig** sowie die **abgeriebene Schale von ½ unbehandelten Zitrone** dazugeben. Die Mischung kühl stellen. **1 altbackenes Brötchen (ohne Rinde)** kleinwürfeln, ca. 10 Minuten in **60 ml heißer Milch** einweichen. Mit der Lebermischung gut mischen. **1 Ei** und **2 EL ohne Fett angeröstete Pinienkerne** daruntermischen. Die Füllung mit **Salz, Pfeffer** und **Muskat** würzig abschmecken.

Kräuterfüllung

2 altbackene Toastbrotscheiben entrinden, würfeln und in **⅛ l heißer Milch** ca. ¼ Stunde quellen lassen. Inzwischen **100 g feine Zwiebelwürfel** und **2 gehackte Knoblauchzehen** in **50 g Butter** glasig dünsten. **1 EL gehackte Petersilie, 1 EL Schnittlauchröllchen, 1 EL gehackten Kerbel** und **1 TL gehackten Rosmarin** kurz mitdünsten. Mit **Salz, Pfeffer** und **Muskat** würzen. Die Kräutermischung unter das ausgedrückte Toastbrot mischen. Die Füllung mit einem Eßlöffel in die Bauchhöhle eines rohen Hähnchens geben und diese mit einem Holzspieß zustecken. Das Hähnchen dann nach Grundrezept würzen und braten.

Siehe auch

- S. 79 Kartoffelsalat
- S. 105 Fond bzw. Sauce entfetten
- S. 124 Saucen binden
- S. 129 Heller Geflügelfond
- S. 150 Brötchen entrinden
- S. 184 Geflügel dressieren
- S. 185 Geflügel tranchieren
- S. 196 Geflügelkeulen braten

Hähnchen in der Salzkruste

Das benötigen Sie

3 kg grobes Meersalz
4 Eiweiß
2 EL Mehl
1 Hähnchen à 1,2–1,5 kg
schwarzer Pfeffer
3 Knoblauchzehen
1 Rosmarinzweig
1 Thymianzweig
2 EL Olivenöl

1. Salz, Eiweiße, Mehl und ca. 150 ml Wasser gut verrühren. Das Hähnchen von allen Seiten mit Pfeffer einreiben.

2. Den Knoblauch schälen und fein hacken. Die Blättchen von den gewaschenen Kräuterzweigen abzupfen und fein hacken. Zusammen mit dem Knoblauch und dem Öl in einem Mörser zu einer sämigen Paste zerdrücken.

3. Die Keulen des Hähnchens mit Küchengarn zusammenbinden. Die Haut an der Halsseite mit einem kleinen Messer vorsichtig vom Fleisch lösen. Etwas von der Kräuterpaste mit einem Teelöffel darunterschieben. Die restliche Paste gleichmäßig auf der Haut verstreichen. Den Ofen auf 220 °C vorheizen.

4. Ein Backblech mit Backpapier auslegen und ⅓ der Salzmischung flach darauf verteilen. Das Hähnchen darauf legen und mit der restlichen Salzmasse vollständig bedecken. Die Masse leicht andrücken.

5. Das Ganze im Ofen ca. ¼ Stunde backen. Dann die Temperatur auf 180 °C reduzieren und das Hähnchen weitere 45 Minuten garen. Aus dem Ofen nehmen und ca. ¼ Stunde ruhen lassen.

6. Von der Salzkruste mit einem Sägemesser einen Deckel abschneiden. Diesen abheben. Das Hähnchen aus dem Salzteig herausnehmen. Die Haut von Keulen und Brust abziehen und das Hähnchen zerteilen. Das Fleisch auslösen und auf einer vorgewärmten Platte anrichten.

Mein Tip

Das Garen in Salz- oder Teigkruste kommt ursprünglich aus Asien, wo z. B. auch Lehm dafür verwendet wird. Diese etwas außergewöhnliche Garmethode hat den Vorteil, daß das Aroma besonders gut erhalten bleibt und das Geflügel (oder auch ein Fisch) schonend gegart wird. Außerdem bleibt das Fleisch sehr saftig.

Backhendel

Das benötigen Sie

2 Hähnchen à 1–1,2 kg
Salz, schwarzer Pfeffer
150 g Mehl
300 g Semmelbrösel
4 Eier
200–250 g Butterschmalz
2 Zitronen
8 Petersilienzweige

Mein Tip

Sie können die Hähnchenteile auch in einer Friteuse ausbacken.

Ich entbeine die Hähnchen vor dem Panieren. So lassen sie sich später einfacher essen. Die Fritierzeit verringert sich dann um die Hälfte.

1. Die Hähnchen in Flügel, Brüste und Schenkel zerteilen. Die Schenkel im Gelenk mit einer Geflügelschere noch einmal teilen. Von allen Hähnchenteilen die Haut entfernen und die Stücke dann mit reichlich Salz und Pfeffer einreiben.

2. Mehl und Semmelbrösel getrennt auf Teller geben. Die Eier gut verquirlen.

3. Alle Hähnchenteile im Mehl wenden. Überschüssiges Mehl sanft abklopfen. Dann die Teile durch die Eier ziehen und in den Semmelbröseln gut wenden. Überschüssige Brösel sanft abklopfen.

4. Das Butterschmalz in einer tiefen Pfanne erhitzen. Die Keulen darin in 10–12 Minuten, die Brüste und die Flügelstücke in 8–10 Minuten von allen Seiten goldgelb ausbacken. Vor dem Servieren kurz auf Küchenkrepp abtropfen lassen.

5. Die Zitrone achteln. Die Petersilienzweige im Butterschmalz kroß ausbacken. Mit Salz und Pfeffer gut würzen.

6. Backhendel, Petersilie und Zitronenachtel zusammen anrichten.

Hähnchen in der Salzkruste

- **Für 4 Personen**
- **Zubereitungszeit: ca. 1½ Stunden**
- **ca. 430 kcal je Portion**
- **Dazu passen Baguette und gedünstetes Gemüse**

Backhendel

- **Für 4 Personen**
- **Zubereitungszeit: ca. ¾ Stunden**
- **ca. 1330 kcal je Portion**
- **Dazu paßt Kopfsalat mit Vinaigrette**

Siehe auch

S. 61 Fritieren
S. 74 Blattsalat
S. 146 Panieren
S. 184 Geflügel zerteilen
S. 245 Gemüse dünsten

GRUNDREZEPT

Grosses Geflügel braten

- Für 6 Personen
- Zubereitungszeit: ca. 3¾ Stunden
- ca. 2000 kcal je Portion
- Dazu passen Rotkraut und Kartoffelklöße

Für die Gans

1 Gans à 4–5 kg
Salz, schwarzer Pfeffer
5 EL Öl

Für die Füllung

40 g Butter
400 g Äpfel, grob gewürfelt
300 g Zwiebeln, in dünnen Scheiben
2 EL Rosinen
1 TL Majoranblättchen
½ Bund Petersilie, gehackt
Salz, schwarzer Pfeffer
Muskat
375 ml heißer, heller Geflügelfond
200 ml heller Geflügelfond

Für die Glasur

50 g flüssige Butter
80 g Honig

Martinsgans mit Apfelfüllung

1. Die Flügelspitzen der Gans abschneiden. Die Innereien entfernen. Das Geflügel innen und außen waschen und trockentupfen.

2. Für die Füllung die Butter in einer Pfanne erhitzen. Äpfel und Zwiebeln darin glasig dünsten. Rosinen, Majoran und Petersilie daruntermischen. Alles mit Salz, Pfeffer und Muskat pikant würzen.

3. Den Ofen auf 200 °C vorheizen. Die Gans innen und außen mit Salz und Pfeffer einreiben. Die Füllung in die Bauchhöhle geben **(1).** Diese mit Zahnstochern zustecken und mit Küchengarn gut zubinden **(2).**

4. Die Gans in einem großen Bräter in dem Öl von allen Seiten anbraten, bis sie leicht gebräunt ist **(3).** Mit der Brustseite nach oben in den Ofen schieben und ca. 2¾ Stunden braten. Nach ½ Stunde Garzeit das Geflügel mit 375 ml heißen Geflügelfond übergießen. Dann die Gans ca. jede ¼ Stunde mit dem entstandenen Bratensaft übergießen.

5. Die Gans herausnehmen und auf ein Gitter setzen. Den Grill auf 250 °C einstellen. Den Bratensaft durch ein Sieb in einen Topf passieren. Das Fett sorgfältig abschöpfen **(4).** Den hellen Geflügelfond dazugießen und die Sauce etwas einkochen lassen. Dann mit Salz sowie Pfeffer gut würzen.

6. Für die Glasur die Butter mit dem Honig verrühren. Die Gans damit einstreichen und für ca. 5 Minuten in den Ofen schieben, bis sie eine schöne goldgelbe Farbe bekommen hat. Herausnehmen, tranchieren und mit der Sauce servieren.

1

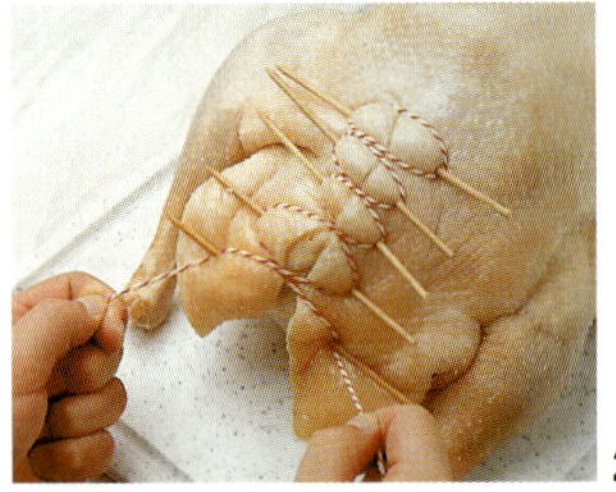

2

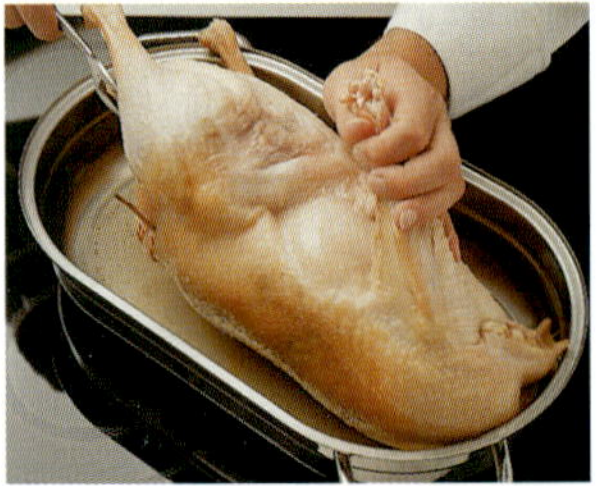

3

4

Mein Tip

Je leichter Ihre Gans ist, um so kürzer ist die Bratzeit. Um festzustellen, ob das Geflügel gar ist, stechen Sie in die Keule. Geht dies leicht und tritt klarer Fleischsaft aus, ist es fertig.

Sollte die Gans schon recht früh ausreichend gebräunt sein, decken Sie sie mit Alufolie ab, damit sie nicht zu dunkel wird.

Hefeteigfüllung

175 g Mehl in eine Schüssel sieben und in die Mitte eine Mulde drücken. **12 g frische Hefe** hineinbröckeln und **25 g Zucker** dazugeben. Alles in der Mulde leicht vermischen. Dann **3 Eier** und **200 g lauwarme, flüssige Butter** dazugeben und das Ganze mit etwas **Salz** sowie **Pfeffer** würzen. Alle Zutaten mit den Knethaken des Handrührgeräts zu einem glatten Teig verkneten. Diesen zugedeckt an einem warmen Ort ca. 1 Stunde gehen lassen, bis sich sein Volumen verdoppelt hat. Inzwischen **je 50 g getrocknete Aprikosen und getrocknete Pflaumen (ohne Steine)** sowie **30 g Rosinen** für 1 Stunde in Wasser einweichen. Dann abgießen, kleinschneiden und zusammen mit **30 g Mandelstiften** unter den Teig kneten. Den Teig in die Bauchhöhle der Gans geben und diese, wie im Grundrezept beschrieben, verschließen. Nochmals ca. ¼ Stunde gehen lassen. Erst dann die Gans anbraten.

Gebratene Ente

2 Enten (à 1,5–1,8 kg) innen und außen mit **Salz** und **Pfeffer** gut würzen. In einem Bräter in **4 EL Öl** von allen Seiten goldbraun anbraten. Herausnehmen. **150 g geschälte, grob gewürfelte Schalotten** und **250 g grob gewürfelte Möhren** in den Bräter geben und kurz anrösten. Die Enten mit den Brustseiten nach oben darauf setzen und im vorgeheizten Ofen bei 220 °C ca. ½ Stunde braten. Während dieser Zeit jede 10 Minuten mit dem entstandenen Bratensaft übergießen. Dann die Temperatur auf 180 °C zurückschalten, **2 Lorbeerblätter** und **2 Rosmarinzweige** dazugeben und die Ente weitere 20–30 Minuten braten. Auch in dieser Zeit öfter mit dem Bratensaft übergießen. Dann die Enten herausnehmen und tranchieren.

Ente à l'orange

2 Enten (à 1,5–1,8 kg) mit **Salz** und **Pfeffer** einreiben. In **4 EL Öl** von allen Seiten in einem Bräter goldbraun anbraten. Herausnehmen. **4 geschälte, grob gewürfelte Schalotten** und **2 grob gewürfelte Möhren** in den Bräter geben und anrösten. Die Enten mit den Brustseiten nach oben darauf setzen und im vorgeheizten Ofen bei 200 °C ca. 20 Minuten garen. **300 ml heißen, hellen Geflügelfond** angießen. Die Enten mit **½ l Orangensaft** übergießen und weitere 30–40 Minuten garen. Während dieser Zeit immer wieder mit dem Bratenfond übergießen. Die Enten aus dem Bräter nehmen und ca. 10 Minuten abkühlen lassen. Keulen und Brustfilets auslösen und zugedeckt warmstellen. Den Bratenfond durch ein Sieb gießen und entfetten. Die Knochen der Ente kleinhacken. **50 g Zucker** in einem Bräter bei mittlerer Hitze karamelisieren. Mit dem Bratenfond ablöschen. Die Knochen sowie **3 EL Weißweinessig** dazugeben und alles offen in ca. ½ Stunde auf die Hälfte einköcheln lassen. Dann den **Saft von 1 Zitrone** dazugeben und die Sauce mit **Salz** sowie **Pfeffer** abschmecken. Die Sauce durch ein Sieb gießen und mit **1 EL angerührter Speisestärke** leicht binden. Die **in feine Streifen geschnittene Schale von 1 unbehandelten Orange** zusammen mit den **ausgelösten Filets von 4 Orangen** in die Sauce geben. Entenfleisch und Sauce zusammen servieren. Dazu passen Wirsinggemüse und Kroketten.
(auf dem Foto unten)

Siehe auch

S. 105	**Fond bzw. Sauce entfetten**
S. 124	**Saucen binden**
S. 129	**Heller Geflügelfond**
S. 185	**Geflügel tranchieren**
S. 244	**Blanchieren**
S. 260	**Rotkraut**
S. 266	**Wirsinggemüse**
S. 289	**Kroketten**
S. 292	**Kartoffelklöße**
S. 369	**Zitruszesten herstellen**
S. 384	**Filets aus Zitrusfrüchten herausschneiden**

GRUNDREZEPT

Geflügelkeulen braten

- Für 4 Personen
- Zubereitungszeit: ca. ½ Stunde
- ca. 480 kcal je Portion
- Dazu paßt Kräuterreis

Für die Hähnchenkeulen

4 EL Öl
½ TL Salz
1 Msp. Cayennepfeffer
1 Msp. Senfpulver
4 Hähnchenkeulen

Für die Sauce

2 Schalotten
2 Knoblauchzehen
4 EL Olivenöl
1 Thymianzweig
1 Rosmarinzweig
1 EL Honig
2 EL Weißweinessig
1 EL Ketchup
¼ l Tomatensaft
¼ l heller Geflügelfond
1 EL gehackte Petersilie

Hähnchenkeulen mit Tomatensauce

1. Den Ofen auf 200 °C vorheizen. Das Öl mit Salz, Cayennepfeffer und Senfpulver verrühren. Die Hähnchenkeulen damit von allen Seiten bestreichen.

2. Eine große oder 2 kleinere Pfannen ohne Fett erhitzen. Die Keulen darin von allen Seiten anbraten, bis sie gut gebräunt sind **(1).** Dann die Pfanne in den Ofen stellen und die Keulen darin ca. 20 Minuten garen **(2).**

3. Inzwischen für die Sauce die Schalotten schälen und grob würfeln. Den Knoblauch schälen und fein hacken. Das Öl in einem Topf erhitzen und Schalotten, Knoblauch, Thymian- und Rosmarinzweig darin andünsten.

4. Honig, Essig, Ketchup, Tomatensaft und Geflügelfond in den Topf geben. Alles aufkochen und ca. 20 Minuten bei mittlerer Hitze offen köcheln lassen.

5. Die Kräuterzweige aus der Sauce entfernen. Die Sauce mit der Petersilie bestreuen und zu den Hähnchenkeulen servieren.

(auf dem Foto unten)

1

2

Garzeiten für Geflügelkeulen (nach dem Anbraten)

Gänsekeule (à 450 g): 40–50 Minuten bei 180 °C
Putenkeule (à 900 g): 60–70 Minuten bei 180 °C
Entenkeule (à 250 g): 30–35 Minuten bei 180 °C

Mein Tip

Die auf dieser Doppelseite vorgestellten Marinaden und Glasuren können Sie auch für die Zubereitung von Geflügelbrust oder ganzem Geflügel verwenden.

Gebratene Hähnchenkeulen schmecken auch kalt sehr gut und eignen sich so prima für ein Picknick oder zum Mitnehmen auf die Arbeit.

Hähnchenkeulen mit Honig-Senf-Glasur

2 EL Honig mit **1 EL Dijonsenf, 1 EL gehackter Petersilie** und **1 EL Semmelbröseln** glattrühren. Die Oberseite von **4 fertig gebratenen Hähnchenkeulen** damit bestreichen. Die Keulen unter dem Grill in 5–6 Minuten goldgelb gratinieren. Dazu paßt ein Mangold-Möhren-Gemüse.

(auf dem Foto oben)

Hähnchenkeulen in Reiswein-Marinade

6 EL Reiswein mit **3 EL heller Sojasauce** verrühren und über **4 rohe Hähnchenkeulen** gießen. **4 Korianderzweige** darauf legen. Alles mit **50 ml Sesamöl** übergießen und über Nacht im Kühlschrank zugedeckt durchziehen lassen. Die Keulen herausnehmen, trockentupfen und nach Grundrezept braten.

Hähnchenkeulen „Indische Art"

300 g Naturjoghurt mit **50 ml Milch, 10 g feingehacktem Ingwer, 1 TL Kurkumapulver, 3 EL Sojasauce, 2 EL gehacktem Koriandergrün** und **1 TL Zucker** verrühren. Mit **Cayennepfeffer** würzig abschmecken. **6 rohe Hähnchenkeulen** im Gelenk durchtrennen und in eine flache Schale geben. Die Joghurtmischung darübergießen und alles über Nacht im Kühlschrank zugedeckt durchziehen lassen. Einen Grill mit Alufolie belegen. Die Hähnchenkeulen sorgfältig trockentupfen und 15–20 Minuten von allen Seiten grillen. Erst zum Schluß mit **Salz** würzen.

Sie können die marinierten Keulen auch in einer Grillpfanne in 4–6 EL Öl oder auf einem Blech (mit Alufolie ausgelegt) bei 225 °C unter dem Grill garen.

Siehe auch

S. 129 Heller Geflügelfond
S. 190 Ganzes Geflügel braten
S. 198 Geflügelbrust braten
S. 245 Gemüse dünsten
S. 320 Reis kochen

G R U N D R E Z E P T

Geflügelbrust braten

- Für 4 Personen
- Zubereitungszeit: ca. ½ Stunde
- ca. 430 kcal je Portion
- Dazu paßt Hirse mit Rosinen, Korinthen, Chilischote, Pinienkernen und Minze

Das benötigen Sie

4 Poulardenbrustfilets mit Haut
Salz
schwarzer Pfeffer
15 g Butterschmalz
1 Thymianzweig
1 Rosmarinzweig
20 g Butter

Gebratene Poulardenbrust

1. Den Ofen auf 120 °C vorheizen. Die Poulardenbrüste mit Salz und Pfeffer würzen.

2. Das Butterschmalz in einer Pfanne erhitzen. Die Poulardenbrüste mit der Hautseite nach unten im Fett bei starker Hitze goldbraun anbraten **(1)**. Dann die Brüste wenden, kurz von der Fleischseite anbraten und wieder auf die Hautseite legen.

3. Die Hitze reduzieren. Die Kräuterzweige und die Butter mit in die Pfanne geben. Die Butter schmelzen lassen und die Brüste mehrmals damit übergießen **(2)**.

4. Die Pfanne in den Ofen stellen und die Poulardenbrüste 10–15 Minuten weitergaren.
(auf dem Foto unten)

1

2

Garzeiten für Geflügelbrust (nach dem Anbraten)
Entenbrust (à 180 g): 10–15 Minuten bei 180 °C
(vor dem Aufschneiden ca. 5 Minuten ruhen lassen)
Gänsebrust (à 320 g): 20–25 Minuten bei 180 °C
Putenbrust (à 900 g): 35–45 Minuten bei 180 °C
Putenschnitzel (à 100 g): nur weitere 2–3 Minuten in der Pfanne auf dem Herd braten

Mein Tip

Bei diesem Rezept wird mit sehr niedriger Temperatur gegart. Das Fleisch bleibt dadurch besonders saftig und zart.

Die Geflügelbrüste sind gar, wenn sie auf sanften Druck mit dem Pfannenwender nur noch ganz leicht nachgeben.

Gebratene Geflügelbrust serviere ich auch sehr gerne lauwarm als Beigabe zu einem knackigen Blattsalat. Probieren Sie es einmal aus.

Poulardenbrust in Paprika-marinade

1 entkernte rote Chilischote und **je ½ rote, grüne und gelbe Paprikaschote** ganz fein würfeln. Mit **2 zerdrückten Knoblauchzehen, 50 g feingewürfelten Schalotten, 1 TL Salz, 1 TL abgeriebener unbehandelter Zitronenschale** und **¼ l Olivenöl** verrühren.
4 Poulardenbrüste in eine flache Schale legen und mit der Marinade übergießen. Zugedeckt im Kühlschrank über Nacht durchziehen lassen. Herausnehmen, trockentupfen und nach Grundrezept braten. Da das Fleisch in einer Ölmarinade lag, benötigen Sie zum Anbraten kein Extra-Fett mehr, nur zum Übergießen.

Putenbrust mit Kräuterkruste

20 g Semmelbrösel mit **40 g sehr fein gehackten Mandeln** und **50 g feingehackten Kräutern (Petersilie, Salbei und Thymian zu gleichen Teilen und etwas Rosmarin)** gut mischen. **4 fast fertig gebratene Poulardenbrüste** auf der Hautseite mit **insgesamt 2 TL Senf** bestreichen. Die Kräutermischung darauf verteilen und mit **insgesamt 20 g Butterflöckchen** belegen. Die Geflügelbrüste unter dem Grill in 3–4 Minuten goldgelb gratinieren.

Poulardenbrust mit Spinat-füllung

2 feingewürfelte Schalotten in **20 g Butter** andünsten.
1 feingehackte Knoblauchzehe kurz mitdünsten.
Dann **200 g Spinat** dazugeben und andünsten, bis er zusammenfällt. In einem Sieb leicht ausdrücken und dann mit **Salz, Pfeffer** sowie **Muskat** kräftig würzen.
2 EL geriebenen Parmesan darunterheben.
4 Maispoulardenbrüste mit Haut der Länge nach vorsichtig aufschneiden **(1)** und aufklappen. Die Innenseiten mit **Salz** und **Pfeffer** würzen. Die Spinatmischung darauf geben. Die Brüste wieder zuklappen und die Öffnungen mit Holzzahnstochern zustecken **(2).**
Die Brüste mit **Salz** und **Pfeffer** würzen und nach Grundrezept braten. Dazu passen gedünsteter Spinat mit Tomaten und eine Geflügelvelouté.
(auf dem Foto unten)

1

2

Siehe auch

S. 74 Blattsalat
S. 125 Geflügelvelouté
S. 245 Gemüse dünsten
S. 320 Getreide garen

GRUNDREZEPT

Geflügelgeschnetzeltes

- Für 4 Personen
- Zeit zum Quellen: ca. 2 Stunden
- Zubereitungszeit: ca. 3/4 Stunden
- ca. 400 kcal je Portion
- Dazu paßt Basmatireis

Das benötigen Sie

30 g getrocknete Mu-Err-Pilze
3 EL Sojasauce
150 g rote Paprikaschote
150 g grüne Paprikaschote
250 g Chinakohl
2 Knoblauchzehen
600 g Hähnchenbrustfilets ohne Haut
6–8 EL Sesamöl
100 g Sojabohnensprossen
1 TL Currypulver
1 TL Kurkumapulver
1 EL gehackter Ingwer
Salz
3 EL Chilisauce
2 EL Austernsauce
1/8 l heller Geflügelfond
1–2 EL gehacktes Koriandergrün

Hähnchenpfanne „Asia"

1. Die Mu-Err-Pilze ca. 1 Stunde in kaltem Wasser einweichen. Dann abgießen, trockentupfen, in dünne Streifen schneiden und in der Sojasauce ca. 1 Stunde marinieren.

2. Inzwischen die Paprikaschoten vierteln, putzen, waschen und in dünne Streifen schneiden. Den Chinakohl putzen, waschen und quer in feine Streifen schneiden. Den Knoblauch schälen und fein hacken. Die Hähnchenbrustfilets quer zur Faser in feine Streifen schneiden.

3. Das Öl in einem Wok erhitzen und die Hähnchenbrust darin unter Rühren bei starker Hitze anbraten **(1)**. Die Paprikastreifen und die Pilze mit der Sojasauce dazugeben und 3–4 Minuten mitbraten **(2)**.

4. Sojasprossen, Chinakohl und Knoblauch daruntermischen. Alles mit Currypulver, Kurkuma, Ingwer und Salz abschmecken. Chili- und Austernsauce sowie den Geflügelfond dazugeben.

5. Alles gut mischen und etwas einkochen lassen. Zuletzt den Koriander darüberstreuen.

1

2

Mein Tip

Sollten Sie keinen Wok haben, tut es auch eine große, hochwandige Pfanne.

Die asiatischen Zutaten erhalten Sie in gutsortierten Lebensmittelgeschäften oder in Asialäden.

Wenn Sie frische Sojabohnensprossen verwenden, müssen Sie sie vor der Zugabe nicht blanchieren. Das kurze Mitgaren reicht aus, um die gesundheitsschädlichen Inhaltsstoffe zu zerstören.

Da es beim Garen im Wok immer recht schnell geht, empfiehlt es sich, alle Zutaten schon vor der Zubereitung kleinzuschneiden.

Hähnchen in Kokossauce

4 Hähnchenbrustfilets ohne Haut quer zur Faser in ca. 2 cm lange Streifen schneiden. **50 g Schalotten** schälen und in feine Stifte schneiden. **8 Frühlingszwiebeln** putzen und waschen. Die grünen Teile abschneiden und nicht verwenden. Die verbleibenden weißen Teile in mundgerechte Stücke schneiden. **1 mittelgroße Banane** schälen und in dünne Scheiben schneiden.

Das Geflügelfleisch in einem Wok in **5 EL Öl** anbraten. Herausnehmen und zugedeckt warmstellen. Schalotten und Frühlingszwiebeln im verbliebenen Bratfett kurz andünsten. Evtl. **etwas Erdnußöl** dazugeben. Die Bananenscheiben hinzufügen. Alles mit **1 TL Currypulver** bestäuben, vorsichtig umrühren und sofort mit dem **Saft von 1 Orange** ablöschen. **100 ml ungesüßte Kokosmilch** angießen und alles kurz aufkochen.

12 frische Litschis schälen, längs einschneiden und die Kerne entfernen. Die Litschis vierteln und zusammen mit dem Geflügelfleisch in den Wok geben. **1 TL feingehackte, entkernte grüne und rote Chilischote** und **1 EL gehacktes Koriandergrün** unter das Gericht mischen. Alles nochmals aufkochen und mit **Salz** abschmecken. **1 EL Kokosraspeln** in einer Pfanne ohne Fettzugabe goldgelb rösten und auf das Gericht streuen. Dazu paßt Basmati- oder Duftreis.

(auf dem oberen Teller)

Mein Tip

Kokosmilch erhalten Sie flüssig in Dosen oder Tetrapacks oder in fester Form als Block. Letzteren müssen Sie in etwas warmem Wasser nach Packungsbeschreibung auflösen.

Geflügelsaté mit Nuss-Sauce

4 Hähnchenbrustfilets ohne Haut längs zur Faser in ca. 2 cm lange Streifen schneiden. Eine Marinade aus **je 2 EL Sesamöl, Erdnußöl und Sojasauce** und **je 1 TL Ingwerpulver, Currypulver und Zucker** sowie **etwas Pfeffer** zubereiten. Die Fleischstreifen darin zugedeckt 1 Tag im Kühlschrank durchziehen lassen.

Danach die Fleischstreifen ziehharmonikaartig (siehe Foto) auf lange Spießchen stecken.

Für die Sauce **100 g Haselnußkerne** in einer Pfanne ohne Fettzugabe hellbraun rösten. **1 EL Honig** dazugeben und bei mittlerer Hitze leicht karamelisieren lassen. Alles mit **3 EL weißem Portwein** und **200 ml hellem Geflügelfond** unter Rühren ablöschen und etwas einkochen lassen. Dann mit dem Pürierstab fein pürieren. Dabei **50 ml Nußöl** langsam einlaufen lassen, bis eine leicht sämige Sauce entstanden ist. Diese auskühlen lassen.

Die Geflügelspießchen trockentupfen und in einer Pfanne in **1 EL Erdnußöl** von allen Seiten goldbraun braten. Zusammen mit der kalten Sauce anrichten.

(auf dem unteren Teller)

Mein Tip

Das Geflügelsaté können Sie als Vorspeise oder, zusammen mit Duftreis, auch als Hauptgericht servieren.

Siehe auch

S. 129 Heller Geflügelfond
S. 243 Chilischote würfeln
S. 320 Reis kochen

GEFLÜGEL SCHMOREN

- Für 4 Personen
- Zubereitungszeit: ca. 1½ Stunden
- ca. 550 kcal je Portion
- Dazu passen Salzkartoffeln

DAS BENÖTIGEN SIE

1 Hähnchen à 800 g
Salz, schwarzer Pfeffer
100 g Dörrfleisch
2 Knoblauchzehen
10 kleine Champignons
10 kleine, frische Perlzwiebeln
2 große, feste Tomaten
40 g Butterschmalz
2 Lorbeerblätter
2 EL Cognac
¼ l Rotwein (z. B. Aßmannshäuser aus dem Rheingau)
100 ml heller Geflügelfond
2 EL Portwein
½ EL gehackter Majoran
1 EL Schnittlauchröllchen
evtl. etwas Speisestärke

Rotwoi-Hinkelchen

1. Das Hähnchen in 6 Stücke (Keulen, Bruststücke und Flügel mit Bruststück) zerteilen. Die Keulen im Gelenk nochmals durchschneiden **(1)**. Die Geflügelteile mit Salz und Pfeffer gut einreiben.

1

2. Das Dörrfleisch kleinwürfeln. Die Knoblauchzehen schälen und fein hacken. Die Champignons mit einem feuchten Tuch abreiben und putzen. Die Perlzwiebeln schälen. Die Tomaten enthäuten, vierteln, entkernen und in breite Streifen schneiden.

2

3. Das Butterschmalz in einer hohen Pfanne oder Kasserolle erhitzen. Die Hähnchenteile darin bei starker Hitze von allen Seiten anbraten, bis sie gut gebräunt sind. Das Dörrfleisch dazugeben und gut anbraten **(2)**.

4. Champignons, Knoblauch, Perlzwiebeln und Lorbeerblätter zum Fleisch geben und kurz mitbraten. Den Cognac darübergießen und zum Flambieren mit einem langen Streichholz anzünden. Den Alkohol vollständig ausbrennen lassen.

5. Alles mit Rotwein und Geflügelfond ablöschen. Das Ganze zugedeckt 25–30 Minuten bei mittlerer Hitze schmoren.

6. Dann die Tomaten hinzufügen und vorsichtig in der Sauce erwärmen. Diese mit dem Portwein verfeinern und mit Salz und Pfeffer sowie Majoran und Schnittlauch abschmecken. Die Sauce evtl. mit etwas angerührter Speisestärke binden.

MEIN TIP

Beim Flambieren geht der Geschmack des alkoholischen Getränks auf die Speise über und verleiht ihr ein besonderes Aroma. Bitte verwenden Sie immer lange Kaminstreichhölzer, und gießen Sie keinen Alkohol in die Flamme. Außerdem sollten Sie nie unter einer Dunstabzugshaube flambieren. Dies kann gefährlich werden.

Coq au Riesling

4 Hähnchenkeulen im Gelenk durchschneiden und mit **Salz** sowie **Pfeffer** einreiben. In **30–40 g Butterschmalz** von allen Seiten goldbraun anbraten. **200 g in Streifen geschnittene Schalotten** dazugeben und kurz mitbraten. **4 gehackte Knoblauchzehen, 2 Thymianzweige** und **1 Rosmarinzweig** hinzufügen. Alles mit **200 ml trockenem Riesling** und **300 ml kräftigem, hellem Geflügelfond** ablöschen. Bei schwacher Hitze zugedeckt 25–30 Minuten schmoren. Die Keulen herausnehmen und zugedeckt warmstellen. Die Sauce durch ein feines Sieb passieren, entfetten und auf ⅓ einkochen lassen. Mit **Salz** und **Pfeffer** würzen und mit **etwas angerührter Speisestärke** binden. **100 g blanchierte, feine Gemüsestreifen (von Möhre, Sellerie und Lauch)** dazugeben. Die Sauce mit den Hähnchenteilen servieren.

Entenkeulen mit Johannisbeersauce

4 Entenkeulen in einem Bräter in **4 EL Öl** von allen Seiten goldbraun anbraten. Dann im vorgeheizten Ofen bei 200 °C ca. ½ Stunde offen weitergaren. Inzwischen **100 g Staudensellerie, 100 g rote Zwiebeln, 200 g Zucchini** und **1 rote Paprikaschote** in Streifen schneiden. Diese in einem großen Topf in **3–5 EL Erdnußöl** andünsten. Die Hälfte des Gemüses herausnehmen und zugedeckt warmstellen. Das Gemüse im Topf mit **Pfeffer** und **Salz** würzen. **1 EL Honig, 2 ganze Sternanis** und **1 feingewürfelte, entkernte rote Chilischote** hinzufügen. **200 ml Pflaumenwein** und **100 ml Johannisbeersaft** angießen. Alles zugedeckt ca. 5 Minuten köcheln. Die Entenkeulen hinzufügen und alles weitere 15 Minuten zugedeckt köcheln lassen.

Die Keulen herausnehmen. Die Sauce durch ein feines Sieb passieren und mit **angerührter Speisestärke** leicht binden. Danach aufkochen und mit **Salz** und **Pfeffer** sowie **2 EL Weißweinessig** abschmecken.

Das warmgestellte Gemüse auf Teller geben. Die Entenkeulen darauf setzen und mit der Sauce überziehen. Dazu passen gebratene asiatische Nudeln.

(auf dem Foto oben)

Siehe auch

S. 61	Flambieren
S. 105	Fond bzw. Sauce entfetten
S. 124	Saucen binden
S. 129	Heller Geflügelfond
S. 184	Geflügel zerteilen
S. 243	Chilischote entkernen und würfeln
S. 243	Tomate enthäuten
S. 280	Salzkartoffeln

GRUNDREZEPT

Wild kurzbraten

- Für 4 Personen
- Zubereitungszeit: ca. ½ Stunde
- ca. 440 kcal je Portion
- Dazu passen Schupfnudeln

Für die Medaillons

600 g Rehrückenfilet, pariert
Salz
schwarzer Pfeffer
30 g Butterschmalz
2 Rosmarinzweige

Für die Sauce

1 Apfel
50 g frische Preiselbeeren
50 g Zucker
¼ l Cidre
⅛ l dunkler Wildfond
60 g eiskalte Butterstückchen
Salz

Rehmedaillons auf Cidre-Preiselbeer-Sahne

1. Den Ofen auf 150 °C vorheizen. Das Rehrückenfilet in 4 gleich dicke Medaillons schneiden. Diese mit Salz und Pfeffer würzen.

2. Das Butterschmalz in einer Pfanne erhitzen. Die Medaillons darin zusammen mit dem Rosmarin bei starker Hitze von jeder Seite ca. 1 Minute braten **(1).** Herausnehmen, auf ein Backblech setzen und im Ofen 10–12 Minuten weitergaren **(2).**

3. Den Apfel schälen, vierteln, entkernen und in kleine Würfel schneiden. Die Preiselbeeren verlesen, waschen und trockentupfen.

4. Den Zucker in einer Pfanne bei mittlerer Hitze hellbraun karamelisieren. Mit dem Cidre unter Rühren ablöschen, dann den Wildfond angießen. Alles auf ⅓ einkochen.

5. Die Butterwürfel mit dem Pürierstab unter die Sauce mixen. Preiselbeeren und Apfelwürfel darin erhitzen. Die Sauce leicht salzen. Mit den Medaillons anrichten.
(auf dem Foto unten)

1

2

Hirschrückensteaks mit Lebkuchenkruste

600 g Hirschrückenfilet in 4 Steaks schneiden. In **30 g Butterschmalz** von beiden Seiten kurz anbraten. Dann auf einem mit Alufolie belegten Blech im vorgeheizten Ofen bei 150 °C 12–15 Minuten weitergaren. **2 kleine Eiweiße** zu Eischnee schlagen. **150 g weichen Gewürzlebkuchen (ohne Glasur)** in der Küchenmaschine fein mahlen. Mit **30 g angerösteten Pinienkernen, 1 TL gehacktem Thymian** und **20 g Ahornsirup** mischen. Mit **gemahlenem Koriander, Salz** und **Pfeffer** würzen und unter den Eischnee heben. Die Masse mit einem Eßlöffel auf die Hirschsteaks geben. Diese auf ein leicht gefettetes Blech legen und unter dem Grill 3–4 Minuten goldbraun überbacken. Dazu passen gedünsteter Brokkoli, Nußspätzle und Lebkuchensauce.

GRUNDREZEPT

Wildrücken braten

- Für 4 Personen
- Zubereitungszeit: ca. 1 1/4 Stunden
- ca. 870 kcal je Portion
- Dazu paßt Rosenkohlblättergemüse

Für die Sauce

1 große Zwiebel
1 EL Öl
200 ml Johannisbeersaft
600 ml dunkler Wildfond
etwas Speisestärke
Salz
schwarzer Pfeffer
1 TL Honig
2 cl Orangenlikör
2 EL Preiselbeeren aus dem Glas

Für das Fleisch

1,2 kg Rehrückenfilet
Salz
schwarzer Pfeffer
1 große, dünne Scheibe grüner Speck (sie sollte so groß sein, daß man das Fleisch gut darin einwickeln kann)
2 Thymianzweige
1 Rosmarinzweig
4 zerdrückte Wacholderbeeren
4 EL Öl

Gebratenes Rehrückenfilet

1. Die Zwiebel schälen, in Streifen schneiden und in dem Öl glasig dünsten. Johannisbeersaft und Wildfond dazugeben. Alles offen auf 1/4 einkochen lassen, bis die Sauce schön sämig ist. Sollte dies nicht so sein, sie mit etwas angerührter Speisestärke binden. Zuletzt die Sauce mit Salz, Pfeffer, Hong, Orangenlikör und Preiselbeeren abschmecken. Zugedeckt warmstellen.

2. Den Ofen auf 130 °C vorheizen. Das Rehrückenfilet mit Salz und Pfeffer einreiben. Es dann bardieren. Dafür das Fleisch auf die Speckscheibe legen. Die Thymianzweige und den Rosmarinzweig in Stücke schneiden. Zusammen mit den zerdrückten Wacholderbeeren aufs Fleisch geben. Das Filet in den Speck fest einrollen und den Speck mit Küchengarn fest umwickeln.

3. Das Fleisch in einer Pfanne in dem Öl von allen Seiten gut anbraten **(1)**. Auf ein großes, leicht zusammengeknäultes Stück Alufolie legen und im Ofen 18–20 Minuten garen **(2)**.

4. Das Fleisch ca. 5 Minuten zugedeckt ruhen lassen. Dann auswickeln und in Scheiben schneiden. Zusammen mit der Sauce anrichten.

1

2

Siehe auch

S. 105 Fond entfetten
S. 124 Saucen binden
S. 131 Dunkler Wildfond
S. 131 Lebkuchensauce
S. 186 Rehrückenfilet bardieren
S. 245 Gemüse dünsten
S. 260 Rosenkohlblättergemüse
S. 295 Schupfnudeln
S. 302 Spätzle

GRUNDREZEPT

Wildkeule garen

- Für 4 Personen
- Zubereitungszeit: ca. 2¾ Stunden
- ca. 980 kcal je Portion
- Dazu passen glasierte Möhren und Kartoffelklöße

Das benötigen Sie

1 Frischlingskeule, ohne Knochen à ca. 1,5 kg
Salz
weißer Pfeffer
4 EL Öl
100 g Möhrenwürfel
100 g Knollenselleriewürfel
100 g Zwiebelwürfel
100 g Lauchringe
200 ml Rotwein
1 l heller Wildfond
1 TL geschrotete Pimentkörner
2 Lorbeerblätter
5 zerdrückte Wacholderbeeren
3 Gewürznelken
80 g Schalotten
60 g Dörrfleisch
600 g Waldpilze (z. B. Steinpilze, Pfifferlinge oder Trompetenpilze)
40 g Butter
Muskat
1 TL gehackter Thymian
ca. 1 EL Speisestärke
200 g Crème fraîche

Frischlingskeule mit Pilzsauce

1. Den Ofen auf 180 °C vorheizen. Die Keule mit Küchengarn in Form binden. Mit etwas Salz und Pfeffer einreiben.

2. Das Öl in einem Bräter erhitzen. Die Keule darin bei starker Hitze von allen Seiten gut anbraten. Herausnehmen. Das Gemüse im verbliebenen Bratfett hellbraun anrösten. Den Rotwein angießen und auf die Hälfte einkochen. Den Wildfond angießen und aufkochen. Die Gewürze dazugeben.

3. Das Fleisch in den Fond legen und im Ofen offen ca. 1½ Stunden garen. Es während dieser Zeit ca. alle ¼ Stunde mit dem Fond übergießen **(1)** und mehrmals wenden.

4. Die Keule herausnehmen und zugedeckt warmstellen. Den Fond durch ein feines Sieb geben **(2)** und auf ⅓ einkochen. Dann entfetten.

5. Für die Sauce die Schalotten schälen und mit dem Dörrfleisch würfeln. Die Pilze abreiben, putzen und in Streifen schneiden. Die Butter in einer Pfanne erhitzen und Schalotten sowie Dörrfleisch darin anschwitzen. Die Pilze kurz mitdünsten. Mit Salz, Pfeffer und Muskat leicht würzen.

6. Den reduzierten Fond angießen und aufkochen. Die Sauce mit dem Thymian würzen und mit der angerührten Speisestärke binden. Zuletzt die Crème fraîche darunterrühren und die Sauce evtl. nachwürzen. Das Fleisch in Scheiben schneiden und mit der Sauce servieren.

1

2

Mein Tip

Wenn Sie den typisch-intensiven Wildgeschmack etwas abmildern möchten, dann legen Sie die rohe Keule über Nacht zugedeckt in 2 l Buttermilch ein. Das Ganze bitte für diese Zeit in den Kühlschrank stellen.

Gefüllte Hasenkeulen in Holunderrahm

120 g Trockenpflaumen (ohne Stein) ca. 2 Stunden in lauwarmes Wasser oder Rotwein einweichen. Danach **4 Hasenkeulen (à ca. 300 g)** entbeinen. Die Knochen in kleine Stücke hacken. Das Fleisch leicht **salzen** und **pfeffern.** Die abgegossenen Trockenpflaumen in die Höhlung geben, wo vorher die Knochen waren. Die Keulen dann mit Küchengarn in ihre ursprüngliche Form binden.
Die Keulen in einem Bräter in **4 EL Öl** von allen Seiten anbraten. Herausnehmen. Die Knochen im Bratfett gut anrösten. Dann **80 g Möhren, 80 g Knollensellerie, 120 g Zwiebeln und 80 g Lauch (alles kleingewürfelt)** dazugeben und gut anrösten. **75 g Holundergelee** kurz anschwitzen. Alles mit **200 ml Rotwein** ablöschen und auf die Hälfte einkochen. **1 l hellen Wildfond** angießen und aufkochen. Die Sauce mit **Salz, 1 TL geschrotetem Pfeffer, ½ TL geschrotetem Piment, 2 Lorbeerblättern, 5 zerdrückten Wacholderbeeren** und **5 Gewürznelken** würzen.
Die Hasenkeulen in den Fond geben und zugedeckt bei milder Hitze ca. 1 Stunde köcheln lassen. Den Fond öfter abschäumen und das Fett mehrmals abschöpfen.
Die Keulen herausnehmen und zugedeckt warmstellen. Den Fond durch ein feines Sieb gießen, entfetten und auf ⅓ einkochen. **60 ml Holundersaft** dazugeben und alles nochmals leicht einkochen. Zuletzt **100 g Crème fraîche** darunterrühren. Die Sauce eventuell nachwürzen und dann schaumig aufmixen. Die Keulen in Scheiben schneiden und mit der Sauce servieren. Dazu passen Steinpilze in Rahmsauce und sautierter Wirsing mit Tomatenwürfeln.

Mein Tip

Ihr Metzger ist Ihnen beim Ausbeinen der Hasenkeulen und Kleinhacken der Knochen sicherlich behilflich, wenn Sie es selbst nicht machen möchten.

Siehe auch

S. 59 **Sautieren**
S. 104 **Heller Wildfond**
S. 105 **Fond bzw. Sauce entfetten**
S. 124 **Saucen binden**
S. 245 **Gemüse glasieren**
S. 292 **Kartoffelklöße**

GRUNDREZEPT

WILDRAGOUT

- Für 4 Personen
- Marinierzeit: ca. 1 Tag
- Zubereitungszeit: ca. 2 Stunden
- ca. 600 kcal je Portion
- Dazu passen Spätzle und Steinpilze in Rahmsauce

DAS BENÖTIGEN SIE

1 ausgelöste Rehschulter à 800–1000 g
½ Sellerieknolle, gewürfelt
1 Möhre, gewürfelt
2 rote Zwiebeln, gewürfelt
¼ Lauchstange, in Scheiben
2 Thymianzweige
1 Rosmarinzweig
10 zerdrückte Wacholderbeeren
10 schwarze Pfefferkörner
½ l Rotwein
30 g Butterschmalz
½ l dunkler Wildfond
2 EL Johannisbeergelee
Salz
schwarzer Pfeffer
1 EL Speisestärke
3 EL frische Preiselbeeren
2 EL geschlagene Sahne

Rehgulasch mit Preiselbeeren

1. Die Rehschulter von Häuten und Sehnen befreien und in ca. 3 cm große Würfel schneiden. Das Fleisch in eine Schüssel geben.

2. Das kleingeschnittene Gemüse über das Fleisch geben. Kräuterzweige, Wacholderbeeren und Pfefferkörner hinzufügen und den Rotwein angießen. Alles zugedeckt ca. 1 Tag im Kühlschrank marinieren.

3. Danach das Butterschmalz in einem Topf erhitzen. Das Fleisch aus der Marinade nehmen und gut trockentupfen. Dann im Fett von allen Seiten gut anbraten, bis es leicht gebräunt ist **(1).**

4. Die Marinade dazugeben **(2)** und den Wildfond angießen. Alles zugedeckt bei milder Hitze 40–50 Minuten schmoren.

5. Das Fleisch aus der Sauce nehmen und zugedeckt warmhalten. Die Sauce offen auf die Hälfte einkochen, dann durch ein feines Sieb gießen und entfetten. Das Johannisbeergelee in der Sauce auflösen und sie mit Salz sowie Pfeffer abschmecken. Nochmals etwas einkochen lassen.

6. Die Sauce mit der angerührten Speisestärke binden **(3).** Das Fleisch darin erwärmen. Zuletzt die Preiselbeeren und die geschlagene Sahne daruntermischen.
(auf dem Foto unten)

1

2

3

HIRSCHGULASCH
Nehmen Sie statt des Rehfleischs **750 g Hirschfleisch** aus der Schulter, und bereiten Sie das Gulasch damit nach Grundrezept zu. Geben Sie außerdem vor dem Binden der Sauce noch **2 EL saure Sahne** hinzu.

Ragout vom Wildschwein mit Perlzwiebeln

800 g Wildschweinfleisch (am besten aus der Schulter) in ca. 2 cm große Würfel schneiden und mit **1 EL Mehl** bestäuben. In einer hohen, beschichteten Pfanne in **4 EL Öl** von allen Seiten gut anbraten.
1 Zwiebel, 2 Möhren, 1/4 Sellerieknolle und 1 Lauchstange (alles gewürfelt) dazugeben und gut mitrösten.
200 g geviertelte Champignons ebenfalls kurz mitbraten. Dann **2 Nelken, 5 Pfefferkörner, 2 Lorbeerblätter, 8 zerdrückte Wacholderbeeren** und **1 TL Tomatenmark** dazugeben und unter Rühren kurz mitrösten.
Alles mit **200 ml Rotwein** ablöschen. **100 ml Johannisbeersaft** sowie **300 ml hellen Wildfond** angießen. Das Ragout zugedeckt 40–50 Minuten bei milder Hitze schmoren, bis das Fleisch weich ist.
Dann die Fleischstücke herausnehmen und zugedeckt warmhalten. Den Fond durch ein feines Sieb drücken, entfetten und aufkochen. **1 EL Johannisbeergelee** darin auflösen. Die Sauce etwas einkochen und mit **Salz** sowie **Pfeffer** abschmecken. Das Fleisch wieder hineingeben, alles kurz aufkochen und nochmals abschmecken. Das Ragout evtl. mit **1 TL angerührter Speisestärke** binden.
Für die Perlzwiebeln **1 EL Zucker** in einer Pfanne bei mittlerer Hitze hellbraun karamelisieren. **20 g Butter, 200 g geschälte, frische Perlzwiebeln** und **200 g Möhrenscheiben** kurz darin wenden. Dann alles sofort unter Rühren mit **1/4 l Rotwein** ablöschen. Die Flüssigkeit sehr stark einkochen, bis das Gemüse weich ist und einen schönen Glanz hat. Mit **Salz** und **Pfeffer** abschmecken und ins Ragout geben. Dazu passen Herzoginkartoffeln.
(auf dem Foto unten)

Hasenragout in Lebkuchensauce

800 g Hasenfleisch (aus der Keule) in ca. 2 cm große Würfel schneiden. In **4 bis 5 EL Öl** anbraten.
1 Zwiebel, 1 Möhre und 1/2 Lauchstange (alles gewürfelt) dazugeben und kurz mitbraten. **2 Lorbeerblätter, 3 Wacholderbeeren, 1 Rosmarinzweig, 2 Thymianzweige** und **10 Pfefferkörner** kurz mitrösten. Alles mit **Salz** und **Pfeffer** würzen.
Dann mit **3/4 l Rotwein** ablöschen und **1/2 l hellen Wildfond** angießen. Das Hasenragout zugedeckt bei milder Hitze ca. 1½ Stunden schmoren.
Das Fleisch herausnehmen und zugedeckt warmstellen. Die Sauce durch ein Sieb passieren, entfetten und auf ⅓ einkochen. Mit **1 Prise Lebkuchengewürz** abschmecken. Dann **50 g Lebkuchen (ohne Glasur)** sehr fein hacken und mit **1 TL Honig** sowie **1 EL Ahornsirup** in die Sauce geben. Offen ca. 10 Minuten köcheln lassen. Falls nötig mit **Salz** und **Pfeffer** nachwürzen. Das Fleisch in die Sauce geben und alles nochmals aufkochen. Dazu passen gedünsteter Rosenkohl und Spätzle.

Mein Tip

Nehmen Sie für ein Wildragout immer sehr gutes Fleisch, z. B. Schulter, Hals oder Keule. Dieses bleibt beim Schmoren schön saftig und wird nicht zäh oder trocken.

Siehe auch

S. 104 Heller Wildfond
S. 105 Fond bzw. Sauce entfetten
S. 124 Saucen binden
S. 131 Dunkler Wildfond
S. 245 Gemüse dünsten
S. 289 Herzoginkartoffeln
S. 302 Spätzle

Fisch und Meeresfrüchte

Küchenvorbereitung von Fisch

1

2

3

4

5

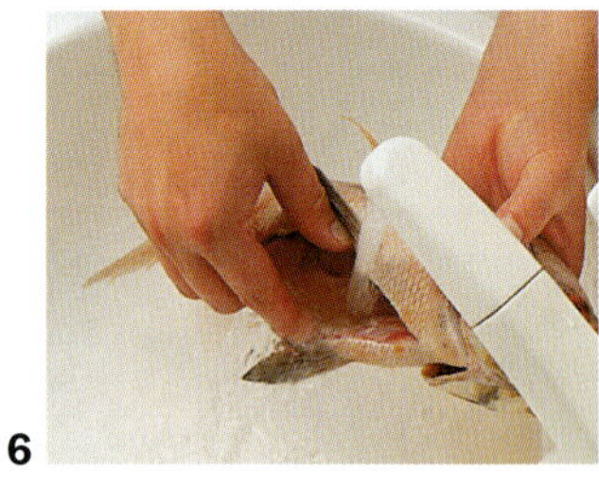
6

Rundfische schuppen

1. Zuerst die Bauch-, Rücken- und Schwanzflossen des ausgenommenen Fisches mit einer Fischschere abschneiden **(1).**

2. Ein Küchenbrett schräg in das Abwaschbecken stellen. Den Fisch so darauf legen, daß der Schwanz nach oben zeigt.

3. Mit dem Rücken eines kräftigen Messers oder mit einem Fischschupper die Schuppen vom Schwanzende zum Kopf hin abschaben **(2).**

4. Den Fisch gut waschen und trockentupfen. (Siehe auch den Tip rechts.)

Rundfische ausnehmen

1. Die Flossen mit einer Schere abschneiden. Den Fisch auf die Seite legen. Den Bauch mit einem spitzen Messer oder mit der Fischschere vom After bis zum Kopf vorsichtig aufschneiden **(3).** Achten Sie darauf, daß die Eingeweide nicht verletzt werden, sonst könnte die Galle auslaufen.

2. Den Kopf mit zwei schrägen Schnitten hinter den Kiemen abtrennen **(4).**

3. Mit der Hand die Eingeweide vorsichtig herausnehmen **(5).**

4. Die Bauchhöhle unter fließend kaltem Wasser auswaschen **(6).**

Rundfische filetieren und häuten

1. Den ausgenommenen Fisch (Kopf ist bereits abgetrennt) flach auf ein Brett legen. Mit einem scharfen Messer vom Kopfende aus bis zum Schwanz direkt oberhalb der Mittelgräte entlangschneiden **(7).** Das Filet von den Gräten lösen.

2. Den Fisch wenden und das zweite Filet von der Mittelgräte vorsichtig herunterschneiden.

3. Die Filets mit der Hautseite auf ein Brett legen. Mit einem flachen Schnitt die Bauchgräte entfernen.

4. Mit einem scharfen Messer vom Schwanzende direkt flach auf der Haut entlangschneiden und so das Filet von der Haut lösen **(8).** Dabei das Filet am Schwanzende mit der einen Hand festhalten.

5. Die Stehgräten mit einer Pinzette vorsichtig aus dem Filet zupfen.

7

8

Mein Tip

Sie können zum Schuppen auch das Waschbecken mit Wasser füllen, das Schneidebrett hineinstellen und den Fisch dann unter Wasser schuppen. So bleiben die Schuppen im Wasser und spritzen nicht in die Küche.

Seefische mit kleinen Schuppen, die später gedünstet werden, sowie Süßwasserfische mit Schleimhaut, die blaugekocht werden sollen, dürfen nicht geschuppt werden, sie häutet man nach dem Kochen.

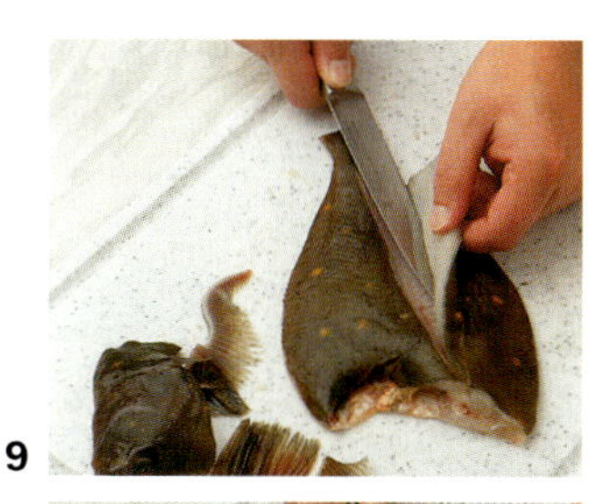

9

10

Plattfische filetieren und häuten

1. Diese Technik gilt nicht für Seezunge! Mit einer Fischschere den Kopf hinter den Kiemen abtrennen. Den Flossensaum ringsherum abschneiden.

2. Mit Hilfe von Mittel- und Zeigefinger die Innereien aus der Bauchhöhle herausholen.

3. Den Fisch unter fließend kaltem Wasser innen und außen waschen.

4. Auf der Oberseite beginnend, das Fleisch mit einem scharfen Messer zwischen den Filets entlang der Mittelgräte bis auf die Gräten durchschneiden.

5. Mit flachen Schnitten von der Mitte her die Filets von den Gräten herunterschneiden **(9).**

6. Die Filets gründlich waschen und trockentupfen.

7. Die Filets auf die Hautseite legen und mit einem Messer zwischen Haut und Fleisch flach entlangfahren **(10).** So das Filet häuten.

Seezunge abziehen und filetieren

1. Die Fischhaut am Schwanz quer bis auf die Gräte einschneiden und die Haut so lösen. Sie dann anfassen und vom Schwanz her in Richtung Kopf zunächst bis zur Mitte und dann vollständig abziehen **(11).** Jetzt erst den Kopf abschneiden.

2. Auf der weißen Hautseite beginnend, das Fleisch mit einem scharfen Messer zwischen den Filets entlang der Mittelgräte bis auf die Gräten durchschneiden.

3. Mit flachen Schnitten von der Mitte her die Filets von den Gräten herunterschneiden **(12).** Jetzt erst den Flossensaum abschneiden. Die Filets gründlich waschen und trockentupfen.

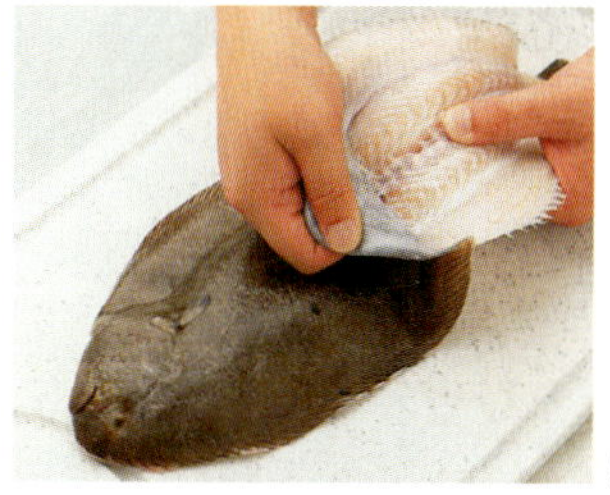

11

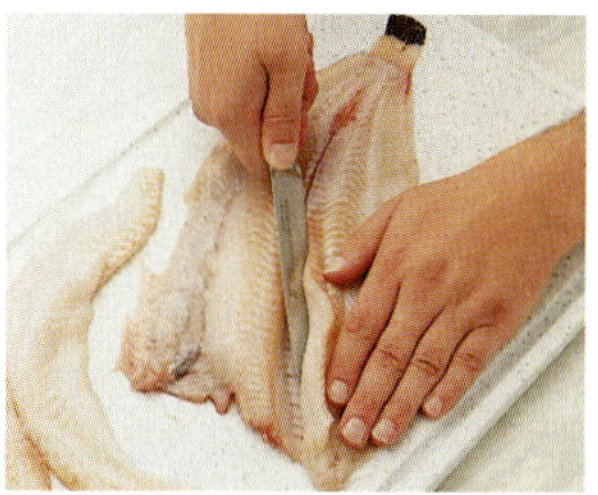

12

MEIN TIP

Die ausgelösten Gräten lassen sich prima für die Zubereitung eines Fischfonds verwenden. Sollten Sie diesen nicht gleich benötigen, dann könnten Sie ihn problemlos einfrieren.

SIEHE AUCH

S. 29 **Warenkunde Fisch**
S. 96 **Graved Lachs**
S. 114 **Bouillabaisse**
S. 132 **Heller Fischfond**
S. 222 **Fisch in Folie einpacken**
S. 230 **Fischröllchen herstellen**

Küchenvorbereitung von Meeresfrüchten

1

2

3

4

Garnelen/Scampi auslösen

1. Die Garnele an Kopf- und Schwanzteil fassen. Beides mit einer drehenden Bewegung voneinander lösen **(1).** Den Kopf wegwerfen.

2. Den Panzer mit Daumen und Zeigefinger zusammendrücken, daß er aufbricht. Ihn dann an der Unterseite mit den Fingern aufbrechen und vorsichtig ablösen **(2).**

3. Die Garnelenschwänze auf der Rückenseite mit einem Messer vorsichtig aufschneiden (nicht durchschneiden) **(3).** Das Fleisch auseinanderklappen, bis der Darm zu sehen ist.

4. Den Darm vorsichtig mit den Fingern oder mit der Messerspitze herausziehen **(4).**

Mein Tip

Die entfernten Panzer (Karkassen) können Sie gut für die Zubereitung eines Krustentierfonds verwenden.

Wenn Garnelen oder Scampi gebraten werden sollen, entferne ich den Panzer meist nicht. Dann bleibt das Fleisch beim Garen besser saftig und zart.

Tintenfisch vorbereiten

1. Den Kalmar mit kaltem Wasser abspülen. Dann den Kopf knapp hinter den Augen fassen und vorsichtig aus dem Körperbeutel ziehen **(5).** Die weichen Innereien einschließlich des Tintenbeutels lösen sich so mit dem Kopf.

2. Die Innereien wegwerfen. Den Tintenbeutel nur aufheben, wenn die Tinte benötigt wird.

3. Den Kopf knapp unter den Fangarmen abschneiden **(6)** und wegwerfen.

4. Den schnabelförmigen Mund, der sich in der Mitte der zusammenhängenden Fangarme befindet, vorsichtig mit den Fingern herausdrücken **(7)** und wegwerfen.

5. Den Rand des Körpers zurückschieben. Den Knochen, der dann sichtbar wird, herausziehen **(8)** und wegwerfen.

6. Vom Körper mit den Fingern die Flossen abziehen **(9).** Dann die gesamte Haut vom Körper vorsichtig abziehen **(10)** und wegwerfen. Zuletzt den Kalmar nochmals gut auswaschen und trockentupfen.

5

6

7

8

9

10

11

12

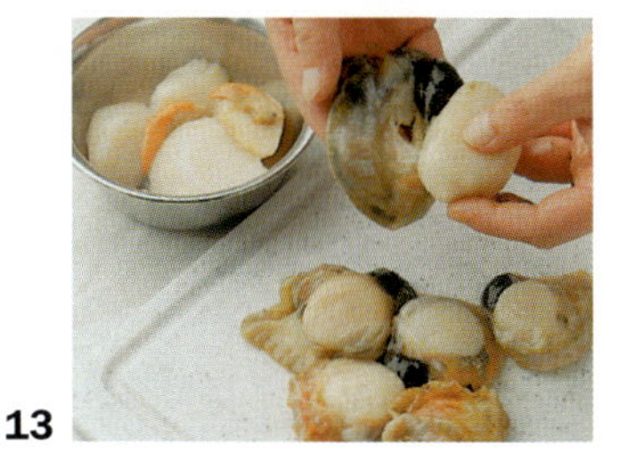
13

Jakobsmuscheln öffnen

1. Die Schale der Muscheln sorgfältig abbürsten. Die Muscheln am besten für einige Stunden in Salzwasser legen, damit der Sand, den sie mit der Nahrung aufgenommen haben, wieder ausgeschieden werden kann.

2. Die Muscheln mit einem Küchentuch in der linken Hand festhalten. Die flache Schalenhälfte zeigt dabei nach oben.

3. Ein spitzes, kurzes und kräftiges Messer seitlich zwischen die Schalen schieben und den Muskel an der flachen Innenseite durchtrennen **(11).** Die flache obere Schale abheben, die untere Schale mit der linken Hand festhalten.

4. Mit dem Messer am grauen Rand des Fleisches den Muskel rundherum auslösen **(12)** und aus der Schale heben.

5. Den grauen Rand vom weißen Muskelfleisch und vom orangefarbenen Rogen (Corail) abziehen **(13).**

6. Das weiße Fleisch (Nüßchen) und den Rogen vorsichtig voneinander trennen. Beides gründlich unter fließend kaltem Wasser abspülen, um Sand und andere Verunreinigungen abzuwaschen.

Muscheln säubern und entbarten

1. Die Muscheln verlesen: Geöffnete Muscheln, die sich auf Fingerdruck nicht selbständig schließen oder deren Schalen beschädigt sind, wegwerfen **(14).**

2. Die Muscheln einzeln unter fließend kaltem Wasser sorgfältig abbürsten **(15).** Kalkablagerungen mit einem Küchenmesser abschaben.

3. Bei jeder Muschel den Bart (die Haftfäden) mit einem kleinen Messer oder mit Zeigefinger und Daumen greifen und herausziehen **(16).**

14

15

16

Siehe auch

S. 31 Warenkunde Meeresfrüchte

S. 133 Krustentierfond

S. 234 Hummer zerteilen und Fleisch auslösen

S. 238 Flußkrebse auslösen

GRUNDREZEPT

Fisch pochieren

- Für 4 Personen
- Zubereitungszeit: ca. 40 Minuten
- ca. 420 kcal je Portion

Dazu passen neue Kartoffeln (als Pellkartoffeln gegart)

Das benötigen Sie

½ l heller Fischfond
4 Filets vom Petersfisch à 150–180 g (ohne Haut)
130 g Möhre
130 g Staudensellerie
130 g Lauch
130 g Zuckerschoten
20 g Butter
100 ml Weißwein
Salz
weißer Pfeffer
1 EL gehackter Estragon

Petersfisch im eigenen Sud mit Gemüse

1. Den Fischfond offen auf ca. 170 ml einkochen. Inzwischen die Fischfilets kalt abspülen und trockentupfen. Möhre und Sellerie schälen, putzen, waschen und in feine Streifen schneiden. Den Lauch putzen, waschen und ebenfalls in Streifen schneiden. Die Zuckerschoten waschen und putzen.

2. Die Butter in einem Topf erhitzen und das Gemüse (bis auf die Zuckerschoten) darin andünsten. Mit dem Weißwein ablöschen und den reduzierten Fischfond angießen. Das Gemüse zugedeckt bei mittlerer Hitze bißfest garen **(1)**. Mit Salz und Pfeffer würzen.

3. Die Fischfilets mit Salz und Pfeffer würzen. Die Zuckerschoten und die Fischfilets auf das Gemüse legen **(2)**. Beides mit dem Estragon bestreuen und den Fisch zugedeckt bei milder Hitze 3–4 Minuten pochieren **(3)**.

4. Die Fischfilets in tiefen Tellern anrichten. Das Gemüse ringsherum verteilen und etwas Garfond angießen.

1

2

3

Mein Tip

Und so erkennen Sie, ob der Fisch gar ist: Stechen Sie mit einem kleinen Messer in das Filet, und öffnen Sie die Schnittstelle etwas, daß Sie ins Innere sehen können. Ist der Fisch innen nur noch ganz leicht glasig, ist er gar.

Beim Pochieren ist es ganz wichtig, daß die Flüssigkeit nur ganz, ganz leise köchelt, nicht kocht. Sonst fällt Ihnen der Fisch auseinander und wird außerdem durch die zu hohe Temperatur trocken und zäh.

Aal grün

1 kg frischen Aal in 3–4 cm lange Stücke schneiden und mit dem **Saft von 1 Zitrone** beträufeln. **½ l Gemüsefond** in einem flachen, breiten Topf erhitzen. Die Aalstücke hineinlegen und zugedeckt bei milder Hitze 10–15 Minuten pochieren. Herausnehmen und zugedeckt warmstellen. **200 ml Crème double** in den Fond geben. Zusammen auf ⅓ einkochen. Dann die Sauce mit **40 g eiskalten Butterstückchen** schaumig aufmixen und so binden. Sollte dies nicht ausreichen, sie mit **etwas angerührter Speisestärke** nachbinden. Nun **3 EL gehackte, gemischte Kräuter (Petersilie, Kerbel, Dill und Schnittlauch)** hineinrühren. Den Aal in die Sauce geben und alles mit **Salz** sowie **Pfeffer** abschmecken. Wer möchte, kann noch **einige Zitronenfilets** in die Sauce geben. Dazu passen Pellkartoffeln und Gurkensalat.

(auf dem Foto oben: links)

Zanderfilet im Rieslingsud

600 g Zanderfilet (ohne Haut) in 4 gleich große Stücke teilen. Mit dem **Saft von 1 Zitrone** beträufeln und mit **Salz** sowie **weißem Pfeffer** würzen. **30 g Butter** erhitzen.
2 Schalotten (in Ringen), 1 Möhre (in Scheiben), 1 Stange Staudensellerie (gewürfelt) und **¼ Lauchstange (gewürfelt)** darin zusammen andünsten. Je **1 Estragon- und 1 Thymianzweig, 2 Lorbeerblätter** und **1 TL Pfefferkörner** dazugeben. **5 EL Vermouth, 200 ml Weißwein (Riesling)** und **100 ml hellen Fischfond** angießen. Mit **Salz** würzen und **1 Msp. Safranfäden** hineingeben. Das Ganze leicht einkochen. Dann die Fischfilets darin zugedeckt 5–6 Minuten pochieren. Den Fisch herausnehmen und zugedeckt warmstellen. **100 g Sahne** in den Sud geben und auf die Hälfte einkochen. Durch ein feines Sieb gießen und mit **30 g eiskalten Butterstückchen** aufmixen. **½ TL gehackten Estragon, 2 EL Tomatenwürfel (enthäutet und entkernt)** sowie **1 EL geschlagene Sahne** daruntermischen. Mit **Salz** und **Pfeffer** abschmecken. Dazu passen Risotto und gedünsteter Spinat.

(auf dem Foto oben: rechts)

Siehe auch

S. 58	Pochieren
S. 105	Gemüsefond
S. 124	Saucen binden
S. 132	Heller Fischfond
S. 243	Tomate enthäuten
S. 245	Gemüse dünsten
S. 281	Pellkartoffeln
S. 323	Risotto
S. 384	Filets aus Zitrusfrüchten herausschneiden

GRUNDREZEPT

Fisch blaukochen

- Für 4 Personen
- Zubereitungszeit: ca. 50 Minuten
- ca. 230 kcal je Portion
- Dazu passen Salzkartoffeln mit zerlassener Butter und Möhren-Lauch-Gemüse

Das benötigen Sie

4 Forellen à 300–400 g
2 Schalotten
1 Möhre
1 Petersilienwurzel
¼ Lauchstange
200 ml Weißwein
2 Thymianzweige
1 Petersilienzweig
1 Lorbeerblatt
2 Wacholderbeeren
10 Pfefferkörner
50 ml Weißweinessig

Forelle blau

1. Die Forellen innen vorsichtig ausspülen **(1)**. Dabei darauf achten, daß der klare Schleim auf der Außenhaut nicht verletzt wird. Am besten fassen Sie die Forellen hinter den Kiemen und an der Bauchöffnung an **(1)**, so berühren Sie die Außenhaut nicht.

2. Die Schalotten schälen und würfeln. Möhre und Petersilienwurzel schälen, putzen, waschen und würfeln. Den Lauch putzen, waschen und ebenfalls würfeln.

3. Das Gemüse in einen flachen, ovalen Fischtopf geben. 2,5 l Wasser und 200 ml Weißwein angießen. Kräuter und Gewürze dazugeben und alles zugedeckt ca. ¼ Stunde köcheln lassen **(2)**.

4. Den Essig hinzufügen (er sorgt dafür, daß die Blaufärbung des Fischs noch intensiver wird). Die Forellen in den Sud legen **(3)**. Die Fische offen bei milder Hitze 10–12 Minuten pochieren. In dieser Zeit färben sie sich schön blau. Die Forellen vorsichtig herausnehmen und servieren.

(auf dem Foto rechts)

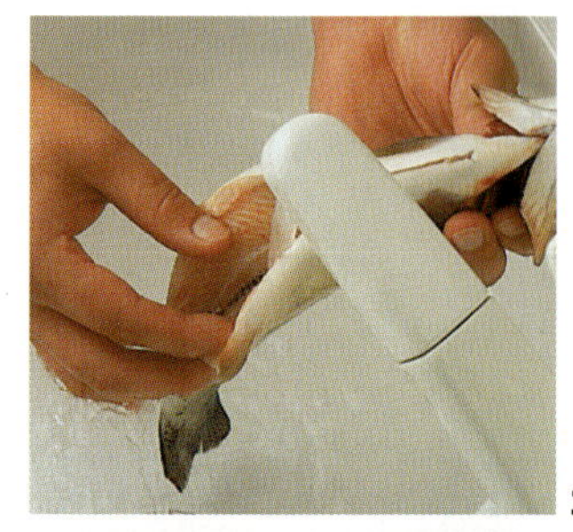
1

2

3

Siehe auch

S. 58 Pochieren
S. 216 Garprobe bei Fisch
S. 245 Gemüse dünsten
S. 280 Salzkartoffeln

Karpfen blau

Lassen Sie 1 Karpfen von 1 kg Gewicht von Ihrem Fischhändler entlang der Gräte halbieren. Garen Sie die Hälften dann, wie im Grundrezept angegeben, jedoch 18–20 Minuten. Das Garen des ganzen Fisches empfiehlt sich nicht, da er Ihnen sonst verkochen kann und sich die Blaufärbung löst.

Mein Tip

Der Fisch färbt sich beim Garen nur gleichmäßig blau, wenn der Schleim auf der Haut unverletzt ist. Ich empfehle Ihnen daher, möglichst gerade geschlachtete Fische zu kaufen, keine abgepackten oder tiefgekühlten. Denn bei diesen ist die Schleimschicht oft fast nicht mehr vorhanden.

GRUNDREZEPT

Fisch dämpfen

- Für 4 Personen
- Zubereitungszeit: ca. 40 Minuten
- ca. 510 kcal je Portion
- Dazu passen gekochter Reis mit Estragon und Blattsalat

Das benötigen Sie

Lachsfiletstücke à 100 g (ohne Haut)
Salz
weißer Pfeffer
½ Zitrone
140 g Sellerieknolle
140 g Möhren
½ Lauchstange
4 Estragonzweige
2 Schalotten
40 g Butter
2 EL trockener Vermouth
100 ml Weißwein
150 ml heller Fischfond
100 g Sahne
50 g eiskalte Butterstückchen
1 EL gehackter Estragon
2 EL geschlagene Sahne

Gedämpfter Lachs mit Estragonsauce

1. Die Lachsstücke mit Salz und Pfeffer würzen und mit der Zitronenhälfte einreiben. Den Sellerie und die Möhre schälen, putzen, waschen und in ca. 5 cm lange, feine Streifen schneiden. Den Lauch putzen, waschen und ebenfalls in feine Streifen schneiden.

2. Die Gemüsestreifen in einen Dämpfeinsatz geben. Die Lachsstücke darauf legen. Auf jedes 1 Estragonzweig legen **(1)**.

3. Die Schalotten schälen und fein würfeln. Die Butter in einem für den Dämpfeinsatz passenden Topf zerlassen und die Schalotten darin glasig dünsten. Vermouth, Weißwein sowie Fischfond dazugeben und aufkochen. Den Dämpfeinsatz einsetzen. Fisch und Gemüse zugedeckt 3–5 Minuten bei milder Hitze dämpfen **(2)**.

4. Den Siebeinsatz samt Inhalt zugedeckt beiseite stellen. Den Fond auf die Hälfte einkochen. Die Sahne dazugeben und kurz einkochen. Dann die Butterwürfel zum Binden unter die Sauce mixen. Den Estragon und die geschlagene Sahne unterheben und die Sauce mit Salz sowie Pfeffer abschmecken. Zusammen mit Lachs und Gemüse anrichten.

(auf dem Foto unten)

1

2

Garzeiten für Fisch

Die Garzeiten sind von der Dicke und der Größe eines Fischfilets oder eines ganzen Fisches abhängig. Nachfolgend einige Beispiele:

Steinbuttfilet (1–2 cm dick): 3–4 Minuten
Kabeljaufilet (3 cm dick): 4–5 Minuten
Ganze Forelle (300–400 g): ca. 12 Minuten
Ganzer Kabeljau (à ca. 900 g): ca. 15 Minuten

Hecht im Gemüsebett

800 g Hechtfilet (mit Haut) in 4 gleich große Stücke schneiden. Mit **Salz** und **Pfeffer** würzen. Je **150 g Möhren und Sellerie** schälen, putzen, waschen und in Rauten schneiden. **150 g Lauch** putzen, waschen und ebenfalls in Rauten schneiden (siehe Tip). Das Gemüse in einen Dämpfeinsatz geben. Die Fischfilets darauf legen. 400 ml Wasser mit **200 ml Weißwein, 500 g gesäuberten und gut abgespülten Hechtgräten, 2 Estragonzweigen, 3 Lorbeerblättern** und **4 Pfefferkörnern** in einem zum Dämpfeinsatz passenden Topf aufkochen. Den Dämpfeinsatz aufsetzen. Fisch und Gemüse zugedeckt 10–12 Minuten dämpfen.

Den Dämpfeinsatz samt Inhalt zugedeckt warmstellen. Den Fond durch ein Sieb passieren und auf ¼ l einkochen. Dann **250 g Sahne** dazugeben und die Sauce auf ⅓ einkochen. Mit **etwas angerührter Speisestärke** binden. Die Sauce mit **2 EL Vermouth (z.B. Noilly Prat), Salz, Pfeffer** und **Zitronensaft** abschmecken. **2 EL geschlagene Sahne** unterheben und die Sauce kurz schaumig aufmixen. **1 TL gehackten Dill** einrühren.

20 g Butter in einer Pfanne erhitzen. Das Gemüse aus dem Siebeinsatz darin kurz schwenken. Mit **Salz** und **Pfeffer** würzen.

Gemüse, Sauce und Hechtfilets zusammen anrichten. Mit **Dillzweigen** garnieren.

(auf dem Foto unten)

Mein Tip

Drehen Sie die Temperatur zurück, wenn die Dämpfflüssigkeit kocht und Sie den Einsatz aufgesetzt haben. Die Flüssigkeit muß nicht mehr sprudelnd kochen – sie entwickelt auch so genug Dampf.

Um zu prüfen ob der Fisch gar ist, gibt es verschiedene Methoden: Bei ganzen Fischen muß sich die Rückenflosse ganz leicht herausziehen lassen. Wurde sie vor dem Garen entfernt, dann stechen Sie mit einer Messerspitze oben in den Fisch, wo die Flosse war und öffen das Fleisch etwas. Ist es gerade noch glasig, ist der Fisch gar. Letztere Methode gilt auch für Fischfilets.

Mein Tip

Und so schneiden Sie **Gemüserauten:** Sellerie und Möhre zunächst in große, dünne Scheiben schneiden. Diese dann in Rauten schneiden. Beim Lauch diesen zunächst längs halbieren. Dann jede einzelne Lauchschicht etwas flachdrücken und in Rauten schneiden.

Siehe auch

- S. 58 Dämpfen
- S. 74 Blattsalat
- S. 124 Saucen binden
- S. 132 Heller Fischfond
- S. 216 Garprobe bei Fisch
- S. 320 Reis kochen

GRUNDREZEPT

Fisch in einer Hülle garen

- Für 4 Personen
- Zubereitungszeit: ca. 1¼ Stunden
- ca. 330 kcal je Portion
- Dazu passen Petersilienkartoffeln

Das benötigen Sie

4 Regenbogenforellen à ca. 350 g
4 Dillzweige
Salz
schwarzer Pfeffer
100 g Möhren
1 rote Paprikaschote
4 Frühlingszwiebeln
2 Schalotten
40 g Butter
gemahlener Koriander
2 EL gehackter Dill
ausgelöste Filets von 2 Zitronen
100 ml Weißwein

Forelle in der Folie

1. Die Forellen innen und außen kalt abspülen und trockentupfen. Die gewaschenen Dillzweige in die Bauchhöhlen geben **(1)**. Die Fische salzen und pfeffern.

2. Die Möhren schälen, putzen, waschen und kleinwürfeln. Die Paprikaschote halbieren, putzen, waschen und ebenfalls würfeln. Die Frühlingszwiebeln, putzen, waschen und in Ringe schneiden. Die Schalotten schälen und würfeln.

3. Die Butter in einer Pfanne erhitzen und das Gemüse darin andünsten. Etwas gemahlenen Koriander, den Dill, die Zitronenfilets und den Weißwein dazugeben. Mit Salz und Pfeffer würzen und auskühlen lassen.

4. Den Ofen auf 180 °C vorheizen. Jeweils ¼ des Gemüses in der Mitte eines großen Stücks Alufolie verteilen. Die Fische darauflegen **(2)**. Die Folienränder nach oben nehmen und zusammenfalzen **(3)**. Die Folienpäckchen müssen gut verschlossen sein. Dann die Päckchen auf einem Backblech für 15–20 Minuten in den Ofen legen.

5. Die Päckchen kurz ruhen lassen, dann öffnen. Fische und Gemüse zusammen auf Tellern anrichten. Den sich im Päckchen gebildeten Sud auf das Gemüse träufeln.

1

2

3

Kabeljau in der Salzkruste

Von **1 ganzen Kabeljau (à ca. 2 kg)** Flossen, Bauchlappen, Kopf und Schwanz abschneiden. Den Fisch auswaschen und trockentupfen. **Je 1 Rosmarin- und Thymianzweig, 1 Lorbeerblatt, 2 gehackte Knoblauchzehen** und **1 gewürfelte Zwiebel** in die Bauchhöhle geben. Die Bauchlappen übereinanderlegen, daß die Füllung nicht herausfallen kann.
2 kg grobes Meersalz mit **5 rohen Eiweißen, 80 ml Wasser** und **150 g Mehl** gut mischen. Die Hälfte davon auf ein mit Backpapier ausgelegtes Blech geben. Den Fisch darauf legen und mit der restlichen Salzmasse vollständig bedecken. Den Fisch im vorgeheizten Ofen bei 200 °C ca. 50 Minuten garen. Am Tisch von der Salzkruste oben vorsichtig einen Deckel abschneiden. Die Haut vom Fisch entfernen und die Filets herauslösen. Dazu paßt eine Sauce Choron.
(auf dem Foto oben)

Dorade in Pergament

Von **4 Doraden (à 400 g)** die Flossen vorsichtig abschneiden. Die Fische schuppen. Innen und außen kalt abspülen und trockentupfen. Dann innen und außen mit **insgesamt 8 EL Olivenöl** bestreichen und mit **Salz** sowie **Pfeffer** würzen. **2 Zitronen** gut schälen (auch die weißen Schalenteile entfernen) und in ca. 16 Scheiben schneiden. 4 Zitronenscheiben zusammen mit **je 1 Petersilien- und Thymianzweig, 1 EL Kapern und 3 Fenchelsamen** in die Bauchhöhle eines Fischs geben.
4 große Stücke kräftiges Butterbrotpapier kurz in Wasser einweichen. Die Fische in das Papier einschlagen. Die Enden gut zusammenfalzen und mit Büroklammern zustecken. Die Doraden im vorgeheizten Ofen bei 200 °C 35–40 Minuten garen. Dazu passen Baguette und Pesto zum Dippen.

Siehe auch

S. 127 **Sauce Choron**
S. 212 **Fisch schuppen**
S. 280 **Kartoffeln kochen**
S. 306 **Pesto**
S. 384 **Filets aus Zitrusfrüchten herausschneiden**

GRUNDREZEPT

Ganze Fische braten

- Für 4 Personen
- Zubereitungszeit: ca. 3/4 Stunden
- ca. 970 kcal je Portion
- Dazu passen Salzkartoffeln

Für die Senfmayonnaise

2 Eigelb
1 EL Senf (am besten körniger Senf)
100 ml Öl
Salz
weißer Pfeffer
5 EL Sahne
1 EL gehackter Dill

Für die Schollen

100 g Speck
4 Schollen mit Haut à 400 g
100 g Mehl
60 g Butterschmalz
3 EL Öl
Salz
schwarzer Pfeffer
1 EL gehackte Petersilie

Maischolle mit Senfmayonnaise

1. Für die Sauce die Eigelbe mit dem Senf verquirlen. Das Öl zunächst tropfenweise, dann in dünnem Strahl unter ständigem Rühren einlaufen lassen. So lange rühren, bis eine cremige Mayonnaise entstanden ist. Diese mit Salz und Pfeffer abschmecken. Die Sahne darunterrühren und den Dill dazugeben.

2. Den Speck in kleine Würfel schneiden. Von den Schollen Köpfe und Grätensäume abschneiden **(1).** Die Fische unter fließendem Wasser sorgfältig bürsten und gut trockentupfen. Das Mehl auf einen flachen Teller geben. Die Schollen darin von beiden Seiten wenden. Nicht haftendes Mehl sanft abklopfen.

3. Das Butterschmalz in zwei beschichteten Pfannen erhitzen. Die Schollen darin zunächst mit den weißen Hautseiten nach unten ca. 3 Minuten bei mittlerer Hitze braten. Dann vorsichtig wenden und auf den dunklen Hautseiten ca. 5 Minuten bei schwacher Hitze braten **(2).** Herausnehmen und zugedeckt warmstellen.

4. Das Öl in die Pfanne geben und den Speck darin knusprig braten. Mit Salz und Pfeffer würzen und die Petersilie daruntermischen.

5. Die Schollen auf Tellern anrichten und mit der Speckmischung bestreuen. Die Sauce angießen.

1

2

Mein Tip

Zum Braten von Fisch nehme ich immer beschichtete Pfannen. Denn darin hängt der Fisch garantiert nicht an.

Ganze Fische dürfen nur bei milder bis mittlerer Hitze gebraten werden. Sonst sind sie außen schon braun, innen aber noch nicht gar.

Sollten Sie nur eine beschichtete Pfanne haben, braten Sie zunächst nur 2 Fische darin, und halten Sie diese im Backofen bei 50 °C warm, wenn Sie die nächsten 2 Fische braten.

Seeteufel mit Artischocken

800 g Seeteufelfilet (am Stück) in einer beschichteten Pfanne in **2 EL Olivenöl** bei mittlerer Hitze 2–3 Minuten braten, bis es leicht gebräunt ist. Herausnehmen und zugedeckt warmstellen. **3 Schalotten (in Scheiben), 3 Thymianzweige, 3 Rosmarinzweige** und **2 gehackte Knoblauchzehen** im Fett kurz anbraten. Den Fisch wieder dazulegen und im vorgeheizten Ofen bei 150 °C 7–8 Minuten garen. Aus dem Ofen nehmen und zugedeckt warmhalten.
4 ausgeputzte, rohe Artischockenböden in Scheiben schneiden und in **2 EL Olivenöl** anbraten, bis sie leicht Farbe nehmen. **2 EL gehackten Thymian** und **2 EL gehackte Schalotten** kurz mitdünsten. Dann alles mit **1 EL weißem Portwein** ablöschen, mit **Salz** und **Pfeffer** würzen und bei milder Hitze ca. 2 Minuten köcheln lassen. Die Artischocken zusammen mit dem Seeteufel auf einer Platte anrichten. Dazu paßt Rotweinbuttersauce.

Forelle „Müllerin Art“

4 Forellen (à 200–300 g) waschen und gut trockentupfen. Dann in **100 g Mehl** wenden. **40 g Butterschmalz** in zwei beschichteten Pfannen erhitzen. Die Fische darin bei mittlerer Hitze von jeder Seite 6–7 Minuten braten.
20 g Butter dazugeben und die Fische mit **Salz** sowie **Pfeffer** würzen. **1 EL gehackte Petersilie** und den **Saft von 1 Zitrone** in die Pfanne geben. Die Butter kurz aufschäumen lassen. Dann die **ausgelösten Filets von 1 Zitrone** und **2 Tomaten (enthäutet, entkernt und gewürfelt)** daruntermischen. Forellen und Buttersauce zusammen anrichten. Dazu passen Petersilienkartoffeln und ein Blattsalat mit Vinaigrette.
(auf dem Foto oben)

Siehe auch

S. 72 **Mayonnaise zubereiten**
S. 74 **Blattsalat**
S. 134 **Rotweinbuttersauce**
S. 243 **Tomate enthäuten**
S. 280 **Kartoffeln kochen**
S. 384 **Filets aus Zitrusfrüchten herauslösen**

GRUNDREZEPT

Fischfilets braten

- Für 4 Personen
- Zubereitungszeit: ca. 35 Minuten
- ca. 460 kcal je Portion
- Dazu paßt ein Tomaten-Rauke-Salat

Für die Haselnuss-Vinaigrette

30 g gehackte Haselnußkerne
1 Schalotte
2 EL Gemüsefond
Salz
3 EL Aceto Balsamico
Zucker
schwarzer Pfeffer
6 EL Haselnußöl
1 EL gehackte Petersilie

Für den Fisch

500 g Zanderfilets mit Haut
2 Knoblauchzehen
3 EL Olivenöl
2 Thymianzweige
2 Rosmarinzweige
60 g Haselnußkerne, in Scheiben
Salz
schwarzer Pfeffer

Gebratener Zander mit Haselnußvinaigrette

1. Für die Haselnußvinaigrette die Nüsse in einer Pfanne ohne Fettzugabe bei mittlerer Hitze hellbraun rösten. Dann abkühlen lassen.

2. Die Schalotte schälen und fein würfeln. Mit dem Fond aufkochen und diesen auf die Hälfte einkochen lassen. Etwas Salz und den Essig dazugeben. Alles mit Zucker und etwas Pfeffer würzen und gut verrühren. Das Öl darunterschlagen. Die gerösteten Nüsse sowie die gehackte Petersilie daruntermischen.

3. Die Zanderfilets waschen und gut trockentupfen. Die Haut mit einem Messer über Kreuz einritzen (nicht zu tief schneiden). Den Knoblauch schälen und fein hacken.

4. Das Öl in einer beschichteten Pfanne erhitzen und die Fischfilets darin mit den Hautseiten nach oben 1–2 Minuten bei mittlerer Hitze braten.

5. Kräuterzweige und Knoblauch dazugeben. Die Filets vorsichtig mit 2 Pfannenwendern wenden. Die Nüsse dazugeben, die Fischfilets mit Salz und Pfeffer würzen und auf der Hautseite weitere 6-7 Minuten bei mittlerer Hitze braten. Fisch und Vinaigrette zusammen anrichten.
(auf dem Foto unten)

Mein Tip

Wenden Sie Fischfilets immer ganz vorsichtig mit 2 Pfannenwendern, denn sie zerfallen sehr leicht.

Die 3-S-Regel für Fisch (säubern, säuern, salzen) müssen Sie nicht unbedingt anwenden, denn der Zitronensaft verändert den feinen Geschmack eines Fisches. Besser Sie würzen ihn erst nach dem Braten mit Salz und beträufeln ihn nur evtl. mit etwas Zitronensaft.

Gebackener Seelachs

4 Seelachsfilets ohne Haut (à ca. 160 g) mit **Salz** und **Pfeffer** würzen, in **50 g Mehl** wenden und loses Mehl gut abklopfen. Die Filets nun durch **3 verquirlte Eier** ziehen und in **80 g Semmelbröseln** wenden. Dann in einer Mischung aus **4 EL Öl** und **60 g Butter** von jeder Seite ca. 3 Minuten bei mittlerer Hitze braten. Mit **Zitronenscheiben** und **Kerbelblättchen** garnieren.

Schollenpiccata

50 g feinste Schalottenwürfel in **30 g Butter** glasig dünsten. Abkühlen lassen und **1 EL gehackte Petersilie** sowie **100 g Semmelbrösel** daruntermischen. **4 Schollenfilets ohne Haut (à 100 g)** mit **Salz** und **grob geschrotetem Pfeffer** würzen und in **50 g Mehl** wenden. Loses Mehl gut abklopfen. **3 Eier** mit **2 EL geschlagener Sahne** verquirlen. Die Filets hindurchziehen, dann in der Semmelbröselmischung wenden. **120 g Butterschmalz** und **2 Thymianzweige** zusammen erhitzen. Die Schollenfilets darin bei mittlerer Hitze von jeder Seite 1–2 Minuten braten.

1

2

GRUNDREZEPT

Fischfilets ausbacken

Beignets vom Goldbarsch

- Für 4 Personen
- Zubereitungszeit: ca. ½ Stunde
- ca. 370 kcal je Portion
- Dazu paßt Gemüsechutney

Für den Teig

100 g Mehl
1 EL Currypulver
2 Eigelb
150 ml helles Bier (Pils)
2 Eiweiß

Für den Fisch

500 g Goldbarschfilet ohne Haut
Salz, schwarzer Pfeffer
50 g Mehl
½ l Öl

1. Mehl, Currypulver, Eigelbe und Bier miteinander verrühren. Die Eiweiße steifschlagen und darunterheben **(1).**

2. Die Fischfilets in ca. 30 g schwere Würfel schneiden. Mit Salz und Pfeffer würzen und im Mehl wenden.

3. Das Öl zum Fritieren in einer Pfanne erhitzen. Die Fischwürfel einzeln auf einen Holzspieß oder eine Gabel spießen und durch den Teig ziehen **(2),** so daß sie vollständig davon umgeben sind. Den Teig etwas abtropfen lassen.

4. Die Fischwürfel portionsweise ins heiße Fett geben und darin in ca. 3 Minuten goldgelb ausbacken. Dabei mehrmals wenden. Die Beignets herausnehmen und auf Küchenkrepp kurz abtropfen lassen.
(auf dem Foto unten)

Mein Tip

Der Teigmantel ist wie eine schützende Hülle – der Fisch bleibt darin besonders zart und saftig.

Das Fritierfett sollte 180–190 °C heiß sein. Wie Sie feststellen können, ob es die richtige Temperatur hat, können Sie auf S. 61 nachlesen.

Maischolle im Kräuterbackteig
Für den Teig **125 g Mehl** mit **100 ml Weißwein, 2 EL Öl** und **2 Eigelben** glattrühren. **1 TL gehackten Thymian, 1 EL gehackte Petersilie, 1 EL Schnittlauchröllchen** und **1 TL gehackten Kerbel** darunterrühren. **2 Eiweiße** mit **1 Prise Salz** steifschlagen und vorsichtig darunterheben. **8 Schollenfilets ohne Haut (à 80 g)** mit **Salz, Pfeffer** und **Zitronensaft** würzen und in **50 g Mehl** wenden. Loses Mehl gut abklopfen. Die Filets dann durch den Teig ziehen und portionsweise in einer Pfanne in **½ l Öl** in 3–5 Minuten goldgelb ausbacken. Dabei mehrmals wenden. Die Stücke herausnehmen und auf Küchenkrepp abtropfen lassen.

Siehe auch

S. 61 Fritieren
S. 70 Vinaigrette zubereiten
S. 105 Gemüsefond
S. 139 Gemüsechutney
S. 146 Panieren
S. 216 Garprobe bei Fisch

Pannfisch mit Senfsauce

Pannfisch

- **Für 4 Personen**
- **Zubereitungszeit: ca. 1¼ Stunden**
- **ca. 1120 kcal je Portion**
- **Dazu paßt ein Kopfsalat mit Tomaten und Gurken**

Für den Pannfisch

1 kg mittelgroße, festkochende Kartoffeln
800 g Kabeljaufilet
3 EL Zitronensaft
Salz
weißer Pfeffer
1 Bund Frühlingszwiebeln
130 g Butterschmalz
60 g Mehl

Für die Sauce

200 g Butter
2 Eigelb
120 g mittelscharfer Senf
200 g Naturjoghurt
Salz
weißer Pfeffer
1 EL Zitronensaft

1. Die Kartoffeln als Pellkartoffeln kochen. Inzwischen das Fischfilet in 16 gleich große Stücke schneiden. Diese mit dem Zitronensaft beträufeln und mit Salz sowie Pfeffer würzen.

2. Die Frühlingszwiebeln putzen und waschen. Die weißen und hellgrünen Teile in feine Ringe schneiden. Die dunkelgrünen Teile nicht verwenden.

3. Die Kartoffeln abgießen, kurz ausdämpfen lassen und noch lauwarm pellen. Dann in Scheiben schneiden und auskühlen lassen.

4. Für die Sauce die Butter bei milder Hitze schmelzen lassen. Eigelbe und Senf in einer Schüssel auf einem Wasserbad vorsichtig erwärmen. Die Butter hineinrühren und dann den Joghurt darunterziehen. Die Sauce mit Salz, Pfeffer und Zitronensaft pikant abschmecken und lauwarm stellen.

5. Nun 100 g Butterschmalz in einer großen Pfanne erhitzen. Die Kartoffelscheiben hineingeben, mit Salz und Pfeffer würzen und bei mittlerer Hitze in 8–9 Minuten goldgelb braten. Sie dabei mehrmals vorsichtig wenden.

6. Während die Bratkartoffeln braten, die Fischwürfel im Mehl wenden. 30 g Butterschmalz in einer beschichteten Pfanne erhitzen. Die Fischstücke darin bei mittlerer Hitze unter vorsichtigem Wenden in 6–8 Minuten knusprig braten.

7. Die Frühlingszwiebeln unter die Kartoffeln mischen. Diese auf einer Platte anrichten und die Fischstücke darauf setzen. Die Senfsauce dazu servieren.

(auf dem Foto: unten)

Tintenfisch-Pfanne mit Brokkoli

20 g getrocknete Mu-Err-Pilze ca. ½ Stunde in warmem Wasser einweichen. Inzwischen **800 g küchenfertige Tintenfischtuben (Sepien)** in mundgerechte Stücke schneiden. Diese auf den Innenseiten gitterartig einschneiden. Die abgetropften Mu-Err-Pilze in feine Streifen schneiden. **3 EL Sesamöl** in einer Pfanne erhitzen. **1 gehackte Knoblauchzehe** sowie **80 g rote Zwiebeln (in Streifen)** darin andünsten. Mu-Err-Pilze und **150 g bißfest blanchierte, kleine Brokkoliröschen** dazugeben und kurz mitbraten.
Dann den Tintenfisch hinzufügen und **100 ml hellen Fischfond** angießen. Alles aufkochen und mit **1 TL angerührter Speisestärke** binden. **2 EL in Streifen geschnittene enthäutete und entkernte Tomaten** und **1 EL in feine Streifen geschnittene, entkernte rote Chilischote** dazugeben.
Die Tintenfischpfanne mit **Salz, Pfeffer** und **1 EL gehacktem Koriandergrün** abschmecken.

(auf dem Foto: oben)

Siehe auch

S. 74 Blattsalat
S. 124 Saucen binden
S. 132 Heller Fischfond
S. 214 Tintenfisch vorbereiten
S. 243 Tomate enthäuten
S. 243 Chilischote entkernen
S. 281 Pellkartoffeln kochen
S. 282 Bratkartoffeln zubereiten

G R U N D R E Z E P T

Fischröllchen

- Für 4 Personen
- Zubereitungszeit: ca. 40 Minuten
- ca. 550 kcal je Portion
- Dazu paßt gedünsteter Blattspinat

Für die Fischröllchen

100 g Möhren
100 g Knollensellerie
100 g Staudensellerie
Salz
8 Felchenfilets mit Haut à ca. 80 g
Kräutersalz
200 ml heller Fischfond
2 Thymianzweige
1 Lorbeerblatt

Für die Sauce

1 kleine Schalotte
1 EL abgeriebene Limettenschale
10 g Butter zum Dünsten
Saft von 1 Limette
80 ml trockener Weißwein
50 ml Vermouth
¼ l heller Fischfond
150 g Sahne
30 g eiskalte Butter
2 EL geschlagene Sahne
Salz
weißer Pfeffer

Gedämpfte Felchenroulade mit Limettensauce

1. Möhren und Knollensellerie schälen, putzen und waschen. Den Staudensellerie putzen und waschen. Das Gemüse in ½ cm dicke, 5–6 cm lange Stifte schneiden. Dann in Salzwasser bißfest blanchieren, abschrekken und trockentupfen.

2. Die Fischfilets waschen, trockentupfen und mit Kräutersalz würzen. Die Filets mit den Hautseiten auf die Arbeitsplatte legen, jeweils ¼ der Gemüsestreifen darauf legen **(1)** und die Filets zusammenrollen. Die Röllchen mit Holzzahnstochern feststecken **(2)**.

3. Den Fischfond mit den Thymianzweigen und dem Lorbeerblatt in einem Topf mit passendem Dämpfeinsatz aufkochen. Dann die Hitze auf mittlere Stufe zurückdrehen. Die Fischröllchen in den Dämpfeinsatz setzen und zugedeckt ca. 10 Minuten dämpfen.

4. Inzwischen für die Sauce die Schalotte schälen und kleinwürfeln. Zusammen mit der Limettenschale in der Butter andünsten. Das Ganze mit Limettensaft, Weißwein und Vermouth ablöschen und offen auf die Hälfte einkochen. Den Fischfond und die Sahne dazugeben und die Sauce nochmals auf die Hälfte einkochen, bis sie eine leicht sämige Konsistenz hat.

5. Die Butter und die geschlagene Sahne in die Sauce einrühren. Diese mit Salz und Pfeffer abschmecken. Die Fischröllchen mit der Sauce servieren.

1

2

Mein Tip

In der Regel rollt man Fischfilets mit der Hautseite oder „ehemaligen" Hautseite nach innen auf. Diese Seite zieht sich nämlich beim Garen zusammen und hält so das Röllchen in Form. Wenn Sie aber aus optischen Gründen die Hautseite außen haben möchten, wie hier im Grundrezept, dann müssen Sie die Röllchen vor dem Garen gut feststecken.

Seezungen-Röllchen

50 g Seezungenfilet mit **Salz** und **Pfeffer** würzen und ca. ½ Stunde im Tiefkühlgerät anfrosten. Danach in einer Moulinette fein pürieren.

50 g eisgekühlte Sahne und **1 EL Vermouth** dazugeben und alles weiterpürieren, bis eine glatte Farce entstanden ist. Diese durch ein feines Sieb streichen.

50 g kleingewürfeltes, gekochtes Hummerfleisch daruntermischen.

4 Seezungenfilets (ohne Haut) mit **Salz** und **Pfeffer** würzen. Mit den „ehemaligen" Hautseiten nach oben auf ein Küchenbrett legen. Die Fischfarce darauf streichen und die Filets zusammenrollen und mit Holzzahnstochern zustecken.

200 ml hellen Fischfond in einem Topf mit passendem Siebeinsatz aufkochen. Die Fischröllchen in den Dämpfeinsatz setzen und zugedeckt 5–7 Minuten dämpfen. Dann zugedeckt warmstellen. Mit dem Fischfond vom Dämpfen einen Zitronengrasschaum zubereiten. Dabei statt des Krustentierfonds im Rezept den Fischfond nehmen. Sauce und Fischröllchen zusammen servieren.

(Abb.: oben links)

Zanderroulade mit Gurkengemüse

200 g Hechtfilet würfeln und ca. 1 Stunde im Tiefkühlgerät anfrosten. Danach mit etwas **Salz** fein pürieren.

100 g eisgekühlte Sahne und **1 Tütchen Safranfäden,** die zuvor in 1 TL Wasser aufgeweicht wurden, dazugeben. Alles weiterpürieren, bis eine glatte Farce entstanden ist. Diese durch ein feines Sieb streichen und **1 EL geschlagene Sahne** unterheben.

2 Zanderfilets ohne Haut (2 Mittelstücke à 250 g) horizontal fast durchschneiden und wie Schmetterlingssteaks aufklappen. Dann zwischen 2 Lagen Frischhaltefolie sanft flachklopfen. Mit **Salz** und **Pfeffer** würzen.

Die Zanderfilets mit den „ehemaligen" Hautseiten nach oben auf eine Arbeitsplatte legen und mit **1 TL Zitronensaft** beträufeln. Die Farce auf die Filets streichen.

200 g Lachsfilet in 1 cm breite Streifen schneiden und auf die Farce legen. Die Filets von den breiten Seiten her vorsichtig zusammenrollen.

60 g Blattspinat kurz blanchieren. Die Blätter sich leicht überlappend auf die Größe der Zanderfilets zu zwei Rechtecken auslegen und die Rouladen darin vorsichtig einwickeln. Die Rouladen fest in Frischhaltefolie einwickeln, dann noch einmal in Alufolie wickeln. Die Öffnungen fest zufalzen. Die Rouladen in einen großen Topf mit siedendem Wasser legen und bei mittlerer Hitze 12–15 Minuten pochieren.

Inzwischen **1 Gurke** schälen, längs halbieren und die Kerne herausschaben. Die Gurke in Scheiben schneiden. Zusammen mit **1 EL Schalottenwürfeln** in **20 g Butter** glasig dünsten. Mit **Salz** würzen und **50 g Crème fraîche** sowie **1 EL gehackten Dill** daruntermischen.

Die Rouladen auswickeln und in Scheiben schneiden. Mit dem Gurkengemüse servieren.

(Abb.: oben Mitte)

Mein Tip

Sie brauchen keine Angst zu haben, daß die Frischhaltefolie gesundheitsschädliche Stoffe abgibt. Bei dieser niedrigen Gartemperatur kann nichts passieren.

Felchenroulade mit Rauke

8 Felchenfilets (mit Haut) salzen und **pfeffern.** Mit den Hautseiten nach unten auf die Arbeitsplatte legen und mit **insgesamt 1 EL körnigem Senf** bestreichen.

50 g Raukeblätter darauf legen. Dann **200 g Gemüsestifte (Petersilienwurzel, Knollensellerie und Möhre)** darauf legen. Die Filets zusammenrollen und feststecken. Die Röllchen, wie im Grundrezept beschrieben, dämpfen.

(Abb.: oben rechts)

Siehe auch

S. 58	**Pochieren**
S. 86	**Fischfarce herstellen**
S. 124	**Saucen binden**
S. 132	**Heller Fischfond**
S. 133	**Zitronengrasschaum**
S. 234	**Hummer kochen**
S. 244	**Blanchieren**
S. 245	**Gemüse dünsten**

GRUNDREZEPT

Fischfrikadellen und -klösschen

- Für 4 Personen
- Zubereitungszeit: ca. 40 Minuten
- ca. 350 kcal je Portion
- Dazu paßt gedünstetes Fenchelgemüse

Das benötigen Sie

4 Scheiben Toastbrot
100 ml lauwarme Milch
500 g Seelachsfilet
100 g Lauch
50 g Schalotten
70 g Butter
1 EL gehackter Dill
1 Ei
Salz
schwarzer Pfeffer
2 EL Olivenöl

Fischfrikadellen

1. Das Toastbrot entrinden und ca. 10 Minuten in der lauwarmen Milch einweichen. Inzwischen das Fischfilet durch die feine Scheibe des Fleischwolfs drehen **(1)**.

2. Den Lauch putzen, waschen und in feine Ringe schneiden. Die Schalotten schälen und kleinwürfeln. Den Knoblauch schälen und fein hacken. Das Toastbrot gut ausdrücken.

3. Nun 30 g Butter in einer Pfanne erhitzen und das Gemüse darin kurz andünsten. Herausnehmen und abkühlen lassen.

4. Fisch, Gemüse und Toast in einer Schüssel gut mischen. Den Dill und das Ei darunterrühren. Alles mit Salz sowie Pfeffer würzen und zu einer geschmeidigen Masse verkneten **(2)**. Daraus mit angefeuchteten Händen kleine, flache Frikadellen formen.

5. Das Öl und 40 g Butter zusammen in einer Pfanne erhitzen. Die Frikadellen darin bei mittlerer Hitze von jeder Seite 2–3 Minuten braten **(3)**.

1

2

3

Variationen:

- Statt Seelachs können Sie auch Schellfisch, Lachs, Zander, Steinbutt oder Kabeljau nehmen.
- Geben Sie noch ca. 100 g kleingewürfeltes Gemüse unter die Fischmasse (z. B. Zucchini, Paprikaschote oder Staudensellerie).
- Nehmen Sie statt Dill 1 TL Basilikum, Minze, Estragon, Majoran oder Thymian (frisch und feingehackt).
- Wenden Sie die fertigen Frikadellen vor dem Braten in Semmelbröseln. Das gibt eine schöne Kruste.

Fischklösschen

400 g gut gekühltes Hechtfilet (ohne Haut) mit **Salz** und **Pfeffer** würzen und durch die feine Scheibe des Fleischwolfs drehen. In einen Mixer geben. **150 g eisgekühlte Sahne** dazugeben und alles fein pürieren. Dann die Farce durch ein feines Sieb streichen und **150 g eisgekühlte Sahne** darunterrühren. Nun **50 g nicht zu steif geschlagene Sahne** vorsichtig unter die Farce heben. Mit **Salz** und **weißem Pfeffer** abschmecken.

Von der Farce mit zwei Eßlöffeln Klößchen abstechen und in leicht siedendem **Fischfond** 4–5 Minuten pochieren. Herausnehmen und abtropfen lassen. Dazu passen Kräuterreis und gedünstetes Gemüse.

(auf dem Teller: Mitte)

Mein Tip

Statt Hechtfilet können Sie auch Lachsfilet nehmen.

Asiaknödel

400 g Seelachs- oder Viktoriabarschfilet kleinwürfeln. Mit **2 EL Sesamöl, 1 EL Sojasauce, 3 EL süß-scharfer Chilisauce, 1 TL Currypulver, 1 TL Kurkumapulver, 2 gehackten Knoblauchzehen** und **10 g feingehacktem Ingwer** gut mischen. Für 2 Stunden zugedeckt in den Kühlschrank stellen.

Dann die Fischmischung durch die feine Scheibe des Fleischwolfs drehen. Mit **Salz, Pfeffer** und **1 Msp. gemahlenem Koriander** abschmecken. **40 g geriebenes Toastbrot ohne Rinde, 1 feingewürfelte rote Paprikaschote, 2 EL gehacktes Koriandergrün** und **2 EL geschlagene Sahne** daruntermischen.

Aus der Masse mit angefeuchteten Händen ca. 5 cm große Knödel formen. Diese in leicht siedendem **Fischfond** 4–5 Minuten pochieren. Herausnehmen und abtropfen lassen. Dazu paßt gebratener Reis.

(auf dem Teller: oben)

Forellenknödel

4 ganze, geräucherte Forellen (à 250 g) enthäuten und filetieren. Die Filets 2 cm groß würfeln. Forellenhaut und -gräten zusammen mit **150 g Butterschmalz** erhitzen und ca. 1/4 Stunde bei milder Hitze sieden lassen. Die entstandene Räucherbutter durch ein Sieb gießen. 50 g davon beiseite stellen. Unter die restliche Butter **80 g Semmelbrösel** mischen.

100 g gut gekühltes, rohes Forellenfilet (ohne Haut) würfeln und pürieren.

100 g eisgekühlte Sahne und etwas **Salz** sowie weißen **Pfeffer** dazugeben. Alles weiterpürieren, bis eine homogene Farce entstanden ist.

Diese durch ein feines Sieb streichen.

2 Tomaten enthäuten, entkernen und kleinwürfeln.

3 Scheiben Toastbrot entrinden, kleinwürfeln und in der beiseite gestellten Räucherbutter knusprig braten. Gut auskühlen lassen.

Die Fischfarce mit Räucherforellenwürfeln, Tomaten, Toastwürfeln und **2 EL gehackten Kräutern (Petersilie, Schnittlauch und Borretsch)** gut mischen. Eventuell nachwürzen. Aus der Masse mit einem Eisportionierer Kugeln ausstechen. Diese in leicht siedendem Salzwasser ca. 10 Minuten pochieren. Die Forellenknödel gut abtropfen lassen. Dann in der Semmelbrösel-Räucherbutter-Mischung wälzen. Dazu paßt Rahmsauerkraut.

(auf dem Teller: unten)

Siehe auch

S. 58 **Pochieren**
S. 61 **Rahmsauerkraut**
S. 86 **Fischfarce herstellen**
S. 132 **Heller Fischfond**
S. 212 **Rundfische filetieren**
S. 216 **Fisch pochieren**
S. 243 **Tomate enthäuten**
S. 245 **Gemüse dünsten**
S. 321 **Kräuterreis (Reis-Pep-up)**

GRUNDREZEPT

Gekochter Hummer

- Für 2 Personen
- Zubereitungszeit: ca. 3/4 Stunden
- ca. 120 kcal je Portion

Das benötigen Sie

½ TL Salz
1 Msp. Kümmelkörner
1 lebender Hummer à 700–800 g

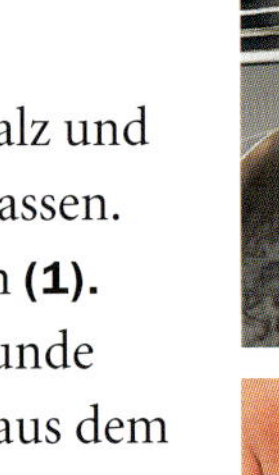

1

1. Zunächst ca. 4 l Wasser zusammen mit dem Salz und dem Kümmel in einem großen Topf aufkochen lassen. Den Hummer mit dem Kopf voran heineingeben **(1).** Die Hitze reduzieren und den Hummer ca. 1/4 Stunde garen, bis er sich rot verfärbt hat. Den Hummer aus dem Wasser nehmen, gut abtropfen und dann etwas auskühlen lassen.

2

2. Zum Zerteilen die Scheren einzeln dicht am Körper fassen und durch eine drehende Bewegung vom Körper trennen **(2).** Den Kopf mit einer drehenden Bewegung vom Schwanz abtrennen **(3).**

3

3. Dann den Schwanz mit der Bauchseite nach oben halten und den Bauchpanzer mit einer Küchenschere der Länge nach aufschneiden **(4).** Den Panzer vorsichtig aufbrechen und das Schwanzfleisch in einem Stück herauslösen. Den Schwanz auf der Rückenseite vorsichtig der Länge nach einschneiden, bis der dunkle Darm zu sehen ist. Diesen vorsichtig im Ganzen entfernen. Aus dem Kopfteil die grünliche Leber und den Magen mit einem Teelöffel herausschaben **(5).** Den Magen wegwerfen. Die Leber kann zum Färben und Aromatisieren einer Sauce verwendet werden.

Mein Tip

Den Panzer müssen Sie nicht wegwerfen. Bereiten Sie daraus einen Krustentierfond zu. Wenn Sie diesen nicht gleich verwenden können, frieren Sie ihn portionsweise ein.

4

4. Von jeder Schere den daranhängenden Arm durch Drehen abtrennen und mit einem großen Messer längs halbieren. Das Fleisch herauslösen.

5

5. Von jeder Schere das kleine Glied durch leichtes Drehen abbrechen und mitsamt dem knorpeligen Anhang abziehen. Die Schere auf die schmale Seite stellen und mit dem Messer wenige Millimeter tief einschlagen. Dann die Schere auf der gegenüberliegenden Seite ebenfalls einschlagen. Die Schere flach hinlegen und auf der Höhe der seitlichen Kerben leicht einschlagen. Den unteren Scherenteil abbrechen und abziehen. Das Scherenfleisch vorsichtig aus der Schale ziehen **(6).**

6

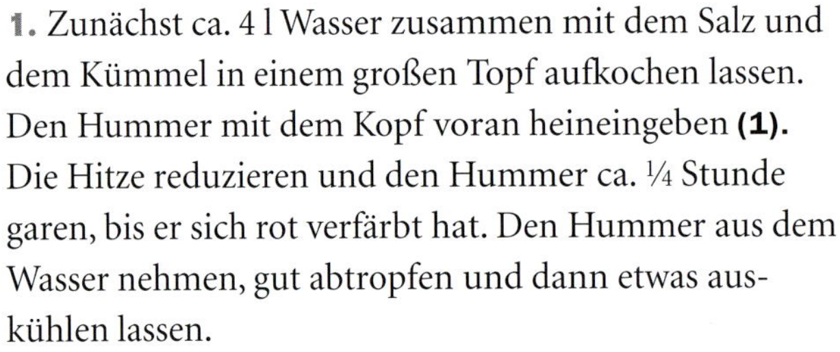

Mein Tip

Falls Sie sich beim Garen nicht auf die Färbung des Panzers verlassen möchten, richten Sie sich bitte nach folgenden Garzeiten: Für einen Hummer von 500 g rechnet man ca. 12 Minuten. Ist er bis zu 1000 g schwer, braucht er 10 Minuten länger. Danach rechnet man pro 500 g Mehrgewicht 5 Minuten längere Garzeit.

Hummer-Medaillons auf Lauchgemüse

4 lebende Hummer (à 500 g) kochen. Schwanz und Scherenfleisch auslösen. Die Schwänze quer in Medaillons schneiden.

Aus den Panzerteilen einen Krustentierfond herstellen. Aus diesem dann einen Zitronengrasschaum zubereiten.

Für das Gemüse **1 Lauchstange** längs halbieren, in Rauten schneiden.

400 g Steckrübe schälen, in Scheiben und diese ebenfalls in Rauten schneiden. Das Gemüse in Salzwasser blanchieren, abschrecken und trockentupfen. Dann in **2 EL Öl (vorzugsweise Limettenöl)** glasieren. Mit **Salz** und **Pfeffer** würzen.

1 Tomate (enthäutet, entkernt und gewürfelt) dazugeben. Alles durchschwenken und mit **1 TL gehacktem Kerbel** mischen.

Das Hummerfleisch in **50 ml Krustentierfond** leicht erwärmen (nicht kochen lassen). Das Gemüse auf Teller geben. Die Hummerstücke trockentupfen und darauf setzen. Alles mit der Sauce beträufeln (nappieren).

Siehe auch

S. 133 Krustentierfond
S. 133 Zitronengrasschaum
S. 243 Tomate enthäuten
S. 244 Blanchieren
S. 245 Gemüse glasieren

Garnelen im Backteig

- Für 4 Personen
- Zubereitungszeit: ca. 40 Minuten
- ca. 410 kcal je Portion
- Dazu paßt Baguette

Für die Sauce

1 kleine Salatgurke
2 Knoblauchzehen
250 g Vollmilchjoghurt
Salz
weißer Pfeffer
1 Prise Zucker
1 EL gehackter Dill
1 EL milder Senf

Für die Garnelen

12 Riesengarnelen
3 EL Mehl
2 Eigelb
2 EL Öl
4 EL Weißwein
Salz
2 Eiweiß
250 g Butterschmalz zum Ausbacken
4 Zitronenscheiben

Gebackene Garnelen mit kalter Gurkensauce

1. Für die Sauce die Gurke schälen. Längs halbieren und die Kerne mit einem Löffel herausschaben. Die Gurkenhälften grob raspeln. Den Knoblauch schälen und fein hacken.

2. Den Joghurt mit Knoblauch, Salz, Pfeffer, Zucker, Dill und Senf glattrühren. Die Gurkenraspeln leicht ausdrücken und unter die Sauce rühren.

3. Die Garnelen auslösen, entdärmen, waschen und trockentupfen. Für den Backteig Mehl, Eigelbe, Öl und Weißwein mit etwas Salz zu einem glatten Teig verquirlen. Die Eiweiße steifschlagen und vorsichtig darunterheben **(1)**.

4. Das Butterschmalz in einem Topf erhitzen. Die Garnelen einzeln auf lange Holzspießchen stecken und durch den Teig ziehen **(2)**, daß sie vollständig davon umschlossen sind. Den Teig etwas abtropfen lassen.

5. Die Garnelen im Fett goldgelb fritieren. Danach kurz auf Küchenkrepp abtropfen lassen. Zusammen mit der Sauce und den Zitronenscheiben servieren.

1

2

Mein Tip

Gut schmecken Garnelen auch, wenn Sie sie ungeschält auf Spieße stecken und in der Pfanne in etwas Öl bei mittlerer Hitze 5–7 Minuten braten. Reichen Sie dann als Sauce Aioli sowie Baguette und Blattsalat dazu.

Die Garnelenkarkassen können Sie noch gut für die Zubereitung eines Krustentierfonds verwenden. Dieser läßt sich problemlos einfrieren, wenn Sie ihn nicht gleich benötigen sollten.

GRUNDREZEPT

Muscheln garen

- Für 4 Personen
- Zubereitungszeit: ca. 1 Stunde
- ca. 300 kcal je Portion
- Dazu paßt gerösteter Knoblauchtoast

Das benötigen Sie

2 kg frische Miesmuscheln
3 Schalotten
2 Knoblauchzehen
2 Tomaten
3–5 EL Olivenöl
250 ml Weißwein
100 ml Tomatensaft
6–7 Safranfäden (1 Tütchen)
60 ml Sherry
Salz
schwarzer Pfeffer
2 EL gehackte Petersilie

Miesmuscheln im Tomaten-Safran-Sud

1. Die Muscheln unter fließend kaltem Wasser waschen und bürsten. Bereits geöffnete Muscheln wegwerfen. Von den anderen die Bärte abziehen.

2. Die Schalotten schälen, halbieren und in Scheiben schneiden. Den Knoblauch schälen und ebenfalls in Scheiben schneiden. Die Tomaten enthäuten, halbieren, entkernen und in Achtel schneiden.

3. Das Öl in einer Kasserolle erhitzen. Schalotten und Knoblauch darin glasig dünsten. Die Tomaten dazugeben und kurz mitdünsten. Dann die Muscheln hinzufügen und unter ständigem Rühren 2-3 Minuten mitgaren.

4. Das Ganze mit Weißwein und Tomatensaft ablöschen. Die Safranfäden und den Sherry dazugeben. Alles gut mischen und zugedeckt bei niedriger Hitze ca. 8 Minuten köcheln lassen **(1)**, bis sich die Muscheln geöffnet haben.

5. Ungeöffnete Muscheln aussortieren **(2)**, denn sie könnten verdorben sein. Die anderen Muscheln mit Salz und Pfeffer würzen und mit der Petersilie bestreuen.

(auf dem Foto unen)

1

2

Siehe auch

S. 61 Fritieren
S. 72 Aioli
S. 74 Blattsalat
S. 133 Krustentierfond
S. 214 Garnelen auslösen
S. 215 Muscheln säubern
S. 221 Gemüse in Rauten schneiden
S. 243 Tomate enthäuten
S. 320 Reis kochen

Muschelpfanne mit Paprikareis

16 ausgelöste Garnelen in einer Pfanne in **3 EL Olivenöl** ca. 2 Minuten braten. Herausnehmen und mit **Salz** sowie **Pfeffer** würzen. **2 EL Schalottenwürfel** und **1 gehackte Knoblauchzehe** im Olivenöl glasig dünsten. **Je 1 rote, grüne und gelbe Paprikaschote (in Rauten geschnitten)** dazugeben und ca. 4 Minuten mitdünsten. **300 g kalten, gekochten Basmatireis** zum Gemüse geben und **100 ml hellen Fischfond** angießen. Die Garnelen und **das Muschelfleisch von 24 gekochten Miesmuscheln** dazugeben und alles gut mischen. Dann für 8–10 Minuten in den auf 150 °C vorgeheizten Ofen stellen. Vor dem Servieren mit **1 EL gehacktem Zitronenthymian** bestreuen.

GRUNDREZEPT

Gekochte Flusskrebse

- Für 4 Personen
- Zubereitungszeit: ca. 40 Minuten
- ca. 150 kcal je Portion

Das benötigen Sie

1 Möhre
50 g Knollensellerie
1 Schalotte
je 1 Zweig Petersilie, Dill und Estragon
4 Basilikumblättchen
1 l trockener Weißwein
3 EL Salz
48 lebende Flußkrebse à 60 g

1. Möhre, Sellerie und Schalotte schälen und putzen. Dann in Scheiben schneiden. Die Kräuter waschen und trockenschütteln. Alles zusammen mit 2 l Wasser, dem Wein und dem Salz in einem großen Topf aufkochen lassen.

2. Die Krebse nacheinander kopfüber in den kochenden Sud geben **(1).** Alles nochmals aufkochen und die Krebse dann zugedeckt 6–8 Minuten (je nach Größe) bei ausgeschalteter Herdplatte ziehen lassen. Die Krebse herausnehmen, abtropfen und kurz abkühlen lassen.

3. Zum Zerteilen bei jedem Krebs die mittlere Schwanzflosse greifen und vorsichtig mit dem anhängenden Darm nach hinten abziehen **(2).** Dann den Krebs an Körper und Kopf fassen und den Kopf durch leichtes Drehen abtrennen **(3).**

4. Den Schwanz auf der Bauchseite mit den Fingern aufbrechen. Das Schwanzfleisch im Ganzen herauslösen **(4).**

5. Die Scheren mit einer drehenden Bewegung vom Kopfteil abtrennen **(5).** Für die Garnitur oder einen Fond verwenden oder wegwerfen. Den Schild mit der linken Hand fassen. Das gesamte Unterteil mit Kiemen und Innereien mit dem Zeigefinger abheben und wegwerfen. Das Schild (auch Krebsnase genannt) auswaschen und für die Garnitur oder für einen Krustentierfond verwenden.

1

2

3

4

5

Mein Tip

Die dunklen Flußkrebse verfärben sich während des Garens rot, so wie ein Hummer auch. Dies hängt damit zusammen, daß nur die roten Farbteile des Panzers beim Garen nicht zerstört werden.

Verwenden Sie in Rezepten möglichst nur lebende Flußkrebse. Bereits gegarte oder tiefgefrorene Flußkrebse schmecken nämlich meist fade und haben ein sehr trockenes Fleisch.

Pot au Feu von Flusskrebsen

24 lebende Flußkrebse garen und auslösen. Die Flußkrebsschwänze zugedeckt kalt stellen. Aus den Krebskarkassen einen Krustentierfond zubereiten. Dann **1 Möhre** und **½ Sellerieknolle** schälen, putzen und waschen.

Je 1 grünen und gelben Zucchini waschen und putzen. Mit einem Kugelausstecher kleine Kugeln aus dem Gemüse ausstechen. Diese kurz blanchieren und dann abschrecken.

120 g Zuckerschoten waschen, putzen und ebenfalls kurz blanchieren.

2 EL Schalottenwürfel und **1 gehackte Knoblauchzehe** in **1 EL Olivenöl** glasig dünsten. ½ l des zubereiteten Krustentierfonds angießen und auf ⅓ einkochen lassen.

50 g eiskalte Butter in Stückchen zum Binden unter den nicht mehr kochenden Fond mixen. Das Gemüse und die Flußkrebsschwänze in die Sauce geben. Alles mit **Salz** und **Pfeffer** würzen und mit **Dillzweigen** garnieren. Dazu passen Baguettescheiben, die mit etwas gehacktem Knoblauch in Olivenöl goldgelb geröstet wurden.

Siehe auch

S. 124 Saucen binden
S. 133 Krustentierfond
S. 242 Gemüsekugeln auslösen
S. 244 Blanchieren

Gemüse und Pilze

Küchenvorbereitung von Gemüse

1

2

3

4

Gemüse putzen

■ Bei Blattgemüse (z. B. Spinat) die welken Blätter entfernen. Die restlichen verlesen, kurz waschen und trockenschütteln.

■ Bei Kohlgemüse (z. B. Weißkohl) den Strunk abschneiden. Welke Außenblätter entfernen. Den Kohlkopf der Länge nach mit einem großen Messer erst etwas einschneiden und dann mit einem kräftigen Schnitt durchtrennen. Die Hälften nochmals halbieren. Dann den festen Strunk keilförmig herausschneiden **(1).**

■ Knollen- und Wurzelgemüse (z. B. Kohlrabi) mit einem Messer oder einem Sparschäler dünn schälen **(2)** und den Blattansatz abschneiden. Schadhafte Stellen herausschneiden.

■ Bei Bohnen die Spitzen an beiden Enden kappen **(3).** Bei manchen Bohnensorten dann noch den harten Faden an der Längsseite vorsichtig abziehen.

■ Bei Lauch den Wurzelansatz großzügig abschneiden. Beschädigte Außenblätter abziehen. Den Lauch längs durchschneiden. Die Blätter auseinanderbiegen und unter fließend kaltem Wasser vom Wurzelansatz her abspülen **(4),** um Sand zu entfernen.

Gemüse in Stifte (Julienne) und Würfel (Brunoise) schneiden

Das Gemüse in ca. 4 cm lange und 2 mm dicke Scheiben schneiden. Diese in streichholzdicke Stifte schneiden **(5).** Diese wiederum in feine Würfel schneiden **(6).**

Gemüse tournieren

Zum Tournieren eignen sich am besten Möhren, Kohlrabi, rote Beten, Knollensellerie, Petersilienwurzeln, Gurken, Zucchini und Kartoffeln.
Von 4 cm großen Gemüsewürfeln mit einem Tourniermesser die Kanten von der Mitte aus schräg nach außen abschneiden, so daß eine leicht ovale Form entsteht **(7).**

Kugeln aus Gemüse ausstechen

Mit einem Kugelausstecher schräg in das Gemüse stechen und durch leichtes Drehen des Ausstechers eine Kugel aus dem Fruchtfleisch herauslösen **(8).**

Gemüse kannelieren

Es eignen sich alle Gemüsesorten dafür, die man auch tournieren kann.
Mit einem Kanneliermesser die Oberfläche des Gemüses an einem Ende einritzen und das Messer mit leichtem Druck an der Oberfläche entlangführen **(9).** So einen schmalen Gemüsestreifen abschälen.

5

6

7

8

9

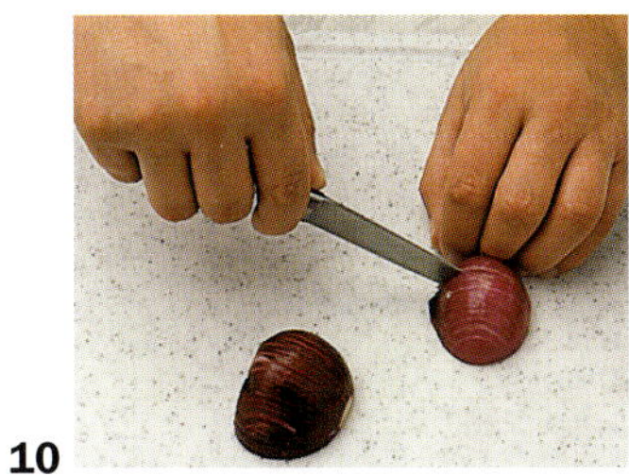
10

11

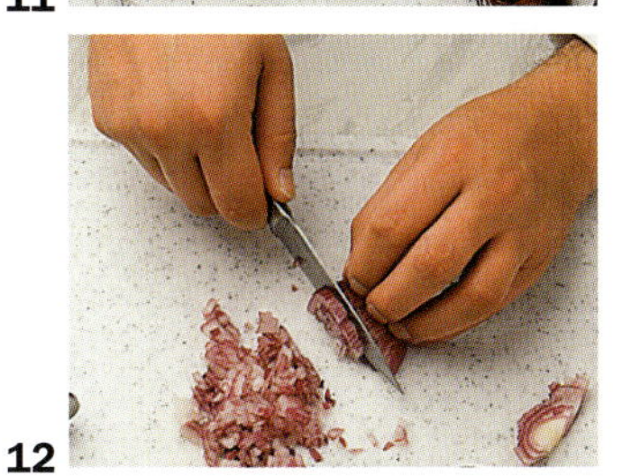
12

13

14

Zwiebel würfeln
Von der Zwiebel zunächst Wurzelansatz und Spitze abschneiden. Die äußere Schale mit einem kleinen Messer abziehen. Die Zwiebel längs halbieren. Dann die Zwiebelhälfte mit feinen Schnitten längs bis kurz vor das Wurzelende einschneiden **(10).** Nun die Zwiebel waagerecht mehrmals bis kurz vor das Wurzelende einschneiden **(11).** Die Zwiebel dabei mit den Fingern immer gut in Form halten, damit sie nicht zerfällt. Zuletzt die Zwiebel quer in Scheiben schneiden **(12).** Sie zerfällt dann automatisch in feine Würfel.

Chilischote entkernen und würfeln
Von der Schote den Stielansatz abschneiden. Die Schote der Länge nach halbieren und die Kerne mit einem spitzen Messer herausschaben **(13).** Die Chili längs in feine Streifen und diese dann in kleine Würfel schneiden **(14).**
Wenn Sie die ganze Schärfe der Schote möchten, schneiden Sie die unzerkleinerte Schote mitsamt den sich darin befindenden Kernchen in feine Ringe.

Tomate enthäuten und entkernen
Die Tomate am runden Ende mit einem Messer über Kreuz leicht einritzen **(15).** Sie dann für ca. 10 Sekunden in kochendes Wasser tauchen **(16).** Herausnehmen und sofort kalt abschrecken. Die sich leicht abgelöste Haut vorsichtig abziehen. Die Tomate vierteln. Die glasigen Kernchen mit einem Teelöffel herausschaben und die grünen Stielansätze abschneiden. Danach die Tomate in kleine Würfel schneiden **(17).**

Pilze putzen
Die sandigen Füße ein Stück kürzen. Dann die Pilze mit einem Tuch (z. B. Küchenkrepp) sanft abreiben **(18),** um Sand und Erde zu entfernen. Sie können die Pilze aber auch mit einem Pinsel oder einer weichen Zahnbürste säubern. Danach schadhafte Stellen abschneiden.
Ein wichtiger Tip: Pilze bitte niemals waschen oder lange in Wasser liegen lassen. Sie saugen sich sonst nämlich mit Wasser voll.

15

16

17

18

SIEHE AUCH
S. 53 Kanneliermesser
S. 94 Paprikaschoten enthäuten
S. 221 Gemüse in Rauten schneiden
S. 257 Maronen schälen

Gemüse blanchieren

- **Für 4 Personen**
- **Zubereitungszeit: ca. 25 Minuten**

Das benötigen Sie

500 g Zuckerschoten
½ TL Salz
Eiswürfel

1. Die Zuckerschoten waschen und die Enden kappen. Die Fäden an den Schotenseiten mit einem Messer vorsichtig abziehen.

2. Nun 2 l Wasser mit dem Salz in einem großen Topf aufkochen. Die Zuckerschoten im sprudelnd kochenden Wasser offen in ca. 3 Minuten bißfest blanchieren.

3. Die Schoten mit einem Schaumlöffel herausnehmen **(1)** und in Wasser mit Eiswürfeln geben **(2)**. Dadurch behalten sie ihre schöne grüne Farbe.

1

2

Garzeiten

- Blumenkohlröschen: ca. 3 Minuten
- Brokkoliröschen: 2–3 Minuten
- Erbsen: ca. 3 Minuten
- Grüne Bohnen: 5–8 Minuten
- Lauch: ca. 2 Minuten
- Möhren: 5–8 Minuten
- Spinat: ca. 1 Minute
- Weißkohlblätter: ca. 2 Minuten

Gemüse dämpfen

- **Für 4 Personen**
- **Zubereitungszeit: ca. 25 Minuten**

Das benötigen Sie

1 mittelgroßer Blumenkohl à 750 g
¼ TL Salz

1. Den Blumenkohl waschen, putzen und in kleine Röschen zerteilen. In einen großen Kochtopf mit passendem Dämpfeinsatz 2 cm hoch Salzwasser geben und aufkochen.

2. Die Blumenkohlröschen in den Dämpfeinsatz legen **(1)**. Diesen auf den Topf hängen **(2)** und den Deckel schließen. Die Hitze herunterschalten und das Gemüse in ca. 10 Minuten bißfest dämpfen.

3. Dann eine Garprobe machen: Mit einem Messer in das Gemüse stechen. Geht dies noch recht schwer, die Röschen weitere 2–4 Minuten dämpfen.

1

2

Garzeiten

- Brokkoliröschen: 10–12 Minuten
- Chinakohl: 3–5 Minuten
- Erbsen: 3–5 Minuten
- Fenchel: ca. 10 Minuten
- Grüne Bohnen: ca. 8 Minuten
- Möhren: ca. 8 Minuten
- Rosenkohl: ca. 10 Minuten
- Spinat: 1–2 Minuten

1

2

Gemüse dünsten

1. Den Lauch putzen, waschen und in nicht zu dicke Scheiben schneiden.

2. Die Butter in einem Topf oder einer Pfanne zerlassen und den Lauch darin bei mittlerer Hitze unter Rühren kurz andünsten **(1).**

3. Den Gemüsefond angießen. Den Lauch bei milder Hitze zugedeckt in 6–7 Minuten bißfest dünsten **(2).** Mit Salz und Pfeffer abschmecken.

- **Für 4 Personen**
- **Zubereitungszeit: ca. 25 Minuten**

Das benötigen Sie

750 g Lauch
40 g Butter
1/8 l Gemüsefond
Salz
schwarzer Pfeffer

Garzeiten

- Blumenkohlröschen: 10–12 Minuten
- Brokkoliröschen: 6–8 Minuten
- Chinakohl: 3–6 Minuten
- Erbsen: 5–8 Minuten
- Fenchel: 5–8 Minuten
- Grüne Bohnen: ca. 8 Minuten
- Grünkohl: 50–60 Minuten
- Kohlrabi: 8–10 Minuten
- Knollensellerie: 8–10 Minuten
- Möhren: 6–8 Minuten
- Paprikaschoten: 5–8 Minuten
- Rosenkohl: 10–15 Minuten
- Rotkohl: 50–60 Minuten
- Staudensellerie: 4–10 Minuten
- Spinat: 2–4 Minuten
- Weißkohlblätter: 20–30 Minuten
- Wirsing: 20–30 Minuten
- Zucchini: 4–6 Minuten

1

2

Gemüse glasieren

1. Die Möhren schälen, putzen, waschen und in Scheiben schneiden. Bei mittlerer Hitze zugedeckt in 5–10 Minuten bißfest garen **(1).**

2. Die Möhren in einem Sieb abtropfen lassen. Butter und Zucker zusammen in einem Topf bei mittlerer Hitze schmelzen lassen. Die Möhren hinzufügen und bei schwacher Hitze ca. 5 Minuten dünsten. Dabei alles mehrmals gut mischen **(2).** Die Möhren sollten danach einen schönen Glanz haben. Stellen Sie die Hitze nicht zu hoch, sonst karamelisiert Ihnen der Zucker. Zuletzt die Petersilie darauf streuen.

- **Für 4 Personen**
- **Zubereitungszeit: ca. 1/2 Stunde**

Das benötigen Sie

500 g Möhren
Salz
20 g Butter
1 EL Zucker
2 EL gehackte Petersilie

Gemüse pfannenrühren

- Für 4 Personen
- Zubereitungszeit: ca. 1 Stunde
- ca. 130 kcal je Portion
- Dazu paßt Basmati- oder Duftreis

Das benötigen Sie

1 Knoblauchzehe
10 g Ingwerwurzel
50 g Zuckerschoten
50 g Frühlingszwiebeln
50 g rote Paprikaschote
70 g Chinakohl
50 g kleine, frische Maiskölbchen
1 EL Sesamkörner
3 EL Sesamöl
50 g Sojasprossen
1 Msp. Currypulver
2 EL Sojasauce
2 EL Fischsauce
1 EL Austernsauce
3 EL Korianderblättchen

Asiatische Gemüsepfanne

1. Die Knoblauchzehe und den Ingwer schälen und fein hacken. Die Zuckerschoten putzen, waschen und evtl. abfädeln. Die Frühlingszwiebeln putzen, waschen und in Scheiben schneiden. Die Paprikaschote halbieren, putzen, waschen und in Streifen schneiden. Den Chinakohl putzen, waschen und quer in Streifen schneiden. Die Maiskölbchen waschen und in mundgerechte Stücke schneiden.

2. Die Sesamkörner in einer Pfanne ohne Fettzugabe bei mittlerer Hitze hellbraun rösten. Herausnehmen.

3. Das Öl in einem Wok erhitzen. Knoblauch und Ingwer darin bei mittlerer Hitze kurz andünsten. Das vorbereitete Gemüse (bis auf den Chinakohl) dazugeben und ca. 3–4 Minuten unter Rühren bei mittlerer Hitze braten.

4. Den Chinakohl und die Sojasprossen dazugeben. Alles gut mischen und weitere 1–2 Minuten unter Rühren braten **(1)**.

5. Das Gemüse mit Currypulver, Sojasauce, Fischsauce und Austernsauce würzen **(2)**. Alles gut mischen. Die gerösteten Sesamkörner und die Korianderblättchen auf die Gemüsepfanne streuen.

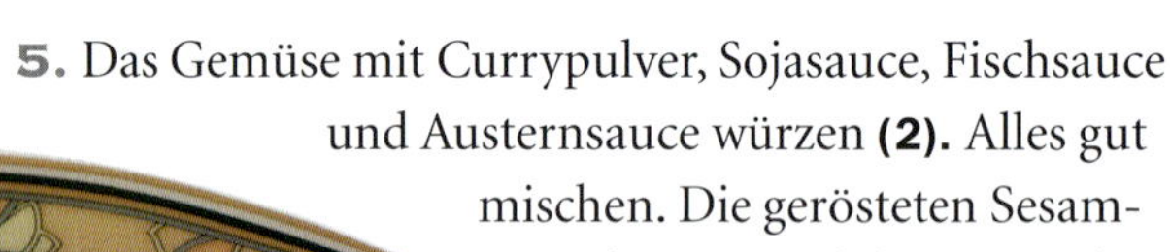

1

2

Mein Tip

Sollten Sie keinen Wok haben, dann nehmen Sie eine große, hochwandige Pfanne.

Die asiatischen Würzsaucen erhalten Sie in gut sortierten Feinkostabteilungen oder in Asia-Läden.

Beim Pfannenrühren schneide ich alle Zutaten bereits vor dem Garen klein. So habe ich sie beim Braten gleich griffbereit, und alles kann schnell von der Hand gehen.

Schweinefilet mit Shiitake-Pilzen

400 g Schweinefilet in dünne Scheiben schneiden. Mit **1 grob gehackten Knoblauchzehe, 5 EL heller Sojasauce, 1 EL Speisestärke** und etwas **Salz** sowie **Pfeffer** mischen. Zugedeckt ca. ¼ Stunde marinieren. Dann das Fleisch im Wok in **4 EL Erdnußöl** ca. 3 bis 4 Minuten braten. Herausnehmen.

100 g rote Zwiebeln (in Streifen) im Wok in **4 EL Sesamöl** anbraten. **300 g geviertelte, frische Shiitakepilze** und **20 g gehackten Ingwer** kurz mitbraten. Dann **250 g Mangoldstreifen, 1 rote Paprikaschote (in Streifen)** sowie **100 g Sojasprossen** dazugeben. Alles gut mischen und ca. 2–3 Minuten weiterbraten.

Das Ganze mit dem **Saft von 1 Limette, 2 EL heller Sojasauce** und etwas **Pfeffer** würzen. Alles mischen und das Fleisch dazugeben.

2 feingehackte Zweige Koriandergrün darauf streuen. Dazu paßt Basmati- oder Duftreis.

Kalbfleischstreifen mit Gemüse

100 g Glasnudeln ca. 10–15 Minuten in lauwarmem Wasser einweichen. Abtropfen lassen und mit der Schere in mundgerechte Stücke schneiden.

400 g Kalbsfilet in feine Streifen schneiden. Mit **1 EL Sojasauce, 1 EL Sesamöl, 1 TL Currypulver** und etwas **Salz** sowie **gemahlenem Ingwer** mischen. Ca. 1 Stunde marinieren. Dann das Ganze mit **2 EL Speisestärke** bestäuben.

Die Fleischstreifen in einem Wok in **100 ml Sesamöl** knusprig braten. Herausnehmen. Wieder **50 ml Sesamöl** in den Wok geben. Darin nacheinander **100 g Lauchstreifen, 100 g Sojasprossen, 80 g Paprikastreifen (rot und gelb)** sowie **80 g geschälte Garnelen** braten. Alles zusammen mit dem Fleisch in den Wok geben und gut mischen. Die Glasnudeln daruntermischen und das Ganze mit **Salz, Pfeffer** und **Sojasauce** nachwürzen. Dazu paßt Basmati- oder Duftreis.

Gemüsepfanne mit Kokosmilch

200 g Petersilienwurzel schälen und in dünne Scheiben schneiden. Zusammen mit **200 g halbierten Champignons** und **2 Schalotten (in Scheiben)** in **5 EL Sesamöl** anbraten.

100 g Zuckerschoten, 1 Zucchini (in halbierten Scheiben), 3 Tomaten (enthäutet, geviertelt und entkernt) und **50 g Sojasprossen** dazugeben. 3–4 Minuten mitbraten.

Das Ganze mit **Salz, 1 Prise Muskat, 1 gehackten Knoblauchzehe** und **1 kleingewürfelten, entkernten Chilischote** würzen. **1½ TL Currypulver** und **200 ml Kokosmilch** daruntermischen. Mit **Salz** nachwürzen. Zuletzt **2 EL Cashewkerne** und **1 EL gehackte Petersilie** daruntermischen. Dazu paßt Basmati- oder Duftreis.

Siehe auch

S 243 Tomate enthäuten
S. 243 Chilischote entkernen und würfeln
S. 244 Gemüse blanchieren
S. 320 Reis kochen

REZEPTIDEEN MIT GEMÜSE

GEFÜLLTE AUBERGINE

4 Auberginen (à 300 g) halbieren. Das Fruchtfleisch mit einem Messer bis auf 1 cm herauslösen. Die Schnittstellen mit dem **Saft von 1 Zitrone** beträufeln. Das Auberginenfruchtfleisch kleinschneiden und mit **100 g Zwiebelwürfeln** in **4 EL Olivenöl** gut anbraten. **1 zerdrückte Knoblauchzehe** und **200 g Zucchinischeiben** dazugeben. 3–4 Minuten schmoren lassen. **300 g Tomaten (enthäutet, geachtelt und entkernt)** dazugeben. Alles mit **Salz, Pfeffer** und **1 EL gehackter Petersilie** würzen. In die Auberginenschiffchen geben. **150 g Fetawürfel** darauf streuen. Im vorgeheizten Ofen bei 180 °C ca. 20 Minuten garen. Dazu paßt Ratatouille. *(auf dem Foto unten)*

AUBERGINEN IM SAFRANBACKTEIG

Für den Teig **160 ml Weißwein** mit **1 Msp. Safranfäden** und **4 Eiern** verquirlen. **200 g gesiebtes Mehl** darunterrühren. Den Teig mit **Salz** und **Pfeffer** würzen und ca. ½ Stunde quellen lassen. **300 g Auberginenscheiben** von beiden Seiten mit dem **Saft von 2 Limetten** beträufeln. Den Saft gut verstreichen. Die Scheiben in **80 g Mehl** wenden. Dann durch den Teig ziehen und in **300 g Butterschmalz** von beiden Seiten goldgelb ausbacken (fritieren).

AUBERGINENKRAPFEN

1 Aubergine schälen und putzen. Schale und Fruchtfleisch getrennt kleinwürfeln. **1 gewürfelte Schalotte** mit dem Auberginenfruchtfleisch, **½ TL Thymianblättchen** und **1 feingehackten Knoblauchzehe** in **4 EL Olivenöl** andünsten. Mit **Salz** und **Pfeffer** würzen. **40 g Weizengrieß** in **50 ml Gemüsefond** unter Rühren aufkochen, bis ein dicker Brei entsteht. Vom Herd nehmen und **3 Eigelbe** nach und nach darunterziehen. Die gedünstete Auberginenmasse darunterrühren. Dann **1 mit 1 Prise Salz steifgeschlagenes Eiweiß** vorsichtig darunterheben. Aus der Masse kleine Bällchen formen und in den Auberginenschalenwürfeln wälzen. Die Bällchen in **100 g Butterschmalz** von allen Seiten goldbraun braten. Dann kurz auf Küchenkrepp abtropfen lassen.

BUTTERBOHNEN

600 g Schnittbohnen bißfest blanchieren. Dann in Rauten schneiden. **2 gewürfelte Schalotten** und **1 mit etwas Salz zerdrückte Knoblauchzehe** in **30 g Butter** glasig dünsten. Die Bohnen dazugeben, **100 ml Gemüsefond** angießen und das Ganze 7–8 Minuten dünsten. **200 g Lauchringe** hinzufügen und ca. 1 Minute mitdünsten. Dann mit **Salz** und **Pfeffer** würzen. **2 EL Tomatenwürfel (enthäutet und entkernt)** sowie **1 TL Thymianblättchen** daruntermischen.

SPECKBOHNEN

400 g grüne Bohnen in 5 cm lange Stücke schneiden und bißfest blanchieren. **1 kleines Stück Speckschwarte (ca. 50 g)** und **80 g Räucherspeckwürfel** in einer Pfanne ohne Fettzugabe langsam anbraten, bis beides beginnt knusprig zu werden. **1 gewürfelte Zwiebel** dazugeben und glasig dünsten. Die Bohnen daruntermischen und alles mit **Salz** sowie **Pfeffer** würzen. Die Schwarte herausnehmen. Die Bohnen mit **1 EL frischem Bohnenkraut** und **1 Msp. zerdrücktem Knoblauch** abschmecken.

Dicke Bohnen mit Rauchfleisch

1 kg dicke Bohnen 2–3 Minuten blanchieren. Die zähe äußere Haut der Bohnen mit der Messerspitze einritzen und die Bohnenkerne herausdrücken. **1 Zwiebel (in Streifen)** mit **4 Scheiben Rauchfleisch (à 100 g)** in **4 EL Öl** andünsten. Die Bohnenkerne dazugeben, durchschwenken und mit **Salz** sowie **Pfeffer** würzen. **200 g geschälte, rohe Kartoffelwürfel** dazugeben. **200 ml hellen Geflügelfond** angießen. **1 Lorbeerblatt** und **1 Bohnenkrautzweig** dazugeben und alles zugedeckt ca. ¼ Stunde bei mittlerer Hitze dünsten. Das Rauchfleisch warmstellen, die Kräuter herausnehmen. **30 g eiskalte Butterstückchen** zum Binden unter die Bohnen rühren und **1 TL Thymianblättchen** darunterziehen. Das Gemüse mit dem Rauchfleisch servieren.

Blumenkohl in weisser Sauce

2 Blumenkohlköpfe (à 500 g) putzen und in Salzwasser bei mittlerer Hitze in ca. ¼ Stunde bißfest kochen. Den Blumenkohl herausheben und zugedeckt warmstellen. Den Fond durch ein Sieb gießen und aufheben. **25 g Butter** in einem Topf schmelzen lassen. **2 feingewürfelte Schalotten** darin glasig dünsten. Mit **20 g Mehl** bestäuben und es kurz unter Rühren hell anschwitzen lassen. Die Mehlschwitze unter Rühren mit **50 ml Weißwein** ablöschen. Dann unter weiterem Rühren **200 ml des Blumenkohlfonds** und **150 ml Milch** angießen. Die Sauce unter ständigem Rühren ca. 10 Minuten bei milder Hitze köcheln lassen. **100 g Sahne** darunterrühren und alles nochmals ca. 10 Minuten köcheln lassen. Dann die Sauce durch ein Sieb passieren und mit **Salz, Pfeffer** sowie **Muskat** pikant abschmecken. Den Blumenkohl mit der Sauce übergießen. Mit einigen **Petersilien- und Kerbelblättchen** garnieren.

Brokkoli in Mandelbutter

1 kg Brokkoliröschen ca. 3 Minuten blanchieren. **50 g Mandelblättchen** in einer Pfanne ohne Fettzugabe goldgelb rösten. **1 gewürfelte Schalotte** in **50 g Butter** andünsten. Den Brokkoli dazugeben und kurz mitdünsten. Mit **Salz, Pfeffer** und **Muskat** würzen. Die Mandelblättchen dazugeben und alles kurz durchschwenken.

(auf dem Foto unten)

Siehe auch

S. 61	**Fritieren**
S. 105	**Gemüsefond**
S. 124	**Saucen binden**
S. 124	**Sauce mit Mehlschwitze zubereiten**
S. 129	**Heller Geflügelfond**
S. 243	**Tomate enthäuten**
S. 244	**Gemüse blanchieren**
S. 258	**Ratatouille**

Geschmorter Chicorée

4 Chicoréestauden (à 100 g) waschen, halbieren und die Strünke keilförmig herausschneiden. Die Schnittflächen mit dem **Saft von 1 Zitrone** einreiben. Dann jede Hälfte in **1 hauchdünne Scheibe Parmaschinken** einwickeln. **2 gewürfelte Schalotten** in **40 g Butter** glasig dünsten. Mit **40 ml weißem Portwein** ablöschen und **150 ml hellen Kalbsfond** angießen. Den Chicorée mit den Schnittflächen nach unten vorsichtig in eine große, feuerfeste Form legen. Die Schalotten-Kalbsfond-Mischung angießen. Im vorgeheizten Ofen bei 175 °C 15–20 Minuten offen schmoren lassen. Während dieser Zeit das Gemüse mehrmals mit dem Schmorfond übergießen. Den Chicorée dann aus der Form nehmen und zugedeckt warmhalten. Den Fond durch ein Sieb gießen und etwas einkochen lassen. **20 g eiskalte Butterstückchen** zum Binden darunterrühren. Die Sauce mit **Salz** und **Pfeffer** würzen. Dann **1 EL gehackte Petersilie** sowie **2 Tomaten (enthäutet, entkernt und in Rauten geschnitten)** daruntermischen. Die Sauce über den Chicorée gießen.

(auf dem Teller: links unten)

Chicorée in Orangenkaramel

6 Chicoréestauden (à 100 g) waschen, halbieren und die Strünke keilförmig herausschneiden. Die Schnittflächen mit dem **Saft von 1 Zitrone** einreiben. Die **feingehackte Schale von 1 unbehandelten Orange** und den **Saft von 3 Orangen** zusammen auf die Hälfte einkochen. Den Boden einer großen, feuerfesten Form mit **2 EL braunem Zucker** bestreuen. Die Chicoréehälften mit den Schnittflächen nach unten hineinlegen. Den eingekochten Orangensaft darübergießen und die Chicoréehälften mit **30 g braunen Zucker** bestreuen. **30 g Butter** in kleinen Stückchen darauf setzen. Im vorgeheizten Ofen bei 220 °C 20–25 Minuten offen schmoren. Das Gemüse während dieser Zeit mehrmals mit dem Orangensud übergießen. Dann die Chicoréehälften mit **Salz, Pfeffer** und **gemahlenem Sternanis** würzen und auf Tellern anrichten. Die Sauce in der Form in einen Topf geben. **50 ml Gemüsefond** angießen und alles kurz durchkochen. Dann **20 g eiskalte Butterstückchen** zum Binden in die nicht mehr kochende Sauce geben. Die **Blättchen von 1 Minzezweig** in Streifen schneiden und in die Sauce geben. Diese über die Chicoréehälften gießen.

Chinakohl mit Speck

1 Kopf Chinakohl (à 750 g) putzen, halbieren und waschen. Den Strunk keilförmig herausschneiden. Den Kohl würfeln. **2 gewürfelte Schalotten** in **3 EL Nußöl** glasig dünsten. **100 g gewürfeltes Dörrfleisch** dazugeben und mitbraten, bis es leicht kroß wird. Den Chinakohl hinzufügen. Alles mit **2 EL Kräuteressig** ablöschen und **50 ml Gemüsefond** angießen. Zugedeckt 2–3 Minuten dünsten. Das Gemüse mit **Salz** und **Pfeffer** würzen. Die **gehackten Blättchen von 1 Zweig Zitronenthymian** und **1 Tomate (enthäutet, entkernt und gewürfelt)** daruntermischen.

(auf dem Teller: links oben)

Chinakohlgemüse „Asia“

600 g Chinakohl und **200 g Mangold (Stiele vorher herausschneiden und nicht verwenden)** in 1 cm breite Streifen schneiden. Von den Mangoldstielen die Fäden abziehen und die Stiele in Streifen schneiden. **Je 2 rote und gelbe Paprikaschoten** mit dem Sparschäler schälen, putzen, waschen und in Streifen schneiden. **Je 50 g frische Austern- und Shiitake-Pilze** in Streifen schneiden. **50 g Wasserkastanien (aus der Dose)** in Scheiben schneiden. **100 g frische Sojasprossen** heiß abspülen und die Wurzelansätze abschneiden. **4 EL Sesamöl** im Wok erhitzen. Darin nacheinander Pilze, Paprika, Kastanien, Mangoldstiele, Chinakohl und Sojasprossen unter Rühren bißfest braten. Alles mit **1 TL Currypulver, 1 EL Currypaste (aus dem Asienladen), 1 gehackten Knoblauchzehe, etwas Ingwerpulver, 2 EL Austernsauce, 2 EL süß-scharfer Chilisauce, Salz** und **Zucker** abschmecken. Zuletzt die Mangoldblattstreifen und **1 EL gehacktes Koriandergrün** daruntermischen.

Erbsen Parisienne

1 kg Erbsenschoten ausspulen. Die Erbsen ca. 3 Minuten in Salzwasser blanchieren. **2 gewürfelte Schalotten** mit **100 g gewürfeltem, gekochtem Schinken** in **30 g Butter** glasig dünsten. **1 TL Zucker** und **etwas Salz** dazugeben und rühren, bis sich beides aufgelöst hat. Dann die Erbsen hinzufügen und **200 ml Gemüsevelouté** angießen. Alles kurz aufkochen und 2–3 Minuten ohne Hitze durchziehen lassen.
Von **1 kleinen Kopfsalat** die dunklen Außenblätter entfernen. Die großen, hellen Innenblätter abtrennen, vorsichtig aufrollen und in dünne Streifen schneiden. Den Strunk des Salatkopfes herausschneiden. Das Salatherz vierteln. Zusammen mit den Salatblattstreifen sowie **1 EL gehackter Petersilie** zu den Erbsen geben. Das Gemüse mit **Salz** und **Pfeffer** nachwürzen.
(auf dem Teller: rechts oben)

Gebratener Fenchel

2 Fenchelknollen (à 200 g) waschen, putzen und halbieren. Das Fenchelgrün aufheben. Den Fenchel mit einer Aufschnittmaschine oder mit einem Gemüsehobel von den Schnittflächen aus in 3 mm dicke Scheiben schneiden. Diese in **3 EL Olivenöl** nach und nach anbraten, bis sie leicht Farbe nehmen. Dann alles zusammen in die Pfanne geben und **1 gewürfelte rohe Paprikaschote** kurz mitbraten. Mit dem **Saft von 1 Limette** sowie **40 ml Vermouth** ablöschen. Mit **Salz** und **Pfeffer** würzen. **Die ausgelösten Filets von 1 Limette** und die **abgeriebene Schale von 1 Limette** daruntermischen.
(auf dem Teller: rechts unten)

Überbackener Fenchel

4 kleine Fenchelknollen waschen, vierteln und die Strünke keilförmig herausschneiden. Das Fenchelgrün beiseite legen. **100 g Schalotten (in Scheiben)** in **2 EL Olivenöl** andünsten. **2 Thymianzweige, 1 Lorbeerblatt** und **1 Rosmarinzweig** dazugeben. Alles mischen und in eine feuerfeste Form geben. Die Fenchelknollen darauf legen. **50 ml Gemüsefond** und **2 EL Aceto Balsamico** dazugeben und alles im vorgeheizten Ofen bei 150 °C mit Alufolie fest verschlossen 40–45 Minuten schmoren.
Inzwischen **2 grob gewürfelte rote Paprikaschoten** mit **3 Schalotten (in Streifen)** in **3 EL Olivenöl** andünsten. **200 g Tomatenviertel** dazugeben. **200 ml hellen Geflügelfond** angießen und alles mit **1 zerdrückten Knoblauchzehe, 1 TL Thymianblättchen, Salz** und **Pfeffer** würzen. Dann 20–25 Minuten zugedeckt leise köcheln lassen. Das Paprikagemüse danach fein pürieren und durch ein Sieb streichen. Die Fenchelstücke auf feuerfeste Teller geben. Den Fond aus der Form durch ein Sieb in die Paprikasauce gießen. Diese nochmals aufkochen und über den Fenchel geben. Zuletzt **40 g geriebenen Pecorino** und **1 EL Kapern** auf den Fenchel streuen. Das Gemüse unter dem Grill in 2–3 Minuten goldgelb überbacken. Mit dem beiseite gelegten Fenchelgrün bestreuen.

Siehe auch

S. 105	Gemüsefond
S. 105	Heller Kalbsfond
S. 124	Saucen binden
S. 125	Gemüsevelouté
S. 129	Heller Geflügelfond
S. 243	Tomate enthäuten
S. 244	Gemüse blanchieren
S. 246	Gemüse pfannenrühren
S. 384	Filets aus Zitrusfrüchten herausschneiden

Grünkohl mit Speck

Von **1 kg Grünkohl** die Blätter von den Rippen zupfen, gut waschen und abtropfen lassen. **150 g Zwiebeln (in Streifen)** in einem großen Topf in **100 g Schweineschmalz** glasig dünsten. **200 g gewürfeltes Dörrfleisch** dazugeben und ebenfalls andünsten. Den Grünkohl hinzufügen und alles bei mittlerer Hitze offen dünsten, bis der Grünkohl zusammengefallen ist. Das Gemüse mit **Salz, Pfeffer** und **gemahlenem Piment** würzen. **300 ml hellen Rinderfond** angießen und alles zugedeckt ca. 1 Stunde bei mittlerer Hitze dünsten. Dann **50 g geschroteten Hafer oder Haferflocken** auf das Gemüse streuen. Alles gut mischen und nochmals zugedeckt ca. ½ Stunde dünsten. Danach den Grünkohl eventuell nachwürzen.

Gurkengemüse in Safranessig

1 große Salatgurke waschen und so schälen, daß noch Schalenstreifen stehen bleiben (die Gurke sieht dann „gestreift" aus). Die Gurke längs halbieren und die Kernchen mit einem Löffel herausschaben. Die Gurke nun in 1 cm dicke Scheiben schneiden. Diese in **20 g Butter** bei mittlerer Hitze andünsten. **2 EL Zucker** dazugeben und karamelisieren lassen. **3 EL Weißweinessig** sowie **1 Msp. gemahlenen Safran** dazugeben und die Flüssigkeit fast vollständig einkochen lassen. **2 Tomaten (enthäutet, entkernt und gewürfelt)** daruntermischen und das Gemüse mit **Salz, Pfeffer** sowie **gemahlenem Sternanis** abschmecken. Zuletzt mit **1 EL gehacktem Dill** bestreuen.

Gefüllte Schmorgurke

4 Schmorgurken (insg. ca. 800 g) waschen, längs halbieren und die Kernchen mit einem Löffel herausschaben. 1 Gurke schälen und in kleine Würfel schneiden. **160 g Hirse** in einem Sieb kurz heiß und dann kalt abspülen. Gut abtropfen lassen. Zusammen mit **2 gewürfelten Schalotten** in **2 EL Olivenöl** glasig dünsten. **200 ml Gemüsefond** angießen, alles aufkochen und die Hirse bei milder Hitze zugedeckt in ca. 25 Minuten ausquellen lassen. Dann **1 feingehackte Knoblauchzehe** dazugeben und die Hirse mit **Salz** sowie **Pfeffer** würzen. Auskühlen lassen.
Je 1 rote und gelbe Paprikaschote mittelgroß würfeln. Zusammen mit den Gurkenwürfeln in **2 EL Olivenöl** ca. 2 Minuten andünsten. Mit **1 TL gehackter Petersilie, 1 EL gehacktem Majoran, Salz** und **Pfeffer** würzen. **80 g Ricottakäse** durch ein Sieb streichen. Mit der Hirse und dem gedünsteten Gemüse mischen. **60 g geriebenen Bergkäse** und **1 kleines Ei** daruntermischen. Die Masse mit **Salz** und **Pfeffer** nachwürzen. Die Gurkenhälften in Salzwasser 1–2 Minuten blanchieren. Die Hirsemasse hineinfüllen und die gefüllten Gurken im vorgeheizten Ofen bei 170 °C 35–40 Minuten garen. Dazu paßt eine Béchamelsauce oder eine Gemüsevelouté.
(auf dem linken Teller)

Erbspüree

200 g getrocknete, geschälte gelbe Erbsen über Nacht in 400 ml kaltem Wasser einweichen. Am nächsten Tag das Wasser abgießen. **400 ml hellen Rinderfond** angießen und aufkochen.
2 Schalotten, 50 g Knollensellerie und 50 g Möhren (alles gewürfelt) dazugeben. Die Erbsen in 20–25 Minuten weich kochen. Sollte der Fond in dieser Zeit zu stark einkochen, etwas nachgießen. Während des Garens immer wieder umrühren. Die weichgekochten Erbsen mit dem Fond fein pürieren und durch ein Sieb streichen. Mit **Salz, Pfeffer** und **gemahlenem Piment** abschmecken. Zuletzt **20 g Butterstückchen** darunterrühren.

Siehe auch

S. 104 Heller Rinderfond
S. 105 Gemüsefond
S. 125 Gemüsevelouté
S. 126 Béchamelsauce
S. 129 Heller Geflügelfond
S. 243 Tomate enthäuten
S. 244 Gemüse blanchieren

Kichererbsen mit Spinat

250 g Kichererbsen über Nacht in Wasser quellen lassen. Am nächsten Tag **2 grob gewürfelte Schalotten** in **2 EL Olivenöl** glasig dünsten. **2 zerdrückte Knoblauchzehen** und die abgetropften Kichererbsen dazugeben. **½ l hellen Geflügelfond** angießen und die Erbsen zugedeckt in ca. ¾ Stunden weichkochen. Dann mit **Salz** und **Pfeffer** würzen. **100 g Möhrenwürfel** dazugeben und mitgaren, bis sie bißfest sind. Der Geflügelfond sollte dann fast vollständig eingekocht sein. **200 g kleine Spinatblätter** verlesen, waschen und ca. 1 Minute blanchieren. Leicht ausdrücken und zu den Kichererbsen geben. Alles mit **Salz** und **Pfeffer** nachwürzen. Zuletzt **1 TL gehackte Petersilie** sowie **1 Tomate (enthäutet, entkernt und gewürfelt)** daruntermischen.

(auf dem rechten Teller: links)

Balsamico-Linsen

200 g braune Linsen über Nacht in kaltem Wasser quellen lassen. Die Linsen dann im Einweichwasser 20–25 Minuten kochen. In einem Sieb abtropfen lassen. **30 g Schalottenwürfel, 1 feingehackte Knoblauchzehe** und **40 g Speckwürfel** in **20 g Butter** glasig dünsten. Die Linsen daruntermischen. Alles mit **250 ml Aceto Balsamico** ablöschen und ihn auf die Hälfte einkochen lassen. **⅛ l hellen Geflügelfond** angießen. Alles offen 10–15 Minuten köcheln lassen, bis die Flüssigkeit fast verkocht ist. Das Linsengemüse mit **Salz** und **1 TL feingehacktem Thymian** abschmecken. Es dann ca. 5 Minuten zugedeckt warm stellen, bis sich der Thymiangeschmack voll entfaltet hat. Dann **40 g kalte Butterstückchen** daruntermischen.

(auf dem rechten Teller: rechts)

Kohlrabilasagne

700 g Kohlrabi und **300 g Petersilienwurzeln** schälen, putzen und waschen. Das Gemüse mit der Aufschnittmaschine in sehr dünne Scheiben schneiden. Diese in Salzwasser 1–2 Minuten blanchieren, abschrecken und zwischen 2 Stoffhandtüchern gut trockentupfen. **150 g Rauke** verlesen, waschen und ca. 10 Sekunden blanchieren. **2 gewürfelte Schalotten** in **30 g Butter** andünsten. Vom Herd nehmen und **600 ml Gemüsevelouté** dazugießen. Mit **Salz, Pfeffer** sowie **Muskat** würzen. **1 EL gehackte Petersilie** sowie die Raukeblättchen daruntermischen. Die Sauce auskühlen lassen. **4 Fleischtomaten** enthäuten, vierteln, entkernen und in Streifen schneiden. **10 Lasagneteigplatten** in Salzwasser bißfest garen. Abschrecken, trockentupfen und von beiden Seiten mit insgesamt **2–3 EL Olivenöl** bestreichen. **250 g Parmesan** fein reiben. Eine flache, feuerfeste Form (ca. 20 x 25 cm groß) mit **1 TL Olivenöl** ausfetten. 2 Lasagneplatten in die Form legen. Etwas von dem Gemüse und der Sauce sowie einige Tomatenstreifen darauf geben und mit etwas Parmesan bestreuen. Mit **Salz** und **Pfeffer** würzen. Nudelplatten, Gemüse, Sauce, Tomaten und Käse schichtweise in die Form geben. Dabei jede Schicht würzen. Die oberste Schicht sollen Nudelplatten sein. Dann **2 Eigelbe** mit **100 g Sahne** verquirlen, mit etwas **Salz** würzen und über die Lasagne gießen. **50 g Sonnenblumenkerne** darauf streuen und die Lasage im vorgeheizten Ofen bei 180 °C 40–50 Minuten backen.

(auf dem Foto unten)

Mein Tip

Sollte die Lasagne schon recht früh an der Oberfläche braun werden, decken Sie sie mit einem Stück Alufolie ab.

Kürbis süss-sauer

500 g Kürbisfleisch (ohne Schale und Kerne) zunächst in dünne Scheiben und diese dann in ca. 4 cm lange, dünne Stifte schneiden. **200 g Zucker** bei mittlerer Hitze in einer Pfanne karamelisieren lassen. Unter Rühren mit **50 ml Weißwein, 50 ml Kräuteressig** und **100 ml hellem Geflügelfond** ablöschen. **1 Sternanis, 1 Prise Kreuzkümmel** und **1 Gewürznelke** dazugeben. Die Kürbisstäbchen in ein großes, heiß ausgespültes Einmachglas füllen und den heißen Sud darübergießen. Das Glas fest verschließen. Den Kürbis im vorgeheizten Ofen bei 110 °C im Wasserbad stehend ca. 1/4 Stunde einkochen. Das Kürbisgemüse hält sich ungeöffnet 2 bis 3 Monate.

Lauch-Kartoffel-Gemüse in Käsesauce

1/4 l hellen Rinderfond auf 80 ml einkochen lassen. **200 g Lauch** putzen, waschen und in Rauten schneiden. **200 g festkochende Kartoffeln** schälen, waschen und in dünne Scheiben schneiden. Die Kartoffelscheiben in **30 g Butterschmalz** kurz andünsten, ohne daß sie Farbe nehmen. Dann **1/2 zerdrückte Knoblauchzehe** hinzufügen und den reduzierten Rinderfond angießen. Diesen kurz aufkochen und den Lauch hinzufügen. Das Ganze bei milder Hitze zugedeckt in 5–6 Minuten bißfest garen. Das Gemüse mit **Salz** und **Pfeffer** würzen. **20 g eiskalte Butterstückchen** zum Binden daruntermischen. Dann **80 g geriebenen Bergkäse** darunterrühren. Zuletzt **2 EL feingehackte Petersilie** sowie **2 EL geschlagene Sahne** unter das Gemüse heben.

(auf dem Foto rechts: oben)

Lauchcannelloni

Von **4 dicken Lauchstangen** die dunkelgrünen Teile und die Wurzelansätze abschneiden. Die verbleibenden hellen Teile waschen, in 10 cm lange Stücke schneiden und in Salzwasser ca. 1 Minute blanchieren. Die mittleren Blätter vorsichtig aus den Lauchstangen herausdrücken, so daß Röhren entstehen. 80 g der inneren Lauchteile in sehr feine Würfel schneiden.

2 Scheiben entrindetes Toastbrot ca. 10 Minuten in **30 ml Sahne** einweichen. **100 g feines Kalbshackfleisch** mit **1 Eigelb** und dem ausgedrückten Toastbrot gut verkneten. Den feingewürfelten Lauch daruntermischen. Die Masse mit **Salz, Pfeffer, Muskat** und **1 TL gehackter Petersilie** würzig abschmecken. Sie dann vorsichtig mit einem Spritzbeutel mit großer Lochtülle in die Lauchröhren füllen.

50 g gewürfelte Schalotten und **100 g in Scheiben geschnittene Möhren** in **30 g Butter** andünsten. Die Lauchstangen darauf legen und **150 ml Gemüsefond** angießen. Alles mit **Salz** und **Pfeffer** würzen und **1 Lorbeerblatt** dazugeben. Das Gemüse im vorgeheizten Ofen bei 150 °C offen 15–20 Minuten garen. Die Lauchcannelloni herausnehmen und zugedeckt warmstellen. Den Garfond durch ein Sieb in einen Topf gießen. Das Gemüse im Sieb beiseite stellen. Den Fond kurz aufkochen. Dann zum Binden **30 g eiskalte Butterstückchen** unter die nicht mehr kochende Sauce rühren. **30 g geriebenen Parmesan** daruntermischen und das Gemüse aus dem Sieb dazugeben. Gemüsesauce und Lauchcannelloni zusammen anrichten. Mit **etwas gehobeltem Parmesan** und **1 TL gehackter Petersilie** bestreuen.

(auf dem Foto unten: unten)

Lauchstroh

1 Lauchstange längs halbieren. Den dunkelgrünen Teil und den Wurzelansatz abschneiden und wegwerfen. Den verbleibenden Mittelteil gut waschen und quer in 6 cm lange Stücke schneiden. Diese längs in hauchdünne Streifen schneiden und gut mit Küchenkrepp trockentupfen. Die Lauchstreifen in **200 ml Öl** portionsweise knusprig fritieren. Auf Küchenkrepp kurz abtropfen lassen und mit **Salz** würzen. Das Lauchstroh eignet sich gut zum Garnieren.

Siehe auch

S. 61 **Fritieren**
S. 104 **Heller Rinderfond**
S. 105 **Gemüsefond**
S. 124 **Saucen binden**
S. 125 **Gemüsenvelouté**
S. 129 **Heller Geflügelfond**
S. 221 **Gemüse in Rauten schneiden**
S. 243 **Tomate enthäuten**
S. 244 **Gemüse blanchieren**
S. 301 **Nudeln kochen**

Maisplätzchen

300 g Maiskörner aus der Dose abtropfen lassen. Die Hälfte davon im Mixer fein pürieren. **50 g gewürfelte Schalotten** in **20 g Butter** glasig dünsten. Mit dem Maispüree und den ganzen Maiskörnern mischen. Das Ganze mit **10 g Mehl, 40 g Corn-flakes** und **1 Eigelb** vermengen und mit **Salz, Pfeffer** sowie **1 TL Honig** abschmecken. **1 EL gehackten Kerbel** daruntermischen. Die Masse zugedeckt ca. ½ Stunde ruhen lassen. Dann daraus mit bemehlten Händen oder einem Eisportionierer kleine Kugeln formen und zu Plätzchen flachdrücken. **5 EL Maiskeimöl** in einer Pfanne erhitzen und die Maisplätzchen darin bei mittlerer Hitze von jeder Seite ca. 2 Minuten braten. Kurz vor Ende der Bratzeit noch **20 g Butter** in die Pfanne geben und alles durchschwenken.

(auf dem Teller: ganz links)

Gebratene Maiskolben

Die äußeren Blätter von **4 frischen Maiskolben** entfernen und die feinen Härchen abzupfen. Die Kolben dann in sprudelnd kochendem Wasser 5–8 Minuten garen. Herausnehmen, abtropfen lassen und gut trockentupfen. Die Kolben in einer Pfanne in **3 EL Öl** anbraten, bis sie leicht Farbe bekommen. Dann **40 g Butter** hinzufügen, die Maiskolben darin schwenken und mit **Salz** sowie **Pfeffer** würzen. Zum Servieren kleine Holzspieße in die Enden der Maiskolben stecken.

Mangoldgemüse mit Ingwer

500 g Mangold putzen und den Wurzelansatz abschneiden. Die Blätter waschen und die grünen Blatteile von den weißen Stielen abschneiden. Von den Stielen die harten, weißen Fäden abziehen. Stiele und Blätter getrennt in ca. 2 cm große Würfel schneiden. **200 g Möhren** schälen, putzen, waschen und in Scheiben schneiden. **2 Schalotten** und **2 Knoblauchzehen** schälen, in feine Scheiben schneiden und in **4 EL Erdnußöl** glasig dünsten. Die Möhrenscheiben kurz mitdünsten. Dann die Mangoldstiele dazugeben und mitbraten, bis sie leicht Farbe nehmen. Die Mangoldblätter hinzufügen, alles gut mischen und mit **6 EL Sake (Reiswein)** ablöschen. Kurz einkochen lassen. Das Gemüse mit **2 EL Sojasauce, etwas Zitronensaft** und **1 TL Zucker** abschmecken. Einmal kurz aufkochen. Zuletzt mit **1 EL feingeriebenem Ingwer** und etwas **Pfeffer** verfeinern. Dazu passen fritierte Reisnudeln.

(auf dem Teller: 2. von links)

Mangoldgemüse mit Curry

800 g Mangold putzen und den Wurzelansatz abschneiden. Die Blätter waschen und die grünen Blatteile von den weißen Stielen abzupfen. Von den Stielen die harten, weißen Fäden abziehen. Die Stiele quer in Streifen, die Blätter in mundgerechte Stücke schneiden. Die Stiele 2–3 Minuten in Salzwasser blanchieren. **1 EL Mehl** mit **1 TL Currypulver** mischen. Die noch feuchten Mangoldstiele darin wenden. **2 Schalotten (in Scheiben)** in **2 EL Sesamöl** glasig dünsten. Mit **1 TL Currypulver** bestäuben. Die rohen Mangoldblätter dazugeben und mit **Salz** sowie **gemahlenem Kreuzkümmel** würzen. **100 g Crème double** dazugeben, alles gut mischen und offen sämig einkochen. Die Mangoldstiele in **80 g Butterschmalz** goldgelb braten und mit **Salz** würzen. Auf das Mangoldgemüse streuen.

Möhren-Zucchini-Puffer

400 g Möhren und 200 g Zucchini (beides grob geraspelt) mit **4 EL Mehl** mischen. **2 Eier** mit den **gehackten Blättchen von 1 Oregano- und 1 Rosmarinzweig** sowie mit etwas **Salz, Pfeffer** und **Muskat** verquirlen. Unter das Gemüse mischen und dieses eventuell etwas nachwürzen. **6 EL Olivenöl** in einer Pfanne erhitzen. Die Gemüsemasse portionsweise als kleine Häufchen hineinsetzen und zu Puffern flachdrücken. Diese von jeder Seite ca. 2 Minuten braten, bis sie goldbraun sind.

(auf dem Teller: ganz rechts)

Möhrenflan

250 g grob gewürfelte Möhren und **50 g gewürfelte Schalotten** mit **1 EL Honig** und etwas **Salz** bei mittlerer Hitze in **2 EL Öl** andünsten. **150 ml Gemüsefond** angießen und die Möhren zugedeckt in ca. ¼ Stunde weichdünsten. Das Gemüse im Fond pürieren, durch ein feines Sieb streichen und bei geringer Hitze sämig einkochen lassen. Mit **Pfeffer** und **1 TL gehackter Petersilie** würzen. Dann **4 Eigelbe** darunterziehen. 4 kleine Soufflèförmchen (6 cm Durchmesser) mit **etwas Butter** ausfetten und die Möhrenmasse hineinfüllen. Die Förmchen in ein Wasserbad stellen und mit gebuttertem Butterbrotpapier abdecken. Im vorgeheizten Ofen bei 180 °C 18–20 Minuten garen. Garprobe: Wenn man einen Holzspieß in den Flan steckt, darf daran nichts mehr hängenbleiben. Die fertigen Flans sofort vorsichtig stürzen.

Glasierte Maronen

Die Schale von **500 g Maronen** jeweils an den Seiten mit einem kleinen Messer über Kreuz einritzen **(1).** Die Maronen auf einem Blech und im vorgeheizten Ofen bei 200 °C garen, bis die Schalen an den Schnittstellen aufspringen. Die Maronen leicht abkühlen lassen, dann die harte Schale mit den Fingern ablösen. Nun auch die dünne Haut mit einem Messer vorsichtig entfernen **(2). 50 g Zucker** bei mittlerer Hitze in einem Topf hellbraun karamelisieren lassen. Die Maronen darin kurz schwenken. **50 g Honig** hinzufügen und die Maronen darin unter Wenden glasieren. Das Ganze unter Rühren mit **60 ml Weißwein** ablöschen und noch einmal gut mischen.

(auf dem Teller: 2. von rechts)

1

2

Maronenpüree

100 ml hellen Rinderfond mit **100 g Sahne** in einem Topf mischen. **300 g geschälte Maronen** dazugeben. Alles aufkochen und 25–30 Minuten köcheln lassen, bis die Maronen weich sind. Die Maronen in der Flüssigkeit pürieren, mit **Salz, Zucker** und **Muskat** würzen und durch ein feines Sieb streichen. Sollte das Püree zu dünnflüssig sein, es bei milder Hitze unter Rühren etwas einkochen lassen. Zuletzt **1 EL geschlagene Sahne** und **1 EL Kirschwasser** daruntermischen.

Siehe auch

S. 104 Heller Rinderfond
S. 105 Gemüsefond
S. 244 Gemüse blanchieren
S. 245 Gemüse glasieren

Paprikagemüse auf roter und gelber Paprikasauce

3 rote, 3 gelbe und 1 grüne Paprikaschote mit dem Sparschäler schälen, halbieren und putzen. Die gebogenen Fruchtteile der roten und gelben Schoten oben und unten gerade abschneiden, so daß Rechtecke entstehen. Die Abschnitte beiseite legen. Die rechteckigen Gemüsestücke in 3 cm große Würfel schneiden. Die grüne Paprikaschote komplett kleinwürfeln. Die beiseite gelegten roten und gelben Paprikaabschnitte in getrennten Töpfen mit **je 1 feingewürfelten Schalotte** in **je 2 EL Olivenöl** andünsten. Beides mit **je 2 EL weißem Portwein** ablöschen. **Je 150 ml Gemüsefond und 50 g Sahne** angießen und die Schotenstücke in 20–25 Minuten zugedeckt weichkochen. Dann getrennt pürieren, durch ein Sieb streichen und mit **Salz, Pfeffer** sowie **gemahlenem Koriander** abschmecken.
Eine Pfanne mit **½ Knoblauchzehe** ausreiben. Die Paprikawürfel darin zusammen mit **3 Schalotten (in Streifen)** in **5 EL Olivenöl** anbraten. **2 Tomaten (enthäutet, entkernt und geviertelt)** dazugeben. Alles mit **Salz, Pfeffer** und **1 TL Thymianblättchen** würzen und zugedeckt in 3–4 Minuten bißfest dünsten. Die 2 Saucen nebeneinander auf 4 Teller geben und mit einem Holzstäbchen leicht ineinander verziehen. Die Paprikastücke darauf anrichten.

Ratatouille

Je 250 g grüne und gelbe Zucchini sowie **250 g Auberginen** waschen, putzen, längs vierteln und in ca. 1 cm dicke Scheiben schneiden. **Je 100 g rote, grüne und gelbe Paprikaschoten** putzen, waschen und in Würfel schneiden, die so groß wie die Zucchinistücke sind. **20 frische Silberzwiebeln** zum besseren Schälen kurz heiß überbrühen und dann schälen. **2 Fleischtomaten** enthäuten, vierteln und entkernen. In mundgerechte Spalten schneiden. **2 Knoblauchzehen** schälen und in feine Scheiben schneiden. Zwiebeln, Zucchini und Auberginen in einem Topf in **50 ml Olivenöl** ca. 5 Minuten bei mittlerer Hitze braten. Paprikastücke, Tomaten und Knoblauch dazugeben und kurz mitbraten. Dann **150 ml Gemüsefond** und **100 ml Tomatensaft** angießen. **2 Thymianzweige** und **1 Rosmarinzweig** sowie **1 Lorbeerblatt** daruntermischen. Alles mit **Salz** und **Pfeffer** würzen und zugedeckt ca. ¼ Stunde bei mittlerer Hitze schmoren.
Das Ratatouille mit **1 EL Oreganoblättchen** garnieren.
(auf dem Foto unten)

Gefüllte Paprikaschoten

Von **4 roten Paprikaschoten** oben Deckel abschneiden. Die Kerne und Trennwände im Inneren der Schoten herausschneiden und die Schoten auswaschen.
100 g rohen Basmatireis mit **20 geschälten, frischen Perlzwiebeln** in **2 EL Olivenöl** andünsten. **350 ml Gemüsefond** angießen, **1 gehackte Knoblauchzehe** dazugeben und alles mit **Salz** sowie **Pfeffer** würzen. Den Reis zugedeckt bei milder Hitze in ca. 20 Minuten ausquellen lassen. **Je 100 g gelbe und grüne Paprikaschote** würfeln und mit **100 g rohen Erbsen** ca. 5 Minuten vor Ende der Garzeit vom Reis unter diesen mischen. Den fertigen Reis mit **gemahlenem Koriander** würzen. **40 g Pinienkerne** grob hakken, in einer Pfanne ohne Fettzugabe hellbraun rösten und daruntermischen. Die roten Paprikaschoten innen mit **Salz, Pfeffer** und **gemahlenem Koriander** würzen. Den Reis hineinfüllen, die abgeschnittenen Deckel aufsetzen und die Schoten in eine feuerfeste Form stellen. **100 ml Gemüsefond** angießen und je **1 Zweig Thymian und Rosmarin** dazugeben. Die Schoten im vorgeheizten Ofen bei 170 °C offen 35–40 Minuten garen. Während dieser Zeit mehrmals mit dem Fond übergießen.

Pastinakenchips

400 g Pastinaken schälen, waschen und in hauchdünne Scheiben schneiden oder hobeln. Diese portionsweise in **250 ml Öl** goldgelb fritieren. Dann kurz auf Küchenkrepp abtropfen lassen, **salzen** und mit den **gehackten Blättchen von 2 Kerbelzweigen** bestreuen.
(auf dem Foto unten: oben)

Mein Tip

Sie können die rohen Chips auch auf ein mit Backpapier ausgelegtes Blech legen. Im vorgeheizten Ofen bei 180 °C in ca. 20 Minuten goldgelb backen.

Pastinaken mit Möhren in Sesambutter

500 g Pastinaken und **250 g Möhren** schälen, putzen, waschen und in Rauten oder Scheiben schneiden. **100 g Zwiebelwürfel** in **30 g Butter** glasig dünsten. Das Gemüse dazugeben und kurz mitdünsten. Mit **50 ml Apfelsaft** und **50 ml Gemüsefond** ablöschen. Mit **Salz, Pfeffer** und **Ingwerpulver** würzen und zugedeckt ca. 6 Minuten dünsten. Inzwischen **1 EL Sesam** ohne Fett in einer Pfanne goldbraun rösten. Zusammen mit **1 feingehackten Kerbelzweig** auf das fertige Gemüse streuen. Dieses zuletzt mit **2 TL Sesamöl** beträufeln.

Petersilienwurzelpüree

600 g Petersilienwurzeln schälen, putzen, waschen und würfeln. In 100 ml Salzwasser zusammen mit **200 g Sahne** ca. 20 Minuten offen kochen lassen, bis die Flüssigkeit vollständig verdampft ist. Dann die Petersilienwurzeln fein pürieren und durch ein feines Sieb streichen. **100 g eiskalte Butterstückchen** daruntermischen und das Püree mit **Salz** sowie **2 Prisen Zucker** pikant abschmecken. Sollte das Püree noch zu dünnflüssig sein, es bei milder Hitze unter Rühren etwas einkochen lassen. Zuletzt **1–2 EL geschlagene Sahne** sowie **1 EL gehackte Petersilie** darunterheben.
(auf dem Foto unten: unten)

Mein Tip

Mischen Sie noch etwas knusprig fritierte glatte Petersilie unter das fertige Petersilienwurzelpüree. Das gibt einen ganz besonderen Effekt.

Siehe auch

S. 61 Fritieren
S. 105 Gemüsefond
S. 124 Saucen binden
S. 243 Tomate enthäuten
S. 369 Saucenmuster herstellen

Rosenkohl mit grober Senfsauce

600 g Rosenkohl waschen und die dunklen, äußeren Blättchen entfernen. Die Strünke etwas kürzen und über Kreuz einschneiden. Den Rosenkohl in Salzwasser 4–6 Minuten blanchieren, dann abschrecken und halbieren. **80 g gewürfelte Schalotten** in **40 g Butter** glasig dünsten. Den Rosenkohl dazugeben und kurz in der Butter schwenken. Mit **Salz, Pfeffer** und **Muskat** würzen. Dann das Gemüse mit **3 EL Aceto Balsamico** ablöschen und diesen etwas einkochen lassen. **50 g Sahne** sowie **2 EL körnigen Senf** daruntermischen. **200 ml warme Gemüsevelouté** angießen. Das Ganze kurz aufkochen. Dann **2 EL geschlagene Sahne** sowie **1 EL gehackte Petersilie** unter das Gemüse heben.

(auf dem Teller: 2. von links)

Rosenkohl-Blättergemüse

600 g Rosenkohl waschen und die dunklen, äußeren Blättchen entfernen. Die Strünke großzügig abschneiden und die Röschen in die einzelnen Blättchen zerteilen. Diese in Salzwasser ca. 30 Sekunden blanchieren. **1 feingewürfelte Schalotte** in **30 g Butter** glasig dünsten. Die Kohlblättchen darin kurz durchschwenken. **2 EL Tomatenwürfel (enthäutet und entkernt)** und **1 TL gehackte Petersilie** daruntermischen. Mit **Salz, Pfeffer** und **Muskat** würzen.

Lauwarme rote Beten in Sesamöl

600 g rote Beten gut unter fließendem Wasser abbürsten. Dann in einen Topf geben. 1,5 ml kaltes Wasser sowie **1 TL Kümmel, etwas Salz** und **5 Pfefferkörner** hinzufügen. Alles aufkochen und die roten Beten in ca. 1 Stunde bei mittlerer Hitze zugedeckt weichkochen. Evtl. etwas Wasser nachgießen.(Je nach Größe der roten Beten kann die Garzeit davon etwas abweichen.) Das Gemüse abgießen und auskühlen lassen. Zum Schälen Gummihandschuhe anziehen, damit die Hände nicht rot werden. Dann die Schale mit einem kleinen, spitzen Messer abziehen. Das Fruchtfleisch mit einem Buntmesser in ca. ½ cm dicke Scheiben schneiden. **20 g Butter** in einem Topf schmelzen lassen. **2 EL Zucker** dazugeben und **50 g Schalottenringe** darin bei mittlerer Hitze glasieren. Mit **3 EL Apfelessig** ablöschen. **100 ml Gemüsefond** angießen und auf die Hälfte einkochen. Die Rote-Bete-Scheiben in dem Sud erwärmen. Mit **2 EL Sesamöl** abschmecken. **1 EL Sesamkörner** in einer Pfanne ohne Fettzugabe hellbraun rösten. Zusammen mit den **Blättchen von 1 Thymianzweig** unter das Gemüse mischen. Mit **Salz** und **Pfeffer** nachwürzen.

(auf dem Teller: ganz links)

Rotkohl mit Johannisbeergelee

Von **1 Rotkohlkopf (à 1 kg)** die äußeren, welken Blätter entfernen. Den Kohl waschen, vierteln und den Strunk herausschneiden. Dann die Kohlviertel quer in feine Streifen schneiden. **2 Äpfel (250 g)** schälen, vierteln, entkernen und in grobe Stifte schneiden. Mit dem Kohl mischen. Den **Saft von 1 Zitrone** mit **6 EL Rotweinessig, 1 Prise Salz** und **2 EL Zucker** verrühren. Über das Gemüse gießen und es zugedeckt ca. 1 Tag im Kühlschrank marinieren.
Am nächsten Tag **50 g Gänseschmalz** in einem großen Topf schmelzen lassen. **1 EL Zucker** darin bei mittlerer Hitze unter Rühren karamelisieren. Mit **2 EL Rotweinessig** ablöschen. **150 g Zwiebelstreifen** darin unter Rühren andünsten. Den Rotkohl mit Marinade, **2 EL Johannisbeergelee, 1–2 Zimtstangen** und **¼ l Rotwein** dazugeben. Das Gemüse zugedeckt im vorgeheizten Ofen bei 175 °C ca. ¾ Stunden garen. Vor dem Servieren die Zimtstangen entfernen.

(auf dem Teller: ganz rechts)

Rotkohl mit Preiselbeeren

Von **1 Rotkohlkopf (à 1 kg)** die äußeren, welken Blätter entfernen. Den Kohl waschen, vierteln und den Strunk herausschneiden. Dann die Kohlviertel quer in feine Streifen schneiden. **2 EL Öl** mit **300 ml Rotwein, 1 EL Honig** und **2 Zimtstangen** verrühren. Über das Gemüse gießen. Es gut durchkneten, mit etwas **Salz** würzen und zugedeckt 3–4 Stunden im Kühlschrank marinieren.

200 g feine Schalottenstreifen in **50 g Gänseschmalz** glasig dünsten. Mit **1/4 l Rotwein** ablöschen. **100 g geschälte Maronen** und den Rotkohl mit der Marinade dazugeben. **2 Gewürznelken, 4 zerdrückte Wacholderbeeren, 1 Lorbeerblatt** und **6 geschrotete Pfefferkörner** in ein kleines Leinensäckchen geben, es fest zubinden und ins Gemüse geben. Zugedeckt ca. ½ Stunde bei mittlerer Hitze schmoren. Das Leinensäckchen und die Zimtstange entfernen. **3 EL Preiselbeerkompott** unter das Kraut mischen. **100 g geschälte, rohe Kartoffeln** fein reiben und unter das Gemüse mischen. Es 10–15 Minuten bei mittlerer Hitze durchkochen. Dann evtl. nachwürzen.

Apfelsauerkraut

800 g frisches Sauerkraut 5–10 Minuten mit kaltem Wasser abspülen. Dann gut ausdrücken. In einem großen Topf **100 g Zwiebelscheiben** in **30 g Schweineschmalz** glasig dünsten. Das Sauerkraut dazugeben und 5–10 Minuten unter mehrmaligem Mischen mitdünsten, ohne daß es Farbe nimmt. Dann mit **100 ml Weißwein** und **200 ml Apfelsaft** ablöschen. **1 Lorbeerblatt, 5 zerdrückte Pfefferkörner, 3 zerdrückte Wacholderbeeren** und **1 Gewürznelke** in ein kleines Leinensäckchen geben und es fest zubinden. Das Gewürzsäckchen zum Sauerkraut geben und dieses mit etwas **Salz** würzen. **3 geschälte, entkernte, geviertelte Äpfel (z. B. Jonagold)** dazugeben. Das Ganze zugedeckt bei mittlerer Hitze 35 bis 45 Minuten schmoren. Das Leinensäckchen entfernen. **80 g geschälte, rohe Kartoffeln** fein reiben und unter das Kraut mischen. Dieses nochmals ca. 10 Minuten gut durchkochen, bis die verbliebene Flüssigkeit gebunden ist. Zuletzt mit **Salz** und etwas **Zucker** abschmecken.

(auf dem Teller: 2. von rechts)

Rahmsauerkraut

800 g frisches Sauerkraut 5–10 Minuten mit kaltem Wasser abspülen. Dann gut ausdrücken. **100 g feine Zwiebelscheiben** in **30 g Schweineschmalz** glasig dünsten. Das Sauerkraut dazugeben und zugedeckt ca. 20 Minuten mitdünsten, ohne daß es Farbe nimmt. Mit **100 ml Weißwein** und **100 ml hellem Rinderfond** ablöschen. **150 g Sahne** daruntermischen. Ein Leinensäckchen mit **1 Lorbeerblatt, 5 zerdrückten Pfefferkörnern, 5 Korianderkörnern** und **1 Gewürznelke** dazugeben. Das Kraut leicht **salzen** und offen 25–30 Minuten bei mittlerer Hitze köcheln lassen. Das Gewürzsäckchen dann entfernen. Das Kraut mit **etwas angerührter Speisestärke** binden. **1 EL gehackte Petersilie** und **2 EL geschlagene Sahne** darunterheben.

Siehe auch

S. 52 Buntmesser
S. 104 Heller Rinderfond
S. 105 Gemüsefond
S. 124 Saucen binden
S. 125 Gemüsevelouté
S. 242 Kohlgemüse putzen
S. 243 Tomate enthäuten
S. 244 Gemüse blanchieren
S. 245 Gemüse glasieren
S. 257 Maronen schälen

Schwarzwurzeln in Rahmsauce

800 g Schwarzwurzeln in kaltes Wasser legen. Darin mit einer Bürste so lange abbürsten, bis die Erde vollständig entfernt ist. Dann die Stangen mit einem Sparschäler schälen und in **Essigwasser (5 EL Essig auf 1 l Wasser)** legen, damit sie sich nicht braun verfärben. Die Wurzeln mit einem Sparschäler schälen und in ca. 5 cm lange Stücke schneiden. Diese in Salzwasser 5–6 Minuten blanchieren. **30 g Butter** in einem Topf schmelzen lassen. **1 feingewürfelte Schalotte** darin glasig dünsten. Die Schwarzwurzeln kurz mitdünsten, mit dem **Saft von 1 Zitrone** ablöschen und diesen fast vollständig einkochen lassen. Dann die **abgeriebene Schale von 1 unbehandelten Zitrone** hinzufügen und alles mit **Salz, Pfeffer** sowie **Muskat** würzen. **200 ml Béchamelsauce** aufkochen, über die Schwarzwurzeln gießen und alles gut mischen. Zuletzt **2 EL geschlagene Sahne** und **1 TL Petersilie** darunterheben. Mit **Salz** und **Pfeffer** abschmecken.

Mein Tip

Tragen Sie beim Bürsten, Schälen und Kleinschneiden der Wurzeln Gummihandschuhe, denn der rohe Schwarzwurzelsaft verfärbt die Hände sonst langanhaltend braun.

Sellerie-Apfel-Gratin

1 Sellerieknolle (ca. 700 g) schälen, putzen, waschen und in ½ cm dünne Scheiben schneiden. Diese zu Kreisen von ca. 8 cm Durchmesser ausstechen und 1–2 Minuten blanchieren. Abschrecken und gut trockentupfen. **3 Äpfel (z. B. Boskoop)** schälen und die Kerngehäuse ausstechen. Die Äpfel in Scheiben schneiden, die etwas dicker sind als die vom Sellerie. Eine große, flache Gratinform (ca. 26 cm Durchmesser) mit **1 TL Butter** ausfetten. Sellerie- und Apfelscheiben abwechselnd in dünnen Schichten hineinlegen. **400 g Sahne** mit **3 Eiern** verquirlen. Mit **Salz, 1 Prise Zucker** und etwas **Muskat** würzen und auf die Zutaten gießen. **100 g geriebenen Bergkäse** darauf streuen. Im vorgeheizten Ofen bei 200 °C 20–25 Minuten garen.

(auf dem Foto unten)

Geschmorter Staudensellerie

1 Staudensellerie (ca. 700 g) waschen. Das Grün abschneiden und beiseite legen. Die Stangen ablösen, unten gerade schneiden und die dünnen Fäden abziehen. Die Stangen dann in ca. 5 cm lange Stücke schneiden. **2 in Scheiben geschnittene Schalotten** in **2 EL Olivenöl** glasig dünsten. **3 geviertelte Tomaten, 1 Thymianzweig, 1 Lorbeerblatt** und **1 zerdrückte Knoblauchzehe** dazugeben. Offen ca. 20 Minuten schmoren, dann durch ein Sieb streichen. Den Sellerie **in 2 EL Olivenöl** andünsten und in eine feuerfeste Form geben. Die Tomatensauce darübergießen und **2 Thymianzweige** dazugeben. Im vorgeheizten Ofen bei 150 °C 15–20 Minuten offen garen. Kurz vor Ende der Garzeit **16 entsteinte schwarze Oliven** dazugeben. Nach Ende der Garzeit die Thymianzweige entfernen. Das Selleriegrün fein hacken und auf das Gemüse streuen.

Selleriepüree

400 g geschälte Sellerieknolle kleinwürfeln und mit **250 g Sahne** unter häufigem Rühren bei mittlerer Hitze in 20–30 Minuten so weich kochen, daß es zerfällt. Fein pürieren und durch ein Sieb streichen. Mit **Salz, Cayennepfeffer** und **Muskat** würzig abschmecken. Das Püree vorsichtig erwärmen und **2 EL geschlagene Sahne** darunterheben. Sollte das Püree zu weich sein, pürieren Sie **1 gegarte, mehligkochende Kartoffel (50 g)** und mischen Sie sie darunter.

Gekochter Spargel

1,6 kg weißer Spargel vorsichtig waschen. Jede Stange mit einem Spargel- oder Sparschäler vom Kopf zum Stangenende hin gut schälen. (Dabei jede Stange so in die Hand legen, daß sie gut aufliegt. Sonst bricht sie beim Schälen. Außerdem den Spargel lieber etwas großzügiger schälen; es dürfen keine Schalenfasern stehenbleiben.) Die Spargelenden ca. 2 cm kürzen. Schalen und Abschnitte in einen Topf geben, mit 1 l Wasser bedecken und mit etwas **Salz** sowie **1 EL Zucker** und dem **Saft von 1 Zitrone** würzen. Das Ganze aufkochen und ca. ¼ Stunde offen bei milder Hitze ziehen lassen. Den Sud durch ein Sieb in einen Spargeltopf geben, **30 g Butter** hinzufügen und alles aufkochen. Die Spargelstangen in den Siebeinsatz legen oder stellen, diesen in den Topf hängen und den Spargel bei mittlerer Hitze zugedeckt in ca. ¼ Stunde bißfest garen. (Sollten Sie keinen Spargeltopf haben, nehmen Sie einen großflächigen Topf, und binden Sie die Stangen zu kleinen Bündeln zusammen.) Den Spargel abtropfen lassen und auf Tellern anrichten. Dazu paßt zerlassene Butter oder eine Sauce Hollandaise.

Grüner Spargel mit Haselnüssen

Die unteren Enden von **750 g grünem Spargel** schälen und etwas kürzen. Dann die Stangen mit schrägen Schnitten in ca. 5 cm lange Stücke schneiden. **50 g Butterschmalz** in einer großen Pfanne erhitzen. Die Spargelstücke darin bei mittlerer Hitze unter öfterem Wenden 2–3 Minuten braten, bis sie leicht Farbe nehmen. Mit **Salz** und **Pfeffer** würzen, herausnehmen und zugedeckt warmstellen. **30 g grob gehackte Haselnußkerne** im verbliebenen Fett bei mittlerer Hitze goldgelb braten. **1 feingewürfelte Schalotte** hinzufügen und glasig dünsten. Alles mit **6 EL Aceto Balsamico** ablöschen und vom Herd nehmen. **100 ml Haselnußöl** darunterrühren. Dann **1 Tomate (enthäutet, entkernt und gewürfelt), die ausgelösten Filets von 1 Zitrone** sowie **1 EL Kerbelblättchen** dazugeben. Den Spargel daruntermischen und alles mit **Salz** sowie **Pfeffer** abschmecken.
(auf dem Foto unten)

Rahmspinat

50 g Zwiebelwürfel und **1 gehackte Knoblauchzehe** in einem großen Topf in **20 g Butter** glasig dünsten. Mit **Salz, Pfeffer** und **Muskat** würzen. **200 g tropfnassen Blattspinat (verlesen, geputzt und gut gewaschen)** dazugeben und zugedeckt bei mittlerer Hitze ca. 1 Minute dünsten, bis er zusammenfällt. Den Spinat dann in einem Sieb leicht ausdrücken. **80 g Sahne** in dem Topf kurz einkochen. Den Spinat darin schwenken und mit **Salz, Pfeffer** und **Muskat** nachwürzen. Zuletzt **2 EL geschlagene Sahne** darunterheben.

Spinatsoufflé

50 g Schalottenwürfel und **1 gehackte Knoblauchzehe** in **60 g Butter** glasig dünsten. **500 g Blattspinat (verlesen, geputzt und gut gewaschen)** dazugeben und zugedeckt bei mittlerer Hitze ca. 1 Minute dünsten, bis er zusammenfällt. Mit **Salz, Pfeffer** und **Muskat** würzen. In einem Sieb abtropfen lassen. **30 g Butter** schmelzen lassen und **20 g Mehl** darin bei mittlerer Hitze unter Rühren hell anschwitzen. **100 ml Sahne** unter Rühren angießen und die Sauce kochen, bis sie leicht breiig wird. Den Spinat daruntermischen. Vom Herd nehmen und nochmals mit **Salz, Pfeffer** und **Muskat** abschmecken. **2 Eiweiße** mit **1 Prise Salz** steifschlagen und vorsichtig unter den Spinat heben. 4 kleine, feuerfeste Förmchen (8 cm Durchmesser) mit **etwas Butter** ausfetten. Die Spinatmasse hineinfüllen. Die Fettpfanne des Ofens mit etwas Wasser füllen und die Förmchen hineinstellen. Die Soufflés im vorgeheizten Ofen bei 200 °C ca. 25 Minuten garen.

Siehe auch

S. 124 Mehlschwitze
S. 126 Béchamelsauce
S. 127 Sauce Hollandaise
S. 243 Tomate enthäuten
S. 244 Gemüse blanchieren
S. 384 Filets aus Zitrusfrüchten herauslösen

Steckrüben mit Safran

1 kleine Steckrübe (400 bis 500 g) schälen, waschen und in 4 cm lange, 1 cm dicke Stifte schneiden. **200 ml Gemüsefond** zusammen mit **1 Msp. Safranfäden** aufkochen. Die Gemüsestifte darin in ca. 3 Minuten bißfest blanchieren. Abschrecken, abtropfen lassen und noch heiß mit etwas **Salz** in **20 g flüssiger Butter** schwenken. **1 TL gehacktes Koriandergrün** darauf streuen. Mit **Salz** und **Pfeffer** würzen.

Mein Tip

Hübsch sieht das Gemüse auch aus, wenn Sie die Steckrübe nicht in Stifte schneiden, sondern aus dem Fruchtfleisch mit einem großen Kugelausstecher Kugeln herauslösen. Oder Sie mischen Stifte und Kugeln miteinander.

Steckrüben-Kartoffel-Ragout

750 g Steckrübe, 500 g Kartoffeln und **300 g Möhren** schälen, putzen und waschen. Steckrübe und Kartoffeln kleinwürfeln. Die Möhren in Scheiben schneiden. **40 g Zucker** in einem großen Topf bei mittlerer Hitze hellbraun karamelisieren lassen. **40 g Butter** darunterrühren und schmelzen lassen. Das Gemüse hinzufügen und kurz andünsten. Dann mit etwas **Salz** würzen und mit **¼ l Gemüsefond** sowie **100 ml hellen Geflügelfond** ablöschen. Das Gemüse zugedeckt bei milder Hitze 15–20 Minuten dünsten. Es dabei gelegentlich vorsichtig umrühren. **60 g frischen Meerrettich** schälen, fein hobeln und dazugeben. Das Gemüse mit **grob zerstoßenem Pfeffer** würzen. Zuletzt **1 Bund Schnittlauch** in Röllchen schneiden und darauf streuen.

(auf dem Teller: links unten)

Gefüllte Tomate mit Spinat

4 mittelgroße Tomaten enthäuten. Dann quer halbieren und die Kernchen mitsamt den Trennrippen vorsichtig herausschneiden. Die Tomatenhälften außen und innen **salzen** und **pfeffern. 300 g Blattspinat** verlesen, putzen und gründlich waschen. 1–2 Minuten in Salzwasser blanchieren, abschrecken und gut ausdrücken. **1 feingewürfelte Schalotte** in **20 g Butter** glasig dünsten. Den Spinat daruntermischen. Alles mit **Salz** und **Pfeffer** würzen. **100 g gewürfelten Feta** darunterheben. Die Spinatmischung in die Tomatenhälften füllen. Diese in eine große, flache, feuerfeste Form setzen. **100 g Sahne** mit **2 EL trockenem Vermouth** auf ⅓ einkochen. Etwas abkühlen lassen und mit **5 EL Sauce Hollandaise** verrühren. Die Sauce über die Spinatfüllung träufeln. Die Tomaten unter dem Grill ca. 2 Minuten gratinieren, bis der Feta beginnt weich zu werden.

(auf dem Teller: oben)

Mein Tip

Damit die Tomaten einen guten Stand haben, schneide ich sie vor dem Füllen unten gerade. Aber Vorsicht, es darf kein Loch hineingeschnitten werden.

Letscho

8 Tomaten enthäuten, entkernen und vierteln. **2 rote** und **2 gelbe Paprikaschoten** mit dem Sparschäler schälen, halbieren, putzen, waschen und in mundgerechte Stücke schneiden. **200 g Kartoffeln** und **300 g Schalotten** schälen und grob würfeln. Die Schalotten in **5 EL Olivenöl** glasig dünsten. Die Kartoffeln dazugeben und mit **1 TL Paprikapulver edelsüß** bestäuben. **1 gehackte Knoblauchzehe** sowie die Paprikawürfel hinzufügen. **300 ml hellen Rinderfond** angießen und **8 kleine Würstchen** (z. B. Debreziner oder polnische Würstchen) dazugeben. Das Ganze bei mittlerer Hitze zugedeckt ungefähr ¼ Stunde schmoren. Dann mit **Salz** und **Pfeffer** würzen. Die Tomatenviertel daruntermischen und alles mit **je 1 TL gehacktem Thymian und Oregano** abschmecken.

Mein Tip

Paprikaschoten lassen sich mit dem Sparschäler nur gut schälen, wenn sie ganz frisch und prall sind.

Mein Tip

Für das Bayerische Kraut können Sie auch gut Spitzkohl nehmen. Er ist nicht ganz so fest wie Weißkohl, zarter im Geschmack und leichter verdaulich. Die Garzeit des Gemüses ist etwas geringer als die vom Weißkohl.

Bayerisches Kraut

Von **1 kg Weißkohl** die äußeren, welken Blätter entfernen. Den Kohl vierteln und den Strunk keilförmig herausschneiden. Die Krautviertel in feine Streifen hobeln oder schneiden. **100 g gewürfeltes Dörrfleisch** in einem großen Topf in **3 EL Öl** glasig dünsten. **150 g Zwiebelwürfel** und **1 EL Zucker** hinzugeben und alles leicht glasieren. Das Kraut daruntermischen und 8–10 Minuten mitdünsten. Dann mit **Salz, Pfeffer** und etwas **gemahlenem Kümmel** würzen. **1 Lorbeerblatt** sowie **1/4 l hellen Rinderfond** angießen und das Kraut zugedeckt ca. 20 Minuten bei mittlerer Hitze dünsten. Das Lorbeerblatt entfernen. Das Kraut mit **Salz, Pfeffer** und **Kümmel** nachwürzen und mit **1 EL gehackter Petersilie** bestreuen.

(auf dem Teller: rechts unten)

Siehe auch

S. 104 Heller Rinderfond
S. 105 Gemüsefond
S. 127 Sauce Hollandaise
S. 129 Heller Geflügelfond
S. 242 Kohlgemüse putzen
S. 243 Tomate enthäuten
S. 244 Gemüse blanchieren
S. 245 Gemüse glasieren

Wirsingköpfchen

Von **1 kleinen Wirsingkopf (ca. 700 g)** die äußeren, welken Blätter entfernen. 8 große Blätter ablösen, waschen und die Strunke herausschneiden. Die Blätter dann in Salzwasser ca. 2 Minuten blanchieren. Abschrecken und auf Küchenkrepp abtropfen lassen. Den restlichen Wirsing vierteln, den Strunk keilförmig herausschneiden und die Viertel quer in sehr feine Streifen schneiden. **50 g geräucherten Bauchspeck** würfeln und in **40 g Butter** glasig dünsten. Die Wirsingstreifen hinzufügen und unter Rühren bei mittlerer Hitze bißfest dünsten. Mit **Salz, Pfeffer** und **Muskat** würzen. Dann **2 EL Tomatenwürfel (enthäutet und entkernt)** sowie **1 EL gehackte Petersilie** daruntermischen. Eine kleine Schöpfkelle mit einem dünnen Stofftuch auslegen. 1 blanchiertes Wirsingblatt darauf legen und salzen. 1/8 des Wirsinggemüses hineingeben und die Seiten des Wirsingblatts nach innen einschlagen, daß die Füllung bedeckt ist. Das Tuch aus der Kelle nehmen und oben fest zusammendrehen, so daß ein Wirsingball entsteht. Diesen vorsichtig aus dem Tuch nehmen und auf ein Schneidebrett legen. Mit den anderen Wirsingblättern genauso verfahren. **1 gewürfelte Schalotte** in **20 g flüssiger Butter** glasig dünsten und dann in eine flache Auflaufform geben. Die Wirsingköpfchen darauf setzen und **100 ml heißen hellen Rinderfond** angießen. Im vorgeheizten Ofen bei 150 °C ca. 8 Minuten erwärmen. Dann mit **Salz, Pfeffer** und **Muskat** nachwürzen.

(auf dem Foto unten)

Feines Wirsinggemüse

Von **1 Wirsingkopf (ca. 800 g)** die äußeren, welken Blätter entfernen. Die restlichen Blätter ablösen. Die Mittelstrünke herausschneiden und die Blätter dann in feine Würfel schneiden. Diese in Salzwasser ca. 2 Minuten blanchieren. Abschrecken, abtropfen lassen, gut ausdrücken und gut trockentupfen. **2 gewürfelte Schalotten** in **30 g Butter** glasig dünsten. Mit **Salz, Pfeffer** und **Muskat** würzen. Den **Saft von 1 Zitrone** und **200 ml Béchamelsauce** dazugeben. Alles verrühren und leicht erwärmen. Den Wirsing hineingeben und einmal kurz aufkochen. Die Sauce evtl. nachwürzen. Zuletzt **2 EL geschlagene Sahne, 1 EL gehackte Petersilie** und **1 Tomate (enthäutet, entkernt und gewürfelt)** darunterheben.

Gefüllte Zucchinihälften

2 mittelgroße Zucchini (ca. 250 g) waschen, putzen, der Länge nach halbieren und die Kerne mit einem Teelöffel herausschaben. **100 g feingewürfelte Schalotten** in **3 EL Olivenöl** glasig dünsten. **Je 100 g rote und gelbe Paprikawürfelchen, 1 TL gehackten Thymian** und **1 gehackte Knoblauchzehe** hinzufügen und kurz mitdünsten. Das Gemüse mit **Salz** und **Pfeffer** würzen. **50 ml hellen Geflügelfond** angießen und das Gemüse zugedeckt in 2–3 Minuten bißfest dünsten. Es dann in die Zucchinihälften füllen und mit insgesamt **100 g geriebenem Bergkäse** bestreuen. Die Zucchinihälften in eine große Auflaufform setzen und **50 ml hellen Geflügelfond** angießen. Die Zucchini im vorgeheizten Ofen bei 180 °C 12–15 Minuten garen. Dazu paßt eine Tomatensauce.

Zucchinigemüse

800 g Zucchini (grün und gelb) waschen, putzen, längs halbieren oder vierteln (je nach Größe) und dann in Rauten schneiden. **3 Schalotten** schälen und in Streifen schneiden. **3 Tomaten** enthäuten, vierteln und entkernen. Die Schalotten in **3 EL Olivenöl** glasig dünsten. Die Zucchini dazugeben und kurz mitdünsten. **Je 1 Thymian- und Rosmarinzweig** dazugeben. Alles mit **3 EL Weißwein** ablöschen und **50 ml Gemüsefond** angießen. Das Gemüse bei mittlerer Hitze in 3–5 Minuten bißfest dünsten. Dann mit **Salz, Pfeffer** und **1 Bund feingeschnittenem Basilikum** würzen. **30 g eiskalte Butter** zum Binden darunterrühren. Die Tomatenviertel dazugeben und kurz im Gemüse erwärmen.
(auf dem Foto unten)

Gefüllte Zucchiniblüten

8 Zucchiniblüten (mit kleinen Zucchini daran) vorsichtig waschen und auf Küchenkrepp abtropfen lassen. Die Blüten öffnen und die Knospen vorsichtig herausschneiden. **1 gewürfelte Schalotte** in **2 EL Olivenöl** glasig dünsten. **2 gewürfelte Tomaten (enthäutet und entkernt)** dazugeben und in 5–8 Minuten offen weichdünsten. Durch ein Sieb streichen, mit **Salz** und **Pfeffer** würzen und kalt stellen. **150 g Gemüsewürfel (von Knollensellerie, Möhre und Zucchini)** 1–2 Minuten blanchieren, trockentupfen und mit **1 feingehackten Basilikumzweig** ins Tomatenpüree geben. **1 Toastbrotscheibe** entrinden, fein würfeln und mit **½ gehackten Knoblauchzehe** in **20 g Butter** goldgelb braten. Auskühlen lassen und ins Tomatenpüree geben. Dieses mit einem Löffel vorsichtig in die Zucchiniblüten füllen. Die Blüten oben leicht zusammendrehen, damit die Füllung nicht herausfällt. Sie dann in einen Dämpfeinsatz legen und mit **Salz** sowie **Pfeffer** würzen. **200 ml Gemüsefond** in einem zum Dämpfeinsatz passenden Topf erhitzen. Den Siebeinsatz einhängen und die Blüten zugedeckt 8–10 Minuten dämpfen. Danach die an den Blüten hängenden Mini-Zucchini fächerförmig einschneiden und auseinanderziehen. Dazu paßt eine Tomatensauce mit Basilikum.
(auf dem Foto unten)

Siehe auch

S. 104 **Heller Rinderfond**
S. 105 **Gemüsefond**
S. 124 **Saucen binden**
S. 126 **Béchamelsauce**
S. 129 **Heller Geflügelfond**
S. 136 **Tomatensauce**
S. 242 **Kohlgemüse putzen**
S. 243 **Tomate enthäuten**
S. 244 **Gemüse blanchieren**
S. 244 **Gemüse dämpfen**

Leipziger Allerlei

Leipziger Allerlei

- **Für 4 Personen**
- **Zubereitungszeit: ca. 2 Stunden**
- **ca. 610 kcal je Portion**
- **Dazu passen neue Kartoffeln (als Pellkartoffeln gegart) oder Reis**

Siehe auch

S. 105 Gemüsefond
S. 124 Sauce aus Mehlschwitze zubereiten
S. 129 Heller Geflügelfond
S. 238 Flußkrebse kochen und auslösen
S. 244 Gemüse blanchieren
S. 281 Pellkartoffeln garen
S. 320 Reis kochen

Für das Gemüse

16 gekochte Flußkrebse
150 g Blumenkohlröschen
150 g Brokkoliröschen
16 Fingermöhren
2 Kohlrabi
80 g Zuckerschoten
16 weiße Spargelstangen
8 Petersilienwurzeln
16 frische Morcheln
Salz
170 g Butter
100 ml Gemüsefond

Für die Sauce

1 EL Mehl
50 ml Weißwein
1/4 l heller Geflügelfond
200 g Sahne
Salz
weißer Pfeffer
Muskatnuß
1 EL Zitronensaft
einige Kerbelblättchen

1. Den Ofen auf 180 °C vorheizen. Die Flußkrebsschwänze auslösen. 4 Krebsnasen auswaschen und für die Garnitur beiseite stellen. Die restlichen Krebskarkassen auf einem Blech im Ofen ca. 1/2 Stunde trocknen.

2. Inzwischen die Blumenkohl- und Brokkoliröschen waschen und putzen. Die Möhren und die Kohlrabi schälen, putzen und waschen. Die Kohlrabi in 1 cm dicke und ca. 5 cm lange Stifte schneiden. Die Zuckerschoten waschen, die Enden kappen und die Fäden seitlich abziehen. Den Spargel von oben nach unten sorgfältig schälen, unten etwas kürzen und in ca. 5 cm lange Stücke schneiden. Die Petersilienwurzeln schälen, putzen, waschen und längs vierteln. Von den Morcheln die Stiele abschneiden und die Pilze mit einem kleinen Pinsel sorgfältig abbürsten, um den Sand zu entfernen.

3. Die Gemüsesorten einzeln in Salzwasser bißfest blanchieren. Abschrecken und trockentupfen.

4. Die Krebskarkassen in einer Küchenmaschine oder im Mixer zerhacken. Dann zusammen mit 100 g Butter in einen Topf geben und alles offen bei mittlerer Hitze ca. 1/4 Stunde köcheln lassen. Die Butter darf dabei nicht braun werden. Die Krebsbutter durch ein Sieb geben und beiseite stellen.

5. Für die Rahmsauce 30 g der zubereiteten Krebsbutter in einem Topf schmelzen lassen. Das Mehl dazugeben und unter Rühren hell anschwitzen. Mit dem Weißwein unter Rühren ablöschen. Wenn das Mehl andickt, den Geflügelfond dazugießen. Die Sauce unter mehrmaligem Rühren bei milder Hitze ca. 10 Minuten offen köcheln lassen.

6. Die Sahne in die Sauce einrühren. Mit Salz, Pfeffer und Muskat abschmecken. Dann weitere 10 Minuten bei milder Hitze unter Rühren offen köcheln lassen. Die Sauce mit dem Zitronensaft abschmecken und durch ein Sieb gießen.

7. Die Krebsschwänze im Ofen bei 50 °C zugedeckt erwärmen. Die Morcheln in 40 g Butter ca. 2 Minuten bei mittlerer Hitze braten.

8. Das blanchierte Gemüse in 30 g zerlassener Butter kurz wenden. Dann den Gemüsefond angießen und das Gemüse darin bei milder Hitze kurz erwärmen. Öfter vorsichtig umrühren. Mit Salz und Pfeffer würzen.

9. Das Gemüse auf einer Platte anrichten und mit den Morcheln garnieren. Die Sauce angießen. Das Leipziger Allerlei mit den Krebsschwänzen und -nasen sowie mit Kerbelblättchen garnieren.

Johann Lafer

Gemüse im Ausbackteig

Für den Teig

150 g Mehl
3 Eigelb
Salz
Cayennepfeffer
150 ml Weißwein
3 Eiweiß

Für das Gemüse

100 g Blumenkohl
100 g Romanesco
100 g Kohlrabi
100 g Fingermöhren
16 Spargelstangen
8 Champignons
Salz
Saft von 1 Zitrone
schwarzer Pfeffer
1 l Öl zum Fritieren
100 g Mehl

Für den Dip

1 kleine rote Chilischote
1 kleine grüne Chilischote
150 ml Sojasauce
½ Knoblauchzehe
1 TL gehacktes Koriandergrün

1. Für den Teig das gesiebte Mehl mit den Eigelben verquirlen. Etwas Salz und Cayennepfeffer daruntermischen. Den Weißwein darunterrühren und den Teig ca. ½ Stunde ruhen lassen.

2. Inzwischen Blumenkohl und Romanesco waschen, putzen und in kleine Röschen zerteilen. Kohlrabi, Möhren und Spargel schälen und putzen. Den Spargel in 6 cm lange Stücke, den Kohlrabi in 6 cm lange Stifte schneiden. Die Möhren ganz lassen. Die Pilze mit einem feuchten Tuch abreiben und, je nach Größe, halbieren.

3. Das Gemüse (bis auf die Pilze) nach Sorten getrennt in Salzwasser bißfest blanchieren. Abschrecken und gut trockentupfen. Dann mit dem Zitronensaft beträufeln und mit Salz sowie Pfeffer würzen.

4. Für die Sauce die Chilischoten längs halbieren, entkernen, waschen und fein würfeln. Mit der Sojasauce verrühren. Die Knoblauchzehe zerdrücken und dazugeben. Zuletzt das Koriandergrün darauf streuen.

5. Die Eiweiße mit 1 Prise Salz steifschlagen und vorsichtig unter den Teig heben.

6. Das Öl erhitzen. Das Gemüse in dem Mehl wenden. Dann einzeln auf lange Holzspieße stecken, durch den Teig ziehen, bis es vollständig davon umschlossen ist und portionsweise im Öl goldgelb fritieren. Auf Küchenkrepp abtropfen lassen, leicht salzen und mit der Sauce servieren.

Gemüsespiesse

Das benötigen Sie

1 rote Paprikaschote
1 grüne Paprikaschote
1 gelbe Paprikaschote
1 gelbe Zucchini
1 grüne Zucchini
1 Aubergine
4 Schalotten
Salz, schwarzer Pfeffer
3 EL Olivenöl, 30 g Butter
2 Salbeizweige
1 Knoblauchzehe

Mein Tip

Wenn Ihnen das Gemüse nach dem Braten noch zu knackig ist, dann blanchieren Sie es beim nächsten Mal vor dem Aufspießen.

1. Die Paprikaschoten mit einem Sparschäler schälen, putzen und in ca. 2 cm große Würfel schneiden.

2. Die Zucchini und die Aubergine waschen, putzen, längs vierteln und in ca. 1 cm dicke Scheiben schneiden. Die Schalotten schälen und längs achteln.

3. Die Gemüsestücke auf Spieße stecken. Mit Salz und Pfeffer würzen.

4. Öl und Butter zusammen in einer Pfanne erhitzen. Den Salbeizweig und die halbierte Knoblauchzehe hineingeben. Die Gemüsespieße darin bei mittlerer Hitze braten, bis sie leicht bräunen. Die Spieße in dieser Zeit öfter mit dem heißen Bratfett übergießen.

Variationen

- **Kleine Champignons, Salatgurkenscheiben, Cocktailtomaten, Okraschotenstücke, enthäutete und entkernte Tomatenviertel** und **Spinatblätter** zusammen aufspießen. Ins Bratfett dann **1 Rosmarinzweig** geben.
- **Lauch- und Staudenselleriestücke, Möhrenstücke, kleine, frische Maiskölbchen** und **geschälte Knoblauchzehen** zusammen aufspießen. Ins Bratfett dann **2 Thymianzweige** geben.

Gemüse im Ausbackteig

- **Für 4 Personen**
- **Zubereitungszeit: ca. 1¾ Stunden**
- **ca. 470 kcal je Portion**

Gemüsespiesse

- **Für 4 Personen**
- **Zubereitungszeit: ca. 40 Minuten**
- **ca. 190 kcal je Portion**
- **Dazu paßt Tsatsiki oder ein Obstchutney**

Siehe auch

S. 61 Fritieren
S. 138 Tsatsiki
S. 139 Obstchutney
S. 243 Chilischote entkernen und würfeln
S. 243 Tomate enthäuten
S. 244 Gemüse blanchieren

Gemüsegratin mit Kürbiskernen

Gemüsegratin mit Kürbiskernen

- **Für 4 Personen**
- **Zubereitungszeit: ca. 1¼ Stunden**
- **ca. 300 kcal je Portion**

Siehe auch

S. 125 Gemüseveloutė
S. 221 Gemüse in Rauten schneiden
S. 243 Tomate enthäuten
S. 244 Gemüse blanchieren

Das benötigen Sie

100 g Möhren
300 g Zucchini
150 g Staudensellerie
150 g Brokkoli
150 g Blumenkohl
100 g Lauch (nur der helle Teil)
Salz
300 ml Gemüseveloutė
schwarzer Pfeffer
Muskatnuß
1 TL Butter für die Form
100 g Bergkäse
30 g geschälte Kürbiskerne

1. Die Möhren schälen, putzen, waschen und in 1 cm dicke und 3 cm lange Stifte schneiden. Die Zucchini waschen, putzen und in 3 cm lange Stifte schneiden. Den Sellerie waschen, putzen, die Fäden abziehen und den Sellerie in 3 cm lange Stifte schneiden. Brokkoli und Blumenkohl waschen, putzen und in kleine Röschen zerteilen. Den Lauch längs halbieren, waschen und in Rauten schneiden.

2. Das Gemüse nach Sorten getrennt in kochendem Salzwasser bißfest blanchieren. Abschrecken und gut trockentupfen.

3. Den Ofen auf 220 °C vorheizen. Die Veloutė in einem Topf langsam erwärmen. Mit Salz, Pfeffer und Muskat würzen und wieder leicht abkühlen lassen.

4. Eine flache Gratinform (ca. 20 x 30 cm groß) mit der Butter ausfetten. Das Gemüse bunt durcheinander hineinlegen. Die Veloutė darübergießen. Den Käse hobeln und darauf streuen. Das Gratin im Ofen auf der mittleren Schiene 15–20 Minuten backen.

5. Inzwischen die Kürbiskerne in einer Pfanne ohne Fettzugabe bei mittlerer Hitze goldgelb rösten. Vor dem Servieren auf das Gratin streuen.

(auf dem Foto: oben)

Gemüsegratin mit Ziegenkäse

4 rohe, mit Zitronensaft abgeriebene Artischockenböden und **3 geschälte Schalotten** in Streifen schneiden. Zusammen in **6 EL Olivenöl** kurz andünsten. **Je 100 g gewürfelte rote und grüne Paprikaschote, 200 g gewürfelte Zucchini** und **300 g gewürfelte Aubergine** dazugeben. Das Gemüse bei mittlerer Hitze 3–4 Minuten unter öfterem Wenden braten.
4 Tomaten (enthäutet, geviertelt und entkernt) daruntermischen. Alles mit der abgeriebenen Schale von **1 unbehandelten Zitrone, 2 zerdrückten Knoblauchzehen, Salz, Pfeffer** und **1 TL Thymianblättchen** würzen. Dann auskühlen lassen.
350 g Ziegenfrischkäse durch ein Sieb streichen. Mit **125 g Sahne** verrühren und mit **Salz** sowie **Pfeffer** würzen. **2 frische Peperoni** waschen, putzen und quer in Scheiben schneiden. Aus diesen die kleinen Kernchen herauskratzen. Eine flache, große Gratinform mit **etwas Butter** ausfetten. Das Gemüse hineinfüllen und glattstreichen. Die Käsemasse darübergeben und die Peperonischeiben darauf legen. Zuletzt **100 g halbierte, entsteinte schwarze Oliven** darauf legen. Im vorgeheizten Ofen bei 180 °C auf der mittleren Schiene ca. ¾ Stunden garen.
(auf dem Foto: unten)

Gemüsetorte

Gemüsetorte
- **Für 8 Personen**
- **Zubereitungszeit: ca. 1 1/4 Stunden**
- **Kühlzeit: ca. 2 Stunden**
- **ca. 570 kcal je Portion**
- **Dazu paßt eine Gemüsevelouté mit frischen Kräutern und blanchierten Gemüsewürfelchen**

Siehe auch

S. 125 Gemüsevelouté
S. 244 Gemüse blanchieren
S. 344 Mürbeteig herstellen
S. 345 Teig blindbacken
S. 360 Crêpes backen

Für den Teig

40 g Butter
150 g Mehl
3 Eier
375 ml Milch
Salz
schwarzer Pfeffer
Muskatnuß
etwas Öl für die Pfanne

Für das Gemüse

300 g Kohlrabi
300 g Möhren
300 g Knollensellerie
300 g Lauch
Salz
schwarzer Pfeffer
100 g flüssige Butter

1. Für den Teig die Butter in einem kleinen Topf schmelzen und etwas abkühlen lassen. Das Mehl in eine Schüssel sieben. Eier, Milch und Butter hinzufügen. Das Ganze mit Salz, Pfeffer und Muskat würzen und zu einem glatten Teig verrühren.

2. Nun eine beschichtete Pfanne (24 cm Durchmesser) mit etwas Öl auspinseln und erhitzen. Darin aus dem Teig nacheinander 9 dünne Crêpes backen. Fertige Crêpes auf einem Gitter auskühlen lassen.

3. Kohlrabi, Möhren und Sellerie schälen, putzen und waschen. Dann in hauchdünne Scheiben schneiden oder hobeln. Den Lauch längs halbieren, auswaschen und in die einzelnen Blattschichten zerteilen.

4. Das Gemüse nach Sorten getrennt nacheinander in Salzwasser bißfest blanchieren. Abschrecken und mit einem Stofftuch mit leichtem Druck trockentupfen.

5. Nun 1 Crêpe auf den Boden einer Springform (20 cm Durchmesser) legen. Ihn dünn mit der halben Menge einer Gemüsesorte belegen, daß er vollständig bedeckt ist. Mit Salz und Pfeffer würzen und mit etwas flüssiger Butter bestreichen. Mit den restlichen Crêpes und dem Gemüse nach der gleichen Art und Weise fortfahren. Mit einem Crêpe abschließen.

6. Einen Teller, der in die Form paßt, auf den obersten Crêpe legen und mit 1–2 kg Gewicht (z. B. gefüllte Konservendosen) beschweren. Die Torte für 2 Stunden in den Kühlschrank stellen.

7. Den Ofen auf 170 °C vorheizen. Das Gewicht und den Teller von der Torte entfernen. Die Torte im Backofen ca. 1/4 Stunde erwärmen.
(auf dem Foto)

Blumenkohltorte

300 g Mehl, 150 g eiskalte Butterwürfel und **8 EL kaltes Wasser** mit etwas **Salz** und **Pfeffer** rasch zu einem glatten Mürbeteig verkneten. In Frischhaltefolie einwickeln und ca. 1 Stunde kalt stellen.
Inzwischen **1 Blumenkohl (600 g)** waschen, putzen und in Röschen zerteilen. In Salzwasser bißfest blanchieren und trockentupfen.
2 feingewürfelte Schalotten in **30 g Butter** glasig dünsten. **200 g gekochten Schinken (in dünnen Streifen)** und **1 EL gehackte Petersilie** daruntermischen.
Den Teig auf einer bemehlten Arbeitsfläche 4 mm dick und etwas größer als die Springform mit 26 cm Durchmesser ausrollen.
Die Form mit **etwas Butter** ausfetten und den Teig hineinlegen. Ringsherum einen ca. 5 cm hohen Rand hochziehen. Den Teig im vorgeheizten Ofen bei 200 °C auf der mittleren Schiene ca. 20 Minuten blindbacken. Auskühlen lassen und dann Folie sowie Hülsenfrüchte entfernen.
100 g Semmelbrösel in einer Pfanne ohne Fettzugabe rösten und auf den gebackenen Teig streuen. Den Blumenkohl darauf legen. Die Schalottenmischung darübergeben und **50 g geriebenen Bergkäse** darauf streuen.
Für den Guß **160 g Sahne** mit **120 g Crème fraîche, 1 1/2 zerdrückten Knoblauchzehen, 4 Eiern,** etwas **Salz** und **Pfeffer** sowie **2 EL gehackter Petersilie** verquirlen. Auf das Gemüse gießen. Im vorgeheizten Ofen bei 200 °C auf der mittleren Schiene ca. 40 Minuten backen.

GRUNDREZEPT

PILZE BRATEN

- Für 4 Personen
- Zubereitungszeit: ca. 35 Minuten
- ca. 190 kcal je Portion
- Dazu passen Rösti oder Rühreier

DAS BENÖTIGEN SIE

600 g gemischte Pilze (z. B. Pfifferlinge, Steinpilze, Austernpilze, Shiitake-Pilze und Champignons)
2 Schalotten
4 EL Öl
40 g Butter
1 Knoblauchzehe
Salz
schwarzer Pfeffer
1 EL gehackte Kräuter (siehe Variationen)

Gebratene Pilze mit Kräutern

1. Die Pilze sorgfältig putzen. Sie dafür mit einem Tuch vorsichtig abreiben **(1)**. Bei Pfifferlingen, die meist sehr erdig sind, die feinen Lamellen mit einem kleinen, weichen Pinsel ausbürsten. Nun schadhafte Stellen aus den Pilzen herausschneiden und die Stiele etwas kürzen. Größere Pilze halbieren oder vierteln.

1

2

2. Die Schalotten schälen und kleinwürfeln. Das Öl in einer Pfanne erhitzen und die Pilze darin 3–4 Minuten bei mittlerer Hitze braten. Die Schalotten hinzufügen und glasig dünsten **(2)**.

3. Die Butter und die zerdrückte Knoblauchzehe dazugeben. Alles mit Salz und Pfeffer würzen und gut durchschwenken. Zuletzt die gehackten Kräuter daruntermischen.

VARIATIONEN

- Bei der Wahl der Pilzsorten sind Ihnen keine Grenzen gesetzt. Waldpilze sollten Sie jedoch nur nehmen, wenn sie Saison haben und dementsprechend frisch sind. Zuchtpilze gibt es hingegen das ganze Jahr über zu kaufen. Im Geschmack aromatischer sind in jedem Fall die Waldpilze.
- Folgende Kräuter passen gut zu gebratenen Pilzen: Thymian, Zitronenthymian, Majoran, Petersilie, Liebstöckel und Oregano.
- Wenn Sie möchten, können Sie die gebratenen Pilze auch mit 1–2 EL Weißweinessig, Aceto Balsamico, Himbeeressig oder Zitronensaft ablöschen. Dies gibt zusätzlichen Geschmack.

MEIN TIP

Die Garzeit von Pilzen ist immer abhängig von ihrem Wassergehalt und ihrem Alter. Braten Sie die Pilze immer bei mittlerer Hitze, damit sie Farbe bekommen, aber nur so lange, bis sie gerade beginnen, Saft zu ziehen. Sollte doch schon zu viel Saft ausgetreten sein, lassen Sie die Pilze kurz in einem Sieb abtropfen.

Pilze sollten Sie niemals waschen oder in Wasser liegen lassen. Sie saugen sich sonst wie ein Schwamm voll und verlieren ihr Aroma.

Gebratene Pilze aus dem Wok

Je 80 g Austernpilze, Champignons und Shiitake-Pilze putzen. Champignons und Shiitake-Pilze halbieren, die Austernpilze in ca. 3 cm große Würfel schneiden (dabei die zähen, weißen Stiele nicht mitverwenden). **6 EL Erdnußöl** in einem Wok erhitzen. Die Pilze darin unter Rühren ca. 3 Minuten bei großer Hitze braten. **2 Schalotten (in Streifen)** und **1 gehackte Knoblauchzehe** daruntermischen und kurz mitbraten. Die Hitze zurückdrehen und die Pilze mit **1 EL Sojasauce** ablöschen. **1 EL gehacktes Koriandergrün** und etwas **gemahlenen Sternanis** dazugeben. Alles gut mischen und mit **Salz** abschmecken. Die **Blättchen von 1 Bund Koriander** abzupfen und in **150 g Öl** portionsweise kroß fritieren. Auf Küchenkrepp etwas abtropfen lassen. Dann auf die Pilze streuen und diese nochmals leicht **salzen.**

Pilze in Sahnesauce

800 g gemischte Waldpilze (z. B. Steinpilze und Pfifferlinge) putzen, evtl. halbieren und in **4 EL Olivenöl** braten. **2 feingewürfelte Schalotten** dazugeben und glasig dünsten. Alles mit **Salz, Pfeffer** und **Muskat** würzen. **100 ml hellen Kalbsfond** angießen und etwas einkochen lassen. **300 g Sahne** darunterrühren und die Sauce um ⅓ einkochen lassen, bis sie beginnt, sämig zu werden. Dann die **Blättchen von je 1 Zweig Kerbel, Thymian und Petersilie** feinhacken und daruntermischen. **3 EL geschlagene Sahne** vorsichtig unter die Sauce heben. Zuletzt den **Saft und die abgeriebene Schale von 1 unbehandelten Zitrone** daruntermischen. Dazu passen **Semmelknödel** hervorragend.

(auf dem Foto oben)

Siehe auch

S. 61	Fritieren
S. 105	Heller Kalbsfond
S. 284	Rösti
S. 338	Semmelknödel
S. 357	Rühreier

KARTOFFELN

GRUNDREZEPT

Kartoffeln kochen

- Für 4 Personen
- Zubereitungszeit: ca. 35 Minuten
- ca. 110 kcal je Portion

Das benötigen Sie

800 g Kartoffeln (festkochend oder vorwiegend festkochend)
½ TL Salz

Salzkartoffeln

1. Die Kartoffeln waschen und sorgfältig mit einem Sparschäler schälen. Dunkle Stellen oder Augen (Keimansätze) herausschneiden. Dann die Kartoffeln nochmals waschen und in gleich große Stücke schneiden, damit sie auch gleichzeitig gar werden. In einen Topf geben und soviel Wasser dazugießen, daß die Kartoffeln gerade bedeckt sind. Das Salz dazugeben.

2. Das Wasser zugedeckt aufkochen lassen. Dann die Hitze zurückdrehen und die Kartoffeln bei mittlerer Hitze 15–20 Minuten (je nach Größe und Sorte) zugedeckt kochen **(1).**

3. Kurz vor Ende der Kochzeit eine Garprobe machen. Dafür mit einem Holzstäbchen oder einer Messerspitze bis zur Mitte in eine Kartoffel stechen. Geht dies leicht, sind die Kartoffeln gar; spüren Sie jedoch noch einen Widerstand, müssen die Kartoffeln noch etwas köcheln.

4. Den Deckel leicht schräg auf den Topf setzen, daß ein Abgießspalt entsteht. Topf und Deckel mit Topflappen festhalten und die Kartoffeln vorsichtig abgießen. Dann neben dem Herd offen 2–3 Minuten ausdampfen lassen **(2),** bis sie trocken sind.

1

2

Mein Tip

Beim Abgießen der Kartoffeln müssen Sie aufpassen, daß Sie sich am heißen Wasserdampf nicht verbrühen. Kippen Sie den Topf nicht zu stark, sonst liegen Ihre Hände direkt im Dampf. Schütten Sie außerdem die Kartoffeln nach und nach ab, so kann sich der Dampf zwischendurch immer auflösen.

Kümmelkartoffeln

Geben Sie **1 EL Kümmel** mit ins Kochwasser, das bringt Aroma.

Petersilienkartoffeln

Nach dem Abdämpfen der Salzkartoffeln **2 EL feingehackte Petersilie** darauf streuen.

Dämpfkartoffeln

Die Kartoffeln wie bei den Salzkartoffeln schälen und kleinscheiden. In einen Dämpfeinsatz legen. Im zum Dämpfeinsatz passenden Topf ca. ½ l Wasser aufkochen. Den Dämpfeinsatz einhängen und die Kartoffeln bei mittlerer Hitze (je nach Größe und Sorte) 20–40 Minuten zugedeckt dämpfen.
Sie können auf diese Weise auch Pellkartoffeln dämpfen.

Stampfkartoffeln

Die gekochten Salzkartoffeln noch heiß mit dem Kartoffelstampfer zerdrücken.
Wer möchte, mischt noch **2 EL weiche Butter** und **1 EL gehackte Petersilie** darunter und schmeckt die Stampfkartoffeln mit etwas **Salz** ab.

Pellkartoffeln

Die Kartoffeln (sie müssen möglichst gleich groß sein, um gleichzeitig gar zu werden) mit der Schale unter fließendem Wasser abbürsten, um Schmutz und Erde zu entfernen. Dann wie Salzkartoffeln garen. Die Garzeit beträgt (je nach Sorte und Größe) 25–40 Minuten.

Bouillonkartoffeln

250 g Suppengemüse schälen, putzen und kleinschneiden. In **2 EL Öl** andünsten. **600 g geschälte, kleingeschnittene Kartoffeln** dazugeben und soviel **hellen Rinderfond** angießen, daß die Kartoffeln gerade bedeckt sind. Bei mittlerer Hitze 15–20 Minuten garen.

Béchamelkartoffeln

Für die Sauce **1 Zwiebel und 100 g durchwachsenen Speck (beides kleingewürfelt)** in **1 EL Öl** glasig dünsten. **30 g Mehl** darüberstäuben und unter Rühren hell anschwitzen. Unter Rühren mit **je 1/4 l Milch und hellem Rinderfond** ablöschen. Die Sauce einmal aufkochen und dann bei milder Hitze ca. 20 Minuten unter Rühren köcheln lassen. Mit **Salz** und **Pfeffer** würzen. **2 EL geschlagene Sahne** darunterheben.
800 g Kartoffeln wie Pellkartoffeln garen, noch heiß pellen, in Scheiben schneiden und in die Sauce geben. Mit **1 EL gehackter Petersilie** bestreuen.

Karamelisierte Kartoffeln

80 g Zucker in einem Topf bei mittlerer Hitze unter Rühren schmelzen und goldgelb karamelisieren lassen. **100 g flüssige Butter** darunterrühren. **800 g gekochte, noch warme Salzkartoffeln** darin von allen Seiten wenden. Mit **1 EL Petersilienstreifen** bestreuen.
(auf dem Foto oben)

Siehe auch

S. 33 Warenkunde Kartoffeln
S. 104 Heller Rinderfond
S. 124 Sauce mit Mehlschwitze zubereiten
S. 126 Béchamelsauce

GRUNDREZEPT

Gebratene Kartoffeln

- Für 4 Personen
- Zubereitungszeit: ca. 40 Minuten
- ca. 380 kcal je Portion
- Dazu passen Blattsalat und kaltes, gebratenes Roastbeef

Das benötigen Sie

600 g festkochende Kartoffeln
120 g Zwiebeln
60 g Dörrfleisch
80 g Butterschmalz
Salz
schwarzer Pfeffer
Paprikapulver edelsüß
1 TL Thymianblättchen
etwas gemahlener Kümmel

Bratkartoffeln aus gekochten Kartoffeln

1. Die Kartoffeln als Pellkartoffeln bißfest garen. Abgießen, abdämpfen lassen, pellen und in ca. ½ cm dicke Scheiben schneiden. Diese nebeneinander ausgelegt vollständig auskühlen lassen.

2. Inzwischen die Zwiebeln schälen und in Streifen schneiden. Das Dörrfleisch kleinwürfeln.

3. Das Butterschmalz in einer großen Pfanne erhitzen. So viele Kartoffelscheiben hineingeben, daß sie nicht übereinander liegen **(1)**. Die Kartoffeln bei mittlerer Hitze ohne Wenden braten, bis sie leicht gebräunt sind. Dann vorsichtig wenden **(2)** und von der anderen Seite ebenso braten.

4. Die gebräunten Kartoffeln aus der Pfanne nehmen. Erneut eine Portion Kartoffelscheiben in die Pfanne geben. Diese auf die gleiche Weise braten; auch mit den nächsten Portionen so verfahren.

5. Sind alle Kartoffeln gebraten, sie zusammen in die Pfanne geben. Dörrfleisch und Zwiebeln hinzufügen und unter vorsichtigem Wenden mitbraten. Dann die Kartoffeln mit Salz, Pfeffer, Paprikapulver, Thymian und Kümmel würzen.

1

2

Mein Tip

Nehmen Sie für Bratkartoffeln immer festkochende Sorten. Sie zerfallen nicht so leicht und werden besonders kroß.

Bei der Zubereitung von Bratkartoffeln aus gekochten Kartoffeln ist es sehr wichtig, daß diese kalt sind. Sonst saugen sie beim Braten zu viel Fett auf.

Geben Sie nie zu viele Kartoffeln auf einmal in die Pfanne. Die Temperatur des Fetts sinkt sonst zu stark ab, und die Kartoffeln können nicht richtig braten.

Bratkartoffeln aus rohen Kartoffeln

600 g festkochende Kartoffeln schälen und in ca. ½ cm dicke Scheiben schneiden. Diese mit Küchenkrepp gut trockentupfen, sonst spritzen sie beim Braten. Die Kartoffelscheiben dann wie im Grundrezept portionsweise braten; allerdings die ersten 8–10 Minuten nur bei milder Hitze und unter öfterem Wenden. Dann die Hitze zum Bräunen erhöhen und die Kartoffeln weiterbraten, bis sie goldgelb sind. (Die Bratzeit ist etwas länger als die von Bratkartoffeln aus gekochten Kartoffeln.) Zuletzt Dörrfleisch und Zwiebeln mitbraten und die Kartoffeln wie im Grundrezept würzen.

Mein Tip

Nehmen Sie für Bratkartoffeln aus rohen Kartoffeln möglichst keine Frühkartoffeln. Diese enthalten viel mehr Wasser als Lagersorten und spritzen daher in der Pfanne sehr. Nur wenn Sie ganz kleine Frühkartoffeln nehmen und sie dann im Ganzen braten, können Sie auf diese Frühjahrsspezialität zurückgreifen.

Bratkartoffeln mit Zucchini und Paprika

120 g rote Zwiebeln schälen und in Streifen schneiden. Zusammen mit **100 g Zucchinistiften** und **120 g Paprikarauten (rot und grün)** in **60–80 ml Olivenöl** andünsten. Herausnehmen und beiseite stellen. Dann **600 g rohe Kartoffelscheiben** im verbliebenen Fett braten (siehe „Bratkartoffeln aus rohen Kartoffeln"). Die Zugabe von Dörrfleisch und Zwiebeln entfällt. Dafür das gedünstete Gemüse hinzufügen und alles mischen. Mit **Salz** und **1 EL Thymianblättchen** würzen.
(auf dem Foto unten)

Bauernfrühstück

750 g festkochende Kartoffeln wie Pellkartoffeln mit etwas **Kümmel** garen. Abgießen, ausdämpfen und etwas abkühlen lassen. Dann pellen, in ca. 1 cm dicke Scheiben schneiden und vollständig auskühlen lassen. Die Kartoffeln wie im Grundrezept beschrieben braten. Wenn sie gut gebräunt sind, **80 g gewürfelten Speck** dazugeben und knusprig braten. Die Kartoffeln mit etwas **Salz** würzen. **125 g gewürfelten, gekochten Schinken** und **2 Tomaten (enthäutet, entkernt und gewürfelt)** daruntermischen. **3 Eier** mit **50 ml Milch** verquirlen, leicht salzen und über die Kartoffeln gießen. Alles mehrmals durchschwenken. Dann die Pfanne schräg halten, den Pfanneninhalt in die untere Ecke gleiten lassen und mit dem Pfannenwender glattdrücken. Die Pfanne so lange schräg halten, bis das Bauernfrühstück am Stück gestockt ist. Zuletzt mit **2 EL Schnittlauchröllchen** bestreuen.

Siehe auch

S. 74 Blattsalat
S. 152 Roastbeef garen
S. 243 Tomate enthäuten
S. 280 Salzkartoffeln garen
S. 281 Pellkartoffeln garen

GRUNDREZEPT

Rösti

- Für 4 Personen
- Zubereitungszeit: ca. 1 Stunde
- ca. 270 kcal je Portion
- Dazu passen Räucherlachs und Crème fraîche mit frischen Kräutern

Das benötigen Sie

600 g gekochte Pellkartoffeln (festkochende Sorte), am besten vom Vortag
120 g Zwiebeln
Salz
160 g Butterschmalz

1. Die Pellkartoffeln schälen und grob reiben. Die Zwiebeln schälen und fein würfeln. Mit den Kartoffeln mischen und leicht salzen. Den Ofen auf 50 °C vorheizen.

2. Nun 20 g Butterschmalz in einer kleinen Pfanne erhitzen. ¼ der Kartoffelmischung als Häufchen hineingeben und mit dem Pfannenwender oder mit den Fingern zu einem Rösti flachdrücken **(1)**. Diesen bei mittlerer Hitze ca. 10 Minuten braten, bis er unten gut gebräunt ist.

3. Einen Teller über die Pfanne legen **(2)** und diese wenden, so daß der Rösti auf den Teller fällt **(3)**. 20 g Butterschmalz in die Pfanne geben und den Rösti wieder vorsichtig hineingleiten lassen **(4)**. Nun von der zweiten Seite goldgelb braten.

4. Den Rösti im Ofen zugedeckt warm stellen. Aus der restlichen Kartoffelmischung 3 weitere Rösti braten. Fertige im Ofen wamhalten.
(auf dem Foto unten)

1

2

3

4

Kartoffelpuffer

500 g rohe, festkochende Kartoffeln schälen, waschen und fein reiben. Die Masse in ein Stofftuch geben und leicht ausdrücken. Mit **40 g Mehl** und **1 Ei** sowie etwas **Salz** und **Muskat** gut verrühren. Es soll ein lockerer, saftiger Teig entstehen. Den Teig mit einer Schöpfkelle portionsweise in eine große Pfanne mit heißem **Butterschmalz** geben und dünn verstreichen. Die Puffer von der Unterseite bei mittlerer Hitze goldbraun braten. Dann wenden und die zweite Seite braten. Dazu paßt Apfelmus.

1

2

GRUNDREZEPT

Ofenkartoffeln

1. Den Ofen auf 220 °C vorheizen. Die Kartoffeln gut waschen und trockenreiben. Mit einer Nadel jeweils mehrmals tief einstechen, damit sie beim Garen nicht platzen.

2. Ein Backblech mit dem Salz bestreuen (dies verhindert, daß die Kartoffeln beim Einschieben in den Ofen herumrollen und auf den Unterseiten zu stark bräunen). Die Kartoffeln darauf legen **(1).** Im Ofen auf der mittleren Schiene ca. 1 Stunde backen.

3. Die Kartoffeln von anhaftendem Salz befreien. Oben über Kreuz leicht einschneiden **(2)** und die Öffnung etwas auseinanderdrücken.

(auf dem Foto unten)

- **Für 4 Personen**
- **Zubereitungszeit: ca. 1¼ Stunden**
- **ca. 110 kcal je Portion**
- **Dazu paßt saure Sahne mit Gemüsewürfelchen und Petersilie oder Kräuter- bzw. Knoblauchbutter**

Das benötigen Sie

8 mittelgroße Kartoffeln (vorwiegend festkochend oder mehligkochend)
750 g grobes Salz

Blechkartoffeln

8 mittelgroße Kartoffeln (vorwiegend festkochend oder mehligkochend) waschen, trockenreiben und längs halbieren. Die Schale mit einer Nadel mehrmals einstechen. Die Hälften mit den Schalenseiten nach unten auf ein mit **grobem Salz** bestreutes Backblech legen. Die Schnittflächen mit etwas **Salz** und **Kümmel** bestreuen. Im vorgeheizten Ofen bei 200 °C ca. ½ Stunde garen.

Mein Tip

Das grobe Salz müssen Sie nicht wegwerfen, sondern können es ohne Probleme weiterverwenden.

Siehe auch

S. 281 Pellkartoffeln garen

GRUNDREZEPT

KARTOFFELGRATIN

- Für 4 Personen
- Zubereitungszeit: ca. 1¼ Stunden
- ca. 340 kcal je Portion

DAS BENÖTIGEN SIE

1 Knoblauchzehe
20 g Butter für die Form
450 g festkochende Kartoffeln
125 g Sahne
⅛ l Milch
Salz
Muskat
80 g geriebener Gouda, Bergkäse oder Gruyère
30 g Butterscheiben

1. Die Knoblauchzehe halbieren. Eine große, flache Gratinform mit den Schnittflächen einreiben. Dann mit der Butter ausfetten.

2. Den Ofen auf 220 °C vorheizen. Die Kartoffeln schälen und in 3 mm dicke Scheiben schneiden. Diese dachziegelartig in die Gratinform legen **(1)**.

3. Sahne und Milch zusammen aufkochen. Mit Salz und Muskat würzen und etwas einkochen lassen. Dann über die Kartoffeln gießen **(2)**. Alles mit dem Käse bestreuen und die Butterscheiben darauf legen.

4. Das Gratin im Ofen ca. 40 Minuten backen. Das Gratin ist gar, wenn die Kartoffeln weich sind und die Flüssigkeit aufgesogen ist. Je nach Größe der Form und Einschichthöhe der Kartoffeln kann die Garzeit auch einmal länger oder kürzer sein.
(auf dem Foto rechts)

1

2

VARIATIONEN

Wenn Sie es sehr würzig mögen, können Sie vor dem Garen noch etwas gehackten Rosmarin oder Thymian oder 50 g gewürfelten rohen Schinken zwischen die Kartoffelscheiben streuen.

RIESLING-KARTOFFEL-GRATIN

Eine große Gratinform mit **1 geschälten, halbierten Knoblauchzehe** einreiben und mit **20 g Butter** ausfetten. **500 g rohe Kartoffelscheiben (3 mm dick)** mit der gehackten Knoblauchzehe, **200 g Schalottenscheiben** und **140 g geriebenem Greyerzer** schichtweise in die Form geben. Jede Schicht mit etwas **Salz** und **Muskat** würzen. **300 ml trockenen Riesling** angießen. **30 g geriebenen Greyerzer** darauf streuen und **30 g Butterflocken** darauf setzen. Im vorgeheizten Ofen bei 220 °C 20–25 Minuten garen.

MEIN TIP

Sollte das Gratin schon vor Ende der Garzeit oben gut gebräunt sein, decken Sie es mit einem Stück Alufolie ab.

Wenn Sie die Kartoffeln mit dem Gemüsehobel in hauchdünne Scheiben hobeln, ist das Gratin schneller gar.

GRUNDREZEPT

KARTOFFELPÜREE

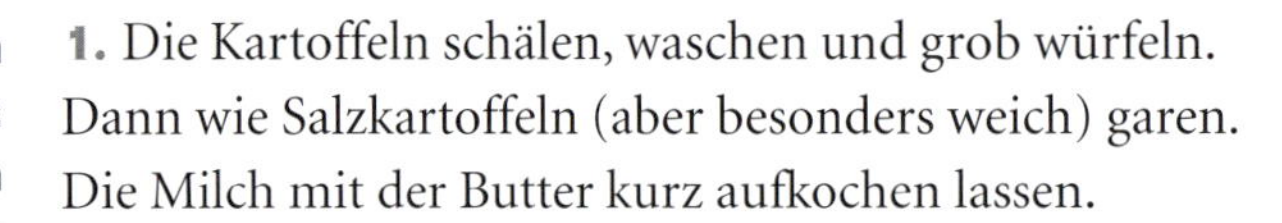

- Für 4 Personen
- Zubereitungszeit: ca. 40 Minuten
- ca. 270 kcal je Portion

DAS BENÖTIGEN SIE

500 g mehligkochende Kartoffeln
Salz
ca. 100 ml Milch
80 g Butter
50 g geschlagene Sahne
Muskatnuß

1. Die Kartoffeln schälen, waschen und grob würfeln. Dann wie Salzkartoffeln (aber besonders weich) garen. Die Milch mit der Butter kurz aufkochen lassen.

2. Die gegarten Kartoffeln abgießen, abdämpfen und durch eine Kartoffelpresse drücken **(1).** Die noch heiße Milchmischung nach und nach darunterrühren **(2).** Diese portionsweise Zugabe ist wichtig, denn je nach Sorte und Erntejahr ist der Stärkegehalt von Kartoffeln sehr unterschiedlich. Und somit variiert auch die Flüssigkeitsmenge, die man zum Cremigrühren benötigt. Das Püree sollte jedoch am Schluß schön cremig sein.

3. Die geschlagene Sahne vorsichtig unter das Püree ziehen. Es zuletzt mit Salz und Muskat würzig abschmecken.
(Abb.: links oben)

1

2

MEIN TIP

Sie können die gekochten Kartoffeln auch mit dem Kartoffelstampfer fein zerdrücken oder mit den Schneebesen des Handrührgerätes zerbröseln. Nehmen Sie aber bitte keinen Pürierstab, denn damit wird das Püree hinterher klebrig und zäh.

Hübsch sieht es aus, wenn Sie das Püree in einen Spritzbeutel mit großer Sterntülle füllen und als Rosette oder Welle auf die Teller spritzen.

KRÄUTERPÜREE

Kurz vor dem Servieren **2–3 EL gehackte Kräuter (z. B. Petersilie, Kerbel, Sauerampfer oder Basilikum)** unter das Püree mischen.
(Abb.: links unten)

NUSSPÜREE

Das Püree nur mit 40 g Butter zubereiten. Kurz vor dem Servieren **2 EL feingehackte Walnüsse** in einer Pfanne ohne Fettzugabe rösten. Mit **2 EL Walnußöl** unter das Püree mischen.
(Abb.: unten Mitte)

KARTOFFEL-MÖHREN-PÜREE

Für das Püree statt der 500 g Kartoffeln **350 g Kartoffeln** und **150 g Möhren** nehmen. Kartoffeln und Möhren zusammen garen, durchpressen und **50 g Crème fraîche** darunterrühren. Dann **40 g Butterflöckchen** daruntermischen und alles mit **Salz** sowie **Muskat** abschmecken. Kurz vor dem Servieren **1 EL gehackten Kerbel** daruntermischen.
(Abb.: unten rechts)

1 2

GRUNDREZEPT

Kroketten

1. Die Kartoffeln als Pellkartoffeln garen. Abgießen, abdämpfen und noch heiß schälen. Dann durch eine Kartoffelpresse drücken und nochmals kurz ausdämpfen lassen. Die Eigelbe darunterrühren und die Krokettenmasse mit Salz sowie Muskat würzen. Sollte sie kleben oder sehr weich sein, etwas Speisestärke daruntermischen.

2. Die Arbeitsfläche und die Hände leicht mit Speisestärke bestreuen. Die Masse auf der Platte mit den Händen zu langen, ca. 2 cm dicken Rollen formen. Diese in ca. 5 cm lange Stücke schneiden **(1).**

3. Zum Panieren die Röllchen im Mehl wenden und sanft abklopfen. Dann von allen Seiten durch die verquirlten Eiweiße ziehen und leicht abtropfen lassen. Zuletzt in den Semmelbröseln wenden **(2).** Überschüssige Brösel sanft abklopfen und die Kroketten mit einer Palette leicht nachformen.

4. Das Öl in einer Friteuse auf 180 °C erhitzen. Die Kroketten darin goldgelb backen. Vor dem Servieren kurz auf Küchenkrepp abtropfen lassen.
(Abb.: unten links)

- **Für 4 Personen**
- **Zubereitungszeit: ca. 1¼ Stunden**
- **ca. 700 kcal je Portion**

Das benötigen Sie

500 g mehligkochende Kartoffeln
2 Eigelb
Salz, Muskatnuß
1–2 EL Speisestärke
200 g Mehl
300 g Semmelbrösel
2 Eiweiß
Öl zum Fritieren (Menge richtet sich nach dem Fassungsvermögen der Friteuse)

Siehe auch

S. 61 Fritieren
S. 146 Panieren
S. 280 Salzkartoffeln garen
S. 281 Pellkartoffeln garen

Mandelbällchen

Rollen Sie aus der Krokettenmasse 3 cm große Kugeln, und panieren Sie sie statt in Semmelbröseln in **200–300 g grob gehackten Mandelblättchen.**
(Abb.: unten Mitte)

Herzogin-Kartoffeln

Die Krokettenmasse in einen Spritzbeutel mit Sterntülle füllen. Ein Blech mit Backpapier belegen und Rosetten darauf spritzen. Diese vorsichtig mit **1 Eigelb (mit etwas Wasser verquirlt)** bestreichen. Im vorgeheizten Ofen bei 150 °C in 10–12 Minuten goldgelb backen.
(Abb.: unten rechts)

GRUNDREZEPT

FRITIERTE KARTOFFELN

- Für 4 Personen
- Zubereitungszeit: ca. 25 Minuten
- ca. 300 kcal je Portion

DAS BENÖTIGEN SIE

1,2 kg große festkochende Kartoffeln
Öl zum Fritieren (Menge richtet sich nach dem Fassungsvermögen der Friteuse)
Salz

Pommes frites

1. Die Kartoffeln schälen und schadhafte, dunkle Stellen oder Augen wegschneiden. Die Kartoffeln zunächst der Länge nach in ca. 1 cm dicke Scheiben und diese dann in 1 cm dicke Stifte schneiden **(1).**

2. Die Kartoffelstifte in kaltem Wasser waschen und gut trockentupfen **(2).** Das Öl in einer Friteuse auf 140 °C erhitzen.

3. Die Kartoffelstifte im Fett ca. 4 Minuten fritieren. Herausnehmen. Das Fett auf 170–180 °C hochheizen.

4. Nun die Pommes noch einmal 2–3 Minuten fritieren, bis sie goldgelb sind. Den Fritierkorb aus dem Fett nehmen und leicht schütteln, daß die Pommes gut abtropfen. In eine Schüssel geben, salzen und sofort servieren.
(Abb.: unten ganz links)

1

2

MEIN TIP

Pommes frites müssen innen weich und außen schön knusprig sein. Dies erreichen Sie nur, wenn Sie die Kartoffeln, wie im Grundrezept beschrieben, zweimal bei unterschiedlichen Temperaturen fritieren.

Achten Sie darauf, daß die rohen Kartoffelstücke wirklich gut trocken sind, sonst spritzt das Fett zu sehr.

STROHKARTOFFELN

Die geschälten Kartoffeln in 1–2 mm dicke Stifte schneiden, waschen und gut trockentupfen. In 170 °C heißem Fett in 3–4 Minuten goldgelb fritieren.
(Abb.: unten 2. von links)

KARTOFFELCHIPS

Die geschälten Kartoffeln in 2 mm dicke Scheiben schneiden, waschen und gut trockentupfen. In 170 °C heißem Fett in 3–4 Minuten goldgelb fritieren.
Sie können die Chips auch kalt servieren. Bestreuen Sie sie dann nach dem Salzen noch mit etwas edelsüßem Paprikapulver.
(Abb.: unten 2. von rechts)

STREICHHOLZKARTOFFELN

Die geschälten Kartoffeln in 3–5 mm dicke Stifte schneiden, waschen und gut trockentupfen. In 170 °C heißem Fett in ca. 4 Minuten goldgelb fritieren.
(Abb.: unten ganz rechts)

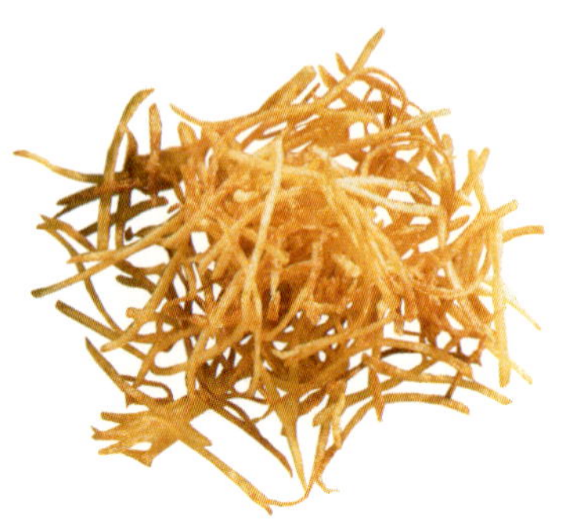

1

2

Kartoffel-waffeln

Die geschälten Kartoffeln mit einem Buntmesser schneiden. Dafür den ersten Schnitt machen **(1)** und die Kartoffel dann in der Längsachse um 90 Grad drehen. Nun mit dem Buntmesser eine 2–3 mm dicke Scheibe abschneiden **(2).** Diese muß so dünn sein, daß die Scheibe nach dem Schneiden ein filigranes Netzmuster hat. Die Scheiben waschen und gut trockentupfen. In 170 °C heißem Fett in 3–4 Minuten goldgelb fritieren.

(Abb.: unten links)

Kartoffelwürfel

Die geschälten Kartoffeln in 1 cm große Würfel schneiden, waschen und gut trockentupfen. In der Friteuse in 170–180 °C heißem Fett 3–5 Minuten fritieren, bis sie goldgelb sind.

(Abb.: unten rechts)

Siehe auch

S. 52 Buntmesser

S. 61 Fritieren

KARTOFFELKLÖSSE

- Für 4 Personen
- Zubereitungszeit: ca. 1 Stunde
- Ruhezeit: über Nacht
- ca. 170 kcal je Portion

DAS BENÖTIGEN SIE

500 g mehligkochende Kartoffeln
65 g Weizengrieß
1 großes Eigelb
Salz
Muskatnuß
etwas Kartoffelstärke

MEIN TIP

Auch wenn ich die Zutatenmengen genau einhalte, koche ich aus dem Kloßteig sicherheitshalber immer zuerst einen kleinen Probekloß, um die Teigkonstistenz zu prüfen. Ist der Kloß zu weich und zerfällt leicht, gebe ich an den Teig noch etwas Mehl, Grieß oder Kartoffelstärke. Ist er hingegen zu fest, rühre ich noch ein wenig heiße Milch darunter.

Klöße aus gekochten Kartoffeln

1. Die Kartoffeln als Pellkartoffeln kochen. Dann abgießen, ausdampfen lassen, pellen und über Nacht zugedeckt in den Kühlschrank stellen.

2. Am nächsten Tag die Kartoffeln durch die Kartoffelpresse drücken. Mit dem Grieß und dem Eigelb zu einer glatten, festen Masse verkneten **(1).** Mit Salz und Muskat abschmecken.

3. Mit den Händen (leicht mit Kartoffelstärke bemehlt) aus der Masse ca. 5 cm große Klöße formen **(2).** Reichlich Salzwasser zum Kochen bringen.

4. Die Klöße mit einer Schaumkelle vorsichtig in das sprudelnd kochende Wasser geben. Die Hitze reduzieren und die Klöße bei mittlerer Hitze offen 10–15 Minuten im siedenden Wasser garen. Sie sind fertig, wenn sie oben schwimmen **(3).** Dann herausheben und kurz abtropfen lassen.

(Abb.: 1. Löffel)

1

2

3

KLÖSSE AUS ROHEN KARTOFFELN

Eine große Schüssel mit einem Stofftuch auslegen und Wasser hineinfüllen. **600 g mehligkochende Kartoffeln** schälen und in das Wasser fein reiben. **200 g gekochte, Salzkartoffeln (mehligkochende Sorte)** durch die Presse drücken. Mit **120 ml Milch, etwas Salz** und **Muskat** aufkochen und bei milder Hitze unter sorgfältigem Rühren bei mittlerer Hitze zu einem dicken Brei köcheln. Die rohen Kartoffeln im Stofftuch fest ausdrücken. Das Wasser vorsichtig aus der Schüssel abgießen. Die sich am Boden abgesetzte Stärke auf die rohen Kartoffeln geben. Den noch heißen Kartoffelbrei dazugeben und alles zu einem kompakten Teig verrühren. Mit **Salz** und **Muskat** nachwürzen. Aus dem Teig mit bemehlten Händen ca. 8 cm große Klöße formen. Diese, wie im Grundrezept beschrieben, in Salzwasser ohne Deckel 10–12 Minuten garen.

(Abb.: 2. Löffel)

Klösse halb und halb

280 g geschälte, rohe Kartoffeln (mehligkochende Sorte als Salzkartoffeln garen und im vorgeheizten Ofen bei 120 °C 5–10 Minuten ausdämpfen lassen. Dann durch die Presse drücken. **220 g geschälte, rohe Kartoffeln (mehligkochende Sorte)** ganz fein reiben. Mit **2 Eigelben** und **40 g Kartoffelstärke** mischen. Mit **Salz, Pfeffer** und **Muskat** abschmecken. Die gekochten Kartoffeln dazugeben und alles verkneten. Aus dem Teig mit bemehlten Händen ca. 5 cm große Klöße formen. Diese, wie im Grundrezept beschrieben, in Salzwasser ca. 10 Minuten garen.

(Abb.: 3. Löffel auf S. 292)

Klösse mit Pestofüllung

Einen **Teig für Klöße aus gekochten Kartoffeln** herstellen und Klöße daraus formen. In jeden eine tiefe Mulde drücken und ca. **1 TL Pesto** hineingeben. Den Teig über der Füllung zusammendrücken und die Öffnung so fest verschließen. Die Klöße, wie im Grundrezept angegeben, garen.

(Abb.: 4. Löffel)

Gebratene Klossscheiben

Klöße aus gekochten Kartoffeln (oder Klöße halb und halb) im Kühlschrank auskühlen lassen und dann in ca. 1 cm dicke Scheiben schneiden. In einer Pfanne in **etwas Butter oder Butterschmalz** von beiden Seiten bei mittlerer Hitze goldgelb braten. Mit Salz, Pfeffer und gehackter Petersilie würzen. Dieses Rezept eignet sich gut als Resteverwertung für übriggebliebene Klöße.

(Abb.: 5. Löffel)

Kartoffel-Gnocchi

300 g mehligkochende Kartoffeln als Pellkartoffeln garen. Im vorgeheizten Ofen bei 150 °C 5–10 Minuten ausdämpfen lassen. Dann pellen und durch die Presse drücken. Für den Brandteig **8 EL Milch** mit **50 g Butter** aufkochen. **100 g Mehl** auf einmal dazugeben und alles bei mittlerer Hitze so lange rühren, bis ein Teigkloß entstanden ist, der sich vom Topfboden löst. Den Topf vom Herd nehmen und den Teig kurz abkühlen lassen. Dann **2 Eier** und **3 Eigelbe** nach und nach darunterrühren. Die Kartoffeln mit **1 Msp. Backpulver** unter den Teig mischen. Ihn zu einer homogenen Masse verkneten und mit **Salz, Pfeffer** sowie **Muskat** würzen. Aus dem Teig auf einer bemehlten Arbeitsfläche lange, 2 cm dicke Rollen formen. Diese in Scheiben schneiden. Die Scheiben zu ovalen Fladen formen. Eine Gabel mit den Zinken sanft auf jeden Fladen drücken, so daß das typische Gnocchimuster entsteht. Die Gnocchi in kochendes Salzwasser geben und bei mittlerer Hitze in ca. 8 Minuten garziehen lassen. Abgießen, abschrecken und abtropfen lassen. Dazu paßt eine Nudelsauce.

(Abb.: 6. Löffel)

Klösse mit Croûtonfüllung

Aus **2 entrindeten Toastbrotscheiben** Croûtons zubereiten. Einen **Teig für Klöße aus gekochten Kartoffeln** herstellen und Klöße daraus formen. In jeden eine tiefe Mulde drücken und einige Croûtons hineingeben **(1).** Den Teig über der Füllung zusammendrücken und die Öffnung so fest verschließen. Die Klöße wie im Grundrezept garen.

1

Siehe auch

S. 107 Croûtons
S. 280 Salzkartoffeln garen
S. 281 Pellkartoffeln garen
S. 306 Nudelsaucen
S. 306 Pesto
S. 348 Brandteig zubereiten

Himmel und Erde

Das benötigen Sie

400 g vorwiegend festkochende Kartoffeln
Salz
400 g Äpfel
1 EL Zucker
Saft von ½ Zitrone
100 ml Milch
20 g Butter
Muskatnuß
200 g Zwiebeln
50 g magerer Speck
3 EL Öl
200 g Blutwurst
2 EL Mehl
1 EL Thymianblättchen

1. Die Kartoffeln schälen, waschen, vierteln und als Salzkartoffeln garen.

2. Inzwischen die Äpfel schälen, vierteln und entkernen. Zusammen mit Zucker und Zitronensaft in einen Topf geben und zugedeckt in ca. 10 Minuten bei mittlerer Hitze weichdünsten. Zugedeckt warmstellen.

3. Die gegarten Kartoffeln abgießen, ausdämpfen und fein zerstampfen. Milch, Butter und etwas Salz sowie Muskat zusammen erhitzen. Nach und nach zu den Kartoffeln geben und alles zu einem glatten Brei verrühren. Zugedeckt warmstellen.

4. Die Zwiebeln schälen und würfeln. Den Speck würfeln und in einer Pfanne in dem Öl knusprig braten. Die Zwiebeln dazugeben und glasig dünsten. Herausnehmen und beiseite stellen.

5. Von der Blutwurst den Darm entfernen. Die Wurst dann in ca. 1 cm dicke Scheiben schneiden und im Mehl wenden. Die Blutwurst ins verbliebene heiße Bratfett vom Speck geben und von jeder Seite ca. 2 Minuten braten.

6. Wurst, Kartoffelpüree und Äpfel zusammen anrichten. Die Speck-Zwiebel-Mischung und den Thymian darüberstreuen.

Mein Tip

Hübsch sieht es auch aus, wenn Sie die Blutwurst in kleine Würfel schneiden.

Wichtig ist, daß Sie die Wurst nicht zu scharf anbraten, denn sie wird sonst schnell schwarz. Mein Tip: Legen Sie die Blutwurstscheiben zwischen 2 Apfelscheiben, und erwärmen Sie sie so in der Pfanne. Dann brät die Wurst garantiert nicht an oder wird zu dunkel.

Schupfnudeln

Das benötigen Sie

500 g mehligkochende Kartoffeln
60 g Weizengrieß
40 g Mehl
1 Eigelb
Salz
Muskatnuß
etwas Kartoffelstärke
50 g Butterschmalz
schwarzer Pfeffer
1 EL gehackte Petersilie

1. Die Kartoffeln als Pellkartoffeln garen. Abgießen und im vorgeheizten Ofen bei 150 °C ca. 10 Minuten ausdämpfen lassen. Dann pellen und durch eine Kartoffelpresse drücken.

2. Grieß, Mehl und Eigelb unter die Kartoffeln mischen. Alles mit Salz und Muskat würzen, gut mischen und ca. 20 Minuten ruhen lassen.

3. Die Hände und die Arbeitsfläche mit etwas Kartoffelstärke bestäuben. Den Teig kurz durchkneten und auf der Arbeitsplatte zu kleinen Röllchen formen, die an den Enden spitz zulaufen.

4. Reichlich Salzwasser aufkochen lassen. Die Schupfnudeln hineingeben und bei reduzierter Hitze in 3–4 Minuten garziehen lassen. Sie sind fertig, wenn sie an der Oberfläche schwimmen.

5. Die Schupfnudeln mit einer Schaumkelle herausnehmen, abschrecken und in einem Sieb abtropfen lassen.

6. Das Butterschmalz in einer Pfanne erhitzen. Die Schupfnudeln darin von allen Seiten bei mittlerer Hitze goldbraun braten. Mit Salz und Pfeffer würzen und die Petersilie darüberstreuen.

Himmel und Erde

- **Für 4 Personen**
- **Zubereitungszeit: ca. 1 Stunde**
- **ca. 520 kcal je Portion**

Schupfnudeln

- **Für 4 Personen**
- **Zubereitungszeit: ca. 1¼ Stunden**
- **ca. 290 kcal je Portion**
- **Dazu paßt Apfelsauerkraut**

Siehe auch

S. 104 **Heller Rinderfond**
S. 261 **Apfelsauerkraut**
S. 280 **Salzkartoffeln garen**
S. 281 **Pellkartoffeln garen**

Rheinischer Topfkuchen

Rheinischer Topfkuchen
- **Für 4 Personen**
- **Zubereitungszeit: ca. 2¼ Stunden**
- **ca. 620 kcal je Portion**
- **Dazu paßt Apfelkompott**

Kartoffelgulasch
- **Für 4 Personen**
- **Zubereitungszeit: ca. 1¼ Stunden**
- **ca. 670 kcal je Portion**
- **Dazu paßt Kopf- oder Feldsalat**

Siehe auch

S. 74 **Blattsalat**
S. 104 **Heller Rinderfond**
S. 386 **Apfelkompott**

Das benötigen Sie

1 Brötchen
1/8 l Milch
80 g grüner Speck
100 g magerer Speck
200 g Zwiebeln
40 g Schweineschmalz
1 kg vorwiegend festkochende Kartoffeln
1 Ei
Salz
Muskatnuß

1. Das Brötchen ca. 10 Minuten in der Milch einweichen. Dann gut ausdrücken.

2. Den grünen Speck würfeln, den mageren Speck in dünne Scheiben schneiden. Die Zwiebeln schälen und fein würfeln. Fetten und mageren Speck sowie die Zwiebelwürfel zusammen in einer Pfanne in 20 g Schmalz anbraten.

3. Die Kartoffeln schälen und mittelfein reiben. Mit dem Brötchen und dem Ei gut mischen. Die Speck-Zwiebel-Mischung dazugeben und alles mit Salz sowie Muskat würzen. Den Ofen auf 200 °C vorheizen.

4. Nun 20 g Schmalz in einem großen Bräter flüssig werden lassen und den Bräter dann damit gut auspinseln. Die Kartoffelmasse hineinfüllen und glattstreichen. Im Ofen auf mittlerer Schiene 1½ Stunden offen garen.

Variationen

- Geben Sie zusätzlich **150 g gewürfelte, luftgetrocknete Wurst** und **1 gewürfelten Apfel** zur Kartoffelmasse.
- Mischen Sie noch **150 g gewürfelten Kasslerbraten** und **1 Birne (in Spalten)** unter die Kartoffelmasse.

Mein Tip

Dieses Gericht ist eine regionale Spezialität. Da es sich sehr gut vorbereiten läßt, ist es ideal für die Gästebewirtung.

Kartoffelgulasch

Das benötigen Sie

1 kg mehligkochende Kartoffeln
2 Knoblauchzehen
200 g Zwiebeln
100 g magerer Speck
20 g Butterschmalz
Paprikapulver edelsüß
1 EL Tomatenmark
40 ml Rotweinessig
$1/2$ l heller Rinderfond
1 EL Majoranblättchen
Salz, schwarzer Pfeffer
350 g Fleischwurst (als Ring)

1. Die Kartoffeln schälen, waschen und in ca. 1,5 cm große Würfel schneiden. Die Knoblauchzehen schälen und fein hacken.

2. Die Zwiebeln schälen und fein würfeln. Den Speck ebenfalls würfeln und in einem Topf im Butterschmalz auslassen. Die Zwiebeln hinzufügen und hellgelb anrösten.

3. Die Speckmischung mit etwas Paprikapulver bestäuben. Das Tomatenmark dazugeben und kurz unter Rühren anrösten. Dann mit dem Rotweinessig ablöschen.

4. Die Kartoffeln in den Topf geben. Den Rinderfond angießen. Knoblauch und Majoran sowie etwas Salz und Pfeffer hinzufügen. Das Kartoffelgulasch bei milder Hitze 15–20 Minuten zugedeckt schmoren.

5. Die Fleischwurst pellen, in ca. 1 cm große Würfel schneiden und im Gulasch erwärmen.

Mein Tip

Durch das Schmoren der Kartoffeln bindet Ihr Gulasch wie von selbst. Sollte es etwas zu dick geworden sein (weil die Kartoffeln besonders viel Stärke enthielten), dann verdünnen Sie das Gulasch mit etwas hellem Rinderfond.

Variationen

- Das Gulasch wird noch aromatischer, wenn Sie ein Stück Speckschwarte mitgaren.
- Statt der Fleischwurst können Sie auch 250 g gewürfelten, gekochten Schinken ins Gulasch geben.

NUDELN

GRUNDREZEPT

Selbstgemachte Nudeln

- **Für 4 Personen**
- **Zubereitungszeit: ca. 40 Minuten**
- **Ruhezeit: ca. 1 Stunde**
- **Zeit zum Trocknen: ca. 1 Stunde**
- **ca. 350 kcal je Portion**

Das benötigen Sie

180 g Weizenmehl Type 405
80 g Hartweizengrieß
7 Eigelb
1 TL Olivenöl
1 Prise Salz

Mein Tip

Sollte der Nudelteig trocken und brüchig sein, geben Sie ein wenig Wasser dazu. Ist er hingegen zu feucht, kneten Sie etwas Mehl darunter.

Hübsch sieht es aus, wenn Sie die Nudelplatten mit einem gewellten Teigrädchen schneiden. Oder Sie schneiden aus dem Teig Rechtecke und drücken diese in der Mitte zu Schmetterlingen zusammen.

Selbstgemachte Nudeln können Sie auch vollständig trocknen lassen und dann einfrieren. Zum späteren Garen werden sie unaufgetaut ins kochende Wasser gegeben.

1. Das Mehl in eine große Schüssel sieben. Grieß, Eigelbe, Öl, 20 ml Wasser und Salz dazugeben **(1).** Alles mit den Händen zu einem festen, glatten Teig verkneten **(2).** Dies dauert ca. ¼ Stunde. Wichtig ist, daß der fertige Teig nicht mehr klebt. (Sie können den Teig auch erst in der Küchenmaschine gut verkneten und dann noch ca. 10 Minuten mit den Händen nachkneten.) Den Teig anschließend in Frischhaltefolie einwickeln und für ca. 1 Stunde in den Kühlschrank legen.

2. Den Nudelteig auf einer bemehlten Arbeitsfläche sehr dünn ausrollen **(3).** Dies erfordert etwas Kraft. Die Teigplatten nun von der langen Seite her aufrollen und mit einem Messer quer in ca. ½ cm dicke Scheiben schneiden **(4).** So erhalten Sie Bandnudeln.

3. Sollten Sie eine Nudelmaschine haben, den gekneteten Teig in mehrere kleinere Portionen teilen und mit dem Nudelholz ½ cm dick ausrollen. An der Nudelmaschine den größten Walzenabstand einstellen und den Teig langsam durchdrehen. Nun den Walzenabstand jeweils um eine Rasterstufe verringern und den Teig jedesmal durchlassen **(5).** Bei der kleinsten Stufe wird er dann nach dem Durchlassen hauchdünn.

4. Nun den Bandnudelaufsatz auf die Nudelmaschine stecken. Die hauchdünnen Teigplatten durchdrehen **(6).** Sie werden dann automatisch in feine Bandnudeln geschnitten.

5. Die Bandnudeln vor dem Kochen entweder zu Nestern aufrollen oder über eine Stuhllehne hängen und ca. 1 Stunde trocknen lassen.

Tomatennudeln

40 g Tomatenmark mit **200 g Mehl, 50 g Hartweizengrieß, 2 EL Öl, 1 Prise Salz** und **7 Eigelben** verkneten.

Kräuternudeln

30 g gemischte, feingehackte Kräuter (Salbei, glatte Petersilie, Basilikum) mit **200 g Mehl, 50 g Hartweizengrieß, 2 EL Öl, 1 Prise Salz** und **7 Eigelben** verkneten.

1

2

3

4

5

6

Safrannudeln

2 g Safranfäden ca. ½ Stunde in **2 EL Wasser** auflösen. Mit **200 g Mehl, 50 g Hartweizengrieß, 2 EL Öl, 1 Prise Salz** und **7 Eigelben** verkneten.

Rote-Bete-Nudeln

80 ml Rote-Bete-Saft auf 30 ml einkochen. Mit **180 g Mehl, 80 g Hartweizengrieß, 2 EL Öl, 1 Prise Salz** und **7 Eigelben** verkneten.

Pilznudeln

15 g getrocknete Pilze, (z. B. Steinpilze oder Pfifferlinge) fein mahlen. Mit **1 EL feingehacker glatter Petersilie, 200 g Mehl, 50 g Hartweizengrieß, 2 EL Öl, 1 Prise Salz** und **7 Eigelben** verkneten.

Spinatnudeln

200 g Spinat putzen, gut waschen und mit **3 EL Wasser** fein pürieren. In ein Passiertuch geben und sehr sorgfältig ausdrücken. Den Spinatsaft auffangen und in einem Topf auf 60–65 °C erhitzen (nicht kochen!). Das sich an der Oberfläche absetzende Blattgrün (= Spinatmatte) abschöpfen und erkalten lassen. 10 g davon mit **200 g Mehl, 50 g Hartweizengrieß, 1 EL Öl, 7 Eigelben, 1 Prise Salz** und **1 Prise Muskat** verkneten.

Nudeln mit Vollkornmehl

250 g Vollkornmehl, 250 g Weizenmehl Type 405, 1 Prise Salz, 2 Eigelbe, 1 EL Öl und **150 ml lauwarmes Wasser** zu einem Teig verkneten.

Nudeln kochen

Reichlich Salzwasser mit 1 EL Öl in einem großen Topf aufkochen lassen. Die Nudeln hineingeben und vorsichtig umrühren, damit sie nicht aneinanderkleben. Die Nudeln offen bei mittlerer Hitze bißfest garen. Selbstgemachte Nudeln ohne Füllung benötigen 2–3 Minuten; bei gekauften Nudeln richten Sie sich bitte nach der Packungsbeschreibung. Um zu prüfen, ob die Nudeln bißfest sind, eine Nudel mit einer Gabel aus dem Wasser nehmen, kurz abschrecken und dann hineinbeißen. Sie muß innen noch etwas kernig, außen aber schon weich sein. Die fertigen Nudeln in einem Durchschlag gut abtropfen lassen. Ein Abschrecken ist nicht nötig, wenn die Nudeln gleich mit Sauce gemischt werden. Müssen Sie Nudeln kurz warmhalten, dann mischen Sie sie mit etwas neutralem Öl oder Butter, und stellen Sie sie zugedeckt bei 50 °C in den Ofen.

Siehe auch

S. 136 Tomatensauce
S. 136 Sauce Bolognese
S. 304 Gefüllte Nudeln
S. 306 Nudelsaucen

GRUNDREZEPT

SPÄTZLE

- Für 4 Personen
- Zubereitungszeit: ca. 1/2 Stunde
- ca. 410 kcal je Portion

DAS BENÖTIGEN SIE

4 Eier
50 ml Mineralwasser
250 g Mehl
Salz
Muskatnuß
60 g Butter

Eierspätzle

1. Die Eier in einer großen Schüssel mit dem Mineralwasser verquirlen. Nach und nach das Mehl unter Rühren dazusieben. Den Teig so lange mit einem Kochlöffel schlagen, bis er Blasen wirft und zähflüssig ist **(1).** Mit Salz und Muskat würzen.

2. Reichlich Salzwasser in einem großen Topf aufkochen und die Hitze dann etwas reduzieren. Ein Spätzlebrett und eine Palette kurz in kaltes Wasser tauchen. Eine Portion Teig mit der Palette auf das Brett streichen. Es über das leicht siedende Wasser halten und den Teig mit der Palette in feinen Streifen hineinschaben **(2).**

3. Sobald die Spätzle oben schwimmen, sie mit einer Schaumkelle herausnehmen, abschrecken und in einem großen Sieb abtropfen lassen. Mit dem restlichen Spätzleteig nach der gleichen Zubereitungsweise verfahren.

4. Sind alle Spätzle gegart, die Butter in einer Pfanne schmelzen lassen. Die Spätzle darin kurz schwenken und leicht salzen.

1

2

MEIN TIP

Beim Spätzleschaben müssen Sie Brett und Palette immer wieder zum Befeuchten kurz ins Kochwasser halten, damit der Teig nicht daran hängenbleibt.

Ist Ihnen das Schaben zu mühsam, dann nehmen Sie eine Spätzlepresse oder einen Spätzlehobel.

PETERSILIEN-SPÄTZLE

Mischen Sie **3 EL feingehackte Petersilie** unter die in Butter geschwenkten Spätzle.
(auf dem Foto links)

Käsespätzle

Die **doppelte Menge Spätzleteig** nach Grundrezept herstellen und die Spätzle bis inklusive Schritt 3 zubereiten. **150 g in Scheiben geschnittene Zwiebeln** in **50 g Butter** goldgelb braten. Die Spätzle unter Wenden kurz mitbraten. Mit **Salz, Pfeffer** und **Muskat** würzen. **180 g Bergkäse** reiben. ⅓ davon unter die Spätzle mischen. Den Rest darauf streuen. Die Spätzle im vorgeheizten Ofen bei 200 °C 10–12 Minuten überbacken. Inzwischen **1 gewürfelte Zwiebel** in einer Pfanne in **40 g Butterschmalz** hellbraun anrösten. **Je 1 EL gehackte Petersilie und Schnittlauchröllchen** daruntermischen. Das Ganze zum Schluß auf die überbackenen Spätzle geben.

(auf dem linken Teller)

Knöpfle

Für die Knöpfle einen Spätzleteig nach Grundrezept herstellen. Diesen durch ein Sieb mit ca. 5 mm großen Löchern in leicht siedendes Salzwasser drücken. Die Knöpfle sind gar, wenn sie an der Oberfläche schwimmen.

(auf dem rechten Teller: oben)

Leberspätzle

50 g sehr fein gehackte Zwiebeln und **2 gehackte Knoblauchzehen** in **10 g Butter** glasig dünsten. **Je 1 EL Petersilie und Majoran (beides feingehackt)** daruntermischen. Auskühlen lassen. **300 g Schweineleber** durch die feine Scheibe des Fleischwolfs drehen. **3 Eier** und **1 Eigelb** daruntermischen. Mit **Salz, Pfeffer** und **Muskat** würzen. Dann **250 g gesiebtes Mehl** darunterrühren und den Teig kräftig durchschlagen. Die Schalottenmischung darunterrühren und den Teig nachwürzen. Ihn dann in siedendes Salzwasser schaben oder pressen und die Leberspätzle einmal aufkochen lassen. Abschöpfen, abschrecken und gut abtropfen lassen. Die Spätzle in **60 g zerlassener Butter** schwenken und mit **Salz, 1 TL gehacktem Majoran** sowie **Pfeffer** abschmecken.

(auf dem rechten Teller: unten)

GRUNDREZEPT

Gefüllte Nudeln

- Für 4 Personen
- Zubereitungszeit: ca. 1 1/4 Stunden
- ca. 670 kcal je Portion
- Dazu passen Tomatensauce, frisch geriebener Parmesan und gehackte Petersilie

Für die Füllung

100 g Zwiebeln
1 Knoblauchzehe
100 g Spinat
4 EL Olivenöl
300 g gehacktes Rindfleisch oder Tatar
Salz
schwarzer Pfeffer
1 TL Paprikapulver edelsüß
2 TL Tomatenmark
1/4 l heller Rinderfond
2 Eigelb
2 EL gehackte Petersilie

Für die Nudeln

1 Rezept Nudelteig
etwas Mehl zum Ausrollen
1 Eigelb
Salz
1 EL Olivenöl
20 g Butter

Ravioli mit Fleischfüllung

1. Zwiebeln und Knoblauch schälen und fein hacken. Den Spinat verlesen, gründlich waschen und grob hacken.

2. Das Öl erhitzen. Zwiebeln und Koblauch darin glasig dünsten. Das Hackfleisch bei starker Hitze mitbraten. Alles mit Salz, Pfeffer und Paprikapulver würzen. Das Tomatenmark daruntermischen.

3. Den Rinderfond in einem Topf offen bis auf 2–3 EL einkochen lassen und unter die Füllung rühren. Zuletzt Eigelbe, Spinat und Petersilie daruntermischen. Alles nochmals mit Salz, Pfeffer und Paprikapulver würzig abschmecken.

4. Den Nudelteig auf einer bemehlten Arbeitsfläche oder mit der Nudelmaschine sehr dünn ausrollen. Mit einem Teigrädchen oder einem Messer in 5 cm große Quadrate schneiden.

5. Die Fleischfüllung mit Hilfe von zwei Teelöffeln jeweils als Häufchen in die Mitte der Quadrate geben **(1)**.

6. Die Teigränder mit einem Pinsel mit dem verquirlten Eigelb dünn bestreichen. Die Quadrate zu Dreiecken zusammenfalten **(2)** und die Ränder festdrücken **(3)**.

7. Reichlich Wasser mit etwas Salz und dem Olivenöl aufkochen lassen. Die Ravioli darin etwa 5 Minuten bei mittlerer Hitze offen ziehen lassen, bis sie an der Oberfläche schwimmen. Die Nudeln abgießen und abtropfen lassen. Die Butter in einem Topf schmelzen lassen und die Nudeln darin kurz schwenken.

1

2

3

Mein Tip

Wenn Sie gefüllte Nudeln nicht gleich kochen möchten, können Sie sie auch nach dem Formen auf einem bemehlten Tuch leicht trocknen lassen und dann, mit Mehl bestäubt und in Pergamentpapier eingewickelt, im Kühlschrank maximal 3 Tage aufbewahren.

Ungekochte, gefüllte Nudeln lassen sich auch einfrieren. Legen Sie sie dafür flach aus, damit sie nicht aneinanderkleben.

Spinatfüllung

150 g Spinat verlesen, sorgfältig waschen und in Streifen schneiden. **2 feingewürfelte Schalotten** in **20 g Butter** andünsten. **½ feingehackte Knoblauchzehe** kurz mitdünsten. Dann den Spinat dazugeben und in ca. 1 Minute zusammenfallen lassen. Mit **Salz** und **Pfeffer** würzen und erkalten lassen. **2 enthäutete Tomaten** vierteln, entkernen und kleinwürfeln. Zusammen mit **50 g Semmelbröseln** unter den Spinat mischen. Nochmals abschmecken. Dazu paßt Gorgonzolasauce.

Pilzfüllung

150 g gemischte Pilze (z. B. Austernpilze, Champignons und Shiitakepilze) putzen, abreiben und in feine Würfel schneiden. **2 EL Schalottenwürfel, 1 TL gehackten Knoblauch und 1 TL gehackten Thymian** zusammen in **40 g Butter** andünsten. Die Pilze dazugeben und braten, bis die austretende Flüssigkeit vollständig verkocht ist. Die Pilze mit **1 TL Mehl** bestäuben und es kurz anschwitzen lassen. **150 g Sahne** angießen und aufkochen lassen. Mit **Salz** und **Pfeffer** gut würzen und **1 EL gehackte Petersilie** daruntermischen. Auskühlen lassen.
Dazu paßt eine Béchamelsauce mit gehackten, frischen Kräutern.

Garnelenfüllung

80 g geschälte Garnelen in kleine Würfel schneiden. **50 g Shiitakepilze** putzen, abreiben und ebenfalls kleinwürfeln. **1 Schalotte** schälen und fein würfeln. Die **Blätter von 1 Korianderzweig** fein hacken. **100 g Stangensellerie** waschen, putzen und fein würfeln. Die Pilzwürfel in **1 EL Öl** anbraten. Die Schalotte und den Sellerie kurz mitdünsten. Dann die Garnelen dazugeben und alles kurz weiterdünsten. Das Ganze mit **1 EL Sojasauce**, dem Koriander, **Salz** und **Pfeffer** abschmecken. Erkalten lassen. Dazu paßt weiße Tomatensauce.
Die Garnelenfüllung eignet sich auch gut zur Herstellung von Wan-Tan. Sie dazu als Häufchen auf **12 frische Wan-Tan-Blätter (8 x 8 cm)** geben. Die Ränder mit **1 Eigelb** bestreichen und zu Dreiecken zusammenfalten. Die Wan-Tan-Ravioli in **½ l Fischfond** in 3–4 Minuten garziehen lassen. Dazu paßt weiße Tomatensauce. Sehr gut schmecken die Wan-Tan auch, wenn Sie sie in Öl goldgelb fritieren.

Ricotta-Füllung

50 g Magerquark und **150 g Ricotta** zusammen durch ein Sieb streichen. Mit **1 Ei, je 1 TL Thymian und Basilikum (beides fein gehackt)** und **1 zerdrückte Knoblauchzehe** gut verrühren.
Dazu paßt Tomatensauce.

Tortellini

Den dünn ausgerollten Teig in 8 cm große Quadrate schneiden, die Füllung darauf geben und die Nudeln zu Dreiecken zusammenfalten. Ränder festdrücken. Nun 1 Dreieck zwischen die Finger nehmen, daß die lange Kante nach unten zeigt. Die obere Spitze nach unten klappen und andrücken **(1)**. Die beiden Enden der langen Kante um den Zeigefinger wickeln, daß ein Ring entsteht. Die beiden Enden übereinanderlegen und zusammendrücken, daß der Ring geschlossen wird **(2)**.

1

2

Siehe auch

S. 104 Heller Rinderfond
S. 126 Béchamelsauce
S. 132 Heller Fischfond
S. 132 Weiße Tomatensauce
S. 136 Tomatensauce
S. 243 Tomate enthäuten
S. 300 Nudelteig
S. 301 Nudeln kochen
S. 307 Gorgonzolasauce

Nudelsaucen

Siehe auch

S. 105 **Gemüsefond**
S. 124 **Saucen binden**
S. 129 **Heller Geflügelfond**
S. 181 **Butter klären**
S. 243 **Tomate enthäuten**
S. 301 **Nudeln kochen**
S. 304 **Gefüllte Nudeln**

Pesto

1 geschälte Knoblauchzehe, 150 g Basilikumblättchen, 40 g Pinienkerne, 1/4 l Olivenöl und **1 TL Salz** zusammen in einen Mixer geben. Die Zutaten so lange pürieren, bis eine dickflüssige, grüne Paste entstanden ist. Das Pesto in ein Schälchen geben und mit **90 g geriebenem Parmesan** verrühren. Die Sauce paßt besonders gut zu Spaghetti und feinen Bandnudeln.
(auf dem Teller: oben links)

Mein Tip

Sollte das Pesto etwas zu dickflüssig sein, rühren Sie noch etwas Öl oder Gemüsefond darunter.

Wenn Sie Pesto übrig haben, geben Sie es in ein verschließbares Glas, und gießen Sie etwas Olivenöl darauf. So hält sich die Paste im Kühlschrank ca. 1 Woche.

Sahnesauce mit Tomaten

4 Tomaten enthäuten, vierteln, entkernen und kleinwürfeln. Beiseite stellen. **200 g gekochten Schinken** in Streifen schneiden und in einer Pfanne in **40 g Butter** andünsten. **300 g Sahne** angießen und offen unter Rühren um 1/3 einkochen lassen. Dann mit **etwas angerührter Speisestärke** binden. Mit **Salz** und **Pfeffer** abschmecken. Zuletzt die Tomatenwürfel zusammen mit **1 EL gehackter Petersilie** und **1 EL geschlagener Sahne** darunterheben. Die Sauce paßt besonders gut zu Penne, gefüllten Nudeln, Gnocchi und Spaghetti.

Spaghetti Carbonara

2 Eier mit **125 g Sahne** und **2 EL geriebenem Pecorino oder Parmesan** in einer großen Schüssel verquirlen. Mit **Salz** und **Pfeffer** würzen. **120 g Speck** kleinwürfeln und in **1 EL Öl** knusprig braten. **300 g heiße, gekochte Spaghetti (gut abgetropft)** in einer Pfanne in **50 g zerlassener Butter** schwenken. Den Speck daruntermischen. Die Nudeln in die Schüssel mit den verquirlten Eiern geben und alles gut mischen. Auf Tellern anrichten und mit insgesamt **2 EL geriebenem Pecorino oder Parmesan** bestreuen.

Morchelrahmsauce

40 g Schalottenwürfel in **20 g geklärter Butter** anbraten. **150 g gewaschene, frische Frühlingsmorcheln** kurz mitdünsten. Dann **300 g Sahne** angießen und offen leicht sämig einkochen. Mit **Salz** und **Pfeffer** würzen. **1 TL Weinbrand** dazugeben und die Sauce erneut kurz einkochen. Zum Schluß **1 EL gehackte Petersilie** und **2 EL geschlagene Sahne** darunterheben. Die Sauce evtl. mit **etwas angerührter Speisestärke** binden.

Mein Tip

Sollten Sie keine frischen Morcheln bekommen, nehmen Sie 50 g getrocknete, und weichen Sie sie vor der Verwendung ca. 2 Stunden in warmem Wasser ein.

Sie können die üppige Sauce etwas „verschlanken“, indem Sie 150 g Sahne durch 150 ml hellen Geflügelfond ersetzen.

Oliven-Tomaten-Sauce

60 g feingewürfelte Schalotten, 30 g gewürfelten Speck und **1 gehackte Knoblauchzehe** in **3 EL Olivenöl** glasig dünsten. **6 grob gewürfelte, vollreife Tomaten** und **200 ml Tomatensaft** dazugeben. Alles mit **Salz, Pfeffer** und **1 Prise Zucker** würzen. **1 Thymian- und 2 Basilikumzweige** dazugeben. Die Zutaten bei mittlerer Hitze offen einkochen lassen, bis die Sauce beginnt, sämig zu werden. Sie dann durch ein feines Sieb streichen. **50 g schwarze Oliven** halbieren, entsteinen und zusammen mit **1 gehackten Knoblauchzehe, 1 TL Thymianblättchen** sowie **2 EL Olivenöl** unter die Sauce rühren. Die Sauce paßt besonders gut zu Penne, Farfalle und Makkaroni.

(auf dem Teller: unten)

Mein Tip

Beherzigen Sie bei Ihrer Zeitplanung für Nudelgerichte immer die gute alte italienische Weisheit: „Die Sauce muß immer auf die Nudeln warten, nicht die Nudeln auf die Sauce."

Gorgonzolasauce

30 g Butter in einer Pfanne schmelzen lassen. **60 g gewürfelte Schalotten, 180 g Gorgonzola (ohne Rinde), 200 ml Milch** und **1 TL Zitronensaft** dazugeben. Das Ganze 10–15 Minuten offen einkochen lassen, bis die Sauce schön sämig ist. Dann fein pürieren. Zuletzt **2 EL geschlagene Sahne** und **1 EL gehackte Petersilie** unter die Sauce heben. Wer möchte, streut noch **70 g gewürfelten Gorgonzola** darauf. Die Sauce paßt besonders gut zu gefüllten Nudeln, Gnocchi und Penne.

(auf dem Teller: oben rechts)

Lasagne

Lasagne
- **Für 4 Personen**
- **Zubereitungszeit: ca. 2 Stunden**
- **ca. 690 kcal je Portion**
- **Dazu paßt Tomatensalat mit Balsamico-Vinaigrette und gehobeltem Parmesan**

Siehe auch

S. 70 Vinaigrette
S. 104 Heller Rinderfond
S. 126 Béchamelsauce

Für die Hackfleischsauce

2 Zwiebeln
500 g mageres Rindfleisch
3 EL Olivenöl
3 EL Tomatenmark
½ l heller Rinderfond
1 EL gehackte Petersilie
1 TL gehackter Thymian
Salz
schwarzer Pfeffer
1–2 TL gehackter Knoblauch

Für die Béchamelsauce

25 g Butter
30 g Mehl
½ l Milch
Salz
weißer Pfeffer
Muskatnuß

Ausserdem

3 EL Olivenöl für die Form
10 Nudelplatten für Lasagne (vom Hersteller bereits vorgekocht)
50 g geriebener Parmesan

1. Für die Hackfleischsauce die Zwiebeln schälen und fein würfeln. Das Rindfleisch durch die feine Scheibe des Fleischwolfs drehen.

2. Die Zwiebelwürfel in einer Pfanne in dem Öl glasig dünsten. Das Fleisch dazugeben und unter Rühren bei starker Hitze anbraten, bis es leicht gräulich aussieht. Dann das Tomatenmark hinzufügen und bei milder Hitze kurz anrösten.

3. Den Fond zum Fleisch gießen und so lange bei mittlerer Hitze offen einkochen, bis eine dickflüssige Masse entstanden ist. Mit den Kräutern, Salz, Pfeffer und Knoblauch kräftig würzen. Zugedeckt warmstellen.

4. Für die Béchamelsauce die Butter in einem Topf schmelzen lassen. Das Mehl darin unter Rühren hell anschwitzen. Die Milch unter Rühren angießen und die Sauce aufkochen lassen. Mit Salz, Pfeffer und Muskat würzen.

5. Die Béchamelsauce bei schwacher Hitze ca. 20 Minuten unter Rühren offen köcheln lassen. Dann durch ein feines Sieb gießen. Den Ofen auf 220 °C vorheizen.

6. Eine große, flache Auflaufform mit dem Olivenöl einfetten. 2 Nudelplatten nebeneinander hineinlegen. ¼ der Hacksauce darauf geben und glattstreichen. Nun immer 2 Nudelplatten und ¼ der Hacksauce abwechselnd in die Form geben. Mit 2 Teigplatten abschließen.

7. Die Béchamelsauce auf die Nudelplatten gießen, daß diese vollständig damit bedeckt sind. Mit dem Parmesan bestreuen. Die Lasagne im Ofen 30 bis 40 Minuten offen backen.

Mein Tip

Sollte die Lasagne oben zu früh dunkel werden, decken Sie sie mit einem Stück Alufolie ab.

Einen Teil der Béchamelsauce können Sie auch schon beim Einschichten jeweils auf die Hacksauce träufeln. Den Rest geben Sie dann zuletzt auf die oberste Nudelplattenschicht.

Wenn Sie Nudelplatten gekauft haben, die noch nicht vorgekocht sind, dann garen Sie sie nach Packungsbeschreibung in reichlich Salzwasser. Lassen Sie sie dann nebeneinander auf einem Stofftuch abtropfen, damit sie nicht aneinanderkleben.

CANNELLONI MIT SPINAT UND KÄSE

CANNELLONI MIT SPINAT

- **Für 4 Personen**
- **Zubereitungszeit: ca. 1¾ Stunden**
- **ca. 450 kcal je Portion**

DAS BENÖTIGEN SIE

750 g Spinat
350 g Austernpilze
2 Schalotten
1 Knoblauchzehe
3 EL Olivenöl
Salz
schwarzer Pfeffer
Muskatnuß
250 g Ricotta
2 Eigelb
400 ml kalte Geflügelvelouté
12 fertige Cannellonirollen
1 EL Olivenöl für die Form
1 Tomate
1 EL Thymianblättchen

1. Den Spinat verlesen, gut waschen und die Stiele herauslösen. Die Blätter ca. 1 Minute blanchieren, abschrecken und in einem Sieb abtropfen lassen. Den Spinat dabei leicht ausdrücken, dann grob hacken.

2. Die Austernpilze mit einem Tuch vorsichtig abreiben, putzen und in kleine Würfel schneiden. Die Schalotten und den Knoblauch schälen, fein würfeln und in dem Öl glasig dünsten. Die Pilze dazugeben und gut anbraten, bis sie beginnen zu bräunen.

3. Das Pilzgemüse mit Salz, Pfeffer und Muskat würzen. Den Spinat daruntermischen. Alles leicht erwärmen, nachwürzen und etwas abkühlen lassen.

4. Inzwischen 100 g des Ricottas kleinwürfeln. Zusammen mit den Eigelben und 100 ml der kalten Velouté unter die Spinat-Pilz-Masse mischen.

5. Die Cannellonirollen aufstellen und die Gemüsemasse mit einem Spritzbeutel mit sehr großer Lochtülle hineinfüllen. Den Ofen auf 180 °C vorheizen.

6. Eine große Auflaufform mit dem Olivenöl einfetten. Die gefüllten Cannelloni hineinlegen. Die restlichen 300 ml Velouté erwärmen und darübergießen.

7. Die restlichen 150 g Ricotta in Scheiben schneiden und darauf legen. Im Ofen auf der mittleren Schiene 30–40 Minuten garen.

8. Inzwischen die Tomate enthäuten, vierteln, entkernen und würfeln. Kurz vor Ende der Garzeit zusammen mit dem Thymian auf den Käse streuen und mitbacken.

(auf den Foto: unten)

MEIN TIP

Statt Geflügelvelouté nehme ich auch sehr häufig Béchamelsauce.

CANNELLONI MIT MUSCHELN

1 kg Miesmuscheln (mit Schalen) säubern und waschen. **150 g Zwiebelstreifen** in **3 EL Olivenöl** andünsten. Die Muscheln dazugeben, alles mischen und mit **Salz, Pfeffer** und **1 gehackten Knoblauchzehe** würzen. **100 ml Weißwein** dazugießen und die Muscheln zugedeckt ca. 5 Minuten garen, bis sich alle geöffnet haben. In ein Sieb geben und den Fond auffangen. Die Muscheln auskühlen lassen und das Fleisch auslösen.

2 gewürfelte Schalotten in **3 EL Olivenöl** glasig dünsten. Mit dem Muschelfond ablöschen und alles kurz einkochen. Die Muscheln, **1 rote Paprikaschote (gewürfelt), 1 Chilischote (entkernt und in Streifen geschnitten)** und **2 Tomaten (enthäutet, entkernt und gewürfelt)** dazugeben. Mit **1 zerdrückten Knoblauchzehe, 2 gehackten Estragonzweigen, Salz** und **Pfeffer** würzen. **300 ml selbst zubereitete Tomatensauce** erwärmen. Soviel davon zu den Muscheln gießen, daß diese gerade bedeckt sind. Die Hälfte des Muschelragouts in **10–12 Cannellonirollen** füllen. Diese in eine ausgefettete, große Auflaufform legen. Die restliche Tomatensauce mit dem restlichen Muschelragout mischen und darübergießen. Im vorgeheizten Ofen bei 180 °C 30–40 Minuten garen.

(auf dem Foto: oben)

SIEHE AUCH

S. 125	**Geflügelvelouté**
S. 126	**Béchamelsauce**
S. 136	**Tomatensauce**
S. 215	**Muscheln säubern und waschen**
S. 243	**Chilischote entkernen und würfeln**
S. 243	**Tomate enthäuten**
S. 244	**Blanchieren**

OLIO VERDE®
Olio Extra Vergine di Oliva
Prodotto e confezionato dall'Azienda Agricola
Gianfranco Becchina
nell'antica tenuta dei Principi Pignatelli
a Castelvetrano
Contenuto: 500 ml ℮

MAULTASCHEN

FÜR DIE MAULTASCHEN

1 altbackenes Brötchen
1/8 l warme Milch
2 Zwiebeln
100 g durchwachsener Speck
1 Stange Lauch
250 g Spinat
40 g Butter
200 g Schweinehackfleisch
1 Ei
Salz
schwarzer Pfeffer
Muskatnuß
1 Rezept Nudelteig
1 Eigelb

FÜR DIE ZWIEBELSCHMELZE

100 g Zwiebeln
30 g Butter
3 EL Öl

AUSSERDEM

1 EL Schnittlauchröllchen

1. Das Brötchen in Scheiben schneiden und für 10–15 Minuten in der Milch einweichen. Inzwischen die Zwiebeln schälen und zusammen mit dem Speck fein würfeln. Den Lauch putzen, gut waschen, der Länge nach vierteln und quer in feine Streifen schneiden. Den Spinat verlesen, gut waschen und ca. 1 Minute in Salzwasser blanchieren. Gut abtropfen lassen und fein hacken.

2. Zwiebeln, Speck und Lauch zusammen in 10 g Butter gut andünsten. In eine Schüssel geben. Ausgedrücktes Brötchen, Spinat, Hackfleisch und Ei hinzufügen. Alles gut verkneten, bis die Füllung eine Bindung erhält. Mit Salz, Pfeffer und Muskat würzen.

3. Den Nudelteig dünn ausrollen und in 10 x 7 cm große Rechtecke schneiden. Auf die Hälfte der Rechtecke mit 2 Teelöffeln jeweils ein Häufchen von der Füllung geben. Die Ränder mit dem verquirlten Eigelb bestreichen. Jeweils 1 nicht belegtes Nudelrechteck darauf legen und die Ränder fest andrücken.

4. Die Nudeltaschen mit der Hand vorsichtig flachdrücken, damit sich die Füllung gleichmäßig verteilt. Die Ränder mit einem Zackenrädchen schneiden (sieht schöner aus).

5. Die Maultaschen in Salzwasser 5–8 Minuten bei mittlerer Hitze ziehen lassen, bis sie nach oben steigen. Gut abschrecken und auskühlen lassen.

6. Inzwischen für die Schmelze die Zwiebeln schälen und kleinwürfeln. In einer Pfanne in der Butter glasig dünsten. Das Öl hinzufügen und die Zwiebeln goldgelb braten.

7. Die Maultaschen in 30 g Butter kurz anbraten, bis sie leicht Farbe nehmen, dann auf 4 Teller verteilen. Die Zwiebelschmelze darauf geben. Mit Schnittlauch bestreuen.

Schinkennudeln

Das benötigen Sie

1 Rezept Nudelteig
50 g roher Schinken
200 g gekochter Schinken
80 g Zwiebeln
Salz
30 g Butter
weißer Pfeffer
1 TL gehackte Petersilie

1. Den Nudelteig dünn ausrollen und in 3 cm breite Streifen schneiden. Diese in 6–7 cm lange Stücke schneiden und die Rechtecke jeweils in der Mitte zu einer Schmetterlingsform zusammendrücken.

2. Den rohen Schinken in feine Würfel schneiden. Den gekochten Schinken in etwas größere Würfel schneiden. Die Zwiebeln schälen und fein würfeln.

3. Reichlich Salzwasser zum Kochen bringen und die Nudeln darin offen 4–5 Minuten kochen. Abgießen, abschrecken und gut abtropfen lassen.

4. Die Zwiebeln in einer Pfanne in der Butter glasig dünsten. Schinkenwürfel und Nudeln dazugeben und alles gut durchschwenken.

5. Alles mit Salz und Pfeffer würzen. Die Petersilie daruntermischen.

(auf dem Foto)

Krautnudeln

600 g Weißkraut putzen, waschen, in 5 cm große Würfel schneiden. **3 EL Zucker** bei mittlerer Hitze in **50 g Butterschmalz** unter Rühren karamelisieren lassen. **150 g feingewürfelte Zwiebeln** darin kurz anbraten. Das Weißkraut kurz mitbraten und **100 ml Geflügelfond** angießen. Mit **Salz** und **Pfeffer** würzen und offen ca. 20 Minuten garen, bis alle Flüssigkeit verdampft ist. **300 g gekochte Nudeln** in **50 g flüssiger Butter** schwenken und unter das Kraut mischen. Mit **Salz, Pfeffer** und **Paprikapulver** würzen.

Maultaschen

- **Für 4 Personen**
- **Zubereitungszeit: ca. 1 Stunde**
- **ca. 620 kcal je Portion**
- **Dazu passen Madeirasauce und Endiviensalat**

Schinkennudeln

- **Für 4 Personen**
- **Zubereitungszeit: ca. 1 Stunde**
- **ca. 460 kcal je Portion**
- **Dazu paßt Blattsalat**

Siehe auch

S. 74 **Blattsalat**
S. 128 **Madeirasauce**
S. 129 **Heller Geflügelfond**
S. 300 **Nudelteig**
S. 301 **Nudeln kochen**
S. 304 **Gefüllte Nudeln**

Bami Goreng

Bami Goreng
- **Für 4 Personen**
- **Zubereitungszeit: ca. 1¼ Stunden**
- **ca. 380 kcal je Portion**

Das benötigen Sie

250 g asiatische Mie-Nudeln
2 EL Erdnußkerne
120 g Zwiebeln
150 g Möhren
80 g grüne Bohnen
50 g Austernpilze
4 Okraschoten
4 frische Mini-Maiskölbchen
1 kleine rote Chilschote
1 kleine grüne Chilischote
1 l Erdnußöl
100 ml Fischsauce
1 EL Korianderblättchen
2 Chinakohlblätter

1. Die Nudeln nach Packungsbeschreibung in Salzwasser garen. In ein Sieb gießen, kalt abspülen und abtropfen lassen. Dann gut trockentupfen.

2. Die Erdnußkerne grob hacken und in einer Pfanne ohne Fettzugabe goldgelb rösten.

3. Die Zwiebeln schälen und in feine Streifen schneiden. Die Möhren schälen, putzen, waschen und in Scheiben schneiden. Die Bohnen waschen, putzen, in mundgerechte Stücke schneiden und ca. 2 Minuten blanchieren.

4. Die Austernpilze mit einem feuchten Tuch abreiben, putzen und in breite Streifen schneiden. Okraschoten und Maiskölbchen waschen, putzen und in mundgerechte Stücke schneiden. Die Chilischoten längs halbieren, entkernen, waschen und in feine Streifen schneiden.

5. Das Öl in einem Wok oder in einer großen, tiefen Pfanne erhitzen. Möhren, Zwiebeln, Bohnen, Pilze, Okras und Mais darin portionsweise jeweils ca. 1 Minute fritieren. Jede Portion herausnehmen und zum Abtropfen in ein Sieb geben.

6. Nun die Nudeln ins Fett geben und goldgelb fritieren. Abtropfen lassen. Das Öl aus dem Wok abgießen. Nudeln und Gemüse in den Wok geben.

7. Die Zutaten mit Fischsauce, Korianderblättchen und den kleingeschnittenen Chilischoten würzen. Die Chinakohlblätter waschen und in mundgerechte Stücke schneiden. Zusammen mit den Erdnüssen unter das Bami Goreng mischen.
(auf dem Foto: links)

Mein Tip

Für das Bami Goreng können Sie auch gekochte, schmale Bandnudeln vom Vortag verwenden. Dies ist zwar nicht stilecht, aber praktisch.

Asia-Pfanne mit Glasnudeln

120 g Glasnudeln ca. 10 Minuten in lauwarmem Wasser einweichen. Abgießen, trockentupfen und mit der Küchenschere kleinschneiden. **500 g Pak Soi (asiatisches Gemüse, ersatzweise Mangold nehmen)** putzen, waschen und die grünen Blätter von den hellen Stielen zupfen. Blätter und Stiele getrennt in Streifen schneiden. **100 g frische Sojasprossen** lauwarm abspülen und die Würzelchen abschneiden. **100 g Möhren** schälen, putzen, waschen und mit **200 g geputzten Austernpilzen** in Streifen schneiden.
10 EL Sojaöl in einem Wok oder in einer großen, hohen Pfanne erhitzen. Möhren, Sprossen, Pak-Soi-Stiele und Pilze darin portionsweise bißfest braten. Jeweils herausnehmen und beiseite stellen.
Alles wieder in den Wok geben und die Glasnudeln sowie die Pak-Soi-Blätter daruntermischen. Die Gemüsepfanne mit **1 EL eingelegtem Ingwer (in Streifen geschnitten), 1 roten Chilischote (gehackt und entkernt), 2 EL Sojasauce** und **etwas Salz** würzen. **1 EL Weißwein- oder Reisessig** daruntermischen.
30 g nicht eingeweichte Glasnudeln in **200 ml Öl** knusprig fritieren. Zusammen mit den **Blättchen von 2 Korianderzweigen** auf die Nudelpfanne streuen.
(auf dem Foto: rechts)

Siehe auch

S. 61	Fritieren
S. 237	Muscheln garen
S. 243	Chilischote entkernen und kleinschneiden
S. 244	Blanchieren
S. 246	Gemüse pfannenrühren

Mein Tip

Die Fleischfans unter Ihnen können die vegetarischen Nudelpfannen durch die Zugabe von Schweine-, Lamm- oder Geflügelfleisch (in Streifen geschnitten) aufpeppen.

Lassen Sie asiatische Nudeln, die nicht gekocht werden, sondern nur in Wasser quellen müssen, nie zu lange im Wasser liegen. Sie werden sonst zu weich und außerdem klebrig.

Nudelpfanne mit Meeresfrüchten

200 g Reisnudeln ca. ½ Stunde in warmem Wasser einweichen.

Inzwischen von **1 frischen Maiskolben** die Blätter und die feinen Fäden entfernen. Mit einem Messer zwischen 2 Maiskornreihen flach in den Maiskolben schneiden. Die Körnerreihe, die vor dem Messer liegt, mit leicht schrägem Druck vom Kolben lösen. Auf diese Weise alle Maiskörner ablösen. (Sie können ersatzweise auch 200 g Maiskörner aus der Dose nehmen). **150 g frische Shiitake-Pilze** mit einem Tuch abreiben, die Stiele abschneiden und die Pilze halbieren oder vierteln. **1 rote Paprikaschote** mit einem Sparschäler schälen, halbieren, putzen, waschen und in Streifen schneiden. **1 Bund Frühlingszwiebeln** waschen, putzen und in Scheiben schneiden.

Die Nudeln abgießen und gut trockentupfen. **5–8 EL Sesamöl** in einem Wok oder in einer großen, hohen Pfanne erhitzen. Die Reisnudeln darin goldgelb braten. Mais und Pilze dazugeben und 1–2 Minuten mitbraten. Dann Frühlingszwiebeln und Paprikastreifen hinzufügen. Alles 2–3 Minuten weiterbraten, dann mit **Salz, Pfeffer** und den gehackten **Blättchen von 2 Zweigen Zitronenthymian** würzen. **3 EL helle Sojasauce** daruntermischen. **100 g geschälte, gegarte Shrimps** und **100 g gegartes Miesmuschelfleisch** darunterheben.

Nudelauflauf mit Tomaten

Nudelauflauf mit Tomaten

- **Für 4 Personen**
- **Zubereitungszeit: ca. 1¼ Stunden**
- **ca. 380 kcal je Portion**

Das benötigen Sie

150 g Spiralnudeln
Salz
100 g Schalotten
150 g Champignons
1 Möhre
4 Tomaten
2 EL Olivenöl
1 Knoblauchzehe
schwarzer Pfeffer
1 EL gehackte Petersilie
2 Eier
100 g feingeriebener Gouda (ersatzweise Gruyère oder Appenzeller)
5 g Butter für die Form
2 EL Semmelbrösel zum Ausstreuen
2 EL geriebener Parmesan

1. Die Nudeln in Salzwasser bißfest garen. Abgießen, warm abspülen und abtropfen lassen.

2. Inzwischen die Schalotten schälen und fein würfeln. Die Champignons mit einem Tuch abreiben, putzen und in Scheiben schneiden. Die Möhre schälen, putzen, waschen und würfeln. Die Tomaten enthäuten, vierteln, entkernen und würfeln.

3. Den Ofen auf 180 °C vorheizen. Das Öl in einer Pfanne erhitzen und die Schalotten darin glasig dünsten. Die Champignons dazugeben und kurz mitbraten. Dann die Möhre hinzufügen und ebenfalls kurz mitbraten.

4. Die Tomaten daruntermischen. Alles mit der zerdrückten Knoblauchzehe, Salz und Pfeffer würzen. Die Petersilie daruntermischen.

5. Das Gemüse mit den Nudeln mischen. Die Eier verquirlen und mit dem geriebenen Gouda darunterheben.

6. Eine Auflaufform mit der Butter einfetten und mit den Semmelbröseln ausstreuen. Die Nudelmischung hineingeben und mit dem Parmesan bestreuen. Im Ofen auf der mittleren Schiene 25 bis 30 Minuten backen.

(auf dem Foto: unten)

Mein Tip

Aufläufe sind eine prima Idee für die Resteverwertung von Nudeln. Was Sie sonst noch dazugeben, können Sie frei variieren. So eignen sich blanchiertes Gemüse, gekochter oder roher Schinken, krümelig gebratenes Hackfleisch, Räucherlachsstreifen, Tomaten, frische Kräuter (z. B. Basilikum, Thymian und Rosmarin) und vieles mehr.

Würzen Sie den Eierguß immer sehr kräftig, denn die Nudeln mildern im Auflauf das Aroma der Gewürze sehr stark.

Schinken-Nudel-Auflauf

200 g Rigatoni in Salzwasser bißfest garen. Abgießen, warm abspülen, abtropfen lassen und mit **2 EL Olivenöl** mischen.
2 feingewürfelte Schalotten und **1 gehackte Knoblauchzehe** in **2 EL Olivenöl** glasig dünsten. **150 g in Streifen geschnittenen, gekochten Schinken, 1 EL gehackte Petersilie** und die Nudeln daruntermischen. Mit **Salz** und **Pfeffer** würzen.
4 Eier mit **200 g Sahne** verquirlen und mit etwas **Muskat** würzen. Den **weißen Teil von 1 Lauchstange** waschen, putzen und in Würfel schneiden. Diese ca. 1 Minute blanchieren, abschrecken und trockentupfen.
Eine große Auflaufform mit **5 g Butter** einfetten. Die Nudelmischung hineinfüllen. Den Sahneguß darübergeben und die Lauchwürfel darauf streuen. Den Auflauf mit **100 g geriebenem Parmesan** bestreuen.
Im vorgeheizten Ofen auf der mittleren Schiene bei 180 °C 25–30 Minuten garen.

(auf dem Foto: oben)

Siehe auch

S. 243 Tomate enthäuten
S. 244 Blanchieren
S. 301 Nudeln kochen

Reis und Getreide

GRUNDREZEPT

Reis bzw. Getreide kochen

- Für 4 Personen
- Zubereitungszeit: ca. 25 Minuten
- ca. 210 kcal je Portion

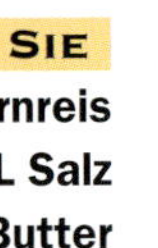

Das benötigen Sie

200 g Langkornreis
1 TL Salz
20 g Butter

Quellreis

1

1. Den Reis zusammen mit ½ l kaltem Wasser in einen Topf geben. (Man rechnet bei der Quellmethode immer ca. die doppelte Menge Wasser wie Reis.) Ca. 5 Minuten quellen lassen. Dann das Salz hinzufügen und den Reis bei starker Hitze zugedeckt zum Kochen bringen **(1)**.

2

2. Die Herdplatte ausschalten. Den Reis einmal umrühren und zugedeckt 10–15 Minuten quellen lassen, bis er das Wasser vollständig aufgesogen hat.

3. Den Reis mit einem Löffel auflockern und die Butter darunterrühren **(2)**.

Mein Tip

Folgende Getreidearten müssen Sie vor dem Kochen in der doppelten Menge Wasser einweichen (entweder über Nacht im Kühlschrank oder ca. 3 Stunden bei Zimmertemperatur): Weizen, Grünkern, Dinkel, Hafer, Gerste und Roggen. Danach bringt man die Körner zusammen mit dem Einweichwasser zum Kochen. Hirse muß vor dem Garen lediglich heiß abgespült werden. Buchweizen überbrüht man kurz heiß.

Garzeiten

- Naturreis: 35–40 Minuten
- Rundkornreis: 15–20 Minuten
- Basmatireis: 25–30 Minuten
- Schnellkochreis: ca. 5 Minuten
- Wildreis: 35–40 Minuten
- Hirse: 30–35 Minuten
- Buchweizen: 20–25 Minuten
- Weizen: ca. 60 Minuten
- Dinkel: ca. 60 Minuten
- Grünkern: 55-60 Minuten
- Hafer: 40–45 Minuten
- Gerste: ca. 50 Minuten
- Roggen: 70–80 Minuten

Kochreis

200 g Langkornreis in einem Sieb so lange mit kaltem Wasser abspülen, bis das abfließende Wasser klar ist (bei Parboiled-Reis müssen Sie dies nicht tun). Dann **2 l Wasser** mit **1 TL Salz** zum Kochen bringen. Den Reis hineingeben, umrühren und bei mittlerer Hitze zugedeckt ca. 20 Minuten leicht sprudelnd kochen lassen. Den Reis in einem Sieb abtropfen lassen, wieder in den Topf geben und ca. 5 Minuten auf der ausgeschalteten Herdplatte ausdämpfen lassen. Ihn in dieser Zeit mehrmals mit einer Fleischgabel lockern.

Gedämpfter Reis

200 g Reis (vorzugsweise Siam-, Patna-, Kleb- oder Duftreis) über Nacht in kaltem Wasser einweichen. Einen Topf mit passendem Siebeinsatz mit soviel **kaltem Wasser** füllen, daß es ca. 2 cm hoch darin steht. Das Wasser aufkochen. Den Reis in einem Sieb abtropfen lassen und in den Dämpfeinsatz geben. Über Wasserdampf 30–40 Minuten zugedeckt dämpfen. Zuletzt mit einer Fleischgabel lockern.

Kleb- oder Duftreis garen

Bei dieser Methode ist es das Ziel, daß der Reis schön klebrig wird. **250 g Kleb- oder Duftreis** gründlich unter kaltem Wasser abspülen. Mit ca. **300 ml Wasser** in einen Topf geben, zugedeckt zum Kochen bringen und ca. 5 Minuten köcheln lassen. Dabei mehrmals umrühren. Dann die Hitze reduzieren und den Reis weitere 2 Minuten zugedeckt köcheln lassen. Die Hitze noch weiter reduzieren und den Reis nochmals ca. 4 Minuten zugedeckt köcheln lassen. Ihn anschließend neben dem Herd ca. 10 Minuten zugedeckt ausquellen lassen. Zuletzt den Reis mit einer Gabel grob lockern.

Reis Pep-up

Und so können Sie Ihren gekochten Reis verfeinern:

- **2 EL feingehackte Kräuter (Petersilie, Schnittlauch, Kerbel oder Koriandergrün)** daruntermischen.
- **1 EL gehackte Petersilie, die abgeriebene Schale von 1 Limette** und **2 Tomaten (enthäutet, entkernt und kleingewürfelt)** daruntermischen.
- **1 gehackte Knoblauchzehe** mit **2 EL geschälten, kleingewürfelten Paprikaschoten (rot, grün und gelb)** in **wenig Öl** andünsten. Mit etwas **Chilipulver** würzen und unter den Reis mischen.
- Den Reis mit **1 EL Currypulver** bestäuben. Den **Saft und die abgeriebene Schale von 1 Limette, 2 EL ohne Fettzugabe angeröstete Kokosflocken, 200 g gewürfelte Banane** und **1 rote Chilischote (entkernt und in feine Ringe geschnitten)** daruntermischen.
- **50 g ohne Fett angeröstete, gehackte Pinienkerne, 2 Tomaten (enthäutet, entkernt und kleingewürfelt)** und **½ TL Thymianblättchen** daruntermischen.

Siehe auch

S. 35 **Warenkunde Reis und Getreide**
S. 58 **Dämpfen**
S. 243 **Chilischote entkernen und kleinschneiden**
S. 243 **Tomate enthäuten**

GRUNDREZEPT

Milchreis

- Für 4 Personen
- Zubereitungszeit: ca. 40 Minuten
- ca. 210 kcal je Portion

Das benötigen Sie

½ l Milch
½ Vanilleschote
abgeriebene Schale von ½ Zitrone
3 EL Akazienhonig
100 g Rundkornreis (Milchreis)
1 Prise Salz

1. Die Milch in einen großen Topf geben. Die Vanilleschote längs aufschneiden, das Mark mit einer Messerspitze herauskratzen und zusammen mit der Schote dazugeben. Die Zitronenschale hinzufügen und die Milch aufkochen lassen.

2. Honig und Reis hinzufügen **(1)**. Die Hitze stark reduzieren und den Reis zugedeckt unter mehrmaligem Rühren **(2)** in 20–30 Minuten ausquellen lassen. Mit 1 Prise Salz würzen.

1

2

Variationen

- **1 EL Zucker** mit **½ TL Zimtpulver** mischen und auf den fertigen Milchreis streuen.
- **200 g Beerenobst** verlesen, waschen, putzen und mit **2 EL Puderzucker** sowie **2 EL Orangensaft** mischen. Zum Milchreis servieren. Wer möchte, kann die Beeren zuvor in **1 EL Grand Marnier (frz. Orangenlikör)** marinieren.
- **50 g getrocknete Feigen** kleinwürfeln und mit **50 g Rosinen** ca. ¼ Stunde vor Ende der Garzeit zum Milchreis geben. Den fertigen Reis mit **gemahlenem Sternanis** abschmecken.
- **80 g Kuvertüre (nach Geschmack Vollmilch-, Zartbitter- oder weiße Kuvertüre)** fein hacken und unter den noch quellenden Milchreis mischen. **40 g in Rum eingeweichte Rosinen** darunterziehen, wenn die Kuvertüre geschmolzen ist.

Mein Tip

Milchreis brennt schnell an. Rühren Sie daher immer sorgfältig, und stellen Sie die Hitze nicht zu hoch. Empfehlenswert ist die Verwendung eines Simmertopfs, in dem der Reis wie in einem Wasserbad gart.

1

2

GRUNDREZEPT

Risotto

1. Die Schalotten schälen und kleinwürfeln. In einem großen Topf im Öl zusammen mit dem Reis bei mittlerer Hitze glasig dünsten.

2. Das Lorbeerblatt dazugeben und alles mit dem Weißwein unter Rühren ablöschen **(1).** Die Flüssigkeit bei mittlerer Hitze etwas einkochen lassen. Nach und nach den Fond dazugießen und zwischendurch immer offen unter Rühren einköcheln lassen **(2).** Wichtig ist, daß das Risotto immer feucht ist und sich noch gut rühren läßt.

3. Das Risotto mit Salz und Pfeffer würzen. Die Butter in kleinen Stückchen daruntermischen. Das Risotto noch ca. 5 Minuten bei milder Hitze ziehen lassen. Die Reiskörnchen sollen noch leichten Biß haben; das Risotto muß eine cremige Konsistenz aufweisen. Zuletzt den Parmesan daruntermischen.

- **Für 4 Personen**
- **Zubereitungszeit: ca. 40 Minuten**
- **ca. 430 kcal je Portion**

Das benötigen Sie

50 g Schalotten
3 EL Olivenöl
250 g Risottoreis (z. B. Arborio oder Carnaroli)
1 Lorbeerblatt
100 ml Weißwein
½ l heller Geflügelfond
Salz, schwarzer Pfeffer
30 g Butter
50 g geriebener Parmesan

Siehe auch

S. 105 **Gemüsefond**
S. 129 **Heller Geflügelfond**
S. 243 **Tomate enthäuten**

Gemüserisotto

Je 50 g frische Erbsen, Möhren- und Selleriewürfel nach 10 Minuten Garzeit ins Risotto geben. Statt Geflügelfond **Gemüsefond** nehmen. Statt Parmesan **1 TL gehackten Liebstöckel** und **2 EL Tomatenwürfel (enthäutet und entkernt)** unter das fertige Risotto heben.
(auf dem Teller: unten links)

Kräuterrisotto

1 EL Petersilie, 1 TL Kerbel, 1 TL Thymian, 20 g Blattspinat und 1 Knoblauchzehe (alles gehackt), 50 g frische Erbsen und **150 ml Geflügelfond** zusammen fein pürieren. Kurz vor Ende der Garzeit ins Risotto geben. Ausquellen lassen. Den Parmesan weglassen.
(auf dem Teller: oben links)

Steinpilzrisotto

20 g getrocknete Steinpilze (ca. ½ Stunde in 100 ml Weißwein eingeweicht) abtropfen lassen. Zusammen mit Reis und Schalotten andünsten. Zum Schluß das Risotto nicht mit Parmesan, sondern mit **2 EL geschlagener Sahne** und **1 TL gehackter Petersilie** verfeinern.
(auf dem Teller: oben rechts)

Safranrisotto

Beim Andünsten des Reises **1 Tütchen Safranfäden** mitdünsten. **50 ml Weißwein** und **50 ml Vermouth** zum Ablöschen nehmen. Den Parmesan weglassen.
(auf dem Teller: unten rechts)

GRUNDREZEPT

PILAW

- Für 4 Personen
- Zubereitungszeit: ca. 45 Minuten
- ca. 300 kcal je Portion

DAS BENÖTIGEN SIE

2 EL Olivenöl
200 g Langkornreis
1 Lorbeerblatt
1 Gewürznelke
1/2 l Gemüsefond
Salz
30 g Butter

1. Das Öl in einem großen Topf erhitzen und den Reis mit dem Lorbeerblatt und der Nelke darin glasig dünsten **(1)**. Mit dem Fond ablöschen und leicht salzen.

2. Das Pilaw aufkochen und dann zugedeckt bei milder Hitze ca. 35 Minuten köcheln lassen **(2)**, bis der Reis alle Flüssigkeit aufgesogen hat. Das Pilaw soll zum Schluß körnig und nicht, wie ein Risotto, cremig sein.

3. Das Pilaw mit einer Gabel auflockern. Lorbeerblatt und Nelke entfernen. Die Butter in kleinen Stückchen daruntermischen und schmelzen lassen.
(auf dem rechten Teller)

1

2

TOMATENPILAW

3 Tomaten enthäuten, achteln und entkernen. Mit **50 g gewürfelten Schalotten** in **2 EL Olivenöl** andünsten. Mit **gemahlenem Sternanis**, **Salz** und **Pfeffer** würzen. Unter das fertige Pilaw mischen und dieses mit **1 TL Thymianblättchen** bestreuen.
(auf dem linken Teller)

MEIN TIP

Statt Gemüsefond können Sie auch einen anderen hellen Fond für das Grund-Pilaw nehmen – je nachdem, für was Sie es weiterverwenden möchen.

Lammpilaw

600 g Lammfleisch (Nacken) in mundgerechte Würfel schneiden und mit **300 g gewürfelten Zwiebeln** in **3–5 EL Öl** anbraten. Mit **1 TL Paprikapulver edelsüß** bestreuen. Ca. **100 ml hellen Lammfond** angießen und fast ganz einkochen lassen. **Je 1 gewürfelte rote und grüne Paprikaschote, 2 zerdrückte Knoblauchzehen, 1 Thymian- und 1 Rosmarinzweig** sowie **1 Lorbeerblatt** dazugeben. Mit **Salz** und **Pfeffer** würzen. **1 EL Tomatenmark** darunterrühren und kurz anrösten. **1/2 l hellen Lammfond** angießen und alles zugedeckt ca. 25 Minuten bei milder Hitze schmoren. **1 Grundrezept fertig gegarten Pilawreis** daruntermischen. Alles weitere 20–25 Minuten zugedeckt schmoren. Dann die Kräuterzweige entfernen. **2 Tomaten (enthäutet, geviertelt und entkernt), 1 EL gehackte Petersilie** und **1 TL gehackten Thymian** unter das Pilaw mischen.

Geflügelpilaw

1 Grundrezept Pilaw zubereiten, aber statt Gemüsefond **hellen Geflügelfond** nehmen und das Pilaw zunächst nur ca. 15 Minuten garen. Inzwischen **4 Poulardenbrüste (ohne Haut und Knochen)** in mundgerechte Stücke schneiden und mit **2 Schalotten (in Streifen)** in **3 EL Öl** anbraten. Alles zum **halbfertig gegarten Pilawreis** geben, daruntermischen und mit **1/2 TL Paprikapulver edelsüß** bestreuen. **3 grob gewürfelte Tomaten (enthäutet und entkernt)** und **2 Knoblauchzehen (in Scheiben)** daruntermischen. Das Pilaw mit **Salz** und **Pfeffer** würzen und in ca. 20 Minuten fertiggaren. **20 g Butter** im Pilaw schmelzen lassen. Dazu paßt Tomatensauce.

Hirsepilaw

300 g Hirse heiß abspülen, trockentupfen und in einer Pfanne ohne Fettzugabe rösten, bis sie angenehm duftet. **100 g Zwiebel- und 150 g Möhrenscheiben** in **3 EL Olivenöl** andünsten. **1 gehackte Knoblauchzehe, 10 g gehackten Ingwer** und **1 Zimtstange** kurz mitdünsten. Die geröstete Hirse und **3/4 l hellen Geflügelfond** dazugeben. Mit **Salz** und **Pfeffer** würzen. Dann zugedeckt ca. 20 Minuten bei milder Hitze garen, bis die Hirse weich ist. **4 Stangen grünen Spargel** unten schälen, bißfest blanchieren, in mundgerechte Stücke schneiden und unter das Pilaw mischen. Zuletzt **60 g Rosinen (zuvor ca. 1/2 Stunde in Wasser eingeweicht)** und **30 g geröstete Mandelblättchen** daruntermischen.

Siehe auch

S. 104	Heller Lammfond
S. 105	Gemüsefond
S. 129	Heller Geflügelfond
S. 136	Tomatensauce
S. 243	Tomate enthäuten
S. 244	Blanchieren

GRUNDREZEPT

POLENTA

- Für 4 Personen
- Zubereitungszeit: ca. 1/2 Stunde
- ca. 250 kcal je Portion

DAS BENÖTIGEN SIE

30 g Butter
Salz
100 g feiner Polentagrieß (Maisgrieß)
100 g geriebener Parmesan
weißer Pfeffer

Polentabrei

1. Zunächst ½ l Wasser mit der Butter und etwas Salz zum Kochen bringen. Den Polentagrieß nach und nach unter ständigem Rühren hineinstreuen **(1)**. Zugedeckt neben dem Herd 10–15 Minuten quellen lassen.

2. Die Polenta gut durchrühren **(2)**. Es sollte ein sämiger, zähflüssiger Brei entstanden sein. Dann den Parmesan darunterrühren und die Polenta mit Salz sowie Pfeffer abschmecken.
(auf dem Teller: unten)

1

2

PINIENKERN-POLENTA

1 gewürfelte Schalotte in **1 EL Pinienkernöl** glasig dünsten. **1/4 l Wasser** und **1/4 l Milch** angießen. **25 g Butter** dazugeben und alles mit **Salz** und **Pfeffer** würzen. Die Flüssigkeit aufkochen. **80 g feinen Polentagrieß** unter Rühren dazugeben und bei milder Hitze 10–15 Minuten unter Rühren quellen lassen. **50 g Pinienkerne** in einer Pfanne ohne Fettzugabe hellbraun rösten, grob hacken und kurz vor Ende der Garzeit zur Polenta geben. Zum Schluß den Brei mit **Salz** und **Pfeffer** nachwürzen.
(auf dem Teller: oben)

MEIN TIP

Statt Wasser können Sie für den Polentabrei auch Gemüsefond nehmen.

Ein recht dickflüssig gekochter Polentabrei, den man im Topf erkalten läßt, kann prima in einem Stück aus dem Topf auf ein Küchenbrett gestürzt werden. Schneiden Sie ihn dann in Scheiben, und legen Sie diese als Beilage auf die Teller. Oder Sie lassen die Scheiben über Nacht ruhen und braten sie dann in Öl goldbraun an.

Polenta-schnitten

½ l Wasser mit **30 g Butter** aufkochen. **150 g feinen Polentagrieß** nach und nach unter Rühren dazugeben. Ca. 10 Minuten neben dem Herd quellen lassen. Den entstandenen Brei gut durchrühren. Dann **1 Eigelb** und **50 g geriebenen Parmesan** darunterrühren. Mit **Salz** und **Pfeffer** würzen. Eine kleine, flache Form (ca. 25 x 15 cm groß) mit **1 EL Olivenöl** ausfetten. Die Polentamasse hineinfüllen und glattstreichen. Mit Frischhaltefolie abdecken und für ca. ½ Stunde kühlstellen. Die gestockte Polenta vorsichtig stürzen und in Rauten oder Würfel schneiden. (Sie können auch Kreise oder Halbmonde aussstechen.) **3 EL Olivenöl** in einer Pfanne erhitzen. Die Polentaschnitten darin bei mittlerer Hitze von beiden Seiten goldgelb braten.

(auf dem Teller links: Mitte)

Polentaroulade

Für die Füllung je **½ rote, grüne und gelbe Paprikaschote, 300 g Zucchini** und **2 Schalotten** kleinwürfeln. Mit **1 zerdrückten Knoblauchzehe** in **5 EL Olivenöl** andünsten. **1 Thymianzweig** und **1 Lorbeerblatt** dazugeben und alles 2–3 Minuten weiterdünsten. Mit **Salz** und **Pfeffer** würzen und auskühlen lassen. Kräuterzweig und Lorbeerblatt entfernen. **3 Toastbrotscheiben (ohne Rinde)** fein reiben und daruntermischen.

Für die Polenta **2 gewürfelte Schalotten** in **50 g Butter** glasig dünsten. **½ l hellen Geflügelfond** angießen und aufkochen. **150 g feinen Polentagrieß** nach und nach unter Rühren dazugeben, alles gut umrühren und ca. 10 Minuten neben dem Herd quellen lassen. Dann **2 Eigelbe** unter den Brei rühren und ihn mit **Salz** sowie **Pfeffer** würzen. Den Brei auf ein großes Stück Frischhaltefolie streichen. Mit einer zweiten Folie bedecken und vorsichtig ca. ½ cm dick ausrollen. Von der noch warmen Polenta die obere Folie abziehen. Die Gemüsemasse darauf streichen und mit **100 g geriebenem Parmesan** bestreuen. Nun die Polentaplatte vorsichtig zu einer Rolle zusammenrollen. Dabei die untere Folie nach und nach beim Rollen abziehen. Die Roulade ca. 2 Stunden kalt stellen. Sie dann in ca. 2 cm dicke Scheiben schneiden. Diese in **6–8 EL Olivenöl** bei mittlerer Hitze von beiden Seiten goldgelb braten. Mit **Salz** und **Pfeffer** würzen. Dazu paßt eine Tomatensauce mit Paprikawürfelchen.

(auf dem Teller rechts)

Überbackene Polenta

½ l Milch mit **30 g Butter, 30 g geriebenem Parmesan, etwas Salz** und **Muskat** aufkochen. **125 g feinen Polentagrieß** nach und nach unter Rühren dazugeben. Aufkochen und ca. 10 Minuten neben dem Herd quellen lassen, bis ein dicker Brei entstanden ist. Etwas abkühlen lassen. Dann **2 Eigelbe** darunterrühren. Den Brei zwischen 2 Stücken Frischhaltefolie ca. 1 cm dick ausrollen und 3–4 Minuten kalt stellen. Die obere Folie abziehen und aus der Polenta Halbmonde ausstechen. Eine Pfanne mit **30 g Butter** ausstreichen. Die Halbmonde hineinlegen. **40 g geriebenen Parmesan** darauf streuen. Die Polentaschnitten unter dem Grill in ca. 5 Minuten goldgelb überbacken.

Siehe auch

S. 105 **Gemüsefond**
S. 129 **Heller Geflügelfond**
S. 136 **Tomatensauce**

Paella

Paella
- Für 4 Personen
- Zubereitungszeit: ca. 1½ Stunden
- ca. 630 kcal je Portion
- Dazu passen Zitronenachtel

Siehe auch

S. 129 Heller Geflügelfond
S. 215 Muscheln säubern und entbarten
S. 237 Muscheln garen

Das benötigen Sie

200 g rote Paprikaschoten
200 g Blumenkohl
50 g grüne Bohnen
80 g Zwiebeln
2 Knoblauchzehen
100 g Rindfleisch aus der Schulter
100 g Schweinefleisch aus der Schulter
150 g Chorizo (spanische Knoblauchwurst)
4 EL Olivenöl
200 g Langkornreis
Salz
schwarzer Pfeffer
1 Msp. Safranfäden
650 ml heller Geflügelfond
50 g Erbsen
120 g gegartes Miesmuschelfleisch
50 g schwarze Oliven (ohne Steine)
1 EL gehackte Petersilie

1. Die Paprikaschoten halbieren, putzen, waschen und in Streifen schneiden. Den Blumenkohl waschen, putzen und in kleine Röschen zerteilen. Die Bohnen waschen, die Enden abschneiden und evtl. die Fäden abziehen. Die Zwiebeln und den Knoblauch schälen und würfeln.

2. Rind- und Schweinefleisch in mundgerechte Würfel schneiden. Die Chorizo in ca. 1 cm dicke Scheiben schneiden. Den Ofen auf 200 °C vorheizen.

3. Das Öl in einer Pfanne erhitzen. Knoblauch, Zwiebeln und das Fleisch darin gut anbraten, bis das Fleisch von allen Seiten leicht gebräunt ist. Herausnehmen. Den Reis in die Pfanne geben und unter Rühren glasig dünsten. Dann Fleisch, Zwiebeln und Knoblauch wieder dazugeben.

4. Alles mit Salz und Pfeffer würzen. Die Safranfäden und den Geflügelfond dazugeben und alles einmal gut mischen. Die Paella zugedeckt in den Ofen stellen und ca. 20 Minuten garen.

5. Nun Knoblauchwurst, Paprikastreifen, Blumenkohlröschen, Bohnen, Erbsen und Muschelfleisch auf den Reis legen. Zugedeckt weitere 20–25 Minuten im Ofen garen.

6. Die Paella mit Salz und Pfeffer würzen. Mit den Oliven und der Petersilie bestreuen.

Variationen

- Statt Rind- und Schweinefleisch können Sie auch 4 kleine Hähnchenkeulen (jeweils im Gelenk halbiert) anbraten und mitgaren.
- Besonders fruchtig schmeckt die Paella, wenn Sie zusammen mit dem Gemüse noch 2 geviertelte Tomaten (enthäutet und entkernt) mitgaren.

Mein Tip

Paella eignet sich besonders gut, wenn Gäste kommen, denn sie muß beim Garen nicht beaufsichtigt werden.

Wenn Sie die Chorizo nicht bekommen, dann nehmen Sie ersatzweise Landjäger, luftgetrocknete Wurst oder Salami.

Grünkernbratlinge

Das benötigen Sie

200 g Grünkernschrot
50 g Dinkelschrot
2 Schalotten
5 EL Olivenöl
1 Knoblauchzehe
½ l Gemüsefond
70 g Möhre
70 g Knollensellerie
70 g Lauch
2 Oreganozweige
50 g kernige Haferflocken
2 Eier
Salz
schwarzer Pfeffer
Muskatnuß
etwas Mehl

1. Grünkern- und Dinkelschrot zusammen in einer Pfanne ohne Fettzugabe bei mittlerer Hitze rösten, bis es gut duftet.

2. Die Schalotten schälen und fein würfeln. In einem Topf in 2 EL Olivenöl glasig dünsten. Den Knoblauch schälen und dazupressen. Den Gemüsefond angießen und das Schrot dazugeben.

3. Das Schrot im Fond aufkochen und dann zugedeckt bei sehr kleiner Hitze in ca. ½ Stunde ausquellen lassen. Dabei mehrmals gut umrühren.

4. Inzwischen Möhre und Sellerie schälen, putzen, waschen und sehr klein würfeln. Den Lauch waschen, putzen und ebenfalls kleinwürfeln. Die Blättchen von den Oreganozweigen abzupfen und hacken.

5. Nach 20 Minuten Garzeit vom Schrot das Gemüse und den gehackten Oregano dazugeben. Alles gut umrühren und das Schrot fertig garen.

6. Die Grünkernmasse in einer Schüssel leicht abkühlen lassen. Dann die Haferflocken und die Eier daruntermischen. Die Masse mit Salz, Pfeffer und Muskat abschmecken und ca. 10 Minuten ruhen lassen.

7. Aus der Grünkernmasse mit leicht bemehlten Händen flache Bratlinge formen. 3 EL Olivenöl in einer Pfanne erhitzen und die Bratlinge darin bei mittlerer Hitze von jeder Seite goldgelb braten.

Mein Tip

Sollte die Grünkernmasse etwas zu feucht zum Formen sein, dann mischen Sie ein wenig Mehl (vorzugsweise Dinkel- oder Grünkernmehl) unter die Masse.

Reisfrikadellen

Das benötigen Sie

250 g Risottoreis (z. B. Arborio)
3 Eigelb
1 EL geriebener Parmesan
100 g Brokkoli
2 Knoblauchzehen
1 kleine Zwiebel
5 EL Öl
1/2 TL Sambal Oelek
Salz
schwarzer Pfeffer
5 EL Kokosraspeln

1. Den Reis als Kochreis in ca. 20 Minuten sehr weich kochen. Abschütten und ausdampfen lassen.

2. Dann 2 Eigelbe und den Parmesan dazugeben und alles kräftig rühren, bis eine cremige Masse entstanden ist.

3. Den Brokkoli waschen, putzen und die Röschen fein hacken. Die Stiele nicht verwenden. Die Knoblauchzehen und die Zwiebel schälen, fein würfeln und in 1 EL Öl andünsten. Den Brokkoli dazugeben und kurz mitdünsten. Dann die Chilipaste darunterrühren und das Gemüse erkalten lassen.

4. Das Gemüse mit dem Reis mischen. 1 Eigelb darunterrühren und alles mit Salz sowie Pfeffer abschmecken.

5. Etwas von den Kokosraspeln in eine Handfläche geben. Dann etwas von der Reismasse als Häufchen darauf geben und die Reismasse mit beiden Händen zu flachen Bratlingen formen.

6. Danach 4 EL Öl in einer Pfanne erhitzen und die Bratlinge darin bei mittlerer Hitze von beiden Seiten goldgelb braten.

Grünkernbratlinge

- **Für 4 Personen**
- **Zubereitungszeit: ca. 1 1/4 Stunden**
- **ca. 450 kcal je Portion**
- **Dazu passen Kräuterquark und gedünstetes Bohnen-Tomaten-Gemüse**

Reisfrikadellen

- **Für 4 Personen**
- **Zubereitungszeit: ca. 1 1/4 Stunden**
- **ca. 510 kcal je Portion**
- **Dazu paßt Blattsalat mit Melonen- und Ananasstücken und einer Vinaigrette**

Siehe auch

S. 74 Blattsalat
S. 105 Gemüsefond
S. 245 Gemüse dünsten
S. 321 Kochreis zubereiten

Couscous mit Lamm

Couscous mit Lamm

- **Für 4 Personen**
- **Zubereitungszeit: ca. 1½ Stunden**
- **Quellzeit: über Nacht**
- **ca. 750 kcal je Portion**
- **Dazu paßt Harissa (eine scharfe, arabische Chilipaste)**

Siehe auch

S. 104 Heller Lammfond
S. 105 Gemüsefond

Das benötigen Sie

50 g Kichererbsen
500 g Lammfleisch (Nacken)
200 g Zwiebeln
150 g Möhren
70 g weiße Rübchen
150 g Zucchini
2 Tomaten
70 g Lauch
5 EL Öl
1 EL Tomatenmark
1 l heller Lammfond
1 getrocknete Chilischote
1 Lorbeerblatt
etwas geriebene Muskatblüte (Macis)
gemahlener Kreuzkümmel
Salz
schwarzer Pfeffer
300 g Couscousgrieß

1. Die Kichererbsen mit Wasser bedecken und über Nacht quellen lassen.

2. Am nächsten Tag das Fleisch in ca. 2 cm große Würfel schneiden. Die Zwiebeln schälen und in Streifen schneiden. Möhren und Rübchen schälen, putzen und waschen. Die Möhren in Scheiben schneiden, die Rübchen längs vierteln.

3. Die Zucchini waschen, putzen und in Scheiben schneiden. Die Tomaten waschen, putzen und vierteln. Den Lauch waschen, putzen und in Streifen schneiden.

4. Das Öl in einem großen Topf mit passendem Dämpfeinsatz erhitzen. Das Fleisch darin von allen Seiten gut anbraten. Die Zwiebeln dazugeben und glasig dünsten. Das Tomatenmark hinzufügen und kurz anrösten.

5. Das kleingeschnittene Gemüse und die abgetropften Kichererbsen dazugeben. Den Lammfond angießen.

6. Die getrocknete Chilischote längs aufschneiden und die Kernchen herauskratzen. Die Schote mit dem Lorbeerblatt in den Topf geben. Alles mit Macis, Kreuzkümmel, Salz und Pfeffer gut würzen.

7. Den Couscousgrieß heiß abspülen und in den Dämpfeinsatz geben. Mit etwas Wasser beträufeln und mit Salz würzen.

8. Den Dämpfeinsatz über das Lammragout hängen. Grieß und Fleisch zusammen ca. ¾ Stunden zugedeckt bei milder Hitze dämpfen bzw. schmoren.

9. Den Couscous auf einer Platte anrichten und in die Mitte eine Mulde drücken. Das Lammragout evtl. nachwürzen und hineingeben.
(auf dem Foto)

Vegetarisches Couscous

200 g braune Linsen über Nacht in kaltem Wasser einweichen. Am nächsten Tag **300 g Couscousgrieß** heiß abspülen, mit kaltem Wasser bedecken und ca. ½ Stunde quellen lassen. Die Linsen abgießen und mit **50 g Zwiebelwürfeln** in **2 EL Öl** andünsten. **100 g Petersilienwurzeln und 150 g Möhren (beides in Scheiben)** dazugeben und kurz mitdünsten. Das Gemüse mit **gemahlenem Koriander** und **Zimtpulver** würzen. **1 Lorbeerblatt** und **200 g frische Erbsen** dazugeben. **600 ml Gemüsefond** angießen und aufkochen lassen. Den Couscous abtropfen lassen, in den Dämpfeinsatz geben und leicht salzen. Den Dämpfeinsatz über das Gemüse hängen. Grieß und Gemüse zusammen zugedeckt ca. ½ Stunde bei milder Hitze dämpfen bzw. schmoren. Vor dem Servieren noch **4 EL Nußöl** unter das Gemüse mischen und es mit **Salz** sowie **Pfeffer** nachwürzen.

Buchweizenklösse auf Ingwersauce

Für die Klösse

80 g Schalotten
2 EL Distelöl
150 g Buchweizenkörner
20 g getrocknete Steinpilze
350 ml Gemüsefond
Salz, schwarzer Pfeffer
10 g eingelegte Ingwerwurzel
1 Zweig Zitronenthymian
2 EL Öl für das Blech

Für die Sauce

200 ml Geflügelvelouté
20 g eingelegte Ingwerwurzel
1 Msp. Kurkumapulver
2 EL Ingwersirup (aus dem Glas mit den eingelegten Ingwerwurzeln)
2 El geschlagene Sahne
Salz

1. Die Schalotten fein würfeln und im Öl glasig dünsten. Den Buchweizen heiß abspülen, abtropfen lassen und dazugeben. Die Steinpilze fein hacken und ebenfalls hinzufügen.

2. Alles mit dem Gemüsefond ablöschen und zugedeckt ca. 20 Minuten bei milder Hitze köcheln lassen, bis die Flüssigkeit vollständig aufgesogen ist. Dann mit Salz und Pfeffer würzen.

3. Den Ofen auf 175 °C vorheizen. Den Ingwer sehr fein würfeln. Die Blättchen vom Zitronenthymian abzupfen und fein hacken. Beides unter den Buchweizen mischen.

4. Ein Blech mit dem Öl bestreichen. Aus der Buchweizenmasse mit 2 Eßlöffeln kleine Nocken abstechen und auf das Blech setzen. Im Ofen 8–10 Minuten auf der mittleren Schiene backen.

5. Inzwischen für die Sauce die Velouté erwärmen. Den eingelegten Ingwer fein hacken und dazugeben. Alles mit Kurkuma und Ingwersirup würzen. Zuletzt die Sahne unter die Sauce heben und diese mit etwas Salz abschmecken.

6. Buchweizenklöße und Sauce zusammen anrichten.

Mein Tip

Hübsch sieht es aus, wenn Sie das Gericht mit knusprig fritiertem Lauchstroh garnieren.

Risi Bisi

Das benötigen Sie

200 g Rundkornreis
400 ml kalter heller Rinderfond
Salz
20 g Butter
200 g gepulte Erbsen
schwarzer Pfeffer
Zucker

1. Den Reis als Quellreis kochen. Ihn dafür zunächst ca. 5 Minuten im Rinderfond quellen lassen. Etwas Salz und die Butter dazugeben und alles zusammen aufkochen. Dann den Reis zugedeckt auf der ausgeschalteten Herdplatte in 15–20 Minuten ausquellen lassen.

2. Die Erbsen in Salzwasser bißfest blanchieren. Unter den fertig gegarten Reis mischen. Das Risi Bisi mit Salz, Pfeffer und etwas Zucker würzig abschmecken.
(auf dem Foto)

Risi Bisi mit Minze
Mischen Sie unter das fertige Risi Bisi noch **10 in Streifen geschnittene Minzeblättchen** und die **in feine Streifen geschnittene Schale von 1 Limette.** Zuletzt das Gericht mit etwas Limettensaft würzen.

Buchweizenklösse
- **Für 4 Personen**
- **Zubereitungszeit: ca. 50 Minuten**
- **ca. 340 kcal je Portion**

Risi Bisi
- **Für 4 Personen**
- **Zubereitungszeit: ca. ½ Stunde**
- **ca. 270 kcal je Portion**

Siehe auch

S. 104 **Heller Rinderfond**
S. 105 **Gemüsefond**
S. 125 **Geflügelvelouté**
S. 244 **Blanchieren**
S. 255 **Lauchstroh**
S. 320 **Quellreis zubereiten**

Reisauflauf mit Poularde und Kürbis

Reisauflauf

- **Für 4 Personen**
- **Zubereitungszeit: ca. 1¾ Stunden**
- **ca. 660 kcal je Portion**
- **Dazu paßt eine Curry-Joghurt-Sauce**

Siehe auch

S. 105 **Gemüsefond**

S. 324 **Pilawreis garen**

Das benötigen Sie

2 Schalotten
150 g Naturreis
20 g Butter
600 ml Gemüsefond
500 g Kürbisfruchtfleisch
1 Sternanis
Salz
weißer Pfeffer
abgeriebene Schale von 1 Limette
2 Korianderzweige
300 g Poulardenbrustfilet
2 EL Öl
1 TL Currypulver
Saft von 1 Limette
3 Eier
60 g Sahne
50 g geriebener Parmesan
10 g Butter für die Form
1 EL Semmelbrösel für die Form

1. Die Schalotten schälen und kleinwürfeln. Zusammen mit dem Reis in der Butter glasig dünsten. Den Gemüsefond angießen, den Sternanis dazugeben und den Reis als Pilawreis 35–40 Minuten köcheln lassen.

2. Inzwischen das Kürbisfruchtfleisch in kleine Würfel schneiden. Nach 30 Minuten Kochzeit unter den Reis mischen und mitgaren.

3. Den Reis mit einer Gabel auflockern. Den Sternanis entfernen und den Reis mit Salz, weißem Pfeffer, Limettenschale und den feingehackten Korianderblättchen würzen.

4. Die Poulardenbrust in mundgerechte Würfel schneiden. Im Öl von allen Seiten goldbraun braten. Mit Salz, Pfeffer und Currypulver bestreuen. Dann mit dem Limettensaft ablöschen und alles einmal gut umrühren. Das Fleisch unter den Kürbisreis mischen.

5. Den Ofen auf 200 °C vorheizen. Die Eier trennen. Die Eigelbe mit der Sahne und dem Käse verquirlen. Unter den Kürbisreis mischen. Die Eiweiße mit 1 Prise Salz steifschlagen und vorsichtig darunterheben.

6. Eine große Auflaufform mit der Butter ausfetten und mit den Semmelbröseln ausstreuen. Die Auflaufmasse hineinfüllen und leicht glattstreichen. Im Ofen auf der mittleren Schiene 25–30 Minuten garen.

(auf dem Foto)

Curry-Joghurt-Sauce

250 g Naturjoghurt mit **50 g Créme fraîche** und **½ feingehackten Knoblauchzehe** glattrühren. **1 EL Weißwein** mit **1 Msp. Kurkumapulver, ½ TL Ingwerpulver, ½ TL gemahlenem Koriander, ½ TL Currypulver,** etwas **Salz** und **1 EL Sesamöl** verrühren. Zusammen mit **1 EL feingehackter Petersilie** unter den Joghurt rühren.

SEMMELKNÖDEL

- Für 4 Personen
- Zubereitungszeit: ca. 3/4 Stunden
- Ruhezeit: ca. 20 Minuten
- ca. 340 kcal je Portion

DAS BENÖTIGEN SIE

250 g altbackene Brötchen (vom Vortag)
1/4 l Milch
Salz
schwarzer Pfeffer
Muskatnuß
50 g Zwiebeln
40 g Butter
20–40 g Mehl
2 Eier
1 EL gehackte Petersilie

Klassische Semmelknödel

1. Die Brötchen entrinden (entweder die Rinde abreiben oder dünn abschneiden), kleinwürfeln und in eine Schüssel geben. Die Milch aufkochen und darübergießen. Mit Salz, Pfeffer und Muskat würzen und ca. 10 Minuten quellen lassen **(1)**.

2. Die Zwiebeln schälen und kleinwürfeln. Die Butter in einem Topf schmelzen lassen und die Zwiebeln darin glasig dünsten. Zu den Brötchen geben.

3. Das Mehl sieben und zusammen mit den Eiern und der Petersilie zu den Brötchen geben. Alles mit Salz, Pfeffer und Muskat würzen und vorsichtig verkneten **(2)**. Die Knödelmasse ca. 20 Minuten ruhen lassen.

4. Reichlich Salzwasser zum Kochen bringen. Aus der Kloßmasse mit leicht bemehlten Händen ca. 6 cm große Knödel formen. Ins Wasser geben. Das Wasser einmal aufkochen lassen. Dann die Hitze reduzieren und die Klöße im leicht siedenden Wasser 15–20 Minuten ohne Deckel ziehen lassen.
(Abb.: ganz links)

1

2

GEBRATENE SEMMELKNÖDEL

4 kalte Semmelknödel in ca. 1 1/2 cm dicke Scheiben schneiden. Zusammen mit **100 g Schalottenwürfeln** in **50 g Butterschmalz** von beiden Seiten goldgelb braten. **50 g Lauchstreifen** und **2 EL Tomatenwürfel (enthäutet und entkernt)** daruntermischen. **1 EL Butter** dazugeben und alles kurz weiterbraten. Mit **Salz, Pfeffer, Muskat** und **1 TL gehackter Petersilie** würzen.
(Abb.: 2. von links)

MEIN TIP

Die Knödelmasse darf beim Formen nicht zu feucht oder zu weich sein, sonst zerfallen Ihnen die Knödel später beim Kochen. Mischen Sie im Zweifelsfall lieber noch etwas Mehl unter den Teig.

Achten Sie darauf, daß das Kochwasser nur siedet, nicht kocht.

Laugenbrezelknödel

Von **200 g altbackene Laugenbrezeln** das Salz entfernen. Die Brezeln in Scheiben schneiden. **50 g gewürfelte Schalotten** in **20 g Butter** glasig dünsten. **50 g gewürfelten, gekochten Schinken** kurz mitdünsten. Dann alles auf die Brezelscheiben geben. **150 ml Milch** erwärmen und daraufgießen. Mit **Salz, Pfeffer, Muskat** und **1 EL Thymianblättchen** würzen. **2 Eier** dazugeben und alles gut verrühren. Ca. 10 Minuten ruhen lassen.
Ein großes Stück Frischhaltefolie auslegen. Die Masse darauf geben und fest einrollen. Dann noch einmal in Alufolie einrollen und diese fest verschließen, daß kein Wasser nach innen dringen kann. Den Laugenbrezelknödel in siedendem Wasser 20–25 Minuten offen garen. Auswickeln und in Scheiben schneiden. Wer möchte, brät diese noch in **40 g Butter** von beiden Seiten goldgelb an.
(Abb.: 3. von links)

Pfifferlingsknödel

2 EL feingewürfelte Schalotten und **2 EL kleingewürfeltes Dörrfleisch** in **1 EL Öl** glasig dünsten. **150 g geputzte Pfifferlinge** dazugeben und kurz mitdünsten. Abkühlen lassen. Dann **80 g Weißbrotwürfel (ohne Rinde), 2 EL Milch, 2 Eigelbe** und **1 EL gehackte Petersilie** daruntermischen. Mit **Salz, Pfeffer** und **Muskat** würzen. **40 g Butter** schaumigrühren und ebenfalls daruntermischen. Zugedeckt ca. 1/4 Stunde im Kühlschrank durchziehen lassen.
Aus der Masse mit leicht bemehlten Händen 3–4 cm große Knödel formen. Diese ca. 10 Minuten in Salzwasser offen köcheln lassen. Wer möchte kann die Knödel danach noch in etwas Butter anbraten.
(Abb.: 2. von rechts)

Roggenbrotknödel

230 g Roggenbrot entrinden und kleinwürfeln. **50 g Schalottenwürfel** mit **30 g gewürfeltem, rohem Schinken** in **20 g Butter** andünsten. Das Brot dazugeben und kurz mitdünsten. In eine Schüssel geben. **50 g Lauchwürfel** hinzufügen und alles mit **Salz, Pfeffer, Muskat** und den **gehackten Blättchen von 1 Oreganozweig** würzen. **100 ml warme Milch, 1 Ei** und **2 EL kernige Haferflocken** dazugeben. Alles gut verrühren und ca. 1/2 Stunde quellen lassen.
Die Masse wie die Laugenbrezelmasse in Frischhalte- und Alufolie einwickeln und in siedendem Wasser offen 20–25 Minuten garen. Auswickeln und in Scheiben schneiden. Diese in **40 g Butter** von beiden Seiten goldgelb braten.
(Abb.: ganz rechts)

Siehe auch

S. 243 Tomate enthäuten

Pikantes Gebäck

PIZZA

- Für 4 Personen
- Zubereitungszeit: ca. ¾ Stunden
- Zeit zum Gehen: ca. 1 Stunde
- ca. 740 kcal je Portion

Für den Hefeteig

500 g Mehl
15 g Salz
1 Würfel frische Hefe (42 g)
1 Ei
40 ml Öl
etwas Mehl zum Ausrollen
1 TL Öl für das Blech

Für den Belag

1 kleine Dose geschälte Tomaten
2 EL Tomatenmark
Salz
schwarzer Pfeffer
5 Tomaten
1 Marojanzweig
150 g geriebener Emmentaler

Pizza mit Tomaten und Käse

1. Das Mehl in eine große Schüssel sieben und mit dem Salz mischen. In die Mitte eine Mulde drücken. Die Hefe mit den Fingern zerbröseln und hineingeben. Ei, Öl und 220 ml lauwarmen Wasser dazugeben **(1).**

2. Die Zutaten mit den Knethaken des Handrührgeräts zu einem glatten, geschmeidigen Teig verkneten. Diesen mit einem Tuch abdecken und ca. ½ Stunde an einem warmen Ort gehen lassen, bis sich sein Volumen verdoppelt hat **(2).**

3. Den Teig gut durchkneten und nochmals ca. ½ Stunde zugedeckt an einem warmen Ort gehen lassen.

4. Inzwischen die geschälten Tomaten abgießen und mit dem Tomatenmark in einer Schüssel fein pürieren. Mit Salz und Pfeffer würzig abschmecken. Die Tomaten waschen, putzen und in Scheiben schneiden.

5. Den gegangenen Teig mit leicht bemehlten Händen gut durchkneten. Den Ofen auf 230 °C vorheizen. Ein Backblech mit dem Öl bestreichen. Den Teig auf einer bemehlten Arbeitsfläche mit einem Nudelholz auf Blechgröße ausrollen und auf das Blech legen. Ringsherum einen ca. 1 cm hohen Rand hochziehen.

6. Das Tomatenpüree mit einem Eßlöffel auf den Teig streichen. Die Tomatenscheiben darauflegen und mit Salz sowie Pfeffer würzen. Den Käse und die abgezupften Majoranblättchen daraufstreuen **(3).**

7. Die Pizza im Ofen auf mittlerer Schiene 12–15 Minuten backen, bis der Käse geschmolzen und der Teigrand leicht gebräunt ist.

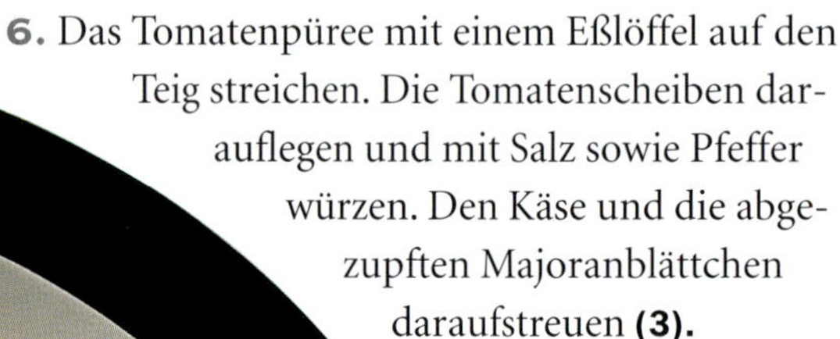

1

2

3

Mein Tip

Bei Hefeteig ist es äußerst wichtig, daß der Teig zum Gehen an einem warmen Ort steht. Entweder in einem warmen Zimmer, auf der Heizung oder im Ofen bei 40 °C. Wärmer als 40 °C darf der Teig jedoch nicht stehen, sonst stirbt die Hefe ab.

Den Teig können Sie auch gut in der Küchenmaschine zubereiten.

Ich serviere wegen der Optik gerne kleine, runde Pizzen. Dafür teile ich den Teig in 4 gleich große Stücke und rolle sie zu runden Fladen aus. Diese werden dann auf ein großes, eingefettetes Bech gelegt und belegt.

Pizza mit Artischocken

6 Artischockenherzen vierteln und in **2 EL Olivenöl** anbraten. **40 g Pinienkerne** in einer Pfanne ohne Fettzugabe goldbraun rösten. Beides auf die mit dem Tomatenpüree bestrichene Pizza geben. Mit **80 g gehobeltem Parmesan** und **100 g geschälten Shrimps** belegen.
(auf dem Teller: links oben)

Pizza mit Zwiebeln und Edelpilzkäse

50 g Zwiebelwürfel, 1 gehackte Knoblauchzehe und **50 g Speckwürfel** in **1 EL Öl** glasig dünsten. Mit **weißem Pfeffer** würzen und die mit dem Tomatenpüree bestrichene Pizza damit bestreuen. Mit **200 g kleingewürfeltem Bavariablu (Edelpilzkäse)** bestreuen.
(auf dem Teller: links unten)

Pizza mit Gemüse

Die mit dem Tomatenpüree bestrichene Pizza mit **je 50 g blanchierten Brokkoli- und Blumenkohlröschen, 1 gewürfelten Möhre, ½ Zucchini (in Scheiben), 8 blanchierten weißen Spargelspitzen, 2 EL gehacktem Estragon** und **100 g geriebenem Emmentaler oder Bergkäse** belegen.
(auf dem Teller: oben Mitte)

Pizza mit Schinken und Paprika

Die mit dem Tomatenpüree bestrichene Pizza mit **80 g gewürfeltem, gekochtem Schinken, je ½ roten und grünen Paprikaschote (geschält und kleingewürfelt), 50 g entkernten schwarzen Oliven, 100 g gewürfeltem Ziegenfrischkäse** und **12 abgespülten Sardellen** belegen.
(auf dem Teller: unten Mitte)

Pizza mit Lauch und Garnelen

Die mit dem Tomatenpüree bestrichene Pizza mit **3 geviertelten Tomaten (enthäutet und entkernt), 200 g gewürfelten, ausgelösten Garnelen, 50 g feinen Lauchstreifen, 3 EL Basilikumblättchen** und **100 g Mozzarellascheiben** belegen.
(auf dem Teller: rechts oben)

Pizza mit Mangold und Pilzen

Die mit dem Tomatenpüree bestrichene Pizza mit **2 gehackten Knoblauchzehen, 50 g kleingezupften Mangoldblättern, 10 frischen Shiitake-Pilzen (ohne Stiele, geviertelt und in 1 EL Öl angebraten), 2 Frühlingszwiebeln (in Ringen), je ½ roten und gelben Paprikaschote (geschält und kleingewürfelt)** und **100 g in Streifen geschnittenem Raclettekäse** belegen.
(auf dem Teller: rechts unten)

Siehe auch

S. 214 Garnelen auslösen
S. 243 Tomate enthäuten
S. 244 Blanchieren

GRUNDREZEPT

Quiche

- Für 4 Personen
- Zubereitungszeit: ca. 1 Stunde
- Ruhezeit: ca. 1 Stunde
- ca. 990 kcal je Portion

Für den Mürbeteig

250 g Mehl
125 g eiskalte Butter
1 Eigelb
1 TL Salz
1 TL Butter für die Form

Für den Belag

250 g Zwiebeln
2 Lauchstangen (nur der weiße Teil)
100 g geräucherter Speck
ca. 20 g Butterschmalz
Salz, schwarzer Pfeffer

Für den Guss

2 Eier
2 Eigelb
125 g Sahne
1/4 l Milch
Salz, schwarzer Pfeffer
Muskatnuß
60 g geriebener Bergkäse

Speck-Zwiebel-Kuchen

1. Das Mehl in eine Schüssel sieben. Die Butter in kleine Stücke schneiden und zusammen mit dem Eigelb, dem Salz und 50 ml Wasser dazugeben. Alles mit den Händen rasch zu einem glatten Teig verkneten **(1)**. Diesen in Frischhaltefolie einwickeln und ca. 1 Stunde in den Kühlschrank legen.

2. Inzwischen die Zwiebeln schälen und kleinwürfeln. Den Lauch waschen, putzen und in feine Streifen schneiden. Den Speck kleinwürfeln und im Butterschmalz glasig braten. Zwiebeln und Lauch dazugeben und glasig dünsten. Mit Salz und Pfeffer würzen und abkühlen lassen.

3. Eine Springform (26 cm Durchmesser) mit der Butter einfetten. 2/3 des Teigs auf einer bemehlten Arbeitsfläche auf Formgröße rund ausrollen. In die Form legen. Den restlichen Teig zu einem ca. 3 cm breiten, langen Streifen ausrollen. Diesen als Rand in die Form legen. Mit dem Teig auf dem Boden durch Andrücken fest verbinden **(2)**. Den Teig mit einer Gabel mehrmals einstechen.

4. Den Ofen auf 230 °C vorheizen. Die Zwiebelmischung auf den Teig geben und glattstreichen. Für den Guß Eier, Eigelbe, Sahne und Milch miteinander verquirlen. Mit Salz, Pfeffer und Muskat gut würzen und auf die Zwiebelmischung gießen **(3)**. Den Käse darauf streuen.

5. Die Quiche auf der mittleren Schiene zunächst ca. 10 Minuten backen. Dann die Temperatur auf 180 °C reduzieren. Die Quiche nun auf die unterste Schiene im Ofen schieben und nochmals ca. 15 Minuten backen.

1

2

3

Mein Tip

Bei pikanten Kuchen mit einem Guß ist es sehr wichtig, daß der Teigrand hoch genug ist. Sonst fließt der Guß über, läuft unter die Teigplatte und durchnäßt diese.

Mürbeteig und geriebener Teig müssen immer eine gewisse Zeit im Kühlschrank ruhen, damit sie später beim Ausrollen nicht reißen.

Garnelen-Lauch-Kuchen

Einen **Mürbeteig** nach Grundrezept herstellen und eingewickelt ca. 1 Stunde kühl stellen.
Inzwischen **500 g Lauch** putzen, längs halbieren, waschen und in feine Scheiben schneiden. In **50 g Butter** glasig dünsten. **1 feingehackte Knoblauchzehe** kurz mitdünsten. Alles herausnehmen, gut abtropfen und abkühlen lassen. Den Lauch mit **250 g ausgelösten Garnelen** mischen. Mit **Salz, Pfeffer** und **Paprikapulver edelsüß** würzen. Eine ausgefettete Springform (26 cm Durchmesser) mit dem Teig (wie im Grundrezept beschrieben) auslegen. Die Lauch-Garnelen-Mischung darauf geben und glattstreichen. **2 Eier** mit **4 Eigelben** und **250 g Sahne** verquirlen. Mit **Salz, Pfeffer** und **Muskat** würzen und auf den Lauch gießen. Die Torte mit **75 g geriebenem Bergkäse** bestreuen. Im vorgeheizten Ofen bei 200 °C ca. 20 Minuten backen.
(Abb.: unten links)

Mein Tip

Wenn der Belag recht feucht ist, empfiehlt es sich, den Teig zunächst **blindzubacken,** bevor der Belag daraufkommt. Und das geht so: Den Teigboden mit einem Stück Alufolie deckend belegen und mit getrockneten Hülsenfrüchten (z. B. Linsen) bestreuen. Dann den Teig im vorgeheizten Ofen bei 200 °C ca. 20 Minuten blindbacken. Den Boden auskühlen lassen und erst dann Hülsenfrüchte und Alufolie vorsichtig entfernen.

Bratwursttorte

Für den geriebenen Teig **300 g Mehl, 150 g Butterstückchen** und **20 g Salz** mit den Fingern zu Krümeln zerreiben. **1 Ei** und **4–6 EL Wasser** nach und nach dazugeben und alles rasch verkneten. Den Teig in Folie eingepackt ca. 1 Stunde kühl stellen.
Eine Springform (26 cm Durchmesser) mit **1 TL Butter** ausfetten. Den Teig (wie im Grundrezept) zu Bodenplatte und Rand ausrollen und die Form damit auslegen. Den Teig nun bei 200 °C ca. 20 Minuten blindbacken (siehe Tip).
150 g Zwiebelscheiben in **60 ml Öl** goldgelb braten.
500 g frisches Sauerkraut in einem Stofftuch gut ausdrücken. **400 g Bratwurst (am Stück)** zu einer Schnecke zusammenrollen und mit Holzzahnstochern feststecken. In einer Pfanne in **2 EL Öl** von beiden Seiten goldbraun braten. Die Holzspießchen entfernen.
Linsen und Alufolie vom erkalteten Teigboden entfernen. Das Sauerkraut auf den Boden geben. Die Bratwurstschnecke darauf legen und mit den Zwiebeln bestreuen.
100 ml Milch mit **200 g Sahne, 2 Eiern** und **2 Eigelben** verquirlen. Mit **Salz, Pfeffer** sowie **Muskat kräftig** würzen und auf die Torte gießen. Im vorgeheizten Ofen bei 200 °C ca. 35 Minuten auf der mittleren Schiene backen.
(Abb.: unten rechts)

Siehe auch

S. 168 **Bratwurst braten**

S. 214 **Garnelen auslösen**

G R U N D R E Z E P T

Strudel

- Für 6 Personen
- Zubereitungszeit: ca. 1½ Stunden
- Ruhezeit: ca. 1 Stunde
- ca. 530 kcal je Portion

Für den Teig

220 g Mehl
25 ml Öl
2 Prisen Salz
etwas Mehl zum Ausrollen und Ausziehen
10 g Butter für das Blech
20 g flüssige Butter zum Bestreichen

Für die Füllung

400 g Spinat
250 g gemischtes Gemüse (z. B. Möhren, Knollensellerie, Zucchini, Paprikaschoten)
200 g Champignons
2 Schalotten
50 g Butter
Salz
schwarzer Pfeffer
Muskatnuß
200 g Brokkoli
40 g Pinienkerne
60 g Semmelbrösel
150 g Gruyère

Zum Bestreichen

1 Ei
125 g Sahne
Salz
weißer Pfeffer

Gemüsestrudel

1. Mehl, Öl, 110 ml lauwarmes Wasser und Salz mit den Händen zu einem glatten, geschmeidigen Teig verkneten. Zu einer Kugel formen, mit Öl dick einpinseln, in Frischhaltefolie einwickeln und an einem warmen Ort ca. 1 Stunde ruhen lassen.

2. Inzwischen den Spinat verlesen, putzen, gut waschen und ca. 1 Minute blanchieren. In einem Sieb fest ausdrücken. Das gemischte Gemüse putzen, ggfs. schälen, waschen und in feine Streifen schneiden. Ebenfalls bißfest blanchieren und gut trockentupfen.

3. Die Champignons mit einem Tuch abreiben, putzen und in Scheiben schneiden. Die Schalotten schälen, kleinwürfeln und in 20 g Butter glasig dünsten. Champignons und blanchiertes Gemüse und Spinat daruntermischen. Mit Salz, Pfeffer und Muskat abschmecken.

4. Den Brokkoli waschen, putzen und in kleine Röschen zerteilen. Diese blanchieren und trockentupfen. Die Pinienkerne zusammen mit den Semmelbröseln in 10 g Butter anrösten. Erkalten lassen. Den Gruyère würfeln.

5. Den Strudelteig auf einem bemehlten Stofftuch dünn ausrollen **(1)**. Dann mit den leicht bemehlten Händen unter den Teig gehen und diesen mit den Handrücken vorsichtig hauchdünn ausziehen **(2)**. Dicke Ränder abschneiden und nicht verwenden.

6. Den Ofen auf 180 °C vorheizen. Den Teig mit der flüssigen Butter bestreichen. Die Spinatblätter flach darauf legen. Dabei ringsherum einen ca. 4 cm breiten Rand lassen. Den Brokkoli und den Käse darauf streuen. Dann die Gemüse- und die Pinienkernmischung darauf geben. Den Teig mit Hilfe des Tuchs vorsichtig zusammenrollen **(3)**. Die Seiten einschlagen und gut zusammendrücken.

7. Das Ei mit der Sahne und etwas Salz sowie Pfeffer verquirlen. Ein Blech mit der Butter ausfetten. Den Strudel mit der Naht nach unten darauf legen und mit der Eiermischung bestreichen. Im Ofen auf der mittleren Schiene 20–25 Minuten backen.

1

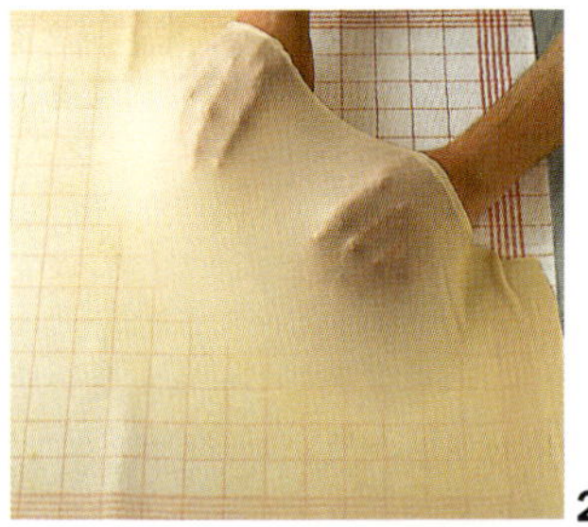
2

3

Mein Tip

Beim Ausziehen müssen Sie sehr vorsichtig sein, sonst reißt Ihnen der Teig. Der Teig sollte am Schluß so dünn sein, daß Sie durch ihn hindurch das Muster des Stofftuchs erkennen können.

Schlagen Sie die langen Teigseiten vor dem Zusammenrollen etwas nach innen. So kann die Füllung beim Rollen garantiert nicht herausquellen.

Spinatstrudel

3 feingewürfelte Schalotten und **1 feingehackte Knoblauchzehe** in einem großen Topf in **30 g Butter** glasig dünsten. **500 g geputzten, gewaschenen Spinat** dazugeben und andünsten, bis er beginnt zusammenzufallen. Mit **Salz, Pfeffer** und **Muskat** würzen. In einem Sieb gut ausdrücken. Dann alles in einer Schüssel vorsichtig auflockern. **200 g Feta** würfeln. Mit **1 TL flüssigem Honig** und den **gehackten Blättchen von 1 Rosmarin- und 1 Thymianzweig** mischen. Zum Spinat geben. **4 Eigelbe** mit **50 g Sahne** verrühren und ebenfalls zum Spinat geben. **80 g Semmelbrösel** daruntermischen.
Den ausgezogenen Strudelteig mit **20 g flüssiger Butter** bestreichen. Die Spinatmischung darauf geben und den Strudel aufrollen. Im vorgeheizten Ofen bei 200 °C 15–20 Minuten backen.
(auf dem Teller: links oben)

Pilzstrudel

3 feingewürfelte Schalotten in **50 g Butter** glasig dünsten. **Je 100 g gewürfelte Champignons, Pfifferlinge und Shiitake-Pilze** kräftig mitbraten. **1 gehackte Knoblauchzehe** und **2 EL gehackte Petersilie** daruntermischen. **100 g Semmelbrösel** in einer Pfanne ohne Fettzugabe hellbraun anrösten. Mit den Pilzen in einer Schüssel mischen. Mit **Salz** und **Pfeffer** würzen und **50 g geriebenen Bergkäse** daruntermischen. Erkalten lassen. Den ausgezogenen Strudelteig mit **20 g flüssiger Butter** bestreichen. Die Pilzmischung darauf geben und den Strudel aufrollen. Im vorgeheizten Ofen bei 200 °C ca. 15 Minuten backen.
(auf dem Teller: unten)

Blutwurst-Kartoffel-Strudel

300 g gekochte Pellkartoffeln schälen und kleinwürfeln. **60 g Speckwürfel** in **20 g Butterschmalz** anbraten. **2 gewürfelte Schalotten** und **1 gehackte Knoblauchzehe** kurz mitdünsten. Mit den Kartoffeln mischen und erkalten lassen. Dann **200 g Blutwurst** kleinwürfeln und dazugeben. **50 g Crème fraîche** und **1 Eigelb** unterrühren. **1 Eiweiß** mit etwas **Salz** steifschlagen und darunterheben. Mit **Salz, Pfeffer** und **1 gehackten Majoranzweig** würzen. Die Masse auf den ausgezogenen Strudelteig geben und den Strudel aufrollen. Mit **10–20 g flüssiger Butter** bestreichen. Dann im vorgeheizten Ofen bei 200 °C ca. 20 Minuten backen.
(auf dem Teller: rechts oben)

Siehe auch

S. 244 **Blanchieren**
S. 281 **Pellkartoffeln garen**

GRUNDREZEPT

Brandteiggebäck

- **Für 4 Personen**
- **Zubereitungszeit: ca. 3/4 Stunden**
- **ca. 550 kcal je Portion**

Das benötigen Sie

1/4 l Milch
125 g Butter
1 Prise Salz
1 TL Zucker
200 g Mehl
5 Eier

Windbeutel

1. Milch, Butter, Salz und Zucker zusammen in einem Topf aufkochen. Das gesiebte Mehl auf einmal dazugeben und den Teig bei mittlerer Hitze kräftig rühren, bis er sich vom Topfboden löst **(1)**. Auf dem Boden muß dann ein weißlicher Belag sichtbar sein. (Man nennt dies abbrennen.)

2. Den Topf vom Herd nehmen und den Teig etwas abkühlen lassen. Dann die Eier stückweise kräftig darunterschlagen. Das nächste Ei immer erst dazugeben, wenn sich das vorherige mit dem Teig gut verbunden hat. Zuletzt den Teig noch einmal kräftig durchschlagen.

3. Den Ofen auf 200 °C vorheizen. Die Masse in einen Spritzbeutel mit großer Sterntülle füllen **(2)**. Ein Blech mit Backpapier auslegen. Aus dem Teig darauf Rosetten (Windbeutel) spritzen **(3)**.

4. Die Windbeutel im Ofen auf der mittleren Schiene in 15–20 Minuten goldgelb backen. Die Windbeutel im abgeschalteten Ofen etwas abkühlen lassen. Dann erst herausnehmen.

1

2

3

Mein Tip

Je kleiner Ihre gespritzten Formen sind, um so kürzer ist die Backzeit. Am besten, Sie schalten den Ofen aus, wenn das Gebäck oben goldbraun geworden ist.

Öffnen Sie den Ofen während des Backens nicht. Sonst kann es passieren, daß Ihr Gebäck zusammenfällt.

Möchten Sie das Gebäck füllen, dann schneiden Sie es erst auf, wenn es vollständig abgekühlt ist. Am besten geht dies mit einer Küchenschere oder mit einem Messer.

Verschiedene Formen

- Für Eclairs aus dem Teig mit Sterntülle längliche Streifen spritzen.
- Für S-Gebäck den Teig mit Sterntülle als „S“ auf das Backpapier spritzen.

(Abb.: S. 348)

Curry-Frischkäse-Füllung mit Früchten

100 g Frischkäse mit **2 EL Milch, 1 TL Currypulver** und **1 TL gemahlenem Kurkuma** glattrühren. **½ Apfel, ½ Birne** und **½ kleine Banane** schälen. Bei Apfel und Birne das Kerngehäuse herausschneiden. Das gesamte Obst kleinwürfeln und unter den Frischkäse mischen. Zuletzt **1 EL geschlagene Sahne** und **1 EL gehackte Minzeblättchen** unter die Käsecreme heben.
(Abb.: unten links)

Mein Tip

Sollten Sie keinen frischen Bärlauch bekommen, nehmen Sie stattdessen Basilikum oder Sauerampfer.

Tomaten-Quark-Füllung mit Garnelen

100 g Speisequark (10 % Fett i. Tr.) mit **2 EL Sahne** und **1 TL Tomatenmark** glattrühren. Mit **Salz** und **Pfeffer** abschmecken. **1 EL gehackten Estragon, 80 g gewürfelte, geschälte Garnelen** und **1 Tomate (enthäutet, entkernt und gewürfelt)** darunterheben. Nochmals mit **Salz** und **Pfeffer** würzen.
(Abb.: unten rechts)

Bärlauch-Quark-Füllung

160 g Speisequark (20 % Fett i. Tr.) in einer Schüssel glattrühren. **1 EL Zwiebelwürfel** und **50 g Speckwürfel** zusammen in einer Pfanne in **20 g Butter** andünsten. Abkühlen lassen. **6 Bärlauchblätter** waschen, trockenschütteln und in feine Streifen schneiden. Mit der Zwiebelmischung unter den Quark heben. Mit **Salz** und **Pfeffer** würzen.
(Abb.: unten Mitte)

Käse-Brandteig-Krapfen

⅛ l Wasser zusammen mit **⅛ l Milch, 50 g Butter** und **1 Prise Salz** aufkochen. **90 g gesiebtes Mehl** auf einmal dazugeben und den Teig bei mittlerer Hitze kräftig rühren, bis er sich vom Topfboden löst. Den Teig etwas abkühlen lassen. Dann nacheinander **2 Eier** und **75 g geriebenen Käse (z. B. Parmesan, Pecarino oder Gruyère)** sorgfältig darunterrühren.

Mein Tip

Da der Grundteig für Windbeutel geschmacklich weder süß noch salzig ist, läßt er sich vielseitig einsetzen. So können Sie Windbeutel & Co. z. B. auch mit steifgeschlagener, leicht gesüßter Sahne und kleinen Obststückchen (z. B. Beeren) oder mit süßen Cremes füllen.

Siehe auch

S. 214 Garnelen auslösen
S. 243 Tomate enthäuten

GRUNDREZEPT

BLÄTTERTEIGGEBÄCK

- Für 4 Personen
- Zubereitungszeit: ca. 1 Stunde
- ca. 610 kcal je Portion

DAS BENÖTIGEN SIE

300 g TK-Blätterteig
1 Schalotte
200 g gekochter Schinken
20 g Butter
½ EL Mehl
200 g Sahne
Salz
weißer Pfeffer
Muskatnuß
1 EL Petersilie
etwas Mehl zum Ausrollen
2 Eigelb
2 EL Sesamkörner

Schinkenkipferl

1. Die tiefgekühlten Blätterteigplatten nebeneinander auf die Arbeitsfläche legen und auftauen lassen. Inzwischen die Schalotte schälen und zusammen mit dem Schinken kleinwürfeln.

2. Die Butter in einer Pfanne erhitzen und die Schalotte darin glasig dünsten. Den Schinken kurz mitbraten. Das Mehl darüberstäuben und unter Rühren anschwitzen lassen. Mit der Sahne ablöschen, alles gut verrühren und offen sehr sämig zu einer dicken Creme einkochen lassen. Mit Salz, Pfeffer und Muskat abschmecken und die Petersilie darunterrühren. Erkalten lassen.

3. Die Blätterteigplatten auf einer bemehlten Arbeitsfläche sich leicht überlappend zu einem Rechteck auslegen. Ca. 3 mm dick auf ein Rechteck von 30 x 40 cm ausrollen. Dieses längs durchschneiden. Aus den Teigstreifen spitze Dreiecke zuschneiden. Die Eigelbe mit 1 EL Wasser verquirlen. Die Ränder der Dreiecke mit einem Teil davon bestreichen.

4. Den Ofen auf 200 °C vorheizen. Jeweils ein Häufchen von der Schinkencreme in die Mitte eines Dreiecks setzen **(1)**. Dann die Dreiecke von den breiten Seiten her zu den Spitzen hin vorsichtig zusammenrollen **(2)**. Die Nähte leicht andrücken.

5. Die Kipferl auf ein mit kaltem Wasser abgespültes Blech legen. Mit dem restlichen Eigelb bestreichen und mit dem Sesam bestreuen. Auf der mittleren Schiene in 10–15 Minuten goldgelb backen.

1

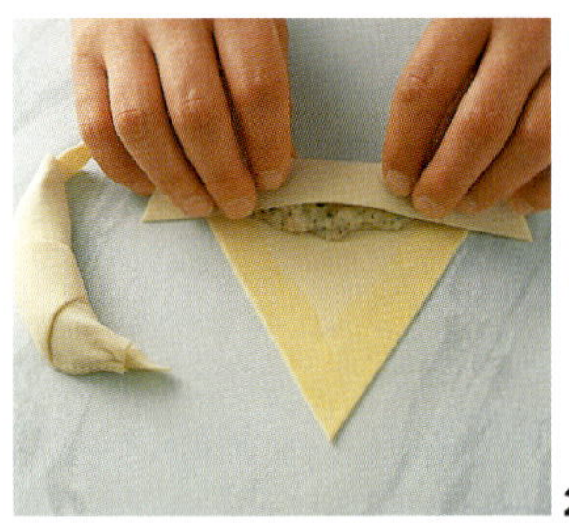

2

MEIN TIP

Gehen Sie mit der Mehlmenge zum Ausrollen sparsam um. Zuviel Mehl verändert nämlich die Konsistenz des Blätterteigs.

Verwenden Sie zum Schneiden und Ausstechen nur sehr scharfe Messer, Teigrädchen oder Ausstecher. Stumpfe Geräte drücken den Teig zusammen, und er geht dann später an den Schnittstellen unregelmäßig auf.

Geben Sie die Füllungen nur kalt auf den Teig, sonst weicht dieser beim Backen leicht durch.

Blätterteig-ecken mit Leberwurstfüllung

300 g TK-Blätterteig wie im Grundrezept auftauen lassen. Rechteckig ausrollen und daraus 8 gleich große Quadrate schneiden.
300 g magere Leberwurst (grob oder fein, je nach Geschmack) enthäuten und mit **1 geschälten, kleingewürfelten Apfel** und **1 kleingewürfelten Zwiebel** gut verrühren. Die **gehackten Blättchen von 1 Majoranzweig** dazugeben. Mit **Salz** und **Pfeffer** würzen. **2 Eigelbe** mit **1 EL Wasser** verquirlen. Die Teigränder mit einem Teil davon bestreichen. Jeweils 1/8 der Füllung in die Mitte eines Quadrats geben und es über Eck zu einem Dreieck zusammenfalten. Die Ränder gut festdrücken. Die Oberflächen mit dem restlichen Eigelb bestreichen. Im vorgeheizten Ofen bei 200 °C in 15–20 Minuten goldgelb backen.

Blätterteig-halbmonde mit Hackfüllung

300 g TK-Blätterteig wie im Grundrezept auftauen lassen. Inzwischen **2 feingewürfelte Schalotten** in **20 g Butter** glasig dünsten. **1 TL gehackten Thymian** und **1/2 gehackte Knoblauchzehe** kurz mitdünsten. **100 g gewürfelte Pfifferlinge** dazugeben und kurz mitdünsten. **150 g Kalbshackfleisch** kurz mitbraten. **1 TL gehackte Petersilie** daruntermischen und das Ganze in einer Schüssel etwas abkühlen lassen. Dann **1 Eigelb** daruntermischen und die Masse erkalten lassen.
Mit **Salz** und **Pfeffer** abschmecken.
Den Blätterteig 5 mm dick ausrollen. Kreise von 8 cm Durchmesser ausstechen.
2 Eigelbe mit **1 EL Wasser** verquirlen. Die Teigränder mit einem Teil davon bestreichen.
Jeweils etwas von der Hackmasse in die Mitte eines Kreises geben und ihn zu einem Halbkreis zusammenklappen. Die Ränder gut festdrücken. Die Oberflächen mit dem restlichen Eigelb bestreichen. Im vorgeheizten Ofen bei 200 °C in 12–15 Minuten goldgelb backen.

Blätterteig-pastetchen mit Räucheraal

250 g aufgetauten TK-Blätterteig 5 mm dick ausrollen. Mit gewellten, runden Ausstechern daraus 8 Kreise von 6 cm Durchmesser, 8 Ringe von 4 cm Außen- und 2 cm Innendurchmesser sowie 8 Kreise von 3 cm Durchmesser ausstechen **(1)**.
Die großen Kreise mit **verquirlten Eiweiß** bestreichen. Jeweils 1 Ring darauf legen. Diese Stücke und auch die kleinen Kreise nebeneinander auf ein mit kaltem Wasser abgespültes Blech legen. Die Pastetchen im vorgeheizten Ofen bei 220 °C in 20–25 Minuten goldgelb backen. Nach ca. 15 Minuten die kleinen Kreise bereits herausnehmen. Das Gebäck auskühlen lassen.
Inzwischen für die Füllung **150 g Räucheraal** kleinwürfeln. **Je 1 EL gehackten Estragon und Kerbel** sowie **je 1 EL sehr kleine Staudenselleriewürfel und Tomatenwürfel (enthäutet und entkernt)** daruntermischen. **70 g Crème fraîche** und etwas **Salz** sowie **Zitronensaft** glattrühren. Mit dem Aal mischen und in die Pastetchen füllen. **8 Spargelspitzen** bißfest blanchieren und längs halbieren. Zusammen mit **8 Kerbelblättchen** auf die Füllung legen. Zuletzt die kleinen Deckel aufsetzen.
(auf dem Foto unten)

1

Siehe auch

S. 124 **Saucen mit Mehlschwitze zubereiten**
S. 243 **Tomate enthäuten**
S. 244 **Blanchieren**

EIER

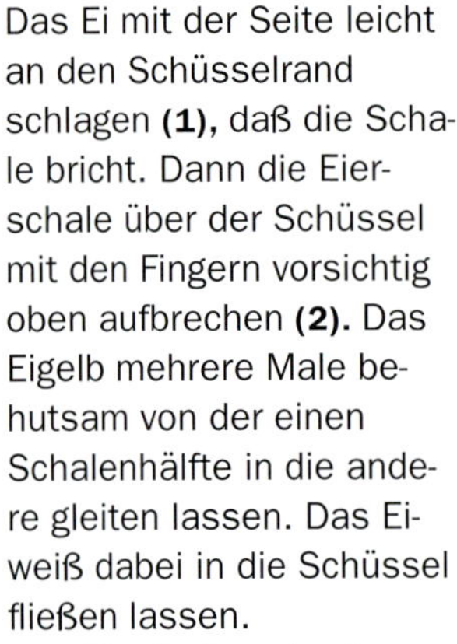

1

2

3

4

5

KÜCHENTIPS RUND UMS EI

Eier trennen

Das Ei mit der Seite leicht an den Schüsselrand schlagen **(1)**, daß die Schale bricht. Dann die Eierschale über der Schüssel mit den Fingern vorsichtig oben aufbrechen **(2)**. Das Eigelb mehrere Male behutsam von der einen Schalenhälfte in die andere gleiten lassen. Das Eiweiß dabei in die Schüssel fließen lassen.
Das Eigelb dann in eine weitere Schüssel geben. Das gallertartige Gerinnsel am Eigelb (den sogenannten Hahnentritt) mit einer Messerspitze oder mit einem Stück Eierschale entfernen.

MEIN TIP

Eier lassen sich am besten trennen, wenn sie gerade aus dem Kühlschrank kommen. Denn dann ist die Gefahr, daß das Eigelb beim Aufschlagen zerläuft, sehr gering.

Achten Sie darauf, daß auch nicht die kleinste Spur Eigelb mit dem Eiweiß in die Schüssel gelangt. Sonst wird Ihr Eischnee später nicht steif.

MEIN TIP

Verrühren Sie die Eigelbe gleich zusammen mit Zucker cremig, dann empfehle ich Ihnen, am Anfang ein wenig heißes Wasser dazuzugeben. So schmilzt der Zucker und löst sich schneller auf.

Eigelbe cremig rühren

Für viele Desserts, Eierspeisen und auch Kuchen muß Eigelb cremig (man sagt auch schaumig) gerührt werden. Dies können Sie kalt oder warm machen. Beim kalten Aufschlagen die Eigelbe mit den Schneebesen des Handrührgeräts oder mit einem Schneebesen so lange kräftig rühren, bis sie leicht cremig werden und hellgelb aussehen **(3)**.
Beim warmen Aufschlagen hängen Sie die Schüssel in einen Topf mit leicht siedendem Wasser (dieses darf den Schüsselboden nicht berühren) und schlagen so lange, bis eine sämige Creme entsteht **(4)**.
Diese Variante nimmt man in der Regel für die Zubereitung von Sabayons.

Eischnee schlagen

Eiweiß wird nur wirklich steif, wenn Schüssel und Schneebesen völlig fettfrei und kalt sind. Und wenn kein Eigelb mit im Eiweiß ist. Geben Sie die rohen Eiweiße in eine hohe Schüssel. Schlagen Sie sie zunächst bei niedriger, dann bei höchster Stufe mit den Schneebesen des Handrührgeräts, bis ein stumpf aussehender, weißer Eischnee entstanden ist.
Und so prüfen Sie, ob er die richtige Konsistenz hat: Stechen Sie mit einem Messer hinein **(5)**. Sieht man nach dem Herausziehen des Messers noch die Schnittstelle, ist er genau richtig.

Süßer Eischnee

Lassen Sie den im Rezept angegebenen Zucker (am besten eignet sich Puderzucker) während des Schlagens nach und nach ins Eiweiß einlaufen. Der fertige Schnee ist dann etwas weicher als reiner Eischnee.

MEIN TIP

Ist der Eischnee fertig, schlagen Sie bitte nicht weiter, sonst kann er wieder zusammenfallen.

Wenn Sie 1 Prise Salz oder 1–2 Tropfen Zitronensaft zum rohen Eiweiß geben, wird der Eischnee schneller steif.

1

2

GRUNDREZEPT

Eier kochen

1. Die rohen Eier (sie sollten möglichst Zimmertemperatur haben) an den runden Enden mit einem Eierpiekser anstechen **(1).** Für 4 Eier ca. 1 l Wasser zusammen mit ½ TL Salz aufkochen.

2. Die Eier vorsichtig hineingeben und nach Wunsch garen (siehe Tabelle). Dann das Wasser abgießen und die Eier unter fließend kaltem Wasser abschrecken **(2),** damit sie sich besser schälen lassen.

Kochzeiten

Weiche Eier: 3–4 Minuten
Wachsweiche Eier: ca. 5 Minuten
Hartgekochte Eier: 8–10 Minuten
Wachteleier: 4–6 Minuten
Enteneier: 12–15 Minuten
Gänseeier: 15–20 Minuten

Mein Tip

Alle Eier, die nicht vom Huhn kommen, müssen völlig durchgegart werden (wegen eventueller Salmonellen). Setzen Sie diese Eier auch mit kaltem Wasser auf, damit Sie beim Kochen nicht springen.

GRUNDREZEPT

Eier pochieren

1. Ca. 1 l Wasser in einem Topf aufkochen. 3 EL Essig hineingeben (die Mengen reichen für 4 Eier) und die Hitze etwas reduzieren. Die Eier einzeln aufschlagen und vorsichtig in eine große Schöpfkelle gleiten lassen.

2. Die Eier einzeln vorsichtig aus der Kelle in das nur noch leicht siedende Wasser gleiten lassen **(1).** Die einzelnen Eier dürfen sich beim Garen nicht berühren. Während der Garzeit die Eiweiße mit 2 Eßlöffeln immer wieder um die Eigelbe herumlegen **(2),** damit eine schöne Form entsteht.

3. Die Eier nach 4–5 Minuten Kochzeit mit einer Schaumkelle herausnehmen und auf Küchenkrepp abtropfen lassen. Unschöne Eiweißfäden am Rand mit einem Messer abschneiden.

1

2

Mein Tip

Eier zum Pochieren müssen immer sehr frisch und gut gekühlt sein, damit das Eiweiß beim Garen optimal zusammenhält.

Pochieren Sie nie mehr als 4 Eier gleichzeitig in einem Topf. Möchten Sie mehr zubereiten, dann halten Sie die fertigen Eier in einem Topf mit 70 °C warmem Wasser warm.

GRUNDREZEPT

Spiegeleier

- Für 4 Personen
- Zubereitungszeit: ca. 1/4 Stunde
- ca. 240 kcal je Portion

Das benötigen Sie

2–4 EL Öl
8 Eier
Salz
weißer Pfeffer
Muskatnuß

1. Das Öl in einer großen, beschichteten Pfanne erhitzen, aber nicht zu heiß werden lassen.

2. Die Eier einzeln aufschlagen und in eine kleine Kasserole oder Tasse gleiten lassen. Von dort dann nebeneinander vorsichtig ins heiße Fett gleiten lassen **(1).**

3. Die Eier bei mittlerer Hitze ohne Deckel braten, bis das Eiweiß vollständig gestockt ist. Wer möchte, brät die Eier weiter, bis auch das Eigelb festgeworden ist.

4. Die Spiegeleier mit einem Pfannenwender voneinander trennen. Aus der Pfanne nehmen **(2)** und kurz auf Küchenkrepp abtropfen lassen. Auf Teller legen und mit Salz, Pfeffer sowie 1 Prise Muskat würzen.

(auf dem rechten Teller)

1

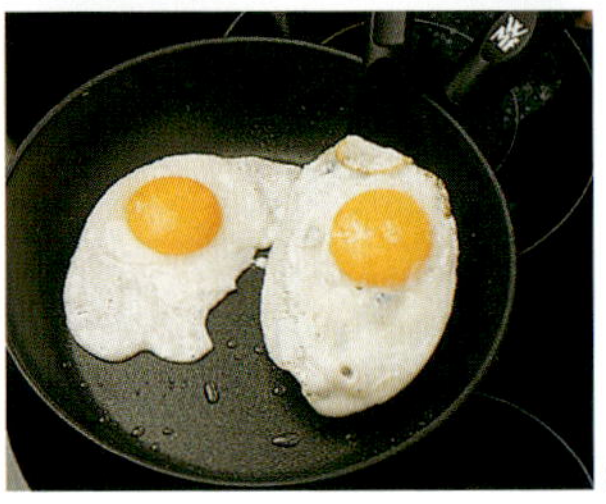

2

Variationen

- **150 g feine Streifen Dörrfleisch oder gekochten Schinken** vor Zugabe der Eier in der Pfanne anbraten.
- Die fertigen Spiegeleier mit **50 g feingeriebenem Gouda oder Emmentaler** bestreuen und zugedeckt noch ca. 1 Minute weiterbraten, bis der Käse leicht geschmolzen ist.
- **Schnittlauchröllchen oder grob gehackte, glatte Petersilie** auf die fertigen Spiegeleier streuen.

Spiegeleier turned over

Die gebratenen Spiegeleier mit einem Pfannenwender vorsichtig wenden und von der zweiten Seite nochmals 1–2 Minuten braten.

Strammer Max

8 Scheiben Graubrot mit insgesamt **60 g weicher Butter** bestreichen. Jede Scheibe mit **2 dünnen Scheiben rohem Schinken** belegen. Dann **jeweils 1 Spiegelei** darauf geben.

(auf dem linken Teller)

1

2

GRUNDREZEPT

RÜHREIER

1. Die Eier in einer Schüssel mit einem Schneebesen gut verquirlen. Die Sahne darunterheben. Mit Salz und Pfeffer kräftig würzen.

2. Die Butter in einer beschichteten Pfanne erhitzen, aber nicht zu heiß werden lassen. Die Eier hineingießen **(1).** Mit einem Holzlöffel oder Pfannenwender so lange rühren **(2),** bis die Eier gestockt sind, aber die Oberfläche noch glänzt.

3. Das Rührei auf Teller geben und mit den Butterflöckchen belegen.

- **Für 4 Personen**
- **Zubereitungszeit: ca. 1/4 Stunde**
- **ca. 280 kcal je Portion**

DAS BENÖTIGEN SIE

8 Eier
5 EL geschlagene Sahne
Salz
weißer Pfeffer
10 g Butter zum Braten
20 g Butterflöckchen

RÜHREIER MIT KÄSE

Die **Rühreier** nach Grundrezept zubereiten. **80 g feingeriebenen Gruyère** und **1 EL gehackte Petersilie** daruntermischen.

RÜHREIER MIT KERBEL UND TOMATEN

1 feingehackten Bund Kerbel unter die **Eiermasse** vom Grundrezept rühren. In **10 g Butter** zu Rühreiern braten. Jede Portion mit **1/2 Kirschtomate** und **1 Kerbelzweig** garnieren.

(auf dem Teller: oben)

RÜHREIER MIT SCHINKEN

6 Eier verquirlen und **5 EL geschlagene Sahne** darunterrühren. Mit **Salz** und **Pfeffer** würzen. **100 g gekochten Schinken (in Streifen)** in **20 g Butter** anbraten. Die Eier darübergießen und zu Rühreiern braten. **1 EL gehackte Petersilie** darauf streuen.

(auf dem Teller: unten links)

RÜHREIER MIT SHRIMPS

6 Eier verquirlen und **5 EL geschlagene Sahne** darunterrühren. Mit **Salz** und **Pfeffer** würzen. **2 EL gehackte Schalotten** in **20 g Butter** glasig dünsten. Die Eier darübergießen und zu Rühreiern braten. **120 ausgelöste Shrimps** daruntermischen. Dann **1 EL Tomatenwürfel (enthäutet und entkernt)** sowie **1 EL gehackten Dill** daruntermischen.

(auf dem Teller: unten rechts)

RÜHREIER MIT LACHS

6 Eier verquirlen und **5 EL geschlagene Sahne** darunterrühren. Mit **Salz** und **Pfeffer** würzen. **200 g in dünne Streifen geschnittenes, frisches Lachsfilet** mit **Salz** und **Pfeffer** würzen und in **1 EL Olivenöl** anbraten. Die Eier darübergießen und zu Rühreiern braten. **2 EL Schnittlauchröllchen** darunterrühren.

SIEHE AUCH

S. 243 Tomate enthäuten

GRUNDREZEPT

Omelett

- Für 4 Personen
- Zubereitungszeit: ca. 40 Minuten
- ca. 290 kcal je Portion
- Dazu paßt ein gemischter Blattsalat oder Tomatensalat mit Rauke und Vinaigrette

Das benötigen Sie

8 Eier
4 EL geschlagene Sahne
Salz
weißer Pfefer
40 g Butter

1. Den Ofen auf 50 °C vorheizen. Jedes Omelett einzeln zubereiten. Dafür jeweils 2 Eier mit einem Schneebesen verquirlen. 1 EL geschlagene Sahne darunterheben und alles mit Salz sowie Pfeffer würzen.

2. Dann 10 g Butter in einer beschichteten Pfanne erhitzen, aber nicht zu heiß werden lassen. Die Eiermischung hineingießen. Bei mittlerer Hitze unter mehrmaligem Rühren an der Oberfläche (die Bodenschicht darf nicht verletzt werden) stocken lassen. Die Pfanne dann mehrmals schwenken, damit sich das Omelett unten am Boden löst.

3. Wenn das Omelett unten gestockt ist und gerade Farbe bekommt, aber oben noch etwas feucht ist **(1)**, es mit einer Palette oder einem Pfannenwender vorsichtig zusammenklappen. Das Omelett zugedeckt im Ofen warmhalten.

4. Aus den restlichen Zutaten 3 weitere Omeletts backen.

1

Omelett mit Tomaten und Mozzarella

2 Tomaten enthäuten, vierteln, entkernen und würfeln. **100 g Mozzarella** in dünne Scheiben schneiden. Die Blättchen von **1 Bund Basilikum** abzupfen. Für jedes Omelett **2 Eier** verschlagen. **½ EL fast steif geschlagene Sahne** darunterheben und alles mit **Salz, Pfeffer** und einem Hauch **feingehacktem Knoblauch** würzen. Aus der Masse in **10 g Butter** ein Omelett backen. ¼ der Tomaten, des Käses und des Basilikums darauf streuen und mit **1 EL Pesto** beträufeln. Das Omelett zusammenklappen und zugedeckt warmstellen. 3 weitere Omeletts backen. Die Omeletts zusammen auf eine große, feuerfeste Platte legen und im Ofen bei 180 °C ca. 5 Minuten backen. Zuletzt **jeweils ca. 10 g geriebenen Parmesan** darauf streuen.
(auf dem Foto links)

Omelett mit Pilzen

200 g braune Champignons und **150 g Austernpilze** vierteln. **150 g Pfifferlinge** halbieren. **50 g Butterschmalz** in einer Pfanne erhitzen und die Pilze darin braten, bis sie leicht bräunen. Herausnehmen. Nun **50 g Schalottenwürfel** und **½ gehackte Knoblauchzehe** im verbliebenen Fett andünsten. Mit **10 g Mehl** bestäuben und es unter Rühren kurz anschwitzen lassen. Unter Rühren mit **80 ml hellem Geflügelfond** ablöschen. **80 g Sahne** angießen, die Pilze dazugeben und alles aufkochen lassen, bis die Sauce sehr sämig bindet.
2 EL gewürfelte Tomaten (enthäutet und entkernt) und **2 EL gehackte Petersilie** daruntermischen. Die Sauce mit **Salz** und **Pfeffer** würzen. Zuletzt **3 EL geschlagene Sahne** darunterheben.
10 g Butter in der Pfanne erhitzen und die **Eiermischung für 1 Omelett** (nach Grundrezept zubereitet und mit **¼ TL feingehacktem Rosmarin** und etwas **Muskat** verfeinert) hineingießen. Zu einem Omelett backen. ¼ der Pilzmischung darauf verteilen. Das Omelett zusammenklappen und zugedeckt warmhalten. Auf die gleiche Weise 3 weitere Omeletts zubereiten.

Omelett mit Geflügelleber

300 g Geflügelleber in mundgerechte Stücke schneiden und zusammen mit **60 g Champignonscheiben** in **25 g Butter** anbraten. Herausnehmen. Dann **2 gewürfelte Schalotten** in **25 g Butter** glasig dünsten. Mit **2 EL Sherry** ablöschen und **⅛ l hellen Kalbsfond** angießen. Diesen auf die Hälfte einkochen lassen. Mit **Salz** und **Pfeffer** würzen und die Lebermischung sowie **1 EL Thymianblättchen** dazugeben. Alles gut mischen und in 4 gleich große Portionen teilen.
10 g Butter in der Pfanne erhitzen und die **Eiermischung für 1 Omelett** (nach Grundrezept) hineingießen. Zu einem Omelett backen. 1 Portion der Lebermischung darauf verteilen. Das Omelett zusammenrollen und zugedeckt warmhalten. Auf die gleiche Weise 3 weitere Omeletts zubereiten.
Alle Omeletts zusammen in eine große, feuerfeste Form legen. Mit **4 Scheiben gekochtem Schinken** und **4 Scheiben Bergkäse** belegen. Im vorgeheizten Ofen bei 200 °C in 5–6 Minuten goldgelb überbacken.

Omelett mit Spargel und Morcheln

2 EL gewürfelte Schalotten in **40 g Butter** glasig dünsten. **120 g geputzte, frische Morcheln** dazugeben. Mit **Salz** und **Pfeffer** würzen und gut anbraten. Dann **200 g gekochte weiße Spargelspitzen** kurz mitbraten. Die Spargelmischung herausnehmen und in 4 gleich große Portionen teilen.
1 Gemüseportion wieder in die Pfanne geben. Die **Eiermischung für 1 Omelett** (nach Grundrezept) darauf geben und mit **1 EL Schnittlauchröllchen** bestreuen. Das Omelett bei mittlerer Hitze stocken lassen. Es dann zusammenklappen und zugedeckt warmhalten. Auf die gleiche Weise 3 weitere Omeletts zubereiten. Zuletzt jedes mit **1 halbierten Cocktailtomate** und **1 Kerbelzweig** garnieren.

Siehe auch

S. 70 Vinaigrette
S. 74 Blattsalat
S. 105 Heller Kalbsfond
S. 124 Sauce mit Mehlschwitze zubereiten
S. 129 Heller Geflügelfond
S. 243 Tomate enthäuten
S. 263 Spargel kochen
S. 306 Pesto

GRUNDREZEPT

Crêpes

- Für 4 Personen
- Zubereitungszeit: ca. 35 Minuten
- ca. 170 kcal je Portion

Das benötigen Sie

2 Eier
60 g Mehl
20 g flüssige Butter
1/8 l Milch
Salz
weißer Pfeffer
etwas Öl für die Pfanne

1. Eier, gesiebtes Mehl, flüssige Butter und Milch mit einem Schneebesen zu einem glatten Teig verquirlen. Mit Salz und Pfeffer würzen und ca. 1/4 Stunde ruhen lassen. Dann nochmals durchrühren.

2. Den Ofen auf 50 °C vorheizen. Eine beschichtete Pfanne mit etwas Öl auspinseln und erhitzen, aber nicht zu heiß werden lassen. Ein wenig von dem Teig mit einer Schöpfkelle hineingießen und die Pfanne sanft schwenken, damit der Teig zu einem hauchdünnen Crêpe verläuft. Bei mittlerer Hitze daraus einen Crêpe backen **(1)**.

3. Wenn der Crêpe unten leicht gebräunt und oben fast gestockt ist, ihn vorsichtig mit einer Palette oder mit einem Pfannenwender wenden **(2)**. Nochmals ca. 1 Minute backen, bis die zweite Seite auch leicht gebräunt ist.

4. Den Crêpe aus der Pfanne nehmen und mit Alufolie zugedeckt im Ofen warmhalten. Auf die gleiche Weise aus dem Teig weitere Crêpes backen.

1

2

Kräutercrêpes
Mischen Sie **1 EL gehackte Petersilie, 1 EL Schnittlauchröllchen oder 1 TL gehackten Kerbel** unter den fertigen Teig.
(auf dem Foto unten)

Mein Tip

Schneller geht das Crêpebacken, wenn Sie mit 2 Pfannen gleichzeitig arbeiten.

Sie können die Crêpes auch zu Röllchen zusammenrollen oder zu Quadraten zusammenschlagen – wie es Ihnen optisch am besten gefällt.

Das Fett darf nicht zu heiß sein, sonst kann Ihnen der Crêpe schnell zu dunkel werden.

Überbackene Hühnerleber-Crêpes

400 g Hühnerleber in kleine Würfel schneiden. Zusammen mit **100 g gewürfelten Champignons** in **25 g Butter** anbraten. Herausnehmen. **2 EL Schalottenwürfel** in **25 g Butter** glasig dünsten. Mit **40 ml rotem Portwein** ablöschen und **1/8 l hellen Kalbsfond** angießen. Auf 1/3 einkochen lassen. Die Lebermischung und **1 EL gehackte Petersilie** darunterrühren.
Einen **Crêpeteig nach Grundrezept** zubereiten, ruhen lassen und dann noch **1 TL gehackten Majoran** darunterrühren. Aus dem Teig Crêpes backen. Die Lebermischung wieder erwärmen. Auf jeden Crêpe etwas davon geben und ihn zweimal auf die Hälfte zu einem Viertelkreis zusammenklappen.
Eine feuerfeste Form mit **30 g Butter** einfetten. Die gefüllten Crêpes vorsichtig hineinlegen und mit **80 g geriebenem Bergkäse** bestreuen. **4 EL geschlagene Sahne** darauf geben. Unter dem vorgeheizten Grill auf der mittleren Schiene 6–7 Minuten überbacken.

Kräutercrêpes mit Käsefüllung

2 gewürfelte Schalotten in **20 g Butter** glasig dünsten. **150 g gewürfelten, gekochten Schinken** kurz mitbraten. Mit **100 g Sahne** ablöschen. **100 g blanchierten, gut ausgepreßten, kleingeschnittenen Spinat** daruntermischen. Alles aufkochen und in eine Schüssel geben. **30 g feingeriebenes, entrindetes Weißbrot, 160 g kleingewürfelten Bergkäse** und **1 EL gehackten Thymian** dazugeben und alles gut mischen. Mit **Salz** und **Pfeffer** würzen und erkalten lassen.
Einen **Crêpeteig für Kräutercrêpes** zubereiten. Daraus Crêpes backen. Auf jeden Crêpe etwas von der Käsemischung geben und ihn zweimal auf die Hälfte zu einem Viertelkreis zusammenklappen.
Eine feuerfeste Form mit **30 g Butter** einfetten. Die gefüllten Crêpes vorsichtig hineinlegen und mit **8 Salbeiblättchen** sowie **8 Scheiben Bergkäse** belegen. Im vorgeheizten Ofen bei 180 °C in 5–7 Minuten goldgelb überbacken.

Crêpes mit Ente und Frühlingszwiebeln

400 g Entenbrustfilets in feine Streifen schneiden und in **5–7 EL Sesamöl** von allen Seiten knusprig anbraten. Herausnehmen. Im verbliebenen Fett **1 Bund Frühlingszwiebeln (in dünnen Ringen)** und **je 1 rote und gelbe Paprikaschote (in feinen Streifen)** andünsten. **1 gehackte Knoblauchzehe, 50 g kleingeschnittene Austernpilze, 1 EL gehacktes Koriandergrün** und die Entenscheiben dazugeben. Alles mit **3 EL Sojasauce** ablöschen. **1/8 l hellen Geflügelfond** angießen und das Ganze so lange offen einkochen, bis die Sauce eine sirupartige Konsistenz hat. Evtl. mit **Salz** und **Pfeffer** würzen.
Einen **Crêpeteig nach Grundrezept** zubereiten, aber statt der flüssigen Butter **1 EL Sesamöl** nehmen. Den Teig ruhen lassen und dann noch **2 EL gehacktes Koriandergrün** darunterrühren. Aus dem Teig Crêpes backen. Die Entenmischung wieder erwärmen. Auf jeden Crêpe etwas davon geben und ihn zweimal auf die Hälfte zu einem Viertelkreis zusammenklappen. Mit etwas **Pflaumenweinsauce** beträufeln.

Siehe auch

S. 105 Heller Kalbsfond
S. 134 Pflaumenweinsauce
S. 244 Blanchieren

GRUNDREZEPT

Pfannkuchen

■ Für 4 Personen
■ Zubereitungszeit: ca. 35 Minuten
■ Ruhezeit: ca. 1 Stunde
■ ca. 530 kcal je Portion

Das benötigen Sie

4 Eier
400 ml Milch
250 g Mehl
80 g flüssige Butter
Salz
ca. 1 EL Öl für die Pfanne

1. Die Eier in einer großen Schüssel mit einem Schneebesen verquirlen und die Milch darunterrühren. Das Mehl daraufsieben und alles zu einem glatten Teig verrühren. Die nicht mehr heiße, flüssige Butter und etwas Salz darunterrühren. Den Teig durch ein feines Sieb gießen und ca. 1 Stunde ruhen lassen.

2. Dann den Teig nochmals durchrühren. Sollte der durch das Quellen des Mehls etwas zu dickflüssig geworden sein, etwas Milch darunterrühren. Den Ofen auf 50 °C vorheizen.

3. Eine beschichtete Pfanne mit etwas Öl auspinseln und erhitzen, aber nicht zu heiß werden lassen. ¼ des Teigs mit einer Schöpfkelle hineingeben und durch leichtes Schwenken der Pfanne auf dem gesamten Boden verteilen **(1)**. Den Pfannkuchen bei mittlerer Hitze backen, bis er unten leicht gebräunt und die Oberseite nicht mehr feucht ist.

4. Den Pfannkuchen mit einem Pfannenwender oder mit einer Palette vorsichtig wenden **(2)** und von der zweiten Seite so lange braten, bis auch diese leicht gebräunt ist.

5. Den Pfannkuchen aus der Pfanne nehmen und im Ofen mit Alufolie zugedeckt warmhalten. Aus dem Teig auf die gleiche Weise 3 weitere Pfannkuchen backen.

(auf dem Teller: oben)

1

2

Mein Tip

Nach der Ruhezeit sollte der Pfannkuchenteig nur so dickflüssig sein, daß er beim Durchziehen eines Holzlöffels sofort wieder zusammenfließt.

Besonders locker werden die Pfannkuchen, wenn Sie statt der 4 Eier 2 Eier und 2 Eigelbe nehmen und mit den restlichen Zutaten verrühren. Kurz vor dem Backen dann noch 2 steifgeschlagene Eiweiße vorsichtig unter den Teig heben.

Vollkorn-Pfannkuchen

4 Eier mit **400 ml Milch** verquirlen. **150 g Vollkornmehl** und **50 g Weizenmehl Type 405** und **80 g flüssige Butter** darunterrühren. Den Teig mit **Salz** und **Muskat** würzen, durch ein Sieb gießen und ca. 1 Stunde quellen lassen. Dann **2 EL gehackte Petersilie** darunterrühren. Weitere Zubereitung: siehe Grundrezept.

(auf dem Teller S. 362: Mitte)

Maispfannkuchen

4 Eier mit **300 ml Milch** verquirlen. **200 g Maismehl, 2 EL Maiskeimöl** und **100 ml Mineralwasser** (mit Kohlensäure) darunterrühren. Den Teig durch ein Sieb gießen und ca. ½ Stunde ruhen lassen. Weitere Zubereitung: siehe Grundrezept. Den Teig dabei immer noch einmal gut durchrühren, bevor man ihn in die Pfanne gibt.

(auf dem Teller S. 362: unten)

Speck-Pfannkuchen

Den **Pfannkuchenteig** nach Grundrezept zubereiten. **10 g Butterschmalz** in einer beschichteten Pfanne erhitzen. **2–3 dünne Scheiben Dörrfleisch** darin von beiden Seiten knusprig braten. Den Teig für 1 Pfannkuchen darauf gießen, in der Pfanne durch Schwenken verteilen und zu einem Pfannkuchen backen. Auf die gleiche Weise 3 weitere Pfannkuchen backen. Die fertigen Pfannkuchen mit **etwas gehackter Petersilie** bestreuen.

Steinpilz-Pfannkuchen

Einen **Pfannkuchenteig** nach Grundrezept zubereiten. **400 g Steinpilze** in dünne Scheiben schneiden und in einer Pfanne in **50 ml Öl** anbraten. **2 gewürfelte Schalotten** und **1 feingehackte Knoblauchzehe** dazugeben und glasig dünsten. Mit **Salz, Pfeffer** und **Muskat** würzen. Aus der Pfanne nehmen und in 4 gleich große Portionen teilen. 1 Portion wieder in die Pfanne geben. ¼ des Teigs darauf gießen, **etwas gehackte Petersilie** darauf streuen und den Teig in der Pfanne durch Schwenken verteilen. Dann zu einem Pfannkuchen backen. Die anderen 3 Pfannkuchen auf die gleiche Weise zubereiten.

Pfannkuchen mit Gemüsefüllung

50 g gewürfelte Schalotten in **40 g Butter** glasig dünsten. **Je 40 g gewürfelte rote, grüne und gelbe Paprikaschote** dazugeben und mitdünsten. Dann **40 g Maiskörner (aus der Dose)** und **80 g blanchierte Brokkoliröschen** mitdünsten. **60 g Crème fraîche** darunterrühren und alles kurz aufkochen lassen. Mit **Salz** und **gemahlenem Koriander** würzen. Vom Herd nehmen, **1 EL Kerbelblättchen** daruntermischen und das Gemüse zugedeckt warmhalten.

Einen **Pfannkuchenteig** nach Grundrezept zubereiten und daraus 4 Pfannkuchen backen. Jeweils ¼ der Gemüsemischung auf 1 Pfannkuchen geben und ihn zusammenklappen. Dazu passen Pesto und gehobelter Parmesan.

(auf dem Foto unten)

Mein Tip

Sie können die Gemüsepfannkuchen auch überbacken. Rollen Sie sie dafür mit der Füllung zusammen. Legen Sie sie in eine ausgefettete, große, feuerfeste Form, und gießen Sie 200 ml Tomatensauce an. Streuen Sie 100 g geriebenen Emmentaler darüber, und überbacken Sie die Pfannkuchen 8–10 Minuten im vorgeheizten Ofen bei 200 °C.

Siehe auch

S. 136 Tomatensauce
S. 244 Blanchieren
S. 306 Pesto

Soufflé

- Für 4 Personen
- Zubereitungszeit: ca. 1¼ Stunden
- ca. 400 kcal je Portion

Das benötigen Sie

30 g Butter
40 g Mehl
¼ l kalte Milch
Salz
weißer Pfeffer
4 Eiweiß
150 g geriebener Gruyère
4 Eigelb
20 g Butter für die Förmchen

Käsesoufflé

1. Die Butter in einem Topf schmelzen lasen. Das Mehl unter Rühren dazusieben und anschwitzen, ohne daß es Farbe bekommt **(1)**. Die kalte Milch unter Rühren dazugießen **(2)**. Alles so lange unter Rühren bei milder Hitze köcheln lassen, bis eine homogene Masse entstanden ist. Mit Salz und Pfeffer würzen und erkalten lassen.

2. Dann den Ofen auf 200 °C vorheizen. Die Eiweiße mit 1 Prise Salz steifschlagen. Den geriebenen Käse und die Eigelbe unter die erkaltete Masse rühren. Den Eischnee vorsichtig darunterheben **(3)**.

3. Nun 8 kleine Souffléförmchen (8 cm Durchmesser) mit der Butter ausfetten. Jeweils zu ¾ mit der Soufflémasse füllen **(4)**.

4. Die Förmchen in eine flache Auflaufform stellen. Diese soweit mit heißem Wasser füllen, daß die Förmchen bis zur Hälfte im Wasser stehen. Die Soufflés auf der mittleren Schiene ca. 20 Minuten backen. Sofort in den Förmchen servieren, damit sie nicht zusammenfallen.

1

2

3

4

Mein Tip

Öffnen Sie die Ofentür erst, wenn die Soufflés fertig sind, sonst können sie durch den Luftzug zusammenfallen.

Ich stoße die mit der Soufflémasse gefüllten Förmchen immer kurz auf die Tischplattte auf. So werden große Luftblasen im Inneren zerstört.

Spinatsoufflé

50 g gewürfelte Schalotten und **1 feingehackte Knoblauchzehe** in **40 g Butter** glasig dünsten. **500 g gewaschenen, abgetropften Spinat** dazugeben. Mit **Salz, Pfeffer** und **Muskat** würzen und den Spinat zugedeckt bei mittlerer Hitze zusammenfallen lassen. In ein Sieb geben und kurz ausdrücken.

30 g Butter in einem Topf schmelzen lassen. **40 g Mehl** darin hell anschwitzen. **250 g Sahne** angießen und alles unter Rühren köcheln lassen, bis eine dickliche Masse entstanden ist. Den ausgedrückten Spinat daruntermischen. Alles mit **Salz, Pfeffer** und **Muskat** nachwürzen und in einer Schüssel erkalten lassen.

2 Eiweiße mit **1 Prise Salz** steifschlagen und vorsichtig unter die Spinatmasse heben. Weitere Zubereitung: siehe Grundrezept, ab Schritt 3. Die Garzeit beträgt hier jedoch ca. 25 Minuten.

(Abb.: unten links)

Räucherfisch-soufflé

Von **je 100 g Räucheraal und Räucherforelle** die Haut abziehen und die Gräten entfernen. Beides beiseite legen. Das Fischfleisch zusammen mit **100 g Räucherlachs** in kleine Würfel schneiden. Mit **2 EL gehacktem Dill, Salz** und **Pfeffer** würzen.

Fischhaut und Gräten zusammen mit **1/2 l Wasser oder hellem Fischfond** und **2 gewürfelten Schalotten** aufkochen und auf 1/4 l einkochen lassen. Durch ein Sieb gießen.

30 g Butter in einem Topf schmelzen lassen. **40 g Mehl** darin hell anschwitzen. Den Räucherfischfond angießen und alles unter Rühren köcheln lassen, bis eine dickliche Masse entstanden ist. Auskühlen lassen.

Dann **3 Eigelbe** nach und nach darunterrühren und das Räucherfischfleisch darunterheben. **3 Eiweiße** mit **1 Prise Salz** steifschlagen und vosichtig unter die Fischmasse heben. Weitere Zubereitung: siehe Grundrezept, ab Schritt 3. Die Garzeit beträgt jedoch ca. 20–25 Minuten.

(Abb.: unten rechts)

Kräutersoufflé

60 g Butter in einem Topf schmelzen lassen. **50 g Mehl** darin hell anschwitzen. **1/4 l Milch** und **40 ml Sahne** angießen und unter Rühren köcheln lassen, bis eine dickliche Masse entstanden ist. Auskühlen lassen.

Dann **4 Eigelbe** nach und nach darunterrühren und die Masse mit **Salz, Pfeffer** sowie **Muskat** würzen. **4 Eiweiße** mit **1 Prise Salz** steifschlagen und zusammen mit **je 25 g Petersilie, Schnittlauch, Kerbel und Basilikum (alles feingehackt)** vorsichtig unter die Soufflémasse heben.

Weitere Zubereitung: siehe Grundrezept, ab Schritt 3. Die ausgefetteten Förmchen jedoch vor dem Füllen mit **40 g Semmelbröseln** ausstreuen. Die Garzeit beträgt ca. 20 Minuten.

Mein Tip

Diese Soufflés eignen sich gut als kleine, warme Vorspeise.

Wer möchte, kann die gesamte Soufflémasse auch in eine große, eingefettete Souffléform füllen und so backen. Sie erhalten dann ein eindrucksvolles Gericht zum Auftragen. Die Garzeit verlängert sich in der großen Form um 8–10 Minuten.

Soufflefans finden auf der Seite 398 weitere Vorschläge, diesmal für süße Varianten.

Siehe auch

S. 132 **Heller Fischfond**

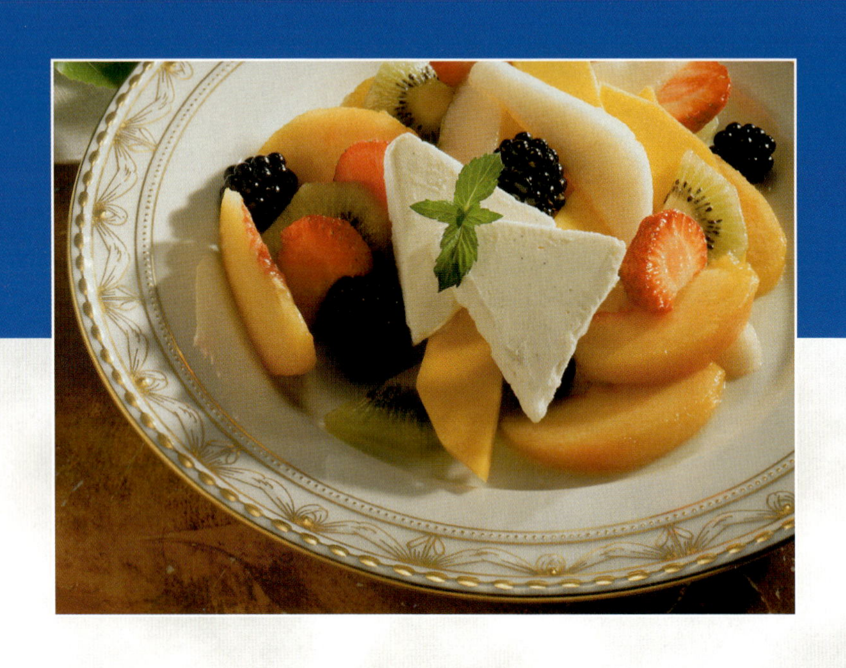

Desserts

Dessertdekorationen

Mandelkrokant
150 g Zucker in eine Pfanne geben. Unter Rühren bei mittlerer Hitze hellbraun karamelisieren lassen. 75 g gehobelte Mandeln dazugeben **(1)** und unter Rühren kurz im Karamel anrösten. Aus der Pfanne nehmen und auf ein gefettetes Blech geben. Mit Frischhaltefolie bedecken und mit einem Nudelholz glattrollen. Dann erkalten lassen. Dann mit einem großen Messer grob oder fein (je nach Bedarf) hacken **(2).** Den Krokant über fertige Desserts oder auf die Teller streuen.

Teller bestäuben
Einen Löffel oder eine Gabel auf den leeren Dessertteller legen. Mit einem kleinen Haarsieb Kakaopulver darauf stäuben **(3).** Das Besteck dann vorsichtig entfernen.

Sie können auch ohne Schablone arbeiten und den gesamten Teller dünn mit Kakaopulver oder Puderzucker bestäuben. Oder Sie schneiden sich eine Pappschablone nach Wunsch (z. B. ein Herz oder einen Stern) und nehmen diese.

Schokoladenröllchen
1 Blockschokolade flach auf die Arbeitsplatte legen. Ein großes Messer an Griff und Klingenspitze anfassen und mit gleichmäßigem Druck auf der Schokolade entlang zu sich hinziehen. Den Messerrücken dabei leicht schräg zu sich hin halten **(4).**

Kuvertüre temperieren
Mit flüssiger Kuvertüre kann man viele schöne Effekte erzielen. Sie muß dafür aber immer gut temperiert sein. Und dies geht so: Die Hälfte der Kuvertüre grob würfeln und in einer Schüssel über einem heißen Wasserbad schmelzen lassen. Das Wasser darf dabei eine maximale Temperatur von 50 °C haben. Vom Wasserbad nehmen. Die restliche Kuvertüre sehr fein hacken oder hobeln. Nach und nach unter die geschmolzene Kuvertüre rühren **(5)** und diese so sanft abkühlen. Zum Schluß muß die Kuvertüre zähflüssig sein und darf höchstens 28 °C haben. Und so testen Sie dies: Führen Sie etwas flüssige Kuvertüre mit einem Holzlöffel vorsichtig an die Unterlippe. Wenn Sie kühle Kuvertüre spüren, ist sie genau richtig. Nun die Kuvertüre nochmals kurz auf ein warmes Wasserbad setzen und auf ca. 32 °C erwärmen.
Zum Messen der Temperatur können Sie ein ganz normales Thermometer nehmen.

Obst mit Kuvertürehaube
Frisches Obst, z. B. Erdbeeren oder Kapstachelbeeren (die dünne, pergamentähnliche Hülle vorher vorsichtig öffnen und zum Stiel hin ziehen), zur Hälfte in temperierte Kuvertüre tauchen **(6).** Auf einem Schneidebrett oder auf Pergamentpapier trocknen lassen.

1

2

3

4

5

6

7

8

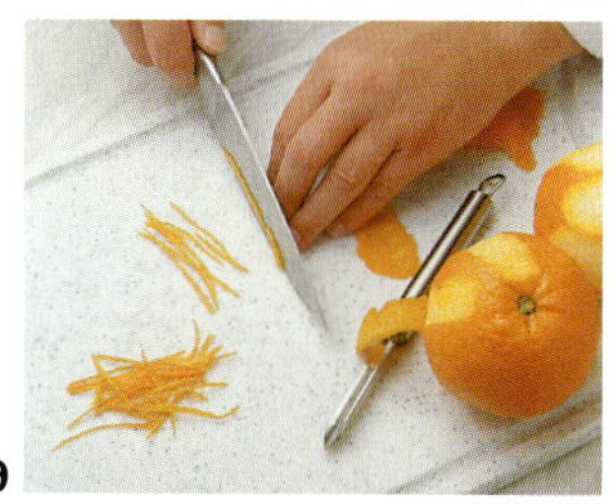
9

10

11

12

Schokoladenblätter
Frische Lorbeer- oder Rosenblätter (gewaschen und gut abgetrocknet) am Stiel anfassen und mit einer Seite vorsichtig in temperierte Kuvertüre tauchen **(7).** Auf einem Schneidebrett oder auf Pergamentpapier, bzw. Frischhaltefolie trocknen lassen. Dann das Blatt vorsichtig mit einer Messerspitze von der Kuvertüre lösen **(8)** und abziehen.

Zitruszesten herstellen
Unbehandelte Orangen, Limetten oder Zitronen heiß abwaschen und gut abtrocknen. Die Schale mit einem Sparschäler hauchdünn abschälen. Sollte etwas von der pelzigen, weißen Haut an der Schale sein, sie mit einem scharfen Messer vorsichtig entfernen. Die Schalenstücke dann in feine Streifen schneiden **(9).**
Sie können für die Streifen aber auch einen Zestenreißer nehmen. Das geht schneller, die Streifen werden aber nicht ganz so schön.
Die Zesten vor der Verwendung 2–3 Minuten blanchieren. Dann Kandieren oder in Läuterzucker einlegen.

Kandierte Zitruszesten
50 g Zucker mit 50 ml Orangensaft offen 2 Minuten stark einkochen. Die Zitruszesten von 2 unbehandelten Orangen dazugeben. 50 ml Grenadine (Granatapfelsirup) hinzufügen und alles offen auf die Hälfte einkochen **(10).** Mit kaltem Wasser in einem Sieb abspülen und auskühlen lassen. Die Zesten auf Teller und/oder Desserts streuen.

Saucendekorationen
Hübsch sehen ineinander verzogene Saucen aus. Ich nehme meist eine Vanillesauce (S. 402) und eine Fruchtsauce (S. 400). Zum Auftragen der Sauce auf die Teller verwende ich entweder kleine Plastikflaschen (1/4 l Fassungsvermögen) mit dünner Düse aus der Apotheke oder falte aus Pergamentpapierdreiecken durch Zusammenfalten kleine Tütchen, von denen ich dann unten die Spitze abschneide. Sie können aber auch einen Gefrierbeutel nehmen und unten an einer Ecke ein kleines Stück abschneiden, so daß ein kleines (!) Loch entsteht.

■ Herzmuster: Die Vanillesauce als Kreis auf den Teller geben. Die Fruchtsauce als Tupfen in Kreisform darauf spritzen. Dann mit einem Holzspieß vorsichtig durch die Tupfen fahren, so daß Herzen entstehen **(11).**

■ Sternmuster: Die Vanillesauce als Kreis auf den Teller geben. Die Fruchtsauce als kleineren Kreis darauf geben. Einen Holzspieß von der Mitte der Fruchtsauce mit leichtem Schwung nach außen durch die Vanillesauce ziehen **(12).**

■ Streifenmuster: Verschiedenfarbige Saucen als Ringe auf den Teller spritzen. Dann einen Holzspieß immer im Wechsel einmal von innen nach außen und einmal von außen nach innen durch die Saucen ziehen.
(auf dem großen Foto unten)

GRUNDREZEPT

SABAYON

■ Für 4 Personen
■ Zubereitungszeit: ca. 20 Minuten
■ ca. 160 kcal je Portion

DAS BENÖTIGEN SIE

4 Eigelb
50 g Zucker
200 ml Weißwein
Saft von 1/2 Zitrone
abgeriebene Schale von 1/2 unbehandelten Zitrone

Weinschaumcreme

1. Die Eigelbe mit Zucker, Weißwein, Zitronensaft und Zitronenschale in eine Schüssel geben **(1)** und gut verquirlen.

2. In einem Topf, in den man die Schüssel einhängen kann, etwas Wasser zum Kochen bringen. Die Temperatur herunterschalten.

3. Die Schüssel über das Wasserbad hängen und die Eiermischung mit einem Schneebesen so lange kräftig schlagen, bis sie cremig ist **(2)**.

4. Die Schüssel vom Wasserbad nehmen. Die Eiercreme kräftig weiterschlagen, bis sie abgekühlt ist **(3)**. In Dessertgläsern lauwarm servieren.
(auf dem Foto unten)

1

2

3

MEIN TIP

Achten Sie beim **Wasserbad** darauf, daß das Wasser die eingehängte Schüssel nicht berührt. Sonst kann Ihnen das Eigelb beim Rühren gerinnen.

Außerdem darf das Wasser nicht sprudelnd kochen, sondern nur leicht perlen. Der dabei entstehende Wasserdampf reicht zum Erwärmen der Eiercreme aus.

ITALIENISCHE ZABAIONE

1/8 l Weißwein zusammen mit **60 g Zucker, 5 Eigelben** und **60 ml Marsala** zu einer Creme aufschlagen.

VANILLESABAYON

1 Vanilleschote der Länge nach aufschlitzen. Das Mark mit einer Messerspitze herauskratzen und zusammen mit **1/8 l Milch, 40 g Zucker** und **3 Eigelben** zu einer Creme aufschlagen.

Glühweinsabayon

⅛ l Rotwein zusammen mit **40 g Zucker, der abgeriebenen Schale von ½ unbehandelten Zitrone, 1 Gewürznelke, ½ Zimtstange** und **1 Sternanis** bis kurz vor den Siedepunkt erhitzen. Den Glühwein abkühlen lassen, durch ein Sieb gießen und erkalten lassen. Dann zusammen mit **4 Eigelben** zu einer Creme aufschlagen.
(auf dem Foto: vorne links)

Altbiersabayon

150 ml Altbier, 50 g Zucker, 4 Eigelbe, 1 Prise Zimt und **1 Prise Nelkenpulver** zusammen zu einer Creme aufschlagen.
(auf dem Foto: vorne rechts)

Mandelsabayon

50 g gehobelte Mandeln auf ein Blech legen und im vorgeheizten Ofen bei 180 °C in ca. 8 Minuten goldbraun rösten. Dann zusammen mit **200 ml Milch** und **50 g Zucker** aufkochen und bei milder Hitze ca. 5 Minuten ziehen lassen. Auskühlen lassen. Die Milch durch ein Sieb gießen. Zusammen mit **4 Eigelben** und **1 Prise Salz** zu einer Creme aufschlagen. Dann **20 ml Amaretto** darunterrühren. Die Desserts mit **gerösteten Mandelblättchen** bestreuen.
(auf dem Foto: hinten)

Jasmintee-Sabayon

2 EL getrocknete Jasminblüten mit **150 ml heißem Wasser** übergießen und ca. ¼ Stunde ziehen lassen. Dann durch ein Sieb geben und erkalten lassen. ⅛ l Tee zusammen mit **50 g Zucker** und **4 Eigelben** zu einer Creme aufschlagen. Zuletzt noch **20 ml Pflaumenwein** darunterschlagen.

Mein Tip

Wenn Sie den Sabayon kalt servieren möchten, dann stellen Sie die Schüssel mit der warmen Creme zum Kaltschlagen am besten in eine Schüssel mit Eiswürfeln.

Ich serviere den Sabayon auch gerne als cremige Sauce zu Obstdesserts oder nehme ihn zum Überbacken von Obst.

GRUNDREZEPT

Aufgeschlagene Creme mit Gelatine

- Für 4 Personen
- Zubereitungszeit: ca. 1 Stunde
- Kühlzeit: ca. 2–3 Stunden
- ca. 250 kcal je Portion
- Dazu paßt Obstkompott

Das benötigen Sie

2 Blatt weiße Gelatine
1 Vanilleschote
100 ml Milch
40 g Zucker
4 Eigelb
20 ml Vanillelikör
150 g geschlagene Sahne

Bayerische Creme

1. Die Gelatine ca. 10 Minuten in kaltem Wasser einweichen **(1)**.

2. Inzwischen die Vanilleschote der Länge nach aufschlitzen und das Mark mit einer Messerspitze herauskratzen. Schote, Mark, Milch und Zucker in einem Topf aufkochen. Die Vanilleschote herausnehmen.

3. In einem Topf, in den man eine Schüssel einhängen kann, etwas Wasser zum Kochen bringen. Die Temperatur herunterschalten.

4. Die Eigelbe in einer Schüssel verquirlen. Die heiße Vanillemilch nach und nach darunterrühren. Die Schüssel über das Wasserbad hängen und die Eiermischung mit einem Schneebesen kräftig schlagen, bis sie cremig ist **(2)**.

5. Die Gelatine gut ausdrücken und in dem erwärmten Vanillelikör auflösen **(3)**. Unter die Eiercreme rühren. Diese durch ein Sieb gießen und abkühlen lassen. Zwischendrin öfter umrühren.

6. Wenn die Creme zu stocken beginnt, die geschlagene Sahne darunterheben **(4)**. 4 Förmchen (ca. 100 ml Volumen) mit kaltem Wasser ausspülen. Die Creme hineinfüllen und in 1–2 Stunden im Kühlschrank fest werden lassen.

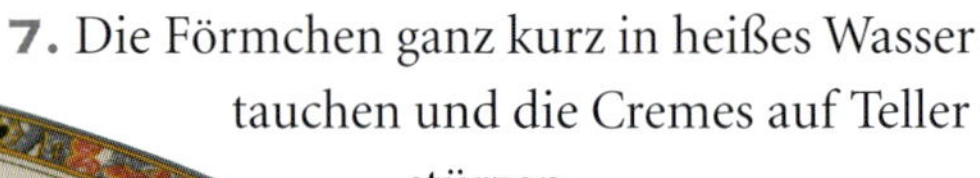

7. Die Förmchen ganz kurz in heißes Wasser tauchen und die Cremes auf Teller stürzen.

1

2

3

4

Mein Tip

Wenn Sie die Eiermischung auf dem Wasserbad schlagen, bis sie cremig ist, nennt der Fachmann dies **„die Creme zur Rose abziehen“.** Diese Bezeichnung rührt daher, daß die fertige Creme auf einem Holzlöffel durch Pusten so verläuft, daß sie wie eine Rose aussieht. Auf dem kleinen Foto Nr. 2 können Sie dies sehr gut sehen.

Mokkacreme

200 ml Milch und **60 g echte Mokkabohnen** zusammen einmal aufkochen und ca. ½ Stunde neben dem Herd ziehen lassen. Dann **2 EL lösliches Kaffeepulver** und **50 g Zucker** dazugeben. Alles nochmals aufkochen und durch ein feines Sieb gießen. **3 Eigelbe** zusammen mit der heißen Mokkamilch auf einem Wasserbad cremig aufschlagen. **3 Blatt eingeweichte, weiße Gelatine** ausdrücken und in **30 ml erwärmtem Crème de Cacao (Kakaolikör)** auflösen. Unter die Eiercreme rühren. Diese durch ein Sieb geben und unter mehrmaligem Rühren erkalten lassen, bis sie zu stocken beginnt. Dann **200 g geschlagene Sahne** darunterheben. In ausgespülte Förmchen füllen und stocken lassen. Dazu paßt Mokkasauce.
(Abb.: oben links)

Weincreme

⅛ l Weißwein mit **75 g Zucker** und **3 Eigelben** verquirlen. Über dem Wasserbad cremig aufschlagen. **3 Blatt eingeweichte, weiße Gelatine** ausdrücken und unter Rühren in der warmen Creme auflösen. Diese durch ein Sieb geben und unter mehrmaligem Rühren erkalten lassen, bis sie zu stocken beginnt. Dann **250 g geschlagene Sahne** darunterheben. **1 Eiweiß** mit **10 g Zucker** steifschlagen und zusammen mit der **abgeriebenen Schale von 1 unbehandelten Orange** ebenfalls unter die Creme heben. In ausgespülte Förmchen füllen und in ca. 2 Stunden stocken lassen. Dazu passen halbierte Weintrauben mit gerösteten Mandelblättchen.
(Abb.: oben Mitte)

Orangencreme

¼ l Orangensaft mit **4 Eigelben** und **50 g Zucker** auf einem Wasserbad cremig aufschlagen. **4 Blatt eingeweichte, weiße Gelatine** ausdrücken und in der warmen Eiercreme auflösen. **20 ml Grand Marnier (Orangenlikör)** darunterrühren. Die Creme durch ein Sieb geben und unter mehrmaligem Rühren erkalten lassen, bis sie zu stocken beginnt. Dann **250 g geschlagene Sahne** und die **abgeriebene Schale von 1 unbehandelten Orange** darunterheben. In ausgespülte Förmchen füllen und in 2–3 Stunden stocken lassen. Dazu paßt Vanillesauce mit blanchierten Orangenzesten.
(Abb.: oben rechts)

Weisse Zimtcreme

Je ⅛ l Milch und Sahne zusammen mit **3 Zimtstangen** und **100 g Zucker** aufkochen. Ca. 1 Stunde neben dem Herd durchziehen und erkalten lassen. Dann durch ein Sieb gießen. **4 Eigelbe** mit der Zimtmilch auf einem Wasserbad cremig aufschlagen. **4 Blatt eingeweichte, weiße Gelatine** ausdrücken und unter Rühren in der warmen Creme auflösen. Diese durch ein Sieb geben und unter mehrmaligem Rühren erkalten lassen, bis sie zu stocken beginnt. Dann **250 g geschlagene Sahne** darunterheben. In ausgespülte Förmchen füllen und in 2–3 Stunden stocken lassen.

SIEHE AUCH

S. 59 Blanchieren
S. 369 Zitruszesten herstellen
S. 370 Tips zum Aufschlagen im Wasserbad
S. 386 Obstkompott
S. 402 Mokkasauce
S. 402 Vanillesauce

GRUNDREZEPT

Mousse

- Für 4 Personen
- Zubereitungszeit: ca. 25 Minuten
- Kühlzeit: 4–5 Stunden
- ca. 420 kcal je Portion
- Dazu passen Vanille- und Schokoladensauce, etwas Obst und geraspelte Schokolade

Das benötigen Sie

130 g Zartbitterschokolade
1 Ei
2 EL Rum
300 g geschlagene Sahne

Dunkle Schokoladenmousse

1. Die Schokolade grob würfeln und in einer Schüssel auf einem heißen Wasserbad unter Rühren schmelzen lassen **(1)**. Auf dem Wasserbad hängen lassen.

2. Das Ei mit 2 EL Wasser in einer weiteren Schüssel auf einem heißen Wasserbad cremig schlagen **(2)**. Die Schokolade und den Rum darunterrühren, bis eine glatte Creme enstanden ist **(3)**. Vom Wasserbad nehmen.

3. Die geschlagene Sahne vorsichtig unter die Schokocreme heben **(4)**. Diese in eine Form füllen und zugedeckt 4–5 Stunden in den Kühlschrank stellen.

4. Einen Eßlöffel mit warmen Wasser abspülen. Aus der Mousse damit Nocken abstechen und auf Tellern anrichten.

(auf dem Foto unten)

1

2

3

4

Variationen

- Statt Rum können Sie auch Cointreau, Grand Marnier oder Mokkalikör nehmen.
- Würzen Sie die dunkle Mousse doch einmal mit ein wenig Zimtpulver, gemahlenem Kardamom, Anispulver oder gemahlenen Sternanis.

Mein Tip

Nehmen Sie für die Schokoladenmousse nur hochwertige Schokolade mit einem hohen Kakaoanteil (50–70 %).

Mein Tip

Die Zubereitung von Mousse ist recht einfach und geht schnell. Bereiten Sie doch gleich mehrere Sorten zu, und richten Sie sie dann zusammen auf einem Teller an. Das Ganze kann man prima mit Vanille-, Schokoladen- und Fruchtsaucen sowie mit frischen Früchten und Schokoraspeln garnieren. Und schon ist ein attraktiver, gemischter Dessertteller fertig.

Weisse Schokoladenmousse

1 Ei mit **2 EL Wasser** auf einem Wasserbad cremig aufschlagen. **2 Blatt eingeweichte, ausgedrückte, weiße Gelatine** in **4 EL warmem Orangenlikör** auflösen. Zusammen mit **140 g geschmolzener (temperierter) weißer Schokolade** unter die Eiercreme rühren. Dann **300 g geschlagene Sahne** darunterheben. Für 4 Stunden zugedeckt kühl stellen.
(auf dem Foto links und oben)

Beerenmousse

150 g gemischte, frische Beeren (z. B. Himbeeren, Erdbeeren und Brombeeren) fein pürieren und durch ein Sieb streichen. **20 g Puderzucker** mit dem **Saft von ½ Zitrone** und **40 g Butter** auf einem Wasserbad cremig rühren. Vom Herd nehmen. **2 Blatt eingeweichte, ausgedrückte, weiße Gelatine** in der warmen Creme unter Rühren auflösen. Das Beerenpüree darunterrühren und die Creme etwas abkühlen lassen. Dann **250 g cremig geschlagene Sahne** darunterheben. Für 4 Stunden zugedeckt kühl stellen.
(auf dem Foto oben)

Siehe auch

S. 368 Schokolade temperieren
S. 369 Saucendekorationen
S. 400 Fruchtsaucen
S. 402 Vanillesauce
S. 403 Schokoladensauce

- Für 4 Personen
- Zubereitungszeit: ca. 1 Stunde
- ca. 580 kcal je Portion
- Dazu passen Vanillesauce und Beeren

DAS BENÖTIGEN SIE

85 g zimmerwarme Butter
85 g Zucker
3 Eigelb
abgeriebene Schale von ½ unbehandelten Orange
75 g Biskuitboden
75 g gehackte Haselnüsse
3 Eiweiß
20 g Butter für die Förmchen
30 g Zucker für die Förmchen
etwas Puderzucker zum Bestäuben

Haselnußpudding

1. Den Ofen auf 180 °C vorheizen. Die Butter in einer Schüssel mit 45 g Zucker cremig rühren. Die Eigelbe und die Orangenschale nach und nach darunterrühren **(1)**, bis eine glatte Creme entstanden ist.

2. Den Biskuit fein würfeln. Zusammen mit den Haselnüssen unter die Eiercreme rühren.

3. Die Eiweiße mit 40 g Zucker steifschlagen. Vorsichtig unter die Haselnußmasse heben **(2)**.

4. Nun 4 kleine Auflaufförmchen (ca. 100 ml Fassungsvermögen) ausfetten und mit dem Zucker ausstreuen. Die Nußmasse hineinfüllen **(3)**. Die Förmchen in eine flache, feuerfeste Schale stellen und diese soweit mit warmem Wasser füllen, daß die Förmchen zu ⅔ darin stehen. Die Puddings im Ofen auf der mittleren Schiene 25–30 Minuten garen. Dann eine Garprobe machen (siehe Tip).

5. Die Puddings ca. 5 Minuten abkühlen lassen. Dann auf Teller stürzen und mit etwas Puderzucker bestäuben.

1

2

3

MEIN TIP

Die Puddings sind gar, wenn beim Hineinstechen eines Holzspießchens daran keine feuchte Masse mehr hängenbleibt.

Fetten Sie die Förmchen sehr sorgfältig und dick ein, sonst haben Sie beim Stürzen des Puddings Probleme.

Karamel-Mandel-Pudding

60 g Zucker in einem Topf bei mittlerer Hitze schmelzen und leicht karamelisieren lassen. **30 g heiße Sahne** und **10 g Honig** dazugeben und alles zu einer cremigen Masse einkochen. Diese neben dem Herd fast vollständig auskühlen lassen.

50 g zimmerwarme Butter cremig rühren. Die Karamelmasse langsam darunterrühren. **3 Eigelbe** nach und nach darunterrühren, so daß eine schöne Creme entsteht. **3 Eiweiße** mit **20 g Zucker** und **1 Prise Salz** steifschlagen. **160 g gemahlene Mandeln** in einer Pfanne ohne Fettzugabe hellbraun rösten. Abkühlen lassen. 120 g davon zusammen mit dem Eischnee unter die Karamelcreme heben.

4 kleine Förmchen **ausfetten** und mit den restlichen Mandeln ausstreuen. Die Puddingmasse einfüllen. Die Förmchen in eine flache, feuerfeste Schale stellen und soviel warmes Wasser angießen, daß die Förmchen zur Hälfte darin stehen. Die Puddings im vorgeheizten Ofen bei 180 °C in 35–40 Minuten garziehen lassen. Dazu paßt Vanillesahne besonders gut.

(auf dem oberen Teller)

Mohr im Hemd

50 g zimmerwarme Butter mit **25 g Puderzucker** cremig rühren. **3 Eigelbe** rasch darunterrühren. **50 g Zartbitterkuvertüre** in einer Schüssel auf einem Wasserbad schmelzen lassen (temperieren). Leicht abkühlen lassen und unter die Buttermasse rühren. **3 Eiweiße** mit **25 g Zucker** steifschlagen. Zusammen mit **50 g gemahlenen Mandeln** und **30 g zerbröseltem Biskuitboden** unter die Schokomasse heben. 4 kleine Förmchen mit **10 g Butter** ausfetten und mit **20 g Zucker** ausstreuen. Die Masse ¾ hoch hineinfüllen. Die Förmchen in eine flache, feuerfeste Schale stellen und diese mit soviel Wasser füllen, daß die Förmchen zur Hälfte darin stehen. Die Puddings im vorgeheizten Ofen bei 180 °C auf der mittleren Schiene ca. 40 Minuten garen. Dazu paßt gut Schokoladensauce.

(auf dem unteren Teller)

Pumpernickel-Pudding

75 g altbackenen Pumpernickel fein mahlen und in **40 ml Rotwein** einweichen. Inzwischen **75 g zimmerwarme Butter** mit **65 g Puderzucker** cremig rühren. **½ TL Zimtpulver, das herausgekratzte Mark von 1 Vanilleschote, die abgeriebene Schale von 1 unbehandelten Orange und 1 unbehandelten Zitrone** sowie **2 Eigelbe** darunterrühren. Die eingeweichten Pumpernickel mit **20 g gerösteten, gemahlenen Haselnüssen** mischen und unter die Buttermasse rühren.

2 Eiweiße zusammen mit **15 g Zucker** und **1 Prise Salz** steifschlagen und vorsichtig unter die Buttermasse heben.

4 kleine Förmchen mit **10 g Butter** ausfetten und mit **30 g Semmelbröseln** ausstreuen. Die Masse ¾ hoch hineinfüllen. Im Wasserbad im vorgeheizten Ofen bei 180 °C 30–40 Minuten garen. Sollten die Puddings schon sehr früh oben braun werden, dekken Sie sie mit Alufolie ab.

Siehe auch

S. 354 **Eigelbe cremig rühren**
S. 368 **Kuvertüre temperieren**
S. 402 **Vanillesauce**
S. 403 **Schokoladensauce**

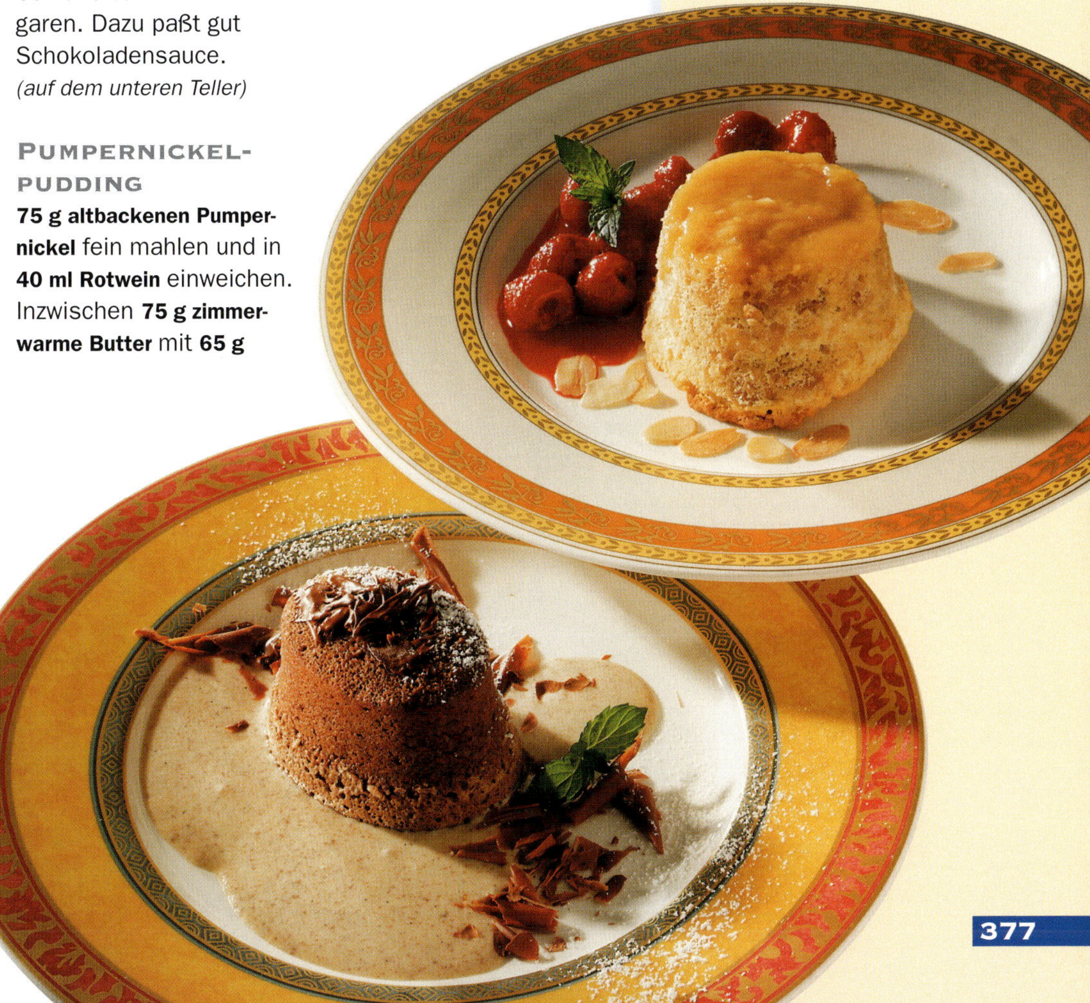

Griessflammeri

Das benötigen Sie

¼ l Milch
80 g Zucker
abgeriebene Schale von 1 unbehandelten Orange
abgeriebene Schale von 1 unbehandelten Zitrone
Mark von 1 Vanilleschote
50 g Hartweizengrieß
2 Blatt weiße Gelatine
1 Eigelb
200 g Sahne
1 Eiweiß

1. Die Milch mit 60 g Zucker in einem Topf erhitzen. Die Zitrusschale und das Vanillemark dazugeben. Die Milch aufkochen.

2. Den Grieß in die Milch einrühren und diese bei mittlerer Hitze unter Rühren köcheln lassen, bis eine sämige Masse entstanden ist. Den Topf vom Herd nehmen und den Grieß in ca. 10 Minuten ausquellen lassen.

3. Inzwischen die Gelatine ca. 10 Minuten in kaltem Wasser quellen lassen. Dann ausdrücken und unter Rühren in der warmen Grießmasse auflösen. Diese etwas abkühlen lassen, dann das Eigelb darunterrühren.

4. Die Sahne mit 10 g Zucker steifschlagen. Das Eiweiß ebenfalls mit 10 g Zucker steifschlagen. Zuerst die Sahne, dann den Eischnee vorsichtig unter die Grießmasse heben.

5. Nun 4 kleine Förmchen mit kaltem Wasser ausspülen und die Grießmasse hineinfüllen. Im Kühlschrank in ca. 4 Stunden festwerden lassen.

6. Die Förmchen ganz kurz in heißes Wasser tauchen und die Flammeri dann auf Dessertteller stürzen.
(auf dem Foto: links)

Reisflammeri

¼ l Milch zusammen mit **40 g Zucker, 1 Prise Salz** und dem **Mark von 1 Vanilleschote** aufkochen. **60 g Rundkornreis** dazugeben. Zugedeckt bei milder Hitze ca. 25 Minuten unter Rühren köcheln lassen. Dann die **feingehackte Schale von 1 unbehandelten Orange** daruntermischen. **3 Blatt eingeweichte, weiße Gelatine** ausdrücken und unter Rühren in der warmen Reismasse auflösen. Diese etwas abkühlen lassen, dann **1 EL Cognac** daruntermischen. **200 g steifgeschlagene Sahne** und **1 steifgeschlagenes Eiweiß** vorsichtig darunterheben. Die Reismasse in ausgespülte Förmchen füllen und für ca. 4 Stunden in den Kühlschrank stellen. Dazu passen Orangenfilets und gehackte, ungesalzene Pistazienkerne.
(auf dem Foto: rechts)

Orangennudeln

Für die Sauce

Saft von 3 Orangen
80 g brauner Zucker
1 Vanilleschote
1 Gewürznelke
½ Zimtstange
abgeriebene Schale von 1 unbehandelten Orange
3 EL halbsteif geschlagene Sahne
2 EL Amaretto
2 EL geröstete Mandelblättchen

Für den Teig

150 g Hartweizengrieß
150 g Weizenmehl
3 kleine Eier
Salz

1. Für die Sauce Orangensaft und Zucker zusammen aufkochen und etwas einkochen lassen. Die Vanilleschote längs aufschneiden und das Mark herauskratzen. Mark und Schote zusammen mit Nelke und Zimtstange zum Orangensaft geben. 1 Stunde darin neben dem Herd ziehen lassen.

2. Inzwischen einen Nudelteig zubereiten und ihn in Folie eingewickelt ca. 1 Stunde ruhen lassen.

3. Aus dem Teig Bandnudeln herstellen und in Salzwasser bißfest garen. Abtropfen lassen.

4. Den gewürzten Orangensaft wieder aufkochen und durch ein Sieb in eine Pfanne gießen. Die Orangenschale dazugeben und die Nudeln darin schwenken. Zuletzt die Sahne und den Amaretto darunterheben. Mit den Mandelblättchen bestreuen.

(auf dem Foto: links)

Mohnnudeln

25 g Mohn in einer Pfanne ohne Fettzugabe rösten, bis er duftet. **60 g Butter** in einer Pfanne erwärmen und **100 g Zucker** darin schmelzen lassen. Das **Mark von 1 Vanilleschote** und den Mohn dazugeben. Alles mit **Nelkenpulver** und **Muskat** fein würzen. Die **gekochten Bandnudeln** in der Mohnmischung wenden. Mit **1 TL abgeriebener Schale einer unbehandelten Zitrone** bestreuen.

(auf dem Foto: rechts)

Griessflammeri

- **Für 4 Personen**
- **Zubereitungszeit: ca. ½ Stunde**
- **Kühlzeit: ca. 4 Stunden**
- **ca. 330 kcal je Portion**
- **Dazu passen frische Johannisbeeren**

Orangennudeln

- **Für 4 Personen**
- **Zubereitungszeit: ca. 1¾ Stunden**
- **ca. 490 kcal je Portion**

Siehe auch

S. 300 Nudelteig zubereiten und Nudeln herstellen
S. 301 Nudeln kochen
S. 384 Filets aus Zitrusfrüchten herauslösen

Sorbet

1

2

- Für 4 Personen
- Zubereitungszeit: ca. ¾ Stunde
- Gefrierzeit: ca. 1 Stunde
- ca. 160 kcal je Portion

Für das Sorbet

400 g Erdbeeren
100 g Puderzucker
Saft von ½ Zitrone
50 ml Mineralwasser
2 EL Grand Marnier

Zum Garnieren

einige Erdbeerviertel
einige Minzeblättchen

Erdbeersorbet

1. Die Erdbeeren waschen, putzen und kleinschneiden. Puderzucker, Zitronensaft und Mineralwasser mischen. Die Beeren darin wenden und ca. 20 Minuten zugedeckt marinieren lassen.

2. Dann die Beeren nebeneinander auf ein mit Frischhaltefolie ausgelegtes Blech legen **(1)** und mit Frischhaltefolie gut abdecken. Für ca. 1 Stunde ins Gefriergerät stellen.

3. Die gefrosteten Beeren fein pürieren **(2)**. Den Grand Marnier daruntermischen und das Sorbet nochmals ca. 1 Stunde zugedeckt ins Gefriergerät stellen.

4. Das Sorbet entweder mit einem heißen Eßlöffel zu Nocken abstechen oder es in einen Spritzbeutel mit großer Lochtülle füllen und in Dessertgläser spritzen. Mit Erdbeerstückchen und Minzeblättchen garnieren.

(auf dem Foto unten)

Variationen

Wenn Sie die Erdbeeren austauschen, können Sie nach dem Grundrezept auch ein Himbeer- und ein Brombeersorbet zubereiten.

Blitzsorbet

Wenn es ganz schnell gehen soll, nehmen Sie gekaufte Tiefkühlbeeren und pürieren Sie sie zusammen mit etwas Zitronensaft, Likör und Puderzucker. Das Sorbet dann auch sofort servieren.

Mein Tip

Zum Pürieren eignet sich hier der Stabmixer am besten.

Noch einfacher wird die Sorbetzubereitung, wenn Sie eine Eismaschine nehmen. Richten Sie sich dann bitte nach den Herstellerangaben.

Sorbets können Sie nicht nur als Dessert, sondern auch als kleinen erfrischenden Zwischengang servieren.

Cassissorbet

500 g schwarze Johannisbeeren waschen. Die Beeren von den Rispen streifen und mit einer Gabel leicht zerdrücken. Mit **150 g Puderzucker, dem Saft von 1 Zitrone** und **50 ml Cassislikör** mischen. Zugedeckt 1 Stunde marinieren. Dann die Beeren durch ein feines Sieb streichen. Das Püree in ein hohes Gefäß geben und zugedeckt für 1 Stunde ins Gefriergerät stellen. Das gefrostete Püree mit dem Stabmixer pürieren und nochmals ca. 1 Stunde ins Gefriergerät stellen.

(auf dem Foto: links)

Limettensorbet

Zunächst Läuterzucker herstellen. Dafür **100 ml Wasser** zusammen mit **100 g Zucker** einmal aufkochen lassen. Für das Sorbet **6 Limetten** auspressen. Den Saft mit **200 ml Weißwein** und dem Läuterzucker verrühren. Durch ein Sieb gießen, in ein hohes Plastikgefäß geben und für 1–2 Stunden zugedeckt ins Gefriergerät stellen. Dann mit dem Stabmixer fein pürieren und nochmals ca. 1 Stunde tiefkühlen.

(auf dem Foto: Mitte)

Mangosorbet

600 g geschältes Mangofruchtfleisch würfeln. **200 ml Wasser** mit **150 g Zucker** unter Rühren aufkochen. Das Mangofruchtfleisch damit übergießen und alles erkalten lassen. Dann alles zusammen pürieren und durch ein feines Sieb streichen. Das Püree in ein hohes Gefäß füllen und für ca. 1 Stunde zugedeckt ins Gefriergerät stellen. Dann pürieren und nochmals ca. 1 Stunde tiefkühlen.

(auf dem Foto: rechts)

Siehe auch

S. 384 **Filets aus Zitrusfrüchten herausschneiden**

GRUNDREZEPT

PARFAIT (HALBGEFRORENES)

- Für 4 Personen
- Zubereitungszeit: ca. 35 Minuten
- Gefrierzeit: ca. 8 Stunden
- ca. 440 kcal je Portion

DAS BENÖTIGEN SIE

3 Eigelb
100 g Zucker
4 EL Rum
Mark von 1 Vanilleschote
350 g Sahne

Vanilleparfait

1. Die Eigelbe mit dem Zucker in einer Schüssel verquirlen. In einem Topf, in den man die Schüssel einhängen kann, etwas Wasser erhitzen. Die Temperatur herunterschalten und die Schüssel über das Wasserbad hängen.

2. Die Eigelbmischung so lange kräftig rühren, bis sie cremig geworden ist **(1)**. Dann vom Wasserbad nehmen und den Rum sowie das Vanillemark darunterrühren.

3. Die Schüssel in eine Schüssel mit Eiswasser stellen und die Eigelbcreme kaltrühren. Die Sahne steifschlagen und vorsichtig darunterheben **(2)**.

4. Eine kleine Kastenform mit kaltem Wasser ausspülen und dann mit Frischhaltefolie auslegen. Die Parfaitmasse hineinfüllen und glattstreichen. Mit Frischhaltefolie gut verschließen und für ca. 8 Stunden ins Gefriergerät stellen.

5. Das Parfait mit Hilfe der Folie aus der Form heben. Die Folie entfernen und das Parfait in Scheiben schneiden. Diese evtl. diagonal halbieren.
(auf dem Teller: links)

1

2

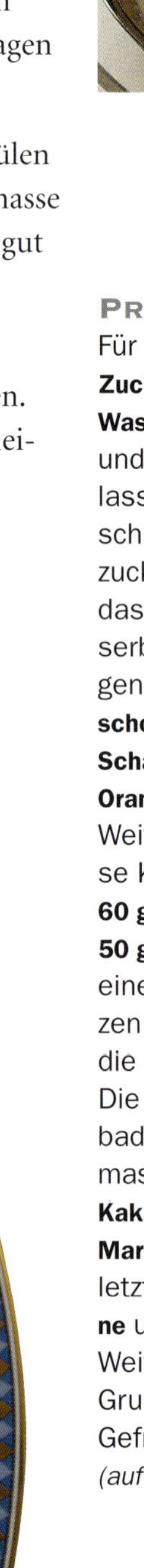

PRALINENPARFAIT

Für den Läuterzucker **40 g Zucker** mit **65 ml kaltem Wasser** einmal aufkochen und dann etwas abkühlen lassen. **2 Eigelbe** schaumig schlagen. Den Läuterzucker darunterrühren und das Ganze auf einem Wasserbad cremig aufschlagen. Das **Mark von 1 Vanilleschote** und die **abgeriebene Schale von 1 unbehandelten Orange** darunterrühren. Weiterrühren, bis die Masse Körpertemperatur hat. **60 g Zartbitterkuvertüre** und **50 g Nougat** zusammen auf einem Wasserbad schmelzen lassen. Beides unter die Eigelbmasse rühren. Die Schüssel vom Wasserbad nehmen und die Eiermasse kaltschlagen. **Je 1 EL Kakaolikör, Rum und Grand Marnier** darunterrühren. Zuletzt **180 g geschlagene Sahne** unter die Creme heben. Weitere Zubereitung: siehe Grundrezept, ab Schritt 4. Gefrierzeit: 3–4 Stunden.
(auf dem Teller: rechts)

GRUNDREZEPT

Milchspeiseeis

1

2

Vanilleeis

1. Die Vanilleschote längs aufschneiden und das Mark herauskratzen. Schote und Mark zusammen mit Milch, Sahne und Zucker aufkochen.

2. Die Eier mit den Eigelben auf einem Wasserbad schaumig schlagen. Die kochende Milch langsam unter Rühren dazugießen **(1).** Die Mischung auf dem Wasserbad zur Rose abziehen **(2).**

3. Die Eigelbcreme neben dem Herd kaltschlagen. Dann durch ein feines Sieb gießen.

4. Die Creme in die vorbereitete Eismaschine geben und nach Herstellerangabe gefrieren lassen.

- **Für 4 Personen**
- **Zubereitungszeit: ca. 20 Minuten**
- **Gefrierzeit: ca. 20 Minuten**
- **ca. 730 kcal je Portion**

Das benötigen Sie

1 Vanilleschote
500 ml Milch
500 g Sahne
200 g Zucker
4 Eier
4 Eigelb

Mein Tip

Sie wundern sich vielleicht, daß ich bei diesen Rezepten immer die Eismaschine nehme. Aber ein Eis, welches ohne Maschine zubereitet wird, schmeckt lange nicht so gut und ist keineswegs so cremig wie eins aus der Maschine.

Schokoladeneis

1/8 l Milch mit **125 g Sahne, 10 g Kakaopulver** und **40 g Zucker** aufkochen. **1 Ei** mit **1 Eigelb** auf einem Wasserbad cremig aufschlagen. Die Milchmischung langsam unter Rühren dazugießen und alles zur Rose abziehen. Vom Wasserbad nehmen. **50 g gehackte Halbbitterkuvertüre** einrühren und so lange rühren, bis sie sich vollständig aufgelöst hat. Die Creme abkühlen lassen. Zuletzt **1 EL Rum, 2 EL Grand Marnier** und die **abgeriebene Schale von 1/2 unbehandelten Orange** darunterrühren. Die Eismasse in der vorbereiteten Eismaschine gefrieren lassen.

Pfirsicheis

150 g Pfirsiche halbieren, entsteinen und grob würfeln. Zusammen mit **60 g Zucker, 100 ml Wasser, 100 ml Weißwein, etwas gemahlenem Sternanis** und **1/2 EL Vanillezucker** in einem Topf aufkochen. Zugedeckt bei milder Hitze 10–15 Minuten köcheln lassen, bis die Pfirsiche weich sind. Vom Herd nehmen, pürieren und durch ein feines Sieb streichen. Dann auskühlen lassen. **70 g Sahne** und **20 ml Pfirsichlikör** darunterrühren. Die Eismasse in der vorbereiteten Eismaschine gefrieren lassen. *(auf dem Foto unten)*

Siehe auch

S. 368 Kuvertüre schmelzen lassen (temperieren)
S. 370 Tips zum Aufschlagen im Wasserbad
S. 372 Eiercreme zur Rose abziehen

Küchenvorbereitung von Obst

1

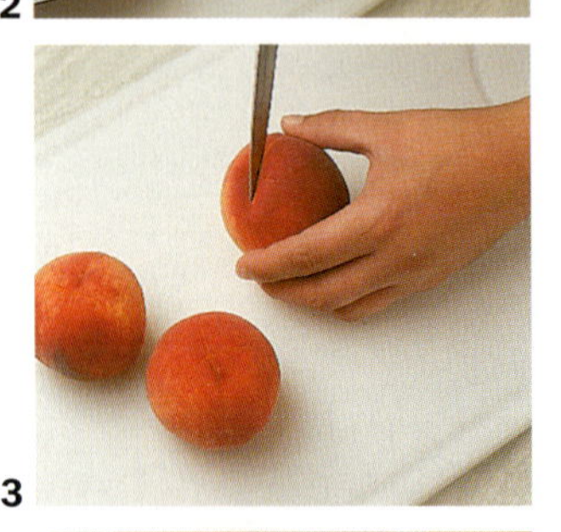

2

3

4

Filets aus Zitrusfrüchten herausschneiden
Die Zitrusfrucht (hier eine Orange) sorgfältig schälen. Dafür zunächst die Schale oben und unten großzügig flach abschneiden. Die Orange auf die eine Schnittfläche stellen und die restliche Schale herunterschneiden **(1).** Die weiße, pelzige Haut dabei vollständig entfernen. Die Frucht mit einem kleinen Messer neben einer Trennhaut bis zur Mitte hin einschneiden. Mit einem zweiten Schnitt neben der nächsten Trennhaut das Filet herauslösen **(2).**

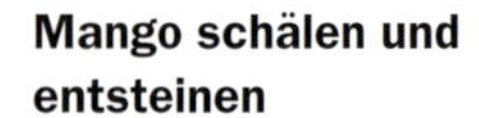

Pfirsich enthäuten
Die Haut des Pfirsichs über Kreuz einritzen **(3).** Den Pfirsich in eine Schaumkelle legen und 10–20 Sekunden in kochendes Wasser tauchen, bis die Haut anfängt, sich zu wellen. Den Pfirsich herausnehmen, in kaltem Wasser abschrecken und abkühlen lassen. Dann die Haut mit einem kleinen Messer vorsichtig abziehen **(4).**

Ananas schälen
Den Boden und den Schopf der Frucht abschneiden. Die Frucht senkrecht hinstellen und die Schale seitlich großzügig herunterschneiden **(5).** Mit schrägen Keilschnitten die spiralförmig verlaufenden dunklen Augen herausschneiden **(6).** Die Ananas längs achteln. Den harten Innenstrunk jeweils abschneiden **(7).** Dann das Fruchtfleisch in Scheiben schneiden.

Mango schälen und entsteinen
Zunächst die Mango mit einem Sparschäler schälen. Dann mit einem großen Messer fast in der Mitte der Frucht senkrecht neben dem sich dort befindenden Stein herunterschneiden. Diesen Schnitt auf der anderen Seite des Steins wiederholen. Die Fruchthälften nun in Spalten schneiden.

Papaya schälen und entkernen
Die Papaya mit einem Sparschäler schälen. Dann längs halbieren. Die schwarzen Kernchen mit einem Löffel herausschaben.

5

6

7

Obstsalat

Für die Sauce

50 g Zucker
50 ml Portwein
Saft und abgeriebene Schale von 1 Limette
1 TL Maraschinolikör
1 Sternanis
1 Zimtstange

Für den Salat

2 Pfirsiche
2 Orangen
1 Mango
2 Birnen
1 Kiwi
150 g Brombeeren
150 g Erdbeeren

1. Den Zucker mit 50 ml Wasser aufkochen und ca. 1 Minute offen einkochen.

2. Portwein, Limettensaft und Limettenschale sowie Maraschino, Sternanis und Zimtstange dazugeben. Das Ganze nochmals kurz einkochen lassen, durch ein Sieb gießen und erkalten lassen.

3. Die Pfirsiche enthäuten, halbieren, entsteinen und in Spalten scheiden. Die Orangen schälen und filetieren. Die Mango schälen, das Fruchtfleisch vom Stein abschneiden und in feine Spalten schneiden.

4. Die Birnen schälen, halbieren, die Kerngehäuse herausschneiden und die Birnen in Spalten schneiden. Die Kiwi schälen, halbieren und in Scheiben schneiden. Die Beeren verlesen, waschen und putzen. Die Erdbeeren dann halbieren.

5. Die Früchte in die Sauce geben. Alles vorsichtig mischen und ca. ½ Stunde durchziehen lassen.

Obstsalat

- **Für 4 Personen**
- **Zubereitungszeit: ca. ¾ Stunden**
- **Zeit zum Durchziehen: ca. ½ Stunde**
- **ca. 210 kcal je Portion**
- **Dazu paßt Vanilleparfait**

Siehe auch

S. 382 Vanilleparfait

OBSTKOMPOTT

- Für 4 Personen
- Zubereitungszeit: ca. 3/4 Stunden
- ca. 160 kcal je Portion
- Dazu paßt mit etwas Zimt und Zucker gewürzte, steifgeschlagene Sahne

DAS BENÖTIGEN SIE

1/2 Vanilleschote
50 g Zucker
1/8 l Weißwein
1/8 l Apfelsaft
Saft von 1 Zitrone
1/2 Zimtstange
8 Gewürznelken
500 g Äpfel

Apfelkompott

1. Die Vanilleschote längs aufschneiden und das Mark mit einer Messerspitze herauskratzen. Mark und Schote zusammen mit Zucker, Weißwein, Apfelsaft, Zitronensaft, Zimtstange und Gewürznelken in einem Topf aufkochen. Ca. 20 Minuten neben dem Herd ziehen lassen, dann durch ein Sieb gießen.

2. Die Äpfel schälen, vierteln und die Kerngehäuse herausschneiden. Die Viertel dann in dünne Spalten schneiden.

3. Die Äpfel in den Sud geben und darin zugedeckt in ca. 5 Minuten bei mittlerer Hitze weichdünsten.

MEIN TIP

Außer den auf dieser Doppelseite vorgestellten Kompottrezepten schmecken auch folgende Kombinationen ganz vorzüglich: Apfel mit Birne, Apfel mit Rhabarber, Erdbeeren mit Rhabarber und Melone, Kirschen mit Pfirsich sowie Pfirsich mit Mango.

Erdbeer-Rhabarber-Kompott

300 g Rhabarber waschen, putzen und die Fäden mit einem kleinen Messer abziehen. Die Stangen in mundgerechte Stücke schneiden. Zusammen mit **75 g Honig** unter Rühren erwärmen und ca. 10 Minuten bei milder Hitze köcheln. Dann erkalten lassen.
50 ml Rotwein mit **100 ml ungesüßtem Kirschsaft**, **1 Zimtstange** und **1 Sternanis** aufkochen. Den Sud durch ein Sieb gießen und mit **etwas angerührter Speisestärke** binden. Die Sauce über die Rhabarberstücke gießen und alles ca. 10 Minuten durchziehen lassen. Dann den **Saft von 1 Orange** darunterrühren und alles noch einmal aufkochen. Wieder erkalten lassen.
250 g Erdbeeren waschen, putzen und vierteln. Zusammen mit **5 grob gehackten Minzeblättchen** unter das kalte Rhabarberkompott mischen.
(Abb.: oberes Schälchen)

Orangenkompott

5 Orangen filetieren. Die Filets in ein sehr großes, verschließbares Glas geben. **100 g Zucker** mit **150 ml Wasser, 3 Kardamomkapseln, 3 Gewürznelken, 4 Sternanis, 1 Zimtstange, 1 aufgeschnittenen Vanilleschote, dem Saft und der abgeriebenen Schale von 1 unbehandelten Zitrone, der abgeriebenen Schale von 1 unbehandelten Orange** und **75 g Honig** in einem Topf aufkochen. Ca. 5 Minuten bei mittlerer Hitze köcheln und dann auskühlen lassen.
20 ml Grenadine (Granatapfelsirup), 40 ml Orangenlikör (z. B. Grand Marnier) und **20 ml Cognac** daruntermischen. Den Gewürzsud über die Orangenfilets gießen und diese für mindestens 1 Tag verschlossen kalt stellen.
(Abb.: mittleres Schälchen)

Kirschkompott

70 g Zucker in einer Pfanne bei mittlerer Hitze unter Rühren hellbraun karamelisieren. Mit **100 ml Kirschsaft** ablöschen und diesen sämig einkochen lassen. Die **abgeriebene Schale von ½ Zitrone und ½ Orange (beide unbehandelt)** darunterrühren. Dann **2 EL Zitronensaft, 1 TL Zimtpulver** und **1 EL Vanillezucker** darunterrühren. **150 g Kirschen (Süß- oder Sauerkirschen, ganz nach Geschmack)** waschen, entsteinen und in den Sud geben. Alles aufkochen und kurz einköcheln. Dann erkalten lassen.
(Abb.: unteres Schälchen)

Siehe auch

S. 124 **Saucen binden**
S. 384 **Filets aus Zitrusfrüchten herausschneiden**

Rote Grütze

Das benötigen Sie

300 g gemischte Beeren (Himbeeren, Erdbeeren, Brombeeren, Johannisbeeren)
100 g Zucker
Saft und abgeschnittene Schale von 1 unbehandelten Orange
Saft und abgeschnittene Schale von 1 unbehandelten Zitrone
200 ml Rotwein
3 Gewürznelken
½ Zimtstange
100 ml schwarzer Johannisbeersaft
2 TL Speisestärke

1. Die Beeren verlesen, waschen und putzen. Den Zucker in einem Topf unter Rühren bei mittlerer Hitze hellbraun karamelisieren. Orangensaft und -schale, Zitronensaft und -schale sowie Rotwein dazugeben und alles gut verrühren.

2. Die Nelken und die Zimtstange in ein kleines Leinentuch geben und es fest zubinden. In den Rotweinsud geben. Diesen offen auf ⅓ einkochen lassen.

3. Den Johannisbeersaft dazugeben und alles nochmals kurz aufkochen. Das Leinensäckchen herausnehmen. Die Speisestärke mit etwas kaltem Wasser anrühren und nach und nach in die leicht köchelnde Flüssigkeit geben, bis diese sämig gebunden ist. Die Zitrusschalen herausnehmen.

4. Die Beeren in die Sauce geben. Einmal kräftig, aber kurz durchrühren und dann vom Herd nehmen. Die Grütze am besten in einer Schüssel mit Eiswürfeln auskühlen lassen.

(auf dem Foto: rechts)

Grüne Grütze

500 g Kiwis schälen, vierteln und in Scheiben schneiden. **500 g Stachelbeeren** waschen, putzen und halbieren. **150 g Zucker** mit **100 ml Weißwein** und **100 ml Apfelsaft** aufkochen. 4 EL davon abnehmen. Den restlichen Sud mit der **abgeriebenen Schale von 1 unbehandelten Zitrone** würzen. Die Stachelbeeren in den Sud geben und ihn aufkochen lassen. Die Kiwis daruntermischen und das Obst ca. 10 Minuten durchziehen lassen. **8 Blatt weiße Gelatine** ca. 10 Minuten in kaltem Wasser einweichen. Die Gelatine ausdrücken, in den abgenommenen 4 EL warmem Apfelsaftsud auflösen und unter die Früchte im Sud rühren. Im Kühlschrank in 2–3 Stunden erstarren lassen.

(auf dem Foto: links)

Bratäpfel

Das benötigen Sie

4 Äpfel (z. B. Boskoop)
Saft von 1 Zitrone
100 g Marzipan
3 EL Mandelblättchen
2 EL Rum
1 EL Calvados
20 g Butter für die Form

1. Den Ofen auf 180 °C vorheizen. Die Äpfel mit einem Tuch gut abreiben. Dann mit einem großen Kugelausstecher nach und nach aushöhlen und die Kerngehäuse dabei herauslösen. Das Apfelinnere mit dem Zitronensaft beträufeln.

2. Die Mandelblättchen in einer Pfanne ohne Fettzugabe bei mittlerer Hitze hellbraun rösten. Mit Marzipan, Rum und Calvados gut verkneten und in die ausgehöhlten Äpfel füllen.

3. Eine feuerfeste Form mit der Butter ausfetten und die Äpfel hineinsetzen. Im Ofen auf der mittleren Schiene ca. 25 Minuten backen.
(auf dem Foto)

Variationen

- Statt Mandelblättchen können Sie auch gehackte Walnußkerne oder ungesalzene Pistazien nehmen.
- Der Rum läßt sich gut durch Calvados oder Apfelwein austauschen.
- Geben Sie noch einige Korinthen oder Rosinen mit in die Äpfel.

Rote Grütze

- **Für 4 Personen**
- **Zubereitungszeit: ca. 1/2 Stunde**
- **ca. 190 kcal je Portion**
- **Dazu passen Vanilleeis und cremig geschlagene Sahne mit etwas Zimt**

Bratäpfel

- **Für 4 Personen**
- **Zubereitungszeit: ca. 1 Stunde**
- **ca. 280 kcal je Portion**
- **Dazu passen Vanillesauce und geröstete Mandelblättchen**

Siehe auch

S. 124 Saucen binden
S. 383 Vanilleeis
S. 402 Vanillesauce

Tiramisu

Das benötigen Sie

2 Blatt weiße Gelatine
2 Eigelb
150 g Zucker
100 ml warme Milch
300 g Mascarpone (italienischer Frischkäse)
Saft von 1 Zitrone
20 ml Orangenlikör
250 g steifgeschlagene Sahne
2 Eiweiß
1 EL Vanillezucker
25 Löffelbiskuits
2 EL Instant-Espressopulver
2 EL Kakaopulver

1. Die Gelatine ca. 10 Minuten in kaltem Wasser einweichen. Inzwischen die Eigelbe zusammen mit 50 g Zucker auf einem Wasserbad cremig schlagen. Vom Wasserbad nehmen.

2. Die Gelatine ausdrücken und in der warmen Milch auflösen. Diese zusammen mit dem Mascarpone unter die Eigelbcreme rühren. Dann Zitronensaft und Orangenlikör darunterrühren und die Sahne vorsichtig unterheben.

3. Die Eiweiße mit dem Vanillezucker steifschlagen und vorsichtig unter die Mascarponecreme heben.

4. Eine große, tiefe Form mit der Hälfte der Löffelbiskuits auslegen. 100 g Zucker mit 100 ml Wasser und dem Instant-Espressopulver aufkochen. Auskühlen lassen. Die Löffelbiskuits mit der Hälfte davon beträufeln.

5. Die Hälfte der Mascarponecreme auf die Biskuits geben und glattstreichen. Die restlichen Löffelbiskuits darauf legen und mit dem restlichen Kaffee beträufeln. Dann die restliche Creme darauf geben und glattstreichen.

6. Das Dessert mit Folie zudecken und für 2 Stunden in den Kühlschrank stellen. Vor dem Servieren mit einem kleinen Sieb dick mit dem Kakaopulver bestäuben.

(auf dem Foto)

Variationen

■ Statt Orangenlikör können Sie auch einmal Amaretto oder Cognac nehmen.

■ Machen Sie einmal eine Tiramisu-Torte. Nehmen Sie dafür statt der 2 Blätter 5 Blätter Gelatine, und schichten Sie die Zutaten nicht in eine Form, sondern auf einen flachen Biskuitboden in eine Springform.

Mein Tip

Da die Tiramisu rohes Eigelb enthält, sollten Sie sie nach Fertigstellung maximal 1 Tag im Kühlschrank aufbewahren.

Salzburger Nockerln

Das benötigen Sie

1 Vanilleschote
30 g Butter
2 EL Sahne
2 EL Milch
5 Eiweiß
1 Prise Salz
100 g Zucker
3 Eigelb
50 g Puderzucker
20 g Speisestärke

1. Den Ofen auf 200 °C vorheizen. Die Vanilleschote längs aufschneiden und das Mark herauskratzen. Es zusammen mit der Butter, der Sahne und der Milch erwärmen. In eine flache, feuerfeste Form gießen.

2. Die Eiweiße mit 1 Prise Salz schlagen. Den Zucker dabei langsam einrieseln lassen und weiterschlagen, bis ein cremiger Eischnee entstanden ist.

3. Nun die Eigelbe zusammen mit dem Puderzucker sehr cremig rühren. Mit einem Teigschaber vorsichtig unter den Eischnee heben.

4. Die Speisestärke sieben und ebenfalls unter den Eischnee heben.

5. Die Nockerlmasse mit einem großen Löffel oder einem Teigschaber zu 4 Nocken abstechen und diese in die Form mit der lauwarmen Milchmischung setzen. Im Ofen auf der mittleren Schiene in 10–12 Minuten goldbraun backen. Dann mit etwas Puderzucker bestäuben.

Mein Tip

Der Eischnee darf nicht zu fest sein, sonst reißt Ihnen der zarte Teig beim Backen auf.

Öffnen Sie den Ofen während des Backens nicht, denn die Nockerlmasse fällt leicht zusammen.

Tiramisu

- **Für 4 Personen**
- **Zubereitungszeit: ca. 3/4 Stunden**
- **Kühlzeit: ca. 2 Stunden**
- **ca. 870 kcal je Portion**

Salzburger Nockerln

- **Für 4 Personen**
- **Zubereitungszeit: ca. 40 Minuten**
- **ca. 330 kcal je Portion**
- **Dazu paßt Vanillesauce**

Siehe auch

S. 370 Tips zum Aufschlagen im Wasserbad
S. 402 Vanillesauce

Buchteln

Buchteln

- **Für 4 Personen**
- **Zubereitungszeit: ca. 1¼ Stunden**
- **Zeit zum Gehen: ca. 1 Stunde**
- **ca. 590 kcal je Portion**
- **Dazu passen 300 g frische Beeren, die in einer Mischung aus 50 ml Zitronensaft, 2 EL Puderzucker und 2 EL Grand Marnier mariniert wurden**

Für den Teig

⅛ l lauwarme Milch
250 g Mehl
50 g Zucker
15 g frische Hefe
1 Eigelb
1 Ei
1 Prise Salz
abgeriebene Schale von 1 unbehandelten Zitrone
1 EL Rum
Mark von 1 Vanilleschote
50 g zimmerwarme Butter
20 g Butter für die Form
125 g Sahne
etwas Mehl zum Kneten

Zum Bestreichen

1 Eigelb
1 EL Milch

1. Die lauwarme Milch mit der zerbröckelten Hefe verrühren. 50 g Mehl und 20 g Zucker dazugeben und alles gut mischen. Zugedeckt an einem warmen Ort gehen lassen, bis sich das Volumen des Vorteigs verdoppelt hat.

2. Nun den Vorteig mit 200 g Mehl, dem Eigelb und dem Ei, 20 g Zucker, 1 Prise Salz, Zitronenschale, Rum und Vanillemark zu einem glatten Teig verkneten (entweder in der Küchenmaschine oder mit den Knethaken des Handrührgeräts).

3. Die Butter dazugeben und alles nochmals gut durchkneten. Den Teig zugedeckt an einem warmen Ort gehen lassen, bis sich sein Volumen verdoppelt hat.

4. Eine große, feuerfeste Form mit der Butter ausfetten. 10 g Zucker mit der Sahne verrühren und hineingeben.

5. Den Teig auf einer bemehlten Arbeitsfläche durchkneten und zu einer dicken Rolle formen. Von dieser kleine Stücke abtrennen und zu Kugeln von 2 cm Durchmesser formen. Diese nebeneinander in die Form legen. Den Teig dann noch einmal 10 bis 15 Minuten zugedeckt an einem warmen Ort gehen lassen. Den Ofen auf 180 °C vorheizen.

6. Das Eigelb mit der Milch verrühren. Die Buchteln damit bestreichen. Im Ofen auf der mittleren Schiene in 30–35 Minuten goldgelb backen.
(auf dem Foto: oben)

Mohnbuchteln

100 g feingemahlenen Mohn mit **100 ml Orangensaft, 50 g Zucker** und der **abgeriebenen Schale von 1 unbehandelten Zitrone** aufkochen. Bei milder Hitze ca. 10 Minuten quellen lassen, bis ein dicker Brei entstanden ist. **2 EL Rosinen** fein hacken und daruntermischen. Die Masse mit etwas **Zimt** und **1 Prise Salz** würzen und auskühlen lassen.
Den **Buchtelteig** zu Kugeln formen. Jede Kugel flachdrücken und etwas von der Mohnmasse in die Mitte geben. Den Teig über der Füllung schließen und wieder zu einer Kugel formen. Die Buchteln in die Form legen, nochmals gehen lassen, mit einer Mischung aus **1 Eigelb** und **1 EL Milch** bestreichen und ca. 35 Minuten bei 180 °C backen.
(auf dem Foto: unten)

Birnen-Aprikosen-Strudel

Birnen-Aprikosen-Strudel

- **Für 4 Personen**
- **Zubereitungszeit: ca. 1¼ Stunden**
- **Ruhezeit: ca. 1–2 Stunden**
- **ca. 830 kcal je Portion**
- **Dazu passen Vanilleeis und Vanillesauce oder Aprikosenkompott und Weinschaumcreme**

Siehe auch

S. 346 **Strudelteig ausziehen**
S. 346 **Strudelteig zubereiten**
S. 370 **Weinschaumcreme**
S. 383 **Vanilleeis**
S. 386 **Obstkompott**
S. 402 **Vanillesauce**

Für den Teig

250 g Mehl
2 EL Öl
1 Prise Salz
etwas Mehl zum Ausrollen und Ausziehen
50 g flüssige Butter zum Bestreichen des Strudels
etwas Puderzucker zum Bestäuben

Für die Füllung

80 g getrocknete Aprikosen
2 EL Rum
300 g Birnen
80 g Zucker
Saft von 1 Zitrone
50 g Mandelblättchen
2 EL Williams-Christ-Schnaps
30 g Rosinen
100 g Semmelbrösel
30 g Butter

1. Mehl, Öl, Salz und 130 ml lauwarmes Wasser zu einem Strudelteig verkneten. Ihn zu einer Kugel formen und in Frischhaltefolie eingewickelt 1–2 Stunden bei Zimmertemperatur ruhen lassen.

2. Inzwischen für die Füllung die Aprikosen in dem Rum einweichen.

3. Die Birnen schälen, halbieren und die Kerngehäuse herausschneiden. Die Birnen würfeln und mit Zucker, Zitronensaft, Mandelblättchen, Williams-Christ-Schnaps, Rosinen und 50 g Semmelbröseln gut mischen. Die Aprikosen kleinwürfeln und dazugeben.

4. Nun 50 g Semmelbrösel in der Butter goldbraun rösten und auskühlen lassen. Den Ofen auf 200 °C vorheizen.

5. Den Strudelteig auf einem bemehlten Stofftuch ausrollen und hauchdünn ausziehen. Die gerösteten Brösel darauf streuen. Die Obstmischung darauf geben und den Strudel mit Hilfe des Tuches zusammenrollen. Die Nähte gut festdrücken.

6. Ein Blech mit Backpapier belegen. Den Strudel mit der Naht nach unten darauf legen und mit der flüssigen Butter bestreichen. Auf der mittleren Schiene 20–25 Minuten backen.

7. Den Strudel kurz abkühlen lassen. Dann mit etwas Puderzucker bestäuben.

(auf dem Foto: oben)

Milchrahmstrudel

100 g Butter mit **50 g Zucker** schaumig rühren. **4 Eigelbe** nach und nach darunterrühren, bis eine schöne Creme entsteht. **350 g Schichtkäse** sowie **250 g saure Sahne** darunterrühren. **4 Eiweiße** mit **1 Prise Salz, 1 EL Vanillezucker** und **50 g Zucker** zu Eischnee schlagen. ⅓ davon zusammen mit **50 g Rosinen** und der **abgeriebenen Schale von ½ unbehandelten Zitrone** unter die Schichtkäsecreme rühren. Den restlichen Eischnee zusammen mit **40 g gesiebtem Mehl** vorsichtig darunterheben.

Den **ausgezogenen Strudelteig** halbieren. Jeweils die Hälfte der Schichtkäsemasse darauf geben und die Strudel zusammenrollen. Die Nähte gut festdrücken. Die Strudel in eine mit **Butter** ausgefettete und mit **2 EL Zucker** ausgestreute Auflaufform legen. Mit **20 g flüssiger Butter** bestreichen. Im vorgeheizten Ofen bei 160 °C ca. ¼ Stunde backen. Inzwischen **¼ l Milch** mit **2 Eiern** und **30 g Zucker** verquirlen. Die Strudel mit der Eiercreme (= Royal) übergießen und weitere 55 Minuten backen.

(auf dem Foto: unten)

Crêpe Suzette

Für die Crêpes

1/8 l Milch
60 g Sahne
75 g Mehl
1 Prise Salz
Mark von 1 Vanilleschote
1 Ei
2 Eigelb
etwas flüssige Butter zum Backen

Für die Sauce

100 g Zucker
60 g Butter
Saft von 2 Orangen
abgeriebene Schale von 1 unbehandelten Orange
40 ml Orangenlikör (z. B. Grand Marnier)

1. Milch, Sahne, gesiebtes Mehl, Salz, Vanillemark, Ei und Eigelbe zu einem Teig verrühren. Ca. 1/4 Stunde ruhen lassen.

2. Inzwischen für die Sauce den Zucker in einer Pfanne bei mittlerer Hitze leicht karamelisieren lassen. Die Butter dazugeben und ganz leicht bräunen.

3. Den Karamel unter Rühren mit dem Orangensaft ablöschen und die Orangenschale dazugeben. Die Sauce unter Rühren köcheln lassen, bis sich der Karamel aufgelöst hat. 40 ml Orangenlikör dazugeben.

4. Eine beschichtete Pfanne (18 cm Durchmesser) mit etwas flüssiger Butter einpinseln. Darin aus dem Teig 12 hauchdünne Crêpes backen. Diese zusammenfalten und in der Sauce wenden.

5. Zum Flambieren die zusammengefalteten Crêpes in der Pfanne mit dem Orangenlikör übergießen und mit einem langen Streichholz anzünden. Die Crêpes auf 4 Tellern anrichten und mit der Sauce übergießen.
(auf dem Foto)

Kaiserschmarrn

40 g Rosinen in **3 EL Rum** einweichen. Inzwischen **1/4 l Milch** mit **120 g Mehl** und **50 g Zucker** verrühren. Die **abgeriebene Schale von 1/2 Zitrone, das Mark von 1 Vanilleschote** und **1 Prise Salz** dazugeben. **4 Eigelbe** darunterrühren. **4 Eiweiße** mit **30 g Zucker** steifschlagen. Mit den Rosinen im Rum vorsichtig unter den Teig heben. **40 g Butterschmalz** in einer beschichteten Pfanne erhitzen. Den Teig hineingeben und im vorgeheizten Ofen bei 200 °C 10–15 Minuten backen. Herausnehmen und mit 2 Gabeln zerreißen. **2 EL Zucker** darauf streuen und den Kaiserschmarrn bei mittlerer Hitze kurz unter häufigem Wenden karamelisieren.

Apfelküchlein

Für die Küchlein

1/8 l Milch
80 ml Weißwein
125 g Mehl
2 Eigelb
2 Eiweiß
50 g Zucker
1 Prise Salz
50 g Speisestärke
4 Äpfel
1 kg Butterschmalz zum Ausbacken

Ausserdem

100 g Zucker
10 g Zimtpulver

1. Milch, Weißwein und gesiebtes Mehl mit einem Schneebesen gut verrühren. Die Eigelbe dazugeben und alles zu einem glatten Teig verrühren.

2. Die Eiweiße mit Zucker und Salz zu Eischnee schlagen. Vorsichtig unter den Teig heben.

3. Die Äpfel schälen und die Kerngehäuse ausstechen. Die Äpfel dann in ca. 1 cm dicke Scheiben schneiden.

4. Das Fett zum Ausbacken auf 180 °C erhitzen. Die Apfelscheiben in der gesiebten Speisestärke wenden. Dann einzeln mit einer Gabel aufspießen und durch den Teig ziehen, daß sie vollständig davon umschlossen sind. Dann im Fett portionsweise von beiden Seiten goldgelb ausbacken.

5. Den Zucker mit dem Zimt mischen. Die fertigen Apfelküchlein kurz auf Küchenkrepp abtropfen lassen. In der Zuckermischung wenden und noch warm servieren.

(auf dem Foto)

Variationen

- Auf die gleiche Weise können Sie auch Birnenspalten, Bananenscheiben, Ananasringe und Erdbeeren in Teig ausbacken.
- Mischen Sie noch etwas Kokosraspeln oder Mandelblättchen unter den Teig.
- Schmecken Sie den Teig einmal mit etwas Sternanis, Kurkuma oder Nelke ab.

Crêpe Suzette

- **Für 4 Personen**
- **Zubereitungszeit: ca. 3/4 Stunden**
- **ca. 490 kcal je Portion**
- **Dazu paßt Vanilleeis**

Apfelküchlein

- **Für 4 Personen**
- **Zubereitungszeit: ca. 3/4 Stunden**
- **ca. 480 kcal je Portion**
- **Dazu paßt Vanilleeis**

Siehe auch

S 61 Flambieren
S. 61 Fritieren
S. 360 Crêpes backen
S. 383 Vanilleeis

Limettensoufflé

Limettensoufflé

- **Für 4 Personen**
- **Zubereitungszeit: ca. 1 Stunde**
- **ca. 230 kcal je Portion**
- **Dazu paßt Weinschaumcreme**

Das benötigen Sie

2 Eigelb
50 g Puderzucker
80 g Quark (10 % Fett i. Tr.)
abgeriebene Schale von 1 Limette
Saft von 1 Limette
3 Eiweiß
30 g Zucker
20 g Butter für die Förmchen
40 g Zucker für die Förmchen

1. Den Ofen auf 200 °C vorheizen. Die Eigelbe mit dem Puderzucker cremig aufschlagen. Den Quark in ein Stofftuch geben und gut ausdrücken. Dann langsam unter die Eiercreme rühren. Limettenschale und -saft daruntermischen.

2. Die Eiweiße mit dem Zucker steifschlagen. Vorsichtig unter den Teig heben.

3. Nun 4 kleine Souffléförmchen (8–9 cm Durchmesser, 5 cm hoch) mit der Butter ausfetten und mit dem Zucker ausstreuen.

4. Die Förmchen zu 3/4 mit der Soufflémasse füllen. In eine große Auflaufform stellen und 1 cm hoch Wasser angießen.

5. Die Soufflés ca. 25 Minuten auf der mittleren Schiene backen. Während dieser Zeit den Ofen nicht öffnen.

6. Die fertigen Soufflés gleich aus dem Ofen nehmen und sofort servieren.
(auf dem Foto: oben)

Gewürzsoufflé

35 g gemahlene Mandeln mit **25 g zerbröseltem Biskuitboden** und **2 EL Rum** mischen. Mit **1/2 TL Zimtpulver** und **je 1 Prise Piment-, Kardamom- und Nelkenpulver** würzen. Kurz ruhen lassen. Inzwischen **40 g zimmerwarme Butter** mit **50 g Puderzucker** schaumig rühren. **3 Eigelbe** nach und nach darunterrühren. Den **Saft und die abgeriebene Schale von 1/2 unbehandelten Orange** sowie den **Saft von 1/2 Zitrone** daruntermischen. **3 Eiweiße** mit **20 g Zucker** steifschlagen. Zusammen mit **45 g feingeriebener Zartbitterkuvertüre** vorsichtig unter den Teig heben.
8 kleine Souffléförmchen (8–9 cm Durchmesser, 5 cm hoch) mit **20 g Butter** ausfetten und mit **40 g Zucker** ausstreuen. Jeweils zu 3/4 mit der Soufflémasse füllen. Die Soufflés im Wasserbad stehend im vorgeheizten Ofen bei 180 °C 20–25 Minuten backen.
(auf dem Foto: unten)

Siehe auch
S. 364 Tips zur Soufflézubereitung
S. 370 Weinschaumcreme

GRUNDREZEPT

Kalte Fruchtsaucen

- Für 4 Personen
- Zubereitungszeit: ca. 20 Minuten
- ca. 190 kcal je Portion

Das benötigen Sie

500 g Erdbeeren
100 g Puderzucker
1 EL Honig
40 ml Grand Marnier

Erdbeersauce

1. Die Erdbeeren waschen und putzen. Dann zusammen mit Puderzucker, Honig und Grand Marnier pürieren **(1)**.

2. Das Erdbeerpüree mit einem Löffel oder Teigschaber durch ein feines Sieb streichen **(2)**.
(Abb.: 1. Löffel)

1

2

Mein Tip

Am besten pürieren sie erst einmal alles zusammen durch und geben dann einen Teil der Mischung in eine zweite Schüssel. Pürieren Sie nun jede Portion für sich noch einmal. So erhalten Sie ein besonders feines Püree.

Aprikosensauce

250 g Aprikosen wie Pfirsiche enthäuten. Dann halbieren, entsteinen und grob würfeln. Zusammen mit **80 g Puderzucker, 3 EL Honig, 40 ml Aprikosenlikör** und dem **Saft von 1/2 Zitrone** fein pürieren. Durch ein feines Sieb streichen.
(Abb.: 2. Löffel)

Himbeersauce

200 g Himbeeren kurz waschen und putzen. Mit **50 g Puderzucker, dem Saft von 1/2 Zitrone** und **1 EL Himbeergeist** pürieren. Dann durch ein feines Sieb streichen.
(Abb.: 3. Löffel)

Brombeersauce

250 g Brombeeren kurz waschen und putzen. Zusammen mit **80 g Zucker, 1 EL Honig, dem Saft von 1/2 Zitrone** und **2 EL Cointreau oder Whiskey** pürieren. Durch ein feines Sieb streichen.
(Abb.: 4. Löffel)

Kiwisauce

4 Kiwis schälen und grob würfeln. Zusammen mit **20 g Puderzucker, 1 EL Honig** und dem **Saft von 1/2 Zitrone** pürieren. Durch ein feines Plastiksieb streichen. (Bei einem Metallsieb oxidieren die Kiwis und machen die Sauce bitter.)
(Abb.: 5. Löffel)

Johannisbeersauce

250 g schwarze Johannisbeeren waschen und von den Stielen zupfen. Zusammen mit **100 g Puderzucker** und **30 ml Crème de Cassis (Johannisbeerlikör)** pürieren. Dann durch ein feines Sieb streichen.
(Abb.: 6. Löffel)

Mein Tip

Mit den verschiedenfarbigen Fruchtsaucen können Sie wunderschöne Saucenmuster herstellen. Wie dies geht, erfahren Sie auf der Seite 369. Hübsch ist auch immer eine Kombination mit Vanillesauce.

Die Fruchtsaucen lassen sich problemlos einfrieren. So können Sie beispielsweise die Beerensaison gut nutzen und haben das restliche Jahr über immer leckere Dessertsaucen.

Die Saucen lassen sich auch aus tiefgekühlten Beeren zubereiten. Lassen Sie diese, mit etwas Zucker bestreut, auftauen, und verarbeiten Sie sie dann, wie in den Rezepten angegeben. Die Zuckermenge dann entsprechend reduzieren.

Gemischte Fruchtsaucen

Sie können auch verschiedene Früchte zusammen zu einer Sauce verarbeiten. Nehmen Sie dann insgesamt 500 g Obst, und pürieren Sie es mit ca. 80 g Puderzucker (je nach Süße der Früchte) und etwas Zitronensaft. Das Püree durch ein feines Sieb streichen und evtl. nachwürzen (mit etwas Likör, Zitronensaft und Puderzucker).

Folgende Kombinationen schmecken besonders gut:
- Brombeeren, Himbeeren, Erdbeeren und rote Johannisbeeren
- Aprikosen und Pfirsiche
- Mango und Papaya

Zum Würzen können Sie außerdem etwas abgeriebene Schale von unbehandelten Orangen, Zitronen und Limetten nehmen. Oder Sie geben noch etwas Rum, Himbeergeist oder Wodka hinzu. Probieren Sie einfach mal Ihre persönliche Saucenmischung aus.

Siehe auch

S. 369 **Saucenmuster herstellen**
S. 384 **Pfirsich enthäuten**
S. 402 **Vanillesauce**

Vanillesauce

Das benötigen Sie

1 Vanilleschote
1/4 l Milch
250 g Sahne
80 g Zucker
6 Eigelb

1. Die Vanilleschote der Länge nach aufschlitzen und das Mark mit einer Messerspitze herauskratzen. Schote und Mark in einem Topf zusammen mit Milch, Sahne und Zucker unter Rühren aufkochen lassen.

2. Die Eigelbe in einer Schüssel gut verquirlen. 1/3 der heißen Milchmischung abnehmen und zu den Eigelben geben. Alles gut verquirlen.

3. Die angerührten Eigelbe zur restlichen Milchmischung in den Topf geben. Alles zusammen bei mittlerer Hitze unter ständigem Rühren erhitzen, bis die Sauce leicht dickflüssig geworden ist.

4. Die Sauce dann sofort vom Herd nehmen und durch ein feines Sieb gießen. Kalt werden lassen.

5. Die Sauce vor dem Servieren mit einem Stabmixer schaumig aufschlagen.
(auf dem Foto)

Mokkasauce

Geben Sie **2–3 EL Instant-Espressopulver** in die noch heiße Vanillesauce, und lösen Sie es unter Rühren auf. Dann die Sauce erkalten lassen.

Geeiste Vanillesauce

Die Vanillesauce gut kühlen und dann **2 Kugeln Vanilleeis** darunterziehen. Die Sauce paßt gut zu warmen Desserts.

Mein Tip

Mit Vanillesauce in Kombination mit kalten Fruchtsaucen oder mit Schokoladensauce lassen sich sehr attraktive Saucenmuster herstellen. Probieren Sie es einmal aus.

Schokoladensauce

Das benötigen Sie

200 g Zartbitterkuvertüre
50 g Zucker
1/4 l Milch
1 EL Grand Marnier
1 EL Rum

1. Die Kuvertüre grob hacken und auf einem Wasserbad schmelzen lassen (temperieren).

2. Den Zucker mit der Milch unter Rühren erwärmen, bis der Zucker sich aufgelöst hat.

3. Die geschmolzene Kuvertüre vom Wasserbad nehmen. Die Milchmischung unter Rühren dazugeben.

4. Die Sauce gut durchrühren und mit Grand Marnier sowie Rum aromatisieren. Erkalten lassen.
(auf dem Foto)

Variationen

- Tauschen Sie die Milch durch Sahne aus.
- Nehmen Sie je 100 g Zartbitter- und Vollmilchkuvertüre. So wird die Sauce etwas süßer und milder im Geschmack.
- Nehmen Sie statt 200 g Zartbitterkuvertüre nur 100 g, und schmelzen Sie noch 50 g Vollmilchkuvertüre und 50 g Sahnenougat mit.
- Nehmen Sie 250 g weiße Kuvertüre. Schmecken Sie die fertige Sauce mit etwas geriebenem Ingwer ab, und geben Sie noch 1 EL feingehackte, kandierte Ingwerwurzel dazu.

Vanillesauce

- **Für 4 Personen**
- **Zubereitungszeit: ca. 1/2 Stunde**
- **ca. 410 kcal je Portion**

Schokoladensauce

- **Für 4 Personen**
- **Zubereitungszeit: ca. 1/2 Stunde**
- **ca. 310 kcal je Portion**

Siehe auch

S. 368 **Kuvertüre temperieren**
S. 369 **Saucenmuster herstellen**

Rezeptverzeichnis und Register

Verzeichnis nach Rubriken

Grundzubereitungen und Techniken

Salate

Vorspeisen

Suppen und Eintöpfe

Saucen, Dips und Fonds

Fleisch

Geflügel

Wild

Fisch

Meeresfrüchte

Gemüse und Pilze

Kartoffeln

Nudeln

Reis und Getreide

Pikantes Gebäck

Eier

Desserts und Dessertsaucen

Der Verlag dankt den Firmen AEG Haushaltsgeräte GmbH in Nürnberg und WMF Aktiengesellschaft in Geislingen/Steige für die freundliche Unterstützung.

Dieses Buch wurde auf chlorfrei gebleichtem und säurefreiem Papier gedruckt.

ISBN-10: 3-8094-1397-6
ISBN-13: 978-3-8094-1397-4

Umschlaggestaltung: Therese und Horst Rothe, Niedernhausen
Gestaltungskonzeption: Horst Bachmann, Weinheim
Texte für die Einleitung: Ulrike Bültjer, Hamburg
Foodstyling und fachliche Beratung: Holger Jacobs, Meckenheim
Redaktion: Birgit Wenderoth
Redaktion dieser Auflage: Anja Halveland
Fotos: TLC-Foto-Studio GmbH, Velen Ramsdorf; außer S. 57: **AEG Haushaltsgeräte GmbH,** Nürnberg; S. 6: **Werner Feldmann,** Bodenheim; S.3 und alle Fotos mit Johann Lafer in den Tip-Kästen: **Johann Lafer,** Stromberg; S. 42, 50, 51, 52, 53, 54 und 59: **WMF Aktiengesellschaft,** Geislingen/Steige; S. 8, 9, 10, 11, 12, 14, 15, 17, 18, 19, 20, 22, 23, 24, 26, 27, 28, 29, 30, 32, 34, 35, 36, 38, 40, 43, 44, 46, 47, 62, 63, 64, 69, 85, 135 u., 183, 241, 319, 353 und 367: **FALKEN Archiv**

Druck: Neografia, Martin
Printed in Slovakia

073720400X817 2635 4453 6271